RACES BERBÈRES

KABYLIE
DU JURJURA

PAR

JULES LIOREL

Préface de M. EMILE MASQUERAY
DIRECTEUR DE L'ÉCOLE SUPÉRIEURE DES LETTRES D'ALGER

PARIS
ERNEST LEROUX, ÉDITEUR

ALGÉRIE ET PAYS VOISINS

Bardon (Xavier). *Histoire nationale de l'Algérie.* In-8 . . . . 5 »
Bargès (l'Abbé). *Vie du célèbre marabout Sidi-Abou-Médin, autrement dit Bou Médin, mort vers la fin du VIe siècle de l'hégire et enseveli à Hubbed, dans le voisinage de Tlemcen, unci une capitale du royaume des Beni-Zeigan.* In-8, avec une pl. . . . . 8 »
— *Complément de l'histoire des Beni-Zeigan, rois de Tlemcen.* Ouvrage du cheikh Mohammed Abd-Al-Djalil al-Tenessy. In-8, planche . . . 12 »
Basset (René). *Notes de lexicographie berbère.* 4 part. in-8 . . . . . 14 »
— *Relation de Sidi-Brahim de Massa,* traduite sur le texte Chelha. In-8 . . . . 2 »
— *Contes populaires berbères,* recueillis traduits et annotés In-18. 5 »
Bisson (L. de). *La Tripolitaine et la Tunisie,* avec les renseignements indispensables au voyageur. In-18 . . . . 1 »
Bompard (M.). *Législation de la Tunisie.* Recueil des lois, décrets et règlements en vigueur dans la Régence de Tunis, au 1er janvier 1888. Un fort vol. gr. in-8 à 2 colonnes . . . . 20 »
Cagnat (R.) *Nouvelles explorations épigraphiques et archéologiques en Tunisie.* In-8 . . . . 3 50
Delphin (G.). *Fas, son université et l'enseignement supérieur musulman.* In-8, avec carte . . . . 3 »
Faidherbe (le général). *Les Dolmens d'Afrique.* In-8, avec 5 planches 3 50
— *Langues sénégalaises.* Wolof, arabe, hassania, soninké, sérère. Grammaires et vocabulaires. In-18, percaline 7 50
Fournel (Henri). *Les Berbers.* Étude sur la conquête de l'Afrique par les Arabes, d'après les textes arabes imprimés. 2 forts volumes in-4. 40 »
Grammont (H.-D. de). *Histoire d'Alger sous la domination turque (1515-1830).* In-8 . . . . 8 »
Houdas (O.). *Monographie de Meguinez.* In-8 . . . . . . 2 »
— *Le Maroc de 1631 à 1812.* Extrait du livre: *Ettordjman el maarib an douel el mechriq ou'l maarib,* de Aboulqasem ben Ahmed Ezziani. Texte arabe publié, traduit et annoté. In-8 . . . . . . 45 »
— *Nozhet-el-Hâdi.* Histoire de la dynastie saadienne au Maroc (1511-1670), par Mohammed Esseghir ben Elhadj Ben Abdallah Eloufrani, texte arabe publié. In-8 . . . . 15 »
Le même ouvrage, traduit en français, un vol. in-8 . . . . . 15 »
Le Chatelier (A.). *Les Confréries musulmanes du Hedjaz.* In-18 . 5 »
— *L'Islam au XIXe siècle.* In-18 . . . . 2 50
Masqueray (E.). *Formation des Cités chez les populations sédentaires de l'Algérie* (Kabyles du Djurdjura, Chaouïa de l'Aourâs, Beni-Mezab). In-8 . . . . 10 »
— *De Aurasio monte al initio secundi P. Ch. saeculi usque ad Solomonis expeditionem.* In-8 . . . . 5 »
Mercier (E.). *Histoire de l'Afrique septentrionale depuis les temps les plus reculés jusqu'à la conquête française.* 3 volumes in-8, avec cartes 25 »
— *La France dans le Sahara et au Soudan.* In-8 . . . . . . 1 25
Perron. *L'islamisme, son institution, son influence et son avenir.* In-8 2 50
— *Femmes arabes avant et depuis l'islamisme.* In-8 . . . . 7 50

KABYLES DU JURJURA

DU MÊME AUTEUR

POUR PARAITRE PROCHAINEMENT

Le M'Zab.

RACES BERBÈRES

KABYLIE
DU JURJURA

PAR

JULES LIOREL

Préface de M. ÉMILE MASQUERAY
DIRECTEUR DE L'ÉCOLE SUPÉRIEURE DES LETTRES D'ALGER

PARIS
ERNEST LEROUX, ÉDITEUR
28, Rue Bonaparte, 28

PRÉFACE

A quelques mètres au-dessus du petit bourg français de Fort National s'élève une esplanade aérienne. Des aigles roux en rasent les murs, les ailes étendues. On est là comme en plein ciel, et on y jouit d'un spectacle merveilleux.

Une ligne de très hautes montagnes se brise en arêtes et en échancrures sur les profondeurs bleues du sud. Au-dessous, des crêtes ondulent comme les vagues d'un Océan, des vallées effroyables se creusent, des pitons se dressent comme des écueils ; le tout est cultivé, bêché, planté de beaux arbres. Sur les crêtes des villages longs, sur les pitons des villages ronds blanchissent couverts de tuiles rouges. Dans les vallées, des hameaux et quelques maisons dispersées sont noyés d'ombre. Pas une ville centrale, par une route ne paraît, qui mette en contact tous ces petits mondes ; rien ne s'y découvre qui y centralise la vie.

Vous interrogez. On vous répond : les villages des crêtes et ceux des pitons sont des villages de guerre, chacun a ses figuiers, ses oliviers, ses champs, son assemblée, ses lois, ses ambitions et ses anciennes vengeances. Il y a eu là, il y a peut-être encore des haines inexpiables et des amitiés profondes, des divisions infinies et des alliances très larges, tout ce que vous pouvez imaginer de plus contradictoire. Leurs habitants n'ont qu'un seul et même costume, la chemise blanche, le burnous blanc, la calotte rouge : ils ne parlent qu'une seule et même langue, celle des vieux Libyens mêlée d'arabe ; ils professent la même religion, l'islamisme, qu'ils comprennent d'ailleurs assez mal : mais leurs visages sont tellement différents qu'il est presque impossible de deviner quels ont été leurs pères. Le Germain s'y heurte au Romain, le Chananéen à l'Indou et à l'Arabe. Ils forment tous ensemble une section bien nette, une tache isolée dans l'Afrique du Nord, et cependant ils n'ont pas de nom. Nous faisons comme les Arabes, nous les appelons les *Ligues* « Qebaîel », parce que ce sont leurs ligues les plus puissantes qui ont d'abord tenu tête à nos soldats, et de là chacun d'eux est dit « Qebaïli », *Ligueur*. Ils ont eux-mêmes adopté cette dénomination bizarre et étrangère.

Tous ces traits discordants s'ajustent, et toutes ces diversités se fondent en une sorte d'unité, quand nous descendons au milieu d'eux pour les étudier sans parti pris. Ce que nous prenons de loin pour désordonné n'est que différent de nos habitudes et de nos conceptions ordinaires. Ce pays des *Ligues* est surprenant sans doute, mais organisé, constitué pour vivre, et si bien résistant qu'il a vu passer des empires comme ceux des Césars, des Khalifes et des Sultans de Stamboul, sans en subir de graves atteintes. Donnons-lui sans tarder son caractère distinctif et sa marque propre. C'est, en face de notre société moderne, l'exemple le plus net de ce qu'on a toujours appelé, sans les bien comprendre encore, les sociétés barbares ; c'est encore, si l'on veut, la Grèce primitive ou la Germanie vue par César.

En quel temps des hommes ont-ils commencé de remonter ses vallées noires, fuyant des hordes de cavaliers qui incendiaient les plaines environnantes, nul ne peut le dire : mais le premier noyau qui s'y fixa fut certainement un petit groupe cimenté par le besoin exclusif et impérieux de vivre. Un autre groupe pareil suivit ses traces, et chacun d'eux s'établit sur la montagne la plus abrupte qu'il put trouver, regardant son voisin avec défiance. Des deux côtés on bâtit des murs, on aiguisa des armes, on veilla la nuit, et un jour vint où on s'entretua uniquement parce qu'on vivait face à face. Dès lors le sang coula tous les ans de part et d'autre, tantôt plus, tantôt moins, et une sorte d'équilibre de meurtres finit par s'établir. Une égale discipline régna dans chacune des petites forteresses. Tous les hommes en âge d'y tenir une épée s'y unirent si étroitement qu'ils n'eurent plus ensemble qu'une terre, qu'un nom, qu'une volonté, qu'une âme. Ils furent comme les membres d'un seul corps. Les femmes qui partageaient leurs dangers, mais ne pouvaient combattre, honorées comme mères, suspectées comme amantes, furent, elles aussi, tenues par de dures lois. Elles ne possédaient rien, elles n'héritaient de rien, elles étaient mariées au gré des hommes porteurs d'épées, et cela était encore nécessaire : car le caprice d'une femme aurait pu introduire l'ennemi dans la communauté, lui porter un coup mortel.

Des années passèrent, et, des dizaines d'autres familles pareilles étant venues, deux ou trois s'unirent pour en combattre une autre ; cette dernière à son tour se chercha des alliés. On échangea le sang, on échangea des femmes. Ainsi naquirent les villages, et des nations embryonnaires apparurent avec leur sénats, leurs chefs annuels et leurs lois ; mais, comme elles étaient toutes nées des mêmes rencontres et des mêmes conditions, elles furent, elles aussi, semblables les unes aux autres. Leur premier rôle fut de restreindre l'indépendance des familles qui les composaient. Une lutte plus ou moins pacifique s'engagea entre le droit nouveau de la cité et le droit antique de ces corps homogènes qui avaient regardé la liberté absolue comme la condition même de leur existence. A la fin, la cité l'emporta, et de la somme de ses victoires gardées dans la mémoires des Anciens, ou inscrites sur des registres, résulta la Règle, la Loi par excellence, le Kanoun, code pénal et, pour une part, code civil, qui fut, dans ce monde à demi-sauvage, le premier indice du triomphe de l'humanité. Toutefois les familles n'abdiquèrent pas sans s'être défendues, et gardèrent même trois de leurs plus redoutables privilèges, la disposition de la femme, la revendication de la terre, la libre vengeance du sang versé.

Une fois créés les villages cherchèrent à s'entredétruire, comme avaient fait les familles du premier âge ; en même temps la nécessité qui avait déjà soudé les familles dans leurs enceintes les rapprocha des uns des autres, et les tribus se formèrent, elles aussi dirigées par des conseils et des chefs élus. Des montagnes couronnées de cinq ou six fortins devinrent des unités et comme des personnes vivantes ; leurs guerriers en descendirent ensemble sous le commandement de leurs Anciens pour combattre dans les ravins qui les entourent ; elles se laissèrent imposer des règlements d'utilité publique et même des lois. Enfin ces tribus, à leur tour, lasses par instants de combats et d'inquiétudes, finirent par conclure de longues trèves dans les cantons où la nature les avait réunies en masse à peu près compactes, et des confédérations s'organisèrent à la fois pacifiques et défensives. Il y a plus encore : s'il faut en croire Ammien Marcellin, Ibn Khaldoun, Marmol, quelques parties de la Kabylie ont eu des rois.

Rien de plus simple en théorie que la superposition de ces étages ; mais une société n'est pas un édifice de pierre : c'est un être vivant composé d'êtres vivants qui luttent sans cesse, et les uns contre les autres, pour l'existence. Le village était loin d'avoir absorbé les familles, la tribu les villages, la Ligue les tribus. Dans la même enceinte des quartiers séparés par des murs ou par des rues, et communiquant par de larges portes semblables à celles du dehors, attestent encore que les familles étaient toujours prêtes à rompre les contrats antiques qui les unissaient. Si elles étaient trois, deux s'associaient pour opprimer la troisième dans le conseil du village ; si elles étaient quatre, elles se partageaient nettement en deux camps. Un des deux partis s'appelait toujours le parti « d'en bas », *Çof Souadda*, l'autre celui « d'en haut », *Çof Oufella*. Les gens d'en haut avaient-ils le dessous, ils s'alliaient sans hésiter aux gens d'en haut d'un village voisin, et ceux d'en bas faisaient de même, de sorte que tous les villages, d'un bout à l'autre du Djurdjura, étaient divisés comme des damiers en cases de deux couleurs. La paix ne s'y maintenait que par un miracle d'équilibre. Les tribus à leur tour menaçaient souvent de se séparer les unes des autres, pour former de nouvelles ligues. Rien n'était plus flottant, plus incertain, que les fameuses *Kebaïel*. En un mot, chaque village, chaque tribu, chaque confédération, fermentait de mécontents qui méditaient sa ruine, et les voisins s'y détestaient comme des étrangers.

De là une vie sombre et périlleuse, pleine de soupçons et de rancunes, sans délassements ni plaisirs, appliquée toujours aux durs travaux de la culture et de la guerre. Il n'est certes rien de plus admirable que les longues pentes qui descendent du pied des villages kabiles jusqu'au lit des torrents qui les enveloppent, striées de sillons profonds, verdoyantes de figuiers et de champs d'orge, assombries par des massifs d'oliviers. Le plus petit carré de terre, et le plus malaisé, y est fouillé à la pioche, et acquiert une valeur incroyable. La raison vraie de ce prodige dans l'Afrique du Nord est que les hommes qui en ont tiré leur vie ne pouvaient pas aller ailleurs. Cloisonnés dans des territoires minuscules, ils avaient tout autour d'eux des ennemis déclarés, au moins des rivaux prêts à prendre leurs places. S'en éloigner était s'exposer à la misère, courir peut-être au-devant de la mort, et cependant cette existence consacrée par l'habitude leur semblait bonne parce qu'ils n'en connaissaient pas d'autre qui pût garantir leur sécurité et leur honneur. Ils aimaient à rester pauvres dans leurs nids d'aigles qu'ils jugeaient inaccessibles.

Plus d'une fois ils ont été attirés dans le remous des grands empires de Maroc, de Tunis ou de Stamboul. Il ont énergiquement refusé d'en faire partie, aimant mieux rester eux-mêmes que devenir citoyens du monde. Ils ont même résisté aux séductions de l'Islam. Ils en ont reçu les articles de foi ; ils croient en Dieu unique et en son prophète illettré : mais la fraternité musulmane, la discipline musulmane, la loi musulmane dérivée des révélations divines, ils s'en sont défendus pendant des siècles avec une âpre et singulière constance. En vain des prédicants et des Saints venus par centaines de près ou de très loin, de Bougie, de Sétif, d'Alger, de Fez, de Taroudant, et de Baghdad, se sont introduits au milieu d'eux, y sont restés, ont fait souche de familles pacifiques et savantes au milieu de leurs familles ignorantes et belliqueuses ;

en vain ils leur ont donné l'exemple de la paix, du pardon réciproque, et de la concorde des vrais croyants ; en vain ils ont bâti entre leurs villages de guerre, dans des vallées ouvertes, des hameaux sans murailles comme pour les inviter à descendre de leurs refuges. Ils n'ont accepté et encore avec méfiance, que leur intervention à la fin des batailles meurtrières que les familles, les partis, les villages, se livraient de temps à autre ; ils ont repoussé comme des présents funestes les nouveautés civilisatrices qui leur semblaient devoir les amollir et les avilir plus tard sous le joug d'un maître. Ils ont voulu, en dépit du Koran lui-même, que leurs femmes restassent privées d'héritage, ou du moins n'héritassent jamais de la terre, pour maintenir leurs familles homogènes sur leur sol si péniblement conquis ou conservé. Ils n'ont jamais admis, encore malgré la parole expresse du Prophète, que le pardon valût mieux que la vengeance. Ils n'ont abattu aucune des cloisons qui les séparaient les uns des autres, et leurs villages sont restés dressés contre leurs villages, leurs tribus contre leurs tribus, comme une protestation de l'humanité primitive contre les compromis et la mollesse universelle du monde civilisé.

L'heure sonna cependant où leur indépendance disparut dans une tempête. Abd-el-Kader, cet extraordinaire patriote sans patrie, qui était venu mendier vainement leur concours, la leur avait prédite. Les Français sont montés à l'assaut de leurs montagnes comme une mer en furie, ils les ont submergés en quelques jours, et le Fort Napoléon, aujourd'hui Fort National, enraciné sur leur plus haute montagne cultivée, est la France même implantée au milieu d'eux comme pour l'éternité. Quelqu'évidente que fût leur défaite avant même qu'ils eussent combattu, quand l'armée du Maréchal Randon était campée au pied des pentes des Beni-Raten, et surtout quand, maîtresse de la crête qui commande la Kabylie entière, elle avait tous leurs villages sous ses pieds, ils ont voulu verser le meilleur de leur sang avant de poser les armes, et c'est là un trait de vaillance désespérée qui leur fait honneur ; mais justement dans ces combats suprêmes leur société apparut bien ce qu'elle était, d'une structure imparfaite et d'une étonnante faiblesse, malgré son apparence redoutable. Si les villages de chaque tribu restèrent groupés ensemble, si même des tribus marchèrent d'un commun accord, du moins l'armée française ne rencontra nulle part devant elle une Kabylie compacte et unanimement résolue. Ce que ces « Ligueurs » étaient en temps de paix, ils le furent et le demeurèrent jusqu'au dernier moment de leur résistance, divisés en fractions jalouses les unes des autres, plus ennemis de leurs voisins qu'ils ne l'étaient de leurs vainqueurs, et on eut ce spectacle étrange des vaincus de la veille demandant la faveur de se mêler à nos rangs, et même de marcher à notre avant-garde, si bien que la dernière de leurs tribus, celle des Illoulen à l'extrémité de notre ligne de conquête, fut réduite à merci, incendiée et pillée par toutes les autres réunies, sous les yeux de nos soldats. Ceux qui purent en être surpris ignoraient ce qu'est l'état barbare. La résistance des kabyles n'eut en rien la forme d'une résistance nationale, parce que la nation kabyle n'existait pas.

L'insurrection de 1871 n'a pas fait jaillir du sol une Kabylie nouvelle, et maintenant une question se pose. Que deviendra ce petit monde que le destin a remis entre nos mains ; que devons-nous et que pourrons-nous en faire ? Nous avons sagement respecté son organisation sociale, ses lois d'un âge reculé, ses coutumes quelquefois choquantes. Nous n'y avons encore exercé que les droits essentiels de la souveraineté, la police, la répression des délits et des crimes, l'imposition d'une capitation et de quelques-unes de nos taxes. Irons-nous plus loin ? A quelle heure précise et dans quelle mesure ? Avons-nous une conscience assez claire des devoirs éminents qui dérivent de notre conquête, et sommes-nous certains de leur rendre en bienfaits l'équivalent de leur liberté perdue ? L'avenir y pourvoira, dit-on. Cela ne suffit pas. Il faudra que nous y pourvoyons nous-mêmes, qu'après avoir été forts nous soyons charitables, que les conquérants d'hier, que les administrateurs d'aujourd'hui, deviennent les instituteurs et les guides de ce peuple ignorant et craintif à travers le monde moderne. Déjà des symptômes favorables se révèlent, ne serait-ce que nos écoles déjà plus nombreuses que les mosquées de l'Islam, qui nous permettent de concevoir de belles espérances ; mais le moment est critique et nous devons bien savoir qu'une partie de notre honneur devant la postérité dépend des résolutions qu'il nous faut prendre.

En attendant, ne cessons pas de voir et d'étudier, méditons sur un tel sujet, communiquons-nous nos observations et nos idées, voyageons, lisons, et, si nous le pouvons, faisons de bons livres. En voici un plein de faits et de renseignements, complet dans sa forme, loyal et utile. L'auteur y a résumé tout ce qu'un homme du monde doit savoir de la Kabylie, tout ce qu'un travailleur assidu peut glaner d'attrayant et de profitable dans nos bibliothèques déjà longues sur son histoire, ses coutumes et sa condition présente. Si l'amitié que je lui porte m'empêche de le louer mieux, elle ne m'interdit pas au moins de lui souhaiter vivement l'excellent accueil qu'il mérite. Un proverbe des Touareg dit : « Jette le bienfait derrière toi, il retombe devant toi. » Je suis certain que M. Liorel en vérifiera l'exactitude. Son volume est une bonne action qui ne manquera pas de trouver sa récompense près de ses lecteurs.

E. Masqueray,

AVANT-PROPOS

Quiconque a passé quelque temps à Alger, cette ville éblouissante de lumière et d'originalité, avec ses cascades de maisons bleues et blanches, ses rues escarpées, parcourues tout le jour et en tous sens par la foule la plus cosmopolite, la plus bizarre, la plus bariolée qu'on puisse imaginer, n'a pu oublier cette admirable baie ou la mer bleue par les reflets d'un ciel sans tache, vient expirer sur la poussière dorée des grèves. Les pentes de Mustapha, parsemées de nombreuses villas, enfouies dans l'ombre verdoyante des orangers et des néfliers du Japon, perdues sous le mystérieux feuillage des oliviers, puis le promontoire étincelant du cap Matifou, les premiers contreforts de l'Atlas, roses au lever et au coucher du soleil, d'indigo pendant le jour, captivent pendant de longues heures et pour toujours nos regards émerveillés. Tout-à-coup, la vue s'arrête. Là-bas, au-dessus et au delà des premiers monts, se dresse fier et majestueux, le tamgout (pic) de Lalla Khadidja. Pendant l'hiver, la neige, cette chevelure des pics, vieux comme le monde, aime à se reposer aux branches de ses cèdres séculaires. Puis,

O lys mystérieux qui t'effeuilles sans bruit (1).

tu disparais au printemps, pour porter la prospérité et la fraîcheur dans les vallées de cette région splendide qui s'appelle la Kabylie.

La Kabylie, combien peu à l'heure actuelle la connaissent ; combien peu même l'ont vue ? En 1876, M. Masqueray, un savant qui a rendu les plus grands services à notre colonie en nous la faisant connaître et auquel je dois un amour sincère pour cette nouvelle France, pouvait écrire : « Les touristes, qui n'ont vu la Kabylie que de la terrasse de Fort National, ont eu, sous les yeux, un des plus beaux paysages du monde, mais ne savent rien des villages Kabyles. On leur a montré des groupes de maisons grises, couvertes de tuiles rouges, sur toutes les pointes environnantes, et ils sont revenus satisfaits. A Alger même, on se vante d'avoir visité Fort national ». (Impressions de voyage, *Revue politique et littéraire*, 19 et 26 février 1876).

Les temps sont-ils beaucoup changés ? Nous ne le croyons certes pas.

Et cependant, quel plus admirable pays mériterait d'attirer davantage notre attention ; quelle colonie devrions-nous visiter avec plus de soin, avec plus de sollicitude ?

La Kabylie, a-t-on dit, est la clef de l'Algérie. « Tant que les innombrables et intrépides habi-

(1) Richepin.

tants du quadrilatère montagneux compris entre Dellys, Aumale, Sétif et Collo, conserveront des dispositions pacifiques, le reste de l'Algérie, fût-il en feu, notre domination n'en serait pas compromise. Inversement, un soulèvement général de ces contrées nécessiterait, pour être réprimé, de très sérieux efforts » (Paul Bert, *Lettres sur la Kabylie*). Dès lors, il faut que la Kabylie soit matériellement et moralement à nous.

Que faut-il faire pour conjurer ce péril en conservant la Kabylie ? Il faut la connaître. Pour que la Kabylie soit matériellement à nous, il faut que nous sachions qu'elle peut nous procurer les plus grands avantages, si nous voulons bien nous occuper d'elle ; il faut que nous sachions où doivent tendre nos entreprises pour utiliser sa situation exceptionnelle et les excellentes dispositions de ses habitants. Pour que la Kabylie soit moralement à nous, il faut que nous connaissions son histoire, ses mœurs, ses coutumes, pour être à même de juger et de comprendre le caractère de ceux que nous devons rattacher intimement à la France.

Aussi bien est-ce une tâche fort attrayante. D'autres l'ont déjà remplie et fort bien, me dira-t-on. Qu'importe, il nous semble que nous pouvons, nous aussi, nous écrier : « que parler à des Français de cette partie de notre Afrique, la dernière conquise, la plus originale, la moins battue jusqu'ici par les publicistes et les touristes, leur parler surtout des dispositions intimes de ce peuple, leur raconter le bien qu'on commence à lui faire, leur indiquer les lueurs d'espérance que ces bons essais font naître, ce n'est point causer en l'air ni de choses d'outre-tombe. Puis qui sait ? Peut-être ces pages tomberont-elles sous les yeux de quelques vieux amis de l'Algérie. Alors, si ce qu'on dit est vrai, que ce cher pays a la vertu magique d'inspirer la sympathie jusqu'à se faire préférer quelquefois à la terre natale »(1), peut-être verrons-nous plus de Français venir tenter de vivre heureux et de s'enrichir sur ce nouveau sol au lieu d'aller essuyer presqu'inévitablement à l'étranger tous les revers d'une émigration maladroite, Ce but ne suffirait-il pas à justifier un nouvel appel, en faveur de l'Algérie, dont la Kabylie est une des plus majestueuses et des plus souriantes régions.

Ecrire un livre sur la Kabylie pour la faire connaître au plus grand nombre, tel sera notre but. Mais quel sera ce livre ? Notre œuvre modeste consistera à vulgariser ce qui a été dit et écrit sur ce pays. Il y aurait une prétention bien naïve à vouloir faire une étude personnelle sur la Kabylie, alors que d'excellents auteurs ont si utilement décrit cette région. MM. Hanoteau et Letourneux, Devaux, Masqueray, Daumas et Fabar, pour ne citer que ceux-là, ont dévoilé ses origines, ont mis à nu les parties les plus secrètes et les plus ignorées de cette partie de l'Afrique, et leurs études n'ont pas besoin d'être complétées. Mais malgré l'excellence de ces travaux, nous nous sommes pris à regretter qu'aucun auteur n'ait écrit jusqu'à ce jour un livre, où serait réuni, dans une forme simple et complète, tout ce qu'il importe de connaître de la Kabylie. Nous avons senti là une

(1) P, Joseph Dugas, *La Kabylie*.

lacune, et notre seule ambition serait d'arriver à la combler.

Dès lors, réunir dans un ordre méthodique tout ce qui a été dit sur la Kabylie, a été l'objet de nos soins les plus assidus. Simple compilation, dira-t-on, où sera relaté tout ce qui a été publié sur cette région. Oui, compilation, mais compilation que nous avons jugée utile, si l'on considère que grâce à elle, beaucoup de personnes, n'ayant ni le temps, ni la possibilité de pouvoir exercer leurs recherches dans des écrits nombreux et épars, pourront avoir sous la main un ouvrage décrivant la Kabylie telle qu'elle est et telle que des études sérieuses nous l'ont fait connaître. En écrivant l'histoire d'un peuple, qui pourrait échapper à ce reproche de compilation ? L'histoire ne saurait appartenir au domaine de l'imagination, elle ne s'écrit qu'avec des documents déjà existants, elle ne repose que sur des faits déjà constatés. L'œuvre de l'historien réside tout entière dans la clarté, dans l'ordre, dans la méthode, dans la scrupuleuse exactitude des faits et dans une rigoureuse impartialité, qualités essentielles pour la confection de l'histoire. D'ailleurs que de faits nouveaux à relater depuis les événements de 1871 et jusqu'ici restés inédits, que de considérations philosophiques nouvelles à déduire, au fur et à mesure que notre colonisation devient l'objet de controverses presqu'aussi nombreuses que stériles.

Est-il maintenant besoin d'ajouter que le lecteur trouvera ici, un nombre considérable de citations, émanant des auteurs jouissant d'une autorité incontestable. Non seulement, ce procédé pourra assurer à notre livre une valeur très appréciable, mais pour ceux qui voudraient pousser plus loin leurs investigations, il aura l'avantage de leur fournir toutes les indications des sources auxquelles nous avons nous-mêmes puisé.

Notre rôle ainsi déterminé, notre seul effort consistera à n'apporter que des données certaines, des documents irréfutables : puissions-nous arriver à ce résultat, et nous nous estimerons très heureux.

Pour être tout à la fois clairs et précis, nous avons divisé cet ouvrage en dix livres.

Le premier livre contiendra tout ce qui se rapporte à la description géographique, physique, géologique, etc., de la Kabylie.

Dans le second livre, nous donnerons un aperçu de l'histoire de la Kabylie depuis les temps les plus reculés jusqu'à l'époque de notre conquête.

Le troisième livre comprendra l'histoire de la conquête et celle des événements qui ont pu se produire depuis cette époque jusqu'à l'insurrection de 1871.

L'insurrection de 1871, dans ses causes et ses effets, fera l'objet de notre livre quatrième. Nous relaterons, dans ce même livre, les faits accomplis depuis cette année désastreuse jusqu'en 1881.

Dans le cinquième livre, nous étudierons l'histoire de la dernière insurrection, l'insurrection de 1881. Nous rechercherons ses causes et les résultats qui en ont été la conséquence. Nous examinerons, non sans curiosité, l'attitude des Kabyles pendant toute cette période.

Le sixième livre sera consacré au parallèle qu'il y a lieu d'établir entre l'état actuel de la Kabylie et celui antérieur à notre conquête, au point de vue de l'administration du pays, de l'état social de l'individu, de ses droits et des législations qui furent ou qui sont aujourd'hui en vigueur.

Les mœurs, les usages et les coutumes des Kabyles feront l'objet de notre livre septième. Nous mettrons dans cette étude un soin tout spécial, signalant les modifications que la conquête a pu apporter et les causes de ces changements.

Le huitième livre nous enseignera l'état des lettres, des sciences, des arts, de l'industrie, de l'agriculture et du commerce, tant dans la période qui a précédé notre occupation que depuis cette époque.

Enfin, dans une neuvième et dernière partie, nous résumerons les divers systèmes de colonisation préconisés pour arriver à l'assimilation du Kabyle au Français. Nous étudierons ce qui peut faire accepter ces systèmes et ce qui, au contraire, doit les faire rejeter.

En forme de conclusion, nous exposerons, dans le dixième et dernier livre, un système de colonisation, fondé sur les données que nous aurons recueillies, et qui sera le résultat des études auxquelles nous nous serons livrés.

Avant de terminer cet avant-propos, qu'il me soit permis de remercier ici bien sincèrement mon savant maître et ami, M. Masqueray. En voulant bien m'autoriser à mettre son nom en tête de cet ouvrage et en écrivant la préface de ce livre, il m'a donné le gage d'une bienveillante amitié dont je ne cesserai de m'honorer. Que mon excellent ami Sidi Zin ben si Moula, Président des Aït Iraten, veuille bien aussi accepter mes remercîments pour l'amabilité qu'il a eue de me communiquer certains documents. Continuant avec zèle l'œuvre de Sidi Moula-Aït Ameur, son père, Kabyle français par le cœur et par les services qu'il a rendus à notre colonie, il mérite hautement cet hommage public que je suis heureux de lui rendre.

Alger-Mustapha, le 16 mars 1892.

LIVRE PREMIER

GÉOGRAPHIE DESCRIPTIVE

Tout d'abord, et avant de commencer l'étude qui fera l'objet de ce premier livre, il est nécessaire de rechercher la signification du mot « Kabylie ». Il ne faut pas y attacher une valeur ethnique qu'il n'a pas et qu'il n'a jamais eue. « Kabylie » vient de l'arabe « K'abila », dont le sens étymologique est « en face les uns des autres, dans leurs déserts et tous de valeurs égales ». En voyant la réunion de toutes ces tribus, de tous ces villages, situés en face les uns des autres, dans des contrées plus ou moins inaccessibles, et avec une apparence d'égalité parfaite chez les individus, on a appliqué à toute la région le mot « Kabylie ».

En réalité « K'abila », veut dire « confédération, agglomération » ce qui au pluriel peut s'exprimer par « les ligues ». C'est là le véritable sens de ce mot.

Le mot « Kabyles » n'est d'ailleurs pas employé seulement en Algérie ; en Arabie, on appelle de ce nom les Arabes Ajar ou Danakil, qui occupent la contrée située à l'est de l'Abyssinie ; au Maroc, les Imazighen du nord portent aussi ce nom.

On a dit et répété que les habitants de Jurjura ne se donnent pas le nom de Kabyles mais celui de « Imazighen », (au singulier « Anzigh »), c'est-à-dire les hommes libres. A notre avis, cela est inexact ; ils se disent Gouaoua ou Zouaoua. Le mot « Imazighen » vient du touareg « Amaher », au pluriel « Imohar », qui signifie pillard, et par extension, libre. Quelques changements de prononciation et d'écriture font qu'au Maroc, l'on dit « Amazir » au lieu de « Amaher » et « Imaziren » au lieu de « Imohar ». De « Imaziren » à Imazighen, il n'y a qu'un pas. Mais nous le répétons, les Kabyles ne se donnent pas ce nom entre eux.

Ceci dit, examinons la configuration géographique de la Kabylie : cette tâche nous sera singulièrement facilitée par la remarquable carte du maréchal Randon et par celles dressées sous la direction de l'état-major, et aussi par les excellents travaux de MM. Carette, Hanoteau et Letourneux, etc....

La Kabylie du Jurjura, qu'on appelle aussi la Grande Kabylie, est cette partie de l'Algérie, comprise entre : « la Méditerranée, au Nord : le cours de l'Isser depuis son embouchure jusqu'aux ruines du pont de Ben Hini à l'Ouest ; le Jurjura et le prolongement occidental de cette chaîne, jusqu'à l'Isser, au Sud ; et à l'Est, le prolongement oriental du Jurjura suivant la ligne de crête qui passe par les cols appelés : Tizi-n-Tirourda, Tizi-Ichelladhen, Tizi-n-Cheriâ, Tizi-n-Tizberbar, Tizi-Oukfadou, va tomber à la mer à quelques lieues dans l'Est du cap Corbelin. Ces limites sont à peu près celles de la division de Dellys » (1).

Telle est la description faite par MM. Hanoteau et Letourneux. Si nous voulons déterminer d'une façon plus complète cette configuration, nous n'avons qu'à suivre sur une carte la ligne suivante. Partant de la Méditerranée au Nord, auprès de El Meurdja Touïla, nous descendons en ligne presque perpendiculaire jusqu'au niveau des Ouled el Arbi, nous inclinons à l'Est jusqu'aux Ouled ben Chatat, et jusqu'à la rencontre de l'Isser à la hauteur de Haouch ben Teldjâ. La ligne passe en deçà de l'Isser pour venir presque jusqu'à Bou Smaïl, elle incline alors presque horizontalement jusqu'au cours de l'Isser, qu'elle suit presque sans discontinuité jusqu'à l'affluent Asif el Djenta. De cet endroit, la ligne redescend au Sud dans la direction de Doukkara Ouled Djellada et de Chabet-el-Akra ; elle se prolonge encore un peu au Sud, puis après avoir suivi quelque temps la direction de l'Ouest à l'Est, remonté pour passer à El' Ah'mra, El Djemaâ, Ait T'el'ha. De là elle va au Sud du côté de Bordj Bouira et remonte à Tizi Ouzaboub, passe au Tamgout (pic) Aïzer, suit la direction Ouest-Nord-Est pour passer

---

(1) Hanoteau et Letourneux, *La Kabylie*. T. 1.

à Aït Aggad, Azrou Gougan, Azrou en Temedouïn, Tizi-n-Kouilal, Tizi-n-Takherrat, Tizi-n-Aït-Ouâban, Tizi-n-Tirourda, Tizi-n-Tizit. De ce point, cette ligne remonte très franchement vers le Nord-Est en passant par Tizi-Ichelladhen, Tizi-berth, Tizi-n-Cheriâ, Tizi-n-Tezberbar, Tizi Oukfadou jusqu'à la hauteur et à l'ouest de Tahourirt Iniin; elle incline alors à l'ouest jusqu'à la hauteur et à l'est de Ahamil, puis remonte au nord jusqu'auprès de Talbant. De ce point elle va à l'est jusqu'à Tizi-n-Temissa, reprend sa direction au Nord en passant par Tizi-n-Toumelilin, Tahariktou Amara, Tinri aït Moussa, Aït Abdel Mounen jusqu'à Etrouck. Elle suit la direction Ouest jusqu'à Tizi Bou Nâman, Cheurfa, et se dirige vers le Nord et à l'Ouest de Ir'il Melloulen jusqu'à la mer.

La surface totale de la Kabylie considérée comme formant l'ancienne subdivision de Dellys est de 365904 hectares; mais en réalité sa superficie est de 525008 hectares; l'arrondissement de Tizi Ouzou seul a une étendue de 352021 hectares.

Pays extrèmement montagneux, sans plaines, car l'on ne saurait donner raisonnablement ce nom à des sortes d'ondulations de terrain flanquées sur la pente des montagnes, les vallées y sont étroites et encaissées.

Montagnes. On peut diviser le système orographique de cette région en quatre chaînes : la chaîne du Jurjura, la chaîne des Maâtka, la chaîne du littoral, et un chaînon, plutôt qu'une chaîne proprement dite, séparant l'Isser du Sebaou.

I. *Chaîne du Jurjura.*

Cette chaîne, la principale, celle qui forme pour ainsi dire le noyau autour duquel vient se rattacher tout le système montagneux de la contrée, est formée par le Jurjura et ses prolongements de l'Est et de l'Ouest. Elle est considérée comme étant celle appelée par les Romains

« Mons Ferratus », « le Mont bardé de fer », très probablement à cause de la résistance opiniâtre que ceux-ci rencontrèrent de la part des Kabyles, résistance qui les empêcha de pénétrer dans l'intérieur du pays. Sa longueur ne dépasse guère 40 kilomètres et s'étend du Tizi-Oujaboub (col du roseau) au col de Tirourda (Tizi-n'-Tirourda) Sa direction est presque parallèle à la mer, dont elle n'est éloignée que d'une dizaine de lieues environ. Elle se courbe à l'Ouest vers le Nord, dans la direction de Bougie en s'abaissant peu à peu jusqu'au littoral de la mer.

Quand les Kabyles veulent désigner le Jurjura, ils le nomment plus spécialement Adrar (la montagne, la seule pour eux) : s'ils emploient le mot Jurjura, ils le prononcent « Djerdjera ».

Séparé par le massif qui domine le Tamgout de Lalla-Khadidja, le Jurjura comprend deux parties bien distinctes. A l'Est, une partie qui se relie au massif par le Tizi-n-Kouilal ; à l'ouest, l'autre partie, reliée au même massif par le Tizi-n'-Takerrat.

L'altitude de ces montagnes est élevée. Le Tamgout de Lalla-Khadidja n'a pas moins de 2308 mètres au dessus du niveau de la mer ; l'Azrou Gougan (rocher des bœufs) a 2209 mètres ; le Tamgout des Aïzer a 2066 mètres ; et le pic que l'on désigne sous le nom d'Aiguille, 2036 mètres.

Tous ces pics sont accessibles jusqu'à leur faîte dans la belle saison, et les bergers Kabyles vont fréquemment y conduire leurs troupeaux de chèvres. Mais à partir du mois de novembre jusqu'au mois de mai, ils deviennent absolument impraticables, ensevelis sous des couches de neige peu dure et par suite sujette à de fréquents éboulements. Les cols, qui relient ces pics, permettent le passage d'un versant à l'autre pendant la belle saison, mais pendant l'hiver deviennent d'un accès difficile et dangereux. Ils ont d'ailleurs des altitudes relativement très élevées. Le Tizi Boulma (col de la prairie) est à 1681 mètres ; l'Açoual à 1941 mètres ; le Thabbourt Tamellalt (porte blanche) à 1628 mètres ; le Thabbourt Bouzgueur (porte du bœuf) à

1784 mètres ; le Tizi-n-Kouillal à 1578 mètres ; le Tizi-n-Thakerrat à 1808 mètres et le Tizi-n-Aït Ouâban (col des descendants Ouâban) à 1766 mètres. D'autres cols moins importants livrent autant de passages pour communiquer en de nombreux endroits et sont d'un accès facile.

L'aspect général de la chaîne du Jurjura est tout à la fois sauvage et grandiose. Les crêtes effilées, les flancs abrupts, sur lesquels poussent seuls des cèdres plusieurs fois séculaires, leur donnent un aspect que l'on ne rencontrerait en aucun coin de la Suisse. Lorsque l'altitude baisse, le cèdre disparaît, (il ne pousse guère au dessous d'une altitude de mille mètres) et fait place aux chênes verts qui forment un espèce de tapis de verdure aux pieds des pics géants. Ce n'est point non plus, ni la majesté des Pyrénées, ni la sévérité des Alpes ; c'est un enchevêtrement de pics et d'escarpements, semés à profusion dans le plus capricieux désordre. Dans les vallées que coupe, à chaque instant, une crête, un piton, la végétation est luxuriante. Sur les pentes, partout des jardins, des oliviers, des figuiers et des vignes ; puis de grands frênes, des ormes, des chênes verts, des lauriers roses ; le tout traversé par une foule de petits ruisseaux nés de la montagne, et descendant en mille petites cascades jusqu'au torrent, au fond de la vallée.

Perpendiculairement à la direction du Jurjura, de nombreux contreforts se détachent de son massif principal ; les plus importants sont au nombre de huit. Nous empruntons textuellement leur description à l'ouvrage déjà cité de MM. Hanoteau et Letourneux.

« Le premier de ces contreforts, en partant de l'Ouest, est occupé par la tribu des Aït Ououkdal (gens de la prairie) de la confédération des Aït Sedka. Sa longueur est d'environ sept kilomètres. La crête descend rapidement vers Tizi-el-Bordj (col du fort) en passant par les villages des Aït ou-Ahlan, à 789 mètres au-dessus du niveau de la mer, et Aït Mohammed ou-Touddert, à 755 mètres ; puis elle remonte au Nord vers le village de Taourirt-en-Tezgui, à 682 mètres, où elle se bifurque en deux crêtes secondaires couronnées, l'une par les villages des Aït Said ou-Daly, à 579 mètres, et Tahachchat' (l'olivier sauvage), et l'autre par l'Azib des Aït Sidi Lounès, à 598 mètres, et le mamelon d'Ir 'il Guezla (la crête des chansons).

« Le deuxième, de quatre kilomètres de longueur, est habité par les deux tribus des Aït bou Akkach et des Aït Ouasif, de la confédération des Igaouaouen. Sa crête est couronnée par les villages de Tiguemmounin, Zaknoun, Tikichourt, à 672 mètres d'altitude; Tikidount, à 670; Zoubga, Aït bou Abderrahman et Aït Abbès, à 710.

« Le troisième est l'un des plus importants du système : Les trois tribus des Aït Boudrar (gens de la montagne), Aït Ouasif et Aït Yenni s'en partagent la propriété. Sur sa crête, qui n'a pas moins de dix kilomètres de développement, s'élèvent les villages de Ir 'il-n-Etsedda, Aït Ali ou-Harzoun, Thasaft Ouguemmoun, Aït Erbah', Taourirt el-Hadjadj, Taourirt Mimoun, Aït el-Arba et Aït el Ahsen.

« Les altitudes de ces villages sont :

	mètres
Aït Ali ou-Harzoun	1.032
Thasaft Ouguemmoun	806
Aït Erbah'	791
Taourit el-Hadjadj	819
Taourit Mimoun	885
Aït el-Arba	888
Aït el-Ahsen	880

« Le quatrième, le cinquième, le sixième et le septième, qui vont en diminuant de longueur, appartiennent encore aux Igaouaouen et sont occupés par les Aït Boudrar, Aït At'taf et Ak'bil.

« Enfin, le huitième contrefort, le plus considérable de tous, a sa racine à la hauteur du col de Tirourda. Sa crête, d'abord normale à la direction générale du Jurjura, s'infléchit à l'Ouest et décrit un quart de cercle de 20 kilomètres environ, qui enveloppe tous les contreforts dont nous venons de parler. Cette crête est jalonnée par les villages de Tazrout, Tiferdhoud, Taskenfout, Azrou Oukellal, Aguemmoun Izem (mamelon du Lion), Icherridhen et par Fort Napoléon (1).

« Les altitudes de ses principaux sommets sont :

	mètres
Mamelon d'Ourdja	1.356
Tiferdhoud	1.182
Mamelon du Sebt des Aït Yahia	1.220
Taskenfout	1.037
Aguemmoun Izem	1.015
Icherridhen	1.055
Mamelon d'Aboudid (le pieu)	1.050
Fort Napoléon (Fort National)	961

« Ce contrefort auquel nous donnerons le nom de contrefort de Fort Napoléon, est un véritable rameau de la chaîne principale. De son faîte se détachent, comme autant de côtes d'un corps vertébré, des arêtes qui l'arc-boutent à droite et à gauche. A son extrémité, près de Fort Napoléon, il s'épanouit en plusieurs arêtes habitées par les fractions de la confédération des Aït Iraten. Les tribus qui occupent les arêtes latérales sont : du côté du Jurjura, les Aït bou Yousef et Aït Menguellat, des Igaouaouen, et les Aouggacha, des Aït Iraten : du côté du Sebaou, les Aït Itsourar', Aït Yahia, Aït bou Chaïb, Aït Khelili et Aït Fraoucen.

« Un bonne route stratégique, suivant le faîte de ce contrefort, avec amorces sur les crêtes principales, mettra toutes les populations des deux flancs à la merci de nos colonnes. Les Kabyles l'ont bien compris : aussi, disent-ils, en parlant de Fort Napoléon, qui occupe la tête de cette route, que c'est une épine plantée dans l'œil de la Kabylie.

« A l'est du col de Tirourda, le même système se continue jusqu'à une certaine distance. Mais les trois ou

---

(1) Fort Napoléon est devenu, depuis l'impression du livre de MM. Hanoteau et Letourneux, Fort National.

quatre contreforts habités par les Illilten et les Illoulen Oumalou n'ont plus qu'une importance secondaire. »

II. *Chaîne des Maâtka.*

Cette chaîne paraît être le prolongement du contrefort de Fort National. Elle n'en est d'ailleurs séparée que par la rivière des Aït Aïssi. Formée par une série d'arêtes, ses principaux sommets sont : le Souk el Arba des Iflissen oum-el-Lil, à 896 mètres au-dessus du niveau de la mer, la Koubba de Timezerit à 892 mètres et l'Arba des Aït Douala à 891 mètres. La route du Djemâa des Issers à Dra-el-Mizan et à Fort National la coupe en plusieurs endroits, notamment aux cols : Tizi R'ennif, Tizi-n-Tedelès et Tizi-n-Tleta. S'abaissant tout-à-coup, pour ne former que des mamelons entre l'Oued Bougdoura et la rivière des Aït Aïssi, il se relève et forme la montagne des Aït bou Khalfa.

III. *Chaînon du Bou-Berak.*

Ce chaînon, auquel nous donnons le nom de son sommet le plus élevé, le Bou Berak (648 mètres) se détache de la chaîne des Maâtka. Un peu au nord du col d'Azib Zamoum, il se dirige en deux crêtes distinctes vers le Nord, et sépare le bassin de l'Isser de celui du Sebaou.

II. *Chaîne du littoral.*

Enfin, au nord du col d'Akfadou, se détache une chaîne qui longe le bord de la mer jusqu'à la hauteur de Dellys. Le Tamgout des Aït Djennad (1,200 m.), le mamelon d'Aïn el-Arba (876 mètres) sont les points les plus élevés de cette chaîne.

Rivières et cours d'eau. — Tout d'abord en suivant le littoral méditerranéen, nous trouvons un certain nombre de ruisseaux et de petites rivières que nous ne ferons qu'énumérer dans l'ordre où ils se trouvent en allant de l'ouest à l'est. Ce sont : l'oued Melek, l'oued Amara, l'oued el-Deliny, l'oued Sidi-Mogared, l'oued el-Hammam, l'oued el-Frescha, l'oued el-Moussa, l'oued el-Arbâ, l'oued Sidi-Ahmani, l'oued Garrouba, l'oued Oubay (grossi des eaux de l'oued Ibahal), l'oued Brika, l'oued Tazibt, l'oued Smehah, l'Ir'zer Izeraren, l'Ir'zer Takran ou Riler, l'Ir'zer Termieh, l'Ir'zer Hattouche, l'Ir'zer Hassan (qui reçoit l'oued Maiache, l'Ir'zer Temda, l'Ir'zer Bou-Medik, Terga bou zeren el Kabir, l'Ir'zer Taouza, l'Ir'zer Guizetzou (grossi de l'Ir'zer Barcaeh et l'Ir'zer M'Boubdal, l'Ir'zer Guizane, l'Ir'zer Ikerbeck, l'Ir'zer Mleta, Terga raba, l'Asif Gourar.

Puis sur ce même littoral les deux principales rivières de la Kabylie, l'Isser et le Sebaou.

L'Isser n'appartient à la Kabylie que dans une partie de son cours. Une quantité assez considérable de petites rivières viennent grossir ses eaux. A droite nous trouvons : l'oued bou Merdja (qui reçoit lui-même l'oued bou M'zar), l'oued Aoudja (grossi de l'oued Mahmad, l'oued Maguine, l'oued Hamouda, l'oued Ouaïba), l'oued Sidi-Moussa, l'oued Guétar, l'oued Menaïel (formé par l'oued Freah, l'oued bou Mazane, l'oued Salsafane, l'oued bou Kedra, l'oued Chender, l'oued Kebour-Adessi), l'oued beni Sbeah (qui a pour affluents l'oued Deschès, l'oued Bèsbès), l'oued Djemaa (grossi de l'oued Cheraga), l'oued Temelech et son affluent l'oued Guergaba, l'oued el Hammam, l'oued Sakabès, l'oued Boussilioun, l'oued Achour, l'oued Barla, l'oued Merasvel, l'oued Beni Ibane, l'oued Ain Zebouira, l'oued M'Khazin, l'oued el Arba grossi de l'oued el Madgen et l'oued Nachouf. A gauche, c'est-à-dire sur la ligne opposée à la frontière que nous avons assignée à la Kabylie, se trouve un certain nombre d'affluents parmi lesquels nous nous contenterons de citer : l'oued Rekaye, l'oued el Djenan, l'oued beni Mian, l'oued Bou Ameur, l'oued Arbia, l'oued Tisacasin, l'oued Tifa, l'oued Tifich, l'oued Oucedfa, l'oued Toursout, l'oued Hamoud, l'oued Bordja.

L'oued Sebaou qui est le vrai fleuve de la Kabylie,

fleuve d'ailleurs ni flottable ni navigable, reçoit de nombreux torrents et de nombreuses rivières. Sur la rive droite de son cours, nous citerons : l'oued Seboudj, l'oued el Hammam, l'oued Sebià, l'oued Trouin, l'oued Allal, l'oued Chegga, l'oued Taleb, l'oued Naceuf, l'oued Naceuf, l'oued Chellata, l'oued Rha (avec ses affluents l'oued R'dour et l'oued el-Koudiat), l'oued Izelella, l'oued Mimoun, l'oued Ali ben Nesser, oued el-Archa (qui reçoit l'irzer Tah'serou et l'irzer Safsaf), l'oued Stita (avec l'irzer Ouichfiten, l'irzer Issiguen, l'irzer Iguer), l'âsif Thalma, l'âsif Trouririn, l'âsif Guilmaïa, l'irzer Tamda (âsif Tamda, âsif bou Guein, l'âsif r'uzer Djerir), l'irzer Imdouzen (grossi de l'irzer Amkorave, l'irzer ou Djarar, l'irzer Bezerou), l'oued Dis (qui ne compte pas moins de sept affluents, l'irzer Tirinis, l'irzer Haddi, l'irzer Agouni ou Charki, l'irzer Azoumarten, l'irzer Tezrart, l'irzer Tougnatine, l'irzer Aboud), l'oued Straouia, l'irzer Baled, l'irzer el Akroub, l'irzer Imerdane, l'âsif Sahell, l'oued Sedi, l'oued Tirourda, l'oued Zoubga. Nous trouvons sur sa rive gauche l'oued Besbès, l'oued Rezerouana, l'oued ben Arous, l'oued Zerouzia et l'oued Chaouaou, l'irzer Ichdacene, l'irzer Bou Aïcha, l'irzer el-Medaï, l'irzer A-Ermain, l'irzer bou Medoun, l'oued Faraoun, l'oued Bougdoura (qui reçoit les eaux de l'âsif Mokdoal, l'âsif Tala, âsif Guiferane), l'âsif Agoun, l'oued Borni, l'oued el Hammam, l'oued Zaouïa, l'oued Rorfa, l'âsif Taghzout, l'âsif Tleta, l'oued Aguergoun), l'oued Sebt, (avec l'oued M'Dja et l'oued Defali), l'oued Tizi Ouzou, l'âsif el-Meleah, l'oued Aïssi, l'oued Djemâa (et ses affluents, l'irzer N'tala Guilfou, l'âsif n'aït Etilfri, l'âsif N'Tleta, l'oued el Hammam, l'âsif el Arba, l'âsif Djerrah, l'âsif n'aït Ayed), l'irzez bou Idghaghene, l'irzer bou Khalal, l'âsif bou Ameur, l'oued Babda (âsif Ntelarbout, l'irzer n'aït Khelili et son affluent l'irzer Mahmoud, l'âsif el Had, l'âsif Lemkrerda, l'âsif Tagounits (l'âsif Aouana).

L'oued Sahel, qui roule ses eaux en dehors de la Kabylie, au sud et de l'autre côté de la chaîne principale du Jurjura, se voit grossi par quelques rivières ou torrents qui prennent naissance en Kabylie. Ce sont :

l'oued Adjiba, l'oued el Berd, (grossi de l'âsif Arzertert l'âsif Oummerba, l'âsif Erzerou Bourgane, l'âsif Sif Bouicdane, l'irzer tizi Khouilal), l'oued Ouakour (et ses affluents l'oued Selloum, l'irzer Ouakbour), l'oued Tisiridene (qui reçoit les eaux de l'oued Arbalou), et enfin auprès de Tazmalt, l'oued beni Mellikeuch et ses affluents, l'oued Irouazene et l'oued Tala.

Des chotts nombreux, tels que ceux d'El Goulita, d'El Teremsen, d'Aïn Safsaf, d'El Guédour, Rhamoun, etc... complètent le régime des eaux.

Les deux ports de mer de la Kabylie sont Djidjelli et Bougie : ce sont les deux seuls endroits, où les navires puissent trouver un refuge à peu près sûr et où aboutissent d'ailleurs les diverses routes les plus suivies par le commerce Kabyle et les caravanes venant du Sarah.

Parmi les baies, nous ne trouvons à citer sur le littoral, en dehors des baies formées par les ports de Bougie et de Djidjelli que les baies Mersa Djinet et Mers el Fahi.

Climat. — Le climat de Kabylie est bien différent, suivant que l'on se trouve à un endroit ou à un autre de cette région. En effet, il faut tenir compte des différentes altitudes et des positions des pays dont on veut déterminer la climatologie. Aussi diviserons-nous nos observations à ce sujet en trois parties : région du bord de la mer, région des vallées, région des contreforts de la montagne.

I. Régions du bord de la mer. Dans ces régions, le climat y est en général doux et tempéré, cependant moins qu'à Alger même. Cela est dû aux différences parfois très grandes qui se succèdent en vingt-quatre heures dans l'état atmosphérique. Les écarts de température sont fréquents et souvent considérables ; aussi pour l'hygiène et notamment pour les personnes atteintes par la phtysie, ce climat est-il beaucoup moins favorable que celui d'Alger.

II. Région des vallées. Dans les vallées, le grand

nombre de ruisseaux et de torrents, presque toujours desséchés en été mais qui débordent fréquemment en hiver, l'existence des chotts où l'eau séjourne un temps plus ou moins long, donnent lieu à des infections palustres, ne présentant pas généralement de gravité exceptionnelle. Les fièvres règnent en été dans une grande partie de cette région, où d'ailleurs la végétation n'est pas vigoureuse. Quelques tamarix, des roseaux et des joncs, des ricins et des lauriers-rose, cette plante maudite, forment à peu près la seule parure des bords desséchés des oueds et des irzers. Les eaux ne sont pas potables en beaucoup d'endroits. A Tizi Ouzou, l'eau livrée à la consommation est amenée par des conduites en fonte de la montagne du Belloua. Les vents qui règnent le plus souvent dans cette contrée, sont ceux d'est à l'ouest et du sud-ouest au nord-ouest. Les pluies y sont très fréquentes, et à partir de la fin d'octobre elles commencent pour ne cesser que vers la fin d'avril ou les premiers jours du mois de mai. La température est assez variable et si elle descend en hiver à un degrés au-dessous de zéro, elle monte en été jusqu'à quarante degrés et quelquefois plus.

III. Région des contreforts de la montagne. L'altitude de ces régions ne dépasse guère 1000 mètres. Fort-National est situé à 961 mètres d'altitude, et quelques villages, en petit nombre d'ailleurs, dépassent seuls cette hauteur. Nous citerons parmi ces derniers, Iferahounen des Aït Itsourar' a 1196 mètres ; Tala-n-Tazart à 1142 mètres ; Tiferdhoud des aït bou Yousef à 1182 mètres ; Icherriden des Aït Iraten à 1055 mètres ; Halouan des Igouchdhal à 991 mètres ; Tililit, des Aït Menguellat, à 971 mètres ; Aït Salah, des Aït Idjer à 966 mètres ; Aït el-Arba, des Ait Yenni, à 888 mètres.

Le climat de ces régions est celui des montagnes. Fortifiant pour ceux qui sont doués d'un tempérament robuste, il devient funeste pour ceux qui ont une constitution faible ou qui sont prédisposés à la phthisie ; les variations brusques et fréquentes de la température y sont à redouter. Ce n'est point qu'il fasse très froid dans ces contrées, le thermomètre baisse rarement au-dessous de 3 degrés ; mais l'écart de cette température avec celle de la journée, la plus haute, est fréquemment de 13 à 15 degrés.

Les pluies sont abondantes ; en un an, MM. Hanoteau et Letourneux, ont pu relever le chiffre de 101 jours de pluies, et celui de 17 jours de neige ; ces pluies sont généralement précédées de vents d'ouest ou de nord-ouest.

Géologie, minéralogie. — On retrouve en Kabylie les terrains observés dans toute l'Algérie.

1° Le terrain primaire ou cristallin et le terrain de transition forment plusieurs ilôts.

Le premier ilôt forme le territoire des Aït Aïssa ou Mimoun et celui des Aït Bou Khalfa, à droite et à gauche sur les rives du Sebaou et au nord de Tizi Ouzou. On y trouve, dans les couches calcaires, une quantité de cristaux de pyrite ou sulfure de fer.

Le second ilôt de ce même terrain comprend les territoires des Aït Isourar', Aït Fraouçen, Aït Menguellat, Aït Iraten, Aït Yenni, Iouadhien, Ibethrouuen, Maâtka, Imzalen et Imkirren. Sa composition est particulièrement faite de granit et de gneiss, et de micachiste et de calcaire métamorphique.

Le troisième ilôt, situé auprès de Bordj Menaïel et habité par les Iflissen Oum-el-Lil n'est à peu près composé que de gneiss et de granit.

2° Le terrain silurien a été retrouvé dans le Jurjura au nord de l'Azrou-n-Tidjer, à l'endroit dit Tizi-n-Djemâ, et sur la route du col du Tirourda, au sud de l'Azrou-n-Tidjer.

3° Le terrain devonien.

4° Le terrain jurassique.

Ces deux terrains se trouvent dans les mêmes parages que le terrain silurien.

5° Le terrain crétacé se retrouve :

Premièrement : Dans le versant sud du Jurjura, sur la rive gauche de l'Oued Sahel, chez les Aït Melli-leuk et les Aït Addour. Il forme là un vaste massif, qui s'étend sur une longueur encore indéterminée, de l'est à l'ouest.

Deuxièmement : Non loin de Tizi-Oujaboub, sur les ruines de l'Oued el-Deroudj.

Troisièmement : Aux abords de la plaine du Hanza, au sud de Bekouka.

Quatrièmement : Dans la partie Est du Djebel sidi Khelef, près de l'oued Bekham.

Cinquièmement : Sur la rive gauche de l'oued Djelada, affluent de droite de l'oued Soufflot.

Sixièmement : A droite de l'Isser, sur le territoire des Inezliouen et dans le cirque formé par l'oued Magraoua et ses affluents.

Septièmement : Enfin dans le massif montueux des Aït Khalfoun et des Ammal.

6° Le terrain tertiaire est représenté en Kabylie par deux de ses étages, l'inférieur ou nummulitique et le moyen ou miocène.

On rencontre le nummulitique sur l'Oued Sebt, puis à l'est de Bordj Bour'ni' à Tizi Nani, près du Tamgout Aïzer, et enfin au pic de Lalla Khadidja.

Le terrain tertiaire moyen forme le territoire compris entre Tizi Oujaboub et les Ait Khalfoun, celui des rives de l'oued Djemâa.

7° Les terrains quaternaires ou d'alluvions anciennes, se rencontrent dans le bassin de l'Isser, sur le littoral du cap Djïned, puis dans la plaine de Drâ el Mizan.

8° Enfin, aux environs de Dellys, auprès de Mers el Hadjadj et entre l'oued el Arba et le cap Djined, l'on trouve le terrain plutonique récent.

Sources minérales. — Il existe quelques sources minérales en Kabylie : parmi les principales, nous citerons :

1° Les sources gazeuses et alcalines de Ben Aaroun, situées à douze kilomètres de Dra el Mizan. Leurs eaux forment des eaux de table très agréables et dont on pourrait tirer un bon parti, si malheureusement, elles ne se décomposaient pas aussi facilement ; elles ont alors un goût d'hydrogène sulfuré si prononcé qu'elles deviennent absolument insupportables. L'analyse de ces eaux donne un résidu de 4 grammes 7704 de sels divers pour un kilogramme d'eau. Parmi ces sels, se trouvent le chlorure de sodium, le sulfate et le carbonate de soude, les carbonates de chaux et de magnésie, l'oxyde de fer, et du silice.

2º La source de Hadjer el-Hammam se trouve au pied du Jurjura, chez les Aït At't'af. Ses eaux jaillissent à la température de 14°-40, et déposent du travertin blanc. L'analyse de ces eaux donne le résultat suivant:

Silice.	0.008
Oxyde de fer.	0,004
Carbonate de chaux	0,032
Carbonate de magnésie.	0,024
Sulfate de chaux.	0,007
Chlorure de magnésium	0,013
Carbonate de soude	0,094
Total par litre d'eau =	0,182

3º Au bord de la mer, sur la route de Dellys à Tizi Ouzou et non loin de Taourga, existent quelques sources ferrugineuses, froides, mais très peu abondantes.

4º Une autre source ferrugineuse, thermale, remarquable par sa pureté et jaillissant à 19° se trouve auprès de Fort-National. Son analyse donne :

Mica, quartz, etc.	0,042
Carbonate de chaux.	0,930
Carbonate de magnésie.	0,024
Total.	0,996

Métaux et carrières. — D'après une notice minéralogique dressée par le service des mines en 1889, nous pouvons établir ainsi qu'il suit, la liste des métaux et des carrières connues jusqu'à ce jour en Kabylie.

Plomb. — On le trouve à Nador-Chaïr, situé à 10 kilomètres ouest, 38° sud, de Palestro ; à l'oued Arkouù,

8 kilomètres ouest, 26° nord de Palestro; à Tellat, situé à 3 kilomètres nord, 15° est du même endroit. Tous ces gîtes sont encore inexploités. A Coudiat-Rhiran et à l'oued Bordjia, situés à 7 kilomètres sud-ouest de Palestro, et à Belloua, à trois kilomètres nord-est de Tizi Ouzou, se rencontrent les mêmes gisements.

Dans le voisinage très proche des dolomies plombifères, on connaît des îlots basiques assez nombreux.

Zinc. — Les crêtes de filons marneux sont très nombreux et un certain nombre correspond à des gîtes de blendes utilisables. Assez fréquemment l'on voit se former du sulfate de zinc à la surface du terrain, et si cela se trouve auprès du tombeau d'un marabout, l'on voit aussitôt des arabes accourir, prendre cette poudre blanchâtre, la mélanger avec de l'eau, et s'en servir pour soigner leurs maux d'yeux. Il va sans dire, que sans tenir compte de la composition de la poudre, qui n'est en somme que du sulfate de zinc, la guérison sera attribuée à la puissance du saint marabout.

Des recherches auxquelles s'est livré le service des mines, il résulte que le zinc se trouve :

A Draamine (8 kilomètres est 15° sud de l'Arba) exploration.

A Tersent (11 kilomètres sud-est de l'Arba) (exploration.

Ces deux explorations suspendues depuis 1880.

A R'arbou (13 kilomètres Est 27° sud de l'Arba, (exploration suspendue depuis 1885.

A Sakamody (14 kilomètres Est, 31° sud de l'Arba), très active exploitation en 1889.

A Guerrouma (15 kilomètres 5 ouest, 33° sud de Palestro) aussi exploité en 1889.

Des affleurements de stibine doivent exister en Kabylie, aux environs de Fort National, mais le fait n'a pas été, à notre connaissance, encore vérifié.

Cuivres. — A Tarazeouine et à Azerou, éloignés de l'Arba d'environ 8 kilomètres sud et par 39° Est, on trouve du cuivre gris; mais ce gisement est encore inexploré.

Fer. — Le fer existe dans un certain nombre d'endroits et notamment à :

Guedara (2 kilomètres 5 sud de Menerville) inexploré.

Oued Gueddache (3 kilomètres 200 mètres nord, 18° Est de Menerville) aussi inexploré.

Bordj Caïd Ladi (6 kilomètres 5 sud 9° Est de la même ville).

Et à Aïn Oudrer (6 kilomètres sud 20° Est de ce même lieu).

Ces deux derniers endroits encore inexplorés.

Sources salées. — A 29 kilomètres Est 30° sud de Bouïra, on trouve les sources salées d'oued Sebka.

Marbres. — Depuis peu, on exploite une carrière de marbres à l'oued Kessari, situé à 7 kilomètres nord-est de Dra el Mizan.

Pierres à bâtir. — Elles se trouvent principalement dans les environs de Dellys.

On trouve également le calcaire chaux hydraulique de Dellys et le calcaire de Drà el Mizan, qui fournissent un bon ciment.

Histoire Naturelle. — Premièrement. Dans le règne animal qui est très richement représenté, nous trouvons :

1° Sur les cimes élevées et sur les grands rochers, le vautour fauve ou griffon, le vautour charognard ou pérénoptère, le gypaète barbu, l'aigle fauve, l'aigle ravisseur, l'aigle bonelli, l'aigle botté (mais rare), le faucon, l'émérillon, la cresserelle, le milan d'Égypte (quelquefois mais très rare), et le merle d'eau (dans les torrents qui roulent à travers les rochers);

2° Dans les rochers plus accessibles, dans les broussailles et les ravins, situés à une hauteur moyenne, les singes, les renards d'Algérie, le renard doré, le putois, le porc-épic huppé, le petit duc, le chevêche méridional, le corbeau, le choucas, les coracias, le merle bleu, la huppe, les pigeons.

3° Dans les forêts, les bois et les broussailles des vallées, le lion (celui-ci se rencontre en Kabylie, il n'y est pas sédentaire et vient des contrées lointaines), la panthére (encore assez commune), les sangliers (beaucoup trop nombreux), le chat de montagne, le lynx de Barbarie, la chouette hulotte, le hibou, les brachyotes vulgaires, le grand duc, l'ascalaphe savigny, la pie de Mauritanie (chênes), le coucou, le pic de Numidie, l'engoulevent, la palombe, la bécasse, la bécassine, le râle des genêts, la tortue de terre.

4° Dans les vallées et dans les plaines, le mulot, le rat d'Algérie, le busard des marais, l'oiseau Saint-Martin, le merle rose (mais on ne le trouve qu'après la venue des sauterelles), la linotte, l'alouette, la caille, le pluvier, le vanneau, la perdrix de mer ou glaréole.

5° Dans les vergers, la musette, la musaraigne carrelet, le hérisson d'Algérie, le loir, l'étourneau, les moineaux, la pie grièche, le bec figues.

6° Dans le maquis, le rat rayé à bandes.

7° Dans les marais et dans la plaine de Sebaou, l'échasse, la genette de barbarie, la genette bonaparte, la loutre, l'ortolan des roseaux (à Dellys et à Bougie), le martin-pêcheur, le héron, le flamand (près de Dellys), la poule de Carthage, la poule d'eau, l'oie sauvage, les canards sauvages et la sarcelle.

8° Enfin un peu partout, le chacal, la hyène rayée, le raton, le rat noir, le rat d'Alexandrie, la souris, le lièvre, le lapin, la buse, l'épervier, le milan noir (rare), le geai à tête noire, le moineau, le pinson aux joues grises, la soulcie ou moineau de bois, le verdier, le chardonneret, le cini et le serin de Provence, la grive, la tourterelle, la cigogne, la perdrix, la grenouille, la rainette, le crapaud.

9° Sur les côtes de la mer le phoque à ventre blanc, le goëland, la mouette, l'hirondelle de mer, l'huitrier, le coulon chaud, le courlis.

10° Parmi les reptiles nous citerons : les lézards, la tarente, le chalcide, les couleuvres, l'aspic, la vipèrine, les salamandres.

11° Il y a peu de poissons dans les cours d'eau d'un peu d'importance, et nous ne pourrons guère citer que l'alose, le mulet commun, l'anguille ordinaire et le barbus callensis,

12° Les insectes sont très nombreux et beaucoup sont nuisibles. Dans le nombre de ces derniers, nous devons citer la sauterelle, dont la présence est si désastreuse.

Deuxièmement. Dans le règne végétal, nous citerons :

1° Dans les forêts et les bois, le chêne liège, le chêne z'en, le chêne à feuilles de châtaignier, le micocoulier, l'aune, le frêne, l'orme, le saule, l'érable à grandes feuilles, le cerisier sauvage, le laurier, le lentisque, le myrte, l'arbousier, les genêts épineux, la bruyère arborescente, etc...

2° Sur le versant du Djurjura, les cèdres, les genévriers, les houx, le nerprun des Alpes, l'if, etc...

3° Dans les plaines et les vergers, l'olivier (qui est naturellement un arbre de haute futaie), le figuier (qui peut se cultiver jusqu'à 1100 et même à 1200 mètres d'altitude), le chêne à glands doux, la vigne (que le Kabyle ne plantait avant notre occupation que pour manger les raisins ou faire du vinaigre. Il ignorait la fabrication du vin, il n'en est pas de même maintenant et déjà il y a de nombreux vignobles cultivés par l'indigène. Quand à leur vinaigre leur système de fabrication était des plus primitifs, il consistait uniquement à laisser à l'air pendant environ cinquante jours du verjus écrasé, le liquide ainsi obtenu formait le vinaigre). L'oranger est maintenant bien cultivé dans le pays ; avant 1871 il l'était beaucoup moins. Enfin les cerisiers, les poiriers, les pommiers, les pêchers, les abricotiers et les amandiers sont plantés un peu partout, et fournissent une assez grande quantité de fruits.

5° Les légumes les plus cultivés sont : les artichaux, les oignons, les haricots, le coriandre, le fenouil, les citrouilles, les melons, les pastèques ; les tomates, les choux, les concombres, les poivrons, les piments, les pommes de terre, les pois, les lentilles.

6° Les céréales sont : l'orge, le blé dur, le sorgho blond ou bechna, qui constitue de belles récoltes, d'un rendement très abondant, le maïs, la vesce, la gesse et le millet.

Animaux domestiques. — En Kabylie, nous ne trouvons pour ainsi dire pas de chevaux ; en revanche le mulet, au pied solide et agile, rend les plus grands services. Les moutons et les chèvres sont nombreux. Les bœufs et les vaches fournissent au point de vue de l'alimentation et du travail de grands avantages. Les porcs, animaux impurs pour les Musulmans, sont élevés en grand nombre en Kabylie. Les poules, les pigeons sont l'objet de grands soins dans cette région.

Le chien « kabyle » mérite une mention spéciale. Issu du croisement du chacal et du chien, cet animal est un gardien sûr et fidèle. Son aspect rappelle beaucoup celui du chacal.

Division administrative. — Autrefois, avant et pendant les premiers temps de la conquête, l'unité politique et administrative en Kabylie était représentée par le village ; ce village pouvait être formé par deux ou plusieurs hameaux et prenait alors le nom de « Toufik ». Plusieurs villages réunis donnaient naissance à la tribu et plusieurs tribus constituaient les « Takebilt Quebila », la confédération. Plus tard, sous le régime militaire, la Kabylie fut divisée en quatre cercles, celui de Fort-National, celui de Tizi Ouzou, celui de Drâ el Mizan et celui de Dellys.

Aujourd'hui cette division a complètement disparu, et le territoire qui formait la Kabylie du Jurjura se trouve comprendre l'arrondissement de Tizi Ouzou, (divisé en douze communes de plein exercice et six communes mixtes) plus quelques communes de l'arrondissement d'Alger et de l'arrondissement de Bougie. (Voir pour plus de détails sur cette division, livre VI, *infrà*).

Chemins de fer et routes. Une première ligne permet d'aller de Ménerville (station de la ligne d'Alger à Constantine) jusqu'à Tizi-Ouzou. Une seconde ligne de Bougie à Beni Mansour, passe par Tazmalt et livre ainsi passage au voyageur par le col de Tirourda, qui est à proximité.

Une voie en construction devra rejoindre Dellys à Boghni.

Parmi les routes, nous citerons celles de grande communication :

1° La route de Ménerville à Fort National, passant par Blad Guitoun, les Issers, Bordj Ménaïel, Haussonvillers, Mirabeau et Tizi Ouzou (78 k. 982 m.)

2° La route de Fort National à Beni Mansour, par Michelet (Aïn el Hamman) et le col de Tirourda, (54 k. 300).

3° La route d'Azeffoun à Ben Chicao, par Mekla le col d'Agouni, Chergui, Freha, Fort National, Boghni, Drâ el Mizan, Souk el Khemis, la vallée de l'Isser, Souk el Arbâ, et les Beni bou Yacoub. (241 k. 972 m.)

4° La route de Tizi Ouzou à Bougie, par la rive droite du Sebaou en passant par Temdu et Azazga (30 km).

5° La route de Blad Guitoun à Dra el Mizan, par Isserville, Tzi R'niff, Bou Faïma (39 km. 314 m).

6° Celle de Dellys au camp du Maréchal, par Rebeval, (43 k. 756).

7 Celle de Rebeval à Haussonvillers.

8° Celle de Dellys à Mekla, par Tizi Ouzou (35 k. 900).

9° La route de Tizi Ouzou à Dra El Mizan, par les gorges de l'oued Ksari (38 k. 139 m.)

10° Celle du camp du Maréchal à Boghni, avec embranchement sur la rive gauche de l'Oued Boudgoura, (36 k. 482).

Ces deux dernières ne sont que des chemins vicinaux.

En outre de ces différentes routes, il existe, en Kabylie, un nombre incalculable de sentiers et de ravins qui relient entre eux tous les villages.

Population. — La statistique de 1891 nous donne les résultats suivants :

ARRONDISSEMENT DE TIZI OUZOU — COMMUNES	Français d'origine ou naturalisés.	Nés d'Israélites naturalisés par décret du 24 octobre 1870	Israélites naturalisés décret 24 octobre 1870.	Sujets français Kabyles, Arabes.	Tunisiens.	Marocains.	Nationalités diverses.	TOTAL
Bois sacré, plein exercice	274	»	»	7.113	»	»	21	7.408
Bordj Menaïel	293	»	»	13.883	»	»	256	14.432
Dellys { plein exercice	1.074	42	34	11.692	»	»	202	13.044
{ mixte	97	»	»	22.522	»	»	6	22.625
Dra el Mizan { plein exercice	571	4	4	3.521	»	6	59	4.165
{ mixte	362	»	»	41.571	»	3	68	42.004
Fort national { plein exercice	295	»	»	9.117	»	»	22	9.434
{ mixte	115	»	»	52.643	»	»	10	52.768
Haussonviller, plein exercice	511	»	»	12.984	»	4	49	13.548
Isserville —	424	»	»	6.726	»	1	49	7.200
Mékla —	150	»	»	7.350	»	»	»	7.500
Mirabeau —	136	1	»	5.436	»	2	13	5.588
Rebeval —	216	»	»	4.412	»	1	81	4.710
Tizi Ouzou —	1.041	10	8	24.650	»	2	169	25.880
Tizi Reniff —	150	»	»	4.229	»	»	5	4.384
Azeffoun mixte	369	13	11	39.358	»	5	96	39.852
Jurjura —	100	»	»	59.709	»	»	13	59.822
Haut-Sebaou —	569	12	1	40.424	»	»	39	41.045
Pop. de l'arr. de Tizi Ouzou	6.747	82	58	367.340	»	24	1158	375.409

Si nous ajoutons à ce chiffre de 375.409 habitants, qui des habitants répartis dans les communes de plein exercice et dans les communes mixtes de l'arrondissement d'Alger et de celui de Bougie, faisant partie du territoire Kabyle, nous arrivons à un chiffre total d'environ 500.000 habitants. Mais empressons-nous de faire remarquer, que dans ce chiffre se trouve comprise toute la population. Les Kabyles forment à peu près les trois cinquièmes de cette population, soit par conséquent 300.000. MM. Hanoteau et Letourneux, reconnaissant d'ailleurs l'impossibilité de préciser, fixaient à 275.809 le nombre des Kabyles existant en Kabylie en 1870.

Villages et hameaux de la Kabylie du Jurjura avant notre occupation.

Abréviations :

(Touf., toufik ; vill., village ; tr., tribu ; conf., confédération ; fract., fraction ; F. N., ancien cercle de Fort National ; T. O., ancien cercle de Tizi Ouzou ; D., ancien cercle de Dellys ; D. M., ancien cercle de Drâ-el-Mizan.

Aârous, vill, tr. des aït Oumalou, conf. des aït Iraten, F. N.

Aâfir, vill. tribu des Aâfir, conf. des aït Ouaguennoun. T. O.

Aafir, touf. même nom, tribu des Ibouazzounen, conf. des Iflissen oum el lil. D. arr.

Aafir, vill, tribu ir'Emrasen, conf. des Iflissen oum el lil. D.

Aafir, vill. tribu des aït Chennacha, conf. des Iflissen oum el lil. D.

Aafir, touf. aït Kercha, tribu Iltaïen ou Moussa, conf. Iflissen oum el lil. D.

Aafir, vill. tribu aït Yahia ou Moussa, conf. des Iflissen oum el lil. D.

Aafir, vill, tribu Taourga, conf. aït Ouaguennoun. D.

Aafir, Irâfan, vill. tribu Irafan, conf. des Iflissen oum el lil. D.

Aafir ir'Erbien, touf. ir'Erbien, tribu Iltaïen ou Moussa, conf. Iflissen oum el lil. D.

Aafir Oukoufi, vill. tribu aït Slegguem, conf. aït Ouaguennoun. D.

Aarour, vill. tribu des aït Khalifa, conf. des Maatka. T. O.

Abada, vill. tribu des aït Slegguem, conf. des aït Ouaguennoun. D.

Abd el Ouiret, vill. tribu des Isser ouled Smir, conf. des Ouaguennoun. D.

Abd el Zaïd, vill. tribu des isser Droua, conf. Ouaguennoun. D.

Abedoun, touf. Tagounits, fract. des Imessouhal, trib. des Aït Yahia. F. N.

Abid, vill. tribu Zemoul, conf. Ouaguennoum. D. arr.

Achallam, tribu des Aït R.'oubri. T. O.

Acheroufen Mira, touf. des aït Mira, trib. des aït Adas, conf. des Aït Djennad. T. O.

Achlouh (la tente), touf. Tizi Rached, trib. des aït Akerma, conf. des aït Iraten. F. N.

Ach Oufalkou, vill. tribu des aït Ahmed, conf. Iflissen el lebahar. D.

Açouaf, vill. tribu des Beni thour, conf. des aït Ouaguennoun. D.

Adrar Amellal, touf. du même nom, tribu des Iouadhien, conf. des aït Sedka. D. M.

Adrar N'aït Haroun, vill. tribu des aït Zouaou, conf. Iflissen el lebahar. D.

Adrar N'aït Kodéah, touf. tala n'Tegana, tribu des aït Kodea. T. O.

Afensou, vill. trib. des aït Akerma, conf. des aït Iraten. F. N.

Agadir, touf. Adeni, trib. des Irdjen, conf. des aït Iraten. F. N.

Agaoua, touf. Taka, tribu Inkeren, conf. Iflissen oum el lil. Dm.

Agouilal, touf. amara, tribu des aït Khalfoun, Dm.

Agoulid, touf. des aït Melloul, trib. des Izer'faouen. T. O.

Agoulmin, touf. Ikhelidjen, trib. des aït Ousammeur, conf. des Aït Iraten. F. N.

Agoulmin, vill. tribu des aït Khelili. T. O.

Agouni Aarous, touf. Tizi Hibel, tribu et conf. des Maatka. T. O.

Agouni Ahmed, vill. tribu des aït Yenni, conf. des Aït Iraten, F. N. arr.

Agouni Aïssa, touf. Ir'il Meklelouf, tribu des aït H'asaïn, T. O.

Agouni Bouafir, vill. trib. des aït Fraouçen. T. O. arr.

Agouni Bouaklan, vill. tribu Atouch, conf. aït Ouaguennoun. D.

Agouni Bouffal, vill. tribu des aït Zmenzer, conf. des Aït Aissi. T. O.

Agouni Boulmou, touf. Taguemmount Boulmou, tribu des Iazzouzen. T. O.

Agouni Bou Meh'ala, vill. tribu des Iamraouïen, fract. des Iamraouïen Bouadda. T. O.

Agouni Bouslen, touf. Ir'il n'Tiguemmounin, trib. des Aouggacha, conf. des aït Iraten. F. N.

Agouni Bouslen, touf. aït Ifrek, trib. et conf. des Maatka. T. O.

Agouni Bour'er, vill. trib. des aït Oumalou, conf. des Aït Iraten. F. N.

Agouni guêsed, touf. Taka, fract. Taka, trib. des aït Yahia, F. N.

Agouni Guir'eran, vill. tribu des aït Bouchennacha, conf. des aït Sedka. D. M. arr.

Agouni guir'il, touf. ir'il Iazzouzen, tribu des Iazzouzen. T. O.

Agouni Hammich, vill. tribu Istiten, conf. Ouaguennoun. D.

Agouni Ifilkan, touf. Agouni Ifilkan, trib. des aït Ziki. F. N.

Agouni Imezzaïn, touf. des aït Macheflou, trib. des Izer'faouen. T. O.

Agouni Messaoud, touf. aït bou Ali, tribu des aït Kodhéa. T. O.

Agouni Mirà, touf. des aït Mirà, tribu des aït Adas, conf. des aït Djennad. T. O.

Agouni n'Errehan, touf. des aït Sidi Ahmed ou Yousef, trib. des Izer'faouen. T. O.

Agouni Guireran, tribu des aït Bouchennacha, conf. des Aït Sedka. D. M.

Agouni Oujilban, touf. de Tizi Rached, trib. des aït Akerma, conf. des aït Iraten. F. N.

Agouni Oujilban, touf. même nom, tribu aït Akerma, conf. aït Iraten. F. N.

Agouni Oufourreu, vill. tribu des aït Chebla, conf. des aït Sedka. D. M.

Agousim, touf. d'Agousim, trib. des Illoulen Oumalou. F. N.

Aguebet ed Djemel, vill. trib. Isser ed Djedian, conf. aït Ouagnemmoun. D.

Aguemmoun, vill. trib. des Aït Zouaou, conf. Iflissen el Lebahar. D.

Aguemmoun, vill. trib. des aït Akerma, conf. des aït Iraten. F. N.

Aguemmoun, touf. Alma n Tegoumma, tribu des aït H'asaïn. T. O.

Aguemmoun, touf. du même nom, tribu des Iferdioun, conf. des aït Aïssi. T. O.

Aguemmoun Izem, vill. tribu des Aouggacha, conf. des aït Iraten. F. N.

Agueraradj, touf. aït el Addeur, tribu des aït Kodhéa. T. O.

Aguer Saffen, touf. du même nom, tribu des Imesdourar, conf. des aït Idjer. F. N.

Aguergour, touf. aït enzar, tribu aït Khalfoun, D. M.

Ah' Adouch, vill. fract. des Imesdourar, tribu des Aït Itsourar. F. N.

Ah' Amil, touf. du même nom, tribu des aït R'oubri, T. O.

Ah' Arik, vill. tribu des Imesdourar, conf. des aït Idjer. F. N.

Ahanouts, touf. du même nom, tribu des aït Aïssa ou Mimoun, conf. des aït Ouaguennoun. T. O.

Ahel el Oued, vill. tribu des Ouled Smir, conf. des aït Ouaguennoun, D.

Ahora, touf. du même nom, tribu des Imesdourar, conf. des aït Idjer. F. N.

Aboubelli, touf, Taboudouch, tribu des aït Irzer. T. O.

Aiach, vill. tribu des aït Amran, conf. des Iflissen oumel lil. D.

Aiadhi, touf. aït Aiadhi, tribu d'ir'il en Zekri. T. O.

Ain Chegga, touf. Rouachda, tribu Iezlioun. D. M.

Ain el Hamra, vill. tribu des Isser ouled Smir, conf. des Ouaguennoun. D.

Ain el Kerem, vill. tribu des Issers el ouidan, conf. des Ouaguennoun. D.

Ain ez Zerzour, touf. Cheurfa, tribu et conf. des Maatka. T. O.

Ain Faci, touf. Draâ ben Khedda, tribu des Iamraouien, fract. des Iamraouien Bouadda. T. O.

Aïnsis, touf. Terga ah' aggoun, tribu d'ir il en Zekri. T. O.

Ain Zaouia, vill. tribu Aklan ou Abids. D. M.

Aissa ben ali. vill. tribu des Isser drouâ, conf. des Ouaguennoun. D.

Aït aâlahaou, vill. tribu Atouch, conf. aït Ouaguennoun. D.

Aït Abbad, vill. tribu Irafan, conf. Iflissenoum el lil. D.

Aït Abbès, vill tribu des aït Ouasif, conf. des aït Bethroun. F. N.

Aït Abdallah, touf. Abizar, tribu des aït Adas, conf. des aït Djennad. T. O.

Aït Abdallah, vill. tribu des Illilten, conf. des Illilten. F. N.

Aït Abdallah, touf. Ichalalen, tribu Ibouazzounen, conf. des Iflissen oum el lil. D.

Aït Abdallah, touf. Ihaidousen, tribu Iltaïen ou Moussa, conf. des Iflissen oum el lil. D.

Aït Abdallah ou Ali, vill. tribu aït Mekla, conf. des Iflissen oum el lil. D.

Aït Abd el Ali, vill. tribu des aït Ahmed, conf. des aït Sedka. D. M.

Aït Abd el Kérim, vill. tribu des Iouadhien, conf. des aït Sedka. D. M.

Aït abd-el-Ouahab, Touf. même nom, tribu aït Ali ou Illoul, conf. aït Sedka, D. M.

Aït abd er Rahman, touf. aït sidi ali ou moussa, tribu et conf. des Mâat'ka. T. O.

Aït Abd er Rahman, touf. aït Hakem, fract. aït Matas, tribu Frikat, conf. igouchdal, D. M.

Aït Abed, touf. Imouthas, tribu des aït Khalfoun, D. M.

Aït Abed, touf. même nom, tribu Cheurfa Guir'il Guek'K'en, conf. Igouchdal, D. M.

Aït Aggad, touf. même nom, tribu aït Irguen, conf. aït Sedka, D. M.

Aït Ahmed, touf. du même nom, tribu et conf. des Mâatka, T. O.

Aït Ahmed, vill. tribu des Ir'emrasen, conf. Iflissen oum el lil. D.

Aït Ahmed vill. tribu aït Mekla, conf. Iflissen oum el lil. D.

Aït Ahmed, touf. Ihaïdousen, tribu Iltaien ou Moussa, conf. des Iflissen oum el lil, D.

Aït Ahmed, touf. Taka, fract. de Taka, tribu des aït Yahia, F. N.

Aït Ahmed ou Ifrek, touf. du même nom, trib. et conf. des Mâatka, T. O.

Aït Ahmed ou Iounés, touf. d'Aït el Aziz, trib. des Akbil, conf. des aït Menguellat. F. N.

Aït Ah'ouari, vill. tribu aït bou r'Erdane, conf. Igouchdal, D. M.

Aït Ahsen, vill. tribu des Ihassenaouen, conf. des aït aïssi T. O.

Aït Aiadh, touf. Berk'is, tribu des aït Ziki, F. N.

Aït Aïcha. vill. tribu d'El Djeur Alemmas, conf. des aït Idjer, F.N.

Aït Aïlem, vill. trib. et conf. des aït Menguellat. F. N.

Aït Aïssa, touf. Ihazzamen, tribu des aït Khalfoun, D. M.

Aït Aïssa ou Yahia, vill. tribu et conf. des Illilten F. N.

Aït Aïssa ou Zeggan, touf. du même nom, tribu et conf. des Mâatka, T. O.

Aït Aïssi, vill. tribu des aït Flick, T. O.

Aït Alégan, vill. tribu des aït Amran, conf. des Iflissen oum el lil D.

Aït Ali touf. Tirmithin, trib. des aït Khelifa, conf. des Mâatka T. O.

Aït Ali, touf. aït Taleb ou bel Kassem, tribu Imkiren, conf. Iflissen oum el lil, D. M.

Aït Ali, touf. même nom, tribu des aït Khalfoun, D. M.

Aït Ali, touf. Taka, tribu Imkiren, conf. Iflissen oum el lil D. M.

Aït Ali touf. même nom, fract. aït Khellouf, tribu Frikat, conf. Igouchdal, D. M.

Aït Ali, touf. Ikhelidjen, tribu des aït Ousammeur, conf. des Aït Iraten, F. N.

Aït Ali ou Abdallah, vill. tribu des Iazzouzen, T. O.

Aït Ali ou Aïssa, touf. même nom, tribu Amechras conf. igouchdal, D. M.

Aït ali ou Ali, vill. tribu des aït Douala, conf. des Aït Aïssi, T. O.

Aït ali ou el Mahdi touf. aït sidi ahmed ou Yousef, tribu des Izer faouen T. O.

Aït ali ou Hazoum vill. tribu des aït Boudrar, conf. des aït Bethroun F. N.

Aït Ali ou Mohand, touf. de ce nom, tribu des Illoulen Oumalou, F. N.

Aït ali ou yahia, touf. ali ou Yahia, fract. des Imesdourar, tribu des aït Itsourar, F. N.

Aït Ameur, touf. Tirmithin, tribu des aït Khelifa, conf. des aït Mâatka, T. O.

Aït Ameur, vill. tribu aït bou Addou, conf. igouchdal' D. M.

Aït Ameur, vill. tribu des aït Bourouba, conf. des Iflissen oum el lil, D.

Aït Ameur, ou Moussa, vill. tribu Iaskeren, conf. aït Ouaguennoum, D.

Aït Ameur ou Saïd, nom du touf. comprenant les hameaux Tililit, Aourir-n-Ameur ou Saïd, Ir'il Bougueni, Thasega Melloul, Ir'il Keçir, Tamekerest, Tar'ezzout, tribu et conf. des aït Meuguellat, F. N.

Aït Ammara, touf. aït enzar, tribu aït Khalfoun, D. M.

Aït Amran, vill. tribu même nom, conf. des Iflissen oum el lil, D.

Aït Anan n Ettebel vill. des Aït Zmenzer, conf. des aït Aïssi, T. O.

Aït Anteur, touf. du même nom, fract. des Imesdourar, tribu des aït Yaha, F. N.

Aït Anzar, touf. du même nom, fract. des Imesdourar, tribu des aït Itsourar, F. N.

Aït Arbi, vill. fraction des Imesdourar, tribu des aït Itsourar, F. N.

Aït Arif, touf. même nom, tribu aït Arif, conf. Iflissen oum el lil, D.

Aït at'Alla, vill. trib. aït Yahia ou Moussa, conf. Iflissen oum el lil, D.

Aït Atelli, vill. tribu des aït Ousammeur, conf. des Aït Iraten, F. N.

Aït Aziz, vill. tribu des Illoulen Oumalou, F. N.

Aït Azouan, touf. aït Ferâah, tribu des Imesdourar, conf. des aït Idjer, F. N.

Aït Baali, touf. Ilemmasen, tribu aït Ismail, conf. Igouchdal, D. M.

Aït Babas, touf. aït Ali, fract. aït Khellouf, tribu Frikat, conf. Igouchdal, D. M.

Aït Bali, touf. Koukou, fract. des Imessouhal, tribu des aït Yahia, F. N.

Aït bel Abbès, touf. Imezzar'en, fract. aït Khellouf, tribu Frikat, conf. Igouchdal, D. M.

Aït bel Hizem, vill. tribu aït Slegguem, conf. aït Ouaguennoun, D.

Aït Belil, touf. même nom, tribu Ibouazzounen, conf. Iflissen oum el lil, D.

Aït bel Kassem, touf, aït Ameur, tribu des aït Adas, conf. des aït Djennad, T. O.

Aït bel Kassem, touf. aït Braham, tribu des aït Aïssa, ou Mimoun, conf. des aït Ouaguennoun, T. O.

Aït bel Kassem ou Aïssa, touf. Imouthas, tribu des aït Khalfoun, D. M.

Aït bel Kassem ou Saïd, touf. Ibedach, tribu des aït Adas, conf. des aït Djennad, T. O.

Aït bel Khettab, vill. tribu Aït Bourouba, conf. des Iflissen oum el lil, D.

Aït Berkath, touf. Ahora, tribu des Imesdourar, conf. des aït Idjer, F. N.

Aït Berjal, vill. tribu des aït Iouadhen, conf. des aït Sedka, D. M.

Aït bou Abd er Rahman vill. tribu des aït Ouasif, conf. des aït Bethroun, F. N.

Aït Bouadif, touf. aït Khercha, tribu Iltaïen ou Moussa, conf. Iflissen oum el lil. D.

Aït bou Ali, vill. tribu des aït Douala, conf. des Aït Aïssi, T. O.

Aït bou Douala, touf. aït Hidja, tribu aït bou r'Erdane, conf. Igouchdal, D. M.

Aït bou Doukhan, touf. Amara, tribu aït Khalfoun, D. M.

Aït bou el Melah, touf. aït Ali n aït Koufi, tribu des aït Koufi, conf. des Igouchdal, D. M.

Aït Bouftouh, touf. ir'il em bil, tribu aït Mendès, conf. Igouchdal, D. M.

Aït bou Hamçi, touf. aït Imrour, tribu Amechras, conf. Igouchdal, D. M.

Aït Bouïder, touf. Iouennour'en, tribu aït Mekla, conf. des Iflissen oum el lil, D.

Aït bou Khalfa, vill. tribu des Iamraouïen, fraction des Iamraouïen Bouadda, T. O.

Aït Boukhedimi, touf. Imouthas, tribu aït Khalfoun, D. M.

Aït bou Mahdi, touf. même nom, tribu des aït Ahmed, conf. des aït Sedka, D. M.

Aït bou Mançour, touf. Imezzar'en, fract. aït Khellouf, tribu Frikat conf. Igouchdal, D. M.

Aït bou M'aza, touf. du même nom, même fract. tribu et conf. que le précédent, D. M.

Aït bou Rebach, touf. Ihazzamen, tribu des aït Khalfoun, D. M.

Aït. bou Seliman, vill. tribu des aït Flick. T. O.

Aït bou Yahia, touf. du même nom, tribu des aït Douala, conf. des aït Aïssi, T. O.

Aït Bouzerdani, touf. Bouzoula, tribu aït Ismail, conf. Igouchdal D. M.

Aït Braham, touf. aït ali, tribu des aït Khalfoun, D. M.

Aït Brahim, touf. Amara, même tribu que le précédent, D. M.

Aït Châban, touf. Meh'aban, tribu aït Mendès, conf. Igouchdal, D. M.

Aït Châban, touf. aït Abd el Ouabah, tribu aït Ali ou Illoul, conf. aït Sedka, D. M.

Aït Chaouch, vill. tribu aït Bourouba, conf. Iflissen oum el lil. D.

Aït Châfa, touf. Taguemmount Boulmou, tribu des Iazzouzen, T. O.

Aït Çer'ir, touf. Meh'aban, tribu aït Mendès, conf. Igouchdal, D. M.

Aït Chelala, vill. tribu des Iouadhien, conf. des aït Sedka, D. M.

Aït Daoud, touf. aït Daoud, tribu des aït Attaf, conf. des aït Meuguellat, F. N.

Aït Daouït, touf. Thafsa Boummad, tribu des aït Bouchennacha, conf. des aït Sedka, D. M.

Aït Djebara, touf. aït Anteur, fract. des Imesdourar, tribu des aït Yahà, F. N.

Aït Djima, touf. Sahel, tribu des aït Khelili, T. O.

Aït Djima, vill. tribu aït Bou Addou, conf. Igouchdal, D. M.

Aït Douala touf. aït Maallem, tribu et conf. comme le précédent, D. M.

Aït Eddjemâa, touf. aït Mislaïn, tribu Akbil, conf. des aït Meuguellat, F. N.

Aït el Aç, touf. aït Enzar, tribu aït Khalfoun, D. M.

Aït el Ahsen, vill. tribu des aït Yenni, conf. des aït Bethroun, F. N.

Aït el Ahsen, vill. tribu des Illoulen Oumalon, F. N.

Aït el Ara, touf. Ibedach, tribu des aït Adas, conf. des aït Djennad. T. O.

Aït el Arba, vill. tribu des aït Yenni, conf. des aït Bethroun, F. N.

Aït el Aziz, nom du toufik composé des aït Ouaggour, aït Ahmed ou Iounès, aït Rached, aït Mahmoud, et tir ilt en tala, de la tribu des Akbil, conf. des aït Meuguellat, F. N.

Aït el Delloul, touf. Tim'ereras, tribu aït Ahmed, conf. aït Sedka, D. M.

Aït el Djouher, touf. Ouled Salem, tribu Inezlioun, D. M.

Aït el Hadj, vill. tribu des aït Bourouba, conf. Iflissen oum el lil, D.

Aït el Hadj Ali, touf. aït Enzar, tribu aït Khalfoun, D. M.

Aït el Hadj Ali, vill. tribu cheurfa guir'il guek'k'en, conf. Igouchdal, D. M.

Aït el Hamri, vill. tribu des aït Bourouba, conf. Iflissen oum el lil, D.

Aït el Haoussin, touf. des Ikelouïen, tribu des aït Aïssa ou Mimoun, conf. des aït Ouaguennoun, T. O.

Aït el K'adhi, touf. Tizit, tribu des Illilten, F. N.

Aït el Kaïd, touf. même nom, tribu des aït Bouchennacha, conf. des aït Sedka, D. M.

Aït el Kassem, vill. tribu aït Bou r'Erdane, conf. Igouchdal, D. M.

Aït el Majoub, vill. tribu des beni Thour, conf. des aït Ouaguennoun, D.

Aït el Mançour, vill. fract. Imesdourar, tribu des Aït Itsourar, F. N.

Aït el ouathek, touf. Iazzouzen, tribu des Aït Akerma, conf. des aït Iraten, F. N.

Aït Erbah, vill. tribu aït Ouasif, conf. aït Bethroun, F. N.

Aït Ezzaïm, touf. du même nom, tribu et conf. de Maâtka, T. O.

Aït Farès, vill. tribu Atouch, conf. aït Ouaguennoun, D.

Aït Feraah, touf. du même nom, tribu des Imesdourar, conf. des Aït Idjer, F. N.

Aït Ferah, vill. tribu des aït Ousammeur, conf. des aït Iraten, F. N.

Aït H'adda, touf. aït el Aziz, tribu des Akbil, conf. des aït Meuguellat, F. N.

Aït Hag, vill. tribu des Irdjen, conf. des aït Iraten, F. N.

Aït Haggoun, Touf. Aguemmoun, tribu Iferdioun, conf. des aït Aïssi, T. O.

Aït Hakem, touf. même nom, fract. aït Matas, tribu Frikat, conf. Igouchdal, D. M.

Aït Halal, vill. tribu des aït Douala, conf. des aït Aïssi, T. O.

Aït Halal, touf. Ibedach, tribu des aït Adas, conf. des aït Djennad, T. O.

Aït Halal, vill. tribu des Iouadhien, conf. des aït Sedka, D. M.

Aït Halima, touf. du même nom, tribu et conf. des Maàtka. T. O.

Aït Halli, vill. tribu et conf. des aït Iraten. F. N.

Aït Hamadouch, vill. tribu Iaskeren, conf. aït Ouaguennoun. D.

Aït Hamçi, vill. tribu des Akbil, conf. des aït Menguellat. F. N.

Aït Hamich, touf. Amara, tribu des aït Khalfoun. D. M.

Aït Hamida, touf. Ihadriin, tribu des aït Koufi, conf. Igouchdal. D. M.

Aït Hamidan, touf. Bour Guir'zer, fract. aït Matas, tribu Frikat, conf. Igouchdal. D. M.

Aït Hammad, vill. tribu de Iazzouzen. T. O.

Aït Hammar, touf. Ihadriin, tribu aït Koufi, conf. Igouchdal. D. M.

Aït Hammou, touf. Iferahouen, fract. des Imesdourar, tribu des aït Itsourar. F. N.

Aït Hammou, vill. tribu aït Chennacha, conf. des Iflissen oum el lil. D.

Aït H'Anich, touf. Bour Guir'zer, fract. aït Matas, tribu Frikat, conf. Igouchdal. D. M.

Aït Haroun, touf. Koukou, fract. des Imessouhal, tribu des aït Yahia. F. N.

Aït Hichem, touf. du même nom, fraction des Imesdourar, tribu des aït Yahia. F. N.

Aït Hichem, vill. tribu des aït Khelili. T. O.

Aït Iaïch, touf. aït Mançour ou Ahmed, tribu des aït Fraouçen. T. O.

Aït Iakoub, vill. tribu des Irdjen, conf. des aït Iraten. F. N.

Aït Iakoub, touf. aït Mimoun, tribu des Aouggacha, conf. des aït Iraten. F. N.

Aït Ichir, vill. tribu Imzalen, conf. Iflissen oum el lil. D. M.

Aït Idir, vill. tribu des aït Douala, conf. des aït Aïssi. T. O.

Aït Idir ou Ali, touf. Iferahounen, fract. des Imesdourar, tribu des aït Itsourar. F. N.

Aït Ifrek, touf. même nom, tribu et conf. des Maâtka. T. O.

Aït Iften, vill. tribu aït Saïd, conf. aït Ouaguennoun. D.

Aït Ihalem, touf. aït Mimoun, tribu des Aouggacha, conf. des aït Iraten. F. N.

Aït Ikelef, touf. du même nom, tribu d'El djeur Alemmas, conf. des aït Idjer. F. N.

Aït Ikhelef, nom du toufik, comprenant : Azrou Ouk'ellal, Tizi bou Afrioun, Ikef Ousammeur, Taskenfout et El Korn, tribu et conf. des aït Menguellat, F. N.

Aït Iken, touf. aït Saïd, tribu des aït H'antela, conf. des Aït Idjer. F. N.

Aït Illoul, touf. aït Melloul, tribu des Izer'faouen. T. O.

Aït Imr'our, touf. même nom, tribu Amechras conf. Igouchdal. D. M.

Aït Ir'en, vill. tribu aït bou Addou, conf. Igouchdal. D. M.

Aït Ir'il, touf. Ihaïdousen, tribu Iltaien ou Moussa, conf. Iflissen oum el lil. D.

Aït Isâad, touf. du même nom, tribu des aït R'Oubri. T. O.

Aït Ismaïl, touf. aït Braham, tribu des aït Aïssa ou Mimoun, conf. des aït Ouaguennoun. T. O.

Aït Izid, touf. même nom, tribu des aït Zmenzer, conf. des aït Aïssi. T. O.

Aït Izid Ouguemmadh, touf. aït Izid, tribu des aït Zmenzer, conf. des aït Aïssi. T. O.

Aït K'ara, touf. Ir'zer Nechbel, tribu aït Koufi, conf. Igouchdal. D. M.

Aït Kassi, touf. Imouthas, tribu aït Khalfoun. D. M.

Aït Keggar, touf. Aït Khelifa, tribu des aït bou Yousef, conf. des aït Menguellat, F. N.

Aït Khalfa, touf. Aït Maallem, tribu aït bou Addou, conf. Igouchdal. D. M.

Aït Khalfoun, vill. tribu des aït Mahmoud, conf. des Aït Aïssi. T. O.

Aït Khelifa, toufik conprenant les hameaux, aït Khelifa, Ichelliban, aït Keggar, aït Sidi Ahmed, tribu aït bou Yousef, conf. des Aït Menguellat. F. N.

Aït Khelifa, touf. de ce nom, tribu des aït Bou Yousef, conf. des aït Menguellat. F. N.

Aït Khir, vill. tribu des aït Khelili. T. O.

Aït Mâalla, touf. Châab, tribu Inezlioun. D. M.

Aït Mahiou, touf. Ihaddaden, tribu et conf. des Maatka. T. O.

Aït Mahmoud, touf. aït el aziz, tribu des Akbil, conf. des Aït Menguellat. F. N. arr.

Aït Melek, touf. Abizar, tribu des aït Adas, conf. des aït Djennad. T. O.

Aït Malek, touf. ir'il em bil, tribu aït Mendès, conf. des Igouchdal. D. M.

Aït Mamer, touf. aït Ouarezdin, tribu Iltaien ou Moussa, conf. des Iflissen oum el lil. D.

Aït Mançour, touf. Abizar, tribu des aït Adas, conf. des aït Djennad. T. O.

Aït Mançour, touf. Taddart Tamek' K'erant, tribu des Ihassenouen, conf. des aït Aïssi. T. O.

Aït Mançour, touf. aït Sidi Ali ou Moussa, tribu et conf. des Maatka. T. O.

Aït Mançour ou Ahmed, touf. du même nom, tribu des aït Fraouçen. T. O.

Aït Meçbah, touf. du même nom, tribu des aït Ameur ou Saïd, conf. des aït Aïssi. T. O.

Aït Meddour, touf. aït Yousef ou Ali, fract. des Imessouhal, tribu des aït Itsourar. F. N.

Aït Mekki, vill. de la tribu des aït Fraouçen. T. O.

Aït Mellal, touf. de ce nom, fract. des Imesdourar, tribu des aït Yahia. F. N.

Aït Mendil, touf. du même nom, fract. des Imesdourar, tribu des aït Yahia. F. N.

Aït Meraou, vill. tribu des Aouggacha, conf. des aït Iraten. F. N.

Aït Messaoud ou Aïssa, vill. tribu Imkiren, conf. Iflissen oum el lil. D. M.

Aït Messaoud ou Yahia, touf. Bour Guir'zer, fract. aït Matas, tribu Frikat, conf. Igouchdal. D. M.

Aït Mislaïn, touf. du même nom, tribu des Akbil, conf. des aït Menguellat. F. N.

Aït Mohammed, vill. tribu des aït Bourouba, conf. des Iflissen oum el lil. D.

Aït Mohammed ou Saïd, vill. tribu des aït Amran, conf. des Iflissen oum el lil. D.

Aït Mohammed ou Saïd, même touf. tribu Imkiren, conf. des Iflissen oum el lil. D. M.

Aït Mohammed ou Toudert, tribu Aoukdal, conf. aït Sedka. D. M.

Aït Moussa, touf. de Tir'zert, tribu des Iferdioun, conf. des aït Aïssi T. O.

Aït Moussa, touf. aït Daoud, tribu des aït Attaf, conf. des aït Menguellat. F. N.

Aït Moussa, touf. Ibedach, tribu des aït Adas, conf. des aït Djennad. T. O.

Aït Moussa ou Braham, vill. de la tribu des aït Fraouçen. T. O.

Aït n'naceur, touf. Ouled Salem, tribu Inezlioun. D. M.

Aït Ouâban, vill. tribu des aït Boudrar, conf. des aït Bethroun. F. N.

Aït Ouachchioun, touf. Ikhelouien, tribu des aït Aïssa ou Mimoun, conf. des aït Ouaguennoun. T. O.

Aït Ouaggour, touf. aït el Aziz, tribu des Akbil, conf. des aït Menguellat. F. N.

Aït Ouahand, touf. Ahanouts, tribu des aït Aïssa ou Mimoun, conf. des aït Ouaguennoun. T. O.

Aït Ouahand, touf. des aït Mira, tribu des aït Adas, conf. des aït Djennad. T. O.

Aït Ouahlan, vill. tribu Aoukdal, conf. aït Sedka. D. M.

Aït ou Aïssa, touf. des aït Macheflou, tribu des Izer'faouen. T. O.

Aït ou Ali, vill. tribu Cheurfa Guir'il Guek'k'en, conf. Igouchdal. D. M.

Aït Ouali, touf. Ziri, fract. des Imesdourar, tribu des aït Yahia. F. N.

Aït Ouandelous, touf. des aït Melloul, tribu des Izer'faouen. T. O.

Aït Ouanech, vill. tribu des aït Zmenzer, conf. des aït Aïssi. T. O.

Aït Ouanouch, touf. Igounan Aâmeur, des tribu des aït Aïssa ou Mimoun, conf. des aït Ouaguennoun. T. O.

Aït Ouaouli, vill. tribu des Ir'emrasen, conf. des Iflissen oum el lil. D.

Aït Ouareth, vill. tribu des Iamraouïen, fract. des Iamraouïen Bouadda. T. O.

Aït Ouarezdin, touf. même nom, tribu Iltaien ou Moussa, conf. des Iflissen oum el lil. D.

Aït Ouâtas, vill. fraction des Imessouhal, tribu des aït Yahia. F. N.

Aït Ouazen, vill. tribu Atouch, conf. aït Ouaguennoun. D.

Aït ou Çalah, touf. Amara, tribu des aït Khalfoun, T. O.

Aït Ouchchen, touf. des aït el Addeur, tribu des aït Kodhéa. T. O.

Aït ou el Hadj, vill. tribu des aït bou Addou, conf. Igouchdal. D. M.

Aït Ougaoua, touf. Ahanouts, tribu des aït Aïssa ou Mimoun, conf. des aït Ouaguennoun. T. O.

Aït Ouggareth, touf. Aït Mira, trib. des aït Adas, conf. des aït Djennad. T. O.

Aït Ougoumad, touf. Tala n'braham, tribu aït Mendès, conf. Igouchdal. D. M.

Aït Ougouni, vill. tribu Bourouba, conf. Iflissen oum el lil. D.

Aït Ouhanich, touf. Bou Adenan, tribu des aït Boudrar, conf. des aït Bethroun. F. N.

Aït Oumezzian, touf. Tafour'alt, tribu Imkiren, conf. Iflissen oum el lil. D. M.

Aït ou Naçeur, touf. Amara, tribu des aït Khalfoun. D. M.

Aït ou Ramhdan, touf. des aït Braham, tribu des aït Aïssa ou Mimoun, conf. des aït Ouaguennoun. T. O.

Aït Ouri, vill. tribu Cheurfa, conf. Ouaguennoun. D.

Aït ou Yahia, touf. Taguemmount, tribu aït Ali ou illoul, conf. aït Sedka. D. M. arr.

Aït Rabah, touf. Izerzen, tribu des aït Adas, conf. des aït Djennad. T. O. arr.

Aït Rached, touf. aït el Aziz, tribu des Akbil, conf. des Aït Menguellat. F. N.

Aït Rebouna, vill. tribu des aït Zouaou, conf. Iflissen el lebahar. D.

Aït Sâada, vill. tribu des aït Attaf, conf. des aït Menguellat. F. N.

Aït Sâada, touf. Ir'erbien, tribu Iltaien ou Moussa, conf. Iflissen oum el lil. D.

Aït Sâadi, touf. Ir'zer nechbel, tribu aït Koufi, conf. Igouchdal. D. M.

Aït Saïd, vill. tribu des aït Bourouba, conf. Iflissen oum el lil. D.

Aït Saïd, touf. du même nom, tribu des aït H'antela, conf. des aït Idjer. F. N.

Aït Saïd Ahaddad, touf. des aït Mameur, tribu des aït Adas, conf. des aït Djennad. T. O.

Aït Saïd ou Dali, touf. Tah'achchat, tribu Aoukdal, conf. aït Sedka. D. M.

Aït Saïd ou Zeggan, vill. tribu des Irdjen, conf. des aït Iraten, F. N.

Aït Salah, vill. tribu des Imesdourar, conf. des aït Idjer, F. N.

Aït Salah, touf. Bou Adenan, tribu des aït Boudrar, conf. des aït Bethroun. F. N.

Aït Seliman, touf. aït Yousef ou Ali, fraction Imessouhal, tribu des aït Itsourar. F. N.

Aït Seliman, vill. tribu Arch alemmas, conf. Iflissen oum el lil. D.

Aït Seliman, vill. tribu aït Yahia ou Moussa, conf. Iflissen oum el lil. D.

Aït Seliman, touf. aït el Kaid, tribu des aït Bouchennacha, conf. des aït Sedka. D. M.

Aït Seliman ou Ali, touf. aït ali n'aït Koufi, tribu aït Koufi, conf. Igouchdal. D. M.

Aït Sellan, vill. tribu des aït bou Yousef, conf. des aït Menguellat. F. N.

Aït si Ahmed, touf. aït Khelifa, tribu des aït bou Yousef, conf. des aït Menguellat. F. N.

Aït si Ali, vill. tribu des aït Ahmed, conf. Iflissen el lebahar. D.

Aït si Amara, touf. Taka, fract. des Taka, tribu des aït Yahia. F. N.

Aït Sider, touf. Taourirt Boudlès, tribu des Illilten. F. N.

Aït si Saïd, touf. Izerzen, tribu des aït Adas, conf. des aït Djennad. T. O.

Aït Sidi abd el Aziz, touf. aït Enzar, tribu des aït Khalfoun. D. M.

Aït Sidi Athman, vill. tribu des bou Akkach, conf. des aït Bethroun. F. N.

Aït Sidi Ameur, vill. tribu Irafan, conf. Iflissen oum el lil. D.

Aït Sidi Ameur, touf. Ihazzamen, tribu des aït Khalfoun. D. M.

Aït Sidi el Mahdi, même touf. et tribu que le précédent. D. M.

Aït Sidi Mohammed el Hadj, vill. tribu des aït Mahmoud, conf. des aït Aïssi. T. O.

Aït Sidi Saïd, touf. Taourirt-n-tidits, tribu et conf. des aït Menguellat. F. N.

Aït Sidi Saïd, touf. Ahora, tribu des Imesdourar, conf. des aït Idjer. F. N.

Aït Sidi Salem ou Mekhelouf, touf. Tamar'oucht, tribu des aït Douala, conf. des aït Aïssi. T. O.

Aït Sidi Yahia, touf. aït bou Mahdi, tribu des aït Ahmed, conf. des aït Sedka. D. M.

Aït Sliman ou Ameur, vill. tribu Bourouba, conf. Iflissen oum el lil. D.

Aït Tâalla, touf. Imouthas, tribu des aït Khalfoun. D. M.

Aït Taleb, touf. aït Mameur, tribu des aït Adas, conf. des aït Djennad. T. O.

Aït Tamaoucht, touf. aït Feraâh, tribu des Imesdourar, conf. des aït Idjer. F. N.

Aït Tek'oubbet, touf. ir'zer nechbel, tribu aït Koufi, conf. igouchdal, DM.

Aït t'elh'a vill. tribu aït Ismail, conf. Igouchdal, D. M.

Aït Ter'erbith, touf. tala yala, tribu Imzalen, conf. iflissen oum el lil, D. M. arr.

Aït Tizi, touf. aït enzar, tribu aït Khalfoun, D. M.

Aït Tsarik, vill. tribu aït Yahia ou moussa, conf. des iflissen oum el lil, D.

Aït Yahia, touf, Imouthas, tribu des aït Khalfoun, DM.

Aït Yahia touf. aït Khercha, tribu iltaien ou moussa, conf. des iflissen oum el lil, D.

Aït Yasine, vill. tribu des aït Ahmed, conf. iflissen el lebahar, D.

Aït Yousef, vill. tribu aït Zerara, conf. iflissen el lebahar, D.

Aït Zellal, vill. tribu des Aït Bou Chaib, T. O.

Aït Ziri, touf. de ce nom, fract. des Imesdourar, tribu des aït Yahia, F. N.

Ak'alous, touf. aït bou m'asa, fract. aït Matas, tribu Frikat, conf. igouchdal, D. M.

Akaoudj, touf. même nom, tribu des Aït Aïssa ou Mimoun, conf. des aït ouaguennoun, T. O.

Akaouj, touf. aourir ouzemmour, tribu des Akbil, conf. des aït Menguellat, F. N.

Akbou, touf. Agouni Oujilban, tribu des aït Akerma, conf. des aït Iraten, F. N.

Akenjour, touf. même nom, tribu des aït Zmenzer, conf. des aït Aïssi, T. O.

Akhelendja, touf. tala yala, tribu imzalen, conf. iflissen oum el lil, D. M.

Akhendouk vill. tribu aït said, conf. aït Ouaguennoun, D.

Akennich, touf. des aït Mira, tribu des aït adas, conf. des aït Djennad, T. O.

Akherib Aïssa, touf. Aït Haggoun, tribu des aït Bou R'erdane, conf. des Igouchdal, D. M.

Akerroui em bou Yala, vill. tribu des aït khelili, T. O.

Aklan em Chamlal, vill. tribu des Iamraouïen, fract. des Iamraouïen Bouadda, T. O.

Akrouka, touf. Ourthi Bouakkach, tribu des aït khelifa, conf. des Maatka, T. O.

Ali ben Baïou, vill. tribu des isser el ouiden, conf. ouaguennoun, D.

Alloum, touf. des aït aiadhi, tribu d'Ir'il en Zekri, T. O.

Alma, touf. ilemmasen, tribu aït Ismail, conf. Igouchdal, D.M.

Alma Bouaman, vill. tribu aït Slegguem, conf. aït Ouaguennoun, D.

Alma em Besseri, vill. tribu aït mendès, conf. Igouchdal, DM.

Alma Hallal, touf. des aït sidi yahia, tribu des Izer'faouen, T. O.

Alma n Tegoumma, touf. même nom, tribu des aït H'asaïn, T. O.

Alma ouguechtoum, touf. même nom, tribu des Aït Flick, T. O.

Alma ou Hadry, touf. Iazzouzen, tribu des Aït R'oubri, T. O.

Amalou, touf. Tikobaïn, tribu des Iamraouïen, fract. des Iamraouïen oufella, T. O.

Amalou, touf. ilemmasen, tribu aït Ismail, conf. Igouchdal, D. M.

Amazzeur, vill. tribu des Isser ouled Smir, conf. des ouaguennoum, D.

Amazzeur, vill. tribu Taourga, conf. aït Ouaguennoun, D.

Amazoul, vill. tribu des aït Fraoucen, T. O.

Ameddah, touf. tala yala, tribu imzalen, conf. iflissen oum el lil, D. M.

Amek'erez, touf. du même nom, tribu des aït Ziki, F. N.

Amezzaourou, vill. tribu aït Ismail, conf. igouchdal, D. M.

Ammouch, vill. tribu Irafan, conf. iflissen oum el lil, D.

Amnaïl, vill. tribu Zemoul, conf. Ouaguennoun, D.

Amrôus touf. Mâalla, tribu aït Koufi, conf. Igouchdal, D. M.

Amsioun, touf. des aït Bou Yahia, tribu des aït Douala, conf. des ait Aissi, T. O.

Aneggah, touf. Bou Arfa, tribu et confédération des Maatka, T. O.

Ant'Assem, touf. imouthas, tribu aït Khalfoun, D. M.

Aouicha, touf. kettous, tribu des Iamraouïen, fraction des Iamraouien Bouadda, T. O.

Aoulaïn, vill. tribu des aït Messelem, conf. des aït Ouaguennoun, D.

Aourir, touf. ouled aïssa, tribu ïnezlioun, D. M.

Aourir touf. ilemmasen, tribu aït Ismail, conf. Igouchdal, D. M.

Aourir n aït Isaad, vill. tribu des aït R'oubri, T. O.

Aourir n' ameur ou Saïd, touf. Ameur ou saïd, tribu et conf. des aït Menguellat, F. N.

Aourir Ouzemmour, touf. du même nom, tribu des Akbil, conf. des aït Menguellat, F. N.

Arbi, vill. tribu aït Ahmed, conf. iflissen el lebahar, D.

Arbïai, vill. trib. des aït Slegguem, conf. aït Ouaguennoun. D.

Ar'érib, vill. tribu des aït Kodhéa, T. O.

Asker, touf. de ce nom, fract. des Imessouhal, tribu des Itsourar, F. N.

Atsafath, vill. tribu aït Mekla, conf. iflissen oum el lil, D.

Azaib, vill. tribu des Cheurfa, conf. des aït Ouaguennoun, D.

Azeffoun, touf. des aït Melloul, tribu des Izer'faouen, T. O.

Azemmour Aban, touf. aït Mohamed ou saïd, tribu imkiren, conf. iflissen oum el lil, D. M.

Azeraraten, vill. tribu Ibouazzounen, conf. iflissen oum el lil, D.

Azib, touf. Azib en Zamoun, tribu aït Amran. conf. Iflissen oum el lil, D.

Azib, vill. tribu aït Slegguem, conf. aït Ouaguennoun, D.

Azib bouadda touf. Bou Naman, tribu des aït H'asaïn, T. O.

Azib Bouchkel, touf. azib cheikh, tribu Aklan ou Abids, D. M.

Azib Boundjiah, touf. Tiguerin, tribu du même nom, T. O.

Azib Bouzgueur touf. des aït sidi Yahia, tribu des Izer'faouen, T. O.

Azib Chefer, touf. Tak'k'ouren, tribu des aït R'oubri, T. O.

Azib el Meurdj, touf. ir'il Iazzouzen, tribu des Iazzouzen, T. O.

Azib Cheikh, touf. même nom, tribu Aklan ou Abids, D. M.

Azib en Djebla, touf. Tikobaïn, tribu des Iamraouïen, fract. des Iamraouien Oufella, T. O.

Azib en Taklits, vill. tribu isser ed djedian, conf. aït Ouaguennoun, D.

Azib en Tifaou, vill. tribu aït Yahia ou Moussa, conf. Iflissen oum el lil, D.

Azib el Tolba vill. tribu des aït Slegguem, conf. aït Ouaguennoun, D.

Azib ir erbien, touf. même nom, tribu Iltaien ou Moussa, conf. des Iflissen oum el lil, D.

Azib n'ait sidi Saïd, touf. Taourirt en Tidits, tribu et conf. des aït Menguellat, F. N.

Azib Kassi, touf. Taguemmount Boulmou, tribu des Iazzouzen, T. O.

Azib Ouchettab, touf. des aït sidi Ahmed ou Yousef, tribu des Izer'faouen, T. O.

Azib Ouhaddad, touf. des aït Braham, tribu des aït Aissa ou Mimoun, conf. des aït Ouaguennoun, T. O.

Azib Oulal Allal, touf. Drâa. tribu des Iamraouïen, fraction des Iamraouien Bouadda, T. O.

Azra touf. Tâaroust, tribu d'ir'il en Zekri, T. O.

Azara, vill. tribu tifra, conf. Iflissen el lebahar, D.

Azrou, touf. ahamil, tribu des aït R'oubri, T. O. arr.

Azrou touf. Alma Ouguechtoum, tribu des aït Flick, T. O.

Azrou, vill. tribu des beni thour, conf. des aït Ouaguennoun D.

Azrou vill. tribu irafan, conf. iflissen oum el lil, D.

Azrou, vill. tribu aït sidi hamza, conf. aït Ouaguennoun, D.

Azrou bou Ammar, touf. aït el Addeur, tribu des aït Kodeah, T. O.

Azrou Bouar, vill. tribu atouch, conf. aït Ouaguennoun, D.

Azrouil, vill. tribu aït Saïd, conf aït Ouaguennoun. D.

Azrou Mesguen, touf. Tala n tegana, tribu des aït Kodéah, T. O.

Azrou-n-ath Illilten, vill. tribu et conf. des Illilten, F. N.

Azrou-n-aït Saber, vill. tribu des Beni thour, conf. des aït Ouaguennoun, D.

Azrou Ouk'Ellal, touf. des aït Ikhelef, tribu et conf. des aït Menguellat. F. N.

Bab ed dar, touf. Issenadjen, tribu des aït Zouaou, conf. Iflissen el lebahar, D.

Bach Assas, vill. tribu des Isser droua, conf. aït Ouaguennoun, D.

Barkat, touf. imouthas, tribu des aït Khalfoun, D. M.

Barlia, vill. tribu taourga conf. aït Ouaguennoun, D.

Bechali, vill tribu aït Slegguem, conf. aït Ouaguennoun, D.

Bechchaba, touf. Adeni, tribu des Irdjen, conf. des aït Iraten, F. N.

Bechchar, vill. fract. des Imesdourar, tribu des aït Itsourar, F. N.

Bechchar, vill. tribu des Isser ed Djedian, conf. des aït Ouaguennoun, D.

Bek'Ennou, touf. aït Isâad, tribu des aït R'oubri, T. O.

Belias, touf. de Tizi Rached, tribu des aït Akerma, conf. des aït Iraten, F. N.

Bel R'ezli, vill. tribu des aït Bou Chaïb, T. O.

Ben Açoul, vill. tribu Isser Droua, conf. aït Ouaguennoun, D.

Ben amara, vill. tribu des beni thour, même conf. que le précédent, D.

Ben Arous vill. tribu Isser Droua, conf. aït Ouaguennoun, D.

Ben Bakhti, vill. tribu Isser Droua, conf. aït Ouaguennoun, D.

Ben Delhoum, vill. tribu Isser el ouidan, conf. aït Ouaguennoun, D.

Ben Gastalo, vill. tribu Isser el ouidan, conf. aït Ouaguennoun, D.

Ben Hammouda, vill. tribu Isser el ouidan, conf. Ouaguennoun, D.

Ben Haroun, vill. tribu Harchaoua, D. M.

Ben Nechoud, vill. tribu des beni thour, conf. des aït Ouaguennoun, D.

Ben Sebâ vill. tribu Isser el ouidan, conf. aït Ouaguennoun, D.

Ben Seria vill. tribu Isser el ouidan, conf. aït Ouaguennoun, D.

Ben Tarzi, vill. tribu Isser el ouidan, conf. aït Ouaguennoun, D.

Beni Attar, vill. tribu Taourga, conf. aït Ouaguennoun, D.

Beni Khettir vill. tribu Isser el ouidan, conf. ait Ouaguennoun, D.

Bensari vill. tribu Isser Ouled Smir, conf. ait Ouaguennoun, D.

Bent Echcharef, vill. tribu des beni thour, conf. aït Ouaguennoun, D.

Berber, touf. des aït Mira, tribu des aït Adas, conf. des aït Djennad, T. O.

Berk'is, touf. du même nom, tribu des aït Ziki, F. N.

Biâmran, vill. tribu des Ibethrounen, conf. des Maatka, T. O.

Bider, vill. tribu Irafan, conf. des Iflissen oum el lil, D.

Bilou, touf. Ikhelouien, tribu des aït Aissa ou Mimoun, conf. des aït Ouaguennoun, T. O.

Bou Açem, touf. Akenjour, tribu des aït Zmenzer, conf. des aït Aïssi, T. O.

Bou Achir, vill. tribu des aït Khelili. T. O.

Bou Aïdel, touf. Taourirt n'aït ou ali Naçeur fract. des Imesdourar, tribu des aït Itsourar, F. N.

Bou Aïdel touf. Beni Athman, tribu Isser Droua, conf. aït Ouaguennoun, D.

Bou Aïssi, touf. Izarzen, tribu des aït Adas, conf. des aït djennad. T. O.

Bou Aïssi, vill. tribu aït Chennacha, conf. Iflissen oum el lil, D.

Bou Ament, vill tribu des Beni thour, conf. Aït Ouaguennoun, D.

Bou Ameur vill. tribu Isser el ouïdan, conf. Aït Ouaguennoun, D.

Bou Aoun, vill. tribu des Tifrit n ath ou Malek, conf. des Aït Idjer, F. N. arr.

Bou Arfa, touf. du même nom, tribu et conf. des Maatka, T. O.

Bou Arous, vill. tribu Chennacha, conf. Iflissen oum el lil, D.

Bou Bata, vill. tribu isser el ouidan, conf. Ouaguennoun, D.

Bou Boudi, touf. Taguemmount Ijirmenen, tribu de Tiguerin, T. O.

Bou Çahba, touf. iouennour'en, tribu aït Mekla, conf. Iflissen oum el lil, D.

Bou Çara el Çerir, vill. tribu Isser el ouidan, conf. Ouaguennoun, D.

Bou Çara el Kebir vill. tribu Isser el ouidan, conf. Ouaguennoun, D.

Bou Chetta, vill. tribu Isser el ouidan, conf. Ouaguennoun, D.

Bouçouar, touf. du même nom, tribu des aït Aïsser ou Mimoun, conf. des aït Ouaguennoun, T. O.

Boudjanâ, touf. aït Aggoun, tribu aït bou r'erdane, conf. Igouchdal, D. M.

Bou Djina, touf. Iserradjen, tribu aâfir, conf. des aït Ouaguennoun, T. O.

Bou el Maiz, touf. Kerrouch, fraction des Imessouhal, tribu des aït Itsourar, F. N.

Boufadal, vill. fract. des Imesdourar, tribu des aït Yahia, F. N.

Bou Fdekil, touf. imezzar'en, fract. aït Khellouf, tribu Frikat, conf. Igouchdal, D. M.

Bou Guechtouli, vill. tribu Isser droua, conf. Ouaguennoun, D.

Bouguettoni, touf. koukou, fract. des Imessouhal, tribu des aït Yahia, F. N.

Bou Haiber, touf. des aït Bouâdha, tribu des aït R'oubri, T. O.

Bou Hamdoun, touf. des aït Mahmed, tribu et conf. des Mâatka, T. O.

Bou Harchaou, vill. tribu des beni Thour, conf. aït Ouaguennoun, D.

Bou Hinoun, vill. tribu des aït Zmenzer, conf. des aït Aïssi, T. O.

Bou Ilef, touf. des Iazzouzen, tribu des aït R'oubri, T. O.

Boujeah, touf. Ifnaïen, tribu des aït Oumalou, conf. des aït Iraten, F. N.

Boujelil, touf. Tamazirt, tribu des Irdjen, conf. des aït Iraten, F. N.

Boujelil, touf. aït el addeur, tribu des aït Kodhea, T. O.

Bou Kellal, vill. tribu des aït Ahmed, conf. Iflissen el lebahar, D.

Bou K'enach, vill. tribu des beni Thour, conf. aït Ouaguennoun, D.

Bou Kerram, vill. tribu aït Chennacha, conf. des Iflissen oum el lil D.

Bou Kheroub, touf. des aït Mameur, tribu des aït addas, conf. des aït Djennad, T. O.

Bou Mançour, vill. tribu des aït Flick, T. O.

Bou Mati, vill. tribu aït Slegguem, conf. aït Ouaguennoun. D.

Bou Messaoud, touf. Tizi guefrès, fract. des Imessouhal, tribu des aït Itsourar, F. N.

Bou Méris, vill. tribu des aït Zouaou, conf. Iflissen el lebahar, D.

Bou Misra, vill. tribu Irafan, conf. Iflissen oum el lil, D.

Bou Nâman touf. du même nom, tribu des aït H'asain, T. O. arr.

Bou Noueuh' touf. même nom, tribu aït Ismail, conf. Igouchdal, D. M.

Boureuch, touf. Tizer'ouin, tribu des aït H'asain, T. O.

Bour'ni vill. tribu Aklan ou Abids, D. M.

Bousâada, touf. Magoura, tribu d'Ir'il en Zekri, T. O.

Bou Sahel, touf. Tizi Rached, tribu des aït Akerma, conf. des aït Iraten, F. N.

Bou Sahel, touf. Izarzen, tribu des aït Adas, conf. des aït Djennad, T. O.

Bou Smaïl, touf. beni athman, tribu Isser Droua, conf. Ouaguennoun, D.

Bou Taka vill. tribu Im-zalen, conf. Iflissen oum el lil, D. M.

Bou Taka (ou encore Bou Tebena), touf. izerrouten, tribu Imzalen, conf. Iflissen oum el lil, D. M.

Bou Thetchour, touf. Taka, fraction des Taka, tribu des aït Yahia, F. N.

Bou Yala vill. tribu des aït Khelili, T. O.

Bou Zeggan, touf. du même nom, tribu d'El Djeur Alemmas, conf. des aït Idjer, F. N.

Bou Zeh'arir, vill. tribu des aït Fraoucen, T. O.

Bou Zerka, touf. des aït Melloul, tribu des Izer' faouen, T. O.

Brahim bel Hadj, vill. tribu Isser Droua, conf. Ouaguennoun, D.

Chabet el Akra, vill. tribu Harchaoua, D. M.

Chabet Ikhelef, touf. du même nom, tribu Inezlioun, D. M.

Chaïba, vill. tribu Isser Eddjedian conf. aït Ouaguennoun D.

Chaïna, vill. tribu aït Slegguem, conf. aït Ouaguennoun, D.

Chebabath, touf. Bou Noueuh, tribu aït Ismail, conf. Igouchdal, D.M.

Chebel, vill. tribu des aït R'oubri, T. O.

Chelala, vill. tribu ir'emrasen, conf. Iflissen oum el lil, D.

Chelout, vill. tribu Irafan, conf. Iflissen oum el lil, D.

Chendouch, touf. Rouachda, tribu Inezlioun, D. M.

Cherarda, vill. tribu des beni Thour, conf. aït Ouaguennoun. D.

Cheurfa, touf. des Iazzouzen, tribu des aït R'oubri, T.O.

Cheurfa, vill. tribu du même nom, conf. des aït Ouaguennoun, D.

Cheurfa, touf. aït Ali, fract. aït Khellouf, tribu Frikat, conf. Igouchdal, D. M.

Cheurfa Bour'zik, vill. tribu des aït Ir'zer, T. O.

Cheurfa el Bour bou el Hadj, touf. des aït Ezzaim. tribu et conf. des Mâatka, T. O.

Cheurfa em Bahaloul, touf. du même nom, tribu des aït R'oubri, T. O.

Cheurfa en Tiguert en tala, touf. des Izer'faouen, tribu du même nom, T. O.

Cheurfa Ibaharizen, touf. Tiguerin, tribu du même nom, T. O.

Cheurguia, vill. tribu des beni Thour, conf. aït Ouaguennoun, D.

Chouabet vill. tribu Isser Droua, conf. aït Ouaguennoun, D.

Chouicha, vill. tribu Isser el Ouidan, conf. aït Ouaguennoun, D.

Çouâma, vill. de la tribu des aït Bou Chaïb, T. O.

Dar el Bidha, vill. tribu Taourga, conf. aït Ouaguennoun, D.

Dar Mendil, vill. tribu Isser Ouled Smir. conf. aït Ouaguennoun, D.

Dar Rabah, vill. tribu des beni Thour, conf. aït Ouaguennoun, D.

Decheret Ali vill. tribu Isser el Ouidan, conf. aït Ouaguennoun, D.

Djama n aït sidi Saïd, touf. Taourirt-n-Tidits, tribu et conf. des aït Menguellat, F. N.

Djelouha, vill. tribu Irafan, conf. Iflissen oum el lil, D.

Djemâat es Sahridj, vill. tribu des aït Fraoucen, T.O.

Djerabat vill. tribu Isser Droua, conf. aït Ouaguennoun, D.

Djibeur, touf. aït Enzar tribu aït Khalfoun, D. M.

Douia en Nouaceur, vill. tribu Isser Ouled Smir, conf. aït Ouaguennoun D.

Doukkara, vill. tribu Harchaoua, D. M.

Drâa Ben Khedda, touf. du même nom, tribu des Iamraouïen, fraction des Iamraouïen Bouadda, T. O.

Drâa en Nesissa, vill. tribu Isser el Ouidan, conf. aït Ouaguennoun, D.

Drâ el Mizan, touf. Ouled aïssa, tribu Inezlioun, D. M.

Drâ Khelifa, touf. Itama, tribu des Iamraouïen, fraction des Iamraouïen Bouadda, T. O.

Eç Cibi, vill. tribu des Beni Thour, conf. des aït Ouaguennoun, D.

Eç Çouama, touf. aït Haggoun, tribu aït bou r'Erdane, conf. Igouchdal, D. M.

Eçh Chegga, vill. tribu des Beni Thour, conf. des aït Ouaguennoun, D.

Eddjemâa touf. Adeni, tribu des Irdjen, conf. des aït Iraten, F. N.

Eddjemaa Bouchchafa, touf. Taguemmount Boulnou, tribu des Iazzouzen, T. O.

El Ainseur, touf. Ouled Salem, tribu Inezlioun, D. M.

El Am'ra, vill. tribu aït el Aziz, D. M.

El Anatra vill. tribu ed Djedian, conf. aït Ouaguennoun, D.

El Ardja (Voy. El Hardja).

El Aziba, vill. tribu Isser ed Djedian, conf. aït Ouaguennoun, D.

El Djennad, vill. tribu Isser Ouled Smir, conf. Ouaguennoun, D.

El Foudia, touf. Ouled Salem, tribu Inezlioun, D. M.

El Guechala, vill. tribu Isser Droua, conf. aït Ouaguennoun, D.

El Guenanna vill. tribu Isser Droua, conf. aït Ouaguennoun, D.

El H'amadna vill. tribu Isser Ouled Smir, conf. aït Ouaguennoun, D.

El Hammam touf. taka, tribu Imkiren, conf. Iflissen oum el lil, D. M.

El Hamrouni vill. tribu Isser ed Djedian, conf. aït Ouaguennoun, D.

El Haouara, touf. de Bordj Sebaou, tribu des Iamraouïen, fraction des Iamraouïen Bouadda, T. O.

El Hara Bouadda, touf. Ameleha, tribu des aït R'oubri, T. O.

El Hara Oufella, touf. Ameleha, tribu des aït R'oubri, T. O.

El H'ara Ouourgan, touf. Iazzouzen, tribu des aït Akerma, conf. des aït Iraten, F. N.

El Harcha touf. de sidi Nâman, tribu des Iamraouïen, fraction des Iamraouïen Bouadda, T. O.

El Hardja, vill. tribu Isser Ouled Smir, conf. aït Ouaguennoun, D.

El Keçar, touf. Taourga, tribu Taourga, conf. aït Ouaguennoun, D.

El Kelâa, touf. aït abram, tribu des aït Aïssa ou Mimoun, conf. des aït Ouaguennoun, T. O.

El Kelâa, touf. des aït Macheflou, tribu des Izer'faouen, T. O.

El Kelâa, vill. tribu Isser Droua, conf. aït Ouaguennoun, D.

El Kelâa Ichennoufen, vill. tribu des aït Khelili, T. O.

El Khibia, touf. des aït Melloul, tribu des Izer'faouen, T. O.

El K'ontra, touf. Iazzouzen, tribu des aït Akerma, conf. des aït Iraten, F. N.

El K'orn, touf. des aït Ikhelef, tribu et conf. des aït Menguellat, F. N.

El Kouad'hi touf. des aït Halima, tribu et conf. des Mâatka, T. O.

El K'oubbeth, touf. aït Ali ou Mohand, tribu des Illoulen Oumalou, F. N.

El Koudia, vill. tribu des Iazzouzen, T. O.

El Kouès, vill. tribu Isser el Ouidan, conf. aït Ouaguennoun, D.

El Kouanin vill. tribu Isser ed Djedian, conf. aït Ouaguennoun, D.

El Machera vill. tribu atouch, conf. aït Ouaguennoun, D.

El Mâden, vill. tribu aït Mesellem, conf. des aït Ouaguennoun, D.

El Mekhakhcha, vill. tribu Isser Ouled Smir, conf. aït Ouaguennoun, D.

El Melaâb, vill. tribu Isser Droua, conf. aït Ouaguennoun, D.

El Menacera touf. aït Arif, tribu Arif, conf. Iflissen oum el lil, D.

El Mesboub, vill. tribu des aït Fraouçen, T. O.

El Miçer Bouadda, touf. el Miçer, tribu des Aouggacha, conf. des aït Iraten, F. N.

El Miçer Oufella, touf. el Miçer, tribu des Aouggacha, conf. des aït Iraten, F. N.

El Mourass, touf. Tanalt, fract. des Imessouhal, tribu des aït Itsourar, F. N.

El Oukalla, touf. Taourga, tribu Taourga, conf. aït Ouaguennoun, D.

El R'edaïr, vill. tribu Taourga, conf. aït Ouaguennoun, D.

El R'eïcha, vill. tribu Isser Droua, conf. aït Ouaguennoun, D.

El R'erraf vill. tribu Isser Ouled Smir, conf. aït Ouaguennoun, D.

El R'erraf, vill. tribu Isser ed Djedian, conf. aït Ouaguennoun, D.

En Madhor em bou Beker, touf. Taboudoucht, tribu des aït Irzer, T. O.

Esmachia, vill. tribu Isser ed Djedian, conf. aït Ouaguennoun, D.

Ezzimoula, vill. de la tribu des Iamraouïen, fraction des Iamraouïen Bouadda, T. O.

Feliki, touf. des aït Bouâdha, tribu des aït R'oubri, T.O.

Guellal, vill. tribu Isser el Ouidan, touf. aït Ouaguennoun, D.

Guergour, touf. K'erouan, tribu Inezlioun, D. M.

Hadouda, vill. tribu aït Sidi Hamza, conf. aït Ouaguennoun, D.

Hadouda, vill. tribu Atouch, conf. aït Ouaguennoun, D.

Haïdous, touf. de Mek'néa, tribu des aït R'oubri, T.O.

Halil, vill. tribu aït Yahia ou Moussa, conf. Iflissen oum el lil, D.

Halouan, touf. Ouled Aïssa, tribu Inezlioun, D. M.

Halouan, vill. tribu aït Ismaïl, conf. Igouchdal, D.M.

Haouch abd el Kak, vill. tribu Isser Droua, conf. aït Ouaguennoun, D.

Haouch Badhi vill. tribu Isser Ouled Smir. conf. aït Ouaguennoun, D.

Haouch bel Kheir, vill. tribu Isser Ouled Smir, conf. aït Ouaguennoun, D.

Haouch ben Delala vill. tribu Isser Droua, conf. aït Ouaguennoun, D.

Haouch ben Maïch vill. tribu Isser Droua, conf. aït Ouaguennoun, D.

Haouch ben Ouali, vill. tribu Isser Ouled Smir, conf. aït Ouaguennoun, D.

Haouch ben Taïeb vill, tribu Isser Droua, conf. aït Ouaguennoun, D.

Haouch ben Teldja vill. tribu Isser Droua, conf. aït Ouaguennoun, D.

Haouch bou Derba, vill. tribu Isser ed Djedian, conf. aït Ouaguennoun, D.

Haouch Chérif, vill. tribu Isser Ouled Smir, conf. aït Ouaguennoun, D.

Haouch el Caïd Solfani, vill. tribu Isser Ouled Smir, conf. aït Ouaguennoun, D.

Haouch el Oudjani, vill. tribu et conf. comme le précédent, D.

Haouch en Nekhel vill. tribu Isser Ouled Smir, conf. aït Ouaguennoun, D.

Haouch Mahmoud, vill. tribu Isser ed Djedian, conf. aït Ouaguennoun, D.

Haouch Salem, vill. tribu Isser ed Djedian, conf. aït Ouaguennoun, D.

Haouch Sebeak, vill, tribu Isser Droua, conf. aït Ouaguennoun, D.

Hendou, touf. des aït et Addeur, tribu des aït Kodhéa, T. O.

Henia, touf. K'erouan, tribu Inezlioun, D. M.

Iabâch, touf. des Izer'faouen, tribu du même nom, T.O.

Iachchouben, touf. des aït Melloul, tribu des Izer' faouen, T. O.

Iacheriten, touf. Ihaïdousen, tribu Iltaïen ou Moussa, conf. Iflissen oum el lil, D.

Iadjaben, touf. du même nom, tribu et conf. des Maatka, T. O.

Iadjelilen, touf. Maalla, tribu aït Koufi, conf. Igouchdal, D. M.

Iadjemah, touf. des aït Mameur, tribu des aït Adas, conf. des aït Djennad, T. O.

Iafadjen, vill. tribu Iaskeren, conf. aït Ouaguennoun, D.

Iaïçiten, vill. tribu aït Yahia ou Moussa, conf. Iflissen oum el lil, D.

Iak'k'ouren, touf. du même nom, tribu des aït R'oubri, T. O.

Iaoudaren, touf. Meh'aban, tribu aït Mendès, conf. Igouchdal, D. M.

Iaoumâren, touf. Ichekeren, tribu Imzalen, conf. Iflissen oum el lil, D. M.

Iarbithen, touf. aït Hakem, fract. aït Matas, tribu Frikat, conf. Igouchdal, D. M.

Iasklaouin, touf. aït Moussa ou Aïssa, tribu des aït Akerma, conf. des aït Iraten, F. N.

Iazzounen, vill. tribu des aït Bouchennacha, conf. aït Sedka, D. M.

Ibachiren, touf. Iazzouzen, tribu des aït Akerma, conf. des aït Iraten, F. N.

Ibadisen vill. tribu aït bou Addou, conf. Igouchdal, D. M.

Ibahalal, touf. Tamazirt, tribu des Irdjen, conf. des aït Iraten, F. N.

Ibahalal, touf. aït arif. tribu aït Arif, conf. Iflissen oum el lil, D.

Ibaharizen, touf. de ce nom, tribu de Tiguerin, T. O.

Ibaharizen, touf, aït Taleb ou bel Kassem, tribu Imkiren, conf. Iflissen oum el lil, D. M.

Ibakouken, vill. tribu aït Mesellem, conf. aït Ouaguennoun, D.

Ibazizen, touf. des aït Mameur, tribu des aït Adas, conf. des aït Djennad, T. O.

Ibekkaren, touf. Aït Saïd, tribu des aït H'antela, conf. des aït Idjer, F. N.

Ibelaïden, touf. aït Saïd, tribu aït Mekla, conf. Iflissen oum el lil, D.

Iberkanen, touf. aït arif, même nom de tribu, conf. Iflissen oum el lil, D.

Iber'r'outhen, touf. des aït Melloul, tribu des Izer' faouen. T. O.

Ibeskrien, touf. des aït el Addeur, tribu des aït Kodhéa, T. O.

Ibouach, touf. Ibaharizen, tribu de Tiguerin, T. O.

Ibouârouren, touf. Ibedach, tribu des aït Adas, conf. des aït Djennad, T. O.

Ibouathen, touf. Bou Noueuh', tribu aït Ismail, conf. Igouchdal, D. M.

Iboudhaifen, touf. Ibedach, tribu des aït Adas, conf. des aït Djennad, T. O.

Ibouharen, vill. tribu arch Alemmas, conf. Iflissen oum el lil, D.

Iboujellaben, touf. ir'zerNechbel, tribu aït Koufi, conf. des Igouchdal, D. M.

Ibouyousefen, touf. Tazrout, tribu des aït H'antela, conf. des aït Idjer, F. N.

Ibouziden, vill. tribu aït Amran, conf. Iflissen oum el lil, D.

Ichalalen, touf. des aït Sidi Ahmed ou Yousef, tribu des Izer'faouen, T. O.

Ichalalen, touf. même nom, tribu Ibouazzounen, conf. Iflissen oum el lil, D.

Ichekeren, touf. même nom, tribu Imzalen, conf. Iflissen oum el lil, D. M.

Ichekkaben, touf. Taboudoucht, tribu des aït Irzer, T. O.

Ichelliban, touf. aït Khelifa, tribu des aït bou Yousef, conf. des aït Menguellat, F. N.

Icherdiouen Bouadda, touf. Taguemmount Oukerrouch, tribu des aït Ameu ou Faïd, conf. des aït Aïssi, T. O.

Icherdiouen Oufella, touf. aït Meçbah, tribu des aït Ameu ou faïd, conf. des aït Aïssi, T. O.

Icherkiin, touf. de ce nom, tribu et conf. des Maatka, T. O.

Icherkiin, vill. tribu des aït Ahmed, conf. Iflissen el lebahar, D.

Icherridhen, vill. tribu des Aouggacha, conf. des aït Iraten, F. N.

Ichikar vill. tribu Istiten, conf. aït Ouaguennoun, D.

Ichtouanen, vill. tribu Iaskeren, conf. aït Ouaguennoun, D.

Idebaken touf. aït Ali ou Aïssa, tribu Amechras, conf. Igouchdal, D. M.

Idefasen, vill. tribu des Iazzouzen, T. O.

Idjadhiden, vill. tribu Ir'emrasen, conf. Iflissen oum el lil, D.

Ifalkan, vill. tribu des aït Zerara, conf. Iflissen el Lebahar, D.

Ifedjdan, vill. tribu aït Slegguem, conf. aït Ouaguennoun, D.

Iferahounen, touf. de ce nom, fract. des Imesdourar, tribu des aït Itsourar, F. N.

Ifir'a, vill. tribu des aït R'oubri, T. O.

Ifnaïen, touf. du même nom, tribu des aït Oumalou, conf. des aït Iraten, F. N.

Ifouzathen, touf. Maalla, tribu aït Koufi, conf. Igouchdal, D. M.

Ifouzzar, touf. Ak'aoudj, tribu des aït Aïssa ou Mimoun, conf. des aït Ouaguennoun, T. O.

Igariden, touf. Iadjaben, tribu et conf. des Maatka, T. O.

Igouchdal, touf. des aït Sidi Ahmed ou Yousef, tribu des Izer'faouen, T. O.

Igoufal, vill. tribu des aït bou Chaïb, T. O.

Igoulfan, vill. tribu des aït Fraouçen, T. O.

Igoulfan vill. tribu Isser ed Djedian, conf. Aït Ouaguennoun, D.

Igounan, touf. Tizi rached, tribu des aït Akerma, conf. des aït Iraten, F. N.

Igounan Aâmeur, touf. de ce nom, tribu des aït Aïssa ou Mimoun, conf. des aït Ouaguennoun, T. O.

Igourès, touf. Aït Mellal, fract. des Imesdourar, tribu des aït Yahia, F. N.

Igreb, touf m arer'na, tribu des Illoulen Oumalou, F. N.

Igueraoun, touf. Agousim, Tribu des Illoulen Oumalou, F. N.

Iguerasen, touf. Bou Zeggan, tribu El Djeur Alemmas, conf. des aït Idjer, F. N.

Iguer Adeloun, vill. tribu Aoukdal, conf. aït Sedka, D. M.

Iguer Ahmed, touf. aït Sidi Ali ou Moussa, tribu et conf. des Maatka, T. O.

Iguer Athman, touf. Iak'k'ouren, tribu des aït R'oubri, T. O.

Iguer Bouïran, touf. des Aït bou Ali, tribu des aït Kodhéa, T. O.

Iguer Eftah touf. tala Khellouf, tribu aït Ismail, conf. Igouchdal. D. M.

Iguer el K'crar, touf. Ir'il Igoulminen, fract. des Imessouhal, tribu des aït Itsourar, F. N.

Iguer el Kermoud, touf. des Aït Sidi Ahmed ou Yousef, tribu des Izer'faouen, T. O.

Iguer Ençer, vill. tribu des aït Zerara, conf. Iflissen el lebahar D.

Iguer en Salem, vill. tribu des aït Ahmed, conf. Iflissen el lebahar D.

Iguer Guedmimem, vill. tribu des aït bou Chaïb. T. O.

Iguer Iguemmoumen, touf. Tabarourt, tribu d'Ir'il en Zekri. T. O.

Iguer Mahdi, touf. de ce nom, tribu des aït Ziki. F. N.

Iguesdem, touf. aït Ziri, fract. des Imesdourar, tribu des aït Yahia. F. N.

Iguessoumen, touf. Itama, tribu des Iamraouïen, fraction des Iamraouïen Bouadda. T. O.

Ihaddaden, touf. aït Mimoun, tribu des Aouggacha, conf. des aït Iraten. F. N.

Ihaddaden, touf. Tir'zert, tribu Iferdioun, conf. des aït Aïssi. T. O.

Ihaddaden, touf. Ir'erbien, tribu Iltaien ou Moussa, conf. Iflissen oum el lil. D.

Ihaddaden, vill. tribu Irafan, conf. Iflissen oum el lil, D.

Ihaddaden, vill. tribu des aït Ahmed, conf. Iflissen el Lebahar. D.

Ihadikaouen Bouadda, touf. Tikobaïn, tribu des Iamraouien, fract. des Iamrouien oufella. T. O.

Ihadikaouen Oufella, mêmes touf. tribu et fract. que le précédent. T. O.

Ihadriin, touf. même nom, tribu aït Koufi, conf. Igouchdal. D. M.

Ihaïfah, vill. tribu des aït Zerara, conf. des Iflissen el Lebahar. D.

Ih'aïtousen, touf. aït Ikhelef, tribu El Djeur Alemmas, conf. des aït Idjer. F. N.

Ihalalen touf. des aït Isaâd, tribu des aït R'Oubri. T. O.

Ihalalen, vill. tribu aït Yahia ou Moussa, conf. Iflissen oum el lil. D.

Ihambam, touf. aït Mameur, tribu des aït Addas, conf. des aït Djennad. T. O.

Ihammadeu, vill. tribu Arch Alemmas, conf. Iflissen oum el lil. D.

Ihammichen, touf. Abizar, tribu des aït Adas, conf. des aït Djennad. T. O.

Ihammichen, touf. Izerzen, même trib. et conf. que le précédent. T. O.

Ihamouchen, touf. Taboudoucht, tribu des aït Irzer. T. O.

Ihamziin, touf. Abourer'ès, tribu des Illoulen Oumalou. F. N.

Ihamziouen, touf. des aït Melloul, tribu des Izer'faouen. T. O.

Ihandouchen, touf. Ir'il Iazzouzen, tribu des Iazzouzen. T. O.

Ihassanen, touf. des aït Isâad, tribu des aït R'oubri. T. O.

Ihassenouen, vill. tribu Amechras, conf. Igouchdal. D. M.

Ihassounen, vill. tribu Atouch. conf. aït Ouaguennoun. D.

Ihat't'alen, touf. Izerrouken, tribu Imzalen, conf. Iflissen oum el lil. D. M.

Ihazzamen, touf. même nom, tribu aït Khalfoun. D. M.

Ijebbaren, touf. Tizi en Medden, tribu aït Ismail, conf. Igouchdal. D. M.

Ik'arathen, touf. rouachda, tribu Inezlioun. D. M.

Ikef Ousammeur, touf. aït Ikelef, tribu et conf. des aït Menguellat, F. N.

Ikemmouden, touf. du même nom, tribu des Ibethrounen, conf. des Maatka. T. O.

Ik'ermouden, touf. des aït Mameur, tribu des aït Adas, conf. des aït Djennad. T. O.

Ikhalfounen, touf. Bou Noueuh', tribu aït Ismail, conf. Igouchdal. D. M.

Ikhedachen, touf. Taourirt n aït ali ou Naçeur, fract. des Imesdourar, tribu des aït Itsourar. F. N.
Ikhedachen, touf. Iakkachen, tribu aït Mekla, conf. Iflissen oum el lil. D.
Ikherban, touf. Taguersift, tribu des aït Kodhéa T.O.
Ikherdouchen, touf. Ir'il Gueltounen, tribu des Illoulen Oumalou. F. N.
Ikherdas, touf. aït ali, fract. aït Khellouf, tribu Frikat, conf. Igouchdal. D. M.
Ikhftilen, touf. Tizit, tribu des Illilten. F. N.
Ikhouchaten, touf. Taddart oufella, tribu des aït Douala, conf. des aït Aïssi. T. O.
Iknache, vill. tribu des aït Zerara, conf. des Iflissen el Lebahar. D.
Ikoussa, touf. Tazrout, tribu des aït H'antela, conf. des aït Idjer. F. N.
Illilan, vill. tribu Atouch, conf. aït Ouaguennoun. D.
Imahmouden, touf. Ibedach, tribu des aït Adas, conf. des aït Djennad. T. O.
Imaïnceren, touf. du même nom, tribu des aït Akerma, conf. des aït Iraten. F. N.
Imakhouklen, touf. Amara, tribu des aït Khalfoun, D. M.
Imançouren, touf. K'isoun, tribu des aït flick. T. O.
Imatouken, touf. des Ikhelidjen, tribu des aït Ousammeur, conf. des aït Iraten. F. N.
Imediksen, touf. des aït Sidi Yahia, tribu des Izer'faouen. T. O.
Imedjk'anen, touf. aït Imrour, tribu Amechras, conf. Igouchdal. D. M.
Imegrouhen, touf. Ibedach, tribu des aït Adas, conf. des aït Djennad. T. O.
Imehanden, vill. tribu Imkiren, conf. Iflissen oum el lil. D. M.
Imek'k'echeren, touf. Bouçouar, tribu des aït Aïssa ou Mimoun, conf. des aït Ouaguennoun. T. O.
Imeksanen, vill. tribu aït Yahia ou Moussa, conf. Iflissen oum el lil. D.
Imeklichen, touf. Akaoudj, tribu des aït Aïssa ou Mimoun, conf. des aït Ouaguennoun. T. O.

Imelikchen, vill. tribu Imkiren, conf. Iflissen oum el lil. D. M.

Imenian, touf. Timizar en Sidi Mançour, tribu des aït Adas, conf. des aït Djennad. T. O.

Imerrach, touf, Aaûr, tribu Ibouazzounen, conf. Iflissen oum el lil. D.

Imesbahen, touf. Abizar, tribu Timizar en Sidi Mançour, tribu des aït Adas, conf. des aït Djennad. T. O.

Imessounen, vill. tribu des aït Zouaou, conf. des Iflissen el Lebahar. D.

Imezdaten, conf. aït Mohammed, tribu des Ibethrounen, conf. des Maatka. T. O.

Imezouer, touf. Taourirt n aït ali ou Naçeur, fract. des Imesdourar, tribu des aït Itsourar. F. N.

Imezzouren, touf. Tafour'alt, tribu Imkiren, conf. Iflissen oum el lil. D. M.

Imkidehen, touf. aït Bellil, tribu Ibouazzounen, conf. Iflissen oum el lil D.

Imoulek, vill. tribu aït Yahia ou Moussa, conf. Iflissen oum el lil D.

Imouthas, touf. même nom, tribu des aït Khalfoun, D. M.

Iouriachen, vill. tribu Arch alemmas, conf. Iflissen oum el lil. D.

Ir'aladen, touf. aït Aggad, tribu aït Irguen, conf. aït Sedka. D. M.

Ir'bir'en, touf. Maâlla, tribu aït Koufi, conf. Igouchdal. D. M.

Iréhalen, touf. Timizar Ler'bar, tribu des Iamraouien, fract. des Iamraouien Oufella. T. O.

Irendousen, vill. tribu et conf. des Maatka, T. O.

Ir'eraïn, touf. aït Saïd, tribu des aït H'antela, conf. des aït Idjer. F. N.

Ir'erbien, touf. des aït Mameur, tribu des aït Adas conf. des aït Djennad. T. O.

Ir'erbien touf. même nom, tribu Iltaien ou Moussa conf. Iflissen oum el lil. D.

Ir'erbien Bouadda, touf. Tasoukit tribu des aït abd el Moumen, conf. des aït Aïssi. T. O.

Ir'erbien Oufella, touf. Tasoukit tribu des aït abd el Moumen, conf. des aït Aïssi. T. O.

Ir'ersathen, touf. aït Ali ou Aissa, tribu Amechras; conf. Igouchdal. D. M.

Irezzouguen, touf. amara, tribu des aït Khalfoun. D. M.

Ir'il Ali,touf. ir'il Iazzouzen,tribu des Iazzouzen.T.O.

Ir'il Ameur, vill. tribu des aït Zerara, conf. Iflissen el lebahar, D.

Ir'il Ameur ou Yahia, touf. des aït Macheflou, tribu des Izer'faouen. T. O.

Ir il Bou alid, touf. tala aziz, tribu Imkiren, conf. Iflissen oum el lil. D. M.

Ir'il Bouammas, vill. de la tribu des aït Boudrar, conf. des aït Bethroun. F. N.

Ir'il Bouanou, touf. Iabbouden, tribu des aï Oumalou. conf. des aït Iraten. F. N.

Ir'il Bouchchen, touf. Ikhelouïen, tribu des aït Aïssa ou Mimoun, conf. des aït Ouaguennoun. T. O.

Ir'il bou el Mer'era, touf. Thafsa Boummad, tribu aït Bouchennacha, conf. aït Sedka. D. M.

Ir'il Bougueni, touf. des aït Ameur ou Saïd, tribu des aït Menguellat, confédération du même nom. F. N.

Ir'il Bouh'Amama, touf Iabbouden, tribu des aït Oumalou, conf. des aït Iraten. F. N.

Ir'il Bounefous.

Ir'il Bousouel, vill. tribu des aït Zouaou, conf. des Iflissen el Lebahar. D.

Ir'il Bouzrou, vill. tribu Iferdioun, conf. des Aït Aïssi. T. O.

Ir'il el mal, touf. même nom, tribu des aït Zmenzer, conf. des aït Aïssi. T. O.

Ir'il em Bil, touf. même nom, tribu aït Mendès, conf. Igouchdal. D. M.

Ir'il em bou kiasa, touf. des aït Saïd, tribu des aït H'Antela, conf. des aït Idjer. F. N.

Ir'il em Bouzid, touf. Ibaharizen, tribu de Tiguerin. T. O.

Ir'il en Tazart, vill. tribu des aït Akerma, conf. des aït Iraten. F. N.

Ir'il en Tegerfiouin, vill. tribu aït Mendès, conf. Igouchdal. D.

Ir'il en Tessibboua, touf. des aït Saïd, tribu des aït H'antela, conf. des aït Iraten. F. N.

Ir'il en Tiguemmounin, touf. du même nom, tribu des Aouggacha, conf. des aït Iraten. F. N.

Ir'il en Tizi, touf. des aït Isâad, tribu des aït R'oubri. T. O.

Ir'il Guefri, vill. tribu des aït Akerma, conf. des aït Iraten. F. N.

Ir'il Gueltounen, touf. même nom, tribu des Illoulen Oumalou. F. N.

Ir'il H'affadh, touf. de Koukou, fract. Imessouhal, tribu des aït Yahia. F. N.

Ir'il Iâggachen, vill. tribu des aït Irzer. T. O.

Ir'il Iazzouzen, touf. même nom, tribu des Iazzouzen. T. O.

Ir'il Ichikhounen, touf. de Taka, fract. du même nom, tribu des aït Yahia. F. N.

Ir'il Igouenni, touf. Agousim, tribu des aït Ziki. F. N.

Ir'il Igoulmimen, touf. du même nom, fraction Imessouhal, tribu des aït Itsourar. F. N.

Ir'il Igoulmimen, vill. tribu des Iouadhien, conf. des aït Sedka. D. M.

Ir'il Imoula, vill. tribu Ir'il Moula, conf. Igouchdal. D. M.

Ir'il Irès, vill. tribu des aït Ahmed, conf. Iflissen el Lebahar. D.

Ir'il K'écir, touf. aït Ameur ou Saïd, tribu et conf. des aït Menguellat. F. N.

Ir'il Ler'zel, touf. des aït Sidi Yahia, tribu des Izer'faouen. T. O.

Ir'il Medjout, vill. tribu Ir'emrasen, conf. Iflissen oum el lil. D.

Ir'il Mehand, touf. des aït Sidi Ahmed ou Yousef, tribu des Izer'faouen. T. O.

Ir'il Mehani, vill. tribu des aït Irzer. T. O.

Ir'il Mekhelouf, touf. du même nom, tribu des aït H'asaïn. T. O.

Ir'il Mimoun, vill. tribu des aït Douala, conf. des aït Aïssi. T. O.

Ir'il n Ath chila, vill. tribu des aït Abd el Moumen, conf. des aït Aïssi. T. O.

Ir'il n aït Yahia ou Ali, vill. tribu aït Chilmoun, conf. Iflissen oum el lil. D.

Ir'il Nekaouch, touf. Iazzouzen, tribu aït Mekla, conf. Iflissen oum el lil. D.

Ir'il n Etsedda, touf. Bou Adenan, tribu des aït Boudrar, conf. des aït Bethtrounen. F. N.

Ir'il Ouberouak, touf. aït Mohammed, tribu des Ibethrounen, conf. des Maatka. T. O.

Ir'il Oufella, touf. Tala n braham, tribu aït Mendès, conf. Igouchdal. D. M.

Ir'il Oumalou, touf. des aït Macheflou, tribu des Izer'faouen. T. O.

Ir'il Oumecheddal, touf. Tizi rached, tribu des aït Akerma, conf. des aït Iraten. F. N.

Ir'il Ousiouan, vill. tribu et conf. des Maatka. T. O.

Ir'il Zouggar'en, touf. Cheurfa, tribu et conf. des Maatka. T. O.

Ir'ir, vill. tribu Irafan, conf. Iflissen oum el lil. D.

Irjaounioun el Bour, vill. tribu des Iamraouïen, fract. des Iamraouïen Bouadda. T. O.

Irjaounioun en Techt, vill. même tribu et même fraction que le précédent. T. O.

Irzer Gounès, vill. tribu Irafan, conf. Iflissen oum el lil. D.

Ir'zer n Egna, vill. tribu aït Mesellem, conf. aït Ouaguennoun. D.

Irzer n Etsouith, touf. Agoumi Oujilban, tribu des aït Akerma, conf. des aït Iraten. F. N.

Ir'zer n Ikhelef, touf. Iazzouguen, tribu des aït R'oubri. T. O.

Isah'nounen, vill. tribu des aït Oumalou, conf. des aït Iraten. F. N.

Isebouaken, touf. Iadjaben, tribu et conf. des Maatka. T. O.

Isek'kan, vill. tribu des aït Zouaou, conf. Iflissen el Lebahar. D.

4.

Iselnan, touf. Taguemmount, tribu aït Irguen, conf. aït Sedka. D. M.

Isenadjen, touf. même nom, tribu des aït Zouaou, conf. Iflissen el Lebahar. D.

Iserradjen, touf. du même nom, tribu des Aâfir, conf. des aït Ouaguennoun. T. O.

Isiakhen, vill. tribu Atouch, conf. aït Ouaguennoun. D.

Isiakhen, touf. des aït Bouaddha, tribu des aït R'oubri. T. O.

Isikhen Oumeddour, vill. tribu des Iamraouïen, fraction des Iamraouien Oufella. T. O.

Isoumathen, touf. Taboudoucht, tribu des aït Irzer. T. O.

Istiten, vill. tribu du même nom, conf. des aït Ouaguennoun. D.

Itama, touf. même nom, tribu des Iamraouïen, fraction des Iamraouien Bouadda. T. O.

Itellachen, touf. Rouachda, tribu Inezlioun. D. M.

Izaïchen, vill. tribu Atouch, conf. aït Ouaguennoun. D.

Izannouten, touf. aït Arif, tribu aït Arif, conf. Iflissen oum el lil. D.

Izerrouden, touf. aït Arif, tribu aït Arif, conf. Iflissen Oum el lil. D.

Izerrouken, vill. tribu Atouch, conf. aït Ouaguennoun. D.

Izitounen, touf. Iakkachen, tribu aït Mekla, conf. Iflissen Oum el lil. D.

Izouggar'en, vill. tribu aït el Aziz. D. M.

Kaf el Aogâb, vill. tribu des Iamraouien, fract. des Iamraouien Bouadda. T. O.

Kanis, touf. des aït Melloul, tribu des Izer' Faouen. T. O.

Kantidja, touf. Icherkiin, tribu et conf. des Maatka. T. O.

Kara, Ahmed vill. tribu Isser Droua, conf. aït Ouaguennoun. D.

Kennout, vill. tribu aït Sleggüem, conf. des aït Ouaguennoun. D.

Kerma, touf. Ouled Salem, tribu Inezlioun. D. M.
K'erouan, touf. même nom, tribu Inezlioun. D. M.
Kettous, touf. de ce nom, tribu des Iamraouien, fract. des Iamraouien Bouadda. T. O.
K'isoun, touf. du même nom, tribu des aït Flick. T. O.
Koukou, touf. de ce nom, fraction Imessouhal, tribu des aït Yahia. F. N.
Kouria, vill. tribu Isser Ouled Smir, conf. aït Ouaguennoun. D.
Lalla Aouda, vill. tribu Isser ed Djedian, conf. des aït Ouaguennoun, D.
Lamer'na, vill. tribu Isser ed Djedian, conf. comme le précédent. D.
Le Brarat, vill. tribu des beni Thour conf. aït Ouaguennoun. D.
Leggata, vill. tribu Isser el Ouidan, conf. aït Ouaguennoun. D.
Leggata, vill. tribu Isser Droua, conf. aït Ouaguennoun. D.
Lekçar, vill. tribu des aït Flick. T. O.
Lemçella, touf. aïd Saïd. tribu aït Mekla, conf. Iflissen oum el lil. D.
Lér'érous, vill. tribu des aït Fraouçen. T. O.
Maalla, touf. même nom, tribu aït Koufi, conf. Igouchdal. D. M.
Magach, touf. tir'il Bouksas, tribu des aït Flick. T. O.
Magoura, touf. du même nom, tribu d'ir'il en Zekri. T. O.
Maharchia, vill. tribu Isser Ed Djedian, conf. aït Ouaguennoun. D.
Mahmoud, vill. tribu des aït Fraouçen. T. O.
Makouda, vill. tribu aït Sidi Hamza, conf. aït Ouagennoun. D.
Mamera en Sidi Ali ou Moussa, touf. des aït Sidi Ali ou Moussa, tribu et conf. des Maatka. T. O.
Mammeur, touf. Ichekeren, tribu Imzalen, conf. Iflissen oum el lil. D. M.
Mandoura, vill. tribu Isser el Ouidan, conf. aït Ouaguennoun. D.

Maouïa vill. tribu Isser el ouidan, même conf. que le précédent. D.

Maouïa, vill. tribu, des aït Fraouçen. T. O.

Marer'na, touf. du même nom, tribu des Illoulen Oumalou. F. N.

Massoum, vill. tribu Isser el Djedian, conf. aït Ouaguennoun. D.

Mayach, vill. tribu aït Saïd, conf. aït Ouaguennoun. D.

Mazer, vill. tribu Cheurfa, conf. aït Ouagennoun. D.

Meçella, vill. tribu des Illoulen Oumalou. F. N.

Mechchouka, vill. tribu des aït Slegguem, conf. aït Ouaguennoun. D. M.

Mecherek, vill. tribu aït ali ou illoul, conf. aït Sedka. D. M.

Mehagga, vill. tribu El Djeur Alemmas, conf. des aït Idjer. F. N.

Mekara, vill. tribu aït Chilmoun, conf. Iflissem oum el lil. D.

Mekla, vill. tribu des Iamraouien, fract. des Iamraouien Oufella. T. O.

Mek'néa, vill. tribu des aït R'oubri. T O.

Melban, touf. Tala Hammou, tribu et conf. des Maatka. T O.

Menâam, touf. Bouçouar, tribu des aït Aissa ou Mimoun, conf. des aït Ouaguennoun. T. O.

Mendjiah, touf. Ikelouien, même tribu et conf. que le précédent. T. O.

Menéâ, touf. Taourirt n aït Ali ou Naceur, fract. imesdourar, tribu des aït Itsourar. F. N.

Merabtin Semr'oun, vill. tribu aït Said, conf. aït Ouaguennoun. D.

Mer'anim vill. tribu aït Amram, conf. Iflissen oum el lil. D.

Mestiga, touf. Adeni, tribu des Irdjen, conf. des aït Iraten. F. N.

Meurz el Mal, vill. tribu Cheurfa guir'il guək'k'en, conf. Igouchdal. D. M.

Mezegguem, vill. tribu des Illoulen Oumalou. F. N.

Milidj, vill. tribu Isser ed djedian, conf. aït Ouaguennoun. D.

Moudrabin, vill. tribu Isser el ouidan, conf. aït Ouaguennoun. D.

Mouïa, touf. aït Isaâd, tribu des aït R'oubri, T. O.

Mréra, vill. tribu des aït Khelili, T. O.

Ouabachou, vill. tribu Taourga, conf. aït Ouaguennoun. D.

Ouaitslid, vill. tribu et conf. des aït Menguellat. F. N.

Ouânennas, vill. tribu des aït Ahmed, conf. Iflissen el lebahar. D.

Ouar'zen, vill. tribu et conf. des aït Menguellat, F.N.

Oulad bel Aïd, vill. tribu Isser ed Djedian, conf. aït Ouaguennoun. D.

Ouled Abdallah, vill. tribu Isser el Ouidan, conf. aït Ouaguennoun. D.

Ouled Abdallah vill. tribu Isser ed Djedian, conf. aït Ouaguennoun. D.

Ouled Ahmed ben aïssa vill. tribu Isser Droua, conf. aït Ouaguennoun. D.

Ouled Aissa, vill. tribu Isser Droua, conf. aït Ouaguennoun. D.

Ouled Ali, vill. tribu Isser Ouled Smir, conf. aït Ouaguennoun. D.

Ouled allal, vill. tribu Isser el ouidan, conf. aït Ouaguennoun. D.

Ouled amara vill. tribu Isser Droua, conf. aït Ouaguennoun. D.

Ouled Amer, vill. tribu Isser Droua, conf. aït Ouaguennoun. D.

Ouled Bakhti, vill. même tribu et conf. que le précédent, D.

Ouled bel Arbi, vill. tribu Isser ed Djedian, conf. aït Ouaguennoun. D.

Ouled bel Kassem ou Ali, vill. même tribu et conf. que le précédent. D.

Ouled ben Ali, vill. tribu Isser Ouled Smir, conf. aït Ouaguennoun. D.

Ouled ben Châban, vill. tribu Isser Droua, conf. aït Ouaguennoun. D.

Ouled ben Noua, vill. tribu Isser Ouled Smir, conf. aït Ouaguennoun. D.

Ouled Béridj, vill. tribu Isser ed Djedian, conf. aït Ouaguennoun. D.

Ouled bou Ami vill. tribu Isser Droua, conf. aït Ouaguennoun. D.

Ouled bouçada, vill. même tribu et conf. que le précédent. D.

Ouled bou Rahla, vill. tribu Isser Ouled Smir conf. Ouaguennoun. D.

Ouled debbou, vill. tribu Isser Droua, conf. aït Ouaguennoun. D.

Ouled Djellada, vill. tribu Harchoua. D. M.

Ouled el Arba, vill. tribu Isser Ouled Smir, conf. Ouaguennoun. D.

Ouled el Arbi, vill. tribu Isser el Ouidan, conf. aït Ouaguennoun. D. M.

Ouled Embarek, vill. tribu Isser el Ouidan, conf. aït Ouaguennoun. D.

Ouled Embarek vill. tribu Isser ed Djedian, conf. aït Ouaguennoun. D.

Ouled Guesmir, vill. tribu Isser Droua, conf. aït Ouaguennoun, D.

Ouled Hamidan, vill. tribu des Beni Thour, même conf. que le précédent, D.

Ouled Hamouda, vill. tribu Isser Ouled Smir, conf. aït Ouaguennoun, D.

Ouled Keddacha, vill. tribu des beni Thour, conf. aït Ouaguennoun, D.

Ouled Khelif, ville tribu Isser Droua, même conf. que le précédent, D.

Ouled Mançour, vill. tribu Isser el Ouidan, conf. aït Ouaguennoun, D.

Ouled Mohammed, vill. tribu Isser ed Djedian, conf. aït Ouaguennoun, D.

Ouled Moussa, vill. tribu Zemoul, conf. aït Ouaguennoun, D.

Ouled Nebri, vill. tribu Isser Ouled Smir, conf. aït Ouaguennoun, D.

Ouled Rabah, vill. tribu Isser Droua, conf. aït Ouaguennoun, D.

Ouled Rached vill. tribu Isser ed Djedian, conf. ait Ouaguennoun, D.

Ouled Rah'moun, vill. tribu Isser Droua, conf. ait Ouaguennoun, D.

Ouled R'enem, vill. tribu Isser Ouled Smir, conf. ait Ouaguennoun, D.

Ouled Saâfa. vill. tribu Isser Droua, conf. ait Ouaguennoun, D.

Ouled Siderrok, vill. tribu Isser Ouled Smir, conf. ait Ouaguennoun, D.

Ouled si el Arbi, vill. tribu Isser Ouled Smir, conf. ait Ouaguennoun, D.

Ouled si el Mokdad, vill. tribu et conf. comme le suivant, D.

Ouled Sidi Amari, vill. tribu Isser ed Djedian, conf. ait Ouaguennoun, D.

Ouled Sidi Mah'fou', vill. tribu des Isser Ouled Smir, conf. des ait Ouaguennoun, D.

Ouled Sidi Semoussi, vill. tribu Isser Ouled Smir, conf. ait Ouaguennoun, D.

Ouled si Djelilali, vill. tribu Isser ed Djedian, conf. ait Ouaguennoun, D.

Ouled Smir, vill. tribu Isser Droua, conf. ait Ouaguennoun, D.

Ouled Stiti, vill. tribu Isser Ouled Smir, conf. ait Ouaguennoun, D.

Ouled Taleb, vill. tribu Isser ed Djedian, conf. ait Ouaguennoun, D.

Ouled Zian vill. tribu Isser el Ouidan, conf. ait Ouaguennoun, D.

Ouled Zian, vill. tribu Ibouazzouaen, conf. des Iflissen oum el lil, D.

Oulkhoua, conf. des ait Sidi Ahmed ou Yousef, tribu des Izer'faouen, T. O.

Oummaden, vill. tribu des ait Zouaou, conf. Iflissen el lebahar, D.

Oummaden, vill. tribu des Ihassenaouen, conf. des ait Aïssi, T. O.

Oumsaden, vill. tribu Irafan, conf. Iflissen oum el lil D.

Our'erizen, touf. Taguemmount Oukerrouch, tribu des aït Ameu ou faïd, conf. des aït Aïssi, T. O.

Ourfia, touf. Imaïnceren, tribu des aït Akerma, conf. des aït Iraten, F. N.

Ourthi Bouakkach, touf. même nom, tribu des aït Khelifa, conf. des Maatka, T. O.

Outouba, vill. tribu aït Sidi hamza, conf. aït Ouaguennoun, D.

Rabta, touf. Ouled Salem, tribu Inezlioun, D. M.

Rafaï, vill. tribu Isser el ouidan, conf. aït Ouaguennoun, D.

Rebodh, touf. des aït el Addeur, tribu des Aït Kodhéa, T. O.

Rebodh vill. tribu des Cheurfa, conf. des aït Ouaguennoun, D.

Reihdi vill. tribu Irafan, conf. Iflissen oum el lil, D.

R'errou, touf. des aït Sidi Yahia, tribu des Izer'faouen, T. O.

Rezazoua, touf. Chaâb, tribu Inezlioun, D. M.

Rouachda, touf. même nom, tribu Inezlioun, D. M.

Sah'el, vill. tribu des aït H'antela, conf. des aït Idjer, F. N.

Sebaou el Kedim, même tribu, conf. aït Ouaguennoun, D.

Sem'roun, vill. tribu aït Saïd, conf. des aït Ouaguennoun, D.

Senadkias, touf. Chabet ikhelef, tribu Inezlioun, D. M.

Sennana, vill. tribu Imzalen. conf. Iflissen oum el lil, D. M.

Si Abdallah ou Moussa, vill. tribu des beni thour, conf. aït Ouaguennoun, D.

Si bou Djemâa, touf. aït taleb ou bel Kassem, tribu Imkiren, conf. Iflissen oum el lil D. M.

Sidi Ahmeur ou el Hadj, vill. tribu El Djeur Alemmas. conf. des aït Idjer, F. N.

Sidi ali Moussa, touf. Chabet Ikhelef, tribu Inezlioun, D. M.

Sidi Naman, touf. du même nom, tribu des Iamraouien, fract. des Iamraouien bouadda, T. O.

Sidi Yahia, vill. tribu des beni Thour, conf. des Aït Ouaguennoun, D.

Soummeur, vill. fract. Imesdourar, tribu des aït Itsourar, F. N.

Taârkoubth, touf. des aït Sidi Ali ou Moussa, tribu et conf. des Maatka T. O.

Taâroust, touf. même nom, tribu d'Ir'il en Zekri, T.O.

Tâazibt, touf. des Iazzouguen, tribu des aït R'oubri, T. O.

Tabarourt touf. même nom, tribu Ir'il en Zekri, T.O.

Tabbourt en Deggan, tribu des aït R'oubri, T. O. arr.

Tablabalt, vill. tribu des aït Oumalou, conf. des aït Iraten, F. N.

Tabouda, vill. tribu des Illoulen Oumalou, F. N. arr.

Tabouda touf. Imadalen, tribu d'ir'il en Zekri, T. O.

Taboudouch, touf. même nom, tribu des aït Irzer, conf. des aït Djennad, T. O.

Taboudriist, vill. tribu des aït Douala, conf. des aït Aissi, T. O.

Tachalalt vill. tribu aït Yahia ou Moussa, conf. Iflissen oum el lil D.

Tachentirt, touf. Ouled Aïssa, tribu Inezlioun D. M.

Tacherahit, vill. tribu des aït Akerma, conf. des aït Iraten, F. N

Tacherouft Icheraïoun, touf. des aït bou Ali, tribu des aït Kodhéa, conf. des aït Djennad, T. O.

Taddart, touf. aït Hidja, tribu aït bou r'erdane, conf. Igouchdal, D. M.

Taddart Bouadda, touf. aït Moussa ou Aïssa, tribu aït Oumalou, conf. aït Iraten, F. N.

Taddart n Eddjemâa, vill. tribu des aït Yahia ou Moussa, conf. des Iflissen oum el lil, D

Taddart Oufella, touf. même nom, tribu des aït Douala, conf. des aït Aïssi, T. O.

Taddart Oufella, touf. des aït Mohammed, tribu des Ibethrounen, conf. des Mâatka, T. O.

Taddart Oufella, touf. du même nom, tribu des aït Khelifa, conf. des Mâatka, T. O.

Taddart Oufella, touf. aït Haggoun, tribu aït bour' Erdane, conf. des Igouchdal, D. M.

Taddart Oufella, touf. aït Moussa ou Aïssa, tribu aït Iraten, F. N.

Taddart Oufella, touf. aït Mohamed, tribu Ibethrounen, conf. des Maatka. T. O.

Taddart Tamek'k'erant, vill. tribu des aït Khelifa, conf. des Mâatka, T. O.

Taddart Tamek'k'erant, touf. des Cheurfa em Bahaloul, tribu des aït R'oubri, T. O.

Taddart Tamek'k'erant, touf. du même nom, tribu des Ihassenaouen, conf. des aït Aïssi, T. O.

Tadhount, vill. tribu des aït Slegguem, conf. des aït Ouaguennoun, D.

Tadjenant, vill. tribu des aït Slegguem, conf. des aït Ouaguennoun. D.

Tadmaït, vill. tribu des aït Chennacha, conf. Iflissen oum el lil, D.

Taferaout, touf. Taka, fraction Taka, tribu des aït Yahia, F. N.

Taferaout, touf. ir'il Iazzouzen, tribu des Iazzouzen. T. O.

Taferka-n-Zeggan, Touf. Terga ah'aggoun, tribu Ir'il en Zekri, T. O.

Tafour'alt, vill. tribu Isser ed Djedian, conf. aït Ouaguennoun, D.

Tafour'alt, touf. du même nom, tribu Imkiren, conf. Iflissen oum el lil, D. M.

Tagounits, touf. même nom, fract. Imessouhal, tribu des aït Yahia, F. N.

Taguemmount, touf. Tamazirt, tribu des Iazzouzen, tribu des aït Akerma, conf. des aït Iraten. F. N.

Taguemmount, touf. Koukou, fract. Imessouhal, tribu des aït Yahia, F. N.

Taguemmount, touf. Ahanouts, tribu des aït Aïssa ou Mimoun, conf. des aït Ouaguennoun, T. O.

Taguemmount, touf. aït Bouadha, tribu des aït R'oubri, T. O.

Taguemmount, touf. iadhriin, tribu aït Koufi, conf. Igouchdal, D. M.

Taguemmount, touf. Iazzouzen, tribu des aït Akerma, conf. des aït Iraten, F. N.

GÉOGRAPHIE DESCRIPTIVE

Taguemmount, vill. tribu Tifra, conf. Iflissen el lebahar D.

Taguemmount, touf. même nom, tribu des aït Ali ou illoul, conf. aït Sedka, D. M.

Taguemmount, touf. même nom, tribu aït Irguen, conf. aït Sedka, D. M.

Taguemmount Azzouz, vill. tribu des aït Mahmoud, conf. des aït Aïssi, T. O.

Taguemmount bou Afir, touf. bou Adenan, tribu des aït Boudrar, conf. des aït Bethraun, F. N.

Taguemmount Boudrar, touf. des aït Sidi Ahmed ou Yousef, tribu des Izer'faouen, T. O.

Taguemmount Bouhini, vill. tribu des aït R'oubri T. O.

Taguemmount edj Iedid, vill. tribu des Iouadhien, conf. des aït Sedka, D. M.

Taguemmount Gouadfel, vill. tribu aït Akerma, conf. aït Iraten, F. N.

Tagummount Iabboudhen, touf. Iabboudhen, tribu aït Oumalou, conf. aït Iraten, F. N.

Taguemmount Ihaddaden, vill. tribu et conf. comme le précédent, F. N.

Taguemmount Ijiirmenen, touf. même nom, tribu de Tiguerin, T. O.

Taguemmount Izammen, touf. Taguemmount Boulmou, tribu des Iazzouzen, T. O.

Taguemmount Guizer'faouen, touf. Izer'faouen, tribu de ce nom, T. O.

Taguemmount Oukerrouch, touf. même nom, tribu aït Ameur ou Faïd, conf. aït Aïssi, T. O.

Taguemmount n aït Mekebel, touf. Tagounits, fract. Imessouhal, tribu des aït Yahia, F. N.

Taguemmount Zouggar'en, touf. Tir'zert, tribu Iferdioun, conf. aït Aïssi, T. O.

Taguereguera, touf. Tizi Hibel, tribu aït Mahmoud, conf. aït Aïssi, T. O.

Tagueroudja, touf. Taguemmount, tribu aït Irguen, conf. aït Sedka D. M.

Taguersift, vill. tribu aït Zerara, conf. Iflissen el lebahar, D.

Taguersift, touf. même nom, tribu des aït Kodhea, conf. des aït Djennad, T. O.

Tah'achchat, touf. même nom, tribu d'Aoukdal, conf. des aït Sedka, D. M.

Tahanouts, touf. même nom, tribu aït Aïssa ou Mimoun, conf. aït Ouaguennoun, T. O.

Taharikt, touf. Terza Ah'aggoun, tribu d'Ir' il en Zekri, T. O.

Taharikt bou amara, touf. Tizer' ouin, tribu des aït Hasaïn, T. O.

Tajjelt, touf. Iguer Guedmimen, tribu des aït Bou Chaïb, T. O.

Taka, touf. du même nom, fract. des Taka, tribu des aït Yahia, F. N.

Taka, touf. même nom, tribu Imkiren, conf. Iflissen oum el lil, D. M.

Takats, touf. Tizi Rached, tribu des aït Akerma, conf. des aït 'raten, F. N.

Takedemt, vill. tribu beni Thour, conf. aït Ouaguennoun, D.

Takenna, vill. fract. Imessouhal, tribu des aït Yahia, F. N.

Takhelidjt, touf. Tazrout, tribu des aït bou Yousef, conf. des aït Menguellat, F. N.

Takhelidjt, touf. aït Ali ou Mohand, tribu des Illoulen Oumalou, F. N.

Takhelidj-n-Ath Atsou, vill. tribu des Illilten, F. N.

Takheribt, touf. Ihaddaden, tribu et conf. des Maatka, T. O.

Takhilouant, vill. tribu aït Bourouba, conf. Iflissen oum el lil, D.

Takhkhamt el lalam, vill. tribu aït Ahmed, conf. Iflissen, el lebahar, D.

Takhkhamt n el Djir, vill. tribu aït Mesellem, conf. des aït Ouaguennoun, D.

Takidount, touf. Tala aziz, tribu imkiren, conf. Iflissen oum el lil, D. M.

Takoucht, vill. fract. imesdourar, conf. des aït Idjer, F. N.

Taksebt, vill. tribu aït zerara, conf. Iflissen el Lebahar, D.

Taksebt, touf. aït Saïd, tribu aït Mekla, conf. Iflissen oum el lil, D.

Talaàbth, touf, Agouni Ifilkan, tribu des aït Ziki, F. N.

Tala Ahadid, touf. des Izer' faouen, tribu du même nom, T. O.

Tala Aggach, vill. tribu des aït Slegguem, conf. des aït Ouaguennoun, D.

Tala Amara, vill. tribu des Irdjen, conf. des aït Iraten, F. N.

Tala bou Aklan, vill. tribu Beni Thour, conf. aït Ouaguennoun, D.

Tala Melbaçer touf. aït Abid el Ouabah, tribu aït ali ou ilioul, conf. aït Sedka, D. M.

Tala Mellal, touf. ir'il em bil, tribu aït Mendès conf. Igouchdal, D. M.

Tala Mimoun, vill. tribu aït Saïd, conf. aït Ouaguennoun, D.

Tala Mouk'kéren, vill. fract. Iamraouïen bouadda, tribu Iamraouien, T. O.

Tala n Braham, touf. même nom, tribu aït Mendès, conf. Igouchdal, D. M.

Tala n Chebaba vill. tribu aït zerara conf. Iflissen el lebahar, D.

Tala n-tazart, vill. tribu des aït Boudrar, conf. des aït Bethroun. F. N.

Tala Arous, vill. tribu aït Slegguem, conf. des aït Ouaguennoun. D. arr.

TalaAthman, vill. fract. Iamraouïen Oufella, tribu Iamraouien, T. O.

Tala bou Ameur, vill. tribu des Isser ed Djedian, conf. des aït Ouaguennoun. D.

Tala em Madhi, touf. beni Athman, tribu Isser Droua, conf. aït Ouaguennoun. D.

Tala en Tegana, touf. même nom, tribu aït Kodhea, conf. aït Djennad, T. O.

Tala Hammou, touf. même nom, tribu et conf. des Maatka, T. O.

Tala Hammou, touf. Cheurfa em Bahaloul, tribu des aït R'oubri, T. O.

Tala Iboudaden, touf. Bou Nâman, tribu des Aït Hasaïn, T. O.

Tala Khelil, vill. tribu aït Douala, conf. aït Aïssi, T. O.
Tala Khellouf, touf. même nom, tribu aït Ismaïl, conf. Igouchdal. D. M.
Tala Maâllo, vill. tribu des aït H'assaïn, T. O.
Tala n Errabeth, vill. tribu des aït Yahia ou Moussa, conf. des Iflissen Oum el lil. D.
Tala n Ter'erast, vill tribu aït Sidi Hamza, conf. aït Ouaguennoun. D.
Tala n-Tirilt, touf. Azib en Zamoun, tribu aït Amran, conf. Iflissen Oum el lil. D.
Tala n Testhan, vill. tribu des Cheurfa, conf. des aït Ouaguennoun. D.
Tala ou Abbadh, touf. Ikhelouïen, tribu aït Aïssa ou Mimoun, conf. aït Ouaguennoun, T. O.
Tala ou Ameur, touf. Izerrouken, tribu Imzalen, conf. Iflissen oum el lil. D. M.
Tala Ouguellid, touf. Ibouakalem, tribu Amechras, conf. Igouchdal. D. M.
Tala Our'anim, vill. tribu Chennacha, conf. Iflissen oum el lil. D.
Tala Our'anim, touf. aït Enzar, tribu des aït Khalfoun. D. M.
Tala Yala, touf. aït Bouadha, tribu des aït R'oubri, T.O.
Tala Yousef, touf. Ihadriin, tribu aït Koufi, conf. Igouchdal, D. M.
Talbant, touf. Imadalen, tribu d'Ir'il en Zekri, T. O.
Talemmast, touf. Tirmithin, tribu aït Khelifa, conf. Maatka, T. O.
Taliouin, vill. tribu des aït Fraoucen, T. O.
Taliouïn, touf. aït Enzar, tribu des aït Khalfoun. D.M.
Tamar'oucht, touf. même nom, tribu aït Daoula, conf. aït Aïssi, T. O.
Tamassith, touf. aït el Adeur, tribu aït Kodhéa, conf. Aït Djennad, T. O.
Tamazirt Bouâfir, touf. Ihadriin, tribu aït Koufi, conf. Igouchdal. D. M.
Tamazirt ou Rabah, vill. tribu aït Saïd, conf. aït Ouaguennoun. D.
Tamda, touf. Tamda el Bladh, fract. Iamraouïen Oufella, tribu Iamraouïen, T. O.

Tamellalth, touf. Izerrouken, tribu Imzalen, conf. Iflissen oum el lil. D. M.

Tamejjout, vill. tribu et conf. des aït Menguellat. F. N.

Tamekerest, touf. aït Ameur ou Saïd, tribu et conf. des aït Menguellat. F. N.

Tamkadouith, touf. aït Maallem, tribu des aït Bou addou, conf. Igouchdal. D. M.

Tanalt, touf. du même nom. fract. Imessouhal, tribu des aït Itsourar. F. N.

Taurihist, vill. tribu des Istiten, conf. des aït Ouaguennoun. D.

Taouara, vill. tribu des Isser Ouled Smir, conf. des aït Ouaguennoun. D.

Taouint, touf. aït Mameur, tribu des aït Adas, conf. des aït Djennad, T. O.

Taouint, touf. Imadalen, tribu d'Ir' il en Zekri, T. O.

Taouint Oudafal, conf. aït el Adeur, tribu aït Kodhéa, conf. aït Djennad, T. O.

Taourirt, touf. Taourirt n aït Zouaou, tribu des aït Zouaou, conf. Iflissen el Lebahar. D.

Taourirt, touf. Taguemmount, tribu aït Irguen, conf. aït Sedka. D. M.

Taourirt, touf. Tala Hammou, tribu et conf. des Maakta, T. O.

Taourirt Abdallah, vill. tribu des Iouadhien, conf. des aït Sedka D. M.

Taourit Aden, vill. tribu des aït Fraouçen, T. O.

Taourit Amran, vill. tribu des aït bou Yousef, conf. des aït Menguellat. F. N.

Taourit Amrous, vill. tribu des Illilten, F. N.

Taourirt Arbâch, vill. tribu aït Zerara, conf. Iflissen el Lebahar. D.

Taourirt Bouar, vill. tribu des aït Ziki. F. N.

Taourirt Boudlès, touf. du même nom, tribu des Illilten. F. N.

Taourirt el Ala, touf. Ikhelidjen, tribu des aït Ousammeur, conf. aït Iraten, F. N.

Taourirt el Hadjadj, vill. tribu des aït Yenni, conf. des aït Iraten, F. N.

Taourirt en Tezgui, touf. Tah' achchat, tribu d'Aoukdal, conf. aït Sedka, D. M.

Taourirt en Tidits, touf. du même nom, tribu et conf. des aït Menguellat. F. N.

Taourirt Ifertacen, touf. Tah'achchat, tribu Aoukdal, conf. aït Sedka. D. M.

Taourirt Mek'k'eren, vill. tribu des aït Ousammeur, conf. aït Iraten, F. N.

Taourirt Mimoun, vill. tribu des aït Yenni, conf. aït Iraten, F. N.

Taourirt Moussa ou Ameur, touf. même nom, tribu des aït Mahmoud, conf. aït Aïssi, T. O.

Taourirt n'aït Ali ou Naçeur, touf. du même nom, fraction des Imesdourar, tribu des aït Itsourar. F. N.

Taourirt n Ath Idjer, vill. tribu El Djeur Alemmas, conf. des aït Idjer. F. N.

Taourirt n Tezgui, touf. tah'achchat, tribu Aoukdal, conf. aït Sedka. D. M.

Tar'amant, touf. aït Mohamed ou Saïd, tribu Imkirem, conf. Iflissen oum el lil. D. M.

Tar'animt, touf. Adeni, tribu des Irdjen, conf. des aït Iraten. F. N.

Tar'ardant, touf. Ibouakalem, tribu Amechras, conf. Igouchdal. D. M.

Tarbant, vill. tribu Atouch, conf. aït Ouaguennoun. D.

Tarbant, vill. tribu des aït Sidi Hamza, conf. aït Ouaguennoun, D.

Tar'ezzout, vill. tribu des Illilten, F. N.

Tar'ezzout, touf. aït Ameur ou Saïd, tribu et conf. des aït Menguellat, F. N.

Tarihant, vill. tribu aït Mesellem, conf. des aït Ouaguennoun, D.

Tarkeft, touf. aït Mohammed, tribu Ibethrounen, conf. Maatka, T. O.

Tarsift, vill. tribu des aït Saïd, conf. aït Ouaguennoun, D.

Taseddart, vill. tribu des aït Sidi Hamza, conf. aït Ouaguennoun, D.

Tassennant, vill. tribu des aït Zouaou, conf. des Iflissen el lebahar, D.

Taset'ka, touf. tamazirt, tribu des Irdjen, conf. des aït Iraten, F. N,

Tasguedelt vill. tribu aït Yahia ou Moussa, conf. Iflissen oum el lil, D.

Tasirra, vill. tribu des aït Slegguem, conf. des aït Ouaguennoun, D.

Tasirra, touf. Taourirt n aït Zouaou, tribu des aït Zouaou, conf. des Iflissen el lebahar, D.

Taskenfout, touf. des aït Ikhelef, tribu et conf. des aït Menguellat. F. N.

Tasoukit, touf. même nom, tribu des aït Abd el Moumen, conf. aït Aïssi, T. O.

Taza, vill. tribu des aït Akerma, conf. aït Iraten, F.N.

Tazaft guezra, vill. tribu des Aouggacha, conf. aït Iraten, F. N.

Tazaft Ouguemmoun, vill. tribu des aït Ouasif, conf. aït Bethroun, F. E.

Tazar'art, touf. aït Daoud, tribu des aït Attaf, conf. des aït Menguellat, F. N.

Tazazraït, touf. Tamda el Blad, fract. Iamraouien oufella, tribu Iamraouien, T. O.

Tazdert, touf. Iazzouzen, tribu des aït Akerma, conf. des aït Iraten, F. N.

Tazek'k'a touf. Taguemmount, tribu aït Irguen, conf. aït Sedka, D. M.

Tazelmat, touf. Izarzen, tribu des aït Adas, conf. aït Djennad, T. O.

Tazelmat, touf. bordj Sebaou, fract. Iamraouien bouadda, tribu Iamraouien, T. O.

Tazerart, vill. tribu et conf. comme le suivant, D.

Tazibt, vill. tribu Atouch, conf. aït Ouaguennoun, D.

Tazrout, vill. tribu Taourga, conf. aït Ouaguennoun, D.

Tazrout, touf. du même nom, tribu des aït bou Yousef, conf. des aït Menguellat, F. N.

Tazrout, touf. du même nom, tribu des aït H'antela, conf. des aït Idjer, F. N.

Tazrout, touf. Ibouakalem, tribu Amechras, conf. Igouchdal, D. M.

Tazrout, touf. Châab, tribu Inezlioum, D. M.

Tazrout, touf. Ourthi Bouakkach, tribu aït Khelifa, conf. Maatka, T. O.

Tazrout, conf. aït el Adeur, tribu des aït Kodhéa. conf. des aït Djennad, T. O.

Temda, touf. Sahel, tribu des aït Khelili, T. O.

Tendelest, vill. tribu des aït Khelili, T. O.

Tensa, vill. tribu de Tifra, conf. Iflissen el lebahar, D.

Tensaout, touf. Tigzirt, tribu des aït Yenni, conf. aït Bethroun, F. N.

Terfa el Fouaga, vill. tribu Zemoul, conf. aït Ouaguennoun, D.

Terfa el Tah'ata, vill. même tribu et conf. que le précédent, D.

Terga ah'aggoun, touf. même nom, tribu d'Ir' il en Zekri, T. O.

Tessouina, touf. Taguemmount Ijirmenen, tribu de Tiguerin, T. O.

Thabbourth, touf. Chabet Ikhelef, tribu Inezlioun. D. M.

Thafsa Boummad, touf. même nom, tribu des aït Bouchennacha, conf. des aït Sedka. D. M arr.

Thak'erbouzt, vill. tribu Isser droua, conf. aït Ouaguennoun. D.

Thakharadjiit, touf. Maallen, tribu des aït bou Addou, conf. Igouchdal. D. M.

Thalguemint, touf. aït Ziri, fract. Imesdourar, tribu des aït Yahia. F. N.

Thasega Melioul, touf. Ir' il el Mal, tribu des aït Zmenger. conf. aït Aïssi, T. O.

Thasega Melloul, touf. aït Ameur ou Saïd, tribu et conf. des aït Menguellat. F. N.

Thouggana, touf. tir' ilt Bouksas, tribu des aït Flick. T. O.

Tiachach, touf. Tirmithin, tribu aït Khelifa, conf. des Maatka. T. O.

Tiaïncert, touf. Sidi-Ahmed ou Yousef, tribu des Izer' faouen, T. O.

Tiaouinin, touf. Ibaidousen, tribu Iltaien ou Moussa, conf. Iflissen oum el lil. D.

Tiaouinin, touf. Tikobaïn, fract. Iamraouien oufella, tribu iamraouien, T. O.

Tibechcharin, vill. tribu aït Saïd, conf. aït Ouaguennoun. D.

Tiboudiouin, vill. tribu des aït Ir'zer, conf. des aït Djennad. T. O.

Ticheribin, touf. Tim'ereras, tribu aït Ahmed, conf. aït Sedka. D. M.

Tidminin. touf. aït Macheflou, tribu des Izer'faouen, T. O.

Tiferdoud, vill. tribu des aït bou Yousef, conf. aït Menguellat. F. N.

Tifezouin. touf. Sidi-Ahmed ou Yousef, tribu des Izer-faouen. T. O.

Tifilkout, vill. tribu des Illilten. F. N.

Tifir'Outh, touf. Tagounits, fract. Imessouhal, tribu des aït Yahia. F. N.

Tifrest. touf. aït Melloul, tribu Izer'faouen, T. O.

Tifrit n aït et hadj, vill, tribu des aït Flick, T. O.

Tifrit n'ath ou Malek, vill. tribu des Tifrit n'ath ou Malek, conf. des aït Idjer. F. N.

Tigmirt, touf. Ir'il Mekhelouf, tribu des aït H'asaïn, T. O.

Tigoulmamin, vill. tribu Atouch, conf. aït Ouaguennoun. D.

Tigounathin, vill. tribu des aït Mesellem, conf. des aït Ouaguennoun. D. M.

Tigounathin, vill. tribu aït Amran, conf. Iflissen oum el lil. D.

Tigounathin, vill. tribu des aït Flick. T. O.

Tigounseft, vill. tribu Aoukdal, conf. aït Sedka. D. M.

Tiguellougal, touf. Tirzert, tribu des aït H'asaïn, T. O.

Tiguemmi bouadda, touf. Cheurfa, tribu et conf. des Maatka, T. O.

Tiguemni Laziz, touf. Ad'rar Amellal, tribu des Iouadhien, conf. des aït Sedka, D. M.

Tiguemmi Oufella, touf. Cheurfa, tribu et conf. des Maatka, T. O.

Tiguemmounim, vill. tribu aït bou Akkach, conf. aït Bethroun, fn.

Tiguer Hala, touf. Tamazirt, tribu des Irdjen, conf. des aït Iraten, F. N.

Tiguerin, touf. même nom, tribu de Tiguerin, T. O.

Tiguerourin, vill. tribu des aït Flick. T. O.

Tiguert en Tala, vill. tribu des aït Zerara, conf. Iflissen el lebahar, D.

Tiguert Imahmouden, touf. Taguemmount, tribu aït Irguen, conf. aït Sedka, D. M.

Tigzirt, touf. même nom, tribu des aït Yenni, conf. aït Bethroun, F. N.

Tikerroucht, touf. Tizi Rached, tribu des aït Akerma, conf. des aït Iraten, F. N.

Tikheribin, touf. Tim'ereras. tribu des aït Ahmed, conf. aït Sedka, D. M.

Tikichourt, vill. même tribu et conf. que le suivant, F. N.

Tik'idount, vill. tribu des aït Ouasif, conf. aït Bethroun, F. N.

Tikilfout, vill. tribu des Illilten. F. N.

Tikilsa, vill. fraction des Imesdourar, tribu des aït Itsourar, F. N.

Tikioucht, vill. tribu des Iouadhien, conf. des aït Sedka, D. M.

Tikhioucht, vill. tribu Cheurfa, conf. des aït Ouaguennoun, D.

Tikobaïn, touf. même nom, fract. Iamraouien oufella, tribu Iamraouien, T. O.

Tikoutaïn, touf. des aït Sidi Yahia. tribu des Izer'faouen, T. O.

Tililit, touf. aït. Ameur ou Saïd, tribu et conf. des aït Menguellat. F. N. arr.

Timedoucht, vill. tribu Tifra, conf. Iflissen el Lebahar, D

Timeguenounin, vill. tribu des aït Mahmoud, conf. aït Aïssi, T. O.

Tim'ereras, touf. même nom, tribu aït Ahmed, conf. aït Sedka, D. M.

Timerer'outs, touf. Tanalt, fract. Imessouhal, tribu des aït Itsourar, F. N.

Timerzouga, touf. aït bou Ali, tribu aït Kodhéa, conf. aït Djennad T. O.

Timizar, touf. Timizar en isdi Mançour, tribu aït Adas, conf. aït Djennad, T. O.

Timizar ahand, touf. Taâroust, tribu l'Ir' il en Zekri, T. O.

Timizar Ler'bar, touf. même nom, fract. Iamraouien oufella, tribu des Iamraouien, T. O.

Timlilin, vill. tribu aït Zouaou, conf. Iflissen el lebahar, D.

Timri, touf. Aguer Saffen, tribu Imesdourar, conf. des aït Idjer, F. N.

Tinekicht, touf. Cheurfa em Bahaloul. tribu des aït R'oubri, T. O.

Tinkachin, vill. tribu Atouch, conf. aït Ouaguennoun, D.

Tinsouïn, touf. Taguemmount, tribu aït Irguen, conf. aït Sedka, D. M.

Tinsouin, touf, aït abed, tribu Cheurfa guir'il guek' k'en, conf. Igouchdal, D. M.

Tiouririn, touf. ait Halima, tribu et conf. des Maatka. T. O.

Tirebith, touf. aït Amzar, fract. des Imesdourar, tribu des aït Itsourar, F. N.

Tir'Ezza, touf. Taguemmount, tribu aït Irguen, conf. aït Sedka, D. M.

Tir'il, touf. Iazzouguen, tribu des aït R'oubri, T. O

Tir'il n el Loueh. tir'ilt en el Loueh.

Tir'ilt, touf. Ihaddaden, tribu et conf. des Maatka, T. O.

Tir'ilt, touf. Bouhini, tribu des aït R'oubri, T. O.

Tir'ilt bou Maouch, touf. Ihaidousen, tribu Iltaïen ou Moussa, conf. Iflissen oum el lil, D.

Tir'ilt Bouksas, touf. même nom, tribu des aït Flick, T. O.

Tir'ilt el Hadj Ali, vill. tribu ait Akerma, conf. des Ait Iraten, F. N.

Tir'ilt en el loueh, vill. tribu Atouch, conf. aït Ouaguennoun, D.

Tir'ilt en Tala, touf. aït el Aziz, tribu des Akbil, conf. des aït Menguellat, F. N. arr.

Tir'ilt en Terah, touf. Amek'ereiz, tribu des aït Ziki, F. N.

Tir'ilt en Terah, touf. ourthi Bouakkach, tribu aït khelifa, conf. Maatka, T. M.

Tir'ilt guir'il el Mal, touf. Ir'il el Mal, tribu aït Zmenzer, conf. ait Aïssi, T. O.

Tir'ilt Ifouzzar, touf. Bouçouar, tribu ait Aïssa ou Mimoun, conf. ait Ouaguennoun, T. O.

Tir'ilt Ijekouanen, touf. Ibouakalem, tribu Amechras, conf. Igouchdal, D. M.

Tir'ilt Ikerriouen, touf. ait Bouadha, tribu des Aït R'oubri, T. O.

Tir'ilt Mezzater, touf. Tahanouts, tribu aït aissa ou Mimoun, conf. ait Ouaguennoun, T. O.

Tir'ilt n aït Baha, touf. Izarzen, tribu ait Adas, conf. ait Djennad, T. O.

Tir'ilt n aït bou Ali, conf. ait bou ali, tribu ait Kodhea, conf. ait Djennad. T. O.

Tir'ilt n Ath Mohand ou el Hadj, touf. Iazzouzen, tribu aït Mekla, conf. Iflissen oum el lil, D.

Tir'ilt n Ellazouk, touf. Tasoukit, tribu aït Abdel Moumen, conf. aït Aïssi, T. O.

Tir'ilt Oufella, touf. Iazzouzen, tribu des aït Akerma, conf. des aït Iraten, F. N.

Tir'ilt ou Hamzà, touf. Ikemmouden, tribu Ibethrounen, conf. des Maatka, T. O.

Tir'ilt Oukerrouch, touf. aït Mohamed ou Saïd, tribu Imkiren, conf. Iflissen oum el lil, D. M.

Tir'ilt Oumezzir, touf. taddard oufella, tribu abd el Moumen, conf. aït Aïssi. T. O.

Tirouel. vill. tribu ait bou Akkach, conf. ait Bethroun, F. N.

Tirourda, vill. tribu des Illilten, F. N.

Tir'zert. touf. Ibedach, tribu des aït Adas, conf. des ait Djennad, T. O.

Tir'zert, touf. même nom, tribu des aït H'asaïn, T. O.

Tisegouin, vill. tribu aït Mesellem, conf. des aït Ouaguennoun, D.

Tisemlal, touf. aït Feràach, tribu Imesdourar, conf. des aït Idjer, F. N.

Tizer'Ouin, vill. tribu des Beni Thour, conf. aït Ouaguennoun, D.

Tizer'ouin, touf. même nom, tribu des aït H'asaïn, T. O.

Tizi Aameur, touf. Tala Hammou, tribu et conf. des **Maatka**, T. O.

Tizi Bouadhou, vill. tribu Chennacha, conf. Iflissen oum el lil, D. arr.

Tizi bou Afrioun, touf. aït Ikhelef, tribu et conf. des aït Menguellat, F. N.

Tizi bou aman, vill. tribu des Aït Khelili, T. O

Tizi Bouchchen, touf. Iazzouguen, tribu des aït R'oubri, T. O

Tizi bouifed, touf. Asker, fract. Imessouhal, tribu des aït Itsourar.

Tizi el Lehad, touf. Bouzoula, tribu aït Ismail, conf. Igouchdal, D. M.

Tizi em bou Ali, vill. tribu aït Said, conf. aït Ouaguennoun. D.

Tizi em Medden, touf. même nom, tribu aït Ismail, conf. Igouchdal, D. M.

Tizi Hibel, touf. même nom. tribu ait Mahmoud, conf. ait Aïssi, T. O.

Tizi Guefrès, touf. du même nom, fract. Imessouhal, tribu des aït Itsourar.

Tizi Mellal, touf. Mellal, tribu aït chebla, conf. aït Sedka. D. M.

Tizi Mennous, touf. ait Aïssa ou Zeggan, tribu et conf. des Maatka, T. O.

Tizi n Echcheurfa, touf. ait Sidi ali ou Moussa, tribu et conf. des Maatka, T. O.

Tizi n Tedoukkartk, touf. Izerrouken, tribu Imzalen, conf. Iflissen oum el lil. D. M.

Tizi n Tefsa, touf. Imouthas, tribu aït Khalfoun. D. M.

Tizi n Tekherroubt, touf. Bouçouar, trib. ait Aïssa ou Mimoun, conf. ait Ouaguemoun, T. O.

Tizi n Telakt, touf. Taourirt Moussa ou Ameur, tribu aït Mahmoud, conf. ait Aissi, T. O.

Tizi n Temellelt, vill. tribu des aït Zerara, conf. Iflissen el lebahar, D

Tizi n Terga, vill. tribu des aït Fraoucen, T. O.

Tizi n Ter'idet. vill. tribu dns aït R'oubri, T. O,

Tizi n Tezemmourth, vill tribu des aït Zouaou, conf. Iflissen el lebahar, D.

Tizi n Tezouggart, conf. aït Ifrek, tribu et conf. des Maatka, T. O.

Tizi n Tezouggart, touf. Tahanouts, tribu aït Aïssa ou Mimoun, conf. aït Ouaguennoun, T. O.

Tizi Ouzou, vill. fract. Iamraouien, bouadda, tribu Iamraouien, T. O.

Tizit, touf. de ce nom, tribu des Illilten. F. M.

Tizra, touf. Cheurfa em Bahaloul, tribu des aït R'oubri, T. O.

Tizza, touf. aït Melloul, tribu Izer'faonen, T. O.

Tizzouin, touf. aït Ikhelef, tribu El djeur Alemmas, conf. des aït Idjer. F. N.

Touabet, vill. tribu des Beni Thour, conf. des aït Ouaguennoun. D.

Toudheft, touf. aït Ahmed ou Ifrek, tribu et conf. des Maatka, T. O.

Toumdjadj vill. tribu des aït Slegguen, conf. des aït Ouaguennoun. D.

Toumelilt, touf. tizi Mellal, tribu aït Chebla, conf. aït Sedka. D. M.

Toursal, vill. tribu Irafan, conf. Iflissen oum el lil. D.

Yannan, vill. tribu des aït Chilmoun, conf. des Iflissen oum el lil. D.

Zaknoun, vill. tribu des aït Bou Akkach, conf. des aït Bethroun. F. N.

Zaouia touf. Itama, fract. Iamraouien bouadda, tribu Iamraouïen, T. O.

Zaouia Takedimt, touf. aït Ali, tribu aït Khalfoun. D. M.

Zaouiat Berrou, vill. tribu aït Yahia ou Moussa, conf. Iflissenoum el lil. D.

Zebboudj K'ara, touf. Itama, fract. Iamraouïen bouadda, tribu Iamraouïen, T. O.

Zemmouri, vill. tribu Isser el omdan, conf. aït Ouaguennoun. D.

Zerâa, vill. tribu aït Bourrouba, conf. Iflissen oum el lil. D.

Zerark'a vill. tribu des Isser Ouled Smir, conf. des aït Ouaguennoun. D.

Zerark'a touf. K'erouan, tribu Inezlioun. D. M.

Zougba, vill. tribu des aït Ouâsif, conf. des aït Bethroun. F. N.

LIVRE II.

HISTOIRE DE LA KABYLIE AVANT 1830.

En entreprenant l'histoire de la Kabylie avant la conquête, nous ne nous faisons aucune illusion sur la difficulté de notre tâche. Les recherches nombreuses auxquelles nous nous sommes livrés, les études très savantes que nous avons consultées, ne nous permettront pas de dissiper les ténèbres qui entourent encore aujourd'hui le berceau de la Kabylie, mais peut-être arriverons-nous, par une analyse succincte des opinions formulées sur cette matière, à échaffauder et à reconstituer un passé tout au moins vraisemblable, la certitude ne pouvant à l'heure et avec les données actuelles être sincèrement et consciencieusement affirmée. Si nous obtenons ce résultat, nous nous estimerons d'ores et déjà fort heureux.

Ibn Khaldoun, qui écrivait au quatorzième siècle un ouvrage, véritable monument historique sur les Berbères et sur les dynasties musulmanes de l'Afrique Septentrionale, trace des Berbères, le portrait suivant :

« Depuis les temps les plus anciens, cette race d'hommes habite le Maghreb, dont elle a peuplé les montagnes, les plateaux, les régions maritimes, les campagnes et les villes. Ils construisent leurs demeures, soit de pierre et d'argile, soit de roseaux et de broussailles, ou bien encore de toiles faites avec du crin ou du poil de chameau. Ceux d'entre les Berbères qui jouissent de la puissance et qui dominent les autres s'adonnent à la vie nomade et parcourent, avec leurs troupeaux, les pâturages auxquels un court voyage peut les amener ; jamais ils ne quittent l'intérieur du Tell pour entrer dans les vastes plaines du désert. Ils gagnent leur vie à élever des moutons et des bœufs ; se réservant ordinairement les chevaux pour la selle et pour la propagation de l'espèce. Une partie des Berbères nomades fait aussi métier d'élever des chameaux, se donnant ainsi une occupation, qui est plutôt celle des Arabes. Les Berbères de la classe pauvre tirent leur subsistance du produit de leurs champs et des bestiaux qu'ils élèvent chez eux ; mais la haute classe, celle qui vit en nomade, parcourt le pays avec ses chameaux, et toujours la lance en main, elle s'occupe également à multiplier ses troupeaux et à dévaliser les voyageurs.

« Leurs habillements et presque tous leurs autres effets sont en laine. Ils s'enveloppent de vêtements rayés dont ils rejettent un des bouts sur l'épaule gauche, et par dessus tout, ils laissent flotter des burnous noirs. Ils vont, en général, la tête nue, et de temps à autre, il se la font raser.

« Leur langage est un idiome étranger, différent de tout autre : circonstance qui leur a valu le nom de Berbères. Voici comment on raconte la chose : Ifrîcos, fils de Caïs-Ibn-Saïfi, l'un des rois [du Yémen appelés] Tobba, envahit le Maghreb et l'Ifrîkïa, et y bâtit des bourgs et des villes, après en avoir tué le roi. El-Djerdjîs. Ce fut même d'après lui, à ce que l'on prétend, que ce pays fut nommé l'Ifrîkïa. Lorsqu'il eut vu ce peuple de race étrangère et qu'il l'eût entendu parler un langage dont les variétés et les dialectes frappèrent son attention, il céda à l'étonnement et s'écria : « Quelle Berbera est la vôtre ! » On les nomma Berbères pour cette raison. Le mot « Berbera » signifie, en arabe, un mélange de cris inintelligibles : de là on dit, en parlant du lion, qu'il berbère, quant il pousse des rugissements confus » (1).

Ce portrait esquissé, Ibn Khaldoun va nous indiquer quels pays habitent ces Berbères. Nos lecteurs trouveront dans cette description géographique bien des points d'une naïveté vraiment curieuse à constater. Tout d'abord, l'auteur nous explique la signification du mot « Maghreb », qui s'applique, nous dit-il, pour désigner la position d'un lieu par rapport à l'Orient. Mais,

---

(1) Ibn Khaldoun, *Histoire des Berbères*, traduction de Slane.

comme chaque lieu pourrait être « Maghreb » par rapport à un autre, il nous indique, que les géographes ont donné ce nom à un pays distinct de tout autre, et indépendamment de sa position par rapport à tel ou tel pays. Ceci exposé, Ibn Khadoun commence sa description.

« Du côté de l'occident, le Maghreb a pour limite la mer environnante (l'Océan Atlantique), réceptacle de toutes les eaux du monde ; et que l'on nomme environnante, parce qu'elle entoure la partie de la terre qui n'est pas couverte (par l'eau). On l'appelle aussi Mer Verte, parce que sa couleur tire, en général, sur le vert. Elle porte, de plus, le nom de la mer des Ténèbres, parce que la lumière des rayons du soleil, réfléchie par la surface de la terre, y est très faible, à cause de la grande distance qui sépare cet astre de la terre. Pour cette raison, la mer dont nous parlons est ténébreuse ; car, en l'absence des rayons solaires, la chaleur, qui sert à dissoudre les vapeurs, est assez minime, de sorte qu'il y a constamment une couche de nuages et de brouillards amoncelée sur sa surface.

« Les peuples étrangers l'appellent Okéanos (Océan) mot par lequel ils expriment la même idée que nous désignons par le mot onsor (élément) ; toutefois, je ne me rends pas garant de cette signification. Ils lui donnent aussi le nom de Latlant, avec le second *t* fortement accentué.

« Comme cette mer est très vaste et n'a point de bornes, les navires qui la fréquentent ne s'aventurent pas hors de la vue de la terre, d'autant plus que l'on ignore à quels lieux les différents vents qui y soufflent peuvent aboutir..... Il en résulte qu'un navire qui s'y laisserait aller au gré du vent, s'éloignerait toujours et finirait par se perdre. Il y a même un danger de plus : si l'on avance dans cette mer, on risque de tomber au milieu des nuages et vapeurs dont avons nous parlé, et là, on s'exposerait à périr. Aussi n'y navigue-t-on pas sans courir de grands dangers.

« La mer environnante forme la limite occidentale du Maghreb, comme nous venons de le dire, et baigne un rivage où s'élèvent plusieurs villes de ce pays. Tels sont Tanger, Salé, Azemmon, Anfa et Asfi, ainsi que Mesdjid-Massa, Tagaost et Noul dans la province de Sous. Toutes ces villes sont habitées par des Berbères. . . . .

« La mer Romaine (la Méditerranée) forme la limite septentrionale du Maghreb. Ces deux mers communiquent entre elles au moyen d'un canal étroit qui passe entre Tanger, sur la côte du Maghreb, et Tarifa, sur celle de l'Espagne. Ce canal s'appelle Ez-Zogag (le détroit). Sa moindre largeur est de huit milles. Un pont le traversait autrefois, mais les eaux ont fini par le couvrir...... Elle renferme plusieurs îles, telles que Maïorque, Minorque, Iviça, la Sicile, la Crète, la Sardaigne et Chypre. »

Puis, notre auteur cite les villes qui existent sur le littoral de la mer Romaine, sur le Maghreb. Ce sont Tanger, Ceuta, Badis, Ghassaça, Houein, Oran, Tenès, Alger, Bougie, Tunis, Souça, El-Mehdïa, Sfax, Gabès et Tripoli, puis Alexandrie.

« Du côté du sud-est et du midi, le Maghreb a pour limite une barrière de sables mouvants, formant une ligne de séparation entre le pays des Berbères, et celui des Noirs. »

Quant à ses limites du coté de l'orient, les géographes admettent que « la mer de Colzom (la mer rouge) forme la limite orientale du Maghreb. On voit que les géographes, en assignant la mer de Colzom comme limite au Maghreb, font entrer l'Egypte et Barca dans la circonscription de ce pays. Le Maghreb est donc pour eux une île dont trois côtés sont entourés de mers. Les habitants du Maghreb ne regardent pas ces deux contrées comme faisant partie de leurs pays ; selon eux, il commence par la province de Tripoli, s'étend vers l'occident et renferme l'Ifrikia, le Zab, le Maghreb central, le Maghreb-el-Acsa, le Sous-el-Adna, et le Sous-el-Acsa, régions dont se composerait le pays des Berbères dans les temps anciens. »

On le voit, l'étendue du pays Berbère est immense, et la Kabylie, qui nous occupe, tient une bien petite place dans le Maghreb central, dont elle faisait partie.

Nous connaissons maintenant, et les hommes qui habitaient ces contrées, et la description de ces contrées elles-mêmes, voyons d'où viennent les Berbères, quelle est leur origine.

Une opinion généralement adoptée, et exprimée d'ailleurs par Ion Khaldoun, veut que les Berbères n'aient été amenés dans le pays qu'ils occupaient, ni par la conquête musulmane, ni par celle des Romains ; delà il en résulterait, dit M. Renan, que le Kabyle « n'est ni un Vandale, ni un Carthaginois ; c'est le vieux Numide, le descendant des sujets de Massinissa, de Syphax, de Jugurtha ». Cette opinion cependant ne peut être accueillie, le Kabyle n'est pas un Numide.

Ce peuple serait un peuple autochtone, ayant su depuis des temps préhistoriques, malgré de terribles invasions, conserver son sol, ses mœurs et son langage particulier. « C'est en effet un spectable bien curieux, écrit M. Renan, que celui d'un peuple réfractaire pendant tant de siècles à l'influence étrangère, et parlant encore aujourd'hui une langue presque identique à la langue touareg, cette langue qui a conservé avec tous les idiomes sahariens qui se parlent depuis le Sénégal jusqu'à la Nubie, la plus étroite parenté ».

N'est-on pas dès lors en droit d'en conclure que la famille Kabyle est vraiment une famille atlantique ou saharienne ?

Cependant M. Masqueray, dans son livre : « *Formation des cités de l'Algérie* » ne paraît pas disposé à accepter cette théorie. Il veut plutôt considérer que « l'Afrique a reçu, depuis les temps les plus anciens, des fugitifs et des conquérants de toute provenance ».

« La côte de l'Afrique, dit M. Masqueray, continue celle de l'Egypte, puis se relevant vers le Nord depuis Gabès jusqu'à Cap Bon, fait face à la Palestine. Elle enveloppe ainsi le tiers du bassin oriental de la Méditerranée. D'autre part, elle touche presque à l'Espagne : elle est reliée à l'Italie par Malte et la Sicile. Les peuples refoulés jusqu'aux pointes de nos deux grandes presqu'îles occidentales ont toujours pu se répandre sur ses hauts plateaux et dans ses déserts infinis.

A l'intérieur du pays, aucune chaîne, aucun fleuve, ne s'y oppose à une invasion orientale. Au contraire, des plis de terrain parallèles y forment de larges voies orientées vers le nord-est, par lesquelles des nations s'avanceraient sans obstacle de la Tunisie jusque dans le cœur du Maroc. Les solitudes de la Cyrénaïque n'ont pas arrêté le flot des immigrants arabes du onzième siècle, et, depuis la Tripolitaine jusqu'à l'Océan Atlantique, par le Djerîd, le Zâb, Laghouat, Figuig et la vallée de l'ouâd Drah, une route naturelle, jalonnée d'oasis, accompagne la bordure désertique. D'autre part, les montagnes qui, par leur direction, semblent se dresser comme des barrières devant les envahisseurs du Nord, ne sont, si l'on excepte le Deren (Atlas marocain) encore si mal connu, ni très hautes, ni continues ; elles peuvent être tournées de tous côtés sans peine : elles ne sont bonnes qu'à servir de refuges à des vaincus : les peuplades agglomérées sur le Djurjura ou sur l'Aourâs, comme sur des îlots, n'ont jamais été maîtresses des plaines qui les environnent. Cette région toute entière est un théâtre bien fait pour la rencontre de l'Orient et du Nord, un réceptacle ouvert à toutes les races de l'Asie et de l'Europe occidentale, un champ où des millions d'hommes différents sont venus se combattre sans cesse, et finalement confondre leur sang, leurs coutumes et leurs idées. »

M. Carette, dans son ouvrage, « *Exploration scientifique de l'Algérie*, années 1840-1842 » ne veut pas « s'arrêter plus longtemps aux jeux de mots puérils d'Ibn Khaldoun, d'Abd-el-Bar, de Tébari, qui témoignent de la naïveté et de la crédulité des auteurs arabes ». Il admet comme « l'hypothèse la plus raisonnable, celle qui suppose, dans chaque pays, l'existence d'une race d'hommes antérieure à l'origine de toutes les traditions ; cette race peut se modifier plus ou moins profondément dans la suite des siècles : mais ni le renouvellement périodique et régulier des générations, ni les bouleversements accidentels qui viennent l'atteindre, ne peuvent faire disparaître certains traits caractéristiques qui, à toutes les époques, reproduisent, sauf quelques nuances, l'expression du type originel ».

Et enfin de compte, M. Carette se range à l'avis d'Ibn Khaldoun, lorsqu'il écrit : « Ce qui est hors de doute, c'est que bien des siècles avant l'islamisme, les Berbères étaient connus dans le pays qu'ils habitent, et qu'ils ont formé avec leurs nombreuses ramifications, une nation entièrement distincte de toute autre. »

Mais d'où vient cette nation ?

A cette question Ibn Khaldoun déclare que le fait réel, la seule opinion vraie, ce que l'on doit croire, est ceci : Les Berbères sont enfants de Canaan, fils de Cham, fils de Noë. Leur aïeul se nommait Mazigh; leurs frères étaient les Gerséens (Akrikech); les Philistins, enfants de Balushim, fils de Misraïm, fils de Cham, étaient leurs parents. Le roi, chez eux, portait le titre de Djalout (Goliath).

Cette opinion est-elle la vraie ?

Elle paraît très vraisemblable, si l'on considère : d'une part, que les géographes de l'antiquité appliquaient aux peuples de race Africaine, la dénomination de Mazices (Mazikh); et d'une autre part que « le nom même des Zenata, qui occupent encore la bordure désertique et une partie des steppes de l'Algérie, nom glorieux dans l'histoire du moyen âge, correspond exactement à Chananéens. Zenata ou Zanata étant la forme arabe de l'Africain Ixanaten, dont le radical est « Xana » « Kana ». (Masqueray).

Cependant ce savant auteur, s'il admet que des Chananéens soient venus se réfugier en Afrique, probablement après l'envahissement de leur pays par les Israëlites, déclare « que nul ne peut dire exactement quels ont été les habitants primitifs de cette région. On conjecture, ajoute-t-il, que la race nègre qui a dominé dans tout le Sahara s'avançait autrefois jusqu'au bord des hauts plateaux, quand le climat plus humide, les rivières plus abondantes, les forêts plus épaisses, permettaient à l'éléphant d'y vivre. Il est admissible aussi que des hommes bruns et de petite taille, semblables aux Ligures, aient formé le fonds de la population du Tell et de la côte. L'étendue des cavernes préhistoriques en est à son début, et les monuments mégalithiques n'ont pas encore livré leur secret. Des squelettes repliés, la tête presque toujours tournée vers le nord, des colliers de verroterie, des poteries grossières, quelques ornements de bronze, voilà tout ce qu'ils renferment. Ils peuvent être très anciens pour la plupart ; mais quelques-uns sont contemporains de la période romaine ».

M. Carette semble adopter la version d'Ibn Khaldoun, mais ce qui le jette dans l'embarras, c'est de savoir, étant donné que les Berbères descendissent de Djalout, de qui descendait lui-même ce Djalout. Ibn Khaldoun, ayant pris le soin de nous dire que le mot « Djalout » était le titre équivalent à celui de roi, il paraît en résulter que M. Carette a fait une confusion sur l'emploi du mot Djalout, et que dès lors, il n'y a pas à rechercher quelle était l'origine d'un prétendu « Djalout » en tant qu'individu.

Citerons-nous les opinions de Abou-Omar-Ibn-Abd-el-Berr, d'ali-Ibn-abd-el-Aziz-el-Djordjani, d'Et-Taberi, d'El-Masoudi, d'El Bekri, etc..... Ce serait fort long et fort inutile, Ibn Khaldoun prenant la peine de nous indiquer que toutes ces « hypothèses sont erronées et bien éloignées de la vérité. »

Tous sont d'origine Chananéenne, écrit Ibn Khaldoun, cependant il fait une réserve pour les Sanhadja (ceux qui portent un voile) et les Ketama qui, suivant lui et suivant l'opinion de généalogistes arabes eux-mêmes, seraient d'origine arabe.

Puisque Ibn Khaldoun a pris le soin de nous dire que l'origine chananéenne des Berbères était seule exacte, nous espérions peut-être qu'il nous donnerait quelques détails sur l'histoire de ce peuple et sur sa naissance : malheureusement, nous n'avons trouvé dans ses écrits que cette phrase décourageante : « Depuis le Maghreb (el Acsa) jusqu'à Tripoli, ou pour mieux dire jusqu'à Alexandrie et depuis la mer romaine (la Méditerranée) jusqu'au pays des noirs, toute cette région a été habitée par la race Berbère, et cela depuis une époque dont on ne connaît ni les événements antérieurs, ni même le commencement. » Ainsi nous voilà bien avertis, on ne sait rien des événements antérieurs et on ne peut fixer une époque où aurait commencé l'occupation Berbère.

En présence d'une déclaration qui annonce d'une façon aussi péremptoire l'impuissance dans laquelle se trouve l'historien arabe de trouver les moindres traces de l'histoire du peuple Berbère, et malgré le vif penchant qu'il a, il faut bien le reconnaître, pour la fantaisie, il paraît bien établi que l'on ne pourra reconstituer l'existence des premiers temps de ce peuple. Puis, pour l'intérêt même de notre sujet, quand ce but serait à peu près atteint, comment arriverait-on à déterminer le rôle des Kabyles, perdus dans une région aussi immense ?

Il faut donc renoncer à cette tâche pour nous impossible.

Nous nous contenterons de jeter un coup d'œil sur les principaux événements qui ont pu modifier l'existence et la puissance de la nation Berbère.

Avant d'arriver aux données historiques que nous fourniront Salluste, Procope et d'autres auteurs, nous devons signaler la présence « de blonds venus d'Europe et qui s'étaient répandus en Afrique probablement deux mille ans avant Jésus-Christ. S'il est légitime de leur attribuer la plupart de ces métropoles mégalithiques qui couvrent des collines entières en Algérie et en Tunisie, et de les regarder comme les ancêtres de blonds qui se rencontrent dans toutes les montagnes d'Afrique depuis le bord de l'Atlantique jusqu'au cap Bon, il faut admettre avec M. le général Faidherbe qu'ils étaient très nombreux. Enveloppés depuis tant de siècles par des hommes de race brune ou noire, ils auraient dû disparaître sans laisser de trace, s'ils ne leur avaient pas fait équilibre en masse suffisante. On peut même admettre une période primitive pendant laquelle ils auraient été prépondérants. Hérodote mentionne, non sans surprise, des tribus blondes auprès du lac Triton ; Syphax déclare que « tous les Lybiens sont blonds ». Mille ans avant Hérodote, ils avaient fait trembler l'Egypte ; quelques-unes de leurs confédérations dont les noms sont aisément reconnaissables sur les monuments pharaoniques, les Sebou, les Maschouach étaient allés, soit par mer, soit par terre, livrer bataille à Rhamsès III et étaient restés dans le Delta : leurs chefs y étaient devenus des princes et Psammitique avait peut-être été un des leurs. » Et M. Masqueray ajoute : « Il est curieux de rappeler à ce propos que, dix siècles après notre ère, cette marche d'Afrique en Egypte fut renouvelée par la tribu des Kemata, dévouée à la cause du Mahdi Fatimite. Ces Kemata, qui étaient la principale tribu de la petite Kabylie, allèrent aussi conquérir le Delta, et fondèrent le Caire. Les mêmes faits se répètent ainsi à de grands intervalles, et autorisent des conjectures qui paraissent d'abord peu vraisemblables. » (Masqueray, *Cités de l'Algérie*).

Le premier historien que nous citerons, Salluste, était gouverneur de la Numidie. S'appuyant sur les traditions populaires, puis sur les livres du roi numide Hiempsal, Salluste déclare que les premiers habitants, qui occupèrent la contrée que nous avons déterminée, furent les Gétules et les Lybiens. Il nous représente ces peuples comme des peuples sauvages, vivant comme de véritables fauves, sans lois, sans gouvernement. Dans son Jugurtha, chapitre XVIII, Salluste nous dit : « Africam initio habuere Gœtuli et Libyes, asperi, inculti : quis cibus erat caro ferina atque humi pabulum, uti pecoribus. Hi neque moribus, neque lege, neque imperis cujusquam regebantur ; vagi, palantes, qua nox coegerat, sedes habebant. Sed postquam in Hispania Hercules, sicuti Africani putant, interiit, exercitus ejus compositus ex variis gentibus, amisso duce, ac passim multis, sibi quisque imperium petentibus, brevi dilabitur. Ex eo numero Medi, Persæ et Armenii, navibus in Africam transvecti, proxumos nostros mari locos occupavere, sed Persæ intra oceanum magis........ L'Afrique fut d'abord habitée par les Getules et les Libyens, peuples farouches, grossiers qui se nourrissaient de la chair des animaux sauvages, et comme les troupeaux, broutaient l'herbe des champs. Indépendants de toute autorité, ils ne connaissaient le frein ni des mœurs ni des lois. Toujours errants et sans demeure fixe, ils couchaient là où la nuit venait les surprendre. Mais après la mort d'Hercule, qui, suivant l'opinion des Africains, périt en Espagne, son armée, composée de nations diverses, se trouva sans chef et une foule de rivaux s'en disputant le commandement, elle ne tarda pas à se disperser. Dans le nombre, les Mèdes, les Perses et les Arméniens, ayant passé en Afrique sur des vaisseaux, s'établirent sur les côtes les plus voisines de notre mer ; les Perses seuls se rapprochèrent davantage de l'Océan. » (Traduction Nisard). Puis Salluste ajoute : « Ils se firent des cabanes avec les carcasses renversées de leurs navires, car le sol ne leur offrait point de matériaux, et ils ne pouvaient en tirer de l'Espagne par des achats ou des échanges ; une vaste étendue de mer et l'ignorance de la langue interdisaient toute relation de commerce. Ils se mêlèrent peu à peu aux Gétules par des mariages, et comme le besoin de chercher de nouveaux pâturages les obligeait à de fréquentes émigrations, ils se donnèrent eux-mêmes le nom de Numides. Au reste, encore aujourd'hui les habitations des paysans numides, appelés Mapales, ressemblent, par leur forme oblongue et leurs toits cintrés, à des carènes de vaisseaux. Aux Arméniens et aux Mèdes se mêlèrent les Libyens ; ceux-ci s'étaient plus rapprochés de la mer d'Afrique, tandis que les Gétules étaient plus sous le soleil et tout près de la zone brûlante. Ils eurent de bonne heure des villes, car, n'étant séparés de l'Espagne que par un détroit, ils avaient établi avec cette contrée un commerce d'échanges ; leur nom fut insensiblement corrompu par les Libyens qui, dans leur idiome barbare, les appelèrent Maures au lieu de Mèdes. La puissance des Perses surtout s'accrut rapidement et dans la suite, l'excès de la population les ayant forcés de se séparer de leurs pères, ils allèrent, sous le nom de Numides, occuper la contrée qui est la plus voisine de Carthage et qu'on appelle Numidie ; ensuite les deux peuples, se prêtant un mutuel appui, soumirent leurs voisins par les armes ou par la crainte ; ils étendirent sans cesse leur nom et leur gloire, ceux-là surtout qui s'étaient rapprochés de notre mer ; car les Libyens étaient moins belliqueux que les Gétules. Enfin la partie inférieure de l'Afrique passa presque tout entière au pouvoir des Numides, et tous les peuples vaincus se confondirent avec le peuple conquérant dont ils prirent le nom. (Même traduction).

Nous aurions ainsi un aperçu historique assez complet, si Salluste ne prenait lui même la peine de nous dire qu'il expose les traditions qu'on lui a expliquées, d'après des livres puniques venus, dit-on, du roi Hiempsal, traditions qui s'éloignent de l'opinion généralement reçue, mais qui sont conformes à la croyance des habitants de cette contrée. « Au reste, ajoute Salluste ; j'en laisse la responsabilité aux auteurs de ces livres. »

Après cette tradition mentionnée par Salluste, voyons ce que dit Procope. Suivant cet historien, tous les peuples. depuis Sidon jusqu'aux frontières de l'Egypte, (c'était les Gergésiens, les Jébuséens, et les autres tribus nommées par les livres des Hébreux), durent fuir devant l'invasion de Jésus (Josué) fils de Navi ét pour échapper aux Israélites, seraient venus s'établir en Afrique dont ils occupèrent toute la côte septentrionale jusqu'aux colonnes d'Hercule où ils fondèrent un grand nombre de villes ; notamment ils auraient édifié un château fort à l'endroit où s'éleva plus tard la ville de Tigisis. Procope affirme que tout près de là, il existait deux styles de marbre blanc, portant une inscription écrite en lettres phéniciennes et ayant la signification suivante : Nous sommes ceux qui avons fui loin de la trace du brigand Jésus, fils de Navi. Les termes dont se sert Procope sont absolus : εντα στηλαι δυο εκ λιθων λευκων πεποιημεναι αγχι κρηνησ εισι της μεγαλησ, γραμματα Φοινικικα εγκεκολαμμενα εχουσαι τη Φοινικων γλωσση λεγοντα ωδε, ημεις εσμεν οι φυγοντες απο προσωπου Ιησου του ληστου υιου Ναυη (corpus scriptorum Historiæ Byzantinæ, Procopius, t. 1ᵉʳ, editio Bonnæ, impensis ed Weberi, 1833). Tigisis était située entre Lambasa (Tezzouta) et Tamgadis. Des recherches furent à ce sujet dirigées dès 1835 par une commission nommée par l'Académie des inscriptions et belles-lettres.

Nous savons ce que pense Ibn Khaldoun ; nous pouvons donc admettre que le fond des populations numide et mauritanienne se rattache à la race sémitique.

Toute la contrée, appelée aujourd'hui Algérie, formait la Numidie. Puis se trouvaient à l'Ouest les Maures, à l'Est les Libyens, au Sud les Gétules. En outre, autour de ces peuples, vivait une foule de peuplades, les Garamantes, les Maziques, et d'autres plus ou moins connues.

Les Numides formaient le peuple le plus célèbre pour ses mœurs intrépides, ses habitudes et sa vie errante. Ils avaient un gouvernement à eux propre, laissant à chaque individu une liberté très grande, du moins en apparence, et Appien les qualifie d'autonomoi ($\alpha\upsilon\tau\text{o}\nu\text{o}\mu\text{o}\iota$, ayant leur gouvernement propre). Ils avaient cependant des chefs, que les historiens antiques appellent rois ou phylarques, selon que leur autorité s'exerçait sur un plus ou moins grand nombre d'hommes. Leur religion consistait à adorer le soleil, la lune, la mer, etc... les sacrifices humains étaient en usage chez eux. Toutefois, si nous en croyons Léon, certaines tribus pratiquaient le Sabéïsme ou religion des Mages, religion apportée d'Orient en Afrique par les Perses.

« Tels étaient, autant que cela est possible d'être déterminé, les différents peuples, lorsque Carthage, au neuvième siècle avant Jésus-Christ, commença à exercer sa domination, qui ne devait s'éteindre et disparaître que sept cents ans plus tard. Non seulement Carthage occupait l'Africa proprement dite, mais encore les places fortes de la Numidie, Theveste, Cirta, Thibursicum, Calama, étaient sous son autorité. Elle avait fondé Auzia dans la Mauritanie. Ses ports enveloppaient toute la côte depuis les Syrtes jusqu'au Sénégal peut-être : ses généraux allaient jusqu'au pied du Deren recruter des soldats et prendre des éléphants. Ses marchands et ses guerriers, qui se disputaient la prééminence dans son Sénat, luttaient à l'envi pour accroître sa puissance et sa richesse. Son argent et ses armes, sa ténacité, sa politique sans scrupule, ouvraient devant elle un champ d'action immense à travers de petites nations barbares qui ne savaient même

6.

pas s'unir pour lui résister. Ses colons furent nombreux dans la Numidie centrale et septentrionale et plus d'un de ses « negotiatores » alla s'établir au delà dans l'Occident. Sa puissance colonisatrice fut telle que, trois cents ans après sa chute, les magistrats d'une ville romaine, Calama, étaient encore désignés sous le nom de Suffètes. On continua, jusqu'au cinquième siècle de notre ère, à graver des épitaphes en caractères puniques dans la Numidie septentionale et le clergé de saint Augustin devait savoir le punique pour prêcher dans les campagnes des environs de Bône. Nous ne pouvons évaluer, faute de documents, le nombre d'hommes qu'elle introduisit en Afrique, mais il faut penser que pendant toute la durée de sa domination, elle provoqua, grâce à la similitude des dialectes et des cultes des Sémites que le commerce attirait vers la Méditerranée occidentale, une suite d'émigrations semblables à celles qui se sont produites au moyen-âge sous le couvert de la religion musulmane. Très petite à l'origine et incapable de s'accroître par elle même, elle ne put certainement fonder son empire colonial qu'avec le concours d'une multitude considérable, et comme elle excluait les Grecs, cette multitude était nécessairement asiatique. «Masqueray»

Des incriptions numidiques ont été découvertes dans notre Algérie; elles sont fort nombreuses et intéressantes, et le lecteur les trouvera réunies dans le *Corpus Inscriptionum Latinarum (Inscriptiones Africæ)*, Berlin, 1881.

Carthage et Rome étaient souvent en rivalité. Les Carthaginois descendaient continuellement en Sicile et ils exerçaient dans les eaux romaines des captures qui ruinaient le commerce italien. Cette lutte dura longtemps (264-256), et Rome berça l'espoir de vaincre sa rivale sur son propre sol.

Carthage, vaincue d'abord à Myles, puis à Tyndaris, perdit beaucoup de son prestige ; la victoire d'Ecnome ouvrit aux Romains le chemin de l'Afrique.

Ils réussirent à enfermer les Carthaginois dans la Sicile, et Lutatius vainqueur aux îles Œgates reçut leur demande de paix, après une lutte qui n'avait pas durée moins d'un quart de siècle. Les Carthaginois renoncèrent à la Sicile qu'ils détenaient depuis plus de quatre cents ans. Rome en fit sa province, à l'exception toutefois du royaume de Hïeron, et toucha une indemnité de guerre de près de vingt millions ; elle s'engagea vis-à-vis d'Hamilcar à respecter l'indépendance et l'intégrité de l'Etat et du territoire Carthaginois (241).

Mais la paix fut de courte durée, elle se maintint encore sous Asdrubal, mais celui-ci mort (221), Annibal le remplace, et c'est la guerre qui va prendre les proportions d'une lutte homérique.

Rome tremble tout d'abord ; il lui faut chasser Carthage et de son propre territoire en Afrique, et de l'Espagne qu'elle détient. P. Cornélius Scipion, l'un des consuls, est chargé de passer en Espagne et d'en chasser les Carthginois. L'autre consul, Sempronius, avec 30.000 hommes et 200 vaisseaux environ, fut chargé de passer en Sicile et de là en Afrique. Sempronius vit la fortune des armes tourner contre lui ; le Tessin, la Trébia, le lac Trasimène, Cannes, sont autant de coups de foudre qui ne peuvent lui permettre aucun doute sur l'issue malheureuse de son expédition : heureusement les deux Scipions d'Espagne battent les Carthaginois et conquièrent leur province espagnole. Les Scipions profitèrent de la défection de Syphax, un des rois de Numidie, pour se l'attacher. Carthage apprit bientôt cette nouvelle, et avec une connaissance parfaite du caractère numide, du caractère berbère, elle envoya une ambassade aux Massyliens de Gala. Entre ces derniers et les Massœsyliens de Syphax, il y avait une vieille querelle, une vendetta les divisait en deux parties ou çofs ; c'était évidemment une occasion pour les armer contre Syphax et ses alliés, les Romains. Massinissa, fils de Gala, n'a que dix-sept ans, mais il est plein d'ardeur, et veut la guerre. A la tête des troupes massyliennes et carthaginoises il bat plusieurs fois Syphax, qui se réfugie dans la Mauritanie. A quelque temps de là, Syphax fait annoncer à Rome des succès contre Gala et contre Carthage : Rome, pour l'encourager, lui envoie de riches présents ainsi qu'à tous ses chefs secondaires ; mais Syphax a obtenu ce qu'il voulait, il fait la paix avec Carthage. Massinissa de son côté était passé en Espagne, et avait fait subir aux Romains de grands maux. « La cavalerie numide qu'il commande harcèle les Romains nuit et jour, surprend tous les soldats qui s'écartent du camp : elle ose même, avec ces airs de bravade orgueilleuse et d'insultant défi, avec ces charges irrésistibles où l'homme et le cheval semblent se griser à l'envi et comme s'affoler de l'ivresse du combat, avec ces brillantes chevauchées que nos indigènes ou nos Algériens appellent de ce nom si expressif et si coloré, la fantasia, elle ose venir caracoler devant les lignes romaines, se jeter même au milieu des postes et répandre partout le désordre et l'épouvante. (G. Boissière.)

Dans une première bataille, Publius Scipion est tué, et quelques jours après son frère Cneus est massacré dans une grande défaite. « De ce double succès de Carthage, où semblaient s'être anéanties l'armée romaine et la domination de l'Espagne, Massinissa et les Numide pouvaient revendiquer une large part. (G. Boissière, *l'Agérie romaine*).

Telle était la situation en Afrique, lorsque le jeune P. Cornelius Scipion convoita la conquête de Carthage pour venger la mort de son père et celle de son oncle. Il arriva près du territoire d'Empories (204) et trouva là son allié Massinissa, l'ennemi toujours acharné de Carthage. Peu de temps après, la bataille de Lama rendait Rome maîtresse de la cité africaine. Cette dernière dut livrer ses vaisseaux, ses éléphants, payer 10.000 talents (58 millions de francs) et prendre l'engagement de ne plus faire la guerre sans l'autorisation de Rome.

Pendant la longue période qui suit ce beau fait d'armes jusqu'à la prise et la destruction de Carthage (146 av. Jésus Christ) Rome chercha l'occasion de conquérir définitivement cette terre africaine ; cette occasion ne se fit pas longtemps attendre. Massinissa, l'allié de Rome, détermina par ses violences, les Carthaginois à prendre les armes : ceux-ci préférèrent la sécurité de l'esclavage romain à leur semblant d'indépendance livré à la fantaisie de Massinissa. Carthage en armes, le *casus belli* existe : dès lors, la guerre est déclarée. Après une défense héroïque, Carthage est prise et le sénat romain ordonne de raser la ville et de faire passer la charrue sur le sol où la fière cité s'élevait jadis.

Mais que fera Rome de sa nouvelle conquête ? Elle garde le territoire carthaginois, et ayant conquis toute la Numidie sur Jugurtha, laissa cette contrée aux mains de deux de ses alliés, Bocchus, roi de Mauritanie et Juba, prince indigène, fondateur de Julia Cœsarea (Cherchell).

Lorsque César et Pompée se disputèrent l'empire du monde, la province africaine se divisa et prit parti pour l'un ou pour l'autre de ces rivaux. Aussi lorsque César eût vaincu Pompée à Pharsale, il vint en Afrique pour battre les restes du parti pompéien. La victoire de Thapsus fit disparaître les derniers vestiges de cette rivalité, Juba se tua de désespoir, et la Numidie fut réunie, sous le nom d'Africa nova, aux possessions romaines d'Afrique. Mais Rome lui donne un gouvernement national, un roi dans les veines duquel coule le sang de Massinissa. Ce roi façonné au respect, à l'adulation, à la servitude, devient le type de ces rois esclaves, ces *reges inservientes* que nous a décrits Tacite.

« Ce n'est enfin que lorsque ces rois esclaves ont rempli leur mission, lorsque deux règnes successifs de princes mariés à des Romaines, lorsque des colonies civiles ou militaires, formées de Romains, de Latins, d'Italiens, ont infiltré de plus en plus dans le pays l'usage de la langue, le désir des lois, le goût des mœurs, des habitudes, des vertus et même des vices du peuple conquérant, ce n'est qu'après avoir si bien préparé les voies, que le sénat décrète la réunion à l'Empire, que les deux Mauritanies sont à jamais réduites en provinces sujettes et tributaires » (Dureau de la Malle).

La colonie prit vite une extension considérable. Carthage avait été relevée par les Gracques, et embellie par Auguste. Elle était maintenant gouvernée par un proconsul. La Numidie et la Bysacène, toutes deux limitrophes de la province carthaginoise, avaient à leur tête des consulaires. A côté de la Numidie, la Mauritanie Césarienne et la Mauritanie Sitifienne étaient sous le pouvoir des présidents (présidentes), de même que la Tripolitaine, située de l'autre côté et près de la Bysacène. Quant à la Mauritanie tangitane, aujourd'hui le Maroc, elle suivait les destinées de l'Espagne ; la Cyrénaïque, contrée qui forme la Tripolitaine actuelle, relevait de l'Egypte. « Dans ces terres immenses et comme vacantes, dit M. Masqueray, ces empereurs s'étaient attribués des domaines considérables qu'ils faisaient gérer, sinon cultiver, par des Européens ; des concessions énormes avaient été données à des particuliers qui employaient des intendants et des colons de toute race ; la meilleure part de ce qui restait du pays cultivable avait été attribuée à des municipalités nombreuses et sans cesse accrues de vétérans ou de cultivateurs d'origine civile. Sans répéter les fables auxquelles la fertilité du bassin de la Medjerda a donné lieu, on peut penser que toute cette région, plus humide et mieux aménagée qu'elle ne l'est aujourd'hui, était alors très productive. Elle partageait avec l'Egypte le bénéfice à peu près exclusif de la culture du blé, elle jouait le rôle de la Russie contemporaine dans l'économie de l'Empire, et la main d'œuvre y était à vil prix, car les indigènes dépossédés continuaient de labourer leurs anciennes terres dans une condition voisine du servage. Il en résultait des bénéfices immenses. Là un soldat qui n'avait jamais eu que sa solde pour fortune, pouvait s'enrichir en peu d'années, et devenir flamine perpétuel, édile, enfin duumvir, c'est-à-dire à la fois administrateur, juge et chef de la milice d'une grande cité, dans sa ferme fortifiée, ou, si le sort l'avait largement favorisé, dans sa villa entourée de fortins, il menait la vie d'un petit seigneur, et cette situation enviable lui était garantie par une armée invincible dont les garnisons s'échelonnaient depuis la ligne Ghadamès-Carthage jusqu'au bord de l'Océan (1). Nous pouvons juger encore aujourd'hui des effets vraiment

(1) *Corpus inscriptionum latinarum*, in 1er vol. VIII, Berlin.

prodigieux de ce système de colonisation. Ce ne sont pas seulement des arcs, des théâtres, des cirques, des temples et des aqueducs qu'il nous faut admirer en Afrique : bien plus surprenantes sont les petites ruines de villes et de maisons romaines qui en couvrent tant de vallées et de plaines maintenant désertes, si bien qu'au troisième siècle de notre ère, la Mauritanie devait ressembler à la Provence, et la Numidie ou l'Africa à la Normandie contemporaine. Que l'on prenne au hasard, qu'on étudie par exemple dans le département de Constantine la région aujourd'hui aride ou marécageuse qui s'étend de Batna à Aïn Beïda et des Khenchela aux Aoulàd Rahmoun, Lambèse, Thamgad, Claudi, Mascula, Bagaia, Sigus, Casœ, s'y élevaient autrefois et se reliaient par des routes jalonnées de fermes. Elles comptaient ensemble au moins 120000 Européens, dix fois plus environ que nos petites villes qui les remplacent. Mais il est un calcul encore plus simple et peut-être plus juste. Depuis 1830, malgré les incertitudes de notre premier établissement, en dépit de l'obstacle que nous a créé la reconnaissance de la propriété indigène, 195000 Français et 182000 Italiens ou Espagnols, en somme 377000 Européens sont venus s'établir en Algérie, et nous pouvons admettre que, si notre domination continue de s'affermir, le nombre de ces immigrants sera doublé dans cinquante ans (1). Or les Romains ont possédé non seulement l'Algérie, mais le Maroc, la Tunisie et la Tripolitaine pendant sept siècles, c'est donc rester certainement au-dessous de la réalité que leur attribuer, en ne tenant pas compte, si l'on veut, de trois de ces siècles (les deux premiers et le dernier), l'introduction de quatre millions d'hommes dans l'Afrique septentrionale. » (Cités de l'Algérie).

Pendant la période de domination carthaginoise, nous ne découvrons rien de particulier à la Kabylie. La première fois que nous voyons, dans l'histoire, figurer

(1) Ces prévisions de M. Masqueray se sont largement réalisées; le recensement de 1891 donne en effet les chiffres suivants : 267672 français d'origine, et 215793 étrangers, soit 483465 européens.

la race de ce pays, c'est sous la domination romaine. Les Romains appelèrent le Jurjura, mons Ferratus, le mont bardé de fer ; et cela est confirmé par l'histoire d'Ammien Marcellin et par la carte de Peutinger (savant antiquaire du XVe siècle) qui donna son nom à la carte romaine que l'on doit faire remonter au règne de Théodose-le-Grand. Sur la carte de Ptolémée, nous trouvons un triangle qui correspond à notre grande Kabylie et dont les limites étaient le fleuve Serbetes (l'Isser), la rivière Nassaoua (l'oued Sahel) et la mer. Les peuples qui habitaient cette contrée étaient les Nababes et Quinquegentiens. Sur la carte de Peuntinger, les Nababes occupent la région même du Jurjura ; Ethicus, dans la cosmographie, donne cette même place, entre Salde (Bougie) et Rusuccuru (Dellys) aux Quinquegentiens. La désignation de Nababes a été confirmée par une inscription découverte en Kabylie, par M. le général Paté, à Tala Ili, chez les Iflissen, et dont voici le texte :

DIS MANIBVS ; TABULA AVMAT.
SINEI AMDIEVMAE F. NABABO EX.
CASTELLO TVLEI PRINCI... VIXIT ANNIS LXVIII.

« Aux Dieux mânes ! Tableau d'Ulpius (?) Aumatsin, fils d'Audieuma Nababe, chef du château de Tulens. Il vécut 68 ans ! »

Le nom de Quinquegentiens, les cinq tribus unies, ne serait-il pas une simple dénomination politique, indiquant déjà cette sorte de fédération, ces Kebila, qui nous ont fait donner à cette contrée le nom de Kabylie ? Cela paraît au moins très vraisemblable. Quoi qu'il en soit Ammien Marcellin est le seul qui plus tard nous ait fait connaître les noms des tribus qui composaient les Quinquegentiens. C'étaient les Tendenses, les Massissenses, les Isaflenses, les Jubabeni, les Jesalenses. Nous pouvons aujourd'hui encore reconnaître les Isaflenses dans les Iflissen ou flissas, les Massissenses dans les Imsissen ou Msisnas près de l'oued Sahel, les Jubaleni dans les Beni Jubar ; du moins cela paraît fort possible.

Nous avons dit que lors de la conquête romaine sur Carthage, Rome n'avait point mis aussitôt la main sur le pays entier, et eut recours à des rois complaisants. « Le sentiment national des tribus mauritaniennes ne prit pas longtemps le change : humiliées par des rois esclaves, elles s'insurgent contre Juba, en l'an 6 de notre ère, plus tard contre Ptolémée, son successeur, en l'an 17, et les annales latines font alors leur première allusion aux montagnes du Djurjura pour y signaler l'écho du cri de guerre poussé par le Numide Tacfarinas. « (N. Bibesco *Rev. des deux mondes*. 1865).

Tacite nous dit qu'un Numide, nommé Tacfarinas, avait servi autrefois comme auxiliaire dans les troupes romaines et avait ensuite déserté : il avait rassemblé quelques troupes de brigands et de vagabonds pour les mener au pillage : il parvint à en faire des soldats. Ces derniers entraînèrent à la guerre leurs voisins les Maures, ceux ci avaient pour chef Mazippa. « Les deux généraux se partagent l'armée ; Tacfarinas garde l'élite des soldats, tous ceux qui étaient armés à la romaine, et les retient dans le camp pour les accoutumer à la discipline et au commandement. Mazippa, avec les troupes légères, porte dans les environs, le fer, la flamme et l'effroi. Déjà les Cinithiens, nation assez considérable, étaient venus grossir leurs forces, lorsqu'enfin Camille, proconsul d'Afrique, rassemble sa légion et ce qu'il avait d'auxiliaires sous le drapeau, en fait un seul corps et marche à l'ennemi. C'était une poignée de monde, en comparaison de cette multitude de Maures et de Numides. Mais ce qu'il appréhendait le plus, était que la crainte ne leur fît éluder le combat. Il fallait pour les vaincre, leur donner l'espérance de la victoire. Camille place sa légion au centre ; les troupes légères et deux divisions de cavalerie forment les ailes. Tacfarinas ne refusa pas le combat et les Numides furent battus. » (Tacite. Traduction Nisard).

L'année suivante, Tacfarinas reprend la lutte, et saccage des bourgades, emmène de gros butins et assiège une cohorte romaine près du fleuve Pagis. Décrius, qui la commandait fut tué, et la cohorte prit la fuite. Cet échec fut réparé par Apronius, qui attaqua et mit en déroute Tacfarinas devant le fort de Thala. Ce dernier commença alors un genre de guerre qui, nous le verrons plus tard, sera employé contre nous bien souvent dans nos expéditions. « Tacfarinas, dit Tacite, disperse son armée par pelotons; ils se retiraient, quand ils étaient pressés (par l'ennemi), puis revenaient sur leurs pas. Tant qu'il suivit ce plan, il se joua des Romains qui se consumaient en vaines poursuites. Mais lorsqu'il se fut approché des bords de la mer, l'embarras d'un gros butin l'assujettit à des campements fixes. Alors le jeune Apronius, détaché par son père, avec de la cavalerie et des cohortes auxiliaires, auxquelles on avait joint les légionnaires les plus agiles, attaqua avec succès les Numides et les repoussa au fond de leurs déserts (Même traduction.).

Cependant Tacfarinas avait de nouveau trouvé au fond de l'Afrique des ressources pour se relever. Il fit demander à Tibère de lui donner un établissement pour lui et pour son armée, le menaçant, s'il n'y consentait pas, de le désoler par une guerre interminable. Outragé par tant d'audace, Tibère donna l'ordre à Blésus d'offrir leurs grâces à tous les rebelles qui déposeraient les armes et de s'emparer du chef, à quelque prix que ce fut. Cet ordre désorganisa les forces de Tacfarinas ; beaucoup de ses soldats acceptèrent l'amnistie, et, chose plus fâcheuse pour celui-ci, s'employèrent pour le compte des Romains à voltiger, à éviter le combat et à dresser des embuscades. Tacfarinas comprit aussitôt que lutter dans de pareilles conditions serait folie, il s'enfuit, mais pour préparer une nouvelle guerre. Tibère avait commis la faute de rappeler la neuvième légion ; Tacfarinas répandit le bruit que l'Empire Romain était déchiré par d'autres guerres, que le moment était venu de reconquérir son indépendance, que d'autres troupes ne seraient pas envoyées. Tous les séditieux, tous les indigents vinrent le rejoindre. Dolabella se mit en campagne. Il apprit « que les Numides avaient dressé leurs tentes près d'un château à demi ruiné et jadis brûlé par eux-mêmes, dans un lieu nommé Auzéa, se fiant à la bonté du poste, qu'enfermaient de tous côtés de vastes forêts. Sur le champ, avec son infanterie légère et sa cavalerie, il fait une marche forcée ; tous ignorent où il les mène. Au point du jour, les Romains, avec des cris terribles, au son des trompettes, l'infanterie serrée, les escadrons déployés, tout disposé pour le combat, fondent sur les barbares à moitié endormis, dont les chevaux étaient attachés ou erraient dans les pâturages ; ils n'avaient aucune connaissance de ce qui se passait, point d'armes, point d'ordre, point de plan ; ils se laissaient chasser, enlever, égorger comme des troupeaux. Le soldat romain, irrité par le souvenir de ses travaux, jouissant enfin d'une bataille désirée si longtemps et si longtemps éludée, s'enivrait de vengeance, se baignait dans le sang. On fit dire dans les rangs de s'attacher à Tacfarinas, qu'après tant de combats ils devaient connaître tous ; qu'on n'aurait la paix que par la mort du chef. Mais lui, voyant ses gardes dispersées, son fils prisonnier, et les Romains qui perçaient de toutes parts, se jette au milieu des traits, et vendant chèrement sa vie, il se sauve de la captivité par la mort ; avec lui finit la guerre ». (Tacite. Ann. Liv. IV. 23, 24, 25). — Dolabella demanda le triomphe, mais ne parut pas se soucier d'aller punir les tribus du Mons Ferratus, du Djurjura, de l'appui qu'elles avaient pu accorder à Tacfarinas.

Le dernier roi indigène, Ptolémée, ayant été tué à Rome par ordre de Caligula, un affranchi, Œdémon, pour le venger, souleva de nouveau la Mauritanie. Suetonius Paulinus et Geta réussirent à étouffer ces mouvements ; et ce fut à partir de ce moment, en l'an 40, que le Mont de fer appartint à la Mauritanie Césarienne. C'est en effet à cette époque qu'il faut faire remonter la date du point de départ de l'ère mauritanienne, car ce fut cette année là que la Mauritanie fut réduite en province romaine sous le nom de Mauritanie Tingitane à l'ouest, et de Mauritaine Césarienne à l'Est. La découverte à Bougie d'une inscription et l'étude de M. Berbrugger à ce sujet, ne peuvent laisser aucun doute sur cette question.

La conquête de Rome était donc terminée ; grâce à une organisation parfaitement comprise, commença une longue ère de tranquillité. C'est à peine si, pendant les trois siècles qui suivent, nous trouvons trace de quelques révoltes vite réprimées. En Kabylie notamment, l'histoire ne nous apprend aucun fait spécial ; cependant deux inscriptions, découvertes l'une par le voyageur anglais Thomas Shaw à Aumale, et l'autre recueillie à Lambesse, vont nous révéler l'existence de révoltes partielles. En effet, la première inscription dédiée à Quintius Gargilius Martialis, chevalier romain, commandant en 261 de notre ère ou en 214 de l'ère mauritanienne la contrée d'Auzià (Aumale) nous apprend que, « ap 's avoir, à force de courage et de vigilance, pris et tué le rebelle Faraxen et sa troupe, ce personnage périt luimême dans les embuscades par les Babouares (Babouares ou Babors ; l'identité de ces deux noms a été admise par les archéologues). » — La seconde inscription témoigne des victoires d'un certain Macrinius Decianus sur les Babouares, les Quitaniens et les Fraxinenses.

Nous devons surtout signaler les violentes agitations qui, en 297, forcèrent l'empereur Maximien a venir combattre les Quinquegentiens. La victoire de Maximien fut complète, si nous en croyons le second panégyrique de Claude Mamertin en l'honneur de cet empereur: « Les peuples les plus sauvages de la Mauritanie, ceux qui se fiaient sur les hauteurs inaccessibles de leurs montagnes et les fortifications naturelles de leurs pays, tu les a battus, soumis, transportés, « transtulisti ». Et sur ce passage, M. Bibesco, dans sa remarquable étude sur les Kabyles du Djurjura ajoute : « L'allégation est grave, et cependant l'écho s'en retrouve après bien des siècles dans cette légende des Zouaouas, la seule peutêtre qui soit une légende vraiment nationale : « Jadis. il y a bien longtemps, la prospérité croissante des montagnards vint à porter ombrage au souverain d'alentour qui résolut de les transporter dans le Sahara. Déjà cette mesure avait frappé quelques tribus et le tour des habitants du Djurjura était arrivé, quand la Terre éleva elle-même la voix pour supplier le Tout-Puissant de ne point permettre qu'elle fût injustement privée des bras énergiques qui l'avaient fécondée. Dieu écouta ce vœu et les protégés de la Terre continuèrent à vivre et à prospérer dans la montagne. « Voilà donc au mot « transtulisti » une singulière confirmation ; seulement la tradition Kabyle refuse de l'appliquer aux tribus du Djurjura. Ce n'est là qu'une légende ; mais l'auteur qui glorifie Maximien d'avoir transporté les plus fiers montagnards de Mauritanie, n'est, à le bien prendre, qu'un panégyriste. Qui a raison ? ». Le problème se pose, mais nous ne croyons pas pouvoir le résoudre. Pourrait-on alors dire que les Touareg, ne sont que les descendants de ses « transportés de Maximien » ? Ce qui est certain, c'est que les Quinquegentiens infestaient l'Afrique, du moins c'est ce qu'affirme Eutrope. Cela prouverait qu'ils venaient donc piller leurs voisins ; Maximien aura eu l'occasion d'en saisir sur ce territoire un très grand nombre, de là la transportation, mais transportation qu'il faut ainsi réduire à une certaine quantité. Une inscription trouvée en 1860 à Bougie nous fait connaître qu'Aurélius Litua, gouverneur de la Mauritanie césarienne, a attaqué les Quinquegentiens rebelles et a remporté sur eux la victoire. M. Berbrugger avait en 1848 découvert à Cherchell une inscription indiquant que cet Aurélius Litua était le lieutenant de Dioclétien et de Maximien. Or ce succès d'Aurélius Litua est, cela est certain aujourd'hui, postérieur à 297 ; des inscriptions ont permis de placer à sa véritable date ce fait d'armes ; c'est en 290. Par suite, il en résulte, ce que nous concluions il n'y a qu'un instant, qu'il existait encore des Quinquegentiens malgré la transportation de Maximien, qui n'avait pu tous les atteindre. Une autre preuve de cette existence, c'est que quelques années plus tard, au quatrième siècle de notre ère, l'histoire cite le nom de Nubel ou Nabal, roi des Jubalènes de la Montagne-de-Fer, du Djurjura.

Dans le reste de l'Afrique et jusqu'à cette date, une grande quantité de colons d'Italie, de Gaule, d'Espagne se répandent dans le pays. Sous Vespasien, on ne comptait pas moins, dans la Mauritanie Césarienne, de 13 colonies romaines, trois municipes libres, deux colonies en possession du droit latin, et une colonie jouissant du droit italique. Du temps de Pline, la Numidie avait douze colonies romaines ou italiques, cinq municipes et trente villes libres. Quelques révoltes ont lieu cependant, mais elles sont vite réprimées. Tout d'abord sous le règne d'Antonin le Pieux, puis sous le règne de Maximin, les habitants de la Province Africaine, fatigués de la tyrannie de ce prince, se soulèvent et élèvent au pouvoir le proconsul de la Province, nommé Gordien. Mais peu de temps après, une armée de vétérans romains et de barbares fait céder les révoltés presque sans combat; Gordien se donne la mort; et la province d'Afrique rentre dans l'ordre.

Sous l'administration de Probus qui gouverna pendant les règnes des empereurs Gallien, Aurélien et Tacite (de 268 à 280) on fit de grands travaux d'utilité publique, voies, temples, ponts, etc... Sous cette même administration les Marmarides, voisins de l'Egypte, demandèrent à Rome leur soumission.

Maxence eut à réprimer l'insurrection fomentée par un paysan pannonien nommé Alexandre. Il le fit avec une grande rigueur. Cirta fut très maltraitée ainsi que Carthage. La première de ces villes ne put même être réparée; elle ne fut reconstruite en entier que quelques années plus tard, par Constantin, vainqueur de Maxence, et prit le nom de Constantine.

En 330, Constantin transporte le siège de l'Empire de Rome à Constantinople; peu après (395) l'empire Romain aura vécu pour faire place à l'Empire d'Orient. Mais avant de voir quelles seront les conséquences de la chute de l'empire d'occident, nous devons d'abord parler de la révolte des Quinquegentiens qui depuis 364 ap. J. C. avaient recommencé leurs insolentes incursions sur les territoires environnant le Jurjura. Ce fut Théodose, le meilleur général de l'empire sous Valentinien 1er, qui fut chargé d'aller châtier les rebelles. Igmazen, le chef des Isaflenses, osa se porter au devant du comte Théodose et l'aborda en lui disant : « D'où es-tu, et, que viens-tu faire ? Réponds. » Nous comparerons plus tard cette attitude avec celle de nos Kabyles vis-à-vis d'Ab-el-Kader.

Les Quinquegentiens avaient alors à leur tête Firmus, un des fils de Nubel. Nous trouvons dans Ammien Marcellin le récit de cette véritable guerre, au commencement de laquelle Icosium et Cœsarea (Cherchell) tombent entre les mains de Firmus qui ne détruit, il est vrai, que la seconde.

Mais Firmus a appris l'arrivée de Théodose : il s'agit pour lui de savoir comment ce général va prendre ses positions. Pour ne pas être inquiété, il fait proposer une soumission et une remise d'otages, mais il a bien soin de ne pas livrer ces derniers et quand il voit que Théodose a établi sa base d'opérations sur les bords de l'oued Sahel, il abandonne toute négociation. Dius et Mascizel, deux des frères de Firmus, prennent le commandement des Tendenses et des Massinenses. « Dès qu'on eut en vue ces ennemis si difficiles à joindre, des volées de traits s'échangèrent, puis une furieuse mêlée s'engagea. Au milieu de ce cri de douleur qui s'élève d'un champ de bataille, dominait le lamentable hurlement des barbares blessés ou faits prisonniers. Le ravage et l'incendie de la contrée furent les suites de notre victoire... Firmus, non moins troublé qu'affaibli par ce double échec, eut encore recours aux négociations comme dernière ressource. Des évêques vinrent de sa part implorer la paix et livrer des otages. Pour répondre au bon accueil qui leur fut fait, ils promirent, suivant leurs instructions, des vivres tant qu'il en faudrait, et remportèrent une réponse favorable. Le prince maure, alors un peu rassuré, vint lui-même, précédé par des présents, s'aboucher avec le général. Il s'était pourvu d'un coursier qui pût le tirer d'affaire au besoin. Frappé en approchant de l'aspect de nos étendards, et surtout de la martiale figure de Théodose, il s'élança de cheval et se prosternant presque jusqu'à terre confessa ses torts les larmes aux yeux et implora son pardon et la paix. Théodose, mu par le seul intérêt de l'empire, le relève, l'embrasse et lui donnant ainsi confiance, en obtint ainsi des vivres. « (Ammien Marcellin). Mais la guerre n'était pas terminée, et Firmus, sous le masque de la soumission et de l'humilité, cachait le projet de tomber sur l'armée, comme la foudre, au moment où elle serait le moins préparée à cette agression ». A quelque temps de là, Théodose apprit qu'une coalition était formée contre lui, suscitée par les instigations et les brillantes promesses de Cyria, sœur de Firmus. « Cette princesse disposait d'immenses trésors et montrait toute l'obstination de son sexe dans ses efforts pour soutenir son frère. Théodose réfléchit alors sur l'extrême inégalité de ses forces, il n'avait que trois mille cinq cents hommes et c'était risquer sa perte et celle de cette poignée de soldats que de les commettre avec une telle multitude. Brûlant de combattre et rougissant de céder, il opéra néanmoins avec lenteur un mouvement en arrière que changea bientôt en pleine retraite l'impétuosité des masses qu'il avait devant lui. Enflés de cet avantage, les barbares le poursuivirent avec fureur (ici il y a une lacune de plusieurs lignes dans le texte d'Ammien Marcellin), Théodose se vit réduit à accepter le combat et c'en était fait de lui et des siens quand tout à coup l'épaisse nuée d'ennemis qui l'environnait s'ouvrit à l'approche d'un corps d'auxiliaires maziques précédés de quelques soldats romains et laissa passer nos bataillons enfermés. « (Ammien Marcellin, Liv. XXIX. V). Ce ne fut qu'après une guerre de trois années, que Théodose put définitivement éteindre la révolte. Firmus, trahi par Igmazen, le roi des Isaflenses, dont nous avons cité plus haut l'orgueilleuse demande à Théodose, fut fait prisonnier ; mais pendant une nuit, « il prit le moment où ses gardes étaient profondément endormis, et s'échappa sans bruit de son lit, en s'aidant des pieds et des mains. Le hasard lui fit trouver à tâtons une corde dont il se servit pour se pendre à la muraille et il mourut ainsi sans longues souffrances. Ce suicide, ajoute Ammien Marcellin, contraria vivement Igmazen, qui s'était flatté de l'honneur de conduire vivant le rebelle au camp romain. — Il fit néanmoins charger le cadavre sur un chameau », et porta le corps à Théodose. Le peuple et les soldats qui se trouvaient près de Subicare furent appelés à venir reconnaître les traits de Firmus ; puis Théodose, après cet évènement, rentra en triomphe à Sitifis (Sétif).

Les Jubalènes ne se rendaient point ; dignes ancêtres et devanciers des Zouaouas, ils surent défier l'énergie et les efforts de Théodose. Ammien Marcellin nous déclare en effet, que Théodose dut « reculer devant l'âpreté de ces cimes élevées, et les défilés tortueux qui en sont les seuls passages ».

En 395, la chute de l'Empire d'Occident amena en Afrique beaucoup d'émigrés et parmi eux, des hommes justement célèbres, Apulée, Tertullien, saint Cyprien, saint Augustin, etc... Les lettres et les arts fleurissent dans ces contrées, naguère sauvages, mais pour la Kabylie, le Mons Ferratus, nous ne pouvons constater aucun changement. D'ailleurs il est bien certain que les Romains n'étaient point « établis » dans cette région. Le poste le plus avancé qu'ils possédèrent sur leur ligne frontière était Djemaat Sahridj, et cette ligne frontière allait passer à Ausia (Aumale) Tubusuptus (Tikla) et Tigisis (auprès de Taourga). Le vaste quadrilatère de la Kabylie était donc en dehors de leur pouvoir. Et ce qui établit bien ce que nous avançons, c'est l'absence de traces d'occupation militaire romaine au centre du pays. Vers les bords de la mer, on rencontre des ruines qui indiquent au contraire cette occupation militaire. Cela d'ailleurs ne doit avoir aucune conséquence bien sérieuse, car avant 1857, nous n'étions pas maîtres du Djurjura, et cependant nous occupions des forts ou fortins placés dans les mêmes conditions, par exemple, Taourirt-Iril.

Le moment arrivait où la domination romaine allait disparaître.

Pendant que les Barbares ravageaient l'Italie, il y eut quelques tentatives de révolte en Afrique, mais en général elles furent faibles et vite réprimées. Gildon, fils de Nubel comme Firmus, mais qui n'avait pas fait cause commune avec ce dernier, reçut pour prix de sa fidélité le gouvernement général de l'Afrique. Ce pouvoir, il l'exerça pendant douze ans, puis ensuite, rêvant de régner sur un pays libre, il se sépara ouvertement de l'Empire. L'Italie aux abois par suite de la perte de ses possessions Africaines, entreprit une guerre contre ce Gildon. Le théâtre de cette guerre fut la province de Tunis, et Gildon ne succomba que par suite de l'alliance de son frère Mascizel avec les Romains. Gildon, vaincu, fut traîné en triomphe à Rome et se donna la mort dans sa prison quelque temps après (an 398). Cette expédition fut le dernier fait d'armes de la domination romaine.

En 428, Boniface, qui commandait pour l'empereur Vespasien, devint, par suite des manœuvres d'Aëtius, suspect, et fut quelque peu maltraité. Furieux, il fit venir d'Espagne Genséric et ses Vandales. Mais il dut regretter bien vite son mouvement de vivacité, car au lieu d'alliés, il ne trouva en eux que des maîtres qui le vainquirent et ôtèrent l'Afrique à l'Empire. En 437, Genséric prit possession de Carthage, où il fit une entrée victorieuse.

La nouvelle domination dure un siècle et pendant cette période, il n'est pas question de la Kabylie ; nous passerons donc rapidement sur cette époque, indiquant seulement à grands traits les événements saillants qui se produisirent. Les Vandales se répandirent en grand nombre en Tripolitaine, en Sardaigne, en Sicile, en Corse et dans les Baléares, et Genséric poussa même son excursion jusqu'à Rome, qu'il vint mettre au pillage. Rome dépouillée vit son ancienne rivale, Carthage, s'enrichir du butin et des richesses que Genséric lui enleva.

Toutefois il serait injuste de croire que la période vandale fût pour l'Afrique une période de dévastation. Les Vandales n'eurent point la pensée de détruire les progrès de la civilisation latine. « Ils ne se considéraient guère que comme une grande garnison à qui le pays devait la subsistance ; l'ancienne administration demeurait avec ses cadres et sa hiérarchie ; les lois impériales continuaient d'être en vigueur ; c'étaient des fonctionnaires romains qui levaient l'impôt dans les mêmes formes qu'autrefois ; dans les villes, les municipalités conservaient leur large autonomie, le *defensor civitatis* siégeait toujours dans son tribunal, les appels étaient portés devant un magistrat suprême résidant à Carthage, le *præpositus judiciis romanis in regno Africæ Vandalorum* » (Wahl, *Résumé de l'histoire ancienne de l'Algérie*).

La puissance vandale commença toutefois à décroître dès la mort de Genséric, son fondateur, et cette décadence ne va qu'en s'accentuant, chaque jour, sous ses quatre successeurs, Hunerick, Gunthamond, Thrasamond et Hilderick. « Le peu d'aptitude des barbares à accepter une organisation régulière, la turbulence des guerriers, les divisions des chefs, ces causes partout les mêmes produisirent partout les mêmes effets. Dans cette Afrique débilitante, les Vandales, charmés par le climat, étourdis par les splendeurs d'une civilisation raffinée, perdirent en peu de temps leur énergie militaire. Ils s'habillaient avec recherche, abusaient de la bonne chère, couraient les thermes, les cirques, les théâtres. Les bons rapports que la politique prévoyante de Genséric avait établis avec les indigènes ne furent pas entretenus. Des révoltes éclatèrent, non seulement en Mauritanie, mais dans la Numidie, en Byzacène, en Tripolitaine. Avec les gens de l'Aurès retranchés dans leurs montagnes, avec les nomades qui lançaient des traits à l'abri de leurs chameaux, les Vandales, lourds cavaliers, sans autres armes que l'épée et la lance, n'avaient pas la partie belle. Les places ayant été démantelées par Genséric, nul obstacle n'arrêtait les incursions. » (Wahl, même ouvrage).

Si nous joignons en outre à cet état lamentable, les luttes religieuses toujours si vives en Orient, les querelles ardentes des Ariens et des Donatistes, nous comprendrons encore plus facilement combien la puissance Vandale était ébranlée et chancelante. Cependant sous le règne d'Hilderic, ces guerres religieuses cessent un peu, le catholicisme reprend la faveur officielle, mais les Ariens se soulèvent bientôt. Gélimer, envoyé contre eux, détrône Hilderich, l'emprisonne et se fait proclamer roi à sa place.

A cette nouvelle, Justinien, Empereur d'Orient, qui convoitait la succession entière de Rome, crut l'occasion propice pour intervenir. Il fit engager Gelimer a rendre à Hilderich son trône et sa liberté : et sur son refus, envoya son général Bélisaire à la conquête de l'Afrique.

Bélisaire débarqua avec trente mille hommes sur le sol Africain. Une année de campagne, pendant laquelle il est juste de citer la bataille de Tricaméron, suffît pour établir la conquête de Justinien. L'empire des Vandales était détruit sans retour (533-534 ap. J. C.). Il avait commencé, nous l'avons vu plus haut, en 428 ; sa durée fut donc de cent six ans.

La période Byzantine commence, mais le calme ne renaît pas. D'ailleurs, la possession africaine d'alors n'est plus celle d'autrefois, et nous ne trouvons pas traces, dans l'histoire, de fait se rattachant à la Kabylie. Procope, qui accompagne Bélisaire, fait cet aveu : » L'Aurès est la plus grande montagne que nous connaissons...... Nous ne communiquons que par mer de la province de Zaba (Constantine) avec la ville de Cesarée (Cherchel, à l'ouest d'Alger) ne pouvant nous y rendre par terre, car les Maures demeurent maîtres de tout le pays qui nous en sépare. » Cela évidemment nous démontre que les Byzantins ne connurent point le Jurjura.

Les administrateurs, les exarques, envoyés de Grèce, ne tardèrent pas à commettre des exactions telles que des révoltes prirent bientôt naissance.

Le successeur de Bélisaire, Salomon, apaisa momentanément ces troubles, mais après sa mort, des révoltes nouvelles surgirent. Sous les règnes de Tibère, de Maurice et de Phocas, l'administration est confiée à l'exarque Gennadius et il est à supposer que tout est calme, car nous ne trouvons rien à signaler dans l'histoire de l'Afrique. Sous Héraclius, le pays est toujours paisible et l'ordre est si loin d'être menacé, que l'Afrique fournit à cet empereur de nombreux soldats pour la guerre contre les Perses.

A partir de cette époque, des troubles renaissent. En

648, la Tingitane était tombée entre les mains des Goths d'Espagne qui bientôt la délaissèrent et l'abandonnèrent aux indigènes redevenus indépendants ; en 646, le gouverneur Grégoire s'allie avec les indigènes, et les liens qui unissaient, faiblement il est vrai, l'Afrique et Constantinople se trouvent rompus. Alors qu'allait-il advenir de l'Afrique ? Ici se pose un point d'interrogation difficile à résoudre, si un événement capital, l'invasion arabe, ne fût venue donner à cette contrée une destination et une existence nouvelles. Elle venait en tout cas mettre fin à la domination Byzantine (647).

Bossuet, dans le Discours sur l'histoire universelle, dit : « Pendant que la puissance des Perses était si bien réprimée, un plus grand mal s'éleva contre l'empire et contre toute la chrétienté. Mahomet s'érigea en prophète parmi les Sarrasins (622) : il fut chassé de la Mecque par les Siens. A sa fuite commence la fameuse Hégire, d'où les Mahométans comptent leurs années. Le faux prophète donna ses victoires pour toute marque de sa mission. Il soumit en neuf ans toute l'Arabie de gré ou de force, et jeta les fondements de l'empire des Califes....... Tout périssait en Orient. Pendant que les empereurs se consument dans des disputes de religion et inventent des hérésies (634-635) les Sarrasins pénètrent l'empire ; ils occupent la Syrie et la Palestine (636), la Sainte Cité leur est assujettie ; la Perse (637) leur est ouverte par ses divisions et ils prennent ce grand royaume sans résistance. Ils entrent en Afrique (647) en état d'en faire bientôt une de leurs provinces. »

Ce fut en effet à cette époque que commença la domination arabe ; et à l'irruption des hordes fanatiques qui venaient prêcher la nouvelle doctrine, la religion de Mahomet, les Césars de Byzance ne pouvaient opposer qu'une administration affaiblie et corrompue, qu'une population mécontente et épuisée par des luttes intestines.

La première invasion des arabes en Afrique date de 648, sous le khalifat d'Othman ; une seconde la suivit bientôt en 664 ; enfin en 681 ap. J. C. (l'an 62 de l'hégire)

Sidi Okba, gouverneur pour le Khalife Jézid, soumit complètement le Maghreb. Cinq années plus tard, Carthage prise par Hassan Ben Noman était détruite et ne devait plus renaître de ses ruines (686 ap. J. C).

Cependant, au début, les Berbères opposèrent quelque résistance à cette nouvelle invasion. Nous les voyons en effet, barrer le passage à Sidi Okba, lorsque ce dernier revient avec trois cents hommes seulement du Maroc. Attaqué avec énergie et dans l'impossibilité de se défendre, Sidi Okba dit sa prière, descendit de cheval, brisa le fourreau de son épée et se fit tuer en défendant chèrement sa vie. L'auteur de cette révolte était Koceila, qui avait été reconnu chef par toutes les tribus de l'ouest. Mais bientôt une armée arabe vint pour venger la mort d'Okba, et Koceila périt dans une bataille. La résistance se concentre dans les montagnes de l'Aurès, et une femme, la Kahena, qui commandait à la puissante tribu des Djeraoua, mit en fuite les Arabes ayant à leur tête Hassan (688-689). Pendant cinq années, la Kahena gouverna les Berbères. En 693-694, abandonnée par eux, elle trouva la mort dans le Mont Aurès, à un endroit appelé Bir-el-Kahena, le puits de la Kahena. Les Berbères se soumirent et embrassèrent l'islanisme, avec autant de facilité qu'ils avaient embrassé la religion des Romains, le catholicisme. Le fils aîné de cette femme reçut le commandement des Djeraoua et celui du Mont Aurès.

A cette époque les Berbères se disputèrent la possession de l'Ifrikia et du Maghreb; Mouça ben Noçeir, le gouverneur, les fit rentrer dans l'obéissance.

Suivrons-nous maintenant, dans les nombreuses transformations, les sectes religieuses qui pendant tant de siècles et jusqu'à la période turque vont chercher à s'arracher mutuellement le pouvoir et la domination? Cette tâche ne rentrerait pas dans le cadre que nous nous sommes tracé; aussi bien ne jetterait-elle même pas un jour bien grand sur l'histoire de notre Kabylie. Il est certain, cela est hors de doute maintenant, qu'à toutes les époques, les Berbères du Jurjura ont prêté leur concours, tantôt aux uns, tantôt aux autres, et presque toujours au parti qui pouvait leur assurer l'indépendance. Mais il ne faut pas oublier, que quels que furent les conquérants, quels que furent les efforts de ceux qui cherchaient la victoire, le sol même du Jurjura restait inviolé, nul ne se préoccupait d'y mettre le pied, et nul ne le tenta. Nous avons été les seuls qui, en 1857, aient formé et aient réalisé cette œuvre considérée comme la plus hardie et la plus impraticable. L'histoire du peuple Kabyle, dans le pays même, ne saurait être écrite ; tout au plus pourrons-nous, dans l'exposé d'ailleurs très bref que nous allons faire des périodes arabe et turque, énoncer la part que les Berbères ont pu prendre aux divers événements de l'histoire africaine.

L'invasion musulmane ne met guère plus d'un siècle pour changer l'état politique et même l'aspect du pays. Partout les Arabes ont substitué des noms nouveaux aux appellations romaines. Les monuments, les églises surtout, sont pillés, détruits, incendiés ; et les nouveaux conquérants firent disparaitre les traces de deux cent quatre vingt treize églises épiscopales. La tranquillité reparut sous le gouvernement de Mouça ben Noceïr ; il est vrai qu'il emploie les turbulents Berbères à faire la conquête de l'Espagne ; son successeur Mohammed ben Iezid réussit à maintenir cette trêve. Mais bientôt des schismes et des hérésies, une sorte de protestantisme oriental, vient ramener la discorde, et pour les Berbères ce ne fut qu'un prétexte pour tâcher de devenir les maîtres et de s'emparer du pouvoir.

Aux Khalifes Omniades vinrent à succéder les Khalifes Abassides (1) et l'anarchie fut à son comble. Heureusement surgirent dans ces désordres deux dynasties africaines qui ramenèrent à une espèce d'unité le Maghreb, menacé de se morceler en une foule de petits états : ce sont : la dynastie des Beni-Edris (Edrissites), et celle des Béni-Aghlab (Aghlabites). La première régna à Tlemcen et exerça son pouvoir sur Ceuta, Tanger, et le territoire des anciennes Mauritanies Tengitane, Sitifienne et Césarienne. La seconde eut pour siège de son

---

(1). On appela Khalifes, les vicaires ou successeurs de Mahomet.

empire Kairouan, puis ensuite Tunis. Pendant cette période, les dissensions ne manquent pas, mais toutefois l'unité ne fut plus menacée.

Ces deux dynasties firent place, au IX° siècle, à celle des Fathimites, dont le rôle fut si considérable par la suite. La croyance sur laquelle repose la puissance des Fathimites, mérite la peine d'être exposée ici. L'un des principaux points de la croyance des chiites, une secte importante de l'islanisme, est de regarder Ali, le gendre du Prophète, comme son successeur immédiat et légitime. Il est vrai que Abou Bekr, Omar et Othman précédèrent Ali dans les fonctions de Khalife, mais cela importe peu et cela n'empêche en aucune façon que la souveraineté ne doive appartenir qu'aux descendants d'Ali. Or de cet Ali descendent en ligne directe douze imans, dont le dernier, d'après une tradition admise par les orthodoxes eux-mêmes, a disparu à l'âge de 12 ans pour ne pas devenir la victime de ses ennemis. Cet iman, qui s'appelait Mohammed el-Madhi, vit encore aujourd'hui et c'est lui qui doit apparaître dans le monde avant la fin des siècles, aux côtés de Jésus et d'Elie, pour réunir tous trois en une seule nation tous les peuples de la terre. Il est facile maintenant de se figurer quel parti certains audacieux ont su tirer de cette croyance. Et le premier de ceux-ci fut le Fathimite Obéid Allah. Il prétendit descendre d'Ali et être par suite le fils de Fathma le Prophète, qu'Ali avait épousée. Il gagna, grâce à cette généalogie tant soit peu improvisée, de nombreux partisans chez les Berbères et à la tête d'une armée put vaincre ses ennemis.

Les Fathimites transportèrent en Egypte leur résidence, sous la conduite de Moaz-el-Din-Illah, petit fils d'Obéid Allah. Moaz confia le gouvernement de l'Afrique à une famille senhadja, mais la tribu berbère des Zenata (les Kabyles) furent froissés de cette suprématie accordée aux Senhadja, et aidèrent dans sa révolte Abou Yézid « l'homme à l'âne »; tandis qu'un de leurs chefs, Ziri, se déclarait indépendant et fondait la dynastie des Zirites.

Cette nouvelle dynastie fit bientôt place à celle des

Almoravides (vers 1050 ap. J. C.), fondée par Abdallah ben Yasim. Le successeur du premier Almoravide fut le célèbre Youcef-ben-Tachfin, qui à un moment se trouva à la tête d'un Etat comprenant l'empire actuel du Maroc, une grande partie de l'Algérie et les plus belles provinces de l'Espagne (l'Andalousie, Grenade, Malaga et Séville). Youçef mourut en l'an 406 de l'hégire.

Aux Almoravides succéda la dynastie des Almohades, issue comme la première des tribus Berbères. Son premier chef fut Abou Abdallah Mohammed qui avait été reconnu comme el-Mahdi en 515 de l'hégire (1121 de J. C.). L'année précédente il avait soulevé les Kabyles, les Berbères, contre les Almoravides. Son successeur Abd-el Moumen fut le représentant le plus illustre des races berbères qui régnèrent sur l'Afrique. Son empire s'étendit du Maghreb depuis Barca jusqu'à l'Océan Atlantique ; il avait en 1151 ap. J. C. enlevé Milianah, Alger, Bougie, Bône et Constantine aux Beni-Hammed, princes de la famille de Zirites qui en étaient les maîtres. Abou Yacoub Youçef el Mansour, le glorieux, son fils, eut pendant vingt-deux ans l'empire d'Espagne et l'empire d'Afrique à gouverner, et il avait sa cour dans les deux pays. « Les longs séjours d'Abou Yacoub et de ses successeurs en Andalousie, dit M. Wahl, les obligèrent d'abandonner à des oualis ou lieutenants presque indépendants, les gouvernements de Tlemcen, d'Oran, de Bougie et des autres centres de leur autorité en Afrique. Ce fut une des circonstances qui de loin préparèrent les voies à la ruine des Almohades. Mais ce qui donna le signal de la décadence des Almohades et qui brisa l'unité de leur empire, ce fut la perte de la grande bataille de Tolosa, sous le règne de Mohammed Abou-Abdallah, surnommé El-Naçer, fils et successeur de Yacoub. Alphonse IX brûlait de réparer sa défaite d'Alarcos (à la suite de cette victoire, Abou Yacoub Youcef el Mansour, s'était emparé de Seville, Calatrava, Gaudalaxara, Madrid et Escalona). Instruit de ses dispositions, Mohammed el Naçer donna des ordres pour qu'on se disposât à la guerre sainte. Six cent mille musulmans répondirent à cet appel, et depuis longtemps le Djehad (guerre sainte) ne s'était annoncé d'une manière aussi formidable. De son côté, le pape Innocent III avait fait prêcher une croisade pour repousser les ennemis de la chrétienté. De nombreux chevaliers français, allemands, italiens, vinrent s'unir aux troupes d'Alphonse IX. Les deux armées se rencontrèrent dans les plaines de Tolosa, au pied de la Sierra Moréna. Les musulmans furent mis dans une complète déroute, et d'après le rapport de plusieurs historiens et même de témoins oculaires, deux cent mille périrent sur le champ de bataille, tandis que la perte des chrétiens fut insignifiante. (Les Arabes ont donné à cette bataille le nom de El-Akhab, c'est-à-dire journée du châtiment). Quoiqu'il en soit, cette victoire de la chrétienté contre les forces réunies de tous les peuples musulmans de l'ouest marqua le commencement de la décadence de l'islamisme en Espagne. Les progrès des princes chrétiens ne s'arrêtèrent plus, et l'Europe occidentale, qui avait eu tant à souffrir de l'invasion arabe, dans la Péninsule et dans le midi de la France, fut définitivement délivrée des alarmes auxquelles elle était sans cesse en proie. Le drapeau musulman ne se releva pas de cet échec, et la puissance des Almohades en fut ébranlée jusque dans ses fondements ».

La fin de cette dynastie donna naissance à celles : 1° des Beni Mérin dans les provinces de Fez, du Maroc, de Meknéçah ; 2° des Beni Hafez dans la province de Tunis ; 3° et des Beni Zian à Tlemcen, dont le territoire comprenait alors la plus grande partie de l'Algérie.

Pendant tout ce temps, il n'est pas question des Berbères du Jurjura ; ils se trouvaient certainement en dehors de tous ces changements, de toutes ces modifications de gouvernement, tels que nous les trouverons dans les quinze premières années qui ont suivi notre occupation, n'attirant point sur eux l'attention et n'ayant point l'air de se préoccuper de notre voisinage, venant même tantôt s'enrichir dans nos transactions commerciales, tantôt combattre à nos côtés en vue d'un butin.

L'heure allait cependant sonner où la domination Arabe aurait vécu. L'Espagne, pour se venger des défaites qu'elle avait jadis essuyées, vint jusque sur les côtes africaines s'emparer de Melilla, de Mers-el-Kébir, d'Oran. En 1509 le cardinal Ximénés laissait a l'amiral Pierre de Navarre le soin d'étendre la conquête de l'Espagne. Ce dernier fit voile sur Bougie et s'en empara sans coup férir. Alger, Dellis, Mostaganem, Tlemcen, et même Tunis offrirent au vainqueur leur soumission et s'engagèrent à lui payer tribut (1510).

La domination espagnole semblait devoir succéder à la domination arabe. Les Espagnols avaient construit sur un roc isolé et formant île devant Alger un fort qui devait leur assurer la conservation de leur conquête ; mais la rigueur qu'ils déployèrent vis-à-vis des habitants de la ville entraîna ceux-ci à se soulever. En 1516, lors de la mort de Ferdinand le Catholique, Salem-ben Toumi, chef du pays des Beni Mezghana dont Alger était la capitale, demanda à un pirate célèbre, Aroudj, le premier Barberousse, son assistance pour chasser l'Espagne de la Terre Africaine.

Avec Aroudj commença la dernière période avant notre occupation, la période turque (1515-1830).

Que devint la Kabylie pendant les 315 ans que la domination turque maintint la Régence d'Alger en son pouvoir ? Haëdo, l'historien espagnol qui dans son *Epitome de los reyes de Argel* nous a laissé le document le plus complet de la période des soixante-dix premières années de l'Odjeac, nous dit que, pendant la plus grande partie du XVIe siècle, le corps Kabyle des Zouaoua formait le tiers de la garnison de la ville d'Alger. Mais, la Grande Kabylie n'était point soumise à un impôt régulier et il est bien certain que la domination Turque ne put s'y exercer. Tous les deux ans cependant « les chefs de Kouko et de Kalaa, offraient un présent d'une valeur de quatre à cinq cents ducats, en échange duquel ils recevaient des armes de prix et de riches vêtements » (de Grammont, Histoire d'Alger, sous la domination turque). Ce n'était là assurément pas un paiement d'impôt, et la Kabylie restait, demeurait indépendante, prête à tous les coups de main, et réservant ses services à ceux qu'elle voulait favoriser. C'est ainsi que de temps en temps, dans l'histoire de cette époque, nous trouvons mentionné le nom de Kabyles. Ce n'est donc point l'histoire de leur pays intérieur, ce ne sont point les faits que se passaient dans leurs montagnes, que nous pouvons citer : là un mur impénétrable et infranchissable met un obstacle complet à nos recherches et à nos investigations. Et il faut nous contenter de suivre simplement et de loin en loin le mouvement du peuple Kabyle en dehors de son pays.

En 1541, l'Empereur Charles-Quint, ému par les plaintes de ses sujets et plein de défiance à l'encontre de la puissance barbaresque, dont l'extension devenait un véritable danger pour tous les riverains de la Méditerranée, vint avec son armada pour s'emparer d'Alger. Il comptait sur certains alliés, résidant dans la régence, et notamment sur Ahmed ben el Kadi, sultan de Kouko, qui s'était laissé gagner par Abdallah, fils de l'ancien roi de Bougie, et auquel l'Espagne servait une pension. Mais, le Kabyle Ahmed ben el Kadi, ayant appris le désastre de la flotte de Charles-Quint, jugea prudent de ne point quitter sa montagne. Cependant « aussitôt débarrassé des Espagnols, Hassan-Aga, se mit en devoir de punir le sultan de Kouko, dont il connaissait les intrigues avec les vaincus. A la fin d'avril 1542, il marche sur la Kabylie avec une armée d'environ six mille hommes : Ahmed ben el Kadi, effrayé, demanda son pardon et l'obtint à prix d'or ; il s'engagea à payer tribut et donna en otage son fils aîné, âgé de quinze ans, qui portait le même nom que lui. » (de Grammont, *Histoire d'Alger*). Hassan-Aga rentre dans la vie privée et nous ne trouvons pas de trace nous permettant d'établir que le sultan de Kouko eût rempli sa promesse.

En 1550, nous voyons huit mille Kabyles commandés par Abd-el-Aziz, sultan de Labez (Beni Abbès) se joindre aux troupes qui mirent en déroute les Marocains et les repoussèrent de Tlemcen jusqu'à la Malouïa ; la valeur des Kabyles, le courage d'Abd el Aziz, leur chef, qui à un moment fut forcé de faire violence à Hassan Corso pour l'obliger à livrer bataille, avaient assuré le succès de ce beau fait d'armes.

En 1552, les chefs de Touggourt et de Ouargla, ayant

refusé le paiement du tribut, Sala Reïs, alors Beglierbey d'Afrique, « marcha contre eux avec 3000 mousquetaires, mille spahis et huit mille auxiliaires kabyles commandés par Abd-el-Aziz. Il prit Tuggourt d'assaut au bout de quatre jours de siège, conquit Ouargla sans résistance, châtia durement les habitants de ces deux villes, fit payer une amende énorme aux deux chefs révoltés, reçut la soumission du Souf, et reprit la route d'Alger avec un immense butin, quinze chameaux chargés d'or et plus de cinq mille esclaves nègres des deux sexes; les vaincus furent astreints à un nouveau tribut, auquel ils ne cherchèrent plus à se dérober. La mésintelligence ne tarda pas à éclater entre le Beglierbey et le chef kabyle; celui-ci, mécontent de la part qui lui avait été allouée sur les prises faite dans le Sud, se trouva bientôt en butte aux soupçons des Turcs et fut dénoncé comme rebelle par son ancien ennemi Hassan-Corso, qui ne pouvait lui pardonner le dédain avec lequel il l'avait traité en 1550, lors de la campagne du Maroc. Il fut mandé à Alger et logé au palais de la Jenina où l'on avait l'arrière-pensée de s'assurer de sa personne: il en eut avis, se sauva à cheval pendant la nuit, et, arrivé dans la montagne, ouvrit immédiatement les hostilités, commençant ainsi la lutte la plus longue, la plus dure que les Algériens eurent jamais à supporter en Kabylie. Sala marcha contre lui, en dépit de la mauvaise saison déjà bien avancée; il le battit dans une première affaire sur la montagne de Boni. El Fedel, frère d'Abd-el-Aziz, fut tué dans le combat, mais il avait empêché les Turcs de pousser plus avant leur victoire. Débarrassé de l'ennemi, le sultan kabyle fortifia Kalaa, et se fit des alliés dans le voisinage: au retour du printemps, Sala fit marcher contre lui son fils Mohammed, avec mille mousquetaires, cinq cents spahis et six mille cavaliers auxiliaires: la bataille s'engagea près de Kalaa; les Turcs furent enveloppés et vaincus, et les débris de leurs troupes eurent beaucoup de peine à regagner Alger.

L'année suivante, ils voulurent se venger de cette défaite par une nouvelle expédition, commandée par Sinan Reïs el Ramadan, à la tête de trois ou quatre mille hommes. Abd-el-Aziz fut de nouveau vainqueur ; il atteignit l'ennemi sur l'Oued el-Lhâm et en fit un terrible massacre : on dit que les deux chefs de l'expédition purent seuls regagner M'sila avec quelques cavaliers. (De Grammont, même ouvrage).

En 1555, trois mille Kabyles se joignent aux janissaires du Beglierbey pour chasser les chrétiens de Bougie ; cette ville, obligée de capituler, vit la foi jurée violée et le pillage et la prise de nombreux captifs offrirent encore une fois un riche butin aux Turcs et à leurs auxiliaires indigènes.

On le voit, les Kabyles ne négligeaient aucune occasion de guerroyer, quand ils devaient en tirer un avantage : aussi lorsque Hassan-ben-Kheir-ed-Din, fut nommé pour la seconde fois Beglierbey d'Afrique, il comprit qu'il avait besoin d'un appui dans l'intérieur et pour se ménager cet appui, il épousa la fille du sultan de Kouko, Ahmed ben el Kadi : cette alliance d'ailleurs était sage à un autre point de vue, car le sultan de Labez, Abd-el-Aziz, se déclarait indépendant et ne rêvait rien moins que de se créer un État dont Bougie serait devenue la capitale. Quand ce dernier apprit l'alliance du Beglierbey avec son rival, le sultan de Kouko, il s'empara aussitôt des bordj de Medjana et de Zamora, dont il massacra les garnisons. « Toute la Kabylie fut en feu pendant près de deux ans et le début de la campagne fut cruel pour les janissaires, qui furent battus deux fois de suite et impitoyablement massacrés. Au mois de septembre 1559, Hassan sortit d'Alger à la tête de six mille mousquetaires et six cents spahis, auxquels vinrent se joindre quatre mille Kabyles de Kouko ; Ahmed ben-el-Kadi, avec le reste de ses contingents, devait, au moment de l'action, envahir le territoire des Beni Abbès. Le chef de ces derniers avait réuni au-dessous de Kalaa une armée de seize à dix-huit mille hommes, et pris l'initiative de l'attaque, qui fut menée assez vigoureusement pour jeter pendant un instant le désordre parmi les Turcs ; enfin, après quelques heures d'un combat incertain, Abd-el-Aziz ayant été tué d'un coup de feu, ses troupes se débandèrent. Le lendemain elles s'étaient ralliées à peu de distance sous le commandement de Mokrani, frère du défunt, que la confédération venait de reconnaître comme souverain. La lutte recommença, et le nouveau chef se mit à faire la guerre aux Algériens, la guerre d'embuscades, à laquelle se prête si bien la configuration du pays. Les envahisseurs perdirent beaucoup des leurs dans une série de petits engagements quotidiens, qui les lassèrent et les épuisèrent d'autant plus qu'on entrait dans la mauvaise saison, si dure dans ces montagnes. Sur ces entrefaites, Hassan apprit que le Chérif se disposait à envahir la province de l'Ouest et que le roi d'Espagne assemblait une nouvelle armada; ces nouvelles l'engagèrent à offrir à Mokrani des conditions de paix fort acceptables, et le chef kabyle s'engagea à recevoir l'investiture du Beglierbey, et à lui payer un faible tribut annuel, sous forme de présents. » (De Grammont, même ouvrage). N'est-il pas vraiment curieux de constater à chaque pas, cet esprit éminemment pratique du Kabyle, qui le pousse aussi bien à la paix qu'à la guerre, suivant qu'il espère un butin, ou qu'il redoute un insuccès? Et combien de fois ne ferons-nous pas ces mêmes constatations pendant les trente premières années de notre occupation?

Douze mille Kabyles des Zouaoua et des Beni Abbès prennent part en août 1562 à l'entreprise projetée contre Oran et Mers-el-Kebir par le Beglierbey Hassan. En 1569, sous le célèbre Beglierbey, Euldj Ali, six mille Kabyles prennent part à l'expédition dirigée contre Tunis. Nous retrouvons mille Zouaoua en 1575 faisant partie de l'expédition contre le Maroc.

Sous le gouvernement des Pachas triennaux (de 1589 à 1659) les Kabyles restèrent presque tout le temps en état d'insurrection. Dès la 1re année de cette période (1589) les Beni Abbès se révoltent, ils refusent de payer l'impôt; par l'intermédiaire d'un marabout vénéré, voyant qu'ils ne pourraient être victorieux, ils firent demander la paix qu'ils obtinrent moyennant le paiement des frais de guerre. En 1592, nouvelle insurrection des Kabyles, ils battent les Turcs et viennent bloquer Medéah. Trois ans après (1595) les Kabyles révoltés coupèrent la route aux Mahallahs qui furent obligés de faire un long détour, pour porter secours à la garnison de Constantine ; et ce fait se renouvellera d'ailleurs souvent ; en outre, les indigènes de la province orientale, encouragés par une impunité forcée, ne voulurent pas à leur tour payer le tribut et l'obéissance. L'année 1598 présenta encore le spectacle de faits plus graves. Les Kabyles vinrent ravager la plaine de la Mitidja et camper dans les jardins de Bab Azoun ; ils bloquèrent Alger pendant onze jours. Une sortie faite par les Turcs et habilement dirigée les contraignit à s'éloigner. En 1600, soutenue par l'Espagne, la Kabylie révoltée inflige à Soliman une défaite complète ; l'année suivante, elle mit en déroute ce même pacha devant Djemma Saharidj.

Mais dans toutes ces révoltes, nous n'oublierons pas que les Kabyles n'agissent que dans le but de s'enrichir, ou de s'exonérer d'un impôt : viennent les chrétiens, et leur haine fanatique les feront servir demain ceux que la veille encore ils ne cessaient de combattre. Et voici un exemple frappant de ces trop vifs et trop fréquents revirements d'esprit, qui à eux seuls suffiraient à légitimer notre conquête. « Un Franciscain, le P. Mathieu, qui avait été longtemps captif à Kouko et y avait acquis la faveur des chefs, leur persuada de consentir à un débarquement à Mers-el-Fhâm ; ils devaient livrer comme place d'armes le petit fortin de Zeffoun, occupé en ce moment par Abdallah, neveu du sultan de Kouko ; celui-ci, s'étant assuré de recevoir cinquante mille écus, s'était engagé à donner son fils en otage. Soliman Pacha fut informé de l'affaire par quelques espions, et fit circonvenir Abdallah, moitié par menaces, moitié par promesses. Le jour où le vice-roi de Mayorque (c'était pour ce vice-roi que le P. Mathieu avait négocié) arriva avec quatre galères montées par un bon nombre de vieux soldats, il lui fut fait du rivage de grandes démonstrations d'amitié. Le P. Mathieu débarqua avec plusieurs officiers et une centaine d'hommes ; mais ne voyant pas venir l'otage promis, il conçut quelques soupçons. Abdallah chercha en vain à l'entraîner dans le fortin, où le fils du chef, lui disait-il, se trouvait. Enfin, voyant qu'il se disposait à regagner son navire, il se jeta sur lui et le massacra, ainsi que tout son monde : les galères s'empressèrent de gagner le large, et les Kabyles portèrent les têtes des chrétiens à Alger, où ils furent, dit le P. Dan, frustrés de la récompense promise ». (De Grammont, même ouvr.)

Les Kabyles, en 1608, essayèrent de vendre à l'Espagne Mers-el-Fhâm, mais leur projet fut déjoué, car le Pacha, averti, envoya aussitôt une garnison dans cette place.

Deux ans plus tard, les Zouaouas ravagèrent la Mitidja : Mustapha Kouça les mit en déroute et réussit à s'emparer de Kouko, « dont les abords étaient occupés par les Turcs depuis 1606 ; » suivant leur tactique habituelle, les Kabyles s'empressèrent de demander l'aman ; on le leur accorda.

Sous Kosrew Pacha, 1625, les Kabyles disputèrent à celui-ci le passage du chemin de Constantine, mais ils furent vaincus. Ils n'attendirent pas longtemps pour reprendre les armes, car en 1628, toute la Kabylie était en pleine révolte.

L'année 1628 fut encore très malheureuse pour l'Odjeac. Les Kabyles refusèrent de payer l'impôt. Mourad Bey, à la tête de six mille hommes, marcha contre eux, mais les Turcs furent complètement battus à Guedjal ; « et les débris de leur armée reprirent en désordre la route d'Alger et durent sans doute faire un grand détour : car la Kabylie du Djurjura leur était fermée, révoltée qu'elle était depuis plusieurs années déjà, et groupée autour de celui qui prenait le titre de sultan de Kouko, Ben-Ali. » L'année suivante (1639) les Turcs voulurent recommencer la lutte et essayer de prendre leur revanche, mais ils ne purent réussir et se virent obligés de souscrire aux conditions suivantes imposées par les Kabyles : 1° abandon de ce qui était dû sur l'impôt ; 2° retour immédiat et par le chemin le plus court à Alger ; 3° reconstruction du bastion de France ; 4° amnistie pour les Coulourlis. Il est à présumer que tout au moins cette dernière clause ne fut pas exécutée par le Divan, une fois que les janissaires furent hors de péril ; car c'est à cette époque qu'il faudrait faire remonter la fondation de la colonie des Zouetna, et ce fut dans cette colonie que les Coulourlis furent renfermés. Aussi les Kabyles, blessés par ce manque de parole, continuèrent-ils les hostilités dans le Djurjura.

De 1641 à 1643, la révolte Kabyle prend une grande extension. Le pacha Yousef, qui dirigea une expédition contre les insurgés, fut fort maltraité et revint sans succès, après avoir subi de grosses pertes. Une autre expédition suivit le même sort. Quand et comment prit fin la révolte de Kouko ? il est difficile de donner une réponse bien satisfaisante, mais il est vraisemblable de dire qu'elle cessa vers la fin de 1643 ou le commencement de 1644 ; en effet « en cette même année Mohammed Pacha put retirer ses forces et en disposer pour se rendre dans la Province de Constantine afin de combattre l'insurrection des tribus du Hodna. Ne serait-il pas aussi vraisemblable d'accepter la version suivante, qui pour nous est pleine de vraisemblance. En 1644, Ali-Bitchnin, un des reïs les plus influents à Alger, s'allia aux Kabyles, et pour assurer son pouvoir, lui qui rêvait de se rendre indépendant et de se débarrasser de la milice, avait épousé la fille du sultan de Kouko, union qui lui assurait dès maintenant le concours des Berranis Kabyles, alors fort nombreux à Alger. Cette alliance n'avait-elle pas naturellement pour effet de suspendre momentanément les hostilités entre la Kabylie et l'Odjeac ? Nous ne serions pas éloigné de le croire : et en tous cas, notre supposition repose sur une donnée sérieuse qui peut la justifier. D'ailleurs, lorsque Bitchnin fut obligé, dans cette même année 1644, de chercher un refuge contre ses ennemis personnels, il se réfugia à Kouko, chez le sultan, son beau-père, et à Alger, tout le monde pensait voir revenir Bitchnin à la tête d'une armée Kabyle. Il n'en fut rien, il est vrai, car Bitchnin réussit à apporter assez d'argent à Alger pour n'avoir plus à redouter une vengeance quelconque.

Aux Pachas avaient succédé les Aghas, mais toujours la Kabylie était en révolte, refusait de payer l'impôt, et, depuis l'embouchure du Sebaou jusqu'à Bougie, reconnaissait pour émir indépendant Si Ahmed ben Ahmed, qui résidait à Tamgout.

D'ailleurs les Kabyles étaient toujours prêts à la lutte aussi bien pour que contre Alger. Un événement démontre jusqu'à l'évidence ce que nous énonçons. Laissons la parole à M. de Grammont, qui, à ce sujet, nous donne les détails les plus exacts et les plus précis. « Le conseil Royal avait décidé l'occupation de Djijelli » (pour mettre un terme aux pirateries désolantes des Algériens) « et les préparatifs avaient été faits pendant le printemps de 1664. Le 19 juillet, le duc de Beaufort paraissait devant la côte de Barbarie avec soixante bâtiments, dont seize vaisseaux de guerre, douze navires, vingt-neuf barques de transport, et un brûlot; l'armée de débarquement était d'environ sept mille hommes, sous les ordres du comte de Gadagne. Le 21, la flotte mouilla devant Bougie et il fut un instant question de s'emparer de cette ville, qui se trouvait complètement dépourvue de défenseurs : c'était ce qu'il y avait de préférable à tous égards et l'on ne peut pas comprendre que les chefs de l'armée aient cédé à l'opposition du chevalier de Clerville, qui fut le mauvais génie de l'expédition, depuis le commencement jusqu'à la fin. Le 22 au matin, on jeta l'ancre devant Djijelli, dont on reconnut les abords ; le lendemain, le débarquement fut effectué, et la ville prise après un combat assez vif. Dès le surlendemain, les Kabyles attaquèrent le camp, et les deux mois suivants s'écoulèrent en escarmouches journalières. Pendant ce temps, les Turcs sortaient d'Alger, et faisaient demander le passage aux indigènes : ceux-ci flottant entre la répulsion que leur inspirait le chrétien et la haine séculaire qu'ils nourrissaient contre l'Adjem, étaient fort hésitants, et le général eut pu, avec un peu de diplomatie, les faire pencher en sa faveur. Mais le désordre le plus complet régnait dans le commandement de l'armée : on ne faisait rien d'utile, et le temps s'écoulait en stériles discussions et en vaines querelles. Le mal venait de la cour, où les pouvoirs de chacun n'avaient pas été bien définis ; Gadagne se considérait comme le maître absolu des opérations de terre, et, n'osant pourtant pas s'opposer ouvertement au duc de Beaufort, traduisait son dépit par le silence et l'abstention ; le maréchal de camp La Guillotière donnait des ordres comme s'il n'avait pas eu de chef ; enfin Clerville, véritable fauteur de toute cette anarchie, intriguait tantôt d'un côté, tantôt d'un autre, dépensant à cette funeste besogne le temps qu'il aurait dû employer à fortifier le camp. Ce personnage, qui avait été adjoint à l'expédition en qualité d'ingénieur en chef, très probablement chargé d'une surveillance occulte, espérait obtenir la concession des comptoirs de Stora et de Collo, où il voyait la source d'une immense fortune ; il avait fait partager ses rêves à M. de la Guillotière, et il l'entraîna dans l'opposition qu'il fit à toutes les mesures qui eussent sauvé la situation. Il avait déjà, en interprétant à sa façon les ordres royaux, empêché la descente à Bougie « que Gadagne offrait de prendre en huit heures », il avait négligé à dessein d'assurer les lignes, s'opposant même à ce que les autres officiers y fissent travailler ; si bien que, le jour de l'attaque suprême des Turcs, plus de trois mois après le débarquement, les soldats n'étaient pas encore couverts à hauteur de poitrine et que les vingt premiers coups de canon de l'ennemi détruisirent les ouvrages ébauchés à peine. Enfin, après avoir répété cent fois « que les retranchements étaient inutiles et que les lavandières de l'armée suffiraient à défendre le camp » il fut le premier à donner l'exemple de la démoralisation et à conseiller la retraite sans combat. Tout cela semble prémédité par lui, et l'on peut croire qu'il désirait voir échouer la tentative de Djijelli, dans l'espoir qu'elle serait reprise sur un des points où il espérait s'enrichir. Cependant les Turcs avaient obtenu le passage. Quelques présents aux principaux chefs, les prédications du marabout Sidi-Hamoud, sans doute chèrement achetées, la profanation d'un cimetière dont les matériaux servirent à la construction d'un petit fortin amenèrent ce résultat. Les janissaires arrivèrent le 1er octobre, et après quelques tirailleries, attaquèrent, le 5 à quatre heures du matin ; l'action dura cinq heures et fut très chaude ; elle se termina par la retraite des Algériens qui eurent 700 hommes tués ou hors de combat. Les Kabyles se moquèrent d'eux, et projetèrent même un instant d'aller piller leurs tentes..... ».

Avions-nous tort de dire il n'y a qu'un instant que le Kabyle sait faire volte-face suivant les événements ? Mais aussi n'est-il pas juste d'ajouter que la déplorable attitude des chefs, cette rivalité dans les divers pouvoirs, sont aussi fort à critiquer ? Et combien de fois depuis 1664, n'avons-nous pas eu à déplorer de semblables faits ?

De cette époque à 1692, nous ne trouvons rien à dire sur les Kabyles. Est-ce à dire qu'ils s'étaient soumis ? Non, car les impôts qu'ils devaient verser arrivaient peu ou n'arrivaient même pas dans les caisses de l'Odjeac.

A cette dernière époque, nous constatons qu'un contingent Kabyle (Zouaouas) vient grossir la troupe du Dey Chaban, dirigée contre le Maroc. Quand la troupe turque revint à Alger, elle dut livrer dans les rues un combat sanglant ; les Kabyles, excités par le bey de Tunis, s'étaient alliés avec les Baldis et avaient résolu de chasser la Milice. On égorgea quatre ou cinq cents insurgés et leurs tribus durent payer un grand impôt de guerre.

En 1718, la Kabylie se révolte de rechef : elle se refuse à payer l'impôt : il est vrai qu'une famine épouvantable ravageait la Régence, et cette famine fut telle qu'on vendit, dit-on, de la chair humaine au marché. Les Kabyles descendirent dans la plaine qu'ils ravagèrent, et détruisirent le Bordj Menaïel. Cette insurrection dura plus de trois ans ; elle céda à la vigueur que déploya Ali Khodja, caïd de la Mitidja ; les Kabyles dûrent s'enfuir au delà de l'Isser. L'insurrection se réveilla en 1734, et les Kabyles ayant empêché le passage des routes, occasionnèrent une famine terrible à Alger, les blés ne pouvant plus arriver dans cette ville.

Toujours remuants, les Kabyles refusent sans cesse

de payer l'impôt ; cependant ils sont assez calmes jusqu'en juillet 1757, pour qu'on n'ait pas à relever une insurrection proprement dite. Mais à cette époque, ils s'emparèrent de Bordj Boghni, le détruisirent de fond en comble. Bordj Bouira est l'objet de leurs attaques au mois d'août de la même année 1757, et jusqu'à l'année suivante, ils se livrèrent au pillage des campagnes environnantes.

Dix ans plus tard (1767) les Kabyles se révoltent de nouveau. L'insurrection commença par la défection des Flissas, qui refusèrent de payer l'impôt : une troupe de janissaires fut envoyée contre eux, mais elle se fit infliger une sanglante défaite. Trois cents Turcs y trouvèrent la mort. Le Dey accusa l'Agha de lâcheté et sans autre forme de procès le fit étrangler. Le Khodjet el Kheil El Ouali le remplaça et se dirigea l'année suivante vers l'ennemi avec 4000 soldats et 12000 hommes des contingents de Titeri et d'Oran. « Le Bey de Constantine, dit M. de Grammont, appuya le mouvement en marchant sur Sétif ; car toute la montagne était en feu et plus de quarante mille Kabyles marchaient sous les ordres du marabout Si Ahmed ou-Saadi. Le combat s'engagea près de Amnouch ; l'armée algérienne fut écrasée, perdit mille deux cents Turcs, trois mille hommes des goums, son général et ses bagages. Elle fut poursuivie jusque sous les murs de la ville : les vainqueurs se répandirent dans le Sahel et dans la Mitidja qu'ils dévastèrent, coupant les routes, et enlevant les convois de blé, ce qui amena une terrible disette... En 1769, le Dey Mohammed, fit partir une nouvelle expédition dont le chef reçut l'ordre de ne pas trop s'engager et de se borner à occuper des positions solides ; cette habile combinaison produisit de bons résultats ; les montagnards, bloqués à leur tour, se virent en proie à la famine, et la discorde se mit parmi eux ; les Flissas et les Maaktas se ruèrent les uns contre les autres, et cette guerre civile dura environ sept ans. Au mois de juillet 1712, les tribus de la montagne de Blidah et celles de l'Isser demandèrent la paix ; en octobre 1713, le Bey de Constantine apaisa les troubles du

Hodna et envoya à Alger soixante têtes, quatre cents paires d'oreilles et cinquante prisonniers. Telle fut la fin de cette insurrection pendant laquelle Alger avait eu à subir une année de sécheresse, une invasion formidable de sauterelles, trois tremblements de terre, et les dévastations commises par les Turcs rentrés de captivité. »

En 1774, la guerre sainte, le « Djehad », est prêché en Kabylie par des Marabouts sous l'ordre du Dey, pour repousser une attaque des Espagnols. Cette guerre sainte réussit et les « poètes célébrèrent à l'envi la gloire des combattants du Djehad » ; les Kabyles étaient du nombre.

Les Kabyles révoltés depuis quelques mois furent en janvier 1790 battus par l'Agha des Spahis ; mais l'insurrection continua quand même, et pendant un an, on put craindre un soulèvement général.

Il y avait déjà quelque temps que la Kabylie n'avait fait parler d'elle, lorsqu'en 1804, elle se souleva sous la conduite de Mohammed ben Abdallah ben el Harche, marabout marocain, qui réussit à rassembler plus de soixante mille Kabyles, pour tenter l'assaut de Constantine. Mais sans ordre et sans discipline, ils furent vite repoussés par le Caïd Hadj-Ahmed-ben-Labiad et Osman Bey. El Harche ne se tint pas pour battu, il se réfugia dans le Hodna où il forma de nouveaux contingents. Osman Bey reçut l'ordre de marcher contre lui, malheureusement il engagea la lutte chez les Beni Ferguen, sur l'Oued Zhour, sans aucune précaution. Il fut bientôt enveloppé par les Kabyles, et succomba avec cinq cents Turcs et son goum. Le Dey désigna alors Abdallah-Bey pour réparer cette défaite. El Harche fut battu par lui à Mila et dut s'enfuir ; pendant que le Reïs Hamidou sévissait contre Djijelli. L'année suivante vit renaître l'insurrection, et les Kabyles voisins de Bougie vinrent d'ailleurs sans succès mettre le siège devant cette ville, conduits par El Harche, aidé par le Marabout Ben-Barkat. Peut-être le pouvoir d'El Harche se fût établi, si ses déprédations et les désordres qui se commettaient n'eussent fait révolter quelques-uns de ses auxiliaires et de ses voisins. Ainsi les Ouled Mokran, s'allièrent aux Turcs, et lui infligèrent une sérieuse défaite d'abord près de Sétif, puis à Rabta, où il trouva la mort (1807). El Harche disparu, un de ses prétendus neveux, Mohammed ben Abdallah, releva le drapeau de l'insurrection, et pendant quatre ans lutta presque sans trêves ; Mustapha Bey, chargé de le poursuivre, le fit périr grâce à une embuscade dressée par Si-Amokran.

Quand le Bey de Tunis, Hamouda, dirigea une expédition contre Constantine, les Flissas empêchèrent les troupes d'Alger de marcher contre les cinquante mille Tunisiens commandés par le Kiahia Soliman. Le Dey dut parlementer avec eux et l'on dut payer et acheter fort cher leurs chefs. Quant tout fut réglé, les Kabyles se joignirent alors aux Turcs dans l'espoir d'avoir part au butin. Soliman et les Tunisiens furent battus, et l'espérance des Kabyles ne fut pas déçue ; le butin fut énorme et le Dey reçut quarante mules « chargées d'oreilles ». Mais à quelque temps de là, les Kabyles ayant eu ce qu'ils désiraient, abandonnèrent les Turcs au Kef et rentrèrent chez eux, suscitant ainsi à ces derniers un grand embarras qui quelques jours après occasionnait leur défaite.

En 1810, nouvelle révolte des Kabyles qui les amène à battre le camp de l'Est. Rentrés chez eux, les Kabyles restent quelques années à peu près calmes, mais de 1818 à 1821 l'insurrection est complète. Le bey de Constantine Ahmed réussit après quelques années à obtenir leur soumission ; à peine deux années s'étaient-elles écoulées qu'il fallut de nouveau recourir à la répression et à la lutte. Le motif d'ailleurs de cette nouvelle effervescence est assez curieux. « L'aîné des fils de Sidi Ahmed Tedjani, Mohammed el Kebir, appuyé sur de nombreux serviteurs religieux, avait déclaré son indépendance, et résistait dans Aïn Madhi ; Yahia Agha, chargé de lui imposer l'obéissance, voulut joindre à son armée les goums des Amraoua ; ceux-ci déclarèrent ne devoir le service militaire qu'en Kabylie seulement : il y eut à ce sujet un conflit qui embrasa tout le pays. Les Guetchoula prirent **les armes et détruisirent** Bordj-

Boghi. Mohammed ou Kassi battit Yahia devant Makouda, et se disposait à agrandir le terrain de la lutte, quand il fut traitreusement assassiné, en 1820, à Bordj Sebaou. Ce meurtre n'était pas fait pour apaiser les troubles ; en 1823, les tribus voisines de Bougie attaquèrent les Turcs ; les Beni Abbès occupèrent les Bibans, que Ben Kamoun eut beaucoup de peine à leur faire abandonner ; il leur brûla douze villages, en août 1824. Yahia fondit sur eux avec mille janissaires et huit mille goumiers, et leur brûla trente villages; cette fois ils demandèrent l'aman, ainsi que les Beni Djennad, que l'Agha venait de razier à fond. Mais la révolte continuait sur l'Oued Sahel, et le 28 octobre, les insurgés massacraient le Caïd turc. L'année suivante, Yahia se présentait devant Kala avec une forte colonne, battait de nouveau les Beni Abbès, et incendiait tout sur son passage ; cette dure leçon ne les empêchait pas de recommencer en 1826 ; l'Agha les traita encore cette fois avec sa rigueur accoutumée, apaisa les troubles du Bellezma, et installa dans son commandement le nouveau Bey de Constantine ». (*Histoire d'Alger*, de Grammont).

Nous avons terminé maintenant cette étude, un peu longue, mais que nous avons jugée utile, pour bien montrer quelle fut de tout temps l'attitude des Kabyles : indépendants ou du moins prétendant l'être, ils cessaient d'être neutres et devenaient combattants, là où il y avait un butin à faire, quel que fût d'ailleurs celui qui les appelait au combat. Eût-il été politique, de laisser dans l'Algérie un peuple aussi belliqueux, aussi remuant? Et avait-on le droit d'écrire comme on l'a fait, que la conquête de la Kabylie était une guerre insensée, impraticable et impolitique ? Nous ne le pensons pas, et le lecteur, après avoir constaté dans ce deuxième livre les phases si nombreuses d'insurrections et de révoltes, de défections et de trahisons, ne saurait être, il nous semble, d'un autre avis.

LIVRE III

HISTOIRE DEPUIS LA CONQUÊTE (1830) JUSQU'EN 1871

Sans entrer dans des détails historiques fort longs et antérieurs à 1830, il est cependant utile de rappeler à la mémoire du lecteur les faits importants qui nous firent prendre possession de l'Algérie, et par suite, nous entraînèrent à conquérir la Kabylie.

Tout le monde sait quelle piraterie exerçaient les Algériens dans le siècle dernier et au commencement de celui-ci. Quoique l'Algérie fût placée sous la domination turque, c'était en vain que les nations européennes réclamaient du Sultan la reddition des esclaves que les corsaires détenaient dans Alger ou la réparation des vols et des dommages que ceux-ci faisaient subir aux navires s'exposant dans la Méditerranée, quel que fût d'ailleurs leur pavillon.

En 1817, nous faisions un traité qui nous remettait en possession de la Calle et nous accordait le monopole de la pêche du corail. On avait stipulé une redevance annuelle de 60 000 francs ; la première et la seconde années, les engagements, pris envers nous, furent exécutés, mais pendant la troisième année, arbitrairement et sans que nous ayons pu nous faire rendre justice, la redevance fut élevée de soixante mille à deux cent mille francs.

En 1818 un brick français, pris par le gros temps, fut jeté à la côte près de Bône. Les habitants de cette ville s'empressèrent de venir piller ce bâtiment ; et nos réclamations à ce sujet ne furent pas plus écoutées que celles que nous avions formulées en 1817.

En 1820, on viole le domicile de notre agent consulaire à Bône, sous le prétexte de faire des recherches relatives à la contrebande. Il va sans dire qu'on ne trouva rien et qu'on n'accorda aucune réparation pour ce procédé injurieux et vexatoire.

Quelque temps après, des bâtiments romains, portant le pavillon français, pavillon que nous avions alors accordé au Saint-Siège, sont capturés et pillés. Toute réclamation fut vaine.

De tels procédés devaient nécessairement éveiller notre susceptibilité et en 1827, une dernière insulte faite à M. Deval, notre consul à Alger, devait mettre le feu aux poudres. Le Dey avait, par l'entremise de notre consul, envoyé une lettre à Charles X. Dans une réunion qui eut lieu quelques jours plus tard, le Dey demanda à M. Deval le motif du silence du roi. Notre consul laissa comprendre au Dey que le roi avait autre chose à faire que d'entamer des négociations avec « un dey d'Alger. » Ce dernier se départant de son calme et de sa froideur ordinaires, frappa notre consul au visage d'un coup d'éventail à plumes. M. Deval se retira aussitôt d'Alger et la France déclara le blocus du port de cette ville ; mesure, dont se soucia d'ailleurs fort peu le Dey.

A ce moment, la France ne songeait pas à faire une conquête : elle voulait que la Méditerranée devînt sûre pour la navigation, et pour arriver à ce résultat, elle proposa aux puissances intéressées de faire occuper Tunis, Alger et Tripoli par Méhemet Ali, pacha d'Egypte, dont le gouvernement aurait présenté plus de garantie que celui qui existait alors. L'Angleterre ne voulut point accéder à ce désir. La France, qui avait alors beaucoup souffert des rançons, des vols et des esclavages qu'on avait pratiqués sur ses nationaux, résolut de faire une expédition sur les côtes d'Algérie. L'Angleterre, à ce moment, devint furieuse et menaçante ; et curieux spectacle, pendant que le gouvernement de la Porte ne faisait aucun obstacle à cette expédition, lui cependant qui avait seul un intérêt direct à maintenir sa possession en Afrique, l'Angleterre s'émut outre mesure. Devant notre attitude ferme et qui eût nécessité une véritable guerre, si l'Angleterre eût soutenu ses prétentions, celle-ci n'insista pas et se résigna.

Dès lors, on s'occupa vivement en France de préparer la prochaine expédition. Le 25 mai 1830, tous les préparatifs étant achevés, l'on mit à la voile et bientôt l'on ne voyait plus Toulon, lieu du départ. Le 28 on passait devant Majorque et l'on continuait la route sur l'Afrique, lorsque le 30 un fort gros temps obligea la flotte à trouver un abri. On mit alors le cap sur Palma et jusqu'au 10 juin, on dût rester en inaction. Ce jour, 10 juin, on put reprendre la marche et le 12, on aperçut la terre africaine. Le 13, la flotte défila devant la ville, doubla le cap Caxine et se rendit dans les parages de Sidi Ferruch, à cinq lieues d'Alger. Il y avait là tout au plus une centaine d'Arabes. Le débarquement se fit le 14, et aussitôt commença une série de combats, les 15, 17, 18, 19, depuis Staouëli jusqu'à Alger, dans lesquels nous eûmes le succès.

Alger, voyant notre marche rapide, se décida à capituler, et la convention préliminaire suivante fut arrêtée.

« 1º L'armée française prendra possession de la ville d'Alger, de la Casbah et de tous les forts qui en dépendent ainsi que de toutes les propriétés publiques, demain 5 juillet 1830, à 10 heures du matin, heure française.

« 2º La religion et les coutumes des habitants seront respectées. Aucun militaire de l'armée française ne pourra entrer dans les mosquées.

« 3º Le Dey et tous les Turcs devront quitter Alger dans le plus bref délai. On leur garantit la conservation de leurs richesses personnelles. Ils seront libres de choisir le lieu de leur retraite. »

Le divan ou conseil du gouvernement du Dey fut convoqué et lecture lui fut donnée de ces dispositions. M. Bracewitz nous raconte l'impression que fit cette déclaration sur le Dey et sur les Turcs. A peine avait-il lu l'article premier qu'une rumeur sourde se fit aussitôt entendre. Quand le silence se fût rétabli, il donna connaissance de l'article deuxième, qui fut reçu avec des marques d'approbation. Mais l'article troisième eut le don de mettre en fureur tout l'entourage du Dey.

M. Bracewitz entendit prononcer contre lui des menaces de mort ; il regarda le Dey, comme pour lui rappeler ce qu'il y aurait à craindre, si une violence quelconque était tentée ; ce dernier, très froid et très triste imposa le silence à ceux qui poussaient des cris de rage et montraient leurs poignards.

Les Turcs finirent par se résigner, et le chef de la Régence et les ministres signèrent tous la pièce suivante :

« Article premier. Le fort de la Casbah, tous les forts qui dépendent d'Alger et le port de cette ville, seront remis aux troupes françaises ce matin à dix heures (heure française).

« Article deuxième. Le général en chef de l'armée française s'engage envers S. A. le Dey d'Alger à lui laisser la libre possession de toutes ses richesses personnelles.

« Article troisième. Le Dey sera libre de se retirer avec sa famille et ses richesses dans le lieu qu'il fixera : et tant qu'il restera à Alger, il sera, lui et toute sa famille, sous la protection du général en chef de l'armée française. Une garde lui sera donnée pour la sûreté de sa personne et de sa famille.

« Article quatrième. Le général en chef assure à tous les soldats de la milice les mêmes avantages et la même protection.

« Article cinquième. L'exercice de la religion mahométane restera libre. La liberté des habitants de toutes classes, leur religion, leurs propriétés, leur commerce et leur industrie ne recevront aucune atteinte. Leurs femmes seront respectées ; le général en chef en prend l'engagement sur l'honneur.

« Article sixième. L'échange de cette convention sera fait avant dix heures et les troupes françaises entreront aussitôt après dans la Casbah et successivement dans les autres forts de la ville et de la marine ».

Dans la matinée, le Dey fit demander un sursis de deux heures pour la remise d'Alger aux mains du général en chef. Ce délai lui fut accordé, et nos troupes ne prirent possession de la ville que vers midi.

Ainsi disparut, après trois siècles d'existence, le gouvernement, l'odjeac, fondé par Barberousse.

Nous obtenions ainsi un heureux résultat ; nous entrions dans la capitale de l'Algérie, sans avoir eu à bombarder et à saccager la ville, cela nous donnait déjà de grands avantages ; d'un autre côté, nous trouvions, soit en espèces, soit en diverses valeurs, une somme de cinquante-cinq millions six cent quatre-vingt-quatre mille cinq cent vingt-sept francs ; c'était beaucoup plus qu'il ne fallait pour couvrir nos frais d'expédition, car il nous restait un excédant relativement considérable.

La reddition et l'occupation d'Alger eurent pour autre résultat de nous faire ouvrir les portes de Bône, le 2 août suivant, après six ou sept petites tentatives d'engagement, sans importance, ainsi que les portes d'Oran, qui se rendit le 24 juillet.

A peine étions-nous maîtres d'Alger, que la nouvelle de la chute de Charles X fut apportée par un navire marchand (le 15 août). Il y eut alors parmi ceux qui commandaient l'armée, un moment d'hésitation. On voulait soutenir la légitimité, et à ce sujet, il se passa des faits qui démontrent une fois de plus, combien une idée politique peut entraîner les meilleurs esprits à commettre des fautes. Nous voulons garder toute impartialité pour raconter les événements relatifs à cette « hésitation » et nous laissons la parole à un témoin qui ne saurait être suspecté, M. Pélissier. Nous empruntons à ses *Annales algériennes*, le récit suivant :

« M. de Bourmont (le premier gouverneur de l'Algérie) réunit le 12 août tous les officiers supérieurs à la Casbah. Là, ces messieurs s'excitant les uns les autres, reprirent, il est vrai, un peu de vigueur. On dit que des épées furent tirées et que plus d'un colonel jura sur le fer de mourir pour la légitimité. M. de Bourmont, entraîné par ses fils, braves et loyaux jeunes gens, absolutistes de bonne foi, partagea un instant cet enthousiasme. Il fut en effet question de conduire l'armée en Normandie pour y soutenir les droits de la famille déchue. Une communication aussi absurde dans le fond que puérile dans la forme, transmise des côtes de Provence par le marquis d'Albertas, avait donné quelques espérances aux ennemis de la révolution et fait pencher de leur côté la cohue des politiques expectants. Le duc d'Escars eut la froide intrépidité de mettre cette pièce ridicule à l'ordre de la 3ᵉ division : on s'en moqua.

« Des ordres furent donnés pour faire rentrer à Alger les troupes que nous avions à Bône et à Oran. Le général en chef expliqua cette mesure par la crainte d'une prochaine rupture entre l'Angleterre et la France.

« M. Desprez, chef d'état major, fut chargé de sonder les dispositions de l'amiral Duperré. Celui-ci tergiversa et répondit par des faux-fuyants, à travers lesquels cependant perçait un esprit d'opposition à toute mesure extrême. Il promit du reste de ne point arborer le nouveau pavillon avant l'armée de terre et ajouta « qu'il coulerait le navire qui oserait le hisser sans son ordre. » M. de Bourmont, sûr de ne point être trop pressé par la marine, se trouva soulagé d'un grand poids. Son hésitation dura jusqu'au 16 août..... Un grand nombre d'officiers devait se rendre chez le général en chef et le sommer d'arborer les couleurs nationales. La nouvelle de ce projet parvint aux oreilles de Bourmont et hâta indubitablement sa détermination. M. le général Hurel se présenta le 16, au soir, à la 3ᵉ division qui était celle où il y avait le plus de fermentation et engagea les officiers à renoncer à leur projet, leur disant que ce serait commettre en pure perte un acte d'insubordination, puisque nous allions être satisfaits. En effet l'ordre du jour qui substituait le pavillon tricolore au pavillon blanc parut quelques heures après ».

Le lendemain, sur le môle et sur la casbah, le drapeau tricolore flotta pour la première fois.

Le général de Bourmont avait espéré conserver son poste, mais il fut bientôt remercié. Découragé par cette quasi disgrâce, il s'enferma dans ses cantonnements, quoique le Bey de Tittery lui eût déclaré la guerre, et « laissa les Arabes de la plaine bloquer l'armée dans ses lignes. » (Fillias.). Le 23 juillet, l'armée française s'était trouvée attaquée par dix mille Arabes, au milieu desquels il y avait un grand nombre de Kabyles ; nous ne pûmes résister assez vigoureusement à ce choc, et l'effet produit par notre peu de succès en cette occasion fut mauvais.

Au général de Bourmont succéda le général Clauzel ; il prit son commandement le 2 septembre 1830. Par arrêté du 1er octobre de la même année, il créait deux bataillons indigènes sous le nom de bataillons de zouaves. Ce nom de « zouaves » était tiré de celui de « Zouaouas », tribu habitant les gorges les plus reculées du Jurjura. « Les zouaouas, dit M. Bibesco, dans la *Revue des deux mondes*, avril 1865, forment la plus grande confédération du Jurjura. Ils louaient jadis leurs services militaires aux princes barbaresques et avaient la réputation d'être les meilleurs fantassins de la Régence ; de là leur nom donné aux deux bataillons de zouaves qui furent créés par un arrêté du 1er octobre 1830 et composés d'abord de soldats indigènes avec cadres français. Plus tard, les indigènes disparurent d'entre les zouaves, mais le nom de zouaves resta, et l'on sait qu'il a déjà fait le tour du monde. »

L'histoire du 1er de zouaves, par Descoubés, nous signale les nombreux traits de courage et d'héroïsme accomplis par cette arme d'élite.

Nous laisserons de côté, à partir de ce moment, tout ce qui a trait à l'Algérie pour ne nous occuper que de la conquête de la Kabylie ; nous nous efforcerons donc de rétablir par ordre de dates tous les faits concernant cette conquête.

Tout d'abord nous devons signaler ici un événement qui se produisit quelques jours après la capitulation d'Alger. M. de Bourmont était gouverneur, lorsque le 3 août 1830, un jeune homme originaire de Bougie, nommé Mourad, se présenta chez lui. Ce Mourad se prétendait le chef d'un parti très important en Kabylie. Il venait offrir de traiter de la soumission de cette contrée, et demandait pour toute récompense en raison du service qu'il rendait ainsi à notre cause, un titre de caïd pour lui-même et un brevet de capitaine de port pour un de ses amis. Ignorant absolument, et ce qu'était la Kabylie, et ce qu'étaient les Kabyles, M. de Bourmont put croire que l'offre de Mourad était sérieuse et réalisable. Il fit donc armer un brick de l'État pour le transporter avec plusieurs de ses affiliés à Bougie. A peine débarqué, Mourad, soit qu'il se soit exagéré la disposition pacifique de ses compatriotes, soit qu'il eût simplement tenté d'arriver au pouvoir en s'appuyant sur l'autorité française, ne trouva personne prêt à se soumettre, car bien au contraire, il fut massacré par les Kabyles et le brick dut regagner précipitamment Alger. Cela était fâcheux à toute espèce de point de vue, mais ce qui le fut bien davantage, ce fut l'inaction dans laquelle nous restâmes vis-à-vis de cette attaque. Les Kabyles purent croire que nous n'étions pas plus forts que les Turcs, et pensèrent que s'ils nous payaient, quand ils le voudraient bien, un impôt quelconque, nous n'avions plus rien à exiger d'eux. D'un autre côté, ils restaient toujours les ennemis pillards et cruels que nous connaissions.

En 1831, un brick de l'État fait naufrage sur la côte de Bougie, l'équipage est entièrement massacré, le navire est dépouillé de fond en comble.

En 1832, le *Procris*, brick anglais, est insulté et il doit gagner le large pour éviter une attaque. Les Anglais, furieux de cet événement, nous menacent de prendre Bougie, si nous ne sommes pas assez capables et assez puissants pour faire respecter le pavillon des nations, nos amies. Notre marine subit d'ailleurs le même sort, dans le courant de cette même année 1832 ; le *Marsouin*, brick de guerre, fut attaqué ; et dut répondre au feu des forts, occupés encore par les Kabyles.

Après ces faits, le nouveau gouverneur, le duc de Rovigo, tenta la soumission de ce pays en entrant en relation avec Si Sâad-Oulid-ou-Rabah. Cet homme, habile, astucieux et intéressé nous aurait certainement desservi, si bien vite et fort heureusement, l'on n'eût cessé les négociations avec lui.

Un homme de Bougie, nommé Boucetta, propose alors ses services. Le capitaine Lamoricière est désigné pour partir avec lui. Tous deux viennent à Bougie, à bord du brick le *Zèbre*, ils descendent dans la ville, et Boucetta peut recevoir le capitaine Lamoricière chez lui, dans sa propre maison. Mais le bruit de leur présence s'est vite ébruité ; ils doivent tous deux déguerpir au plus vite, se réfugier sur le brick et faire lever l'ancre.

En présence de ces faits, d'une gravité incontestable, le ministre de la guerre décida de former, à Toulon, un corps expéditionnaire. Il fit mander en secret le maréchal de camp Trézel, chef d'état major, le capitaine Lamoricière, Boucetta et quatre des concitoyens de ce dernier, qui avaient bien voulu se joindre à lui. Tous, sur l'ordre du ministre, se rendirent à Toulon. Là ils trouvèrent deux bataillons du 59° de ligne, deux batteries d'artillerie, une compagnie de sapeurs du génie, une section d'ouvriers d'administration et une petite escadre composée de la *Victoire*, frégate, l'*Ariane* et la *Circé*, corvettes, le brick le *Cygne*, et trois gabarres, l'*Oise*, la *Durance* et *Caravane*. Ils devaient, avec ces troupes, se rendre directement à Bougie pour prendre la place. On appareilla le 22 septembre 1833 ; le 29, au point du jour, on entrait dans la rade de Bougie.

« Il existe à Bougie une inscription commémorative de cet événement, dit M. Carette, mais elle se trouve placée dans un lieu où il est difficile de la lire et même de la voir, c'est pourquoi peu de personnes, dans la ville même, en connaissent l'existence. Comme elle appartient désormais à l'histoire, on croit devoir la transcrire ici : elle a été copiée par M. le commandant de la Mare, membre de la commission scientifique :

Ludovico Philippo regnante Et Trezel duce MDCCC Franci hanc urbem Mari agressi vi armorum Barbaris abstulerunt A. MDCCCXXXIII. »

La défense de cette ville fut peu importante : les habitants se rendirent presque sans résistance, mais les Kabyles des environs reçurent nos troupes avec une vive fusillade. La nuit est tranquille, on croit les Kabyles éloignés ; il n'en est rien. Grâce à l'obscurité, ils sont entrés dans Bougie, se sont glissés dans les jardins, dans les ruelles, et lorsque le jour apparaît, 30 septembre, commence une véritable guerre des rues, qui dure trois jours entiers. Enfin les Kabyles, las de notre résistance, épuisés par le combat, disparaissent. Nos troupes occupent enfin la ville dans laquelle on s'enferme. La surveillance était très grande ; elle occasionna un accident regrettable. Boucetta, l'homme qui jusque-là nous avait loyalement servi et paraissait bien disposé à notre égard, fut tué dans la nuit du 2 ou 3 octobre par un factionnaire qui, voyant un burnous, crut à la présence d'un Kabyle. Ce même jour 3 octobre, dans une sortie habilement dirigée, nous réussîmes à prendre des tours et des ruines qui existaient autour de la ville ; une petite colonne lancée sur Gouraya fut obligée de battre en retraite. Il fallait donc avoir des renforts et ne pas rester sous le coup d'un échec. Le 5 octobre, le *Crocodile* et le *Ramier*, venant d'Alger, débarquèrent dans le port de Bougie, le colonel du génie Mercier, un bataillon du 4° de ligne, deux compagnies du 2° bataillon d'Afrique, des munitions et du matériel.

L'ennemi occupait le village de Dar-Nassar, le moulin de Demous et les crêtes du Gouraya. Ses positions étaient excellentes, et chaque jour, c'était de sa part, une série d'attaques vraiment fatiguantes à repousser : « Chaque jour, c'était une fusillade nouvelle à soutenir tout le long des remparts, soit du côté de la montagne, soit du côté de la plaine. On se trouvait comme assiégé. Le général Trézel arrête le projet d'une vigoureuse offensive. Elle s'exécute le 12 octobre. » (Daumas et Fabar).

Ce jour là, nos troupes, habilement dirigées, réussirent à merveille. Deux colonnes partirent avant le jour, elles gravirent les pentes du Gouraya et s'emparèrent du marabout de Lalla Gouraya, sans éprouver beaucoup de résistance de la part des Kabyles, fort surpris de notre audace et peu nombreux à une heure aussi matinale. Cette position devient poste français et est aussitôt fortifiée. Une autre colonne se dirige vers le moulin de Demous : deux mille Kabyles nous y attendent. Le choc est considérable ; un instant, l'ennemi paraît prendre le dessus, mais bientôt serré de très près, il est obligé de lâcher pied et refoulé jusqu'à Dar-Nassar.

Ce double succès nous donne quelques jours de tranquillité. Nous ne sommes l'objet de nouvelles et peu importantes attaques que le 25 octobre et le premier novembre, pendant que nous continuons à établir nos travaux de défense. Le 4 novembre, l'ennemi revient encore nous harceler ; quelques coups de canon bien pointés l'éloignent promptement.

Le commandant Duvivier est désigné pour commander la place et maintenir nos positions. Il prend le commandement de l'effectif qui se monte à trois mille hommes. A son arrivée, il trouve nos soldats malades, les bestiaux dans un état déplorable. Duvivier décide aussitôt de prendre des pâturages dans la vallée, ainsi le bétail pourra se nourrir et le soldat consommant une viande saine, verra l'amélioration de sa santé. Pour arriver à ces fins, on commence le blockhaus de la plaine. Les Kabyles ne nous laissent pas en paix de ce côté ; leurs attaques sont fréquentes, mais elles sont toujours repoussées. Les principales escarmouches durant cette période sont celles du 5 et du 6 janvier, et celle du 18 janvier 1834.

Le 2 mars suivant, on dirige une reconnaissance autour du moulin de Demous. Le 5 du même mois, une colonne se dirige sur Kialna. La tribu des Mzaïas, qui l'occupe, est obligée d'évacuer ce village. Nos troupes y mettent le feu. La lueur de l'incendie tout à la fois consterne et rend furieux les Kabyles.

Les 18, 19 et 20 avril, quelques escarmouches ont lieu, mais sans grands résultats.

Le 25 avril, nous attaquons les villages de Dar-Nassar et de Gumra ; ces villages tombent en notre pouvoir, ils sont aussitôt incendiés.

Le 29 avril, un groupe assez nombreux de Kabyles occupe le moulin de Demous ; le colonel Duvivier (il y avait quelque temps qu'il avait reçu ce grade) fait charger sur l'ennemi, le disperse et lui fait quatre prisonniers.

Si nous étions favorisés au point de vue du succès

militaire, nous avions beaucoup à déplorer l'état sanitaire des troupes. Réduites à un trop petit nombre, beaucoup d'hommes valides devenaient indisponibles, car leur présence était nécessaire pour soigner les malades. Les Kabyles, nous voyant tranquilles, reprenaient courage ; le 8 mai, le 5 juin, ils vinrent nous attaquer. Mais nous nous contentons de les repousser sans les poursuivre ; cela accrut leur audace. Aussi le 23 juillet, ils pénètrent dans la plaine que nous possédions, nous enlèvent 357 têtes de bétail et tuent ou blessent dix-huit de nos hommes. Cette razzia de bestiaux nous causa un très grand mal, car l'on dut avoir recours, pour l'alimentation de nos soldats, aux viandes salées. L'état sanitaire devint de moins en moins bon. Le 13 août, nous essuyons encore le feu de l'ennemi, qui encouragé par notre peu d'offensive, tente le 9 octobre d'enlever nos ouvrages supérieurs. Et il faut bien avouer que ce jour, ces ouvrages coururent un grand danger. Nos gabions furent incendiés, et les Kabyles pénétraient dans la place, au moment où, grâce à la lueur de l'incendie, des obus à mitrailles de l'artillerie mobile et du camp supérieur vinrent les balayer.

Le 24 août, le poste est en tel mauvais état, et nos troupes sont si fatiguées que l'on se demande si l'on ne va pas être obligé d'évacuer Bougie. Ces découragements avaient d'ailleurs déjà existé ; au mois d'octobre précédent, le général Voirol avait montré beaucoup de froideur au sujet de cette « expédition de Bougie », et même avait émis l'avis de délaisser ce poste. On ne voulut pas cependant s'y résoudre à cette époque, sans une nouvelle enquête. Le général Trezel fut envoyé à Bougie et ne conclut pas à l'abandon. Le nouveau gouverneur, le comte d'Erlon, visita lui-même la place et voulut son maintien. Aussi les opérations reprirent-elles aussitôt. Le 5 décembre, pendant plus d'une lieue, on effectue une charge sur les hauteurs de Demous et dans la plaine environnante. Le 8, une reconnaissance est dirigée sur les deux rives de la Summam ; pendant quelques heures, une vive fusillade retentit, et nous restons maîtres de la place.

9.

Ces différentes opérations mettaient à notre discrétion les villages kabyles situés dans un rayon de plusieurs lieues.

Malgré ces succès certains, cette marche progressive vers la conquête et la soumission de la Kabylie, on accueille peu favorablement les nouvelles de cette expédition que l'on qualifie de « excentrique et sans but déterminé ».

En janvier, en février et en mars 1835, il ne se passe rien méritant la peine d'être signalé. L'hiver est très rigoureux, et de chaque côté, l'on ne fait aucune tentative offensive. Dès le 1er mars, le colonel Duvivier qui comprenait quel intérêt nous aurions à dominer la plaine, ordonna un grand déboisement vers les hauteurs du col et l'ouverture d'un grand nombre de passages dans les ravins et les fourrés. Nous pouvions espérer sur d'excellentes opérations, lorsque la mauvaise administration supérieure vint malheureusement tout entraver, tout compromettre.

Malgré les avis du colonel Duvivier qui recommandait de se défier de Si Saâd-Oubil-ou-Rabah, et de ne compter que sur ses propres forces et sa persévérance pour arriver à mener à bien cette campagne, un sous-intendant civil parvint à insinuer au gouverneur général l'idée de le désigner pour tenter de passer un traité avec ce Kabyle Si Saâd-Oubil-ou-Rabah.

Ne connaissant en rien les mœurs de cette contrée, le gouverneur eut la faiblesse de croire à ce que lui annonçait le sous-intendant civil, et sans prévenir le colonel Duvivier consentit à envoyer ce personnage à une conférence avec le prétendu chef des Kabyles. C'était contraire tout à la fois aux règles de la guerre, qui ne veulent point qu'aucune communication soit faite avec l'ennemi sans l'ordre du commandant du corps de l'expédition, et aux bienséances qui auraient exigé qu'on en prévint au moins le colonel Duvivier. Ce fut un empiètement de l'autorité civile sur l'autorité militaire, et dès maintenant nous pouvons dire que les conflits de cette nature n'ont pas été rares en Algérie, et que ce fut là une des causes les plus sérieuses de notre difficulté à arriver promptement à une colonisation efficace et relativement facile.

Laissons à MM. Daumas et Fabar la parole ; ils nous raconteront exactement quelle fut la mission de ce sous-intendant civil et quelles furent les suites de cette conférence tentée par ce fonctionnaire.

« Le bénéficiaire de cette sinécure imagina, sans doute pour se rendre utile, d'entrer en relations avec Si Saad-Oubii-ou-Rabah, par l'intermédiaire du bougiote Medani. Le 27 mars, il s'embarqua en compagnie de ce dernier sur un canot du port, pour aller à un rendez-vous du chef kabyle. La conférence commençait à peine sur les grèves, à l'embouchure de la Summam, qu'elle fut interrompue à coups de fusils par des Kabyles opposants. Une petite collision s'en suivit, et les gens d'Oulid-ou-Rabah coupèrent deux ou trois têtes à leurs agresseurs. Pendant ce temps le commissaire royal, fort effrayé, regagnait à la nage son embarcation, et malgré les instances du scheikh qui lui montrait, comme preuve de sa bonne foi, les trophées sanglants du combat, il n'en voulut entendre ni voir davantage. Or le théâtre de cette conférence avortée se trouvait, comme on sait, sous les yeux de Bougie. On en distingua parfaitement tous les détails ; le commandant supérieur en fut instruit de suite ; il fit courir une embarcation au devant de celle qui rentrait, et le négociateur fut conduit à bord du Liamone, brick-stationnaire, comme inculpé d'intelligences illégales avec l'ennemi, crime que nos lois punissent de la peine de mort ».

« Mais l'étonnement devint extrême, quand on eut de plus amples informations. Il résulta d'une lettre officielle que le gouverneur même avait autorisé directement cette négociation clandestine, à l'insu du commandant supérieur. La dignité de celui-ci, les moindres notions politiques ou militaires, ne pouvaient être méconnues plus gravement. Le pis fut qu'on persévéra dans cette voie, et qu'on sacrifia tous les principes à l'espoir d'un traité de paix quelconque. Le colonel du génie Lemercier vint à Bougie avec la mission spéciale d'en poser les bases.

« Ici on ne sait vraiment pas ce qu'il faut admirer davantage, de l'insolence du chef kabyle qui exigea, pour première condition, le rappel du colonel Duvivier, ou de la faiblesse du gouverneur français qui put prêter l'oreille à une ouverture semblable. Grâce au ciel, l'apparence fut un peu sauvée ; sur ces entrefaites, le commandant supérieur qui blâmait la négociation dans le fond comme dans la forme, et dont la susceptibilité se trouvait fortement émue, demanda du service en France. Il remit, le 11 avril, le commandement provisoire de Bougie au colonel Lemercier, et quitta cette ville le 14, après un séjour de dix-huit mois qui avait profité singulièrement à sa renommée militaire » (Daumas et Fabar, *la Kabylie*) ».

Ce fut pendant ces derniers jours, le 12 avril, que fut conclu avec Si Saâd-Oulid ou-Rabah un traité de paix, traité qui ne fut jamais exécuté en quelque partie que ce fut, et qui « restera comme un monument curieux d'ignorance en ce qui concerne les mœurs, la politique et le gouvernement kabyles. (Daumas et Fabar) ».

Nous croyons d'ailleurs intéressant pour le lecteur de reproduire ici le texte de ce traité.

Traité de Paix.

Entre son Excellence le Gouverneur général d'Alger et de ses dépendances, et l'honoré, le vertueux scheik Saâd-Oulid-ou-Rabah.

Le colonel du génie Lemercier, directeur des fortifications, porteur de pleins pouvoirs du gouverneur général, et le scheik Saâd-Oulid-ou-Rabah, sont convenus de ce qui suit :

Art. 1er. A dater du jour de la signature du présent traité, toute hostilité cessera entre les Français et les Tribus Kabaïles (le nom de ces tribus n'était pas spécifié, ce qui mettait Oulid-ou-Rabah fort à son aise) qui obéissent au scheik Oulid-ou-Rabah. Les deux parties contractantes s'obligent à maintenir par tout ce qui est en leur pouvoir, la paix la plus durable sur ce pays, trop longtemps teint du sang des chrétiens et des musulmans.

Art. 2ᵉ Les troupes françaises continueront à occuper Bougie, tous ses forts, tous ses postes extérieurs, ainsi que tout le territoire qui dépend de la ville et qui comprend toute la plaine jusqu'à l'oued-bou Messaoud (rivière Summam). Cette partie de la plaine contient des marais malfaisants, qu'il faut absolument dessécher pour le bien de tous, et qu'on ne peut écouler que dans la grande rivière dont s'agit.

Art. 3. Le gouvernement français, pour prouver combien il est confiant dans les dispositions pacifiques des tribus du scheik Saâd-Oulid-ou-Rabah, déclare que tous les musulmans des tribus amies, qui voudront habiter la ville de Bougie, pourront s'y établir en toute sûreté. Leur religion sera protégée et respectée.

Art. 4. Les Kabaïles, et en général, tous les musulmans, pourront entrer et circuler librement dans la ville. Les marchés leur seront ouverts, et protection leur sera donnée pour la vente des denrées, des bestiaux et de tout ce qu'ils apporteront.

Art. 5. Le consul négociant désigné par le cheik Saâd, autorisé par le gouverneur général, résidera à Bougie. Il sera chargé de régler avec l'autorité française toutes les discussions commerciales des Kabaïles avec les sujets du gouvernement français et en général avec tous les Européens.

Art. 6. Le présent traité sera exécuté de suite, en vertu des pleins pouvoirs dont M. le Colonel du génie Lemercier est porteur. Ce traité sera cependant envoyé au gouverneur général pour être ratifié par lui.

Fait en double expédition,
A Bougie, le 9 avril 1835.

Art. supplémentaire : Si quelques tribus récalcitrantes continuent à faire la guerre, le scheik Oulil ou Rabah s'engage à se joindre aux Français pour les soumettre et réciproquement.

Ce traité signé, nous croyions avoir enfin un peu de repos. Les évènements se chargèrent de nous montrer l'inanité de nos espérances. Dès le 24 avril, douze jours à peine après la signature de Si Saâd-Oulil-ou-Rabah, nous sommes de nouveau attaqués. Le 26 du même mois, les Kabyles massacrent trois soldats français. En mai, les attaques sont fréquentes ; en vain on se plaint de l'inexécution des conditions à Si Saâd ; celui-ci ne communique avec le lieutenant-colonel Girod que pour lui dire qu'il ne peut s'opposer à la résistance et aux attaques des tribus hostiles, que lui-même est dans un état précaire, qu'il lui faut de l'argent. Une de ses lettres se termine par ce post-scriptum que nous trouvons curieux de reproduire :

« P. S. Envoyez-moi trois cafetières pour faire le café.

« Envoyez-moi aussi une médecine pour les yeux.

« Envoyez-moi une médecine pour fortifier.

« Envoyez-moi du sucre, du papier et de la cire à cacheter, car lorsque je vous écris, je n'ai rien pour cacheter mes lettres ».

Pendant trois mois, ce sont d'incessantes escarmouches, qui fatiguent beaucoup nos troupes. Aussi le lieutenant-colonel Girod en arrive promptement à proposer de nouveau l'abandon du poste. Le 12 septembre, un avis du général Clauzel annonce la prochaine évacuation de Bougie ; cependant avant d'accomplir cette évacuation, le général tient à voir par lui-même l'état de ce poste. Il débarque le 28 octobre et en présence des travaux que l'on a faits, des efforts que l'on a dû déployer pour lutter ainsi jusqu'au dernier moment, il se refuse à fuir la lutte ; il décide de conserver Bougie, de le fortifier et de le laisser à la garde d'un effectif réduit au minimum jusqu'après la conquête intérieure. Aussitôt on se met à l'œuvre, on construit le fort Clauzel et un mur d'enceinte ; on élargit les rues, on crée des places d'armes et de rassemblement. Pendant ce temps les Kabyles qui cherchent tous les moyens de nous décourager, reviennent nous attaquer. Du 7 au 19 novembre, ce ne sont qu'escarmouches sur escarmouches ; mais nos efforts triomphent encore une fois, et nous repoussons avec succès leurs attaques.

L'hiver est calme, et le premier fait d'armes à relever se place à la date du 15 avril 1836. Nous faisons une charge vigoureuse sur cinq cents Kabyles qui se tiennent embusqués sous le fort Clauzel ; nous nous emparons du village d'Eydoun, qui, quelques heures après, n'est plus qu'un amas de cendres.

Au lieutenant colonel Girod avait succédé le commandant Salomon de Musis. Ce dernier, au lieu de continuer la lutte, reprend les négociations avec le frère de Si Saâd-Oulid-ou-Rabah, un nommé Mohammed-ou-Amzian. C'était tout au moins impolitique, et cela occasionna l'assassinat du commandant Salomon de Musis dans les circonstances que nous allons indiquer, et que nous trouvons relatées dans l'ouvrage de M. le colonel Lapéne : *Vingt-six mois de séjour à Bougie.*

« La catastrophe qui fait l'objet de ce qui va suivre, à l'issue d'une conférence, au premier aspect si pacifique, présente sans contredit, le dénoument le plus extraordinaire depuis l'occupation de l'Afrique. Nous en exposerons les motifs présumés, les apprêts et les horribles détails. M. Salomon exerçait un commandement important : sur sa personne et ses actes reposait une grande responsabilité ; il est mort, l'histoire doit commencer pour lui.

L'obtention d'un nouveau grade était l'objet constant de la préoccupation de cet officier supérieur : il y dirigeait ses idées, ses vues et ses démarches les plus actives. Chef de bataillon de la révolution de juillet, nommé par le général Lamarque à Bordeaux, où il était employé comme officier du corps royal d'état major, le commandant Salomon, pour jouir de son nouveau grade, avait dû attendre le terme légal de quatre ans de capitaine. Ce précédent chatouillait son amour-propre ; il aimait à calculer l'avenir d'après le passé. Toutefois, une prévention défavorable l'entourait encore ; elle était relative à la malheureuse rencontre de la Rassauta, proche la Maison Carrée à Alger, le 23 mai 1832. Arrivé à Bougie le 18 janvier 1834, après que son bataillon y fut tout réuni, M. Salomon saisit avec avidité la première occasion de se distinguer. Le colonel Duvivier la lui offrit le 5 mars suivant, à la retraite de Klaina. Le premier chargea donc avec l'escadron de chasseurs, quoique ce ne fut pas là sa place ;

il eut un cheval tué sous lui. Ce trait lui valut la croix d'officier. Mais des passages poignants relatifs à ce mode de réhabilitation, consignés dans la correspondance officielle, et des renseignements le concernant, étaient tombés sous ses yeux pendant son commandement supérieur. Cela devait mal le rassurer sur sa fortune militaire future. Il n'ignorait pas même que le choix qu'on avait fait de lui pour son nouveau poste à Bougie, n'était dû qu'à ses instantes démarches à faire valoir ses titres, son ancienneté, ce qu'il appelait ses droits, son bataillon étant en effet la seule troupe d'infanterie attachée à la place. Dans sa préoccupation de détruire les préventions, réchauffer le zèle de ses protecteurs, entraîner le suffrage de l'autorité militaire supérieure d'Alger et du ministre, il était incomplètement rassuré sur le compte rendu des opérations du mois de juin précédent, bien dirigées cependant et brillantes pour la garnison. Il voulut se signaler par un service plus relevé, plus éclatant : il essaya de la diplomatie avec les Kabaïles. Il exhuma avec apparat ces entrevues tant discréditées depuis un an des Ouled-ou-Rabah, non sans escorte de prévenances et de cadeaux. Quoique spectateur, depuis 18 mois, de ridicules mécomptes sur cette matière, les ayant reconnus, en ayant ri le premier, ainsi que des largesses de certains de ses prédécesseurs, lui-même cédait complètement à cette manie. Enfin il avait mis des chefs Kabaïles sur le pied de lui écrire dans les termes que voici : « Flamar Bélir au commandant supérieur de Bougie. — Je vous écris pour que vous sachiez que pour la paix et le commerce, je vous avais demandé du calicot, plusieurs pains de sucre et vous ne m'avez rien envoyé. Si vous m'envoyez tout ce que je réclame, j'aurai quelque chose à vous dire. Si au contraire vous ne m'envoyez rien, vous êtes chez vous et moi je suis chez moi. Tous les cheikhs de la tribu sont venus vers moi pour me demander les cadeaux que je vous avais prié de m'envoyer. Salut »....

« Le 16 juillet, le commandant Salomon demande à cet homme (Amzian, frère du défunt Oulid-ou-Rabah) une nouvelle entrevue. Voici la lettre : **Je te fais savoir**

pour le bien, si Dieu le veut, que je désire te voir et
te parler lundi à quatre heures du soir, sur les bords
de la mer, à la petite rivière. Amène ton frère (ou neveu)
Ou-Rabah, et nous ferons des choses agréables à tout
le monde, si Dieu le veut »... Amziam après quinze
jours de réflexion, écrit la lettre étendue et froidement insidieuse que voici ; cachant avec adresse ses projets ultérieurs sous une apparence de bonhomie, il y
ajoute des récits secondaires, intéressés cependant,
mais écartant tout soupçon de trahison, même de fausseté : « Le cheikh fait des compliments au nouveau colonel de Bougie, et des compliments à notre fils Medani.
Je fais savoir ce qui suit pour le bien, si Dieu le veut.
J'ai reçu votre lettre. J'ai compris tout ce qu'elle contient. Vous me dites que nous aurons une entrevue ensemble, dans laquelle nous aurons une heure de paix.
Je vous dis encore, mon cher ami, que j'ai compris
tout le contenu de la lettre et l'endroit désigné où doit
avoir lieu la réunion ; c'est très bien, cela sera pour le
bien et pour la paix, pour vous et tous les musulmans :
il n'y en aura aucun susceptible de s'y opposer. Ceux-ci
seront tous comme vous, contents et satisfaits. Dans la
saison présente, tout le monde vous fera du bien, et
nous surtout, nous sommes pour vous aider à la paix.
Il ne faut pas être fâché de notre empressement : tout
ce que Médani, notre médiateur, vous dira, il faudra
le faire, et nous aussi, et ne pas y manquer : ce sera
dans votre intérêt et pour notre tranquillité commune,
si Dieu le veut. Je vous fais savoir par le porteur de la
lettre, Béchir-Ben-Amar, que j'étais déjà parti de ma
tribu avec Huja-Mohobe, lorsqu'il y est arrivé. Il m'a
trouvé à Beni Abbès ; c'est de cet endroit que j'ai répondu. C'est pour cela que je n'ai pas pu répondre plus
tôt pour me rencontrer avec vous ; mais je viendrai
mercredi ou jeudi à l'endroit que vous désignerez ; et
vous, Sidi Medani, continuez votre travail et portez
avec vous les objets à votre connaissance. Vous apporterez aussi les cadeaux pour mes cavaliers ; ce sont les
mêmes qui ont accompagné le porteur de la lettre. Celui qui a apporté la lettre, il faudra lui donner quinze

francs pour sa longue course et les fatigues qu'il a éprouvées pour me trouver à Beni Abbès. Salut de la part de Mohammed-Amzian et Huja-Mohobe. P. S. Il faudra donner aussi quelque chose a l'officier de cavalerie qui accompagne le porteur de la lettre et l'habiller. Il faut que Bechir Ben Amar retourne une autre fois avec la réponse. Salut. Je vous prie de m'envoyer du tabac à priser, à la rose, pour Huja Mohobe, et d'autre tabac pour les fils de Rabah, et du sucre. Salut.

Ainsi non seulement, Amzian viendra au rendez-vous mais il le prouve ; il confie la dépêche à l'émissaire Béchir et insiste fortement pour une prompte réponse.

Le commandant Salomon était très souffrant le 2, quand il reçut cette lettre ; il ne peut y répondre ni ce jour, ni les jours suivants. Le 4, il n'est guère en meilleure disposition. Le cavalier arrive à Bougie, à dix heures du matin, et presse le commandant de descendre. Celui-ci hésite, ne veut pas, il est malade, languissant dans son lit. Dans tous les cas, il déclare ne vouloir dépasser la maison crénelée. Le cavalier, pour augmenter l'assurance de M. Salomon dans les bonnes dispositions d'Amzian, lui répète ce langage perfide, déjà tenu par Béchir, depuis son arrivée, le 2, que les Fenaïas et les Mzaïas ont retiré leurs burnous des mains d'Amzian, et que la guerre est déclarée entre celui-ci et les deux tribus. Ce cavalier est connu à Bougie ; il circule en ville et dans les lieux publics et répand cette nouvelle. Le malheureux commandant, entraîné par la fatalité, se décide, et d'une main appesantie par la maladie, dicte à l'iman pour Amzian, les lignes que voici, les dernières qu'il ait écrites (?) (sic) : « Je te fais savoir, mon cher ami, que j'ai été très fâché du mal qu'on a fait à Abderrahman. Si tu avais été réellement mon ami, tu aurais empêché tout cela ; tu dois bien penser que je ne suis pas content d'une pareille chose. Si tu veux faire la paix avec moi, viens ce soir, à six heures, à la maison crénelée; nous parlerons de nos affaires et tout s'arrangera à l'amiable ; mais il faut de la franchise et point de détours ». M. Salomon envoie cette lettre par le cavalier. Il est positif qu'il voulait ajourner l'entrevue, et la remettre au dimanche suivant, 7 août. Il ne se décide à descendre que sur cette perfide insinuation, qu'Amzian lui fait faire par l'espion Béchir, que si le commandant ne s'empresse pas, il ira, lui Amzian, conclure directement la paix avec le lieutenant général à Alger. Ces mots troublent le commandant Salomon ; il n'est plus à lui, tant il a peur de manquer l'occasion favorable. Il sort donc avec le Kaïd, l'interprete Taponi et l'arabe Belkassem, employé à la police maure, et descend à la maison crénelée. M. le sous-intendant militaire Fournier, qui est présent, parlant d'affaires, l'accompagne ; il est bien aise d'assister à cette conférence où peuvent même être traitées quelques questions utiles pour le futur approvisionnement de bœufs. Cependant Amzian refuse avec obstination d'arriver jusqu'à la maison crénelée. Ceci provoque plusieurs allées et venues de cavaliers et de Kodjas. Medani lui-même, à cheval, s'avance par ordre du commandant supérieur ; mais joint par quelques cavaliers, il reconnaît distinctement plusieurs Fenaïas. Medani se replie, effrayé, sur M. Salomon. Il lui dit à plusieurs reprises : « Il y a là des figures inconnues ; cela n'indique rien de bon ». Il lui conseille de ne pas s'avancer. De son côté, Amzian, que l'interprète Taponi et Belkassem avaient été joindre à 1600 mètres de la ville, refuse obstinément d'aller plus loin... On tombe enfin d'accord sur le terrain de la conférence ; c'est celui de la tour du rivage.

Le commandant Salomon s'y trouve, avec l'interprète, le Caïd, M. Fournier et le capitaine Blangini de la compagnie franche, Belkassem, Béchir, plus deux soldats du 2e bataillon, sans armes, apportant les cadeaux et devant servir le café. Un chasseur d'ordonnance à cheval croise à peu de distance ; six autres sont à 300 mètres vers la ville. Les premières baïonnettes de la compagnie franche étaient à 130 mètres, mais cachées et embarrassées dans les broussailles. Les cadeaux sont distribués ; ils consistent en un burnous rouge et une pièce de calicot pour Amzian, du calicot et du sucre pour les cavaliers. Ceux-ci avaient reçu ces dons à l'écart ; mais, le café pris, ils se rapprochent peu à peu du lieu, au nombre de quinze, entourent bientôt le commandant et cherchent même à le déborder, à l'isoler complètement du capitaine Blangini et du sous-intendant, qui se tiennent discrètement à quelques pas. L'officier en fait la remarque à M. Salomon et, d'un signe impératif, ordonne aux cavaliers de s'arrêter.

..... Le jour baissait, il était sept heures moins vingt minutes. Amzian dut donner le signal. Il s'est vanté du moins plus tard qu'il avait jugé à la préoccupation et aux regards inquiets de sa malheureuse victime que la défiance de celle-ci croissant, elle pouvait rompre subitement la conférence et échapper à la mort. Le cavalier, porteur de l'arme courte, chargé du rôle de principal assassin, le même à qui, un instant auparavant le commandant, à cause de sa bonne mine guerrière, avait donné cinq francs, se glisse entre M. Salomon et les autres spectateurs. Placé absolument derrière lui, il se penche sur son cheval pour armer son fusil court ou tromblon, et l'appuyant directement au dos du malheureux commandant, il fait feu. Cette subite détonation frappe tous les Français présents de surprise, d'horreur et de consternation. Le commandant tombe penché en avant sur son cheval. Trois autres coups de fusil, tirés à bout portant à l'aine et au bas-ventre, le renversent sur le carreau, sans vie et dans le plus horrible état. L'interprète Taponi est entouré ; il a la poitrine brisée par la décharge d'un canon lançant huit balles, tirées à bout portant..... Le capitaine Blangini, placé au milieu des coups de fusils, est manqué ; mais il est terrassé, ainsi que son cheval, par un Kabyle de taille colossale qui lui assène un violent coup de crosse sur l'épaule ; le sous intendant M. Fournier, se retire de cette bagarre, comme par miracle, sain et sauf. Il en est de même des quatre hommes de suite ou servant le café. Le Kaïd Medani, renversé d'abord, se relève seul, et par un instinct puissant de conservation, fuit vers la maison crénelée ; là, ses forces lui manquent et il tombe. Cependant le capitaine Blangini, que sa chute avait préservé de blessures plus graves, étendu à terre, fortement luxé, n'est pas un instant abandonné par son intelligence habituelle et son courage. Au milieu des balles et du piétinement des chevaux des cavaliers, qui achevaient le commandant et l'interprète, il crie : aux armes ! en avant ! L'à-propos de cet officier et le calme au milieu d'un événement si étrangement horrible, avec lesquels il provoque l'arrivée des secours, le sauvent, ainsi que le sous-intendant, le Kaïd et les quatre autres spectateurs de l'entrevue. C'en était fait d'eux tous, si les tirailleurs de la compagnie franche n'eussent accouru sur le terrain et ôté aux cavaliers ennemis le temps de recharger les armes. L'engagement fut court, mais vif. Le capitaine Blangini, l'épaule luxée, presque démise, était déjà debout à l'arrivée de ses hommes, les disperse en tirailleurs et poursuit les cavaliers. Ceux-ci voulaient assassiner, mais non se battre ; leur but était atteint. Aussi, après la première décharge, Amzian avait donné le signal de la fuite, en tournant de suite bride le long de la mer....... Les chevaux des deux victimes étaient entraînés ; les cadavres nous restaient....... ».

Le garnison fut fortement irritée à la nouvelle de cet assassinat horrible et se serait portée à des excès très probablement funestes à nos intérêts, si le commandant Lapène, appelé au commandement supérieur par ancienneté de grade, n'avait pas calmé son effervescence.

Le 1er octobre 1836, le lieutenant colonel Chambouleron était nommé au commandement du poste de Bougie. Pendant le temps où il est à la tête de nos troupes, il n'y a qu'un seul fait digne d'être cité ; ce fut la prise, suivie de l'incendie, du village de Tarmina, vis-à-vis de Dar-Nassar. On profite de ce moment de trêve, pour fortifier nos positions. On construit le fort Lemercier, les tours Doriac et Salomon.

Les Kabyles ne donnaient plus signe de vie ; cependant à ce moment là nous savons qu'ils furent poussés à la guerre. Quel fut leur but en refusant l'offre d'Abd-el-Kader ? Il faut croire qu'au fond ils détestaient au moins tout autant les Arabes que nous-mêmes ; ils ne partageaient pas leur fanatisme aveugle, et ils n'avaient en somme aucun intérêt à aider ces derniers. L'histoire nous a conservé le souvenir de la conférence que les Kabyles eurent avec le célèbre Emir; il est intéressant de le rappeler ici, cela nous montrera un des côtés du caractère Kabyle.

« Où sont les chefs qui vous commandent ? demandait Abd-el-Kader. » — « Nous n'avons pas de chefs étrangers à notre nation, nos chefs sont tirés d'entre-nous ; nous obéissons aux âmines et aux marabouts. » — « S'il en est ainsi, je recommande aux âmines d'être bien avec mon Khalifa, de le servir et d'obéir à ses ordres. » — « Nous ne demandons pas mieux que de vivre en bonne intelligence avec votre Khalifa ; mais qu'il ne nous parle jamais d'impôts, comme il a déjà fait dans les plaines, car nos ancêtres n'en ont jamais payé et nous voulons suivre leur chemin. » — « Vous donnerez au moins la zecca et l'achour (1) ajouta l'Emir ; ces contributions sont d'origine divine. » — « Oui nous donnerons la zecca et l'achour prescrits par la loi religieuse, crièrent les Kabyles en s'animant, mais nos zaouïas (2) les recueilleront et nos pauvres en profiteront ; telle est notre habitude. Vous vous êtes annoncé chez nous en qualité de pèlerin, et nous vous avons offert la diffa (3). Cessez ce langage dont vous pourriez mal vous trouver ; sachez bien que, si vous étiez venu comme maghzen (4) au lieu de couscoussou blanc, nous vous aurions rassasié de couscoussou noir (de poudre). » — « Si vous me dites, répliqua Abd-el-Kader, l'Est est plus fort que l'Ouest, je vous répondrai : Dieu fait marcher la victoire à ma suite, à cause de la pureté des motifs qui me guident. Vous savez au surplus ce que dit le Koran : que d'éléphants ont été inquiétés par des moucherons et que de lions ont été tués par le dab. Sachez bien que, si je ne m'étais opposé

---

1 La zekka est l'impôt payé sur les troupeaux, l'achour, celui payé sur la terre.
2 La zaouïa est le couvent ou l'école (voir plus loin, livre VII).
3 La diffa est le repas offert à un hôte, en son honneur.
4 Maghzen, gouvernement.

aux empiètements des Français, si je ne leur avais fait connaître leur impuissance, depuis longtemps déjà ils auraient nagé jusqu'à vous comme une mer en furie, et vous auriez vu alors ce que n'ont jamais vu les temps passés, ni les temps présents. Ils n'ont quitté leurs pays que pour conquérir et faire esclave le nôtre. Je suis l'épine que Dieu a placée dans leur œil ; si vous m'aidez, je les jetterai dans la mer. Dans le cas contraire, ils vous aviliront. Rendez-moi donc des actions de grâces de ce que je suis l'ennemi mortel de votre ennemi. Réveillez-vous de votre apathie : croyez-le, je n'ai rien plus à cœur que le bonheur et la prospérité des Musulmans. Je n'exige de vous, pour triompher des infidèles, qu'obéissance, accord, et marche conforme à notre sainte loi, comme je ne vous demande, pour soutenir mes armées, que ce qui vous est ordonné par Dieu, maître du monde. Obéissez donc à Ben Salem ; il sera pour vous la boussole qui vous indiquera le bien. Je prends Dieu à témoin de la vérité et de la sincérité de mes paroles ; si elles n'ont pu trouver le chemin de vos cœurs, vous vous en repentirez un jour, mais d'un repentir inutile. C'est par la raison et non par la violence que j'ai voulu vous convaincre, et je prie le Tout-Puissant qu'il vous éclaire et vous dirige. Je ne suis venu vous trouver qu'avec une poignée de monde, parce que je vous croyais des hommes sages, capables d'écouter les avis de ceux qui ont vu ce que vous n'avez pu voir ; je me suis trompé, vous n'êtes que des troncs noueux et inflexibles ». — « Nous vous jurons, répondirent les Kabyles, que nous sommes des gens sensés et reconnaissant l'état des choses, nous ne voulons pas que personne s'initie à nos affaires, ou cherche à nous imposer d'autres lois que les nôtres. Nous savons encore ce qu'il nous convient de faire, eu égard aux principes de la religion. Comme nous vous l'avons dit, nous donnerons à nos mosquées la zekka et l'achour ; mais nous n'entendons pas que des étrangers en profitent. Quand aux chrétiens, s'ils viennent jamais chez nous, nous leur apprendrons ce que peuvent les Zouaouas à la tête et aux pieds nus » — « Assez! assez! interrompit Abd-el-Kader, le pèlerin s'en retournera comme il est venu. Que la volonté de Dieu soit faite ». — « Allez donc en paix, reprirent les Kabyles, puisque vous êtes venu simplement nous visiter. Les pèlerins et les voyageurs ont toujours été bien reçus chez nous ; nous pratiquons l'hospitalité ; nous avons de la fierté et nous craignons les actions qui peuvent attirer sur nous le blâme ou la déconsidération. Une autre fois, présentez-vous avec la splendeur d'un prince, traînez à votre suite une armée nombreuse, et demandez-nous ne fût-ce que la valeur d'un grain de moutarde, vous n'obtiendrez de nous que de la poudre. Voilà notre dernier mot. »

Le 1er janvier 1838, le lieutenant-colonel Bedeau succède au lieutenant-colonel Chambouleron. Pendant qu'un corps expéditionnaire agit vers Djidjelli, celui-ci, pour occuper les Kabyles, et faire diversion, les attaque à Mellala, sur les bords du Summam. Notre campagne de ce côté eût été fructueuse ; malheureusement on fut obligé d'envoyer une partie de notre effectif au corps expéditionnaire de Djidjelli.

De cette époque jusqu'au mois de mai 1842, nous ne trouvons que peu de chose à signaler ; cependant la lutte reste toujours ouverte, et le drapeau français n'est pas toujours à l'abri de l'insolence des Kabyles.

Les commandements sont successivement confiés : en octobre 1839, au lieutenant colonel de Tussac ; en décembre de la même année, au colonel Dubarret ; en août 1840 au colonel de Polignac ; en décembre 1840 au lieutenant-colonel Daugustin ; en décembre 1841, au lieutenant-colonel Gaulier.

En 1841, Ben Salem, un agitateur remuant et qui avait à plusieurs reprises excité les Kabyles contre nous, entreprit de nous susciter de nouvelles attaques. Il dit aux Kabyles : « Vous voyez que les chrétiens sont à bout. Ruinés en hommes et en argent, ils commencent à abandonner le terrain. Encore un vigoureux effort de votre part et la victoire du Khoran est assurée ». Les Kabyles n'écoutèrent point sa voix ; ils pensèrent, et en cela ils eurent raison, que si les Français avaient quitté le terrain, c'était pour porter ailleurs des troupes qui, dans cette région, leur étaient inutiles et leur demandaient un approvisionnement difficile et onéreux. Aussi, au grand scandale de Ben Salem, ils ne bougèrent point.

En 1842, quelques reconnaissances furent dirigées avec un plein succès par le commandant Ducourthial. Plusieurs tribus viennent à nous et font leur soumission ; ce sont les Beni Moussa, les Issers, les Krachnas. Le chef des Beni Slyman, Ben Mahy-ed-Din, fait aussi sa soumission. Ce Ben Mahy-ed-Din, dont nous aurons à parler dans la suite, fut toujours notre fidèle allié et servit très utilement notre cause.

Le gouverneur général avait décidé une expédition contre les Kabyles. Aussi le 5 mai, il vint se mettre lui-même à la tête d'une colonne d'expédition campée sur les bords de l'Isser. Il pénétra dans la vallée de l'oued Soufflat qui remonte vers Bel Kraroub, où Ben Salem et les Kabyles qu'il avait réussi à entraîner se tenaient sur la défensive. Après une lutte habilement dirigée, l'ennemi est repoussé jusqu'à la vallée de l'Isser. Ben Mahy-ed-Din, qui avait combattu généreusement pour nous, est nommé Khalifa du Sébaou ; mais cette nomination ne fut pas tout d'abord du goût de nos tribus soumises.

« C'était un effrayant pêle-mêle de burnous : « nous ne voulons pas de Ben Mahy-ed-Din, criait-on de toutes parts ; il nous a ruinés par les impôts ; il ne vaut pas mieux que les Salem, pas mieux qu'Abd-el-Kader ; il te trahira, car il les a servis jusqu'à la fin ». Les plus mutins, les mieux soudoyés peut-être, demandèrent sa tête et la ruine de son bordj-el-Aad. Ben Mahy-ed-Din, assis sur une pierre à quelques pas de la tente du gouverneur général, semblait seul étranger à ce tumulte.

« Ce n'était là au reste que l'explosion sauvage et brutale d'une populace jusqu'alors énergiquement dominée et cherchant à briser celui qui seul pouvait la dominer encore.

« Le gouverneur général le comprit, imposa d'un

geste, silence à la foule et lui cria : « Je n'accepte pas les raisons que vous donnez pour refuser Ben Mahy ed-Din ; car s'il a servi son maître jusqu'à la fin, il a fait acte d'honnête homme ; ce que vous craignez, ce n'est point qu'il me trahisse, mais qu'il vous maintienne comme il l'a déjà fait. De gré ou de force, vous l'accepterez pour Khalifa et je vous ordonne de le reconnaître à l'instant ».

« Alors se passa une scène caractéristique de mœurs arabes.

« A peine le général Bugeaud eût-il prononcé ce dernier mot, avec l'impérieuse énergie qu'on lui connaît, que les plus acharnés, ceux qui tout à l'heure demandaient la tête de Ben Mahy-ed-Din, se précipitèrent pour lui baiser les pieds et les mains ; tous implorant sa protection, celui-ci pour une place, celui-là pour un burnous d'investiture ; les injures s'étaient changées en sollicitations.

« Ben Mahy-ed-Din accueillit les prières, comme il avait reçu les menaces » (Daumas et Fabar).

Le 7 mai, le gouverneur général, campé à Bordj-el-Arib, ruine ce fort et reçoit la soumission des Aribs. Le 10, la colonne se trouve auprès de Bordj-Hamza. Les Kabyles sont sans défense, aussi vingt villages viennent-ils solliciter l'aman. On le leur accorde, mais moyennant le versement de 6000 boudjous et la remise de six cents fusils.

Une attaque est dirigée par les Ouled-el-Aziz ; ils sont bientôt repoussés et nous suivons notre marche en avant jusqu'au Mont Sidi-Rahmoun, dont nous nous emparons d'un des contreforts. Le gouverneur général estimant qu'il a assez fait et qu'il est temps de rétrograder, reprend la route de la Mitidja pour rentrer à Alger.

Ben Mahy-ed-Din, qui pendant toute cette campagne, s'est battu courageusement, vient accompagner notre armée jusqu'au pont de Ben Hini. Quand il nous quitte, il a un bras cassé en deux, et une terrible blessure à un pied. Il promet d'organiser la cérémonie d'investiture des chefs de tribus soumises ; cérémonie que le gouverneur général fixe au 27 octobre 1842, à Alger,

Ce jour-là, notre Khalifa vint avec son frère, trois aghas et 112 caïds. Tous se trouvèrent réunis à Alger, chez le gouverneur général, dans la cour de marbre. Le Cadi et le Muphti d'Alger s'y trouvaient aussi. Le gouverneur général prit la parole dans cette cérémonie. Son discours, à la fois sobre et énergique, mérite de prendre place ici.

« Avant, dit le général Bugeaud, que je vous remette ces vêtements, signes distinctifs de la nouvelle autorité que je vais vous conférer, au nom et par la permission du glorieux, du sublime Sultan Louis Philippe, roi des Français, que Dieu le protège de sa toute puissance, il est de mon devoir de vous faire comprendre l'importance de cette investiture. Vous contractez aujourd'hui l'obligation d'être fidèles au gouvernement du roi des Français, de traiter ses ennemis comme vos ennemis, de regarder ses amis comme vos amis, d'obéir à ses délégués français et musulmans.

Vous êtes venus ici librement, vous êtes libres encore d'accepter ou de refuser les obligations graves que vous allez contracter. Si vous n'êtes pas déterminés à les accomplir, si vous ne vous en sentez pas la force, il en est temps encore, ne prenez pas cet engagement ; car l'engagement est lourd à celui qui ne peut le remplir ; si au contraire, vous êtes déterminés à le tenir, que Dieu vous protège et vous guide pour le bien de tous et pour le vôtre.

J'aime la guerre parce qu'elle est dans mes devoirs et dans les habitudes de ma vie ; mais j'aime encore mieux la paix, parce que la paix est favorable aux hommes et qu'elle leur permet d'acquérir des richesses par la culture et le commerce.

Abd-el-Kader s'élevait en vous foulant aux pieds, la France veut vous gouverner pour que vous prospériez. Elle veut que chacun puisse jouir paisiblement du fruit de son travail et s'enrichir sans avoir à craindre d'être dépouillé ; elle respecte vos mœurs, elle fait observer votre religion, elle choisit parmi vous un chef capable et digne de vous commander : elle vous demande en retour d'être fidèles à l'engagement que vous contractez aujourd'hui d'assurer la liberté des routes, de faire que la femme et l'enfant puissent commercer chez vous avec la même sécurité dont vous jouirez dans nos villes et dans nos marchés.

Si vous êtes fidèles à ces promesses, vous y trouverez d'immenses avantages, car la France est puissante et vous deviendrez grands et puissants avec elle. Si vous pouviez oublier l'engagement que vous contractez aujourd'hui, malheur! car je vous le dis (et je vous ai montré si je tenais ma parole et si je pouvais vous atteindre dans vos montagnes), les enfants se rappelleraient longtemps la faute de leurs pères. Je ne vous tuerais pas, je ne massacrerais pas les femmes et les vieillards comme le fait celui que vous appelez l'émir ; mais je vous ferais jeter à bord d'un vaisseau, conduire prisonniers en France et vous ne reverriez jamais votre pays.

La guerre, cette année, vous a ruinés ; je vous fais remise des impôts, mais disposez-vous à les acquitter exactement l'année prochaine.

Et vous, aghas, rappelez-vous que vous n'avez pas à exercer le pouvoir dans votre intérêt, mais dans celui des hommes qui sont placés sous votre commandement. Renoncez à ces habitudes d'avidité qui ont trop souvent déshonoré les chefs musulmans et que je punirai sévèrement. La justice est la seule base solide d'un gouvernement, et Dieu a toujours frappé les maîtres injustes, quelle que soit leur religion.

Au nom du roi des Français, que Dieu le protège et le comble de gloire, Si Mohammed-ben-Mahy-ed-Din, je vous nomme Khalifa de la province de Sebaou.

Aghas et Kaïds, vous reconnaissez pour Khalifa Si Mohammed-ben-Mahy-ed-Din ; vous lui obéirez et le respecterez comme votre chef, comme le représentant de la France et comme votre intermédiaire entre nous et vous. Que Dieu vous protège! »

Le Khalifa répondit :

« Que Dieu bénisse l'heure où je t'ai rencontré, noble général, Khalifa du roi de France ; qu'il m'inspire l'esprit des bonnes œuvres et la force de les accomplir ;

qu'il fasse sortir de ma bouche, qui est celle de tous les Arabes que tu vois devant toi, des paroles dignes de répondre à celles pleines de force et de sagesse dont nos oreilles viennent d'être frappées.

Nous ne sommes venus dans cette enceinte révérée que bien pénétrés des dispositions qui doivent nous animer. Dieu a ouvert nos yeux à la vérité ; aussitôt que tu nous as donné l'aman, nous sommes venus à toi. Que Dieu bénisse cette heure!

Devenus agents d'une nation noble et généreuse, notre tâche nous paraîtra douce et facile; et combien elle est plus conforme aux règles de notre religion !

Noble général, nous sommes certains de marcher dans la voie droite, en te prenant pour modèle ; tu as été terrible avec tes ennemis, tu les as écrasés, tu as fait courber sous ton bras victorieux les plus audacieux, et aussitôt après la victoire, tu as oublié ta force pour ne plus songer qu'à la miséricorde, la plus belle qualité que Dieu puisse donner aux sultans.

Tu nous as donné l'exemple d'une bonté que nous ne pouvions comprendre, en pardonnant à une tribu entière qu'un signe de ta prunelle pouvait réduire à la misère et jeter dans l'esclavage ; Dieu te récompensera de tant de modération par la soumission et le bonheur de ceux qu'il t'a appelé à commander.

Ton arrivée dans le pays des Arabes, a été le lever d'un astre heureux ; tu as renversé la muraille qui s'élevait entre les chrétiens et les musulmans, et tous tes ennemis ont été forcés de reconnaître que le doigt de Dieu t'avait désigné pour les gouverner ; tous ont entrevu par toi des jours de paix et de tranquillité ; tous t'ont spontanément décerné le nom béni de Fortuné « Bou Sâad, père du bonheur ».

Je te promets ici devant le muphti et le cadi, nobles représentants de notre religion, je te jure au nom de tous les chefs ici présents, que nous serons fidèles à ton roi, que nous obéirons à tes ordres et que la trahison n'entrera jamais dans nos cœurs.

Que Dieu répande ses grâces et ses faveurs sur tous ses serviteurs qui ont des intentions pures et qui abhorrent le mensonge ! Que Dieu protège le roi des Français ! »

Puis la gandoura, les burnous d'investiture, et les riches présents furent distribués.

Pendant ce temps, Ben Salem essayait encore d'exciter à la guerre sainte les tribus de la Haute Montagne. Dès le début de l'année 1843, il renouvelle démarches sur démarches ; mais les Kabyles refusent de prendre l'offensive. Ben Salem, après avoir appris la défaite d'Abd-el-Khader, défaite où celui-ci avait dû laisser aux mains de l'ennemi sa smala, se retira chez les Oued Tlata, auprès des Flissas, pour attendre les évènements.

A cette même époque, en 1843, malgré les résultats obtenus, on agita fortement en France la question de savoir, si nous devions conquérir ou non la Kabylie. Des discussions interminables s'engagèrent à ce sujet, des brochures furent imprimées traitant « d'insensée » la guerre que nous avions entreprise ; et dans la *Revue indépendante* du 25 mars 1844 nous trouvons sous la signature de M. Duprat les quelques passages suivants, fort curieux et capables de nous démontrer combien nous étions peu fixés sur l'étendue de notre conquête et sur les précautions que nous devions prendre pour la conserver : « C'est une guerre nouvelle, que l'on songe à entreprendre. Il ne s'agit plus d'attaquer les Turcs ou les Arabes, ces possesseurs des villes et de la plaine, mais les Kabyles, dans le nid même de leurs montagnes, à travers cet Atlas, sur lequel ils ont devancé toutes les autres races du Maghreb. On a la pensée d'atteindre et de frapper les aînés de cette terre, ses habitants les plus durs, les plus fiers et les plus énergiques… On parle de porter plus loin nos armes et d'aller, par delà ces plaines et ces villes où nous commandons, atteindre ce troisième centre (la Kabylie) où s'est réfugiée la race primitive à la suite des secousses continuelles qui ont ébranlé ces rivages. Que faut-il penser de ce mouvement qui doit coûter à la France de nouveaux sacrifices ? Est-il bien sage, bien politique ? Ne peut-on pas dire au contraire que c'est une entreprise malheureuse, aveugle, insensée, antipathique à l'esprit de notre civilisation, hostile aux véritables intérêts de notre puissance dans l'Afrique septentrionale ? Les conquêtes de l'antiquité l'émurent (la Kabylie) et la secouèrent sans la saisir complètement... Mais ces armées ont succombé tour à tour dans une lutte où elles avaient à combattre à la fois contre le climat, contre le sol et contre l'homme... Un Kabyle du Jurjura, à qui nous demandions des détails sur ces contrées, nous disait un jour, en nous rappelant les désastres des Turcs : « hada djebel el cobour », c'est la montagne des tombeaux. Voilà le peuple, voilà le pays contre lequel on veut diriger notre armée d'Afrique... Il appartient à la presse et plus encore au Parlement de protester contre un pareil dessein... L'Afrique, disaient les Grecs au rapport d'Aristote, produit sans cesse des phénomènes étranges. Si cette expédition contre les Kabyles s'exécute, elle pourra compter au nombre de ces phénomènes qui étonnaient la Grèce. »

Quoi qu'il en soit le maréchal Bugeaud, et il était bon juge en la matière, voulait la guerre ; il avait fort bien compris qu'aux yeux des Arabes, nous ne serions absolument maîtres du pays, que lorsqu'il n'y aurait pas au milieu de nous des tribus réputées invincibles et toujours prêtes à nous susciter des embarras.

Aussi son premier soin fut d'adresser aux Kabyles la proclamation suivante :

« A tous les chefs des Flissas, Amerouas, Beni-Khalfoun, Nezlyouas, Guetchtoulas, Ouled el Aziz et Harchaouas.

Salut :

Tout le pays gouverné autrefois par Abd-el-Kader, est maintenant soumis à la France ; de tant de tribus, vous êtes les seules qui ne soient pas venues à nous. Il y a longtemps que j'aurais pu, moi, aller chez vous avec une forte armée ; je ne l'ai pas fait parce que j'ai voulu vous donner le temps de la réflexion. Plus d'une fois, je vous ai dit : Soumettez-vous, car vous obéissiez au vaincu, vous devez obéir au vainqueur. Chassez de vos montagnes le Khalifa Ben Salem, à moins qu'il ne vienne demander l'aman au roi des Français, qui le lui donnera.

Non seulement vous n'avez tenu aucun compte de mes avertissements paternels : non seulement vous ne vous êtes point rapprochés de nous et ne vous êtes point unis à vos voisins les Issers et les Khracnas, nos amis ; mais encore vous avez recueilli Ben Salem, le rebelle, et les débris de sa troupe régulière ; vous avez souffert que, de chez vous, il portât le vol et le meurtre dans nos tribus.

Je ne puis tolérer plus longtemps cet état de choses et je me décide à aller vous en demander satisfaction. Avant de me mettre en marche cependant, un sentiment d'humanité me pousse à vous donner un dernier conseil. Si vous ne le suivez pas, que les maux de la guerre retombent sur vous.

Venez me trouver à mon camp sur l'Isser, chassez Ben Salem de votre pays, soumettez-vous à la France, et il ne vous sera fait aucun mal.

Dans le cas contraire, j'entrerai dans vos montagnes, je brûlerai vos villages et vos maisons, je couperai vos arbres fruitiers ; et alors ne vous en prenez qu'à vous seuls. Je serai devant Dieu, parfaitement innocent de ces désastres, car j'aurai fait assez pour vous les épargner. »

Les Flissas répondirent à cette proclamation dans les termes suivants :

« Au très honoré seigneur le gouverneur général, commandant les Français à Alger.

Nous avons reçu la lettre par laquelle vous nous donnez des conseils. Nous avons compris tout le contenu de cette dépêche, mais nous l'avons trouvée en opposition avec les précédentes, ce qui nous a causé le plus grand étonnement, car nous avons reconnu que vous vous étiez écarté des règles suivies par tous les souverains.

Lorsque la guerre était active entre vous et El Hadj-Abd-el-Kader, vous nous écriviez en ces termes : « Je n'ai d'autre ennemi que El Hadj-Abd-el-Kader ; quant à vous, vous êtes Kabyles, gardez la neutralité et il ne vous arrivera aucun mal de notre part. Nous n'exigeons rien de vous, nous ne prétendons créer aucun usage; vous jouirez d'une protection toujours croissante; nous ne vous demandons que la tranquillité, la sécurité des routes et le commerce.

Forts de ces promesses, nous avons gardé la neutralité; nous vous avons laissé lutter avec votre ennemi.

Vous vous en êtes pris ensuite aux Arabes; alors vous nous avez écrit : « vous êtes des montagnards et aucun des usages introduits chez les Arabes ne vous seront appliqués; livrez-vous au commerce, nous n'avons pas d'autre dessein sur vous. »

Nous vous avons encore laissé combattre les Arabes jusqu'à ce qu'ils soient devenus votre proie.

L'année dernière, vous nous avez écrit en d'autres termes; nous pensâmes d'abord que vous agissiez ainsi pour flatter l'amour-propre des Arabes. Nous ne vous avons pas répondu, comptant sur vos anciennes promesses, et sachant surtout que les souverains n'ont jamais pour coutume de revenir sur leurs engagements. Cette année vous nous avez renouvelé vos lettres, nous ordonnant d'aller vous trouver, de vous servir; nous menaçant à défaut, de marcher contre nous, de brûler nos demeures et de couper nos arbres. Tout homme sensé a lieu d'être surpris d'un semblable langage, surtout venant d'une personne qui, comme vous, connaît nos habitudes, notre état; qui sait que nous ne donnons rien et ne recevons aucune investiture, que nous ne l'avons jamais fait : qu'en notre qualité de Kabyles, nous ne reconnaissons pour chefs que des Kabyles comme nous et pour arbitre souverain Dieu qui punit l'injuste.

Nous possédons votre correspondance du jour de votre arrivée à Alger, et même celle de vos prédécesseurs; nous possédons les lettres que, pendant vos marches, vous semiez sur les routes. Auriez-vous imaginé par hasard, que nous ne savons pas nous conduire et que nous n'avons aucun homme capable de nous diriger sagement! N'étions-nous pas sensés de croire qu'un chef si grand que vous ne nous tromperait pas ?

Dans cette confiance, nous avons laissé le terrain libre entre vous et vos ennemis. De la sorte, vous avez vaincu Abd-el-Kader, puis les Arabes, privés qu'ils étaient de nos secours.

Maintenant vous agissez comme si nous n'étions musulmans que par Abd-el-Kader, comme si nous ne pouvions combattre que sous ses ordres. Détrompez-vous : nous sommes musulmans, quoique sans souverain ; notre pays forme le tiers de l'Algérie et le tiers de nos montagnes se composent de forts naturels. Enfin Dieu secoure les musulmans : ne nous comptez donc pas au nombre de vos sujets.

Nous ne vous demandons qu'une réponse à cette lettre. Dites franchement ce que vous exigez ; nous choisirons ensuite.

Si vous maintenez vos anciennes promesses, envoyez-nous une lettre revêtue du sceau royal, nous la classerons avec les précédentes, et aussi nous continuerons le commerce, nous maintiendrons la sécurité des routes, comme nous l'avons fait depuis votre avertissement. Mais vous nous prescrivez de chasser Ben-Salem : comment pourrions-nous y consentir, puisqu'il est musulmans ainsi que nous ? Que répondriez-vous à qui vous demanderait d'exiler un des vôtres ?

Si au contraire votre dessein formel est de posséder toute l'Algérie, si vous mettez votre ambition à conquérir des gens qui ont pour refuge des montagnes et des rochers, nous vous dirons : la main de Dieu est plus élevée que la vôtre.

Sachez que la perte et le gain nous sont indifférents : nous avons toujours eu pour habitude de braver l'exil ou la mort, par suite des guerres civiles ou à cause des émirs. Nos montagnes sont spacieuses, elles forment une chaîne qui s'étend à Tunis. Si nous ne pouvons vous résister, nous reculerons de proche en proche jusqu'à ce pays étranger, dont le chef, que Dieu l'aide, est en état de lever des troupes ; celles qu'il a sont presque toutes composées des nôtres : à leur exemple, nous nous inscrirons soldats.

Ne pensez pas non plus que la perte de nos récoltes

ou de nos arbres puisse nous mettre à votre merci. Nos récoltes sont le plus souvent la proie des sauterelles ou périssent sous des éboulements, et néanmoins nous vivons. Souvent aussi, nos arbres se dessèchent et ne produisent pas plus que s'ils étaient coupés ; maintes fois encore nos tribus se ravagent entre elles. Dieu nous donne la nourriture.

Ne prêtez donc point l'oreille aux discours des hommes de rien qui vous disent : les Kabyles se rendront si vous menacez leurs biens. Vous êtes le représentant d'un grand roi, tenez à vos premiers engagements et le mal n'existera pas entre nous.

Dans tous les cas, faites-nous promptement connaître ce que vous aurez décidé ; nous agirons en conséquence, suivant la volonté de Dieu.

Ecrit par toute la tribu des Flissas : marabouts, cheikhs et gens du peuple ».

A cette missive, le maréchal Bugeaud répondit le 21 avril par la lettre suivante :

« De la part de M. le Maréchal, gouverneur général de l'Algérie, à tous les Kabyles de l'est, mais principalement aux Flissas, grands et petits, marabouts et cultivateurs. Que le salut soit sur vous et que Dieu vous dirige dans la voie droite !

Nous avons reçu votre lettre, nous l'avons lue avec attention, nous en avons parfaitement compris le contenu. Vous dites que vous possédez tous les écrits qui vous ont été adressés par les chefs Français depuis leur entrée à Alger et que tous réclamaient seulement votre neutralité, les bonnes relations et le commerce. Pourquoi donc, ô Kabyles, sans aucune provocation de notre part, avez-vous commencé la guerre contre nous ? Pouvez-vous nier être sortis de vos montagnes, dès les premiers temps, pour nous attaquer dans la plaine jusque sur l'Oued Kerma, et même derrière les murs de Blidah ? Plus tard, quand éclatèrent les grandes hostilités entre nous et Abd-el-Kader, n'avez vous pas embrassé la cause de celui-ci à la face du ciel ? N'avez-vous point pris part au pillage et à l'incendie de la Mitidja ? N'êtes vous pas venus guerroyer jusque dans le Sahel ? N'avez-vous point dirigé vos attaques sur Bordj-el-Harrach (Maison Carrée) ? N'est-ce pas sous ses murs qu'a péri, tué par un boulet, votre chef si Haousein Ben Zamoun, qui vous menait au combat contre nous, comme son père l'avait fait avant lui ? Pouvez-vous contester un mot de tout cela ? J'arrive à une époque plus rapprochée : quand je fus amené sur les confins de votre territoire par la nécessité d'y attendre le Khalifa de notre ennemi déclaré, qui lui-même ne cessait de prêcher et d'organiser la guerre contre nous, quand je vins attaquer Ben Salem et détruire son fort de Bel Kraroube, je vous écrivis en effet. Que vous disais-je alors ? Je vous proposais d'oublier tous mes griefs accumulés, à condition que vous abandonneriez la cause de l'émir et de son Khalifa, que vous assureriez les relations commerciales et la liberté du transit. L'avez-vous fait ? Comment avez-vous tenu les conditions de mon aman ? Vous avez amené vos contingents à Ben Salem ; ils ont marché sous son drapeau, ils m'ont attaqué le premier dans l'oued Soufflat : j'ai dû les dissiper sur le Djebel Rahmoun, d'où ils me menaçaient encore. Ben Salem était réduit à la condition d'un simple fugitif : vous dites que la religion vous prescrivait de lui donner l'hospitalité. Je sais qu'en pays musulman, comme en tout autre, il suffit d'accorder à l'homme de discorde un asile momentané et un libre passage pour s'être acquitté largement du devoir de l'hospitalité. D'ailleurs, si vous n'eussiez attribué à Ben Salem que l'importance d'un réfugié vulgaire, si vous l'eussiez fait retomber dans l'impuissance et dans l'oubli, peut-être aurais-je pu fermer les yeux. Mais il vient au milieu de vous, il plante son drapeau et vous vous rangez à l'entour. N'avons-nous pas eu lieu d'en être doublement surpris de votre part, sachant vos prétentions à ne reconnaître aucun sultan ? Adopter le Khalifa d'Abd-el-Kader, n'était-ce pas reconnaître l'émir ? Ce n'est pas tout. Qu'avez-vous fait pour le transit et les relations commerciales ? Si vous ne vous en êtes pas mêlés directement, vous avez toutefois permis que les cavaliers de Ben Salem exerçassent la police de vos routes, pour enlever, pour maltraiter et dépouiller quiconque se rendait sur nos marchés. Lui ou vous, avez recueilli les assassins, les voleurs et les intrigants qui fuyaient devant nous le règne de la loi, et l'on aurait pu croire que tous les démons de la discorde s'étaient retirés dans vos montagnes. Enfin, dans l'état actuel des choses, Ben Salem a chez vous les débris de ses cavaliers, de ses fantassins, de ses approvisionnements militaires; il s'intitule votre chef dans sa correspondance, et vous prouvez-vous-mêmes la vérité de ce langage en vous rendant à ses convocations et en prêtant l'oreille à ses pernicieux conseils. O Kabyles, vous ne pouvez rien répondre à tout ce qui précède. Sachez-le bien; le Roi des Français ne commet aucune injustice: il ne châtie que des coupables. Vous l'êtes envers nous; vous l'êtes depuis longtemps et de toutes les manières sans en avoir jamais reçu aucun sujet. Vous avez fermé les oreilles à toutes nos propositions conciliantes et nous ne pouvons plus nous fier sur la persuasion pour vous les faire admettre; nous prenons le parti de vous les imposer par la force. Hâtez-vous donc de vous soumettre et de venir à mon camp, si vous voulez éviter bien des maux dont je ne serais pas responsable devant Dieu, après vous avoir prodigué tant de fois mes avertissements. »

Aussitôt cette réponse reçue, les tribus voisines furent convoquées chez les Flissas et si les Kabyles reconnurent qu'au fond les faits cités par le Maréchal Bugeaud étaient exacts, ils décidèrent néanmoins que l'on ne devrait pas se rendre aux chrétiens sans avoir fait parler la poudre.

Il n'y avait plus qu'à commencer la campagne.

Le 26 avril 1844, huit mille hommes se trouvèrent réunis à la Maison Carrée. De là, cette colonne alla camper sur les bords de l'Oued Khamis et de l'Oued Corso, sur la rive gauche de l'Isser, à côté des Haouch-ben-Ameur. Ce fut là que le goum, commandé par Ben Mahy-ed-Din, vint rejoindre nos troupes.

Le 2 mai, nous campions à Bordj Menaïel, auprès des montagnes des Flissas. Le 7, nos troupes traversent avec beaucoup de difficultés l'Oued Nessa. Cette rivière, grossie par de grandes pluies, n'avait pas moins de cent mètres de largeur et un mètre de profondeur.

Le 10, nos soldats aperçoivent les Kabyles au nombre de huit ou dix mille hommes. Le lendemain, tout est tranquille. Le 12, une attaque des Kabyles sur l'Oued Nessa est promptement repoussée et le maréchal Bugeaud se porte sur Bordj-Sébaou. Là on crut à des négociations, les Kabyles paraissaient disposés à se soumettre lorsque leurs femmes les menacèrent de ne plus jamais leur faire de couscous, ne voulant pas dirent-elles nourrir des lâches.

Pendant ces indécisions, les officiers français calculaient quel pouvait être le nombre des ennemis : « Messieurs, dit froidement le Maréchal, ne discutez pas sur le nombre, ce nombre vous importe peu. Je voudrais pour ma part qu'ils fussent quarante mille, car nous en tuerions davantage et la leçon serait plus durable, sans que pour cela notre succès en devînt moins assuré. Je vous l'ai déjà dit maintes fois : au delà d'un certain nombre, au delà du nombre qui leur permet de nous envelopper et d'agir en totalité contre nous, les masses confuses, tumultueuses, ne gagnent aucune force réelle par leur accroissement numérique ; au contraire, le désordre, la confusion augmentent en raison directe de leur multitude ».

Par des marches fort heureusement exécutées, nous parvenons à nous emparer des crêtes, qui mettent sous notre main, tous les villages éparpillés dans un rayon de plusieurs lieues. Les Kabyles sentent bien que la résistance est impossible ; aussi le 18 mai la plus puissante tribu du Sebaou, les Amraouas, vient solliciter l'aman. Elle est suivie par d'autres tribus. L'aman fut accordé, et le 25 mai, le Maréchal Bugeaud donna l'investiture à des caïds choisis dans chaque tribu ; le Maréchal repartit le 27 ; la remise des brevets d'investiture devait avoir lieu à Alger le 6 juillet suivant.

Le Maréchal laissa dans la partie nouvellement conquise trois bataillons qui occupèrent le col des Ben Aïcha.

Peu de temps après, en octobre 1844, le général Comman fait des reconnaissances auprès de Dellys et essuie quelques revers. Le gouverneur général, pour ne pas laisser à l'ennemi le temps de reprendre courage, vient le 27 octobre engager une action auprès du village d'Abbizar, où l'ennemi se tenait. Il le met en fuite. Les chefs des Beni Djennad et les Flisset-el Bahr demandèrent aussitôt et obtinrent l'aman.

Dans les premiers mois de l'année 1845, une certaine agitation régna dans la Kabylie. Le 21 juin les généraux d'Arbouville et Marey durent se diriger vers les Ouled Aziz et les Beni Yala pour les châtier. Ils furent attaqués par Ben Salem qui s'était mis à la tête de deux tribus. Le Maréchal Bugeaud vint de nouveau rejoindre nos troupes, il fit brûler quelques villages des Beni Ouaguennoun, et cela suffit pour calmer l'effervescence et empêcher de nouvelles tentatives d'attaques. Nos soldats se promenèrent chez les Beni Raten, chez les Beni Djennad sans être préoccupés. Nous croyions dès lors être tranquilles pendant quelque temps. Il n'en fut rien, car au mois de juillet les Kabyles, ayant reçu des nouvelles d'Abd-el-Kader, nouvelles apportant presque toujours un écho de batailles gagnées et de succès inespérés, menacèrent assez fortement notre occupation. Ben Mahy-ed-Din dut appeler le général Bedeau. Celui-ci se joignant au général D'Arbouville réussit à couper court à l'insurrection en quelques jours.

L'année 1846 fut importante. Dès le mois de janvier Abd-el-Kader vint ravager la plaine des Issers. Ceux-ci, soumis à la France depuis déjà un certain temps, appelèrent à leur secours le général Gentil. A notre arrivée, les cavaliers d'Abd-el-Kader opérèrent une razzia de bétail et se replièrent à Cherrak-el-Teboul, où ils établirent un camp. Nous nous mîmes aussitôt à leur poursuite, et nous attaquâmes ce camp de Cherrak-el-Teboul, situé sur la pente Nord des Flissâs. Nous nous en rendîmes maîtres et il nous resta aux mains, 300 chevaux, 600 fusils, tout le bétail pris aux Issers, des selles, des drapeaux, des armes, et spécialement, dans une tente, des lettres portant le cachet d'Abd-el-Kader et des lettres à lui adressées par l'Empereur du Maroc.

De son côté, dès le 15 janvier, le Maréchal se rend chez les Beni Khalfoun, puis, les jours suivants, s'engage dans la haute montagne. Le 19, on signale la présence d'Abd-el-Kader, sur les rives de l'Oued Kseb, on va pour attaquer le camp, mais Abd-el-Kader avait fui et on ne put le rejoindre. On sut seulement plus tard que le 7 mars le colonel Camou l'avait rencontré et mis en déroute dans le sud, alors qu'il cherchait à nous échapper après s'être enfui de la Kabylie.

Le commandant Morlot de Wengy, pendant cette année, en conservant le poste de Bougie, avait réussi à frapper ou à intimider quelques tribus qui nous firent des offres de soumission.

La razzia de Cherrak-el-Téboul produisit une somme de 44,000 francs. On commença par indemniser les Issers des pertes qu'ils avaient pu subir ; cet acte de justice et de protection produisit un excellent effet sur les Kabyles. Ils avaient d'ailleurs été déjà frappés de notre conduite, lorsque, après la razzia de Cherrak-el-Teboul, leurs chefs étaient venus à notre camp. On les y reçut sans leur demander aucun compte de la manière dont ils avaient pu se comporter à notre égard.

Nous étions arrivés à d'heureux résultats, notre conquête allait s'affermissant de jour en jour, et cependant en 1847, il restait toujours un noyau en Kabylie, que nous n'avions pas encore soumis. La conquête de cette région était cependant absolument nécessaire pour parachever notre œuvre. Le Maréchal Bugeaud, en parlant du Jurjura, disait à cette époque : « nous ne sommes pas assez forts pour aller là ». De leur côté, les écrivains de la conquête de la grande Kabylie, MM. Daumas et Fabar, constataient qu'en 1847 notre domination n'était ni absolue, ni complète, ni tout-à-fait encore inébranlable. Il nous fallut dix ans pour réaliser ce complément de domination qui nous était devenu indispensable.

Quelques faits méritent cependant d'être relatés avant d'aborder la campagne de 1857, qui nous ouvrit réellement la Kabylie.

Après avoir reçu la soumission des Beni Abbès, nos troupes allèrent camper le 15 mai 1847 à Sidi Moussa, où elles essuyèrent une vive fusillade. Le 16, nous attaquons les positions et nous réussissons à prendre les deux tours qui dominent le pays et que le Khalifa Mokrani appelait les cornes du Taureau. En présence d'un pareil succès, tous les Kabyles fuient devant nous : les villages sont incendiés sur notre passage par nos troupes.

« C'était près de ces tours, entre les deux hameaux, au pied d'Azrou, que s'était arrêté le Maréchal, entouré d'un grand nombre d'officiers. Tout-à coup, un homme s'avance au milieu du cercle. C'est un Kabyle ; mais la propreté de son vêtement, la dignité de sa démarche, l'expression de sa physionomie annoncent un chef. Il adresse la parole au Maréchal avec beaucoup de véhémence :

— Je viens te demander l'aman pour les miens et pour moi.

— Qui es-tu ?

— L'un des chefs des Beni Abbès. Hier je les excitais moi-même au combat. C'est moi qui, plus vivement qu'aucun autre, ai repoussé les paroles pacifiques de ton Khalifa Mokrani. Je l'aperçois à tes côtés, il peut témoigner contre moi. Tout ce que j'ai fait, je l'avoue. Maintenant tu nous as vaincus, et aussi franchement que je t'ai combattu, je viens te dire : Nous sommes prêts à t'obéir ; veux-tu nous accorder l'aman ?

— Tu l'auras si tu te soumets à mes conditions.

— Nous sommes dans ta main. Fais d'abord cesser la poursuite et l'incendie : après, ordonne ce qu'il te plaira ; nous l'exécuterons.

— Je ne veux pas traiter séparément avec chacune des fractions de la tribu ; il faut que toutes viennent à la fois ; alors je rappellerai mes soldats.

— Retire-les de suite. Moi, je te parle au nom de tous les chefs. Demain soir je les amènerai tous à ton camp.

— Pourquoi seulement demain soir ?

— J'ignore où ils sont à cette heure. Tout le monde

fuit au hasard et de cent côtés différents. Une journée sera courte pour les rallier tous.

— Et s'ils refusent de te suivre ?

— Ils ne refuseront pas... que veux-tu qu'ils deviennent ? S'ils refusaient, je viendrai seul à ton camp et je te servirai de guide pour brûler les autres villages.

— Va donc les rassembler. Je resterai encore aujourd'hui et demain dans le camp que j'occupe au pied de vos montagnes. Je t'attendrai. » (Daumas et Fabar).

Comme l'on faisait remarquer au Maréchal qu'en réalité il n'avait aucun gage de la bonne foi de ce Kabyle, celui-ci répondit : « Dis-lui que j'ai confiance en sa parole. La confiance est compagne de la force. Sans aucune garantie de sa part, je vais suspendre ma victoire. On évacuera les villages, on éteindra les feux, on respectera tous les champs qui n'ont pas encore été dévastés, qu'il parte. Je vais lui signer tout à l'heure un laisser-passer pour franchir nos colonnes éparses ; qu'il songe à tenir sa promessse ou ma justice sera inflexible. » Le Kabyle répondit. « Si je manque à ma parole, que Dieu me fasse tomber entre tes mains et que tu m'envoies prisonnier à Paris ! Demain avant le coucher du soleil, je t'amènerai tous les chefs des Beni Abbès. Dans tous les cas je viendrai seul. »

Le lendemain, vers 3 heures, tous les chefs venaient à la tente du Gouverneur. L'aman leur fut accordé aux conditions suivantes : un impôt annuel de cinquante mille francs et la promesse d'obéir à notre Khalifa Mokrani. Celui qui s'était présenté la veille répondit : « Nous sommes vaincus. Nous exécuterons tes volontés. Nous obéirons à Mokrani, non à cause de lui, mais à cause de toi. C'est toi seul qui nous as vaincus ; lui, sans cela ne nous eût jamais commandés. Aucun homme, ni de sa race, ni d'une autre, ne l'avait pu faire avant toi. » Le vieux Kabyle tenait ainsi à protester contre sa soumission vis-à-vis d'un chef arabe.

Ce fut, en Kabylie, que se passa le fait légendaire, relatif au fameux air de la « casquette du père Bugeaud. »

Une nuit, la vigilance de nos avant-postes fut en défaut et quelques Kabyles vinrent exécuter sur le camp une décharge meurtrière et si bien nourrie que nos soldats hésitèrent à se relever. Les officiers donnent l'exemple et s'élancent vers les agresseurs.

Le maréchal Bugeaud était arrivé l'un des premiers, les assaillants sont vivement mis en fuite. Chacun rentrait au camp à la lueur des feux du bivouac, lorsque le maréchal remarqua que chacun souriait en le regardant. Il porta la main à sa tête, et ne put s'empêcher de sourire lui-même en constatant qu'il était coiffé comme jadis le bon roi d'Yvetot. Il demanda aussitôt sa casquette, et dans le camp, ce ne fut qu'un écho de mille voix : la casquette, la casquette du maréchal. Or cette casquette, un peu originale, avait eu le don d'attirer souvent l'attention des soldats ; aussi le lendemain, quand les clairons sonnèrent la marche, le bataillon de zouaves se mit à chanter en chœur ;

> As-tu vu
> La casquette,
> La casquette.
> As-tu vu
> La casquette
> Du père Bugeaud ?

Le maréchal, qui aimait à raconter cette anecdote, disait souvent au clairon de piquet : « sonne la casquette » ; ce fut de ce nom que s'appela désormais la fanfare de la marche.

Le 16 mai, le lieutenant général Bedeau vint camper en face des Reboulas, et incendia plusieurs villages aux environs pour punir l'agitation de Muley Mohammed. Il ne fut pas d'ailleurs l'objet d'une seule attaque. Le 18, on culbute les Beni Ourtilan, et dans leurs villages, on détruit les maisons des agitateurs. Consternés, ils viennent tous nous demander de leur accorder l'aman.

Le 19, nous recevons la soumission des Beni Haffif et des Guifsar.

Le 23 mai, l'armée entière se trouve réunie ; il y a là quinze mille hommes qui campent aux environs et en face de Bougie. Les Kabyles, en voyant un tel spectacle, comprirent à quelle puissance il faudrait résister, et l'un d'eux ne put s'empêcher de dire : « Nous avions bien appris que c'était folie à nous de résister, tant votre force était grande ; mais nous ne l'avions pas vue. Maintenant notre œil est satisfait. »

Le 24 juin eut lieu l'investiture de soixante chefs Kabyles devant la tente du maréchal.

Six coups de canon retentirent et le gouverneur général s'exprima ainsi :

« Je suis venu, rempli d'intentions pacifiques, vous offrir l'ordre et la prospérité. Quelques-uns d'entre vous m'ont accueilli de suite, d'autres ont voulu me repousser. A ceux-là j'ai rendu guerre pour guerre, vous savez ce qui en est arrivé. Je serais en droit de les punir ; mais le roi des Français, que je représente, est grand et miséricordieux. Voici quelle est sa volonté.

Vous ouvrirez librement au commerce, aux chrétiens comme aux musulmans, le parcours de toutes vos routes, notamment celle de Bougie à Setif.

Les tribus répondront de tous les méfaits qui seraient commis sur leur territoire : elles y veilleront par des postes.

Vous fournirez des moyens de transports à nos colonnes, toutes les fois que vous en serez requis ; vous paierez un impôt modéré, dont le montant pour chaque tribu est déjà fixé : le premier semestre devra être acquitté tout de suite, ou au plus tard dans le délai d'un mois. Il vous est interdit de faire la guerre entre vous. L'autorité française jugera tous vos différends, comme elle punira tous les perturbateurs.

Ecartez avec soin Abd-el-Kader et les chérifs qui vous prêchent la guerre ; car ils empêcheraient l'effet de nos bonnes intentions envers vous.

Nous n'occuperons pas votre pays, nous ne garderons pas vos routes ; mais nous viendrons de temps en temps vous visiter, avec une armée comme celle-ci, et alors nous châtierons ceux qui se seraient rendus coupables de la plus légère infraction. »

Chacune de ces phrases, disent MM. Daumas et Fabar, était traduite successivement et suivie d'acclamations. La solennité se termina, au bruit de la musique militaire et du canon, par la distribution des burnous et d'un grand nombre de cadeaux. Les tribus livraient en échange un cheval ou un mulet de soumission.

Le 25, le Maréchal s'embarqua à Bougie ; mais avant son départ il annonça en présence d'une centaine d'officiers venus pour le saluer à bord, qu'il allait se démettre de ses hautes fonctions. Ce fut une douloureuse nouvelle pour l'armée.

Le général Gentil fut chargé de ramener la colonne du gouverneur. Sa marche fut exécutée sans aucun incident. Les tribus, devançant l'échéance fixée, acquittèrent lors de son passage le premier semestre d'impôt. Seul le lieutenant général Bedeau eut un engagement très secondaire avec quelques perturbateurs dont il eut vite raison.

En 1848 et en 1849, nous ne trouvons rien de saillant à signaler.

Le 21 mai 1850, dans un dispersement des Kabyles des Beni Himmel, le général Barral fut mortellement blessé.

En 1851, une vaste insurrection suscitée par un fanatique prêchant la guerre sainte, Bou Baghla, menace notre influence et notre pouvoir en Kabylie. Vainement le général d'Hautpoul, alors gouverneur général, demande avec insistance l'autorisation d'attaquer la Kabylie. On lui refuse cette autorisation ; mais on lui enjoint de réunir pour la fin du mois d'avril, huit mille hommes qui formeront un corps expéditionnaire aux ordres du général St-Arnaud. Cette colonne aura pour mission d'affermir l'autorité des cheiks, nos alliés, d'étendre nos relations et de débloquer Djidjelli.

Lorsqu'en 1854, éclata la guerre d'Orient, notre armée d'Afrique fut appelée en Europe. Bou Baghla avait cru bon le moment pour prêcher de nouveau la guerre sainte. Malheureusement pour lui, le maréchal Randon, gouverneur de l'Algérie, prit des mesures très promptes et très énergiques. Deux divisions, sous les ordres des généraux de Mac Mahon et Camon, partirent l'une d'Alger, et l'autre de Constantine, et se portèrent dans le massif compris entre Dellys et Bougie. Elles se réunirent, remontèrent la vallée du Sebaou et envahirent tout le territoire des Beni Yaya (14 juin). Devant nos forces et la promptitude que nous avions déployée, les Beni Idjers demandèrent l'aman, et nous eûmes sous notre autorité toutes les tribus placées entre le Sebaou, Dellys et Bougie.

Les deux années suivantes furent marquées par des évènements malheureux pour nous. En 1855, la tribu des Ben Iraten fit soulever les Beni Aguennoun. Nos alliés des environs furent pillés, nos postes ouvertement insultés. L'audace des insurgés fut telle que huit mille hommes d'entre eux essayèrent d'incendier la forteresse de Dra-el-Mizan. Le maréchal Randon attendait la fin de la guerre d'Orient, pour châtier les agitateurs, ses troupes n'étant pas suffisantes. En 1856, ce fut le tour de la tribu des Guetchoula. Leur insurrection resta aussi impunie par les mêmes motifs.

Enfin le maréchal Randon vit approcher le moment de frapper le grand coup sur la Kabylie et dès les premiers mois de l'année 1857 il prépara l'expédition qui devait achever complètement notre conquête.

Au début de cette année, le maréchal Randon, gouverneur de l'Algérie, convoqua 35,000 hommes de troupes régulières et quelques milliers d'auxiliaires arabes et Kabyles. Le plan adopté fut aussi simple que bien réglé.

Nous laissons à un témoin oculaire, M. Carrey, le soin de nous le faire connaître.

« Un corps de 25,000 hommes environ, de troupes régulières, formant trois divisions, sous le commandement direct du maréchal, composera l'armée active proprement dite. Chacune de ces divisions, se subdivise en deux brigades, sous les ordres immédiats de deux généraux de brigades. Un corps de cavalerie et une réserve d'artillerie sont annexés à cette armée.

« Ce corps principal doit entrer dans la grande Kabylie par le nord, et à cette fin se concentrer dans la vallée du Sebaou, aux pieds des montagnes ennemies, près du fort de Tizi-Ouzou.

« Une colonne dite d'observation, composée de deux bataillons d'infanterie, de deux escadrons de cavalerie, d'une section d'artillerie et d'un goum arabe, sous les ordres d'un colonel, doit se concentrer sur la frontière ouest de la Kabylie, à l'entrée de la vallée de Boghni, autour du fort de Dra-el-Mizan, centre de ses opérations.

« Une seconde colonne, composée de deux bataillons d'infanterie, deux escadrons de cavalerie, une section d'artillerie et un goum arabe, sous les ordres d'un colonel, doit occuper également un poste d'observation militante sur les versants sud du Djurjura, dans la vallée de l'oued Sahel, à quatre lieues de la colonne précédente, chez les Beni Mansour.

« Une troisième colonne, composée de deux compagnies de troupes régulières et de goums arabes, sous les ordres d'un lieutenant-colonel, doit s'établir sur les versants sud du Djurjura, dans la vallée de l'Oued Sahel, à Tazmalet (Tazmalt), chez les Beni Abbès, tribu récemment soumise.

« Enfin une division entière, composée de 5000 hommes avec artillerie, génie, etc... sous les ordres d'un général de brigade, doit se concentrer sur les frontières sud-est du pays ennemi, en face du col de Chellata, l'un des passages de la grande crête rocheuse du Djurjura.

« Des contingents Kabyles, soumis à la France et suscités par elle, doivent prendre part à la lutte, mais séparément, pour leur compte, selon leur mode de combat, leurs haines, leurs volontés du moment » (Carrey, *Récits de Kabylie*).

Cette situation de nos forces forme ainsi un véritable siège tout autour de la Kabylie ; c'est en vérité un vaste filet qui englobe tout le territoire insoumis et dont les mailles se resserrant chaque jour de plus en plus viendra enserrer les Kabyles jusqu'au dernier.

Dans le courant d'avril ou les premiers jours de mai 1857, chaque troupe se met en mouvement pour venir prendre les positions qui lui ont été assignées. Le maréchal Randon quitte Alger le 17 mai et arrive ce même jour à Tizi-Ouzou. Le 18, il visite le fort et le camp, le

19, il s'avance pour choisir ses points d'attaque, le 20 il établit son quartier général au centre de l'armée active. Tout est prêt pour la lutte ; mais avant de passer aux faits, voyons comment nos troupes sont disposées, et par qui elles sont commandées.

Trois camps sont formés.

Le premier, à droite du quartier général du maréchal, est celui de Sikhou Meddour ; il est occupé par la première division aux ordres du général Renault. Cette division comprend deux brigades, l'une commandée par le général de Liniers (cinq bataillons) ; l'autre par le général Chapuis (six bataillons). Le colonel de Fénélon commande la cavalerie établie autour de ce camp.

Le second camp, celui d'Abid Chambal, se trouve établi à la gauche du quartier général. La seconde division, aux ordres du général Mac Mahon, l'occupe, elle est organisée en deux brigades ; chacune de ces brigades comprend six bataillons, l'une commandée par le général Bourbaki, l'autre par le général Perigot.

Le troisième camp, camp d'Hanis, est au centre et aux ordres du général Yusuf. Les généraux Gastu et de Ligny commandent les deux brigades de cette division : elle comprend douze bataillons.

Ces trois camps forment le corps expéditionnaire.

Quant aux colonnes d'observation, elles sont commandées :

La 1re par le général Maissiat. Elle est composée de 5,000 hommes formant tout l'effectif disponible de la division de Constantine. Elle arrive le 26 juin en face des Beni Mellikeuch.

La 2e, aux ordres du colonel Marmier, comprend deux compagnies de fantassins (tirailleurs indigènes et chasseurs d'Afrique), 40 spahis et un goum de trois cents chevaux. Son rôle, tout passif, consiste primitivement à surveiller les Mellikeuch, de son camp fixé chez les Beni Abbès.

La 3e colonne, composée du 18e bataillon de chasseurs, de trois compagnies du 2e bataillon d'Afrique, de deux escadrons du 7e hussards, d'une section d'artillerie et d'un goum de cent cinquante cavaliers arabes, est placée sous le commandement du colonel d'Argent et vient camper chez les Beni Mansour.

Enfin la dernière colonne dite d'observation, aux ordres du colonel Drouhot, assisté du commandant Beauprêtre, quitte le 13 mai le fort de Dra-el-Mizan et campe le 23 à Bordj-Boghni ; formée de deux bataillons du 65e de ligne, de deux escadrons du 7e hussards, d'une section d'artillerie et d'un goum arabe, elle a pour objet de surveiller, ainsi que la 3e colonne, les tribus qui l'environnent jusqu'à l'arrivée de l'armée principale, pour faire avec elle, s'il y a lieu, soit une jonction, soit une diversion sur les derrières de l'ennemi.

La campagne commence avec ces dispositions, qui étaient incontestablement fort sages et fort habiles.

Le maréchal a projeté pour le 22 mai l'attaque du territoire des Aït Iraten, mais un temps affreux de brouillards, empêche la sortie du camp. Les marabouts kabyles ne manquent point de tirer de ce fait un présage heureux : « Le Roumi, disent-ils, vient si nombreux que depuis Alger jusqu'au Sebaou, on ne peut pas jeter un grain d'orge sans qu'il retombe sur une tête d'homme. Mahomet veille sur ses enfants et va disperser sans combat cette légion de fourmis voraces. » Et ce qui augmente singulièrement leur confiance, c'est qu'une forte pluie, et les grondements du tonnerre se mettent de la partie, et durent toute la journée du 23. Mais vers le déclin du jour, avec cette rapidité vraiment extraordinaire que chacun à maintes fois constatée en Algérie, le temps s'éclaircit, et l'on peut présager pour le lendemain matin une belle journée.

Les prévisions étaient justes : aussi à trois heures du matin le corps expéditionnaire peut se mettre en mouvement. Le général Yusuf, dont la division doit enlever une des positions les plus difficiles, le village d'Ighil Guefri, dit au maréchal, en le quittant : « Vous serez obéi, Monsieur le Maréchal ; à sept heures, nous fumerons le cigare dans le village d'Ighil Guefri. »

Tout à coup, à gauche, on entend des feux roulants et le canon gronde, c'est la division de Mac-Mahon qui est engagée ; un épais brouillard de fumée de poudre empêche de suivre son mouvement.

A droite, au bas d'Ighil Guefri, des coups de feu se font aussi bientôt entendre. Le général Yusuf est entré en action. La division Renault reste seule silencieuse.

Le maréchal, qui a pris position sur un mamelon, fait lancer des fusées sur les hauteurs pour protéger l'ascension du général Yusuf. Il est bientôt obligé de faire cesser cette opération, les troupes arrivent en effet presque sur les hauteurs et les balles des fusées pourraient atteindre nos soldats, qui disparaissent au milieu des figuiers.

Une flamme violente apparaît aux yeux du maréchal et de son état major : ce sont les deux hameaux qui couvraient Tacherahit qui brûlent, incendiés par la division Mac-Mahon ; et bientôt Tacherahit, est lui-même livré aux flammes, il est cinq heures du matin, et la division de Mac-Mahon a commencé son mouvement à quatre heures précises ! Il est vrai d'ajouter que la marche était admirablement réglée. La brigade Bourbaki, partie en avant, sans sacs, comprenait le 2ᵉ de zouaves, le 54ᵉ de ligne, le 1ᵉʳ bataillon du 2ᵉ étrangers, et le 11ᵉ bataillon de chasseurs à pied. Trois sections d'artillerie la suivent de près. Derrière elle vient la brigade Périgot, par bataillons en masse, savoir : le 93ᵉ de ligne, le 3ᵉ de zouaves, et le 1ᵉʳ bataillon du 3ᵉ tirailleurs algériens. Un escadron du 1ᵉʳ chasseurs d'Afrique et un escadron de spahis suivent à gauche dans la plaine, menaçant les bas versants de la montagne attaquée et de celle des Fraouçen, tribu voisine et amie des Ben Iraten.

La brigade Bourbaki a devant elle un premier plan de terrains en pentes douces, planté de figuiers, semé d'ouvrages en terre et de hameaux avancés, qui abritent des Kabyles répandus, sans ordre, en tirailleurs ; puis Tacherahir, situé à 300 mètres au-dessus de la vallée, doublement fortifié par la nature et les Berbers. Précédées d'une ligne de tirailleurs, les troupes entrent sous les figuiers et culbutent dans le ravin de l'oued Boukal les premières embuscades ennemies, tandis que l'artillerie ravage à coup d'obus leurs premiers ouvrages ou hameaux fortifiés et bientôt Tacherahir lui même. » (Carrey, *Récits de Kabylie*).

Bourbaki, sans perdre une minute, escalade, à 300 mètres au dessus et sous le feu de l'ennemi, une autre bourgade retranchée, appelée Bélias. Là, il arrête ses troupes pendant dix minutes, puis les ralliant, leur fait gravir encore, à deux cent cinquante mètres au-dessus de Bélias, les pentes d'un piton garni de rochers et où se trouve Afensou. En trente minutes, ses troupes arrivent au sommet « malgré l'ennemi, les ravins, les escarpements, et à six heures du matin, s'y répandent victorieuses, ayant, en deux heures, sous le feu toujours, parcouru deux grandes lieues, gravi sept cent cinquante mètres en hauteur, pris trois villages et, devant elles, sur toute la route, balayé les Kabyles entassés et hurlants, comme un vent d'orage balaie des poussières. » (Carey, mêm. ouv.).

L'avant-garde de Bourbaki ne se trouve plus qu'à une lieue et demie du plateau de Souk el Arba (Fort National). Elle n'en est séparée que par le village d'Imaïseren, dont le 2º zouaves s'empare en une demi-heure ainsi que de Bou Arfâa, autre mamelon à gauche. Les opérations de la brigade Bourbaki sont terminées pour cette journée ; le général prend soin de se fortifier dans ses positions, positions très importantes, puisque du haut de ces deux mamelons, il domine Souk el Arba.

Pendant que l'avant-garde de la division de Mac-Mahon effectuait ce beau fait d'armes, l'arrière-garde opérait à son tour et par la même route, son ascension, mais non sans avoir à combattre un ennemi nombreux et hardi. Les Kabyles, voyant s'avancer sur eux les trois divisions françaises, comprirent qu'ils allaient être pris sans retraite possible ; ils descendirent donc aussitôt dans les ravins de droite et de gauche, et arrivèrent en nombre assez considérable, entamer l'arrière-garde de la brigade Périgot.

Le 11º chasseurs à pied et le 2º bataillon du 93º, vivement pressés, les reçoivent à la baïonnette, et parviennent à les repousser dans les ravins ; mais alors commence une fusillade qui ne dure pas moins de quatre heures ; elle arrive à prendre fin, et nos troupes établissent leurs bivouacs ; il est deux heures.

La marche de la division de Mac-Mahon était admirable en cette journée ; non moins belle fut celle de la division Yusuf.

Nous l'avons perdue de vue, au moment où le maréchal venait de suspendre le lancement des fusées et où les troupes pénétraient sous un plant de figuiers. La colonne de droite, aux ordres du général Gastu et formée de 2 bataillons du 1er zouaves et de deux bataillons du 60e de ligne, a pour mission d'enlever Iguil Guefri. Il doit en passant enlever le marabout de Si Klaoui, situé dans la plaine sur un mamelon séparé. Elle part une demi-heure avant les deux autres, sans sacs, sans bidons, sans gamelles. Le général Gastu gagne au milieu d'un profond silence, le mamelon de Si Klaoui et arrive au bas de la côte, garnie de figuiers, qu'il doit escalader. Subitement la fusillade éclate ; comme il fallait si attendre, les Kabyles s'étaient embusqués. Le général fait sonner la charge et monte : les Kabyles disparaissent rapidement. Nos soldats avancent cependant « comme rasés, collés à la montagne qui les protège. Ça et là une balle arrive à son but : un soldat s'arrête ou tombe : son camarade le repose à terre, puis reprend sa route et tout est dit : c'est l'affaire de l'ambulance ou du prêtre. L'honneur, le devoir et le clairon sonnent la charge, il faut monter : chacun monte presque sans tirer, sans s'occuper de l'ennemi, dédaigneux de ses balles. » (Carrey, *Récits de Kabylie*). On arrive dans Ighil Guefri, où se trouvent seulement quelques Kabyles qui n'ont point voulu fuir. Ils accueillent nos soldats par quelques coups de feu. A six heures précises, une heure avant le moment indiqué par le général Yusuf, le 1er de zouaves et le 60e de ligne pénétrent de tous côtés dans le village. Un lieutenant du 1er bataillon, M. Rousset, gravit le premier les murailles Kabyles ; il est à vingt pas devant tous les autres. Quand le général Gastu, ayant appris ce beau fait, félicita ce jeune lieutenant, celui ci répondit simplement : « je vous remercie, mon général, mais je n'ai rien fait de plus que les autres : je suis lieutenant, il fallait bien conduire mes hommes. » D'Ir'il Guefri et sans arrêt, la brigade

Gastu marche sur Taguemmount où elle est rejointe par la colonne de Ligny.

Cette seconde colonne partie, d'après les ordres, une demi-heure après la colonne Gastu, arrive auprès de Taguemmount, sans avoir rencontré un ennemi, sans avoir eu à tirer un coup de feu. Elle fait sa jonction avec la brigade Gastu, et toutes deux marchent vers la division Mac-Mahon, qu'elles atteignent en bas de Tir'ilt el Hadj Ali, avant sept heures du matin.

Le général Yusuf s'était mis à la tête de la 3ᵉ colonne, dite de réserve et composée du 68ᵉ de ligne et du 1ᵉʳ bataillon du 75ᵉ avec l'artillerie, le génie et les ambulances. Il arrive auprès des deux autres colonnes et prend possession des positions qu'il doit occuper. Il envoie le 1ᵉʳ bataillon de zouaves à la poursuite des Kabyles réfugiés dans un vaste ravin, situé entre le général Renault et lui.

Les deux divisions Mac-Mahon et Yusuf avaient rempli une tâche ardue; la division Renault dans cette même journée réussit complètement ses opérations non moins difficiles.

Campé à Sikhou Meddour, le général Renault avait devant lui un étroit plateau se reliant à Souk el Arba, occupé par les Irdjen, fraction des aït Iraten. Il lève le camp à cinq heures et demie du matin; il a formé avec ses troupes trois colonnes : celle de droite, aux ordres du général de Liniers, comprend 4 compagnies du 8ᵉ bataillon de chasseurs, 2 bataillons du 23ᵉ de ligne, un bataillon du 90ᵉ. La colonne de gauche, colonel Rose, se compose du 1ᵉʳ bataillon du 1ᵉʳ régiment de tirailleurs algériens, d'une compagnie du 8ᵉ chasseurs et d'un bataillon du 90ᵉ. Le général Chapuis commande la 3ᵉ colonne dite de réserve, comprenant un bataillon de tirailleurs algériens, deux compagnies du 8ᵉ bataillon de chasseurs à pied et deux bataillons du 41ᵉ. L'artillerie, placée sur un mamelon avancé, balaye, devant les troupes en marche, le village de Djemma. Puis à la tête d'un peloton de spahis et d'un escadron de chasseurs d'Afrique, le colonel de Fénelon, commandant en chef de la cavalerie, chasse les Kabyles épars dans la plaine,

La colonne de Liniers s'avance par le plateau de Taksebt jusqu'à Tiguert Hala, escaladant des pentes abruptes, défendues une à une. C'est là qu'elle opère sa jonction avec la 2ᵉ colonne. En effet, le colonel Rose étant arrivé à Taranimt, après une montée difficile, et un vif engagement, s'était dirigé vers Tiguert Hala qu'il occupait lors de l'arrivée de la colonne de Liniers. Toutes deux réunies, ces colonnes dominent tous les pitons, garnis de villages, situés vers la droite sur la vallée de l'oued Aïssi.

Le général Chapuis, avec la colonne dite de réserve, avait accompli sa jonction avec le général de Liniers dans le village de Djemma et avait ainsi assuré les communications avec le camp de Sikhou Meddour.

Sur les ordres du général Renault, la 2ᵉ colonne arrêtée à Tiguert Hala, se dirige sur les villages de Tamzerirt et d'aït Saïd. Protégé par l'artillerie, le colonel Rose enlève ces deux villages, et s'établit sur le plateau d'Ouaïlel. C'est là que le général Renault vient installer son bivouac ; il a devant lui Ibachiren et les quelques villages qui le séparent de Souk el Arba, point de jonction fixé pour les trois divisions.

« Cependant l'ennemi ne cesse de tirer et malgré les postes avancés, ses balles arrivent jusque dans le camp. Le général Renault fait occuper par les tirailleurs du colonel Rose les hauteurs qui commandent les villages d'Ibachiren et d'Azouza, situés en avant de son camp, tandis que deux bataillons des 41ᵉ et 90ᵉ de ligne, conduits par le lieutenant colonel Méry de la Canorgue et le commandant Thouvenin, s'échelonnent sur un long contrefort de droite, dominant le village d'Aït Hag. A deux reprises, les Kabyles tentent des attaques vigoureuses sur ces différents points d'avant-garde ; ils viennent si près, qu'en plusieurs endroits les soldats peuvent les repousser à la baïonnette ; mais une batterie d'obusiers de montagne lance sur eux quelques obus, qui portent en plein et préviennent de nouvelles attaques. La 1ʳᵉ division a encore à s'emparer des villages placés à sa droite, sur des contre-forts, qui descendent séparément, et par des pentes rapides, jusqu'à la vallée de l'Oued-Aissi. Les Kabyles de ces villages, embusqués derrière leurs maisons, ou se reployant à tous instants dans le fond de leur ravin impraticable, tirent sur les soldats encore à découvert, blessent ou tuent beaucoup de monde et, par instants, font des retours offensifs jusque sur Tiguert Hala et toute la crête occupée par la première division » (Carrey, même ouvr.)

Le commandant Gibon fait diriger un feu plongeant sur les villages, ce qui assure aux troupes l'emplacement définitif de leurs positions.

Pendant toute la journée, l'avant-garde de la division Renault reste engagée, et ce n'est qu'au coucher du soleil que cette dernière peut se maintenir dans les positions qu'elle occupe, grâce à son énergie et à celle de ses chefs.

La nuit arrive, chaque division occupe les positions que nous avons indiquées, et le Maréchal a établi son camp autour de Tir'ilt el Hadj Ali. De ce point, nous pouvons voir les trois divisions et le pays environnant, et ce n'est certes pas un spectacle peu curieux que celui des incendies allumés par des Kabyles, nos alliés du moment, chez les Kabyles, nos ennemis d'aujourd'hui. Les Maâtka ont livré aux flammes les villages des Douella et des Mahmoud ; les Fraouçen ont été l'objet de la vengeance des Aït Djennad.

Avant de poursuivre ce récit, il est juste de se rendre compte de la force des ennemis que nous avions eus à combattre. Les Kabyles combattent pour leur crête, pour leur Ir'il, c'est dire qu'ils se désintéressent de la lutte qui éclate chez leurs voisins. Aussi n'avions-nous en réalité que de faibles contingents devant nous. Il n'y avait pas chez eux cette union qui eût pu nous être funeste ; et c'est rendre hommage à la vérité historique que de constater cette situation. D'un autre côté, il faut remarquer le mouvement fort habilement combiné de nos troupes. L'attaque ne se fait pas de front, mais en tournant l'ennemi, qui, à chaque instant, se trouve pris entre plusieurs feux.

Cette journée du 24 mai, fertile en beaux faits d'armes, coûte cependant à la France un sang précieux. Soixante six soldats sont morts sur le champ d'honneur, quatre cent quatorze autres, dont trois officiers, sont évacués sur les ambulances.

Le 25 mai, le soleil se lève et la lutte recommence.

La division Renault n'a pas assez de troupes pour occuper tous les villages des Irdjen qu'elle a à conquérir et garder les crêtes qui donnent communication avec la plaine. Elle doit donc, dans de multiples engagements, détruire les positions qui lui semblent dangereuses. Dès sept heures du matin, le général Renault fait lancer quelques obus sur les villages d'Aït Halli et d'Aït Yacoub. Les Kabyles épouvantés fuient de tous côtés, et les commandants Paturel et Ris, à la tête de deux bataillons du 41ᵉ et du 23ᵉ de ligne, envahissent ces deux villages. Quelques instants après, l'incendie élève vers le ciel ses flammes terrifiantes. De son côté, le général de Liniers s'empare du village de Aït Hag et le brûle.

La division Mac Mahon, dans cette journée, doit subir d'incessants combats d'avant-garde. Les Kabyles reviennent à la charge et cherchent à enlever la position avancée d'Imaïseren : ils sont repoussés à la baïonnette. Mais leur tactique change ; embusqués dans les buissons, ils cherchent toutes les occasions de s'approcher de tout soldat qui se découvre et tirent sur lui. Cette lutte se prolonge jusqu'au milieu du jour, quand tout à coup vers midi, « l'on voit des burnous blancs arriver de tous côtés sur le plateau de Souk el Arba, qui peu à peu se couvre de leur foule agglomérée ; une discussion violente, mêlée de gestes et de cris confus, paraît s'élever entre les Kabyles, réunis sur ce point au nombre de 3000 hommes environ. Tout à coup, cette foule se disperse en poussant des cris bruyants, et quelques-uns tirent des coups de fusils dans la direction du petit village d'Icheraouia, placé sur le haut du plateau de Souk el Arba. C'est la fin de la lutte » (Carrey, même ouvr.).

On voit en effet quelques-uns des Aït Iraten s'avancer en parlementaires jusqu'aux postes de la division Mac Mahon ; ils portent des branches vertes à la main. C'est le signe pour eux, sinon de la paix, tout au moins de la trêve. Est-ce par allusion à la colombe qui rapporta à Noë le rameau d'olivier, présage de la fin du déluge ? Il serait très aventureux de se prononcer ; mais cette comparaison est curieuse à établir. On les conduit de poste en poste jusqu'au bureau arabe. Là, on leur fait remarquer qu'ils ne représentent pas les cinq fractions des Aït Iraten et par conséquent qu'on ne peut traiter avec eux. Avec une loyauté qu'il faut justement reconnaître et qui est native chez eux, ils reconnaissent la justesse de cette observation, et se contentent de demander une trêve jusqu'au lendemain six heures du soir, s'engageant à la faire respecter et promettant de revenir avec des pouvoirs suffisants. Le maréchal accéda à leur demande, et la trêve fut exécutée à la lettre.

Le 26, vers quatre heures, « les envoyés des Aït Iraten, au nombre de quarante à cinquante environ, traversent le camp et arrivent jusqu'à la tente du maréchal, conduits par le chef du bureau politique, le colonel de Neveu. Sous leurs vêtements de laine, sales et déchirés, sous leur allure sauvage et jusque sous le sentiment de leur impuissance, les Kabyles gardent une attitude digne. Drapés dans leurs longs burnous à capuchons, qui les enveloppent comme des cagoules de moines, la barbe entière, la tête nue et rasée, le teint bruni par le soleil, ils marchent à pas assurés et calmes ; quelques blessés de la veille ou des luttes précédentes suivent avec peine le gros de la troupe ; çà et là, sous un burnous, un peu de sang paraît rougeâtre.

Mais aucun visage ne trahit la souffrance, et nul d'entre eux ne se pare, ni ne s'humilie de ses blessures. Réunis en un seul groupe, passant au milieu de leurs ennemis, sans fuir ni chercher les regards, ce sont des vaincus, qui se soumettent à leurs vainqueurs, tristement, mais sans honte, résignés, courbant la tête sous la volonté de Dieu. Malgré les combats de la veille et du jour, malgré son penchant à railler tout ce qui n'a pas son allure française, audacieuse et hardie, le soldat garde le silence sur leur passage. C'est que le respect du malheur est un sentiment français, s'il en fut. Au-dessus de ces hommes demi-sauvages, mais défendant aussi le sol sacré de la patrie, au-dessus de ces vaincus tombés sous le nombre, eux aussi, il y a comme une double auréole, qui, malgré tout, fait monter au cœur et des respects et des souvenirs !

Le maréchal est dans sa tente, entouré des officiers du bureau arabe ; l'interprète principal de l'armée, M. Schousboe, est debout, à la porte, aidé d'un Kabyle, chargé de répéter ses paroles une seconde fois. Toujours silencieux, graves, sans saluer, les Beni-Raten s'asseyent à terre, en cercle, devant le gouverneur. L'un deux, presque vieillard, à la figure expressive, aux regards intelligents, à la barbe grisonnante, s'asseoit un peu en avant des siens, chargé de répondre pour tous.

Le maréchal se tourne vers eux et prononce chaque phrase d'une voix ferme ; l'interprète traduit en arabe; le Kabyle répète après lui dans le dialecte de sa nation, écoute la réponse, la redit en arabe à l'interprète, qui la transmet au maréchal.

La voix de M. Schousboe est claire comme sa diction; son interprétation est élégante et fidèle comme toutes les traductions qui passent par sa plume ou par sa bouche. Nul auditeur, soit musulman, soit chrétien, ne perd une seule parole.

— Vous tous qui êtes ici, représentez-vous entièrement la tribu des Beni-Raten, et pouvez-vous vous engager pour elle ?

Oui, nous sommes les *amins* (1) délégués par toute notre nation, et nous avons mission de parler pour tous les fils des Raten. Ce que nous aurons accepté sera accepté par tous.

— Pourquoi avez-vous manqué aux promesses de soumission que vous m'avez faites en 1854 au sebt des Beni-Yahia, puis, en 1855, à Alger, et fomenté des révoltes chez les tribus soumises ?

— Si quelques hommes des Beni-Raten ont fait cela, tous ne l'ont pas fait ; mais nous reconnaissons nos

1. Un amin est un maire, un chef de village.

fautes et nous venons ici pour nous excuser du passé et nous soumettre aux Français.

— Avez-vous cette fois l'intention de tenir fidèlement vos promesses et d'exécuter les conditions qui vous seront imposées ?

— Nous promettons que notre tribu sera fidèle aux promesses que nous te ferons en son nom.

— Voici quelles sont les conditions que je vous impose : si elles ne vous conviennent pas, vous retournerez à vos villages, vous reprendrez vos armes, nous reprendrons les nôtres, et la guerre décidera. Mais si vous nous forcez à combattre, après le combat, nous couperons vos arbres, et dans vos villages nous ne laisserons pas pierre sur pierre.

— Nous sommes tes vaincus, nous nous soumettons aux conditions qu'il te plaira d'imposer.

— Vous reconnaîtrez l'autorité de la France ; nous irons sur votre territoire comme il nous plaira ; nous ouvrirons des routes, construirons des bordjs ; nous couperons les bois et les récoltes qui nous seront nécessaires pendant notre séjour ; mais nous respecterons vos figuiers, vos oliviers et vos maisons.

Tous gardent le silence ; leur orateur président s'incline.

— Vous payerez comme contribution de guerre et juste indemnité des désordres que vous avez causés, 150 francs par fusil.

— Les Beni-Raten ne sont pas tous riches, et beaucoup parmi eux n'ont pas assez d'argent pour payer cette somme.

— Lorsque vous avez fomenté la révolte des tribus qui sont autour de vous, chacun de vous a su trouver de l'argent : les riches ont payé pour les pauvres ; vous ferez comme vous avez fait ; les riches prêteront aux pauvres, afin que tous payent et que chacun supporte la peine des fautes de sa nation.

Une sorte de brouhaha de réclamations confuses s'élève parmi les Kabyles : quelques-uns parlent ou gesticulent, mais le chef les apaise peu à peu, et répondant pour tous :

— Nous payerons la contribution que tu demandes.

— Comme preuve de vos bonnes intentions, vous me livrerez des otages, qui vous seront désignés, je les garderai jusqu'au payement intégral de la contribution, et même plus longtemps, selon votre conduite.

Tous restent silencieux. Le chef incline la tête.

— A ces conditions, vous serez admis sur nos marchés, comme les tribus kabyles soumises : vous pourrez travailler dans la Mitidja et gagner, pendant la récolte prochaine, de quoi payer votre contribution de guerre et bien au delà.

Les Kabyles écoutent toujours, impassibles en apparence.

Le maréchal reprend ;

— Pour vous convaincre, dès à présent, que nous ne voulons ni emmener les femmes et les enfants, ni vous prendre vos terres, comme on vous a dit que nous avions coutume de faire, vous rentrerez dans vos villages immédiatement, aussitôt que vos otages nous seront livrés ; vous pourrez circuler en liberté à travers les camps, avec vos femmes et vos enfants, et on ne prendra à personne, ni sa maison, ni ses arbres, ni son champ, sans lui en payer la valeur.

Les Kabyles gardent le silence : leurs visages impassibles ne trahissent aucun sentiment de regret ni de satisfaction.

— Vous pourrez, comme par le passé, vous choisir des amins, mais il devront être reconnus et investis par la France : vous pourrez même garder vos institutions politiques de villages, pourvu que vos chefs sachent vous maintenir en paix.

Un frémissement de joie court parmi tous ces hommes : des conversations à demi-voix s'engagent entre eux, et il est facile de voir, à leurs gestes et à leurs figures, la satisfaction que leur cause cette promesse inattendue.

Le maréchal les congédie en les renvoyant aux chefs du bureau politique, chargés de choisir les otages et de veiller au payement de la contribution de guerre, qui devra commencer dès le lendemain. Le commandant Péchot, aidé du caïd, notre partisan, désigne immédiatement les otages, d'après quelques listes tracées à l'avance, et fait sortir des rangs ceux d'entre eux qui se trouvent parmi les envoyés.

Fidèles à leurs paroles, les Kabyles désignés vont sans murmurer s'asseoir à part : sur vingt et quelques, un seul demande à retourner dans son village pour réunir l'argent qu'il doit payer, après quoi il reviendra se livrer. Les autres retournent vers le plateau de Souk-el-Arba et leurs bourgades avancées.

A partir de ce moment, pas un coup de feu ne retentit, pas un soldat ne subit même une injure. Mais pas un arbre n'est coupé, pas une maison, pas une demeure habitée n'est même fouillée. Les Kabyles circulent à travers le camp, vendant des armes, des bestiaux, des légumes ; les enfants entrent dans les tentes et regardent tout, de ces grands yeux étonnés et naïfs qui ne savent encore rien cacher. Une œuvre de pacification victorieuse commence. » (Carrey, *Récits de Kabylie*).

La soumission des aït Iraten eut pour effet de déterminer la soumission d'un nombre assez considérable de tribus. Les Fraoucen, Bouchaib, Khelili, R'oubri, Douella, Setka, Mahmoud, demandèrent l'aman qui leur fut accordé, et sauf la quotité de l'amende, les conditions de l'aman furent les mêmes : reconnaissance de la souveraineté de la France, libre parcours du territoire, livraison d'otages, paiement immédiat de la contribution de guerre.

Le maréchal, peu confiant dans ces premiers et importants succès, voulut assurer la domination française sur ce pays récemment soumis, et pour cela résolut de faire immédiatement exécuter une route qui permît de communiquer rapidement d'Alger à Souk el Arba. Aussi il fit établir son camp dès le 28 à Souk el Arba, pendant que la division Renault conserve son camp de Ouailel et que la division Mac-Mahon occupe sur la gauche les hauteurs de Aboudid. La division Yusuf accompagne le général gouverneur.

Le général de Chabaud-Latour est chargé de fortifier Souk el Arba et de faire exécuter les travaux de la route carrossable de cet endroit à Tizi Ouzou. Les travaux commencent le 3 juin.

Pendant que l'on creuse les fondations du fort et que l'on prépare la route, les Français ne perdent en rien l'occasion de se réjouir d'aussi beaux résultats. Aussi voyons-nous dans le livre de M. Carrey, le menu d'une carte du jour tout-à-fait homérique et que nous reproduisons ici :

L'état-major d'une division donne un dîner d'intimes, et le menu du repas circule dans le camp avec dessins, commentaires et additions de chacun :

CARTE DU JOUR PORTÉE A SIX SERVICES, VU LES VAUTOURS.

Hors-d'œuvre :

Sel, poivre, resel, cornichons (extra).
Potage réputé gras.

1er *service* (quatre entrées), savoir :

Vin et eau à discrétion ; Bœuf très-naturel ;
Truites saumonées (lisez Mouton arabe avec légumes kabyles ou ragoût français de circonstance ;
sardines de Dellys) ;

2e *service :*

Repos.

3e *service :*

Raisin non de Corinthe, gruyère ou tête de mort.

4e *service :*

Conversation animée, dans laquelle on dit du mal de son prochain, et naturellement de ses chefs.

5e *service :*

Paradoxes par ***, récits militaires par ***.

6e *service :*

Café très à l'eau et rhum à indiscrétions de toute nature.

Nota. On sera servi par Garagousse lui-même, en

costume de Crimée (chemise jadis blanche et pantalon idem); en vaisselle plate dite *de campagne.* Pendant toute la durée du repas, M.*** fera silencieusement entendre une symphonie de lui, dite le claquement des mâchoires.

Les travaux avancent et, le 14 juin, le tracé du fort est prêt ; « les fondations de l'un des bastions sont déjà creusées. L'Empereur a permis de baptiser la forteresse future du nom de Fort-Napoléon. Le maréchal veut donner à la pose de la première pierre la consécration d'un souvenir à la fois religieux et patriotique. Le travail est suspendu tout un jour pour cette cérémonie ; une amnistie générale des punitions et une ration de supplément sont accordées aux troupes.

Le 14 juin est le jour anniversaire des batailles de Marengo et de Friedland et du débarquement des Français en Algérie. C'est fonder sous d'heureux auspices un fort destiné à la pacification de la Kabylie, que l'associer, par une date commune, à ces deux grandes gloires impériale et royale. Le gouverneur de l'Algérie a choisi ce jour anniversaire. Chaque année, depuis vingt-six ans, la France algérienne célèbre cette date de naissance par une messe d'actions de grâces ; les aumôniers des trois divisions de l'armée expéditionnaire accomplissent d'abord dans chaque camp ce pieux sacrifice annuel.

Par leurs soins, un autel est dressé sur des caisses à biscuits et des tambours amoncelés ; une croix de bois et de branches vertes domine l'autel ; les couleurs de la France et les fanions des généraux flottent à son ombre ; des caissons, des trophées d'armes et des instruments de travail empruntés au génie sont disposés de chaque côté, comme ornements. Le maréchal, les états-majors et une partie des troupes viennent se ranger tout autour, debout. La musique et les tambours d'un régiment servent d'orgue ; le prêtre, assisté d'un soldat, monte à l'autel. Quelques-uns, ceux qui savent prier en public, prient ; d'autres, dans leurs cœurs, remercient la Providence pour la conquête qu'elle a permise ; tous pensent avec reconnaissance à ceux qui sont morts pendant cette longue lutte d'un quart de siècle, martyrs sacrés dont le sang a conquis notre terre d'Afrique, si belle de gloires, de dévouements et d'avenir français !

Le soir, vers trois heures, sur l'un des sommets du plateau de Souk-el-Arba, tout est disposé pour la cérémonie de la fondation du fort. Le maréchal, escorté des généraux et des états-majors, se rend sur l'emplacement destiné à l'un des bastions. Là, sous une croix entourée de trophées militaires, est une table sur laquelle sont déposés les procès-verbaux tout préparés de la cérémonie et les pièces de monnaie d'usage, qui doivent être enterrés comme témoins, sous la première pierre de la forteresse future.

Le général de Chabaud-Latour lit le procès-verbal, rédigé par ses soins. L'abbé Suchet bénit le sol, et dans un discours remercie la Providence, l'Empereur et le gouverneur, qui ont fait monter la croix du Christ sur ces montagnes infidèles.

En quelques paroles, le maréchal rappelle les anniversaires glorieux, qui protègent de leurs souvenirs, la fondation du fort, fait remonter jusqu'à l'Empereur l'œuvre que sa volonté souveraine lui a permis d'accomplir, remercie les chefs et les soldats, qui, dans leurs sphères diverses, concourent avec lui à la pacification de la Kabylie, et félicite l'aumônier, compagnon inséparable de tous les triomphes remportés par la France sur le sol africain.

Aussitôt après, le maréchal et ses généraux signent successivement les procès-verbaux de la cérémonie : une boîte en étain, contenant ces documents et les pièces de monnaie, est soudée séance tenante, puis placée sous la première pierre. Chacun des signataires vient l'y sceller à son tour et déposer sa truellée de mortier, autour de cette base historique de l'édifice futur. Une salve de vingt et un coups de canon retentit, répercutée par les échos sonores du Djurjura ; et, le soir, le maréchal réunit à dîner toute l'armée en la personne des onze généraux qui la commandent : MM. Renault, de Mac-Mahon et Jusuf, généraux de division ; de Chabaud-Latour, de

Tourville, Chapuis, de Linières, Périgot, Bourbaki, Gastu et de Ligny, généraux de brigade.

Le lendemain dès l'aube, les soldats du génie commencent à construire le premier bastion du fort. Un long fossé marque sur le sol les fondations de l'enceinte totale de la forteresse. (Carrey. mêm. ouvr.).

L'effet produit par la construction de ce fort fut considérable et nous ne croyons pouvoir mieux le traduire que par ce récit rapporté dans le même livre.

« Quelques paroles échappées à un de leurs vieux chefs résument dans une métaphore orientale, toute pleine de tristesse poétique, les sentiments de la race berbère, sur les constructions qui s'élèvent.

Venu pour apporter à Souk-el-Arba les contributions de guerre de son village, le vieillard, après avoir acquitté sa dette, se prend tout à coup à regarder les fondations de la forteresse future ; puis s'adressant au chef du bureau arabe, qui vient de recevoir son argent,

— Sidi maréchal va-t-il donc habiter Souk-el-Arba, dit-il ?

— Non, c'est un bordj qu'il fait construire.

— Un bordj ! oui, on m'avait bien dit la vérité. Regarde-moi, quand un homme va mourir, il se recueille et ferme les yeux. Amin des Kabyles, je ferme les yeux, car la Kabylie va mourir.

Et pendant quelques minutes l'amin reste les yeux fermés comme un mourant.... »

Le 22 juin, le maréchal, escorté d'une partie des généraux, put visiter la route qui était dès lors achevée jusqu'à la plaine. Le 23, deux pièces de 12 purent arriver à Souk el Arba, le Fort Napoléon ; la brèche était faite, nous étions au cœur de la Kabylie : Fort Napoléon était bien devenu pour les Kabyles « l'épine dans leur œil. »

Le maréchal ne s'endormit point sur ces succès, et comprit qu'après avoir frappé le grand coup, il fallait faire davantage : aussi dès le 24 juin, la lutte va recommencer, moins terrible il est vrai.

Ce jour là, les trois divisions levèrent le camp. La division Mac-Mahon se dirigea contre les aït Menguellat, pendant que les divisions Renault et Yusuf se portaient en avant vers les aït Yenni.

En avant de la montagne d'Icheriden, le général de Mac-Mahon dispose l'artillerie et concentre sa troupe à environ 1200 mètres du village. Il donne l'ordre d'ouvrir le feu. L'artillerie gronde, mais bientôt la fumée empêche de voir devant soi. Le général ordonne de cesser le feu, et envoie le général Bourbaki sur le village d'Icherriden. Les troupes s'élancent et arrivent au sentier escarpé qui conduit au village. Aussitôt une fusillade effroyable retentit, tous les Kabyles qui jusque là se sont tu, déchargent leurs fusils tous ensemble, et les balles, pluie meurtrière, vont frapper dans nos rangs. Le clairon résonne, et nos soldats impassibles gravissent les pentes abruptes, et entrent dans le village, tuant les Kabyles qui ont eu l'audace de les attendre.

Les Kabyles en fuite se sont réfugiés du côté des Aït Yenni et surtout du côté d'Aguemmoun Izen ; le 2ᵉ étrangers et les zouaves les poursuivent avec succès et les refoulent. Nous avions perdu 44 hommes, dont deux officiers, et nous avions 327 blessés, dont 22 officiers. Quelles étaient les pertes de notre ennemi ? elles étaient grandes, mais ne purent être évaluées. Les actes de bravoure ne manquèrent point en ce jour, et lorsque notamment le maréchal voulut complimenter le capitaine Mariotti, de la légion étrangère, en lui disant : « il faut ménager votre vie, monsieur Mariotti : c'est la seconde fois ; en 1856, vous avez été cité pour votre audace ; vous vous ferez tuer quelque jour » ; celui-ci répondit vivement : « Oh ! Monsieur le Maréchal, cette fois il n'y avait pas de danger ; mes soldats étaient derrière moi. » Quelle sublime parole dans sa naïveté et quel honneur pour celui qui l'a dite !

Dans cette même journée, les divisions Yusuf et Renault s'avancèrent sur les Aït Yenni. La division Renault descend dans la vallée de l'oued Aïssi, où elle essuie le feu des Kabyles embusqués, mais dont elle a vite raison, pendant que la division Yusuf longe le contrefort d'Aït Frah chez les Aït Iraten. La nuit arrive et les troupes restent dans leurs cantonnements. Dès l'aube, la marche recommence ; elle est pénible, et un soldat sans se plaindre, constate cependant « que si le Bon Dieu avait eu le sac au dos quand il a fait les montagnes, il ne les aurait pas faites comme cela ». Enfin la division Yusuf parvient au sommet du contrefort qui se rattache à la crête principale des Benni Yenni, devant Aït el Hassen, le premier village Kabyle de cette tribu La division Renault vient l'y rejoindre. Pendant que la division Yusuf se met en mouvement, le général Renault dispose son artillerie de montagne contre Aït el Hassen. Malheureusement l'artillerie, quand elle commença le feu, pouvait frapper dans les rangs de la division Yusuf. Le maréchal qui s'est placé sur le chemin des avant-gardes, au dessus du sentier Kabile qui conduit à Aït el Hassen, voit le danger et envoie un de ses officiers d'ordonnance, le lieutenant Bibesco, avertir le général Renault de la position critique de la division Yusuf. Pendant ce temps, le général Gastu avec les deux bataillons du 1er zouaves, à ses ordres, fait exécuter une charge. En quelques minutes, nos soldats pénètrent dans Aït el Hassen, dont les Kabyles se sont enfuis. Après quelques heures de repos, le maréchal donne l'ordre à la division Yusuf d'enlever le village de Taourirt Mimoun, qui bientôt est en nos mains. La journée est terminée ; le général Renault campe autour de Aït el Hassen, le général Yusuf à Aït el Arba et à Taourirt Mimoun. Sept hommes sont morts, et 35 blessés sont évacués sur les ambulances. Cette victoire fut la ruine des Aït Yenni, qui ne purent résister davantage.

Après cette journée, il ne fut pas peu curieux de voir nos alliés de la veille, les Aït Iraten, Fraoucen, etc., venir entre les deux camps, pour « piller et dévaster leurs rivaux les Beni Yenni, leurs alliés de la veille.

C'est la coutume Kabyle.

Le 24, à Ichériden, leurs groupes encombrent les crêtes voisines du territoire menguillet. Soit que la division Mac Mahon mène sa marche victorieuse jusque sur les villages de leurs voisins, soit qu'elle succombe en route, tous sont debout pour la curée. Mais l'armée s'arrête à Ichériden sur leur propre territoire ; les contingents kabyles se retirent et attendent.

Le 25, ils suivent les divisions Renault et Jusuf, jusqu'en vue des Beni-Yenni. L'armée victorieuse s'empare du territoire et des villages de leurs voisins. Tous arrivent. Le triomphe est à peine assuré qu'ils accourent isolément ou par groupes de bourgades, poussant devant eux leurs mulets pour charger le butin qu'ils convoitent, amenant leurs enfants par les mains, soit afin de mieux jouir en famille du désastre de leurs anciens amis, soit pour s'en retourner chez eux avec plus d'épaules chargées ! Peu à peu leur foule accrue encombre les trois villages ; Aït el Hassen surtout fourmille de burnous de Kabyles. Il y en a dans chaque maison, plus encore que de soldats... Le beni Raten ou Mahmoud, informé des mouvements de ses voisins, sachant par expérience la guerre comme le pillage berber, ne cherche ni vivres, ni argent, ni bijoux. Il sait bien que les Yenni ont tout enlevé. Mais il déracine et emporte à sa convenance les étaux, les soufflets de forge, les bahuts, les portes, et jusqu'aux poutres des maisons ; charge son mulet tant que la bête peut en porter ; regarde çà et là dans la demeure vide ce qu'il pourrait prendre encore avant de partir ; puis, tranquillement, comme s'il accomplissait un devoir, amasse contre un mur du papier, des chiffons, du bois, met le feu et part !

Bientôt l'incendie se propage : pour faire le mal, l'homme prend peines et se multiplie, comme pour une joie naturelle. Les soldats imitent les Kabyles : on ne voit qu'uniformes allant de maison en maison, des tisons dans les mains. Le feu est partout. Afin d'activer l'incendie, chaque homme transporte bahuts, bancs, portes, poutres. Tout se fait en riant, à travers des propos joyeux, sans but, sans haine, sans colère ; chacun travaille pour son compte, pour prendre sa part de plaisir et de destruction !

Entre tous, les Turcos kabyles font fureur : chaque fois qu'ils s'abordent entre eux, on les entend maudire à leur manière ces Yenni qui ont tout emporté.

« C'est des filous ! crie l'un en poussant de l'épaule une cloison qui s'écroule.

— Yenni ! hurle un autre, carottiers besef, macache douros (les Yenni sont des voleurs ; on ne trouve pas d'argent).

Le fusil dans une main, le feu dans l'autre, chaque Turco va, bondissant de chambre en chambre, frappant tout à coups de crosse, activant les feux. A travers ses bonds, il pousse des cris gutturaux, qui n'ont plus rien de l'homme. Ses lèvres fortes, ses dents blanches s'ouvrent à des rires féroces. La sueur du plaisir passionné fait luire sa face noirâtre. Ses yeux sont brillants. On dirait qu'il se retrouve, dans la destruction et l'incendie, comme dans ses éléments favoris. Ses aïeux peut-être, les Vandales de Genséric, devaient avoir, au sac de Rome, et ces enivrements, ces rires sauvages, et cette fureur joyeuse.

Çà et là, au détour d'une ruelle, on découvre un Kabyle, la figure presque cachée dans son burnous, un Yenni sans doute : sa tête est chargée de branches vertes pour qu'on le confonde avec ses ennemis ; il est là, seul, timide, regardant d'un regard muet sa maison qui brûle. Il peut regarder à l'aise : chacun est trop occupé pour s'informer de lui. Bientôt, d'ailleurs, lui aussi prendra sa revanche. Dans huit jours, il ira, de compagnie avec ses brûleurs d'aujourd'hui, brûler les Illiten, les Irdjer, les Oumalou, ses présents alliés.

Peu à peu, cependant, le feu s'étale et grandit : les flammes tourbillonnent au-dessus des trois villages. Vainement le maréchal donne l'ordre d'éteindre : l'incendie est dans mille endroits à la fois; les bourgs yenni, plus que tous ceux de la Kabylie, sont riches en poutres, en madriers, en portes ; ils brûlent comme un village européen. La petite ville d'Ait-el-Hassem pétille et flambe ainsi qu'une fournaise.

Malgré la nuit venue, on voit clair comme en plein jour. Autour de la ville en feu, des soldats errent sans cesse avec des tisons embrasés.... Sur la gauche, Aït-el-Arba et Taourirt Mimoun, en feu également, éclairent les couronnements des ravins qui les entourent. Partout des torrents de flammes se dressent, se couchent et se relèvent aux souffles du vent. On entend s'effondrer les poutres et les toits ; la mosquée d'Aït el Hassem, environnée de flammes s'écroule, dans le bruit et la fumée... Mais, quoi qu'on dise et qu'on pense et qu'on fasse ici-bas, la guerre est la guerre. Depuis des milliers d'années que l'homme la promène par le monde, au hasard de ses passions, elle ne change pas, — l'homme non plus (Carrey, *Récits de Kabylie*).

Le maréchal, voulant profiter des avantages de ce succès, installa l'armée dans les camps d'Aït-el-Hassem et d'Aït-el-Arba.

Dans la nuit du 26 au 27 juin, une alerte subite fut donnée aux avant-gardes de la 3ᵉ division. Les Kabyles de Taourirt el Hadjadj, tentèrent une attaque; ils furent repoussés sans que nous ayons eu à subir aucune perte. Aussi le maréchal décide la prise de Taourirt el Hadjadj. Dans la soirée du 27, l'artillerie de la 3ᵉ division se met en batterie; et dès le lendemain, dans la matinée le général Yusuf se met à la tête de la colonne du centre, tandis que les deux autres colonnes sont dirigées par les généraux Gastu et de Ligny et opèrent à droite et à gauche. Ainsi toute la 3ᵉ division, par suite de cette disposition en trois colonnes, pourra facilement englober les terrains et le mamelon où se trouve Taourirt el Hadjadj. Le maréchal avec son état major prend place à côté de l'artillerie, en dehors des retranchements. Pendant que l'artillerie ouvre le feu et tire avec une précision remarquable sur le village, les généraux de Lygny et Gastu s'avancent par les deux flancs, à droite et à gauche. Aussitôt qu'ils ont disparu derrière les arbres, l'artillerie cesse son feu ; quelques instants après une fusillade éclate, la colonne du centre s'avance vivement sur le village Kabyle et y pénètre au moment où les zouaves de la colonne Gastu viennent de faire flotter sur le toit le plus élevé l'étendard de leur bataillon. Aussitôt on se met à la poursuite des fuyards, pendant que le maréchal suit la route effectuée par la colonne du centre et arrive lui-même dans le village. Pour réduire les Beni Yenni et précipiter leur soumission en les effrayant, le maréchal donne l'ordre d'incendier Taourirt el Hadjadj. Le feu accomplit son œuvre dévastatrice ; maintenant les Aït Yenni n'ont plus un village, plus un abri. De plus, le maréchal leur fait savoir que s'ils ne se soumettent pas dès le lendemain, il fera couper tous les arbres jusqu'au dernier. Cette menace produisit son effet et dès le 29 c'est une longue procession de Kabyles venant demander le pardon, l'aman. Tout d'abord les Aït Boudrar, puis les Aït Ouâsif, les Aït Yenni. Seuls les Aït Menguellat hésitent encore ; le maréchal, qui tarde d'en finir, donne ordre à la division Renault d'envahir le territoire de ces derniers. Le 2 juillet, ce mouvement a lieu. Nous nous emparons successivement d'Aourirt et de Tidits, abandonnés par les Kabyles ; Tidits devient la proie des flammes ; nos soldats établissent leur camp près de ces ruines fumantes.

Le silence règne autour du camp, on sent que la lutte est presque terminée ; et effectivement, les Aït Menguellat viennent au devant du général Mac Mahon, qui ce même jour, 2 juillet, par Aguemoun Isen et les Aït Iraten, est venu camper à Djemma el Korn : ils sollicitent l'aman. Nous trouvons la division Mac Mahon à Djemma el Korn, le 2 juillet, nous l'avions laissée à la date du 24 juin, retranchée à Icherriden, chez les Aït Iraten ; voyons quelles furent les opérations de cette division pendant cet intervalle de temps. Le général Mac Mahon, après la journée d'Icherriden, jugea opportun de ne point compromettre, par une attaque inconsidérée d'Aguemoun Isen, nos succès passés. Aussi bien, il se rendait parfaitement compte que là était le vrai foyer de résistance, dans une montagne hérissée de retranchements, cachant dans chaque repli un Kabyle et son fusil. D'ailleurs, il ne se dissimulait point que sa division fût affaiblie ; ses pertes, depuis le commencement de la campagne, étaient de 831 hommes hors de combat, dont 27 officiers. Il jugea bon dès lors de se tenir armé dans ses positions d'Icherriden, et de temporiser, en attendant que les tribus isolées viennent faire leur soumission et affaiblissent ainsi la défense d'Aguemoun Isen. Cette tactique fut couronnée d'un plein succès. Dès le 25 juin, les Aït Iraten nous offrent d'assurer les communications entre Icherriden et Aboudid, et un contingent de 150 Aït Iraten repoussent les Menguellat qui inquiétaient nos convois. Le 26, les Fraouçen viennent se joindre à eux, et forment ainsi un groupe de 2000 hommes qui s'offrent pour nous assister dans la lutte. Les habitants d'Aguemoun font dire au général, que si les chrétiens viennent attaquer le village, ils se mettront du côté des chrétiens, mais qu'en ce moment ils ne peuvent lutter seuls contre tous les Kabyles étrangers à leur village qui veulent le défendre. Nos nouveaux alliés font plus, ils offrent d'enlever Aguemmoun pendant la nuit du 29 ; mais le général Mac Mahon, avec une prudence et une sagesse dont il a tant de fois fait preuve, suit les conseils du Caïd Ahmed qui redoutait une surprise et voyait peut-être là une trahison masquée ; il refuse d'appuyer le mouvement avec ses troupes. D'ailleurs, dans cette même journée, n'avait-on pas vu un grand nombre de Kabyles quitter la montagne d'Aguemoun Isen et se retirer vers le Djurjura, ne voulant plus supporter la lutte et prêts à se soumettre dans leurs tribus ? En effet le lendemain, 30 juin, le village et les travaux fortifiés semblent au général moins occupés que d'ordinaire. A trois heures, sur l'ordre du général Mac Mahon, la brigade Perigot, fractionnée en trois colonnes, débouche d'Icherriden. « Le colonel de Chabron, commandant deux bataillons de zouaves, prend sur la gauche, le colonel Paulze-d'Ivoy, avec deux bataillons, l'un du 93º de ligne et l'autre de tirailleurs indigènes, tourne par la droite ; le commandant Niepce, suivi de son bataillon de chasseurs à pied, occupe le centre, marchant directement sur le village, avec l'ordre de se laisser dépasser par les colonnes latérales. Les contingents alliés, dirigés par le lieutenant Jobst, s'avancent sur la gauche de la colonne de gauche, un peu en avant d'elle, décrivant un plus grand cercle, pour tourner entièrement Aguemoun-Isen et les derrières de l'ennemi.

La 1ʳᵉ brigade, sous les ordres du général Bourbaki, reste campée à Ichériden, se tenant prête à appuyer au besoin le mouvement de la brigade Périgot.

Les Kabyles défendent un instant les premiers retranchements ; mais à droite, le 1er de zouaves, dirigé par le commandant La Brousse ; à gauche, les tirailleurs algériens et les voltigeurs du 93° de ligne, conduits par le capitaine Jean, abordent résolûment les positions ennemies et les emportent. Partout ailleurs les Kabyles se retirent sans combattre qu'à peine, effrayés surtout par le mouvement de nos contingents alliés, qui les tournent sur leur extrême droite. En moins d'une heure, la 2e brigade est maîtresse de toute la montagne d'Aguemoun. Plusieurs obus, lancés contre des retranchements élevés par l'ennemi sur sa ligne de retraite, décident à la fuite quelques centaines de Kabyles acharnés dans une défense suprême. » (Carrey, *Récits de Kabylie*).

Le 1er juillet tout est calme et la division peut se mettre en marche sans être inquiétée pour se trouver, ainsi que nous l'avons dit, à Djemma-el-Korn, le 2 juillet.

Le pays des Menguellat est entre nos mains, et le maréchal reçoit les soumissions des Ataf, des Akbiles, des Bou Yousef, des Zaoua, des Aït Agache, des Aït Yahia. Puis Scheik el Arab, surnommé la tête et le bras des Aït Iraten, se rend à discrétion. Les Zouaouas sont soumis, la grande Kabylie est conquise.

Cependant, il y a encore quelques foyers de résistance, mais les Kabyles encore insoumis ne se font aucune illusion sur leurs prochaines défaites : par orgueil, ils veulent eux aussi avoir leur journée de poudre, sans aucun espoir de devenir victorieux. « Lalla Fathma elle-même, leur prophétesse respectée, a, dit-on, prédit le jour de sa captivité prochaine, et prêtresse résignée, soumise au Dieu qu'elle enseigne, attend désormais, sans même se défendre, l'heure fatale marquée par Allah. »

Pendant que le corps expéditionnaire a accompli les faits que l'on connaît, les colonnes dites d'observation ont aussi concouru au succès de la pacification. Nous avons vu précédemment (page 189) où se trouvaient ces colonnes d'observation, voyons maintenant leur œuvre.

La colonne Maissiat, campée près de Bordj Akbou le

26 juin, se met en marche dès le 27 pour le col de Chellata. Ce col forme un des passages accessibles pour rejoindre de l'autre côté du Djurjura le corps expéditionnaire, mais le passage est commandé par un rocher, aux flancs escarpés, fortifié et défendu par un ennemi nombreux, c'est le Tizi-bert. Les troupes commencent immédiatement l'attaque, elles sont divisées en deux fractions ; la brigade Desmarest, composée d'un bataillon du 71e et de deux autres bataillons, l'un du 1er étranger, l'autre de tirailleurs indigènes, s'élance à gauche ; la brigade Margadel, comprenant un bataillon mixte et des zouaves, se dirige vers l'entrée même du col de Chellata.

A l'arrivée de nos troupes, les Kabyles se réfugient sur le Tizibert, mais le colonel Desmarets, avec quelques salves d'artillerie fait balayer le rocher, et commande à ses troupes de l'escalader. Malgré un feu bien nourri et les pierres que lancent les Kabyles, nos valeureux soldats ont vite fait de parvenir au sommet, avant que tous ses défenseurs aient eu le temps de fuir ; aussi quelques-uns sont-ils massacrés, pendant que les fuyards obligés de passer sous les baïonnettes des zouaves, se voient fort maltraités.

Le 28, le général Maissiat laisse au repos ses troupes, mais dès le lendemain, il fait attaquer M'zien, village qui renferme un assez grand nombre de Kabyles. La brigade Margadel, chargée de cette attaque, enlève le village au pas de course, le démollit entièrement et reprend la route du camp de Chellata. Les Kabyles, croyant que nous battions en retraite, redoublent leur feu meurtrier, le colonel Margadel, blessé à l'épaule, déploie une énergie surhumaine et assure la rentrée au camp. Cette journée nous coûte cher : 17 hommes sont morts ; 97 blessés, dont 8 officiers, sont hors de combat.

Le 30, le général charge le colonel Desmarest de marcher contre Aït Aziz, situé à six kilomètres du camp. La tribu des Illoulen Oumalou, qui occupe ce village, paraît disposée à le défendre à outrance. D'ailleurs l'endroit est bien choisi, les ravins escarpés qui conduisent à Aït Aziz sont presque inaccessibles pour des pieds humains.

Malgré de tels obstacles, nos troupes courent sus à l'ennemi. Elles arrivent si près, que nos soldats s'efforcent de saisir les fusils Kabyles à travers les meurtrières, et la lutte a lieu à l'arme blanche. Quelques instants se passent et les premières barricades sont renversées. De maison en maison des combats singuliers se livrent, et peu à peu les Kabyles s'enfuient par le ravin de gauche, laissant de nombreux morts derrière eux.

Le colonel Desmarest fait aussitôt détruire le village, et opère sa retraite par colonnes. Mais les Kabyles, comme les vieux Numides, leurs ancêtres, reviennent attaquer nos troupes pendant ce mouvement; grâce à l'énergie du colonel Jolivet, ils sont bientôt forcés de renoncer à la lutte. Nous avions perdu en cette journée 19 hommes, dont un officier, et nous avions 64 blessés, dont 3 officiers.

A partir de cette date, 30 juin, jusqu'au 11 juillet, le général Maissiat attend sur les hauteurs du col de Chellata, l'arrivée du corps expéditionnaire, toujours prêt à descendre sur les Kabyles et suivant le langage expressif d'un amin des Aït Iraten, cette armée est « une nouvelle balle qui va droit au front de la Kabylie. »

Nous avons laissé, chez les Beni Abbès, la colonne Marmier chargée d'observer les Mellikeuch. Cette tribu, qui donna l'exemple d'une résistance opiniâtre, avait à combattre pendant les derniers jours de juin, des ennemis nombreux et différents. D'un côté, au nord, les Aït Boudrar, leurs ennemis jurés, et les Ouâsif, les menaçaient. A l'ouest, le colonel Marmier les tenait en échec. Le 7 juillet, la colonne Marmier et les Aït Boudrar les attaquent simultanément. Les Mellikeuch sentent que tout est perdu; aussi viennent-ils au devant du colonel implorer leur pardon, en souscrivant d'avance à toutes les conditions qu'on voudra leur imposer.

Pendant ce temps la 3ᵉ colonne d'observation, aux ordres du colonel d'Argent, surveille chez les Beni Mansour les Mecheddala, les Beni Kani, les Bakil, les Cheurfa, les Ouakor. Le 28 juin, apprenant l'apparition du général Maissiat sur les hauteurs de Chellata et l'occupation du territoire des Aït Yenni par les divisions

Renault et Yusuf, le colonel d'Argent dirige une attaque contre les Beni Kani et les Ouakor. Après un moment d'hésitation, où les Kabyles paraissent rester maîtres du terrain, notre attaque réussit pleinement, et les Beni Ouakor, les Cheurfa, les Kani, les Bakil, font demander l'aman.

La dernière colonne d'observation, la colonne Drouhot que nous avons laissée le 23 mai au Bordj Bogni, vient camper chez les Mechtrass, qui en présence de notre attitude, d'ennemis deviennent nos alliés. Le 24 juin, elle entre chez les Ouadias, brûle un de leurs villages et s'installe sur une crête, en vue de toute la Kabylie, toujours prête à fondre sur les Aït Yenni. Dès le 1er juillet, ces derniers sont soumis ; dès lors la mission de la colonne Drouhot paraît terminée. Elle reprend le chemin de Dra el Mizan, mais elle veut châtier la seule tribu de la vallée de Boghni qui ne soit pas venue demander l'aman, celle des Beni bou Addou. Les Beni Sedka et les Guechtoula sont leurs ennemis, le colonel Drouhot profite des contingents que ceux-ci lui offrent et le 8 juillet, les Beni bou Addou, malgré leur énergique résistance, voient tomber en notre pouvoir leur territoire. Trois de leurs principaux villages, Takaradjite, Tamkadente et Khalfa sont incendiés, toutes les moissons sont coupées ou livrées aux flammes, le pays est conquis, et la résistance de ses habitants est châtiée. La colonne Drouhot rentre le 11 juillet à Dra el Mizan sans avoir été inquiétée dans sa retraite.

La campagne serait terminée, si quatre tribus seulement, les Beni Itsourar, les Illiten, les Illoulen ou Malou, les Idjer, ne refusaient pas leur soumission à la France. Le maréchal, qui comprend la nécessité de sévir immédiatement contre ces rebelles, sous peine de voir se relever chez les Kabyles un espoir et un orgueil funestes, fait marcher le corps expéditionnaire sur ces tribus récalcitrantes. Le mouvement des troupes commence le 5 juillet. La division Mac Mahon quitte le camp de Djemma el Korn, chez les Menguellat, et vient camper au sebt des Aït Yahia ; elle est environnée des contingents Kabyles, nos nouveaux alliés. La division

Yusuf, quitte le territoire des Aït Yenni et va parcourir le pays des Aït Boudrar et des Ataf, « situé sur les déclivités mêmes du Djurjura, à l'ouest de la division Maissiat. Le maréchal veut faire apprécier la force de la France à ces tribus sauvages, et détruire le prestige d'inviolabilité que leur territoire garderait encore malgré la soumission de ses habitants. Selon les ordres précis qu'il a reçus, le général Yusuf paye sur toute sa route, et dans chaque village, de larges indemnités pour les dégâts occasionnés par le passage ou le séjour des troupes à travers les moissons. Les Kabyles reconnaissent cette libéralité équitable du vainqueur en apportant en abondance des galettes de maïs, du lait, des figues, des glands doux, etc., et toutes les productions diverses de leur pauvre territoire. Partout, sur le passage de la troisième division, les populations se présentent sans armes et dans une attitude amicale. Les amins des villages viennent au-devant du général, et au moment où la division Yusuf quitte le territoire des Beni-Boudrar, le marabout El-Hadj-Hamaz, l'instigateur du dernier soulèvement de la basse Kabylie, vient demander l'aman et se rendre à discrétion.

La troisième division sillonne pendant trois jours les territoires de ces deux tribus, et, le 9 juillet, vient s'établir à droite de la division Mac Mahon, chez les Beni-Bouyoucef, en face des Illiten.

La division Renault quitte son camp de Tidits, situé à l'une des extrémités du pays des Menguellat, traverse le territoire de cette tribu, et vient remplacer la division Mac Mahon à Djemma-el-Korn, sur la route qui mène au Djurjura.

La division Maissiat et la cavalerie gardent les postes d'observation qu'elles occupent.

Le général Maissiat demeure campé à Chellata, au-dessus des Illoulen-ou-Malou, qu'il menace de prendre à revers, en descendant sur eux du haut du Djurjura.

La cavalerie reste à Sikhou-Meddour, dans la vallée du Sébaou, qu'elle peut remonter en un seul jour, jusqu'au pied du pays des Illoulen-ou-Malou et des Idjer, sur le flanc gauche du général de Mac Mahon.

Plus de trente-cinq mille hommes en armes sont échelonnés autour des tribus insoumises, appuyant de leur pression les dernières négociations tentées par le bureau arabe politique » (Carrey, même ouvrage).

Le maréchal quitte aussi le 5 juillet son camp d'Aït el Hassem, et vient à Djemma el Korn, camper avec la division Renault.

Le 9 juillet, la guerre recommence, et les premiers envahis sont les Beni Itsourar. Leur résistance est nulle, et les Kabyles soumis, nos contingents alliés aujourd'hui, précèdent nos troupes pour porter partout, selon leur coutume, le pillage et l'incendie. La division Mac Mahon ne fait que traverser le territoire des Itsourar, en flammes, suivant les alliés berbères qui la conduisent jusqu'à Tamesguida, auprès du pays des Illoulen ou Malou. La division Yusuf a pu, sans aucune résistance, aller camper à la droite du général Mac Mahon sur un piton qui domine le col de Tirourda, en face des Illiten. Cette division prend le village de Tiferaouen, situé sur le ravin des Illilten, sans une bien grande attaque.

La division Renault opère cette fois comme arrière-garde, et reste à Taourirt el Amram, en arrière de la troisième division.

La division Maissiat, ainsi, que la cavalerie, occupent toujours leurs positions de Chellata et de Sikhou Meddour.

Tout le territoire des Itsourar est en notre pouvoir, seuls restent à conquérir les territoires des Illoulen ou Malou, des Illilten et des Idjer.

Le 10 juillet commencent les opérations contre ces tribus.

La division Renault campe à Tamesguida, menaçant la frontière Nord des Illiten. La division Yusuf menace la frontière nord-ouest de la même tribu en occupant la ligne qui s'étend depuis Tamesguida jusqu'à Tiferaouen.

La division Mac Mahon place son bivouac au pied de la principale montagne des Illoulen ou Malou.

La cavalerie, aux ordres du colonel de Fénelon,

quitte Sikhou Meddour, et se rend à la droite de la division Maissiat sur la frontière sud-est des Aït Idjer.

Tout est prêt pour terminer au plus vite cette chasse à l'homme, car à vraiment parler, ce n'est plus une guerre véritable.

Le 11 juillet, vers le soir, les nouvelles des quatre divisions, de la cavalerie et des contingents Kabyles, arrivent au camp du maréchal; en voici l'analyse succincte qui va nous mettre au courant des différentes opérations effectuées en cette mémorable journée.

La division Maissiat a parcouru, sans être inquiétée, les Illoulen ou Malou et s'est jointe à la division Mac Mahon au piton de Tabbana.

La cavalerie a aussi pénétré sur le territoire de la même tribu jusqu'auprès du village de Tabouda, dont les habitants effrayés sont venus demander l'aman au colonel de Fénelon et son aide pour chasser de leur village les Aït Idjer, descendus à leur secours.

La division Mac Mahon, après avoir parcouru tous les villages des bas contre-forts des Illoulen ou Malou et avoir incendié les principaux, s'est réunie aux troupes de Constantine et bivouaque à côté d'elles.

Le général Renault s'est emparé des villages des Itsourar, Ighir et Aït Hammou, après des résistances assez opiniâtres. Puis Ali et Tifilkout tombèrent aussi en son pouvoir.

La division Yusuf prit le village de Taourirt Oudelès, celui d'Aït Abdallah, les sommets d'Ackhour, une des positions dominantes du pays, le village d'Abizez.

A la fin de cette journée, seul le territoire des Idjer n'est pas envahi, mais la tribu est vaincue d'avance, démoralisée et par nos succès et par un évènement qui chez les peuples berbères, superstitieux à l'excès, vint encore nous servir. Cet évènement fut la prise de Lalla Fathma, la prophétesse vénérée de toute la Kabylie

M. Carrey nous pardonnera, après lui avoir fait déjà tant d'emprunts, de prendre encore le récit de cette capture dans son livre sur la Kabylie; mais son récit, si détaillé et si intéressant, nous fait presque un devoir de le reproduire ici; le lecteur ne saura que nous savoir gré de faire passer sous ses yeux ces lignes si captivantes.

« Le territoire des Illilten est remarquable entre tous par le désordre tourmenté de son sol. Regardé du haut du Djurjura, on le prendrait pour une mer tumultueuse immobilisée pendant une tempête.

Dans la partie la plus inextricable de ce pays, deux villages kabyles, Takleh et Tirourda, végètent, cachés à la nature entière par les montagnes qui les entourent. Ensevelies dans une gorge étroite, à l'entrée même du col de Tirourda, l'un des rares passages de la grande montagne, ces deux bourgades sont, par leur position, les demeures de recel les mieux situées de toute la Kabylie. Il faut pénétrer jusqu'à elles pour les découvrir : leurs habitants ont à côté d'eux, à quelques minutes de course, le passage de Tirourda, c'est-à-dire une route ouverte pour fuir ; et comme refuge, le Djurjura : tout un monde de rochers sauvages, inaccessibles, nus : le pays des neiges : l'asile des chamois et des aigles, mais l'asile de la liberté !

Ces deux villages appartiennent aux marabouts de la tribu des Illilten. Là règne — encore aujourd'hui, quoique absente et vaincue — une femme dont l'influence s'étendait naguère sur toute la Kabylie : Lalla-Fathma, prophétesse berbère.

La famille de cette druidesse musulmane est puissante et respectée depuis des siècles : son frère, marabout comme elle, s'est toujours montré l'un des plus ardents défenseurs des libertés kabyles, et, contrairement aux mœurs des marabouts, a pris part à tous les combats qui se sont donnés contre les chrétiens. Il est couvert de cicatrices de guerre : c'est un vieillard alerte, brave, national, prudent et consulté par tous comme un sage.

. . . .

Trop intelligent, trop initié aux miracles, trop proche parent des augures pour croire en eux, le rusé marabout sait que toute résistance est impossible, et qu'une soumission peut seul fléchir ses ennemis. Afin d'obtenir des conditions meilleures, Sidi-Thaieb est parti lui-même pour le camp des Roumis ; là il a exposé au général Yusuf :

« Qu'ami devoué de la France, mais n'ayant pas pu convertir les Illilten à la soumission, il est venu vers les chrétiens, afin de leur dire du moins ses intentions personnelles ; que, pour prouver sa sincérité, il s'offre à les conduire par des sentiers faciles jusque sur les sommets dominants du territoire de sa tribu, à la seule condition que les villages de son kaïdat seront épargnés.

A l'aide de ces procédés purement humains, le vieux chef espère conduire les troupes où il voudra, et sauvegarder ainsi ses richesses propres, le prestige religieux de sa sœur, l'émigration et jusqu'à l'honneur des Illilten, en leur laissant une journée de poudre insignifiante.

Les chrétiens partis sans avoir envahi son territoire, son influence et celle de sa sœur grandiront de tout le succès de sa négociation. Dans le cas contraire, Lalla-Fathma n'a-t-elle pas tout prédit à l'avance ? C'était écrit !

La subite amitié de Sidi-Thaieb, l'ennemi invétéré de la France, a semblé étrange dans le camp français ; mais la soumission des villages du marabout offre une résistance de moins et des alliés de plus ; ses propositions ont été acceptées.

Fidèle à sa parole, le vieux chef a envoyé aux hommes de son kaïdat la défense expresse de prendre part à la lutte, et est resté avec les chrétiens, afin de guider leur ascension.

La troisième division, campée depuis deux jours en face du pays ennemi, a vu venir et défiler l'émigration incessante des Illilten, sans se rendre compte des motifs qui la dirigeaient. Chaque soldat a suivi avec des regards de convoitise déçue ces moissons de butin vivant, disparaissant tour à tour devant lui, fuyant sans doute vers le col de Tirourda pour passer chez les Mellikeuch, de l'autre côté du Djurjura.

Seul, le général Jusuf a appris en partie la vérité par ses espions : toute l'émigration est restée dans les villages situés sur les sommets d'Ackour : les Illilten sont rassemblés autour d'elle, afin de la défendre à tout prix, et, en cas d'insuccès, de protéger sa fuite par le passage de la grande montagne.

C'est dans le but de vaincre plus facilement cette résistance suprême, de couper la retraite de l'ennemi, et surtout de conquérir la gloire d'une capture décisive, que le chef de la 3ᵉ division a tenté l'occupation hasardée du pic d'Azrou-N'tohour.

L'opération a réussi et l'ascension du lendemain a comblé les souhaits du général. L'ennemi troublé s'est mal défendu : les villages du marabout n'ont pas pris part à la lutte ; la 3ᵉ division, maîtresse du pays, campe sur les sommets d'Ackour : une partie des troupeaux et des vivres des Illilten est tombé en son pouvoir.

De son côté, Sidi-Thaieb triomphe dans son habileté diplomatique. Hissé sur un mulet, en tête de la brigade Gastu, il a dirigé l'ascension des chrétiens, par le côté gauche des rochers d'Ackour, en évitant soigneusement les sentiers de droite, qui mènent à Takleh et Tirourda, ses deux villages. A quelques détours des chemins parcourus, les Kabyles de son kaïdat, emportés par leur haine, ont tiré du haut des rochers sur les troupes ; mais les soldats, suffisamment occupés à suivre leurs sentiers de chamois, hâtés d'arriver, n'ont répondu qu'en passant à ces coups de feu isolés et lointains. Le gros de la brigade Gastu n'a pas dévié de la route enseignée par le marabout.

Les Roumis ont pris des bestiaux et des vivres : quelques villages brûlent ; mais sa nation vient d'avoir sa journée de poudre sans pertes graves : ses deux bourgades, dont sa présence au camp garantit les soumissions, n'ont point été envahies : les chrétiens sont campés loin d'elles. Ses richesses personnelles, Lalla-Fathma sa sœur, ainsi que les femmes, les enfants et les richesses principales des tribus du rocher, sont entassés chez lui, à l'abri du péril ; dans quelques jours les Français vont partir, laissant ses villages seuls inviolés, son prestige religieux et politique seul debout, dans la Kabylie entière !

Mais nul ne peut fuir sa destinée : Lalla-Fathma, quoique prophétesse, a bien lu dans le livre fermé de l'avenir. L'humeur guerrière de quelques soldats partisans vient renverser tout à coup les combinaisons du sage vieillard, et pour tout un peuple, pour des centaines de générations peut-être, couronner une femme exaltée de la double auréole des prophètes et des martyrs.

Insensé ou sage, jeune ou vieux, fort ou faible, l'homme marche dans la vie plus aveugle et plus déçu qu'un aveugle de carrefour dans une route inconnue ! Le présent, à mesure qu'il lui vient, lui échappe. L'avenir, qu'il prétend réglementer sans cesse, l'avenir fuit devant lui, comme un mirage de l'équateur. Nous n'avons rien sur la terre, rien que l'ombre incertaine d'un passé qui n'est plus.

Les Kabyles d'Abizez, du premier village illilten situé sur les rochers d'Ackour, se sont enfuis précipitamment aux approches de la division Yusuf, laissant dans leurs maisons une partie de leurs vivres. Leur foule fugitive se hâte pour atteindre le village de Lalla-Fathma, et se réfugier sous l'égide tutélaire de la prophétesse. Mais des femmes, des enfants sont parmi elle : ses groupes défilent lentement dans les étroits sentiers de la montagne : ils sont encore en vue de leur village et déjà les uniformes infidèles couronnent les hautes cimes d'Ackour.

En tête de la brigade Gastu, quelques zouaves d'avant-garde découvrent les fugitifs et se lancent à leur poursuite, malgré la distance qui les séparent d'eux : ils vont rapides, acharnés. Une vallée profonde règne entre eux et les Kabyles ; ils côtoyent sa rive escarpée, courant sur la crête qu'ils occupent, fusillant, à travers le ravin, la foule entassée, qui fuit sur l'autre rive. Mais la crête finit brusquement : la rive opposée tourne, et les derniers burnous blancs disparaissent derrière la montagne. Altérés de chasse, les zouaves descendent dans la vallée.

Les fugitifs se pressent incessamment pour échapper à l'ennemi. Les balles des Roumis tombent çà et là sur eux, accélérant encore leur fuite confuse. Des blessés, hommes, femmes, enfants, bestiaux, tombent, impuissants à fuir : et des cris, des mugissements, des plaintes de souffrance, viennent à travers l'espace jusqu'aux troupes établies sur les sommets d'Achour.

La peuplade éperdue arrive enfin à Takleh, la première bourgade des marabouts, et là répand l'alarme. « Les chrétiens les suivent, tuant sans pitié ; avant une heure, ils entreront dans le ravin du village. »

Mais Lalla-Fathma est dans Takleh, entourée d'une foule kabyle : elle rassure les femmes et les enfants, les cache dans ses demeures, et promet à tous sa protection divine. A force de pitié pour son peuple en larmes, elle croit peut-être elle-même en son pouvoir céleste !

Quand les amours de leur cœur débordent leur raison, les femmes, musulmanes ou chrétiennes, mères, sœurs, amies, toutes celles qui aiment, s'exaltent jusqu'au sublime, et pour l'idole qu'elles adorent, oublient tout, même leur faiblesse de femme !

Les hommes kabyles s'arment pour un dernier combat. Leurs femmes, leurs enfants sont là : ils ne songent plus à fuir. Ils s'embusquent dans leurs maisons, autour du village, sous les arbres, et, le fusil au pied, chacun d'eux attend l'ennemi.

Les zouaves cependant vont toujours : savants de la guerre et des mœurs africaines, flairant razzia dans le pays dont le marabout les éloignait sans cesse, ils s'avancent au hasard, isolément, par vingt sentiers, mais tous dans la direction des fugitifs.

Quelques-uns arrivent ainsi jusqu'au ravin de Takleh, près du village ; sans regarder s'ils sont suivis, sans s'occuper des coups de feu qui les accueillent, ils pénètrent hardiment dans la bourgade kabyle.

C'est la consigne traditionnelle de leurs régiments, d'aller devant eux sans compter jamais ni l'ennemi, ni eux-mêmes.

Ils sont cinq zouaves : ils entrent. Mais aussitôt de toutes les maisons une nuée de Kabyles sort en armes et se jette sur eux. Les soldats se défendent comme ils peuvent dans la ruelle même qu'ils ont envahie. L'un est tué ; tous les autres sont blessés : deux ou trois réussissent, malgré leurs blessures, à s'échapper à travers les balles.

Cependant de nouveaux zouaves en quête d'aventures, à la suite des premiers, arrivent du côté de Takleh, attirés par les coups de feu.

Les derniers venus sont quarante à cinquante hommes au plus, dont un clairon, sans officier. Les Illilten sont entassés par centaines, sur leurs maisons et autour de leur bourgade.

Ignorants du danger des leurs, les soldats s'arrêtent à la vue de cette foule, puis, sans commandement, par habitude, pour la forme, s'embusquent et de suite font feu sur l'ennemi. L'ennemi répond.

Mais les échappés du village arrivent, appelant au secours. En dépit du plomb kabyle qui siffle, les zouaves se rassemblent.

A paroles haletantes, les nouveaux venus racontent le danger de leurs camarades restés seuls et blessés dans la bourgade.

Cependant l'ennemi tire toujours : deux ou trois zouaves sont atteints : les autres hésitent, sans avancer, et sans reculer, frémissants. Malheur ! seuls contre un village entier ! quarante contre une foule ! En quelques secondes les blessés augmentent : le clairon sonne en vain l'appel au secours, le cacolet, l'alarme ! Il sonne, sonne : rien ne répond ! sa fanfare éperdue retombe sans échos : l'horizon reste désert.

Tout à coup, à l'instant suprême, des uniformes débouchent d'un ravin : deux officiers d'état-major, les capitaines Desplats et Fourchault, suivis de quelques hommes, arrivent en courant.

De la Crimée à la Kabylie, tous les soldats d'avant-garde connaissent le capitaine Fourchault.

Un zouave, en deux mots, lui conte l'aventure, et montre les Kabyles entassés :

« Nos hommes sont là-bas ! — Eh bien, allons les chercher ! » répond le capitaine ; et tirant son sabre du fourreau, il se jette devant les soldats en criant :

« Clairon, la charge ! En avant ! »

Tous ensemble, les deux officiers en tête, partent au pas de course, en répétant : En avant ! en avant !

Une pente douce et découverte règne jusqu'au village. Tous vont criant, courant, descendant la montagne comme une avalanche.

Les Kabyles répondent par des hurlements, et, du haut des maisons, de chaque ruelle, de chaque arbre, font feu de tous leurs fusils.

Quelques soldats tombent, les autres courent toujours. Derrière eux, par hommes isolés, de nouveaux zouaves arrivent, et, suivant les premiers, descendent comme eux la montagne.

Les Kabyles, effrayés, croyant voir venir l'armée entière, s'enfuient de tous côtés. En quelques minutes les soldats sont maîtres du village, et du haut de ses maisons fusillent à leur tour l'ennemi, qui se sauvent par groupes entassés.

Aussitôt le pillage commence : les vainqueurs se répandent en tous sens dans la bourgade. La moisson est riche cette fois : l'ennemi n'a rien emporté. Il y a du butin pour la division entière.

Des yatagans, des flissats, des armes de toute espèce, des fusils encore chauds du combat, sont semés dans les ruelles et les cours. Des haïcks, des burnous, des tapis sont amoncelés dans les maisons. Des bijoux kabyles en argent ornés de coraux, colliers, bracelets, pendants d'oreilles, et jusqu'à des sacs remplis de douros ou de boudjoux, sont étalés sur les meubles. En armes, bijoux ou vêtements de luxe, chaque homme ramasse plus qu'il n'en peut porter.

Cependant le nombre de soldats grossit incessamment ; aux appels de leurs clairons, les zouaves arrivent de tous côtés. Chaque maison est explorée. Dans l'une d'elles, la plus grande, on découvre une foule entière enfermée et refusant d'ouvrir.

Un soldat court chercher un officier. Le capitaine Fourchault arrive bientôt, suivi d'un flot de zouaves ; tout d'abord il trouve pêle-mêle dans la cour de la maison huit ou dix Kabyles, couverts de branches vertes en signe de soumission, et Sidi-Thaieb lui-même, venu, lui aussi, au bruit des coups de feu et stoïquement assis à côté de sa mule.

En parcourant le village, les soldats ont découvert le cadavre du zouave tué au commencement de la lutte et deux blessés vivants encore, respectés par les Kabyles. Dans l'ivresse du combat, ils n'ont vu que le cadavre ; quelques-uns mêmes ont pris ses blessures béantes pour des mutilations après la mort. Nul n'a réfléchi, ni à la légitimité de la défense, ni aux blessés retrouvés. La soif de vengeance les altère, et tous demandent, à grands cris, à fusiller les prisonniers.

Le capitaine Fourchault se place devant les captifs et rappelle les zouaves à eux-mêmes. Le sang versé en combattant est du sang de guerre : le sang versé après la lutte est du sang de meurtre : il souille ceux qui le versent. Les soldats s'apaisent.

Un jour viendra ! Ces quelques vies humaines sauvées seront plus chères au souvenir du capitaine, que toutes ses gloires de combats! Quand notre souveraine à tous, quand la mort vient, quand le cœur défaille sous la douleur, quand les jours écoulés défilent devant l'agonie, les clémences accomplies soutiennent l'âme ; car pour le voyage inconnu vers le monde inconnu, jusqu'aux pieds du juge, on se sent escorté par ses bienfaits.

Cependant la maison qui contient la foule des Kabyles est toujours fermée. Par les hautes fenêtres en meurtrières sortent des gémissements confus de femmes et d'enfants.

L'officier place sur le devant de la maison quatre zouaves, avec ordre de faire feu en cas de résistance, et charge deux hommes de chercher un bélier improvisé, pour enfoncer la porte.

En trois coups, les deux battants tombent à l'intérieur.

Aussitôt une femme kabyle, petite, presque massive, mais belle encore, apparaît sur le seuil de la maison. Son regard rayonne. Son visage est tatoué à la mode berbère. Elle est vêtue de fins burnous et couverte de bijoux.

D'un geste impérieux, elle écarte les baïonnettes des

zouaves, s'avance hautaine, presque menaçante; puis tout à coup, apercevant Sidi-Thaïeb, fait un pas vers lui et se jette dans ses bras.

C'est Lalla-Fathma.

Pendant quelques minutes, les soldats et les Kabyles la regardent en silence. Elle pleure par sanglots à côté du marabout.

Soutenue par son rang, exaltée par le danger, armée de toutes ses armes de femme, elle s'est jetée devant l'ennemi, comme un pontife pour sauver son peuple.

Mais, à la vue de son frère, le pontife a fait place à la sœur. La prophétesse n'est plus qu'une femme captive!

Cependant, sur un signe du capitaine, quelques soldats pénètrent dans la maison et ramènent tour à tour des femmes et des enfants en pleurs, qui ne sortent de leur asile qu'en se laissant traîner par les mains.

Pendant ce temps, les troupes arrivent en foule dans Takleh. Le bruit de la fusillade est parvenu jusqu'au camp de la division, et le général Yusuf a envoyé l'un de ses aides de camp, le capitaine de Villermont, pour ramener les soldats engagés isolément et lui rendre compte de ce qui se passe.

Le commandant Ammeler, venu avec le gros de son bataillon, prend le commandement de ses zouaves, défend aux hommes de mettre le feu nulle part, fait rassembler tous les prisonniers, et place des gardes autour d'eux, afin de protéger les femmes contre les abus de la victoire.

Les soldats découvrent incessamment de nouveaux Kabyles, dans les maisons voisines de la demeure des marabouts. En quelques minutes, plus de deux cents prisonniers sont réunis autour de Lalla-Fathma. Un mulet de razzia est amené pour la prophétesse, et le commandant Ammeler la dirige, ainsi que tous les captifs, sur le camp du général Yusuf.

Près de quatre cents bœufs et un grand nombre de chèvres, de moutons, etc., destinés à augmenter l'ordinaire de la division, suivent le convoi jusqu'au camp. Les soldats gardent individuellement, selon les hasards de leur capture, les mulets, les chevaux et le butin.

Sidi-Thaieb, le frère de Lalla-Fathma, le chef des Illilten, accompagne le convoi des prisonniers. Ses richesses sont dispersées ; sa sœur et toute sa famille sont captives ; sa tribu est humiliée et ruinée ; lui-même ignore son sort. Il marche cependant à côté de sa sœur, silencieux, sans paraître souffrir, et déjà résigné.

C'est que la résignation est la grande vertu des peuples de l'Orient. Religieux plus que nous chrétiens, les musulmans, mieux que nous, savent subir le malheur ; mieux que nous, ils savent s'incliner devant des arrêts qu'ils ne peuvent comprendre, et leur tâche accomplie, se résigner sous la volonté de Dieu.

Le jour même, le général Yusuf envoie les captifs au camp du maréchal, sous la conduite du capitaine Fourchault, escorté de trente soldats. Excepté la prophétesse, tout le convoi est à pied. Les enfants sont portés par les Kabyles prisonniers. Mais cet office maternel leur répugne outre mesure, et à maintes reprises le capitaine est obligé de les menacer, pour les empêcher de rendre aux femmes ces fardeaux inaccoutumés. Telles sont les difficultés du terrain que le convoi met huit heures à parcourir un trajet de quatre lieues, et n'arrive à Tamesguida qu'à la nuit close.

Le camp du maréchal est établi sur une crête dont les parois accidentées ne permettent que difficilement l'approche.

La nuit est noire et froide : le vent du nord souffle un brouillard imprégné de senteurs de fumée. Çà et là, dans le lointain obscur, les villages incendiés dardent des flammes rouges. Dans le camp, sur le crête de la montagne et ses premières déclivités, les feux des bivouacs éclairent sous des lueurs vagues un sol inégal et pierreux. Le gouverneur est devant sa tente, causant avec quelques officiers. Tout à coup le capitaine Fourchault arrive tout couvert de poussière, comme épuisé de fatigue : il s'incline devant le chef de l'armée :

« Monsieur le maréchal, dit-il, je vous amène Lalla-Fathma et deux cents prisonniers ».

Puis, sur la demande du maréchal, le capitaine raconte brièvement les combats et les captures de la matinée.

Presqu'aussitôt, une femme enveloppée de burnous blancs, arrive sur un mulet, met pied à terre avec l'aide de Sidi-Thaieb, et, appuyée sur son bras, suit le gouverneur sous sa tente.

Là, la prophétesse s'asseoit, regarde, sans affectation mais sans timidité, tous ceux qui l'entourent, puis répond d'une voix claire aux questions de l'interprète.

Le maréchal lui fait demander pourquoi les hommes de son village ont rompu la convention faite par son frère, en tirant sur les troupes françaises.

— Allah l'a voulu, dit-elle : ce n'est ni par ta faute, ni par la mienne. Tes soldats ont quitté leurs rangs pour pénétrer dans mon village. Les miens se sont défendus. Je suis ta captive. Je ne te reproche rien ; tu ne me dois rien reprocher. C'était écrit.

Le maréchal lui fait adresser encore quelques demandes sur la soumission prochaine de sa tribu : elle répond sans embarras à chaque question. Les officiers, les soldats et surtout les turcos se pressent afin de la voir. Elle ne cherche ni ne fuit les regards ; puis, toujours appuyée sur le bras de son frère, remonte sur son mulet et se dirige vers la partie du camp qui lui est assignée par les officiers du bureau arabe.

Derrière elle, les autres prisonniers, un instant arrêtés autour de la tente du maréchal, reprennent leur marche. Leur longue et triste foule défile lentement, suivant pas à pas la prophétesse. Les femmes et les enfants sont deux à deux, sur des mulets pris à côté de Tamesguida, au camp de la 3ᵉ division ; tous les hommes sont à pied.

Aux lueurs vacillantes des feux de bivouac, on voit passer des femmes, hâves, fatiguées, pleurantes ou tristement résignées. Voici tantôt neuf heures qu'elles vont, sans manger, par des sentiers de torrents, à travers leurs pays envahi, leur bourgades incendiées, ruinées, vaincues, captives, sans autre espoir que la miséricorde d'un conquérant infidèle.

De fois à autres, un sanglot s'élève au-dessus des bruits du convoi ; des petits enfants, à demi-nus dans les bras de leurs mères, jettent en passant leurs vagissements de douleur. D'autres, plus âgés déjà, à pied, pendus aux mains de leurs pères, vont piétinant de fatigue, et à toutes larmes pleurent. Çà et là un mulet, sous son double fardeau, s'agenouille malgré son guide. Ceux qui le suivent, emportés les uns dans les autres par la pente du terrain, trébuchent aux pierres de la montagne ou roulent sur le sol. Une femme, un enfant tombent : et alors des cris, des gémissements, des murmures de souffrance, montent de cette foule par rumeurs confuses.

Cependant le maréchal a donné aux officiers, chargés des prisonniers, l'ordre de faire préparer des tentes et des vivres. Mais à mesure du défilé successif de toutes ces souffrances, sa sollicitude inquiète augmente. Il envoie successivement deux de ses aides de camp, avec ordre de surveiller eux-mêmes l'installation des captifs. Puis, à fin de compassion, troublé jusqu'au cœur, il appelle le lieutenant Bibesco, le plus jeune de ses officiers, et lui mettant la main sur l'épaule :

— Allez, mon ami, allez de suite ; faites-leur porter mes vivres de campagne, tout ce que vous trouverez, tout ; donnez-leur cela vous-même.

Et, en achevant ces mots, il rentre brusquement dans sa tente, pour cacher l'émotion dont il ne peut se défendre !

— Ah ! ne vous en défendez pas, monsieur le maréchal. Pour un méchant qui sourit des émotions du cœur, des milliers d'hommes les respectent et les honorent. La sainte pitié peut voiler les yeux d'un chef sans les ternir. La bonté est fille de la force, et vous le pouvez demander à l'histoire : les seuls victorieux restés grands dans la mémoire des hommes ont grandi par leur clémence plus encore que par leurs conquêtes.

Grâce aux soins empressés de tous, officiers et soldats, quatre tentes sont dressées : de l'eau, des vivres sont apportés. Le général de Chabaud-Latour dirige lui-même les efforts de ses soldats du génie, qui se décuplent d'intelligence et de zèle, comme toujours. L'état-major entier du maréchal est là, surveillant tout. Les officiers font allumer des feux et distribuer les vivres; les soldats s'empressent en tous sens, ou forment autour des captifs un cercle silencieux et sympathique. La pitié du vaincu est la première gloire de la France.

Cependant les prisonniers sont entassés en un seul groupe, sur un tertre isolé, au centre du camp. Ils se tiennent serrés les uns contre les autres, comme des naufragés dont le navire sombre. C'est que tous les êtres de la création, les hommes comme les animaux, se rassemblent et se pressent aux heures d'effroi.

Vainement les officiers des bureaux arabes s'efforcent de la voix et du geste pour séparer leur troupe amoncelée. Les hommes se détachent lentement, un à un; mais plus on sollicite les femmes, plus elles se serrent éperdues autour de Lalla-Fathma. A la lueur des feux, on voit leurs mains s'étreindre aux vêtements de la prophétesse, comme les tourmentés de l'enfer à la barque du Dante.

Enfin Lalla-Fathma, entraînée par son frère, entre sous une tente. Aussitôt la foule des femmes et des enfants se précipite à sa suite. Vainement la tente se remplit à déchirer sous le nombre : toutes veulent entrer. Vainement Sidi-Thaieb les sollicite de le suivre sous les tentes voisines, toutes restent là, muettes, passives, effarées. Celles qui n'ont pas pu trouver place sous l'abri de leur prêtresse tutélaire se tiennent contre la porte, serrées plus qu'un essaim d'abeilles. Pendant près d'un quart d'heure, les gestes, les paroles, tout est inutile.

Mais, aux prières de son frère, Lalla-Fathma donne quelques ordres à voix basse : aussitôt les femmes et les enfants qui sont en dehors suivent Sidi-Thahieb sous une tente voisine; celles qui sont avec la prophétesse restent autour d'elle, malgré leur nombre, assises à terre, entassées à faire craindre qu'elles n'étouffent.

Des miasmes fétides planent sur cette foule, enfermée dans un étroit espace. Les enfants gémissent comme suffoqués ; plusieurs femmes s'évanouissent sous la presse et le manque d'air. On veut ouvrir la porte de la tente qu'elles ont close, elles la retiennent à mains crispées. Le marabout et quelques Kabyles prisonniers sont obligés d'employer la force pour entraîner au dehors une partie des compagnes effarées de la prophétesse berbère.

Une première distribution de biscuit leur est faite ; chacune des captives reçoit sa part en silence ; mais pendant quelques minutes, toutes s'abstiennent de manger. À leurs yeux incertains et craintifs, on voit qu'un soupçon fatal combat en elles les tentations de la faim. Cependant les Kabyles et les enfants mangent déjà ; peu à peu toutes les imitent et broyent lentement quelques morceaux de biscuit cassés à grand'peine par leurs mains débiles.

Pendant ce temps des sentinelles sont placées autour des tentes occupées par les femmes, moins par crainte des évasions que pour empêcher les invasions galantes. Quelques soldats ont témoigné à demi-voix d'une vive admiration pour les captives. Les tentes sont ouvertes ; le soldat français en campagne est plus séducteur encore que dans les jardins de nos cités, et sur payes ennemies, au soir d'une rencontre inespérée, sous la nuit, ses séductions pourraient devenir entreprenantes jusqu'à conquêtes forcées.

Peu à peu le silence se fait dans le camp. La lassitude apaise à la fois les angoisses des captives et la curiosité des soldats. Chaque femme s'installe de son mieux, entre ses voisines de chambrée : les enfants s'endorment les premiers, et le repos, sinon le sommeil, règne jusqu'au retour du soleil.

Le maréchal a donné des ordres pour que les prisonnières et les enfants soient conduits, le lendemain, dans les villages de nos alliés, les Bouyoucef, qui les garderont jusqu'à la soumission définititive des Illilten. Les hommes resteront dans le camp, prisonniers sur parole.

Dans la matinée, des mulets sont amenés pour les enfants et les femmes. Avec l'aide des Kabyles ou des turcos, chacune d'elles s'installe sur sa monture à la façon des cavaliers, drapée dans ses burnous, depuis le col jusqu'aux pieds.

On peut voir au plein jour ce triste et misérable convoi. La plupart semblent rassurées désormais : elles ne pleurent plus; mais leurs visages flétris ont gardé les traces de leurs angoisses passées.

Presque toutes ont des types de figure originairement beaux, de grands yeux noirs, des traits réguliers : mais on sent que des privations de toute nature ont étiolé ces populations misérables jusqu'à la famine. Quelques-unes ont des goîtres, ce fléau des montagnards. Toutes ont un aspect chétif. Leurs faces sont pâles, hâves, maigres, sans chairs. On dirait que leurs veines appauvries ne roulent qu'un sang décoloré, sans chaleur et sans vie.

Leurs vêtements sont négligés, sales et en lambeaux. Leurs cheveux s'échappent en tous sens, dépeignés, mal retenus sous des foulards de soie mal noués à leur tête. Mais toutes ont aux oreilles des bijoux en argent, ornés de coraux : quelques-unes ont deux anneaux à chaque oreille, l'un en haut, l'autre en bas. Les burnous sont attachés par de grandes broches en argent. Elles ont des bagues aux doigts, des bracelets aux jambes.

Seule la prophétesse, formant disparate avec son peuple, est soignée jusqu'à l'élégance. Malgré son embonpoint exagéré, ses traits sont beaux et expressifs. Le kolh étendu sur ses sourcils et ses cils agrandit ses grands yeux noirs. Elle a du carmin sur les joues, du henné sur les ongles, des tatouages bleuâtres, épars comme des mouches sur son visage et ses bras ; ses cheveux noirs, soigneusement nattés, s'échappent d'un foulard éclatant, noué à la façon des femmes créoles des Antilles ; des voiles de gaze blanche entourent son col et le bas de son visage, remontant sous sa coiffure comme les voiles de la Rebecca d'Ivanhoe ; ses mains fines et blanches sont chargées de bagues. Elle porte des bracelets, des épingles, des bijoux plus qu'une idole antique.

Pendant quelque temps, le convoi reste dans le camp, attendant l'ordre du départ. Tous les prisonniers Illilten, tous nos alliés kabyles et la plupart des turcos, se pressent en foule autour des prisonnières. Entre ces hommes divisés d'intérêts, d'existence ou de tribus, mais tous enfants de même race, on sent que les liens d'une commune patrie se resserrent devant les souffrances de leurs femmes et de leurs enfants. Les uns aident les captives à s'installer sur les mulets qui les portent, leur serrent les mains en signe d'adieu, ou leur parlent doucement à voix amicales et consolantes, à gestes attendris ; d'autres, des pères, des frères, des époux sans doute, rattachent çà et là une broche qui s'échappe, quelque foulard dénoué, quelque burnous entr'ouvert : comme au sortir du bal, un mari ferme d'une main attentive les vêtements de sa jeune femme. Quelques-uns quittent en hâte un des burnous qui les couvrent, et chacun d'eux vient pieusement étaler sa dépouille sur les épaules d'une mère, d'une sœur, d'une fiancée, de celle qu'il aime plus que lui-même.

Mais le plus grand nombre entourent la prophétesse, et chacun tour à tour baise respectueusement une main qu'elle tend, au hasard, avec l'aisance sacerdotale d'une femme née pour les hommages.

Les turcos passent confondus avec les Kabyles, non moins respectueux que leurs coreligionnaires. La prêtresse mahométane leur abandonne ses doigts à baiser, ainsi qu'aux hommes de son peuple, et de fois à autres daigne murmurer sur l'un deux une parole amicale. Tous la quittent en s'inclinant, comme des fidèles bénis et contents de l'être.

Les soldats français, attirés par curiosité sur le passage du convoi, se pressent afin de voir Lalla-Fathma. Ils arrivent silencieux tout d'abord, pitoyables aux souffrances d'un ennemi vaincu. Mais bientôt leur foule, peu respectueuse par naissance, parodie un à un les gestes onctueux de la prophétesse. La captive respectée n'est plus qu'une prêtresse de théâtre. La pitié s'efface ; la troupe perd ses égards généreux devant les allures protectrices de la souveraine maraboute ; ce long baisement des mains fait courir de proche en proche tout un flot de lazzis à mots peu couverts ; et le rire français, le vieux rire contempteur des vaines parades, éclaire seul désormais les figures martiales et railleuses des soldats.

Le convoi s'ébranle enfin, Kabyles et turcos l'escortent en silence jusqu'à l'extrémité du camp, et reviennent à leurs postes divers. La crête de Tamesguida reprend son aspect de la veille » (Carrey, *Récits de Kabylie*).

Le jour même et le lendemain, ce n'est qu'un défilé continuel des envoyés des Illilten, des Itsourar, des Illoulen ou Malou, des Idjer : tous apportent les soumissions de leurs tribus.

La Kabylie est complètement vaincue ; soumise, peut-être ; cependant il était sage d'en douter ! Et l'anecdote suivante est pleine d'enseignements à cet égard. Un soldat adressant la parole à un vieillard de la tribu des Illilten lui dit d'une voix amicale :

« Amigo, à présent, vieux Chinois. »

— « Amigo, répond le Kabyle, macache barout ». (Oui, ami, parce que je n'ai pas de poudre).

Quoi qu'il en fût, notre expédition avait pleinement réussi, et ce que n'avaient pu faire les dominations carthaginoise, romaine, byzantine, vandale, arabe, turque, notre domination l'avait accompli.

Il n'y avait plus de Kabylie indépendante, dont le sol vierge n'avait encore été foulé par aucun conquérant : il n'y avait plus de Mons Ferratus inviolé, il n'y avait plus en Algérie ce foyer permanent d'insurrections, qui fit verser tant de sang aux autres conquérants de la terre Africaine.

Notre tâche était achevée, la campagne close ; le 14 juillet, l'armée expéditionnaire se dissout.

La division Renault campe à Fort Napoléon (depuis Fort National).

La division Mac Mahon se disperse sur Constantine et sur Oran.

La division Yusuf regagne la province d'Alger.

La division Maissiat retourne à Constantine.

La cavalerie du colonel de Fénelon rentre aussi à Alger.

Les colonnes Marmier, d'Argent et Drouhot regagnent leurs garnisons, pendant que les contingents Kabyles rentrent dans leurs foyers.

Le maréchal, avec une seule compagnie de chasseurs

et son état major, traverse sans aucun incident toute la Kabylie du Djurjura et revient à Alger prendre son poste de gouverneur.

Cette campagne a donné à la France plus de 250,000 habitants, bons ouvriers, laborieux, économes : elle a fait rentrer une contribution de guerre de 2,000,000 de francs dans les caisses de l'Etat, et ce qui est le plus important, elle a affermi, dans une mesure indiscutable, notre conquête et notre domination en Algérie.

« Amigo, macache Barout. » Ami, parce ce que je n'ai pas de poudre, avait dit le vieil Illilten, quelque temps après, la poudre arrivant, l'amitié disparut et nous fûmes obligés de reprendre les armes contre cette région que nous avions le droit de considérer comme conquise.

En 1864 et 1866, deux fractions seulement, se révoltèrent ; mais, sans qu'il y eût lieu d'organiser une expédition, elles furent promptement réduites à l'impuissance.

LIVRE QUATRIÈME

INSURRECTION DE 1871.

Au lendemain de nos désastres, au moment où la France était foulée aux pieds par un ennemi, surpris lui-même de tant de victoires, à l'heure où notre beau pays semblait expirer sous les ruines et sous l'impuissance, une insurrection éclate en Algérie et c'est à des soldats épuisés, à des chefs abattus par les revers, qu'il faut confier en toute hâte la mission de reconquérir une partie de notre belle colonie.

A quel mobile obéissaient donc les Arabes, et quel mauvais sentiment soulevait les Kabyles ? Etait-ce l'espoir de s'affranchir d'un joug trop pesant ? Espéraient-ils, ces vaillants montagnards de la Kabylie, reprendre leur indépendance ? A ces deux questions, il faut répondre non. En tous cas, on ne comprendrait guère leur attitude pendant la guerre contre l'Allemagne. Non seulement, pendant cette triste période de mauvais jours, ils ne cherchèrent point à profiter du départ de nos troupes, mais ils sont venus en assez grand nombre à notre secours, et ce ne fut qu'un juste hommage que M. Warnier leur rendit, lorsqu'il vint déclarer à la tribune de l'Assemblée, que la France devait être fière de nos indigènes, qui tombèrent morts au champ d'honneur, au nombre de dix mille, tant à Reischoffen, qu'à Sedan et à Orléans. Et cependant quelle plus belle occasion pour eux de prêcher la guerre sainte ? Paris était cerné, était bombardé, et qu'avions-nous en France de troupes disponibles ? Nos soldats, nos officiers, n'étaient-ils pas en grand nombre captifs en Allemagne ? Que serait-il arrivé, si à ce moment là une révolte eût éclaté ?

Il faut donc chercher les causes du soulèvement dans un tout autre ordre d'idées.

Tout d'abord, quelques-uns ont laissé à entendre que l'Allemagne n'était pas étrangère à ce mouvement révolutionnaire. Notre belle contrée d'Afrique a le don de plaire à beaucoup de monde, et détacher de nous cette riche colonie, pour la conquérir ensuite, pouvait paraître être un plan d'une réalisation fort désirable. Nous ne nous arrêterons pas longtemps sur cette présomption : nous ne savons encore au juste ce que l'Allemagne a pu tenter contre nous, si elle a tenté quelque chose : qu'il nous suffise de savoir et de nous souvenir, que si des fusils « chassepot » ont été trouvés dans des villages Kabyles, ces derniers ne les avaient certainement pas reçus du gouvernement français ou ne les avaient pas pris à nos soldats. Si cette cause existe, ce ne serait pas la seule.

Cherchons donc une autre cause ou un complément de cause à ce mouvement insurrectionnel. Eh ! bien, il faut avoir le courage d'avouer que la révolte des indigènes en 1871, fut pour la plus grande partie notre œuvre.

M. l'amiral de Gueydon, gouverneur général, l'a fort bien dit, ce furent la naturalisation des Juifs et les audaces impunies de la presse radicale qui poussèrent les Arabes à se révolter contre la France, pour laquelle ils n'avaient point eu peur d'affronter les dangers et la mort sur ses champs de bataille. Ce furent là les deux causes, disons-nous, de cette terrible révolte, que M. Rinn, dans son bel ouvrage sur l'insurrection de 1871, a appelée, l'Insurection de Mokrani.

Nous disons que tout d'abord la naturalisation en bloc des Israélites fut une des principales causes déterminantes de ces malheureux événements. Il faut peu connaître la race Arabe et le caractère musulman pour ne pas deviner ce qui se passa parmi ces fanatiques lorsque le fameux décret de Crémieux, vint à la date du 24 octobre 1870, changer l'état social des Juifs de l'Algérie. Quoi ! dès le début de la guerre, les grands chefs Arabes des trois provinces de notre colonie, avaient dans une adresse (1) à l'empereur Napoléon III,

---

(1) Sire, la France a déclaré la guerre à la Prusse. Votre Majesté va se mettre à la tête des armées françaises ; votre fils, héritier de votre gloire et de votre nom, vous accompagne. A la nouvelle qu'une nation avait osé s'attirer votre courroux, une

offert leur argent et leur sang pour la défense de la France, on leur avait refusé ces offres, persuadé qu'on

colère subite a envahi nos cœurs ; le feu spontané de l'enthousiasme a embrasé nos âmes. Nous aussi nous voulons combattre les ennemis de la France qui sont les nôtres. Pourrions-nous agir autrement, nous, chefs indigènes, que vous avez comblés de bienfaits ? Votre glorieuse nation a laissé au peuple Arabe sa religion et ses coutumes ; elle a permis à nos enfants d'aspirer à toutes les dignités civiles ou militaires ; elle s'est mêlée à nous au lieu de nous tenir à l'écart. Cette conduite généreuse, dont la France ne s'est pas départie un seul instant, depuis quarante ans, nous a enchaînés pour toujours à sa destinée. Déjà notre sang, de l'orient à l'occident, a été répandu avec celui de vos soldats sur les mêmes champs de bataille : en Cochinchine, en Crimée, au Mexique, en Italie, et en tant d'autres pays. Nous demandons à votre Majesté, qu'à l'exemple des Français, il nous soit permis de mettre nos biens et nos personnes à votre disposition. Nous ne sommes ni aussi nombreux ni aussi riches que vos sujets ; mais ce que nous pouvons offrir autant qu'eux, c'est le courage, c'est la volonté, l'énergie, le dévouement. Vous nous avez abandonné la propriété de nos terres, vous nous avez conservé nos croyances religieuses et garanti notre honneur, nous devons notre aide à la France. Nous supplions votre Majesté d'accepter la modeste offrande de nos fortunes et le secours de nos bras. Verser notre sang pour la France est un droit pour nous plus encore qu'un devoir, car vous l'avez dit : Je suis le sultan des Arabes aussi bien que celui des Français. Nous attendons avec une respectueuse impatience que votre Majesté veuille bien nous autoriser, soit à marcher au combat, soit à ouvrir parmi nous des listes de souscription, afin que nous puissions encore de quelque manière contribuer à la gloire de vos armes. Que Dieu vous donne la victoire.

   Ont signé.
* Mohammed ben Hadj Ahmed el Mokrani, bachagha de la Medjana.
El Hadj Ahmed Bouakkaz ben Achour.
Mohammed Sghir Bengana, caïd de Biskra.
Sliman ben Siam, agha honoraire de Miliana.
* Saïd ben Boudaoud, caïd du Hodna.
Belkassem ben Lahrench, bachagha de Djelfa.
Mohammed Saïd ben Ali Cherif, bachagha d'Akbou.
* Ahmed Bed ben Cheikh Messaoud, caïd des Ameur Dahra (Setif.)
Ahmed Bel Kadi, caïd de Batna.
Douadi ben Keskes, caïd des Ameur Guebala (Setif.)
* Sghir bel Laroussi, caïd des Righa Guebala (Sétif.)
* Abderrahman ben Gandouz el Mokrani, caïd d'Aïn Turc.
Ben Yahia ben Aïssa, bachagha du Titery.
Ali ben Mahieddin, agha des Beni Sliman (Mitidja).

était qu'elles seraient inutiles, et pour les récompenser de cette attitude dévouée et désintéressée, on ne trouvait rien de mieux, après la chute du Sultan de France, que de les humilier le plus gravement, en élevant à la dignité de citoyens français les israélites ! Il faudrait désormais voir les « Juifs » prendre part à la vie politique du pays conquis sur les Musulmans ; les voir voter, devenir éligibles, et les voir surtout juges dans le jury, ce qui pour tout Musulman était la plus grave injure. Ce fut à cette nouvelle, tout un émoi considérable, tout un cri de colère et de haine contre les Juifs et contre nous. Presque au même moment, l'on décida de substituer au régime des bureaux arabes le régime civil en Algérie : cela produisit encore un effet désastreux sur les indigènes, qui s'indignèrent qu'un « Juif » gouvernât la France et l'Algérie et que le régime civil fût imposé par ce « Juif ». Les attaques d'une certaine presse vint encore ajouter à leurs craintes et à leur mécontement. « Le délire de la fièvre révolutionnaire s'empara à Alger et à Constantine de quelques énergumènes qui, malgré les efforts des officiers et des gens de cœur comme les Warnier, les Lucet et autres, donnèrent aux indigènes stupéfaits le spectacle inouï de chefs et de fonctionnaires français méconnus, injuriés, arrêtés ou expulsés. Nos sujets, qui par tradition et par tempérament ont le fétichisme de l'autorité, virent la menace et l'insulte prodiguées impunément et à leurs chefs héréditaires ou traditionnels et aux officiers français plus spécialement préposés au maintien de notre domination en Algérie ; ils furent à la fois consternés et inquiets en entendant les récriminations brutales et les réactions violentes contre les condescendances du

Kaddour ben el Mokhfi, agha des Bordjia.
Boualem ben Cherifa, bachagha du Djendel (Miliana).
* Ahmed Bou Mezrag el Mokrani, caïd de l'Ouennougha
Saïd ben Abid, caïd du Sahel Guébli (Sétif.)
Ahmed ben Zidan, caïd des Guerkour (Sétif.)
Ahmed Boulakhas-Bengana, caïd des Gheraba.
(Les noms marqués d'un astérique * sont les noms des chefs qui se révoltèrent en 1871.)

système impérial à l'égard des chefs indigènes. » (Rinn, ouvr. précité).

Les chefs indigènes se demandaient avec anxiété ce qui allait se passer, et parmi eux le bachagha de la Medjana, El Hadj Mohammed-ben-el-hadj-Ahmed-el-Mokrani, le plus à craindre de tous, surveillait attentivement toutes les fautes que nous lui paraissions commettre. Ce Mokrani, esprit fin, sceptique et ambitieux, réussit à entraîner quelques nobles mécontents et les populations nombreuses soumises à l'action politique et religieuse des Khouans Rahmanga. Commandeur de l'ordre national de la Légion d'honneur, devenu l'hôte de Napoléon III à Compiègne, comblé d'honneurs, et de déférences en France, le Bachagha Mokrani fit cependant partie des mécontents dont il devint bientôt le chef. C'est que en Algérie, avant 1870, nous avions souvent froissé l'amour-propre des grands chefs, que nous nous étions engagés à protéger en échange des vastes territoires qu'ils nous apportaient. Il est vrai qu'au moment où ces promesses avaient été faites, c'était dès le début de notre occupation, et nous ne savions encore à ce moment ce que nous ferions de l'Algérie. « Les généraux en chef et les gouverneurs, à qui la métropole refusait de l'argent et les moyens d'action, avaient alors traité de puissance à puissance avec les chefs venus en alliés et acceptant notre suzeraineté. A ces précieux auxiliaires, nous n'avions rien demandé de plus que de se faire tuer à notre service et de nous payer un tribut ; en retour de quoi, nous leur avions garanti les dignités, honneurs et privilèges dont ils jouissent en fait comme en droit. Nous avons tenu notre parole, tant que nous avons eu besoin de nos alliés pour conquérir ou gouverner ; mais le jour où nous nous sommes crus assez forts pour nous passer d'eux, nous avons trouvé que nos engagements avaient été bien imprudents et nous n'avons plus vu dans ces alliés de la première heure, que des individualités gênant l'œuvre de progrès et de civilisation que la France entendait accomplir en Algérie pour justifier sa conquête. Nous avons alors essayé de faire comprendre à ces gens de vieille souche, ayant conservé les mœurs et les préjugés du XIII⁰ et du XIV⁰ siècle, les conceptions humanitaires et politiques des sociétés modernes ; ils ne comprirent qu'une chose, c'est que nous voulions amoindrir leur situation et leur imposer les mêmes devoirs et les mêmes obligations auxquels nous avions astreint les agents et les collectivités vaincus les armes à la main et subissant les volontés du vainqueur. De là bien des malentendus, bien des mécontentements, que s'efforcèrent d'atténuer les officiers des bureaux arabes, chargés de la délicate mission de contrôler ces chefs et de discipliner leur concours au mieux des intérêts de notre action gouvernementale. » (Rinn).

Le Bachagha Mokrani en 1870, avait donné sa démission au maréchal de Mac Mahon, qui l'avait acceptée, mais, en présence de la situation qui était faite à la France par la déclaration de guerre à l'Allemagne, il était resté à son poste et avait, nous l'avons déjà dit, offert d'aller combattre en France. Si l'on eût accepté cette demande et celle de presque tous les grands chefs arabes, l'insurrection eût-elle éclaté? Il est permis d'en douter. Quoi qu'il en soit, les décrets du 24 octobre excitèrent en Mokrani une très grande mauvaise humeur : « Je consens à obéir à un soldat, disait-il, mais je n'obéirai jamais à un juif ni à un marchand. » Et quand, le 14 janvier 1871, le garde des sceaux Crémieux signait à Bordeaux une déclaration aux indigènes, il ne se figurait pas quel effet produirait sur eux un document qui n'était point d'ailleurs conçu dans un style qui pût convenir à un peuple aussi opposé aux innovations. Un juif adressait une proclamation à des musulmans! Un juif parlait comme un chef d'Etat ! Aussi « à la notification qui lui fut faite de cette déclaration, le bachagha Mokrani répondit par écrit : Je n'obéirai jamais à un juif. Si une partie de votre territoire est entre les mains d'un juif, c'est fini. Je veux bien me mettre au-dessous d'un sabre. dût-il me trancher la tête ; mais au-dessous d'un juif, jamais ! jamais ! jamais ! » (Rinn, mém. ouv.)

Par deux fois encore le Bachagha donna sa démission, mais chaque fois elle ne fut pas acceptée ; c'est alors que Mokrani, le 15 mars, écrivit les deux lettres suivantes ; la première adressée au général Augeraud, la seconde au capitaine Ollivier :

« Je vous remercie des excellentes choses que vous m'avez dites ; je vous remercie de la bonté que toujours vous m'avez témoignée ; j'en garderai le meilleur souvenir. Mais je ne puis vous répondre qu'une chose : j'ai donné ma démission au maréchal de Mac Mahon, qui l'a acceptée. Si j'ai donc continué à servir la France, c'est parce qu'elle était en guerre avec la Prusse, et que je n'ai pas voulu augmenter les difficultés de la situation. Aujourd'hui la paix est faite et j'entends jouir de ma liberté. Vous le savez, je vous l'ai dit : je ne puis accepter d'être l'agent du gouvernement civil, qui m'accuse de parti pris et déjà désigne mon successeur. Cependant on verra plus tard si on a eu raison d'agir ainsi et si c'est moi qui ai eu tort. Mes serviteurs sont arrêtés à Sétif et à Aumale, et partout l'on affirme que je suis insurgé. Pourquoi ? Parce que l'on veut me condamner. Eh bien ! je n'échangerai avec ces gens là que des coups de fusil, et j'attendrai. J'écris à M. Ollivier que je refuse mon mandat de février et qu'il ait à se tenir sur ses gardes, car je m'apprête à combattre. Adieu !

« Mohammed ben el Hadj Ahmed el Mokrani. »

La lettre au capitaine Ollivier était conçue en ces termes :

« J'ai reçu la lettre par laquelle vous me transmettez les instructions du général de Constantine, qui a écrit que ma démission n'était pas acceptée et que je restais responsable des tribus placées sous mon commandement. Veuillez, je vous prie, lui faire connaître que Monseigneur le maréchal de Mac Mahon avait accepté ma démission et que, si j'ai attendu jusque aujourd'hui pour revendiquer ma liberté, c'est seulement en raison de la guerre soutenue par la France contre la Prusse. — Aujourd'hui la paix est faite et je suis délié de mes promesses. Veuillez l'informer aussi qu'il ne saurait m'imposer aucune responsabilité pour les faits qui se commettent en raison de l'anarchie existante. Vous connaissez la cause qui m'éloigne de vous ; je ne puis que vous répéter ce que vous savez déjà : je ne veux pas être l'agent du gouvernement civil. Je vous renvoie mon mandat de février, je refuse de le toucher, et je ne veux plus, dans les circonstances où nous sommes, exercer l'emploi que j'occupais. Je m'apprête à vous combattre ; que chacun aujourd'hui prenne son fusil. Transmettez vite, je vous prie, à monsieur le général Augeraud la lettre que je vous envoie à son adresse. Restez avec le bien, et que le salut de Dieu soit sur vous ».

Le 16 mars, la lutte commençait, après qu'El Mokrani eut fait couper la ligne télégraphique et eut fait parvenir les deux lettres ci-dessus.

Nous n'examinerons pas les détails des premiers faits de l'insurrection, cela ne saurait entrer dans notre sujet ; il nous suffira d'énumérer simplement les dates des événements qui, en dehors de l'insurrection Kabyle proprement dite, ne sauraient demeurer ignorés ; l'importance de ces événements ne devait d'ailleurs pas échapper aux Kabyles.

Les premiers succès d'El Mokrani furent ceux de Bou Arreridj ; il nous tint enfermés dans le bordj, après avoir dévasté et incendié la ville, abandonnée par nous faute de défenseurs pour la protéger ; mais ces succès furent vite vengés par notre attaque du bordj de la Medjana, bordj d'El Mokrani, qui tomba en notre pouvoir le 8 avril.

Ce jour même, 8 avril, de nombreux Kabyles se trouvaient réunis à Seddouk, au marché des Mcisna (marché franc dont la création ne remontait qu'au 30 mars précédent) lorsque le chef de l'ordre des Rahmanya, Cheikh el Haddad, se présenta devant la foule, entouré de ses deux fils et de ses mokaddem ; il récita la prière habituelle aux Khouans de Sidi Abder Rhanan Bou Goubrine, puis proclama la guerre sainte en remettant à ses fidèles « un drapeau que le prophète Mohammed lui avait apporté la nuit, et jetant son bâton au milieu des assistants, il s'écria qu'avec l'aide d'Allah et du

Prophète, il serait aussi facile de jeter les Français dans la mer. » (Rinn).

Cheikh Haddad, qui depuis longtemps était demeuré dans la retraite, âgé alors de plus de quatre vingts ans, fit naître un immense enthousiasme chez les assistants, et procura au bachaga plus de cent mille soldats en quelques jours.

Mais pourquoi ce chef de l'ordre des Rahmanya vient-il prêcher la guerre sainte, le Djehad ? En voici l'explication.

Le bachagha El Mokrani voyait la Medjana entre nos mains, et ses rivaux, les Ouled Abdesselem, étaient nos alliés. Compromettre les Ouled Abdesselem aux yeux des Français pour qu'ils ne puissent pas un jour demander le commandement de la Medjana, tel fut le but de El Mokrani. Mais comment obtenir ce résultat ? Il ne pouvait faire une démarche personnelle, démarche qui froissant d'ailleurs son orgueil, n'aurait eu presque aucune chance de succès. El Mokrani pensa que ce qu'il ne pouvait faire lui même, il le ferait faire par un intermédiaire capable d'imposer sa volonté aux Ouled Abdesselem. Il dévolut son choix sur le vieux Cheikh el Haddad, dont le fils Aziz, particulièrement froissé ou du moins prétendant l'être par les Français, était l'ami personnel de Ben Abdesselem. Et pour déterminer Cheikh el Haddad à servir ses projets, El Mokrani s'engagea à reconnaître la suprématie religieuse et politique de la Zaouïa de Seddouk sur toute la Kabylie. Il n'en fallait pas tant pour déterminer ce chef de l'ordre des Rahmanya ; car outre les avantages que cela lui aurait procuré, il voyait, humilié, le marabout de Chellata, Si Mohammed Saïd ben Ali Cherif, ce marabout qui éclipsait « toujours la renommée naissante des fils du forgeron qui régnaient à Seddouk ». — Puis la Zaouïa de Chellata, plusieurs fois séculaire, avait toujours été pour les Khouans un obstacle presque infranchissable dans leur œuvre de propagande : C'était donc tout à la fois pour Cheik el-Haddad, et le triomphe de sa secte religieuse, et celui de ses désirs les plus vifs et les plus secrets, dominer son rival politique,

L'accord entre El Mokrani et le Cheikh el Haddad étant intervenu, le « Djehad » est prêché à Seddouk, tel que nous venons de le dire. Mais il faut bien remarquer que Cheikh el Haddad, en proclamant la guerre sainte, mit bien plutôt en avant l'intérêt matériel des Kabyles que la cause religieuse, la cause sainte. Il savait que le fanatisme pur n'aurait que peu de chances de succès auprès des tribus : tandis que leur affirmer que la France allait prendre aux indigènes leur territoire pour les distribuer aux Français dépouillés, ruinés et vaincus par les Prussiens, leur dire que désormais leurs terres deviendraient la propriété des Juifs, devenus les chefs de notre nouveau gouvernement, c'était mettre le feu aux poudres.

Ils étaient d'ailleurs entretenus dans cette erreur par la lecture quelque peu commentée en notre défaveur des arrêtés publiés dans certains journaux. Il suffira de reproduire ici l'arrêté du 5 mars 1871 et la circulaire du 11 mars, pour deviner quel parti Cheikh el Haddad et son fils Aziz pouvaient tirer de tels documents.

« Il est institué, disait l'arrêté du 5 mars, dans chacun des départements d'Alger, d'Oran et de Constantine, une commission spéciale qui sera chargée d'étudier, d'examiner et de proposer au gouvernement les moyens d'appeler en Algérie les victimes de la guerre. Art. 2. La commission du département d'Alger est composée ainsi qu'il suit : etc........ »

La circulaire du 11 mars était conçue dans les termes suivants :

« Sur l'initiative de la société d'agriculture d'Alger et conformément à ses propositions, j'ai, par arrêté en date du 5 de ce mois, institué dans chacun des trois départements une commission chargée d'étudier, pour les soumettre au gouvernement, les procédés les plus rapides et les plus féconds, en vue d'y installer l'immigration qui lui fait défaut.

« Le même arrêté a nommé les membres de la commission d'Alger.

« Cette commission ne fonctionne pas encore dans les deux autres départements, mais je délègue aux deux

Préfets le pouvoir de les former pour leur ressort respectif.

« Une grande chose, une seule chose nous reste à faire après nos malheurs : c'est de restaurer l'influence de la France dans le monde, en développant en Algérie tous les éléments de peuplement et de production que comportent ses richesses, méconnues à dessein par le second Empire.

« C'est encore d'offrir à nos concitoyens de l'Alsace et de la Lorraine une hospitalité digne de leur industrie et de leur patriotisme.

« C'est aussi de faire cultiver dans ces régions l'héritage providentiel que l'Afrique du Nord offre aux hommes laborieux de tous les pays.

« Pour atteindre ce but, la commission de colonisation d'Alger, celles de Constantine et d'Oran, qui vont se constituer, auront besoin du concours et de l'appui sympathique de toutes les administrations publiques.

« C'est avec une entière confiance que je m'adresse ici, au nom du gouvernement, au nom des populations désolées par la guerre, à tous les chefs de service, à tous les agents de l'Etat, en leur demandant protection et encouragement pour les hommes de bien qui ont conçu le projet de sauver la France par la colonisation de l'Algérie.

« J'attacherai à chacune des trois commissions... etc. »

Quoiqu'il en soit, le Djehad était proclamé et les hostilités ne tardèrent pas à commencer.

Il est vrai de dire qu'auparavant quelques évènements auraient pu nous faire connaître la disposition d'esprit des habitants des bords de l'oued Sahel. Ainsi le 19 mars, les bâtiments de Tala Rana, en face du bordj des beni Mansour, et qui servaient d'installation d'été au chef d'annexe, furent livrés aux flammes, tandis que le bordj lui-même était assiégé par les rebelles. Le 28 février précédent, quelques jeunes gens de la tribu des Beni Yala avaient pillé et incendié le caravansérail d'Es-Senam, abandonné bien à tort il est vrai, par son gardien. Le cinq avril, Bou Mezrag, frère d'El Mokrani, était venu camper à 30 kilomètres d'Aumale, chez les Beni Yala, au Hammam de l'oued Zayane et tenta dans cette journée du 5 et dans celle du 6 février de surprendre notre faible garnison d'Es Senam. Le 7, une tentative était dirigée par les Beni Abbès contre le bordj de Beni Mansour ; les Beni Abbès étaient commandés par le frère d'El Mokrani, si el Hadj Bouzid el Mokrani. Bou Mezrag l'avait laissé à Bou Djellil, et avait pris la précaution de prendre comme otages un spahi nommé Hamini et les Chioukh Kabouch et Bachir ben Kaba, qui auraient pu entraîner les Beni Abbès du bas à soutenir la France.

En outre dès le 6 avril, Ben Ali Chérif, le bachagha de Chellata, revenant d'Alger où il avait été porter sa démission, démission qui n'avait pas été acceptée, ne fut pas peu surpris de trouver à Akbou une situation très grave. Partout les envoyés d'El Mokrani ou d'Aziz prêchaient le Djehad. Le 8 avril, les Illoulen recevaient chez eux Si el Hadj Bouzid el Mokrani, qui leur remettait de la part du bachagha Mokrani la lettre suivante :

« Aux principaux membres de la tribu des Illoula, soff el Fouqâni, soff el Outani.

« (Salutations)... Je viens de me soulever ainsi que plusieurs tribus qui ont marché avec moi ; Dieu les récompensera, et l'Islam leur saura gré de leur dévouement. Il n'y a que vous qui écoutez les conseils du démon ; vous vous combattez les uns les autres et vous vous faites une guerre impie, où celui qui tue et celui qui est tué sont également destinés à l'enfer, tandis que vous négligez une guerre sainte qui assure le paradis à celui qui tue et à celui qui est tué. O mes amis ! Je vous envoie notre frère Si el Hadj Bouzid el Mokrani et mon Khalifat Sid Mohammed Larbi ben Hamouda, avec 10 cavaliers des principaux des Hachem ; je vous envoie également Si Mohammed Bel Kassem, Si Mohamed Ben Boudiba, Si Ben Naceur et Si Mahfoud el Mouhoub, mokaddems et notables des Beni Abbès. J'espère que vous accepterez ce qu'ils vous proposeront dans le but de vous réconcilier ; alors je serai sans inquiétude et nous nous occuperons du Djehad. Les croyants n'ont plus rien à attendre des infidèles. Quant à Ben Ali Cherif, il ne faut pas vous en préoccuper : j'y ai pensé, et, si les circonstances le permettent, j'accomplirai la volonté de Dieu, je le ferai prisonnier, je démolirai son bordj et son azib, et tout son bien sera attribué aux combattants de la terre sainte. Il a quitté la voie de son père et de ses ancêtres. Ceux-ci amenaient le monde des ténèbres à la lumière, tandis que lui il veut le ramener de la lumière aux ténèbres. Il ne faut plus écouter ce qu'il vous dira. Vous n'avez certes pas plus d'attachement pour lui que je n'en ai eu moi-même pour toute cette famille ; mais puisque aujourd'hui Ben Ali Chérif préfère l'incrédulité à l'Islam, et qu'il prend le parti de l'infidèle, j'ai retiré ma main de la sienne, je n'ai plus d'amitié pour lui. On dit qu'il veut se sauver à Alger, car il n'a point de courage et toute foi est éteinte dans son cœur ; mais sa fuite ne m'importe guère, mon désir est que vous vous réconciliiez, qu'il n'y ait plus de guerre entre vous et que nous nous unissions fermement avec les autres tribus. De la part de El Hadj Mohammed Mokrani, émir des Moudjehedines, 23 mars 1288 (sic). »

S'il est vrai de dire que les gens de Ben Ali Chérif firent un fort mauvais accueil aux envoyés d'El Mokrani, il faut cependant reconnaître que cette lettre produisit un peu plus tard l'effet qu'en attendait son auteur.

Ben Ali Chérif, pour servir nos intérêts, affecta de ne point comprendre cette proclamation et envoya un émissaire à Cheikh el Haddad pour obtenir des éclaircissements. Le soir même cet émissaire revenait avec la lettre suivante que Ben Ali Chérif envoya sur le champ au général Lallemand.

« A notre ami Sidi Mohammed Saïd Ben Ali Chérif, Bachaga et à ses fils Mohammed Cherif, caïd des Beni Aïdel, et Abderrahman.

« (Salutations).... Si vous êtes des croyants, levez-vous pour la guerre sainte, nous-mêmes sommes déjà soulevés et nous avons donné l'ordre à tous de suivre notre exemple. Tout croyant doit mourir pour la religion de l'Islam. Qu'on se hâte donc et qu'on ne se laisse pas séduire par les vaines promesses de bonheur des Français. On ne doit plus avoir confiance en eux. Avec eux, on ne peut plus gagner que l'incrédulité sans acquérir le moindre honneur. Si vous dites qu'on peut encore compter sur eux, éprouvez-les et jugez-les d'après ce qu'ils ont fait avec nous. Vous savez avec quel zèle nous avons toujours servi le gouvernement Français ; nous recommandions aux tribus de rester soumises, surtout cette année ; vous savez, et tous savent, les efforts que nous avons fait pour maintenir les tribus dans l'obéissance et pour les empêcher de suivre le bachagha de la Medjana, et cela jusqu'à ces derniers jours. Le commandant de Bougie a écrit à tous les caïds et à tous les Chiouks du cercle de ne point aller chez le Cheikh Ben Haddad, qui, disait-il, est un rebelle. Le capitaine est venu lui-même à la ferme de Ahmed Oukratri ; là il a réuni les gens du pays et leur a dit de ne point venir chez nous, ajoutant que nous étions rebelle, alors qu'il n'y avait eu de notre part aucun symptôme de rebellion et que pas un coup de fusil n'était parti de chez nous contre eux. Nous n'avions pas levé l'étendard de la révolte, si bien que tout le monde nous accusait d'être plus attaché à l'incrédulité qu'à l'Islam. Si, pour récompenser nos efforts, on nous a traités de rebelle et fait du mal, comment osez-vous croire, vous, dont la situation est équivoque, qui n'avez pas rendu les mêmes services que nous, que vous puissiez espérer d'eux quelque chose d'heureux ! Dieu veuille qu'ils aient perdu l'esprit, car on dit qu'à l'approche de la mort l'intelligence s'affaiblit ; or ils sont ainsi, ils ne distinguent plus l'ami de l'ennemi. Enfin, que ceux d'entre vous qui veulent la guerre sainte se lèvent avec nous au nom de Dieu et du Prophète ; c'est en eux que nous plaçons notre confiance, et nous serons victorieux, s'il plaît à Dieu. Par ordre de notre Cheikh Mohammed Amzian Ben el Haddad. 20 Moharem 1288 (10 avril 1871). »

Le 10 avril, Si Aziz fit couper les fils télégraphiques qui reliaient Bougie à Fort National et fit allumer sur les sommets environnants des feux qui suffirent pour annoncer que la guerre sainte était déclarée. Aussi dans chaque tribu, les Mokaddem se mirent-ils à l'œuvre avec enthousiasme ; en quelques jours, nos places fortes, Bougie, Fort National, Dellys, Tizi Ouzou, Dra-el Mizan, étaient assiégées ou bloquées ; nous avions devant nous une insurrection qu'il nous fallait combattre sur vingt endroits à fa fois.

Pour rendre le récit de ces douloureux évènements plus clair, nous avons adopté une division des faits par contrée. Nous verrons successivement les places de l'insurrection et nos efforts pour la combattre ; devant Bougie, Fort National et dans le Jurjura, Dellys, et la région du Sebaou à la mer, Tizi-Ouzou, Drâ el Mizan, et plus succinctement devant Palestro, les Issers et autour du Hamza, ces régions ne rentrant pas absolument dans les délimitations de la Kabylie du Jurjura.

I. Bougie et ses environs. Nous avons vu la lettre du Bachagha el Mokrani à la tribu des Illoulen, et celle du Cheik et Haddad à Ben Ali Chérif ; ce dernier était fort peu rassuré, puisque dans le rapport qu'il adressa au général Lallemand, il disait : « Si cette situation ne change pas d'ici à deux ou trois jours, nous nous trouverons complètement sans communication, à moins que les troupes ne nous portent secours....... il faudra, pour ramener les esprits dans la bonne voie, beaucoup de troupes, et j'ose presque dire faire une nouvelle conquête. Ben Ali Chérif ne se trompait que fort peu, les événements le prouvèrent, et on doit lui savoir gré de la franchise avec laquelle il a agi vis-à-vis de la France. Il avait donné sa démission, nous l'avons déjà dit, et il se croyait relevé de ses fonctions quoique celle-ci n'eût point été acceptée, aussi terminait-il son rapport par ces paroles fort dignes : « Je vous ai promis en quittant Alger et en venant ici de ne plus m'occuper des affaires, mais d'employer toute mon influence à donner de bons conseils pour empêcher les esprits de suivre les mauvais exemples des insurgés. Je crois avoir jusqu'à présent rempli cette mission délicate et d'après ma conscience, Dieu fera le reste en ramenant les esprits égarés. Je ne puis plus rien dans le commandement ; mais, dans le cas présent, c'est la défense qui parle, et tous les vrais cœurs dévoués à la France doivent la servir dans n'importe quelle circonstance. C'est dans ces rares exceptions que l'on reconnaît les véritables serviteurs. Vous pouvez compter, mon général, entièrement sur moi, sur mon fils Chérif, et je crois pouvoir vous dire sur les Illoulen ; enfin sur tous ceux qui suivront mes conseils. »

Le 9 avril, le commandant Reilhac partit de Bougie et vint à El Kseur, dont tous les établissements européens avaient été évacués à l'ouest.

Le 11 avril, Ben Ali Cherif dénonce au commandant supérieur de Fort National que Cheikh el Haddad a pénétré chez les Aït Idjer, où il prêche la guerre sainte. Il demande en outre à son ami Ali Oukaci, de Temda, de venir à son secours.

Le 12, Aziz réussit à faire rentrer dans l'insurrection l'un des çoffs des Illoulen ; il avait réuni ses contingents sur le Dra Takaat, ayant en face de lui, les Beni Our'lis, ses alliés, qui gardaient le défilé de Takerat. Ses forces étaient fort bien organisées. Chaque fraction, si elle ne venait conduite par son chef, recevait un chef militaire et un Mokaddem. Il réunissait les groupes susceptibles de pouvoir vivre ensemble, et nommait alors des caïds.

Les forces, dont Aziz disposait, peuvent être évaluées à 9000 hommes, divisées en deux colonnes : la première, commandée par lui-même comptait 5000 hommes ; elle avait pour khalifat ou commandant en second Abdallah ben Abdelkader el Ouarani, Mokaddem des Beni Sliman. El Bachir ben Ali, ancien sergent de tirailleurs, médaillé, et Abdallah ben Lalla, ancien tirailleur, étaient lieutenants instructeurs. La seconde colonne sous les ordres de Cheikh el Haddad, comprenait 4000 hommes. Elle avait en outre pour chefs, les deux Mokaddem Amor ou Boudjema et Boudjema ben Mahman des aït Ameur et Hammou, ancien sergent médaillé.

Le 13 avril, Aziz fit sommation à Ben Ali Chérif, à Chérif Amzian ben el Mihoub d'Imoula, et à quelques autres chefs, d'avoir à envoyer leur adhésion et leurs contingents, les menaçant de razzia en cas de refus.

Le 14, Aziz passe en revue ses contingents, puis, après avoir accompli cet acte « Aziz met pied à terre, et sous la direction de son frère aîné, Cheikh Mahmed, les contingents font une grande prière pour l'extermination des Français, prière dont il sera parlé dans les tribus, car les musulmans sont convaincus que plus on est nombreux pour faire une prière, plus cette prière est efficace, et il n'est pas donné tous les jours de voir, en Algérie, dix mille fidèles se prosternant ensemble derrière un iman. Le récit de cette cérémonie fit, en effet, grande impression chez les indigènes, et il contribua à amener de nouvelles recrues aux fils de Cheikh el Haddad » (Rinn).

Le 15, Aziz avec Mohammed ou Madhi, Amar ben Si Mohammed, Hadj Mahmed ou Amzian, Sliman ben el Harrouch, Tahar ben Kaça ou Ali, attaqua le bordj du caïd Si Cherif Amzian ben El Mihoub, serviteur fidèle de la France depuis 1847 et chef religieux des Imoula. Aziz fit piller les maisons du village et les incendia ainsi que le Bordj.

Le 16, Aziz porte son camp à Adrar el Gherbi et pendant ce temps Si Mahmed, à Sidi Aïch, s'empare de l'usine Honorat et de l'azib de Saïd ou Moussa qu'il réduit en cendres. Non content de cet exploit, il fait déclarer par les Illoulen à Ben Ali Cherif que si dans trois jours il n'a pas adhéré à la guerre sainte, il sera victime des mêmes violences que Si Chérif Amzian. Ben Ali Chérif, fort inquiet, demande au général Lapasset de venir à son secours ; malheureusement celui-ci, qui n'a que 2000 hommes, ne peut tenter de forcer les défilés de Sidi Aïch ni ceux de Takerat, et il ne peut qu'exhorter Ben Ali Chérif « à agir pour le mieux en attendant des jours meilleurs. »

Le 17, nouveau succès pour Cheikh Mahmed qui détruit l'usine Dufour. Aziz de son côté impose au Beni Djellil une forte contribution de guerre eu égard à leur peu d'ardeur au Djehad, puis le 18, chez les Senhadja, incendie l'azib d'Ahmed Oukratri, interprète militaire en retraite qui s'était réfugié à Bougie. Les terres du caïd Hammou-Hanoun, le moulin Lambert sont pillés, aux Fennaya, par Cheikh Mahmed. Ce fut près de ce moulin que les rebelles, pour la première fois, eurent à essuyer les premiers coups de feu de nos troupes régulières, troupes jeunes au point de vue de l'expérience et dont le général Lapasset se défiait un peu, jugeant avec sa perspicacité incontestée, que les jeunes soldats ne pouvaient attaquer le défilé des Fenaya, gardé par des montagnards solides et expérimentés.

Dans la nuit du 18 au 19, le général dut se replier jusqu'à Iril ou Azouz jusque et un peu en avant du col de « Tizi », car, dans la journée, Aziz avait incendié le caravansérail de l'Oued Amizour et s'avançant au milieu des Djebabra, ses alliés, menaçait de couper à nos troupes la retraite sur Bougie. Le 19 et le 20 furent employés par Aziz à piller tout ce qui appartenait aux Français ou à leurs alliés en avant de la crête que traverse le col de Tizi.

Le même jour, les Illoulen Ousammeur recevaient chez eux un envoyé, porteur de la pièce suivante :

« Aux notables des Illoulen Ousammeur »

« ..... J'ai reçu votre lettre dans laquelle vous m'annoncez que Ben Ali Chérif détourne les gens de la guerre sainte et cherche à les empêcher d'y prendre part, et cela pour suivre les avis des infidèles, abandonnant ainsi les traditions de ses pères et de ses ancêtres. En ce moment je pars pour l'ouest, à la rencontre de la colonne qui est sortie d'Aumale : aussitôt mon retour, je viendrai avec mes contingents camper à Akbou, et faire ma jonction avec le Cheikh Aziz et ses troupes. Nous détruirons l'azib de Ben Ali Chérif, son bordj et les maisons de tous ceux qui auront pris son parti. Nous renverserons ses combinaisons, nous prendrons ses biens ; son impiété ne lui aura servi à rien. Enfin je vous recommande de vous entendre et de réunir tous vos efforts pour la guerre sainte. Rappelez-vous les paroles du Prophète : Dieu exemptera des feux de l'enfer quiconque aura couvert ses pieds de poussière dans la voie de Dieu. De la part de Si el Hadj Mohammed el Mokrani. 20 avril 1288. »

Après la réception de cette lettre, Ben Ali Chérif se trouvait évidemment dans une situation fort délicate; il espérait toujours qu'un succès du général Lapasset lui permettrait de gagner Bougie avec sa famille et chaque jour, le silence et la solitude se faisaient autour de lui.

Le 21, Aziz dirigea sa marche sur Bougie par la route de l'Oued Sahel. « Sa marche fut aussitôt signalée par nos éclaireurs, et le général Lapasset fit sortir ses troupes ; sa cavalerie barrant la plaine ; l'artillerie et l'infanterie marchant à mi-côte sur les pentes, à droite de la route. Vers le 13° kilomètre, à hauteur de la ferme de Noailles, les chasseurs d'Afrique et les spahis rencontrèrent l'avant-garde des rebelles; ils la chargent et la culbutent, non sans un combat assez vif dans lequel nous avons trois goummiers tués et six hommes blessés, dont deux spahis. Cet échec sembla avoir arrêté la marche d'Aziz et déjà on croyait la journée terminée, quand on vit déboucher de Kseur, le gros des contingents rebelles; on les laissa approcher, et, quand ils furent à une bonne portée, l'artillerie concentrant son feu sur des groupes compacts, les écrase de ses obus. La colonne d'Aziz se replie en désordre ; la cavalerie et les goums chargent avec entrain et achèvent la déroute en poursuivant jusqu'à Taourirt Larba les fuyards, qui laissent plus de 30 morts sur le terrain. On rentre au camp à cinq heures et demie sans être inquiété et tout joyeux de ce premier succès. La joie fut de courte durée. Le général Lapasset recevait dans la soirée un ordre du général Lallemand lui enjoignant, à la date du 20, de s'embarquer immédiatement avec sa colonne et de venir à Alger couvrir la ville et la Mitidja menacées. Le général était navré. Le même jour, suivant les ordres reçus d'Alger, on complétait la mise en défense de la place de Bougie ; le pont de bateaux de la Summam était retiré, les troupes de la garnison se retranchaient entre les deux lignes de défense de la ville ; les forts du Gouraya, Lemercier, Clauzel, Desfossés, Barral ; la tour Dourine, celle du plateau, le petit phare, la casbah et les remparts, étaient armés et occupés ; les colons étaient mis en demeure de se réfugier derrière nos lignes. Le 22, le général levait son camp à l'improviste et rentrait à Bougie ; le lendemain il s'embarquait à bord du Kléber et du Jura, et le 24, il était en route pour Alger. Il ne restait à Bougie que 1500 hommes dont 600 mobiles. Ce départ du général Lapasset fut un grand malheur pour la province de Constantine, où le champ restait libre aux contingents armés des Rhamanya de Seddouk, dont le nombre était tel qu'aucune influence locale ne pouvait plus leur faire obstacle sans l'appui de nos baïonnettes. » (Rinn).

Après avoir tenu bon, malgré toutes les menaces, Ben Ali Chérif, voyant notre départ, demanda alors à rejoindre son ami Ali Oukaci à Tizi-Ouzou offrant de laisser sa famille à Akbou et à Chellata, comme gage de ce qu'il n'allait pas se joindre aux Français. Cette demande fut accueillie et dans la matinée du 24, il put gravir la route de Chellata, et arriver le soir même dans la tente d'Ali Oukaci.

Cheikh Mahmed s'avança aussitôt sur Bougie et établit ses forces à 6 ou 7 kilomètres de la ville dans trois camps ; à Bou Chama, à Tizi et à Tirihane. Ainsi Bougie se trouve étroitement bloquée par terre. Le 25, Cheikh Mahmed tenta sa première attaque contre Bougie, du côté des forts Lemercier et Clauzel. Mais le commandant Reilhac est là et a pris toutes ses dispositions. Le capitaine Bidault, chef du bureau arabe, commande aux contingents fidèles tandis que derrière lui, à la tête de 250 hommes du 45ᵉ mobile, se trouve le capitaine Pierron. Au moment où les rebelles s'avancent contre les forts et arrivent à une distance de 300 mètres, le capitaine Bidault s'élance sur eux, soutenu par trois compagnies du 80ᵉ et l'artillerie de la place, il repousse l'ennemi et enlève à la baïonnette la position qu'il occupait. La retraite sonne, et les Kabyles se précipitent sur nous en vociférant ; ils sont d'ailleurs immédiatement arrêtés par le feu de deux pièces de quatre qui leur infligent des pertes sérieuses. L'engagement avait duré quatre heures.

Après quelques jours de repos, nos goums voulurent enlever aux Mezaïa le village de Tala Ourian, mais ils furent obligés de battre en retraite : fort heureusement ils furent protégés par nos troupes. Rendus furieux par cet insuccès, ils tentèrent cette même attaque le 30, mais sans plus de bonheur. A partir de ce moment, jusqu'au 8 mai, la situation reste la même : de temps en temps quelques coups de feu isolés signalent la présence trop rapprochée de l'ennemi.

Le 6 mai, la nouvelle de la mort du bachagha El Mokrani parvint à Si Mahmed ben Cheikh el Haddad alors à Tizi ; précisément à ce moment, la *Jeanne d'Arc*, le *Limier*, le *Renard* étaient dans le port de Bougie. Cheikh el Haddad, pour tenter de conjurer le mauvais effet que la nouvelle de la mort de El Mokrani pouvait produire, résolut d'attaquer Bougie pour occuper l'esprit de ses contingents. Aussi le 8, il se dirigea avec une partie de ses trois camps vers la ville. Il occupa les maisons suburbaines, et ce ne fut qu'après quatre heures de combat, qu'il fut repoussé. Le lieutenant de vaisseau Forêt avec la compagnie de débarquement de la *Jeanne d'Arc* réussit à le chasser ainsi que ses hommes de la maison où ils avaient pu résister aussi longtemps.

Le 12, vers la fin du jour, nos troupes aperçurent quelques groupes qui s'avançaient dans la plaine ; quelques obus les éloignèrent.

Le 13, vers sept heures du matin, un long défilé de révoltés, musique en tête, drapeaux flottants au vent, descendaient les hauteurs du col de Tizi. A neuf heures, Bougie commence le feu, et les capitaines Bidault et Desdiguière engagent l'action. Le commandant Astruc, du 45° mobiles, incendie le bois des Cavaliers, sur la route des Mezaïa, et la compagnie de débarquement de la *Jeanne d'Arc*, se rend maîtresse de plusieurs fermes occupées par les Kabyles. A l'embouchure de la Summan, un canot à vapeur et le canot major de corvette renforcent le feu du fort Clauzel. Seule, une pluie torrentielle vint mettre fin au combat, vers quatre heures du soir. Les pertes de l'ennemi furent évaluées à 400 hommes hors de combat, nous n'avions que 3 morts et 20 blessés.

Aziz, qui le 12 avait eu une défaite à El Guern, dans un engagement contre la colonne du général Saussier et qui en outre reçut la nouvelle du débloquement de Tizi-Ouzou par le général Lallemand, se prit à réfléchir que la fortune pourrait lui être contraire ; aussi se décida-t-il à adresser une lettre dans laquelle il voulait bien consentir à nous accorder la paix si nous la demandions. Ce chef-d'œuvre de fatuité et d'orgueil mérite la peine d'être connu : voici le texte de cet étrange document.

« Louange à Dieu, il est un. — 14 mai 1871. — Aux seigneurs les chefs grands ou petits ; que de nombreux saluts soient sur vous ! Voici ce que j'ai à vous faire savoir au sujet de la guerre qui a éclaté entre vous et nous, avec la permission de Dieu. Ce sont vos caïds, vos cadis et vos chiouk qui en sont la cause ; et cependant ils accusent ceux qui sont étrangers à cette rupture et qui n'ont fait aucun mal au gouvernement. C'est ainsi qu'ils ont trompé les autorités de Bougie : vous avez ajouté foi à ce qu'ils ont dit contre nous, alors que ce sont eux qui sont à la fois les ennemis du gouvernement et ceux des Musulmans. Lorsque le gouvernement leur a confié le commandement et la direction des tribus, ils ont sans pitié ruiné les musulmans ; lorsque le gouvernement a fait appel à leur fortune et à leurs hommes, ils n'ont pas répondu à cet appel. Ils ont organisé des çoffs dans les tribus et ont accusé d'intrigues ceux mêmes qui voulaient la paix, le bien, la prospérité des tribus. Alors nous nous sommes levés pour le Djehad, sans être en force, sans trésor pour faire face à la guerre, et n'ayant que le concours de Dieu et la haine que nous avions dans le cœur contre les caïds. C'est là notre trésor et notre force contre ceux qui ne s'occupaient qu'à faire le mal dans les tribus. Je vous préviens par la présente lettre que, si vous demandez à faire la paix pour avoir quelques années de tranquillité, je serai le premier à y consentir. Nous ne faisons la guerre sainte que contre ceux qui veulent le mal du gouvernement et des musulmans, contre ceux d'où vient tout le mal. Si le gouvernement maintient les caïds, nous resterons debout, avec l'aide de Dieu, pour faire la guerre sainte, jusqu'à ce que Dieu nous gratifie d'un gouvernement autre que le vôtre, et avec lequel je ferai la paix. Jusque là, nous nous liguerons contre vous, s'il plaît à Dieu. Ecrit par ordre du Cheikh monseigneur Aziz ben Cheikh el Haddad. »

Est-il besoin de dire qu'une telle lettre devait rester et resta sans réponse ?

Le 16 mai, une jonction des contingents de Bou Mezrag, partis le 13 de Beni Mansour, s'opéra avec ceux de Cheïk el Haddad. Le 17, nouvelle attaque contre Bougie, vers trois heures de l'après midi. Le fort Lemercier paraît avoir surtout été l'objectif des agresseurs. Jusqu'à deux heures du matin, la lutte se prolongea, mais malgré l'énergie de quelques assaillants qui réussirent à passer entre les forts après avoir tué les sentinelles avancées, cette tentative échoua.

Bou Mezrag et Aziz se rendirent chez les Amoucha, laissant Cheikh Mahmed seul reformer ses contingents. Le 20, ils se réunirent dans le village de Tassa, au Mokaddem El Koreichi ben Sidi Sadoun ; puis se dirigèrent ensemble vers Ouled Bezèze du Tababort, à l'est de Bougie, presque au sud de Djidjelli.

Cheik Mahmed, resté devant Bougie, fut l'objet d'une attaque de notre part le 24. Le récit de cette lutte est raconté d'une façon fort intéressante dans le livre de M. Rinn ; nous lui empruntons ce passage, qui édifiera le lecteur sur l'habileté des mesures prises par le commandant Reilhac.

« Fatigué de la fusillade entretenue jour et nuit contre nos avant-postes par des isolés qui venaient nous harceler jusqu'au parc à fourrages, le commandant Reilhac avait voulu attirer l'ennemi sur un terrain préparé et lui infliger un échec qui l'empêchât d'agir pendant quelques jours. Dans ce but, il avait envoyé un petit goum simuler une attaque sur Tala Ourian, et lorsqu'il avait vu l'ennemi se masser dans l'oued Sghir et dans les ravins voisins pour couper la retraite à notre goum, il les avait fait attaquer à la fois : de front par des sagas bien organisées, à gauche et à droite par des spahis et des Mokhaznya qui, encadrant le goum de Bachir Ouraba, étaient allés au galop tourner les deux ailes de l'ennemi. A ce moment le premier goum avait fait demi-tour et était venu prendre à revers les rebelles attaqués de tous les côtés. Le succès avait été complet : pas un de nos auxiliaires n'était rentré sans rapporter un trophée, une tête, un fusil, un sabre, une cartouchière, un burnous, etc... Nous n'avions eu que quelques hommes légèrement blessés. Le lendemain, il avait fallu, comme précédemment, commander des corvées de fossoyeurs indigènes pour enterrer les cadavres abandonnés par les rebelles. » (Rinn).

Ce fut la dernière lutte digne d'être signalée : jusqu'au 30 juin la situation du blocus resta la même : de temps en temps quelques coups de fusil ou de canon se faisaient entendre, mais sans avoir aucune importance.

L'heure approchait, où Bougie allait enfin être débloquée. Dans la journée du 30 juin, une habile sortie de nos troupes amena cet heureux résultat. Un autre événement devait encore émouvoir les indigènes. Cheikh Mahmed ben Cheikh el Haddad était captif. Celui-ci en effet n'attendait depuis quelques jours que l'ordre de son père pour aller se constituer prisonnier, lorsque Aziz lui fit parvenir ce mot le 1er juillet dans la soirée. Le 2, il se mit en route pour Bougie. Arrivé près de la ville, il rencontra Saïd Ouraba : tous deux descendirent de cheval, pour se donner l'accolade, ainsi qu'il est d'usage parmi les indigènes qui se considèrent comme parents. Saïd Ouraba, traîtreusement, terrassa son ami, et le ligotant, l'amena à Bougie où il le remit entre les mains de notre autorité. Saïd Ouraba, grâce à cette prétendue capture, fut acquitté par l'arrêt de la cour d'assises d'Alger du 19 avril 1873, tandis que Cheikh Mahmed fut condamné à cinq ans de réclusion.

Aussitôt après ces nouvelles, de nombreuses fractions

vinrent à Bougie du 3 au 8 juillet demander l'aman : ce furent les Ouled Tamzalt, les Ouled Amer Youb, les Toudja, Sanhadja, Beni Melloul Fennaya, Beni Immel, Mezaïa, Beni Mimoun, Mcisna, Aï Ouaret ou Ali, Beni Mahmed, Beni Hasseïn, Aït Ahmed ou Garet, Beni Oughlis Imzalen, Beni Khatele, Illoulen, Mzala, Beni Amrous.

De son côté Si Cheikh el Haddad, voyant la lutte impossible, informait le général Lallemand et le commandant supérieur de Bougie « de l'approbation qu'il donnait à la soumission de ses fils. Cependant Bou Mezrag et quelques mokaddems, gravement compromis, voulaient soutenir la lutte, et le 7 juillet, les Beni Djelil reçurent la lettre suivante, que d'ailleurs ils s'empressèrent de nous communiquer :

« Louange à Dieu. A la totalité des champions de l'Islam de la tribu des Beni Djelil, grands et petits, saluts : Vous vous êtes levés pour le Djehad. Vous avez suivi Aziz ben Cheikh el Haddad, et supporté le poids de la guerre. Dieu vous en récompensera. Nous venons d'apprendre qu'Aziz a été pris par la colonne Française et depuis il a écrit aux gens de se soumettre aux infidèles ; mais, sachez-le bien, ô champions de l'Islam, celui d'entre vous qui est un vrai croyant ne doit pas s'arrêter à ces paroles d'Aziz, parce que Dieu lui a retiré la raison et la foi ; cela arrive comme il est dit dans les haddit du prophète : « Beaucoup travaillent pour le ciel, ils y arrivent à la distance de deux empans ; puis par un retour subit, ils travaillent pour l'enfer où ils sont précipités. » Aziz est dans ce cas ; Dieu et les paroles de son Prophète sont sincères. O champions de l'Islam, nous venons vous mander par cette lettre de nous informer si vous êtes toujours prêts à continuer le Djehad ; si cela est, nous irons près de vous, nous marcherons avec vous, nous nous entr'aiderons afin d'arriver au résultat de nos vœux pour le bien de la religion. Ne vous préoccupez donc pas de ce qu'a écrit Aziz. Son arrestation ne diminue en rien nos forces, sa présence ne les augmenterait pas. Il n'est en réalité qu'un simple mortel qu'ont suivi les vrais croyants, et il n'aura point la bénédiction de Dieu parce qu'il vous a trompés et trahis. Le gouvernement Français s'est affaibli par suite des combats livrés contre les fils de Ben Hamza des Ouled Sidi Cheikh et contre les Ouled Naïls de Laghouat, car ces derniers sont revenus à l'Islamisme. Si vous êtes de véritables croyants, informez-nous, nous nous aiderons mutuellement car nos frères des Ouled Mokran parcourront les tribus pour cette cause. Ne craignez rien et ne perdez pas courage. Si vous donnez votre adhésion à l'acte d'Aziz, vous vous en repentirez comme lui-même se repent aujourd'hui. Salut, par ordre du protecteur de la religion Ahmed Bou Mezrag ben el Hadj Ahmed el Mokrani, bachagha de la Medjana ».

Quoique renfermant un grand nombre d'inexactitudes et traduisant un grand embarras, cet appel produisit néanmoins certains effets, et quelques jours après, Bou Mezrag venait à la tête de 10,000 hommes prendre position sur les crêtes d'Ilmaten à Dra el Arba. Mais Bou Mezrag, après avoir pillé et incendié la tribu des Beni Djelil, et au moment où il menaçait celle des Beni Himmel, fut obligé de se replier sur le camp de Dra el Arba. En effet le général Saussier était arrivé à Tala Ifacen et campait au lieu dit Merdja Ahmaren.

Le 11 juillet, à quatre heures du matin, le général Saussier s'approchait jusqu'à un kilomètre des contingents rebelles, fort heureusement dépourvus d'artillerie, autrement nos positions n'eussent pas été tenables.

Le 12, à midi, Bou Mezrag, drapeaux au vent, marche sur le camp. Mais, avant d'être abordés, nos soldats se déploient en colonnes et parviennent à cerner les révoltés. La cavalerie se dirige vers l'Oued Bousselem, coupant le chemin de retraite des montagnes de Tala Amokran. Sous un feu meurtrier, les Kabyles sont anéantis.

De nombreux morts, quelques fusils chassepot, couvrent le terrain.

Cheikh el Haddad demande alors par lettre au général Saussier l'aman pour lui et les siens. Le général lui fait répondre qu'il vienne se présenter le lendemain à son camp de Merdj Oumena, à 18 kilomètres de Dra el Arba.

« Le 13 juillet, la colonne, après avoir suivi la route des crêtes et être passée dans la vallée de l'oued Sahel par Tizi Lekehal venait d'établir son camp, lorsqu'on vit arriver, porté sur une civière et suivi d'une longue file de Khouans sans armes, le grand maître de l'ordre des Rahmanya. Ce fut un spectacle imposant que la reddition de ce vieux pontife octogénaire, quand, descendu de sa civière et soutenu par ses petits-fils, il s'approcha de la tente du général. Son âge, ses malheurs, sa figure de cire émaciée par toute une vie d'ascétisme et de réclusion, la dignité de son attitude, frappèrent les plus indifférents et les plus sceptiques de nos soldats. Quant à nos caïds, spahis et auxiliaires, il fallut un service d'ordre afin de les empêcher de se précipiter pour toucher ou pour baiser respectueusement les pans de son burnous. Cheikh el Haddad répéta au général Saussier la même phrase qu'il avait écrite au général Lallemand : « Je suis comme un mort entre vos mains : je suis entre les mains du Miséricordieux et du Puissant qui a pour attribut de sa dignité le pardon et la miséricorde ». Le général abrégea une entrevue qu'il savait être pénible pour ce vieillard, se borna à répondre qu'il attendait les ordres du commandant en chef et du gouverneur. Puis il fit conduire dans une tente particulière Cheikh el Haddad qui s'enferma avec ses petits fils et quelques serviteurs. Le lendemain, nos auxiliaires demandèrent la grâce d'aller baiser la main du vieux cheikh qui, pendant toute cette journée du 14, reçut les marques de la déférence et du respect de ceux-là même qui l'avaient combattu avec le plus d'ardeur. Le 15, un peloton de hussards le conduisit à la colonne Ponsard, qui alors était aux Fumaïa avec un détachement de soutien à Tiklat ; le 18, il arriva à Bougie et fut enfermé au fort Barral. La soumission de Cheik el Haddad mit fin à la coalition qui, depuis le huit avril, unissait l'aristocratie indigène et les Khouans Rahmanya » (Rinn).

Traduit devant la cour d'Assises d'Alger, Cheikh el Haddad fut condamné le 19 avril 1873 à cinq ans de détention.

II. Fort National et le Jurjura. Depuis 1857, les Kabyles du cercle de Fort National, à l'esprit pratique et positif, avaient presque sans exception accepté les statuts de la secte des Rahmanya. Ces doctrines, qui flattaient leurs goûts égalitaires, ne leur imposaient que des pratiques religieuses fort peu gênantes ; aussi eurent-elles un grand succès parmi eux. Quand le 11 avril, Si Mahmed ben Cheikh el Haddad se présenta au marché des Idjer, accompagné de Ali Amzian ou Merzoug, amin el oumela des Illoulen ou Malou, son succès fut grand. Il prêchait le Djehad à des convertis, c'est le cas de le dire, et avec une habileté merveilleuse, il faisait ressortir notre impuissance en Europe. Aussi cette proclamation fut-elle une vraie traînée de poudre. Le 12, les Mokaddems Mohammed Naït Brahim de Taourirt Ali Naçeur, si Ahmed Sghir ou Bechar et d'El Hadj Mohammed ou Yahia Ahfir, eurent un retentissant succès en lisant cette même proclamation au marché des Aït Itsourar. Chez les Aït bou Yousef même enthousiasme, grâce au mokadden Mohammed Saïd Naït Saïd, à l'ancien amin el oumena Ali Naït ou Bellil et de El Haoussine ou Koukou, l'homme accrédité de Mokrani. Aussi, dès le 12, les hostilités commencèrent. Ces trois personnages se rendirent à Tizi Djemaa et dévalisèrent la maison cantonière confiée à la garde de Chaban Naït Ider. Il est vrai de dire que ce dernier, parce qu'il était du même village de Tiferdhouc probablement, ne se fit pas faute d'aider au pillage.

Ce même jour, 12 avril, le chef du bureau arabe, en tournée pour essayer de faire reconstruire la ligne télégraphique de Bougie, n'avait cependant rien remarqué d'anormal chez les Aït Menguellat. Le 14, dans la même tribu, à El Korn, un officier du bureau arabe et Si Moula Naït Ou Ameur vinrent l'avertir que l'ordre lui était donné de réunir les contingents des tribus et de les placer sous son commandement. Ils étaient d'ailleurs accompagnés par cent Aït Iraten armés. En outre Ben Ali Chérif lui écrivait que les Illoulen Oumalou étaient prêts à prendre part à l'insurrection.

Après avoir donné l'ordre aux contingents des Aït Iraten de se rendre le 15 à Aguemmoun Izem, le capitaine Ravez ne fut pas peu surpris d'apprendre que ceux-ci refusaient de marcher. Il attendit jusqu'au 16, et ce jour, vers 10 heures du matin, les Aït Menguellat, sous la conduite de l'amin en taquebilt, Amar Amzian Naït Houla de Tililit, attaquèrent son petit camp, dont toutes les troupes étaient composées uniquement de 6 spahis, 8 mokraznya et soixante des Kabyles amenés par Si Moula Naït Ou Ameur. Parmi les chefs des insurgés se trouvaient un mokadden, Si Mohammed ou Malouk de Taourirt. Obligé de battre en retraite, le capitaine Ravez dut abandonner les tentes et les bagages, traverser Icherriden où il ne trouva aucune hostilité et rentrer vers trois heures de l'après-midi à Fort National, où des nouvelles peu rassurantes étaient parvenues. Le lieutenant-colonel Maréchal était arrivé dans le Fort et activait sa défense ; une dépêche reçue vers deux heures annonçait que le renfort d'hommes, que l'on envoyait d'Alger, avait été retenu à Tizi-Ouzou ; cette dépêche fut la dernière expédiée, car à partir de ce moment, la ligne télégraphique fut coupée par les Indigènes.

Notre position à Fort National était difficile. Nous n'avions en effet autour de nous, chez les Iraten, qu'une majorité d'hommes obéissant à l'influence du mokaddem Mohammed ou Ali ou Sahnoun des Isahounen, qui s'était mis à la tête du çof Oufella, dont El Haoussine et son parent d'El hadj Areski, se disputaient la prédominance, depuis la mort d'El hadj Ahmed Yattaren, notre allié. Dans le çof opposé, le çof Bouadda, Si Lounis Naït Ou Ameur n'avait que peu de partisans à nous donner. D'un autre côté, la place n'était pas en état d'être défendue bien facilement, tant au point de vue des positions qui commandaient le fort aux environs qu'au point de vue du petit nombre de soldats dont nous disposions (472 français et 111 indigènes, spahis, mokhaznya et volontaires).

Les Kabyles, après avoir incendié les maisons abandonnées par les colons, vinrent, dans la soirée du 17 avril, occuper toutes les crêtes qui environnaient la ville. Vers 9 heures, au moment où la retraite militaire sonnait sur la place d'armes, les Kabyles poussèrent mille clameurs et tirèrent de tous côtés des coups de fusil, tandis que l'incendie préparé d'avance par un amas de broussailles, détruisait les bâtiments non occupés de l'Ecole des arts et métiers. Nos ennemis s'acharnent sur les portes de la ville qu'ils criblent littéralement de balles, mais sans pouvoir les faire ouvrir ou les détruire. Grâce aux lueurs de l'incendie, car dans la guerre il arrive souvent que les actes les plus violents et les plus condamnables retombent sur leurs auteurs, nos soldats ont toute facilité pour diriger leur tir et faire éprouver à l'ennemi des pertes sérieuses. Nous avions deux blessés, dont l'un M. le capitaine du train Rasigade, mourut quelques jours plus tard.

Les mokaddems Mohammed ou Ali, Arezki Naït Hamadouch des Aït Iraten et Mohammed Naït Braham des Aït Iraten paraissent avoir été les chefs de cette première attaque.

En dehors de Fort National et à 800 mètres de la place, le capitaine du génie Demarey, commandant l'Ecole des arts et métiers, s'était établi avec 20 hommes de la garnison dans un seul des bâtiments de l'Ecole. Il avait donc assisté à l'incendie des autres bâtiments, sans avoir été inquiété par les Kabyles. Mais le 18 avril, le capitaine Demarey, voyant surgir autour de lui de nombreux contingents, demanda des renforts. Le commandant du Fort estima sagement qu'une sortie générale était une opération trop dangereuse et donna le signal convenu pour que le petit détachement, avec le personnel de l'Ecole, rentrât au fort. Protégé par l'artillerie de la place, le capitaine Demarey put accomplir cet ordre sans grandes pertes, nous n'avions que trois blessés. Aussitôt après notre départ, les Kabyles mirent le feu à l'Ecole abandonnée.

Le blocus commence alors autour de la place et se continuera pendant soixante jours. Pendant cette période, nous devons signaler les faits suivants. Le 26 avril, les Kabyles envoyèrent un parlementaire porteur de trois lettres : l'une adressée au commandant supérieur, écrite en termes convenables, offrait une capitulation : les deux autres promettaient l'aman aux musulmans qui nous abandonneraient. Aucune réponse ne fut faite à ce parlementaire, qui se rendit aussitôt à l'Arba d'Aboudid rentre compte de sa démarche. Les Kabyles résolurent alors de tenter un assaut général et auparavant décidèrent que chaque village devrait confectionner cinq échelles pour aider à cette opération. Le 30 avril, il fallut commencer à abattre dans le fort, chevaux et mulets, car les provisions de viande de boucherie étaient consommées; chaque homme ne recevait que 300 grammes de viande fraîche pour deux jours. Depuis le 16 avril, l'on n'avait aucune nouvelle de l'extérieur, et le 1er mai, au moment où deux Kabyles, nos alliés, essayaient de pénétrer dans la place, ils furent saisis par les rebelles, et fusillés par l'ordre du mokaddem Mohamed ou Ali sur la place du marché de Tala Issalaben, en présence d'une grande foule. Le 2 mai, nos soldats n'étaient pas peu surpris d'entendre le canon gronder ; c'était un nommé El Haoussine ou Hamdouch du village d'Adeni, qui avait transporté de Tazarart jusqu'à Imaïnseren, une vieille pièce de canon avec laquelle il lançait de temps en temps des boulets de 16 centimètres pesant 900 grammes. Le tir eût pu durer longtemps sans nous causer grand mal. Il n'en était pas de même du tir journalier des Kabyles, qui, assez fréquemment, blessait nos hommes. Le 4 mai, le temps changea ; il devint pluvieux ; des brouillards très épais durent faire redoubler notre surveillance. Pendant la nuit, nous étions obligés d'allumer des torches d'étoupes imprégnées de pétrole.

Le 10 mai, les Kabyles qui avançaient toujours leurs travaux d'attaque, commencèrent à creuser des galeries de mine. Pénétrant dans l'égout principal, ils attaquaient le mur que le colonel avait fait édifier à l'intérieur lors du commencement de l'investissement, lorsque des soldats du génie réussirent à percer un trou étroit par lequel un canon chassepot fut introduit. Le tir éloigna vite les Kabyles et pour les empêcher de revenir, on installa des pots à suffocation.

Ne renonçant pas à ce mode d'attaque, les Kabyles dirigèrent leurs travaux de galerie vers le saillant du bastion 8 ; le 12 mai, le chemin extérieur fut rendu impraticable par suite d'une sortie.

Ce même jour, 12 mai, fut un jour de joie. Si Lounis Naït Ameur, escorté de cinquante hommes d'Azouza, parvint à remettre au lieutenant colonel Maréchal une lettre du général Lallemand, datée du 30 avril, puis apporta la nouvelle du débloquement de Tizi Ouzou et de la mort du Bachagha.

Une sortie est alors tentée avec le concours de Si Lounis Naït Ameur. Le capitaine Ravez, les lieutenants Fiak et Villard, à la tête de 80 mobiles de la Côte-d'Or et de quelques indigènes restés nos alliés, s'élancent avec une furia toute française et s'emparent des villages d'Imaïnseren, Ourfia, Afensou et Tir'ilt el Hadj Ali, qui, quelques instants après, ne forment plus qu'un amas de cendres. Tant d'audace déconcerte les Kabyles, qui s'enfuient, entraînés par le Moqaddem Mohammed Ali ou Sahnoun, littéralement fou de peur. Pendant que la petite et vaillante colonne accomplissait ce beau fait d'armes, le capitaine Demarey détruisait tous les travaux avancés des Kabyles auprès du fort. Malheureusement M. Fiak, lieutenant du bureau arabe et sept hommes étaient blessés ; deux avaient été tués.

Le 13, les Kabyles, pour se venger de leur défaite, se rendirent à Tamazirt et détruisirent tout ce qui appartenait à nos auxiliaires, les Aït ou Ameur, pour les punir de leur aide et pour châtier la fidélité de Si Lounis Naït Ameur.

Le 17 mai, les Kabyles tentèrent un nouvel effort contre Fort National. Ils avaient pu amener jusqu'à Imaïseren un vieux canon turc, avec lequel ils essayèrent de lancer quelques boulets. L'un réussit à percer la porte d'Alger, deux autres endommagèrent l'angle de la maison du commandant de place et le poste de la porte d'Alger, mais sans que cela produisît un bien grand mal. Le feu ne dura guère d'ailleurs, car ce n'était pas peu de chose que de forger au fur et à mesure les boulets pour nous les envoyer.

C'est à cette date du 17 avril que se place un événement digne d'être rapporté un peu longuement, l'engagement de volontaires appelés : « Imessebelen ».

M. Robin, dans un article de la Revue Africaine, année 1874, page 401, nous donne d'excellents renseignements sur cet usage, renseignements, nous dit-il, qu'il doit en grande partie, à Si Moula n-aït ou Ameur.

« Il ne doit pas être demandé d'Imessebelen dans les guerres de tribu à tribu, ni dans les guerres d'agression ; cette coutume est réservée pour la défense du sol contre une nation étrangère ou pour son expulsion du territoire qu'elle aurait envahi. C'est toujours un marabout entouré de la vénération générale, qui provoque les enrôlements de cette nature, après avoir pris l'avis des notables du pays. Il fait publier dans les tribus et sur les marchés, que les circonstances exigent que des hommes se fassent tuer pour la défense du territoire, que le paradis est assuré à ceux qui mourront et il indique le jour et le lieu où les volontaires seront inscrits. L'enrôlement se fait en présence d'une assemblée de notables des tribus intéressées. Chaque Amessebal (singulier d'Imessebelen) qui se présente, donne au Khodjà, son nom, ceux de sa tribu, et de son village ; il fait connaître s'il a encore son père et déclare qu'il accepte les conditions qui seront fixées pour le combat. Il n'y a pas de déshonneur, pour un jeune homme, à se retirer, si son père lui refuse son consentement et le réclame à l'assemblée des notables. Ce sont ordinairement des jeunes gens non mariés qui se font inscrire, mais les hommes mariés ne sont pas exclus. Lorsque l'enrôlement est terminé, on convient du programme que les Imessebelen doivent suivre : on fixe le poste ou les postes qu'ils devront occuper, les armes qu'ils devront prendre, la distance jusqu'à laquelle ils auront droit de reculer et la limite à laquelle ils devront arrêter la poursuite de l'ennemi, si l'on craint des embuscades. Les Imessebelen ne se mêlent pas aux autres combattants, ils ont toujours leurs postes à part. Il est interdit d'enlever leurs morts, on ne les emporte qu'après le combat ; les blessés ne peuvent être enlevés que s'ils sont tout-à-fait hors d'état de combattre, les chefs désignés par les Imessebelen en sont juges. Ces prescriptions ont pour but d'empêcher, autant que possible, le mélange des Imessebelen avec les autres combattants. Toutes ces dispositions sont écrites à la suite de la liste des Imessebelen. Quand tout est bien arrêté, le marabout qui a provoqué l'enrôlement, fait, avec tous les assistants, la prière des morts sur les Imessebelen ; ceux-ci restent debout et ne se mêlent pas aux prières. A partir de ce moment, les Imessebelen n'ont plus à s'occuper de rien, c'est à qui leur apportera des armes, des vêtements, des plats de couscous et des friandises ; les femmes, les enfants s'empressent autour d'eux pour les servir, leur accordent, par avance, la vénération qu'on doit à des martyrs de l'indépendance du pays. Les Imessebelen, qui sont tués, sont enterrés, dans chaque village, dans un cimetière à part, qu'on appelle Tamekebert Imessebelen, et qui devient un lieu vénéré où l'on va faire ses dévotions. Les femmes et enfants de ceux qui ont succombé sont nourris aux frais de la Djemâa et sont traités avec égards. Les Imessebelen qui échappent à la mort, soit parce qu'ils ont survécu aux blessures reçues dans le combat, soit parce que la victoire a couronné leurs efforts, jouissent partout d'une grande considération, ils ont le pas sur tout le monde et nul n'oserait leur chercher querelle ; la Djemâa pourvoit à leur entretien, s'ils restent estropiés des suites de leurs blessures et n'ont pas de moyens d'existence suffisants. Ceux qui manquent à leurs engagements, en prenant la fuite, ne sont plus que des parias, objets du mépris général ; on ne leur parle plus, on ne prononce plus leur nom, ils sont morts. Ils ne peuvent trouver une femme qui consente à les épouser et, s'ils ont des filles, ils ne peuvent les marier ».

Ne pouvant vaincre par les voies ordinaires, les notables décidèrent d'avoir recours aux imessebelen.

L'attaque des imessebelen devait avoir lieu dans la nuit du 21 au 22 mai, et devait consister à monter à l'assaut au moyen des 150 échelles préparées par les villages. Leur plan fut dévoilé au commandant par l'amin el Oumena des aït Attaf, Bou Saad Naït Kaci.

Le dimanche soir, 21, tout était tranquille et silencieux, lorsque vers deux heures du matin, l'on entendit de Fort National un chant religieux venant des hauteurs de Tablabalt. A Ourfia, quelques instant après, le même chant résonnait, suivi d'un court silence. « Puis tout à coup, dit M. Rinn, mille cris sauvages retentissent de tous les ravins, la fusillade éclate de tous côtés, des gerbes de balles passent sur le fort; les 2280 imessebelen sont au pied du mur, disposant leurs échelles pour l'escalade. A ce moment, le fort s'enveloppe d'un ruban de feu : ce sont les défenseurs qui avec un rare sang froid, fusillent à bout portant tout ce qui se présente, pendant que l'artillerie, croisant ses feux dans toutes les directions, écrase pêle-mêle ceux qui reculent et ceux qui accourent à la rescousse. Pendant une heure, la lutte continue acharnée, et au jour l'ennemi a disparu, laissant au pied du mur une vingtaine d'échelles que les gens du makhzène vont chercher et rapportent en trophée, sans être inquiétés dans leur sortie. Pendant ce temps on voyait, du haut des remparts, de longues files de Qbaïls (Kabyles) qui suivaient la route d'Alger et qui emportaient des morts ou des blessés sur les échelles transformées en civières. »

Le général Lallemand en apprenant cette vaillante défense, adressa le 26, la lettre suivante au colonel Maréchal :

« Temda, 25 mai.

«Mon cher colonel,

« Je vous fais compliment sur le succès de la nuit du 21 ; complimentez de ma part votre brave petite garnison. Vous avez dû comprendre le but que j'ai poursuivi depuis le premier jour de mon départ d'Alger.

J'ai sauvegardé la Mitidja sérieusement menacée, puis débloqué Tizi-Ouzou ; j'ai pacifié la rive droite du Sebaou, en attendant les renforts dont j'avais besoin pour tenter la grande affaire de votre déblocus. Ces renforts et un grand convoi de ravitaillement, je vais les recevoir. Il faut m'accorder huit jours encore pour que j'assure mes communications par la soumission des Maatka et des Beni Aïssi. J'irai en besogne le plus vite possible. Tenez ferme comme vous avez fait jusqu'à présent, c'est une belle page de plus que vous écrivez dans les annales de la guerre d'Afrique. »

Le 22 et le 23, les Kabyles revinrent pendant la nuit prendre possession des embuscades et enlever leurs morts. Le 24, le capitaine Ravez attaqua les Kabyles et, protégeant les sapeurs du génie, parvint à faire détruire les ouvrages ennemis.

Jusqu'au 15 juin, nous ne trouvons rien de bien saillant à relever.

Le lendemain, 16 juin, Fort National devait être débloqué. Les généraux Lallemand et Cérez, qui campaient le 13 à Tizi-Ouzou, s'étaient mis en marche le 15, peu avant minuit. Au point du jour, leurs colonnes se trouvaient au pied du massif des Aït Iraten. Le général Lallemand se trouve devant Taksebt et Souk el Had ; le général Cérez a devant lui la Koubba de Sidi Halloui. Après avoir bombardé Taksebt, le colonel Barachin se porte en avant et enlève la position. L'artillerie de campagne commence dans cet endroit, un tir qui, se croisant avec celui de l'artillerie du général Cérez, détruit méthodiquement Souk el Had. Les rebelles ne peuvent soutenir la lutte ; quatre bataillons de zouaves ont bientôt pu se rendre maîtres de la place. Nos deux colonnes s'avancent, celle du général Lallemand, en suivant le massif d'Adeni, celle du général Cérez vers Ir'il Guefri, au milieu du feu incessant des Kabyles qui défendent le terrain pied à pied. Adeni, Tala Amara. Ir'il Guefri, les contreforts du Toumdja tombent en notre pouvoir. Nous sommes dès lors maîtres de toutes les positions qui commandent Fort National. La garnison du fort qui, depuis le lever du jour, entretient une vive fusillade avec les assiégeants embusqués, fait, vers 10 heures du matin, une sortie générale. La petite troupe est divisée en deux colonnes ; l'une, commandée par le colonel Maréchal, se dirige vers Imaïnseren ; l'autre, aux ordres du capitaine Ravez, marche sur Aguemmoun. Les Kabyles en grand nombre résistent pendant près d'une heure ; enfin Aguemmoun et Imaïnseren brûlent et sont emportés d'assaut. Il est midi. A ce moment, les colonnes Lallemand et Cérez arrivent au-dessous de ces villages. La garnison du Fort rentre à Fort National. A deux heures, elle était présentée au général en chef, rangée en bataille près de la porte d'Alger.

Le 17, un service funèbre fut célébré en plein air par l'aumônier de Fort National, en l'honneur des officiers et soldats, qui, au nombre de trente-trois, avaient payé de leur vie l'héroïque défense de la place.

Le 18, le général en chef adressa aux survivants de cette brave garnison l'ordre du jour suivant :

« Officiers, sous-officiers et soldats.

Quoique bloqués et entourés par des bandes sans nombre de Kabyles, calmes, résolus, pleins de confiance, vous avez courageusement supporté les privations, les fatigues et les dangers d'un siège de 63 jours. En se révoltant, les insurgés se flattaient d'avoir facilement raison de votre petit nombre ; mais grâce à vous, grâce à votre vaillant chef, déjà connu par sa belle défense d'Ammi Moussa, tous les efforts des Kabyles se sont brisés contre votre résistance énergique ; la France n'a pas cessé d'affirmer sa puissance au centre même du pays insurgé ; de tous les points de la Kabylie, on aperçoit toujours cette place, désormais glorieuse, que quelques gens de cœur ont conservée à leur patrie et à la civilisation.

Officiers, sous-officiers et soldats.

Je serai heureux de faire connaître au gouvernement une défense qui vous honore grandement devant le pays et de mettre en relief la belle part, qu'y ont pris, les mobilisés de la Côte d'Or et de la milice locale.

« Au camp devant Fort National, le 18 juin ».

Ce que nous disions, dans la campagne de 1857 des

Kabyles qui ne se battaient que pour leur Ir'Il (Crête) était encore vrai en 1871. Ali Oukaci n'avait pas combattu dans la journée du 16 juin : tout d'abord les Aït Iraten et les Imraouen étaient d'anciens ennemis, puis pourquoi combattre pour l'Ir'il des autres. Nous n'avions donc eu en réalité que les contingents de Fort National devant nous.

Nous croyions que notre victoire amènerait de grands résultats, il n'en fut pas ainsi : sauf quelques Kabyles, dont les villages avaient été incendiés ou pris d'assaut, nous ne vîmes guère de fractions venir demander l'aman. Les Mokaddem, exaltant devant leurs compatriotes la défense héroïque d'Icherriden en 1857, annonçaient que cet endroit serait le tombeau des Français ; les Kabyles le crurent et se concentrèrent sur cette position.

Le général Lallemand avait établi son camp à Aboudid, à 4 kilomètres d'Icherriden. Il fit brûler Tablabalt et Taourirt Amokran pour donner à réfléchir aux masses établies à Icherriden. Le 23 juin, nous conservons nos positions, tout en constatant que l'ennemi a établi des retranchements sur une longueur de plus de deux kilomètres.

Enfin le moment d'agir est venu ; le 24 juin est le jour de l'anniversaire du premier combat d'Icherriden en 1857, c'est ce jour là que le général Lallemand met en marche ses colonnes. A dix heures, nous prenons position sur le mamelon situé en avant de la longue crête d'Icherriden ; et le feu de l'artillerie commence. Trois colonnes s'avancent ; l'une à droite, sur la route de Tirourda, est commandée par le colonel Faussemagne ; l'autre à gauche est aux ordres du lieutenant colonel Noëllat ; au centre, se trouve la colonne du colonel Barachin.

Aussitôt notre feu commencé, ce n'est qu'une fusillade ininterrompue de la part des Kabyles. Ceux-ci, se souvenant qu'en 1857, nos soldats de la légion avaient pris le village par une attaque de gauche, ont eu le soin de couper par une longue tranchée le flanc de l'escarpement. Il fallait donc changer de tactique. Le colonel Noëllat renonce à attaquer de front, mais descendant le flanc de l'escarpement il aborde la tranchée par son extrémité inférieure qu'il a justement considérée comme étant la moins bien garnie. Après un effort digne des plus grands éloges, il y pénètre, remonte la tranchée et inflige aux Kabyles des pertes très sérieuses, profitant de la stupéfaction que leur cause cette attaque latérale. Il était onze heures, et au même moment, le 27e bataillon de chasseurs enlevait le centre des positions pendant que les retranchements de la gauche des ennemis étaient pris par une compagnie du 80e de ligne. Les Kabyles s'enfuient, chargés jusque près d'Aguemmoun Izem par le capitaine Rapp et ses éclaireurs. Quelques autres sont repoussés par le 1er de tirailleurs jusqu'à la rivière des Aït Yenni.

« Rien, disait le général Lallemand, ne peut donner une idée de la force et du nombre d'ouvrages que les Kabyles avaient édifiés. Jamais, depuis l'ouverture de la campagne, nous n'avions rencontré autant de contingents, jamais l'ennemi n'avait montré un tel acharnement. Tous ses efforts ont été inutiles ; l'entrain et la vigueur de nos troupes ont été tels, et le tir de notre artillerie si précis, que, tandis que nous n'avons eu que 2 tués et 60 blessés, dont plus de trente légèrement, nous avons infligé aux Kabyles des pertes énormes ; plus de 200 cadavres sont étendus autour de notre camp. Les conséquences politiques de ce succès ne tarderont pas, je l'espère, à se faire sentir. »

Ces prévisions étaient justes. Le 26, les Aït Menguellat et les Aït Yahia vinrent demander l'aman ; le 27, ce fut le tour des Aït Bou Aggach.

De son côté, le commandant Letellier, alors à Freha, reçut « à son camp la fille d'Aomar ben Zamoun, accompagnée de sa belle-mère, fille de Mahieddin. Elle apportait une lettre du vieil Aomar ben Mahieddin priant le commandant de les faire conduire à Aomar ben Zamoun, près de qui elles seraient plus en sûreté. En réalité, ces deux femmes, très intelligentes, venaient avec la mission non déguisée, de savoir quelles étaient les conditions qui serait faites aux membres de la famille Mahieddin, s'ils se soumettaient. Le commandant Letellier envoya les deux femmes à Aomar ben Zamoun, et, pour le surplus, transmit leur demande au général » (Rinn). Les Aït Fraouçen, Aït Khelili, Aït bou Chaïb et Aït Gobri vinrent ce même jour, 26 juin, demander l'aman. Le lendemain, le commandant recevait une lettre de Ali Oukaci lui annonçant que, le 28, vers le milieu du jour, il lui ferait conduire les 45 colons de Bordj Ménaïel dont il avait pu sauver la vie. Cette promesse fut accomplie; le 28, vers deux heures, Mohammed Amokran Oukaci, Mohammed Saïd, Moussa ou Ahmed des Issers, et Ahmed ben Mahieddin de Taourga, accompagnaient nos colons. Les deux derniers se constituèrent prisonniers : Amokran Oukaci repartit promettant de revenir avec Ali Oukaci, pour faire tous deux leur soumission. Le 30, en effet, Ali Oukaci, Amokran Oukaci, Mohammed Lounis Oukaci et Aziz ben Cheihk el Haddad arrivaient le soir, vers cinq heures, au camp du général en chef, établi au village d'Aït Hichem.

Le 6 juillet, voyant tout le haut Jurjura pacifié, le général Cérez quitta le général en chef et prit la route de Dra el Mizan pour rentrer à Aumale. Le 8, il arriva à Souk el Had des Iacoudhien, où il reçut la soumission des tribus voisines ; le 9, il était à Aïn Soltan, chez les Ihasnaouen où le Mokaddem Amar Ben Ahmed des Aït Mendès et El hadj Mahmed el Djaadi, vinrent faire leur soumission en s'excusant de leur révolte. « Nous avions cru la France morte, dirent-ils ; nous savions qu'un grand juif gouvernait ce qui restait d'elle ; nous ne pouvions, nous, gens de l'Islam, obéir à un juif ».

Le 10 juillet, la colonne Cérez campait à la Zaouïa de Sidi Abderrahman bou Goubrin.

Le 11 juillet, les Aït Koufi, les Aït Ali et les Aït Idjer Nechbel, ne voulant pas se soumettre, 1500 hommes d'infanterie, 6 pièces d'artillerie et de la cavalerie marchèrent contre leurs villages qui furent pillés et incendiés. Ces faits déterminèrent la soumission des Aït Koufi, le 12, et celle des Aït Ghedran, le 13. Les deux jours suivants, les Aït Irguen et les Aït Chebla implorèrent leur pardon. Seuls, les Aït Maallen et les Aït Djinia, grâce aux menées de l'amin el Oumena, Mohammed N-Aït Moussa et de Saït-N-aït Taleb, Ameur N-aït el Hichein, el hadj Mohammed Amedjkan, restaient rebelles. Le général Cérez, se servant d'un procédé déjà employé en 1859, imposa aux tribus soumises l'obligation d'entretenir un blocus autour des villages des insurgés. Le 20 juillet, la soumission était demandée à Dra el Mizan. Le 19, le général Cérez était parti pour Aumale, avec les principaux chefs de l'insurrection, faits prisonniers.

Le général Lallemand resta de son côté une semaine à Fort National. Il réorganisa cette place, reçut les otages et procéda à l'arrestation des meneurs ; il n'eut d'ailleurs plus, depuis le 30 juin, aucun engagement contre les Kabyles.

III. Dellys et Région du Sébaou à la mer. Au commencement d'avril 1871, lorsque la proclamation de Cheikh el Haddad fut publiée, le Mokaddem ben Ali Ben Ahmed ben Mahieddin (neveu de El Hadj Aomar, qui en 1844 avait été battu par le maréchal Bugeaud) entraîna dans la révolte sa famille, les mokaddems des Beni Ouaguennoun, des Beni Thour, des Beni Slyem, puis certains mokaddems des Issers, notamment, Mohammed Chérif ben el Haoussin el Grebissa, chef de la Zaouia de Grebissi et président du Medjelès de Dellys. El Hadj Aomar fut proclamé agha des combattants du Djehad, mais dut, à cause de son grand âge, confier le commandement à ses cinq fils Ahmed, Mohammed, Ismail, El Hadj Saïd et Ali.

L'insurrection commença par une nefra sur le marché de Rebeval, le 17 avril. Cette nefra, réprimée par des gendarmes, des spahis et des miliciens, avait pour but d'effrayer les colons et de les déterminer à se replier sur Dellys. Pendant ce temps, le Caïd Lounis ben Mahieddin informait le général Hanoteau du projet qu'avaient formé les Beni Ouaguennoun d'attaquer les villages et les fermes des environs. Aussitôt on fit parvenir à ces mêmes colons l'avis d'avoir à se replier sur Dellys ; cette évacuation des villages et des fermes se fit sans incident. Quelques colons n'avaient pas voulu fuir et abandonner leurs maisons, ils eurent à le regretter bien vite. En effet ce même soir, vers onze heures et demie, une bande de 25 pillards, conduite par Mohammed Srir ben Khelil vint attaquer à coups de fusil, auprès de la ferme Jeannin, un groupe de Khammés.

Le 18, dans la matinée, neuf colons de Rebeval, regrettant leur détermination, voulurent regagner Dellys, mais Saïd ou Allal, à la tête de quelques Kabyles, les arrête. On leur fait des protestations d'amitié. Trop confiants, ils se laissent approcher et aussitôt les rebelles cherchent à les désarmer. Six s'enfuient, mais bientôt poursuivis, ils tombent sous les balles des révoltés. Les trois autres avaient réussi à s'enfermer dans la maison d'école et commencent un feu meurtrier sur leurs agresseurs. Mais que pouvaient-ils contre plus de cent indigènes. Malgré les protestations du Mokaddem Chérif el Grebissi, celles d'une vieille femme très respectée, Fatma bent Yahia, qui veulent conserver ces trois français comme otages, les rebelles excités par un nommé Omar ben Mohammed Oukaci, de Berlia, mettent le feu à un amas de broussailles qu'ils ont entassé autour de la maison : les trois malheureux deviennent la proie des flammes.

Le même jour, Ben Nchoud est incendié.

Le 19, toutes les maisons de la banlieue de Dellys sont dévastées, sans que nous puissions tenter une sortie contre les rebelles, à cause du nombre restreint de nos troupes. Cela donna confiance aux Kabyles qui, dans la nuit du 19 au 20, rôdèrent assez près des remparts. Quelques coups de feu les éloignèrent.

Le 23 avril, un engagement a lieu avec nos ennemis qui veulent évidemment nous attaquer vers la mer entre le bastion 13 et la batterie 15. Fort heureusement, la veille, le 22, le Jura était entré en rade avec un renfort d'environ mille mobiles de l'Hérault. L'aviso le Limier et l'aviso le Daim, croisant leurs feux, parvinrent, grâce aussi à l'énergique défense de nos troupes, à forcer l'ennemi à se replier sur Bou Medas.

Pendant ces quelques jours, nous n'avions aucune nouvelle des tribus intérieures du cercle de Dellys. Il fallait se renseigner et le général Hanoteau envoya son interprète militaire Guerin, le 23 avril, en mission auprès du caïd des Isser el Ouidan, Dali Ahmed ben Hosseïn. L'interprète Guérin s'embarqua, sur le Daim, avec deux indigènes qui nous étaient tout dévoués, et débarqua à l'embouchure de l'Isser. Il fit demander au caïd une conférence. Celui-ci vient au bord de la mer, mais, avec une impertinence absolue, ne met pas le pied à terre devant l'envoyé du général commandant la subdivision; il le salue sans quitter la selle. L'interprète Guérin, justement froissé d'un tel manque de convenances, déclare qu'il n'a pas besoin d'entretenir le caïd de sa mission et lui annonce que son bordj serait bientôt canonné. A ces mots, le caïd se ravise, et donne les explications qu'on lui demande. Il refuse néammoins de laisser emmener son jeune fils à Dellys comme gage de ses manifestations pacifiques. L'interprète Guérin put librement gagner l'embarcation, qui le reconduisit à bord.

Dans les journées qui suivent, il n'y pas d'attaques proprement dites. Pour nous gêner, les indigènes coupent les conduites d'eau d'ain Kandok, d'El Assoua et brisent la porte du château d'eau de la conduite dite de Bouabada : quelques sorties nous permettent de rétablir ces travaux, sans être sérieusement inquiétés.

Jusqu'au 5 mai, mort du bachaga El Mokrani, aucun fait ne mérite d'être signalé, sauf cependant l'organisation plus complète de la place, que des renforts venus de France permettent d'établir. A cette date, nos ennemis avaient déjà perdu quelque confiance, c'est ce qui explique que ce jour-là, les Krachna vinrent au camp de Markout demander leur pardon au général Lallemand.

Le 6, commença la marche de la colonne Lallemand, marche au cours de laquelle se passèrent les faits suivants. Deux caïds des Zouatna, Hasseïn ben Tatar et Omar ben Hanimed, vinrent offrirent la soumission de leurs tribus, dans l'après-midi de ce même jour, 6 mai. Le 7, la brigade Fourchault razzia les villages des

Ouled Abdelhadj et des Ouled ben Salah, puis le village de Sehana et ceux situés sur la rive droite de l'Ouedfa, pays d'ailleurs déserts, où seul, le caïd El Hadj Ahmed ben Dahman se présenta au général et resta au camp comme otage. Le 8, la colonne Lallemand se dirige vers le col des Beni Aïcha. Le 9, à l'extrémité de la plaine des Issers, une masse de rebelles, les Aït Khalfoun, Amraouas, Flissa et Isser, se répandit deux colonnes, l'une commandée par Ali Oukaci, sur les crêtes du bord de la mer, l'autre sous les ordres de Saïd ou Ali des Aït Khalfoun, sur les hauteurs du village de Souma. Une fusillade éclate, notre artillerie gronde, les Kabyles sont rejetés derrière l'oued Isser. Le soir, pour affirmer leurs sentiments de soumission, les Kabyles fidèles à la France apportent une diffa extraordinaire.

Le 10, la même colonne marche sur Souk el Djemaa, puis sur le village en ruine de Bordj Menaïel, et arrive en vue du caravansérail d'Azib Zamoun. Ce fut là, que Omar ben Zamoun et son fils vinrent au devant du général Lallemand pour protester de leur fidélité à notre cause.

Le 11, on reprend la marche sur Tizi-Ouzou, mais la colonne fait halte à l'Oued Sebt où elle est jointe par le chef de bataillon Letellier, commandant supérieur du cercle de Tizi Ouzou. Celui-ci annonce au général que la ville est encore aux mains des rebelles, qui occupent les ravins des Asnaoua et les pentes du Belloua. A trois heures, et après avoir formé une tête de colonne composée de 4 bataillons, de l'artillerie, des mitrailleuses et de la cavalerie, on arrive sur le bordj. Avec un entrain endiablé, nos soldats enlèvent d'assaut le village français et le village kabyle, et repoussent l'ennemi jusque dans le lit de la rivière des Beni Aissi. Les Kabyles, embusqués dans les ravins des Asnaoua, sont également repoussés, et le village de Timizat devient la proie des flammes. Le camp est établi sur le Kef Nadja.

Les 11, 12, 13 et 14 mai furent employés à ravitailler et à armer Tizi-Ouzou. L'occupation de Tizi-Ouzou par nos troupes produisit un grand effet sur les tribus voisines; aussi dès la nuit du 10 au 11 mai, l'aspect des incendies d'Azib Zamoun détermina les gens de Mahieddin à abandonner les crêtes qui dominaient Dellys. On profita de cette évacuation pour tenter, le 11, une reconnaissance, commandée par le capitaine Huber, chef du bureau arabe. Cette opération réussit pleinement. Aït Ouazeroual, Takdemt, Touadet et el Assouaf, villages désertés par les habitants, furent incendiés, et les quelques hommes de la reconnaissance (15 spahis et 10 goumiers) rentrèrent dans la place sans avoir été inquiétés.

Le 12 mai, le Caïd Dali Ahmed des Isser Djedian vint sa mettre à notre disposition. Le général Hanoteau lui demanda la confirmation de son bon vouloir par des actes. Deux jours après, le 14, Bou Archoua et Ouled Keddach, villages des Beni Tour, étaient incendiés par le caïd, notre allié.

Le 13, le capitaine Huber, chargé de nouveau d'aller livrer aux flammes les villages du sud-est de Dellys, se dirigeait avec 25 spahis et quelques goumiers pour remplir sa mission, lorsqu'il fut attaqué vivement par les Ouled Saber, au moment où les spahis mettaient le feu aux villages des Ouled Madjoub et des Ouled Ben amara. Notre sortie réussit néanmoins, et la petite troupe se retira lentement et regagna Dellys, poursuivie par les Kabyles jusque sous le canon de la place.

Le 15 mai, la route de Dellys à Tizi-Ouzou par Bordj Sebaou, Kouanin et Rebeval étant libre, la colonne Lallemand se dirigeait vers Dellys pour ramener un ravitaillement venu d'Alger.

Ce même jour, le général Hanoteau confia au chef de bataillon Heyot la mission de reconnaître la position d'Azrou N'aït Saber. L'avant-garde de cette petite troupe (il y avait trois cents hommes) put traverser sans être inquiétée les ruines d'Aït el Medjoub el Ben amara. Mais tout-à-coup, l'ennemi se présente en ligne de tirailleurs. Le commandant Heyot divise sa troupe en deux colonnes qui attaquent simultanément le village d'Azrou N-aït Sabeur. Le village est pris et aussitôt incendié. Puis le commandant Heyot reprend la route de Dellys. Les Kabyles voyant notre retraite veulent nous inquiéter de nouveau, ils sont repoussés, et le commandant, appuyant sur la droite, va incendier Brarat, à peu près abandonné. Dans cette journée, les rebelles faisaient une perte considérable, Mohammed ben Ahmed ben Mahieddin, neveu du vieil El Hadj Aomar Mahieddin, avait été tué.

Le 16, tandis que le convoi de la colonne suit la route le long du Sebaou, le général Lallemand se dirige vers les toufiks El Keçaa, El Oukalla et Aafir. A notre attaque, les Kabyles répondent vigoureusement. Ils sont nombreux, car ils sont venus pour les funérailles de Mohammed Ben Ahmed Ben Mahieddin. Après une vive fusillade, nous rejetons les Kabyles dans les ravins; mais nous ne saurions rester dans ces positions, où il est impossible de camper. Le général dirige ses troupes vers le col de Bab en Zaoua. Là, les Kabyles nous attendaient. La brigade du colonel Faussemagne, qui n'a pas pris part à l'action dans la matinée, mène avec beaucoup de vigueur l'attaque contre cette position dont le 21ᵉ chasseurs à pied et le 4ᵉ zouaves se rendent maîtres. Ismaïl, l'un des fils d'El Hadj Aomar, et l'un des fils du Caïd Lounis, Rabia el Kahla, ou vulgairement nommé Rabia le noir, trouvèrent la mort dans ces combats. Nous avions 5 morts et 8 blessés. Deux cents cadavres Kabyles restaient sur le terrain.

Après avoir campé le 17 à Bab-en-Zaoua, la colonne reprit la marche sur Dellys en suivant la crête qui sépare l'Oued Oulecy de l'Oued Brika. Au-delà d'Aïn el Arba des Aït Slegguem, environ 5000 Kabyles nous attendent embusqués derrière les rochers. L'artillerie, sans avancer, commence le feu, tandis qu'à droite et à gauche nos troupes tournent la position. Surpris par cette attaque latérale, qui si souvent nous fit réussir, les Kabyles s'enfuient devant nos soldats : ceux-ci les poursuivent pendant plus de trois kilomètres. Le soir même, le général Lallemand arrivait à Dellys qui se trouvait désormais débloquée.

Le 20 mai, après, un repos d'un jour à Dellys, le

général Lallemand alla camper à l'Oued Oubay, puis le 21, traversa Aïn el Arba, et le 22, établit son camp à Tifilkout, chez les Aït Ouaguennoun ; le même jour une reconnaissance est faite contre Semroun des Aït Saïd, où nos soldats essuient une courte fusillade. Après la prise du village, on l'incendie, non sans avoir chargé une quarantaine de mulets de grains trouvés dans les amphores. D'autres engagements assez vifs ont lieu sur le versant nord, mais sans que la résistance soit bien acharnée. Nos spahis ramenèrent 200 bêtes à cornes, 400 moutons et 300 chèvres.

Le 23, le général marche contre Tleta, des Iflissen, dont on s'empare, après avoir nettoyé les retranchements par quelques coups de canon.

Le 24, les Aït Djennad, les Aït Ouaguennoun, les Izerfaouen, les Iflissen el Bahr et les Aït Flick, vinrent demander l'aman.

Le 25, abandonnant les crêtes, la colonne descend dans la vallée du Haut Sebaou et prend ses campements chez les Amraoua, tandis que deux colonnes légères et l'artillerie s'avancent sur Temda et sur Meklá pour détruire ce qui appartenait aux Ouled Kaci ; le 26, le général transporte le camp à Freha, après avoir brûlé Mekla.

De Freha, il est facile de constater la présence de nombreux contingents réunis à Djemaa Saharidj. « Le 27 mai, le général faisait marcher sur la ville dix bataillons sans sacs et toute son artillerie. Celle-ci malgré ses feux convergents, ne peut empêcher l'ennemi d'envoyer constamment de nouveaux défenseurs sur les deux positions qui commandent la bourgade, et lorsque le colonel Faussemagne lance ses tirailleurs, ceux-ci rencontrent une énergique résistance ; mais ils ont raison de la courageuse tenacité de l'ennemi ; ils couronnent les positions et l'artillerie s'y installe. De là, les obusiers canonnent les habitations et fouillent les ravins de leurs feux plongeants. On entre alors dans les rues évacuées et on met le feu aux maisons, sous les yeux des rebelles qui poussent des cris de rage, pendant que notre tir à longue portée les empêche de tenter des retours offensifs ». (L. Rinn).

Le 28, après avoir campé à Tazazerit, incendié à notre départ, le général reprenait le chemin de Tizi-Ouzou où il arrivait le 29. Il y resta jusqu'au 6 juin pour attendre des renforts d'Alger et un ravitaillement de Dellys. Il partit en effet dans la nuit du 5 au 6 et se dirigea sur le Khemis des Maatka, pendant que, pour tromper les Kabyles sur notre marche, une partie de la garnison de Tizi-Ouzou marchait sur Bou Hinoun, où les Kabyles avaient concentré leurs contingents. Malgré la défense énergique de Mohammed el Haoussine ou Ali, amin el Oumena, Sliman ou Mohand, ancien spahi, et les Mokaddems El Hadj Mohammed ou Châban et Si Saïd Abouyahiou, les positions des Aït Khalifa tombaient au pouvoir de notre colonne principale. A trois heures, nous campions à Imezdaten, après avoir pris Taddert Tamokran, Ahrouka, Tirilt en Terah chez les Aït Khalifa, Ikemmouden, Biamran, Taddert Oufella, Imezdaten chez les Ibetrouhnen, ce dernier village vaillamment défendu par l'Amin el Oumena, Ali-N-Saïd ben Mohammed. Après avoir reçu, le 7, la soumission des Aït Khalifa, des Ibethrounen, la colonne se mit en marche, le 8, vers midi, pour Souk el Khemis. Là se trouvait le Caïd Ali Oukaci. Le colonel Faussemagne réussit assez facilement à prendre ce village pendant que le 21ᵉ bataillon de chasseurs à pied s'emparait au pas de course des positions qui le couronnaient. La nuit fut peu tranquille, car les Kabyles tiraient à chaque instant sur notre camp. Le lendemain matin, l'avant-garde de la colonne Cérez apparut vers le sud ; le moment était propice pour attaquer les crêtes. Pendant que le colonel Barachin enlève le village d'Agouni Bouffal, le colonel Faussemagne se dirige vers les hauteurs de Coudiat Fekrin, puis trois bataillons de la colonne Cerez, aux ordres du colonel Méric, abordent du côté opposé la position de Kalâa Aberkan. L'ennemi obligé de fuir, se renferme dans Tir'ilt Mahmoud, mais il est contraint bientôt d'abandonner ce village. Ce fut là que le général Lallemand établit son camp, tandis que le général Cérez occupait les environs de la Zaouïa de Si Ali Moussa. Le soir même, les Maatka faisaient leur soumission. Le 10, le général Lallemand traverse les villages des Aït Abdelmoumen, soumis de la veille ; le général Cérez incendie de son côté, sur la droite, les villages des tribus ou fractions insoumises. Le camp est établi à Aguemmoun, tout auprès d'Ir'il Taboucht, que l'artillerie commence à bombarder. Un vif engagement nous laisse maître de ce dernier village. Le 11, le camp reste au même endroit ; les troupes se reposent. Seul un détachement va reconnaître les villages abandonnés des Aït Doualla et des Aït Mahmoud. On avait remarqué la veille qu'un certain Si Saïd ou Amar N-aït Goudjil, avait excité les Kabyles au combat ; pour punir cette attitude hostile, l'on fit sauter à la mine la Kouba de Sidi Mohammed el Hadj, un de ses ancêtres. Le colonel Méric fit également sauter le minaret d'une zaouïa du toufik Taguemmoun Azouz, pour punir les habitants de n'avoir pas livré les otages promis et notamment leur mokaddem. Le 12, on campait au Tleta (des Aït Zmenzer), où l'on reçut un grand nombre de soumissions. Le 13, les généraux Lallemand et Cérez arrivaient à Tizi-Ouzou où ils apprenaient que les Abid Chemlal et les Iamraouïen du bas s'étaient eux aussi soumis.

Nous avons vu, en parlant de la défense de Fort National et de la lutte dans le Jurjura, la suite des opérations des deux colonnes Lallemand et Cérez ; il est donc inutile d'y insister de nouveau.

IV. Tizi-Ouzou. Nous avons vu comment Tizi-Ouzou avait été débloqué par le général Lallemand : nous n'avons que peu de chose à dire pour expliquer les faits qui s'étaient passés dès le début de la révolte des Kabyles et qui avaient mis cette ville en état de siège. Le mouvement insurrectionnel, dans le cercle de Tizi-Ouzou, commença le 10 avril et fut suscité par le Mokaddem Mohammed ou Ali Oukadi de Bou Hinoun. « Mohammed ou Ali Oukadi, dit M. Rinn, était un prédicateur exalté et entraînant ; il avait une véritable éloquence, et, de plus, il était depuis longtemps aimé et estimé dans le pays, en raison de sa charité et de ses vertus privées. Au début, ce fut surtout contre Ali ou Kaci qu'il excita les gens, en disant qu'il fallait commencer par débarrasser le pays de tous les « Mtournin » ou renégats qui servaient les Français, alors que la volonté de Dieu était si manifestement hostile aux chrétiens « puisque aujourd'hui ils étaient vaincus, sans armée, dominés par les juifs, et reniés par des gens aussi sérieux et aussi estimables que Cheikh el Haddad et Mokrani ».

Ali Oukaci, qui était tenu en grande défiance par le commandant Leblanc, ne voulut point se réfugier auprès de cet officier supérieur et au milieu de colons qui l'accusaient de trahison ; il reçut le 12 avril, une lettre de Ben Ali Chérif lui demandant son secours contre Aziz, et sollicita à ce sujet l'autorisation du commandant de place, pour pouvoir s'y rendre ; mais ce dernier n'osa pas prendre sur lui d'accueillir cette demande. Ali Oukaci, qui nous avait toujours bien servi, fut très froissé de ces méfiances et surtout de la perquisition que l'on fit chez lui pour retrouver un émissaire dangereux, Ali Amzian N-aït Oukerzoug, ancien amin el oumena des Illoulen Oumalou. Pendant cette perquisition, on dit à Ali Oukaci qu'on viendrait certainement l'arrêter bientôt; il prit la fuite et se rendit à Mekla. Le commandant Leblanc, averti de la perquisition infructueuse opérée au domicile de Ali Oukaci, ordonna l'arrestation de ce dernier, et apprenant sa fuite, chargea un officier de se rendre à Mekla pour s'en emparer. Inutile de dire que cette tentative échoua complètement ; il n'était pas croyable qu'un officier, en temps de trouble, pût arrêter un grand chef entouré de ses serviteurs et d'un grand nombre de rebelles ; ceux-ci, ayant en effet appris la décision d'Ali Oukaci, étaient venus se mettre à sa disposition et le féliciter d'avoir abandonné notre parti.

« Il n'y avait plus pour nous qu'à parfaire la mise en défense du bordj et à nous préparer à y recevoir les 250 habitants du village français de Tizi-Ouzou ; et, comme on n'était pas assez fort pour agir, il eût été sage de chercher à gagner du temps et de ne pas sortir d'une prudente expectative. Mais le commandant Leblanc, persuadé qu'Ali Oukaci était l'âme de l'insurrection, persista dans son idée de s'emparer de cette personnalité » (L. Rinn.)

Aussi le 15, une petite troupe, formée de deux pelotons de chasseurs d'Afrique, quelques spahis et Khielas, avec des auxiliaires indigènes, prirent la route de Temda. A moitié chemin, cette petite colonne fut arrêtée: nos auxiliaires passèrent à l'ennemi, et c'est au prix du plus grand péril, que nos soldats purent rentrer à Sikkou Meddour, où nous avions encore un poste d'auxiliaires indigènes fidèles.

Cent trente hommes arrivaient avec le commandant Letellier, à Tizi-Ouzou. Cet officier supérieur prit le commandement de la place et obtint de conserver cet effectif, qui devait être dirigé sur Fort National. Le 16, il s'enfermait dans le bordj avec les 254 habitants de Tizi-Ouzou. Il avait sous ses ordres 563 hommes.

Dès le 16, vers le soir, les hommes de Timizar Lerbar abandonnèrent le poste que nous leur avions confié ; le 17, même défection de notre poste à Sikkou Meddour. Enfin, ce même jour, 15,000 rebelles s'avancent vers le col de Tizi-Ouzou en trois bandes, mettant le feu aux meules et aux fermes isolées. Le 18, ils viennent piller le village français de Belloua et l'incendient, malgré les efforts de nos hommes qui tentent de le sauver; écrasés par le nombre, ces derniers sont obligés de rentrer au bordj.

Le 19, l'ennemi investit complètement le fort et essaye de brûler la porte du bureau arabe. Le 20, notre garnison opère une sortie, et avec une vigueur extraordinaire, force l'ennemi à se replier assez loin.

Le commandant Letellier reçut quelques jours après un parlementaire qui venait lui demander au nom d'Ali Oukaci « de lui fournir un appui armé pour le conduire avec tout son monde, gardant armes et bagages, là où il voudrait se mettre en sûreté ». Un nouveau parlementaire revint le 30, mais, sans bien entendu, obtenir comme la première fois autre chose qu'une réponse fort dure. Une troisième fois, un émissaire revint, quoique prévenu précédemment qu'on ne l'accueillerait pas : il trouva la mort, avant d'avoir pu se faire entendre. Depuis cette époque jusqu'au 11 mai, rien à signaler.

Nous savons, par ce que nous avons dit plus haut, comment le bordj et Tizi Ouzou furent délivrés.

V. Drâ el Mizan. Certes l'insurrection eût éclaté plus tôt dans le cercle de Dra el Mizan, si l'oukil de la Zaouia de Bou Goubrin, El Hadj Mahmed ben Mohamed el Djaadi, n'eût pas pendant quelque temps usé de son autorité spirituelle pour empêcher les tribus voisines de suivre les partisans des Ouled Mokran. Il suffit de lire ce qu'écrivait de lui, Si el Mahfoud, un ami particulier des Ouled Mokran, pour être édifié à ce sujet. Nous trouvons trace de ces appréciations dans une lettre du bachagha adressée à Si Mahfoud.

« ... Nous vous avons écrit pour vous apprendre que nous nous étions levés pour le Djehad ; vous nous avez répondu. Votre lettre nous est parvenue, nous l'avons lue ; vous nous dites que vous tiendrez la parole que vous nous avez donnée et que vous voulez vous insurger, mais que vous avez peur des Beni Ismaïl et de leur cheikh Mahmed el Djaadi, lequel, fort de l'appui de sa tribu, refuse de seconder vos projets, et les entrave en disant aux siens : « Ne vous révoltez pas, gardez-vous de suivre les partisans du désordre qui courent à une perte certaine : jamais nous ne serons avec eux. » Lorsque vous avez entendu cela, votre ardeur s'est ralentie ; c'est en effet une chose étrange ! Ce cheikh et les autres devraient être les premiers à appeler les tribus au Djehad et à se vouer au triomphe de la religion. Et cependant, c'est lui qui dit à tous qu'il ne résultera aucun bien de cela pour personne ! Quel langage ! Son cœur, certainement, déborde d'impiété. Il sera dévoré de remords.

« Quant à vous, ô mes amis, si vous êtes fidèles à la parole donnée, vous marcherez en masse sur Bordj

Boghni, puis tous, vous vous porterez contre Drâ el Mizan ; et si le cheik El Hadj Mahmed el Djaadi et sa tribu vous barrent le passage, frappez-les, tuez-les et n'ayez aucune crainte, Dieu récompensera ses serviteurs... »

D'ailleurs l'Oukil El Hadj Mahmed el Djaadi n'était pas le seul qui fût hostile à la révolte ; les partisans de Cheikh el Haddad étaient dans la même disposition. Aussi quand le 9 avril, on apprit la proclamation du Djehad, tous les mokaddems restèrent indécis. Deux jours après, le Bachadel Si Mohammed Areski des Mechtra et Si Akli Naït Bouzid des Aït Mendès, tous deux reqqab de Cheik el Haddad, arrivèrent, et aussitôt une réunion eut lieu à Alma Dinar, le soir même. Après la prière en commun, ces deux envoyés lurent une lettre de Cheik el Haddad, puis réussirent, en la commentant longuement, à entraîner les Mokaddems dans le parti de l'insurrection. Le 16 avril, afin de précipiter les événements, les partisans des Ouled Mokran, firent une nefra à Boghni. Le chef du bureau arabe, M. le capitaine Thouverey, rétablit l'ordre aussitôt, mais le commandant supérieur du cercle, M. Moutz, comprit qu'il fallait prendre des dispositions pour repousser une attaque imminente. Il fit occuper le bordj de Boghni par 25 hommes et un officier, mit le village européen en état de défense et se mit en mesure de protéger l'usine Garo. Le 18, les Maatka vinrent vers cet établissement, mais, le voyant gardé, n'osèrent tenter l'attaque. Prévenu qu'ils reviendraient avec les Mechtras dans la soirée, le commandant fit conduire les ouvriers et le gérant de l'usine à bordj Boghni et remit les clefs aux amins el oumena des Beni Ismaïl, des Frikat et des Mechtras, restés nos alliés. Le 19, à 3 heures, les Maatka et les Igouchdal pillaient et incendiaient l'usine. Le soir même, El Djaadi, voyant sa situation menacée, se mettait à la tête du Djehad et passait, le lendemain 20, la revue des Kabyles. Parmi eux se trouvaient les amins el oumena Si Ahmed ben Belkassem, Rabia ben Ali et le bachadel Mohammed Areski ; puis Ahmed ou Lounis, les caïds Ahmed ben Aïssa, Mohammed ben Abid, Ahmed Amar Amzian. Le commandant Moutz envoie contre les rebelles le goum des Inezlioun, à la tête desquels se trouve le caïd Ali ben Telaach et ses frères. Ceux-ci partent avec beaucoup d'entrain, ils vont arriver sur les rebelles, quant tout à coup on les voit s'arrêter, descendre de cheval, et se précipiter au devant de Mahmed el Djaadi en embrassant les pans de son burnous. Presque aussitôt, toute la troupe d'El Djaadi se dirige vers les cinq barricades qui défendent l'accès du village. Voyant que les Ben Telaach essayent de couper la retraite sur le bordj, le commandant rappelle les soldats des barricades et les fait rentrer dans la place. Le village est pillé et en partie incendié, les rebelles ne conservent que les maisons faisant face au bordj pour s'embusquer dedans et diriger leur tir. Le 22, les Kabyles envoyèrent un des leurs proposer l'évacuation du bordj avec promesse de laisser partir les colons et la garnison ; l'émissaire fut mis en prison ; aussi pareille offre ne fut plus jamais faite.

Jusqu'au 5 juin, nous ne trouvons rien à signaler. Ce jour là, la colonne du général Cérez arriva et débloqua Dra el Mizan. Parti de Zbourboura à neuf heures du matin, le général Cérez avait confié l'attaque de droite au lieutenant colonel Noëllat, et celle de gauche au lieutenant colonel Désandré. Arrivés auprès des crêtes, nous nous trouvons en présence de quatre mille Kabyles environ ; le caïd des Harchaoua, Ahmed ben Aïssa, commande les Guechtoula et les Gaouaoua venus de Fort National ; Ben Telaach est à la tête des tribus révoltées de Drâ el Mizan. Après une énergique défense, et quelques retours offensifs, nous occupons toutes leurs positions, grâce à la manœuvre si souvent employée en Kabylie et non moins souvent heureuse, de tourner l'ennemi sur les flancs de ses crêtes. A trois heures, Dra el Mizan voyait cesser un blocus qui n'avait pas duré moins de quarante six jours. Le 6 juin, les Harchaoua faisaient leur soumission. Le général Cérez se dirigea alors, par Bordj Boghni, pour aider au débloquement de Fort National ; nous avons vu précédemment les faits qui s'accomplirent dans cette région.

VI. Palestro. Les Issers. Autour du Hamza. Nous réunissons ensemble les principaux épisodes des faits qui se sont passés dans ces régions; aussi bien n'ont-ils qu'indirectement trait à notre sujet, puisqu'ils ont été accomplis en dehors des limites que nous avons fixées à la Kabylie du Jurjura. Néanmoins, en raison de la proximité des territoires, et des secours que les Kabyles donnèrent à leurs voisins, il nous a semblé utile d'indiquer, dans les grandes lignes seulement, la marche des événements insurrectionnels.

A Palestro, un drame épouvantable devait avoir lieu, mais il serait inexact d'en rattacher l'existence aux mêmes causes que celles de tous les événements dont nous venons de parler. Ce ne fut plus le Djehad, mais seulement un intérêt local, qui arma la main des indigènes, et voici en deux mots toute cette affaire. Au mois de novembre 1869, un arrêté créait le village de Palestro et lui donnait 546 hectares pris sur les terrains domaniaux, s'étendant du pont de Ben Hinni, sur l'Isser, autour d'un ancien gîte d'étape. Le 17 mars 1870, le village s'installait et tout dans les premiers temps paraissait marcher à souhait, lorsqu'on décida d'y créer un marché. Les Ammal et les aït Khalfoun voulurent s'y opposer, c'était la ruine ou une atteinte portée à leur marché ; mais on ne tint pas compte de leurs récriminations. D'irritations en irritations, les Kabyles en arrivèrent le 19 avril, au marché des aït Khalfoun, à se donner rendez-vous pour la nuit même dans les ravins qui environnent Palestro, afin d'attaquer le village dès le point du jour. Cette attaque n'eut pas lieu. Elle avait été différée pour peu de temps.

En effet, des enfants de colons, envoyés le 20 avril dès le matin, pour prendre du foin aux meules, reviennent en disant que celles-ci sont incendiées et que des balles ont sifflé à leurs oreilles. Quelques instants après, on apprenait que la route d'Alger était barrée ; le maire faisait sonner le tocsin et mettre le village en état de défense. « Les trois maisons de la gendarmerie, de la

cure et des ponts et chaussées avaient été d'avance désignées comme devant être exclusivement occupées »
(L. Rinn). On réunit les habitants et les miliciens dans ces corps de bâtiment. Le 21, les Kabyles prennent possession des autres maisons du village. « Pendant toute cette journée, Mohammed Ben Lounis, Mokaddem, toujours sur sa mule noire, toujours portant la bannière de Baba Ali, se promena, au pas, impassible et psalmodiant à pleine voix ses prières au milieu d'une grêle de balles qui, par un hasard malencontreux, n'atteignirent ni lui, ni sa mule » (Même auteur). Dans la nuit du 21, la porte du presbytère fut enfoncée, mais ceux qu'il renfermait purent gagner par une porte de derrière la gendarmerie. Le 22, les insurgés concentrèrent leur fusillade sur la gendarmerie et sur la maison des ponts et chaussées. Bientôt un Kabyle, Belkassem ben Ouchfoun, homme de confiance du caïd des Ammal, offrit aux colons « qui rendraient leurs armes, la vie sauve et une escorte pour gagner en sûreté le Fondouk. A ces propositions le capitaine Auger et l'abbé Monginot répondent qu'ils n'entreront en pourparlers qu'avec les chefs investis. Si Saïd ben Ramdan, amin des Ibazamen, s'approche et engage sa parole ainsi que celle de l'amin el Oumena des aït Khalfoun. Les assiégés insistent pour que les caïds viennent eux mêmes. » (L. Rinn). Malheureusement le capitaine Auger veut que les colons gardent leurs armes. On discute, on parlemente, mais en vain ; bientôt les coups de feu se font entendre ; ceux qui peuvent rentrer à la gendarmerie, s'empressent de le faire ; les autres sont tués sur place, et parmi eux, l'abbé Monginot. Le capitaine Auger est protégé par l'anaïa de l'amin el Oulema Saïd-ou-Ali et est sauvé. Bientôt la porte de la gendarmerie cède sous l'effort des assaillants et trente Européens sont massacrés en quelques instants. Se précipitant sur la maison des ponts et chaussées, les rebelles jettent au pied des murs les meubles et la paille enlevés à la gendarmerie et les livrent aux flammes. « La porte cependant tombe consumée par le feu ; les assiégés évacuent le rez de chaussée et coupent à coup de hache l'escalier embrasé ; mais ils ne peuvent tenir au pre-

17.

mier étage, où la fumée les asphyxie, et ils sont obligés de se réfugier sur la terrasse, dont le parapet n'a que 40 centimètres de hauteur, ce qui les oblige à rester couchés et à se découvrir pour tirer. Là, sur un espace de 42 mètres carrés, sont entassées quarante cinq personnes ; un soleil de plomb frappe les têtes nues, des flammèches brûlent les vêtements flottants des femmes ; une grêle de pierres lancées avec une infernale adresse ne cesse de blesser et de meurtrir ces malheureux. Une femme est mortellement frappée : plusieurs colons sont tués en voulant tirer ; la voûte de la terrasse se fendille sous l'action du feu et menace de s'écrouler ; un homme se suicide de désespoir ; les femmes s'affolent, pleurent, crient, demandent à se rendre coûte que coûte ; mieux vaut être tué d'un coup que souffrir ainsi ! Ces pleurs et ces cris sont entendus des assiégeants : Saïd ou Ramdan, amin des Ihazzamènes, s'avance en parlementaire, son fusil sur l'épaule ; il répète qu'on n'en veut pas à la vie des Européens, qu'on respectera ceux qui rendront les armes. On lui dit d'aller chercher le caïd. L'amin el Oumena, Saïd ou Ali, arrive : il s'engage, publiquement et par serment, à ne faire aucun mal à ceux qui se rendront et se fieront à sa parole. Pour échanger ces quelques mots, il fallait crier du haut de la terrasse, car on n'avait nul moyen de descendre, et la voix portait d'autant plus mal que c'était Madame V......, femme d'un ancien officier de bureau arabe, qui servait d'interprète : elle seule savait assez bien l'arabe pour soutenir une conversation en des circonstances aussi graves. Elle invita Saïd ou Ali à faire mettre une échelle le long du mur et à venir s'entretenir avec les colons, ce qui fut fait aussitôt. Là, après l'échange de quelques paroles, qui donnèrent, confiance aux malheureux colons, il fut convenu que les fusils seraient passés immédiatement par la fenêtre du premier étage, que les bijoux, argent et valeurs, seraient remis, afin d'ôter tout prétexte à des attentats provoqués par la cupidité des mauvais sujets.... Quand tous les colons furent descendus et réunis, les indigènes les comptèrent à haute voix ; ils étaient quarante neuf hommes, vingt femmes et onze enfants. Ils furent mis en route sous la conduite de Saïd ou Ramdan, chez qui ils passèrent la nuit, au village des Ihazzamènes, couchés sur le sol. Le dimanche 23, ils furent dirigés sur le village de Hamicha et ils furent logés chez l'amin el Oumena Saïd ou Ali, où ils retrouvèrent le capitaine Auger et le fils Bassetti. Là on donna aux femmes quelques tapis et quelques nattes pour se coucher. Ils devaient rester 23 jours avec cette installation rudimentaire et avec la nourriture habituelle des paysans qbaïls; deux repas de galette d'orge, de figues sèches et d'oranges. Une fois par semaine, le jour du marché, un morceau de mouton, gros comme la moitié du poing. Ils furent du reste traités tout le temps avec une bienveillante sollicitude, et ils s'en montrèrent reconnaissants plus tard en signant une pétition pour demander la grâce de Saïd ou Ali, condamné à mort par la cour d'assises » (L. Rinn, *Insurrection de 1871*).

Cependant, le 23, le colonel Fourchault partit à huit heures du soir de l'Alma et après une marche de dix-huit heures, parvint à Palestro, le 24, à deux heures de l'après-midi. Un spectacle affreux l'y attendait. Palestro n'était plus qu'un amas de ruines fumantes, dans lesquelles on retrouva tout d'abord quarante-deux cadavres d'hommes mutilés et carbonisés. Quatre autres victimes furent retrouvées plus tard. Et tout autour de cette dévastation, le calme, le silence, le désert, sans pouvoir se renseigner sur le sort des autres habitants.

Le 25, le colonel venait à peine de quitter Palestro, lorsque de tous côtés, il fut attaqué par les Zouatna, les Sanhadja, les aït Khalfoun, les Ammal, qui le harcelèrent jusqu'au col de Tamizirt. Il leur infligea des pertes relativement sérieuses et rentra le soir au Fondouk. Le 26, il rentrait au camp de l'Alma pour prendre part aussitôt à un autre engagement.

Quant aux survivants de Palestro, ils ne purent faire parvenir de leurs nouvelles que le 9 mai ; ils étaient remis, le 13, entre les mains du général Cérez.

L'épilogue de cette horrible affaire fut la condamnation par la cour d'assises d'Alger, le 21 janvier 1872, de quarante-quatre meneurs. Saïd ou Ali, El Hadj Ahmed ben Dahman, Saïd ben Ramdan, et cinq autres furent condamnés à mort : 23 furent condamnés à la déportation, douze à cinq ans de détention et un seul à sept années de réclusion. Saïd ou Ali, à la demande des survivants de Palestro, fut gracié et la peine de mort fut remplacée pour lui par la déportation : quatre autres eurent la même faveur ; trois seulement furent donc exécutés, El Hadj Ahmed ben Dahman, caïd des Ammal, Boudjena ben Ahmed, domestique de M. Bassetti et un nommé Sliman ben Ahmed.

Les Issers. Quand le Djehad fut proclamé, Omar Ben Zamoun, voulut empêcher les Kabyles des Issers de prendre part à la révolte, mais, menacé de ruine et de pillage, il se vit contraint à se mettre à la tête du mouvement insurrectionnel. Les hostilités ne commencèrent que le 18 avril ; ce jour là en effet, deux charretiers conduisant des voitures de denrées avaient été assassinés sur la route de Dellys. Aussi la diligence se rendant dans cette ville, arrivée à Azib Zamoun, dut-elle interrompre son voyage. Les voyageurs et plusieurs colons trouvèrent un refuge dans le caravansérail d'Azib Zamoun, et garantis par l'Anaïa d'Omar Ben Zamoun purent rester 21 jours en sûreté dans cette petite place.

A Bordj Ménaïel, les faits de ce jour, 18 avril, furent plus graves. Après avoir exigé de l'adjoint français, la remise de toutes les armes et des munitions des colons, les insurgés laissèrent ces derniers quitter le village, qu'ils incendièrent aussitôt. Puis, les rebelles se dirigèrent vers le col des Beni Aïcha (devenu aujourd'hui le village de Ménerville) Il y avait là des Flissa, des Isser, des Beni Amran, des Khrachna et des Beni Aïcha. Nous ne suivrons pas l'insurrection dans la partie septentrionale de la Mitidja ; il nous suffira de rappeler que ce fut seulement le 5 mai, que les Khrachna vinrent demander leur soumission.

Autour du Hamza. Le Hamza est la contrée découverte située autour de Bouïra. De ce côté, trois tribus se révoltèrent : les Beni Maned, les Ouled Salem et les Sandhaja. Les faits, qui se passent tout à côté du massif du Jurjura, seront seuls relatés ici. Les Beni Abbès avaient fourni quelques armes aux rebelles, mais en réalité n'étaient pas hostiles à notre domination. Il en était de même des Beni Mansour. Le 22 avril, le général Cérez était à Bouïra, prêt à se porter vers Dra el Mizan ou vers Beni Mansour, lorsque l'Agha Bouzid lui apprit que Bou Mezrag devait venir au secours des tribus de l'Oued Sahel. Le général partit le 25 de Bouïra et campa à El Adjiba le même soir. Le lendemain nous trouvions sur notre route environ trois mille Kabyles nous barrant le passage. Les escadrons d'éclaireurs culbutèrent vivement les goums ennemis, mais la résistance des Kabyles, blottis au milieu des oliviers, nécessita une action assez chaude et l'intervention de la cavalerie. A midi et demi, le général était à Beni Mansour débloquant la place, qui tenait depuis cinquante-deux jours. L'ennemi voyant que nous installions notre camp à cet endroit, prit possession autour de Cheurfa et de Bou Djellil des Beni Abbès. Le général Cérez, craignant ce voisinage, envoya une colonne légère sous les ordres du lieutenant colonel Noëllat pour s'emparer de Cheurfa. Après une résistance énergique, les Kabyles se voient obligés de céder la place, et le village est livré aux flammes. D'un autre côté, le commandant Barberet et le capitaine Rapp et ses tirailleurs se dirigeaient vers Bou Djellil. Ils s'emparaient après une lutte opiniâtre des positions occupées par les révoltés en avant de ce village. Le 27, on détruit le village des Aït Bou ali, qui commandait le Bordj, et le 28, les villages abandonnés d'Aït Mansour, d'Ir'il, de Tir'ilt, Taourirt et Bouiflan étaient la proie des flammes.

Enfin, le 28, ce même jour, Bou Mezrag arriva à Bou Djellil, où aussitôt il commença à organiser ses contingents. Le 29, le général Cérez était en route depuis une heure, ayant laissé dans le bordj 25 zouaves sous le commandement du capitaine Odon, lorsque des coups de feu, au bas de la forêt d'Ahnif, furent tirés sur son arrière-garde. La colonne fait face en arrière, prend ses dispositions. Au centre se trouve l'infanterie en deux colonnes, aux ordres du colonel Méric; à droite la cavalerie du colonel Goursaud ; à gauche les éclaireurs du capitaine Rapp et le goum du capitaine Abdel kader, Caïd des Ouled Ferrah. A sept heures, l'attaque de Bou Mezrag commence ; il a plus de 4000 fantassins et 200 cavaliers. Enveloppés par les ailes de droite et de gauche, ne pouvant tenir devant notre infanterie, les contingents rebelles se débandent et s'enfuient. La lutte et la poursuite ne prirent fin qu'à onze heures et demie. Une partie des armes de Bou Mezrag tombèrent entre nos mains, lui-même fut sur le point d'être fait captif. On ramassa plus de cent fusils, armes de luxe, et le Khodja de Bou Mezrag ayant été tué par Mohammed ben Brahim, Caïd des Mahia, le cachet du Bachagha, dont le Kodja était porteur, tomba entre nos mains. Bou Mezrag, retiré chez les Mecheddalla, ne put de nouveau rallier autour de lui des combattants ; il repartit, dans la nuit, pour la Medjana. Le général Cérez se dirigea alors pour débloquer Drâ el Mizan, nous avons vu l'heureux résultat de cette opération.

Le colonel Goursaud campait le 8 juin à Bouïra. Le 13, les Aït Mansour, les Cheurfa, les Aït Khani et autres, firent une tentative contre le Bordj de Beni Mansour pour essayer de resserrer le blocus.

Le capitaine Odon, ayant fait occuper par 25 tirailleurs le village des Aït Bou ali, couvrant la face sud du Bordj, défendit la face nord par une autre ligne de tirailleurs embusqués sur un côteau dominant la rive gauche de l'Oued Mahrir. L'action fut très active et ne dura pas moins de six heures. Après des pertes relativement considérables, les Kabyles abandonnèrent le terrain. Le 4 juillet, le colonel Goursaud gravit les pentes du Jurjura jusqu'au Teniet Djaboub, où se tenaient les Ouled el Aziz et une partie des Igouchdal de Dra el Mizan. Après avoir tourné ou pris quatorze barricades, nos troupes écrasent les Kabyles qui, effrayés, ne savent plus résister. Partout l'on voit du sang; et cent cadavres gisent sur un seul point du terrain de cette lutte effroyable. Nous perdions un officier, M. le sous-lieutenant Crouzet, « tué à bout portant, en enlevant une barricade à la tête de sa section, et 2 hommes. En outre, 29 blessés, dont M. le capitaine Thomas des tirailleurs ». Après ce succès, la colonne s'installa à Maalit Ramdan, auprès du Tizi Djaboub. Le 6 eut lieu une reconnaissance dans les villages des Ouled Aziz. Le 11, une partie de la colonne prit part avec la colonne Cérez à l'attaque des villages des Aït Koufi. Le 12, le commandant de Monleveau, dirigeant une reconnaissance, brûla le village des Merkhalla, qui n'avaient pas exécuté leurs engagements. Le 18, le Hamza était pacifié et le colonel Goursaud regagnait Bouïra.

L'insurrection terminée, l'on commença le procès des coupables, et les Kabyles, ruinés, ayant une grande partie de leurs villages incendiés, durent amèrement regretter l'aveuglement qu'ils avaient eu de suivre quelques chefs dans une révolte téméraire et inconsidérée. Quant à ces derniers, les condamnations qui furent prononcées contre eux par la Cour d'assises, dut les faire réfléchir à la vitalité et à l'énergie d'une France qu'ils croyaient morte.

LIVRE CINQUIÈME.

INSURRECTION DE 1881.

S'il s'agissait de faire ici le récit de l'insurrection de 1881, l'on pourrait, avec juste raison, nous reprocher de sortir de notre sujet. Rien en effet, ayant trait à cette nouvelle révolte, n'a eu de contrecoup en Kabylie, où le calme et la sécurité n'ont cessé d'exister un seul moment. Mais, c'est justement cette attitude pacifique que nous serons heureux de constater ici en quelques pages fort courtes d'ailleurs.

Tout d'abord, quelle fut cette insurrection de 1881 ? quel en fut le chef ?

Il faut remonter en 1878 pour trouver la cause de ce mouvement. Un homme de race médiocre, fanatique, Bou Amema, vint établir dans le sud oranais une école de fanatisme, qui prit un tel développement, que la tribu où cette école existait, fit défection au bout de quelques semaines. Bou Amema, profitant de l'inaction que l'on mit à le vouloir poursuivre, disparut et se réfugia à El Abiod Sidi Cheikh. On donne alors l'ordre de se saisir de lui, mais ce qui doit faire l'étonnement de tous, l'ordre n'est pas exécuté. Pourquoi ? M. Gastu, à la Tribune de la Chambre, lors de la fameuse interpellation du 30 juin 1881 sur les responsabilités gouvernementales, l'a en vain demandé. Il est vrai d'ajouter avec l'honorable député, que l'on pourchassa trois des mokaddems de Bou Amema, Merzoug Ben Sliman, Taïeb Ben Djermani et Belkassem. Mais par une seconde étrangeté, on confia cette mission à des indigènes, qui revinrent évidemment sans avoir obtenu un résultat. Bou Amema, poursuivi, se disant persécuté, exploite contre nous l'insuccès que nous avions éprouvé au sujet des indemnités réclamées lors de la razzia du Ksar de Brezina. Le massacre de la mission Flatters, quelques mois auparavant, et qui n'était que le plus lâche des assassinats, est représenté par Bou Amema comme une grande victoire, qui annonce que le moment est venu de jeter les Roumi à la mer. L'influence religieuse des Ouled Sidi Cheik s'exerce efficacement en vue de proclamer le Djehad ; Bou Amema se trouvera bientôt à la tête de contingents assez sérieux.

Toutes ces menées, l'effervescence qui régnait dans le sud, devaient enfin nous faire ouvrir les yeux. On signale au douar de Djemma des Ouled Sial Cheraga la présence d'un dangereux partisan de Bou Amema. On se décide à agir et l'on envoie le lieutenant Weinbrenner pour arrêter ce dernier. Cet officier part avec trois spahis, et arrive au douar de Djemma des Ouled Sial Cheraga. Le lendemain, 21 avril, il ordonne à ses hommes de s'emparer de la tente de Ben Djermani, le partisan de Bou Amema : les gens du douar, non seulement protestèrent, mais voulurent s'y opposer. Le lieutenant Weinbrenner ordonna de passer outre et se mit en devoir de se diriger vers la tente, lorsque, feignant de se soumettre, les gens du douar l'invitent à une diffa. Sans aucune défiance, notre officier et les trois spahis mettent pied à terre et vont commencer à manger, lorsque les indigènes se jettent sur eux et tuent le malheureux lieutenant et deux de ses spahis.

Le 28, un nouvel assassinat était de nouveau commis : le courrier de Saïda à Géryville était massacré sur la route pendant son trajet.

Tous ces faits amenèrent l'envoi de nos troupes dans le Sud oranais : les opérations militaires furent nombreuses et pénibles, et nécessitèrent notre présence pendant de longs mois dans cette région. Mais nous n'avons pas à nous occuper de ces faits, étrangers à la Kabylie du Jurjura ; constatons seulement l'attitude des Kabyles pendant cette insurrection.

Il est bien certain que leur concours à l'insurrection fut sollicité : l'on a encore présent à la mémoire la demande que leur fit Abd el Kader en 1837, puis les sollicitations, dont ils furent l'objet de la part des partisans d'El Mokrani en 1871, sollicitations qui déterminèrent le plus grand nombre à prendre part au Djehad. D'ailleurs, cela est avoué par certains Kabyles, très dignes de foi, et qui ne sauraient être suspectés de parler ainsi, pour donner plus de prix à la neutralité qu'ils ont conservée.

Il faut chercher les causes de la tranquillité et du calme en Kabylie dans les raisons suivantes.

Le Kabyle a affirmé une fois de plus la grande différence qui existe entre lui et l'Arabe. Peu fanatiques, les Kabyles dans leur esprit pratique, ont pu se demander ce qu'ils auraient à gagner dans la lutte engagée par Bou Amema contre la France. Le Djehad, prêché par les Ouled Sidi Cheikh, les a laissé bien froids ; ils n'ont vu dans la guerre sainte entreprise par Bou Amema et ses partisans, qu'un moyen pour ces derniers, pétris d'une ambition démesurée, de jouer des rôles plus ou moins importants, dans des situations plus ou moins brillantes.

En 1871, les Kabyles avaient entrepris la lutte, s'étaient enrôlés sous les bannières du Djehad, par suite des erreurs dans lesquelles on les avait entraînés. Ce n'était point le fanatisme qui les faisait agir ; mais bien l'intérêt. On leur disait chaque jour, on leur répétait à chaque instant que la France était morte, qu'un grand Juif s'était emparé du pouvoir, que leurs terres seraient prises et données aux Français vaincus et ruinés, qu'il y allait pour eux d'une question de vie ou de mort. On se servait avec une extrême habileté des décrets Crémieux du 24 octobre 1870, des circulaires où il était question de faire venir les Alsaciens-Lorrains dépossédés par l'Allemagne ; est-il bien surprenant que celui qui vit seulement par sa terre, qui y est attaché comme à son seul bien par toutes les fibres du cœur, ait entrepris, en présence de menaces aussi terribles, une lutte désespérée ? Et les responsabilités ne doivent-elles pas remonter beaucoup plus haut ? Le paysan kabyle était-il si coupable de vouloir défendre son champ, son village, son ir'il ?

Mais en 1881, rien de tout cela ne pouvait être mis en œuvre. Ce n'était bien là qu'une entreprise religieuse, c'était le Djehad pur et simple, et le Kabyle n'a point ouvert l'oreille aux propositions des rebelles.

Il avait peut-être et même très certainement présents à la mémoire les ruines et les malheurs de l'insurrection de 1871. Les revers nous rendent sages et modérés ; après l'incendie, le pillage, les champs dévastés, les révoltés ont vu la guillotine se dresser à Alger et leurs chefs payer de leur vie les entraînements qu'ils avaient subis ; le bagne s'est ouvert pour recevoir de nombreux insurgés ; la déportation a enlevé du sol natal, loin de leur touffik, loin de leur çoff, loin de leur Djemâa, un grand nombre de rebelles : tout cela a eu pour contrecoup efficace de faire naître dans l'esprit des Kabyles un commencement de raisonnement et de réflexion, qui leur a démontré, que l'insurrection était pour eux le pire de tous les maux.

D'un autre côté, il faut bien tenir compte du changement d'esprit, de caractère et même de mœurs, qui s'opère chaque jour en Kabylie. Les relations commerciales plus fréquentes entre eux et nous, une plus grande facilité dans les communications, une instruction encore bien défectueuse, mais néanmoins qui a rendu d'utiles services, ont certainement contribué à leur démontrer ce qu'est la France, ce que sont les Français. Des liens d'amitié se sont noués entre certains d'entre eux et certains d'entre nous, liens d'amitié durables, nés d'une mutuelle sympathie, sans calcul, comme sans détour, et le plus grand bien pour tous peut naître de ces rapports amicaux. Puis, certains ont vu la France se relever si promptement après les désastres de 1870, qu'ils n'ont pu s'empêcher de constater la vitalité, la force et la richesse de notre pays, et ils se sont dit que raisonnablement, il leur serait bien difficile, sinon impossible, d'entrer en lutte contre nous pour recouvrer une indépendance absolue.

Tels furent certainement les motifs qui empêchèrent les Kabyles de prêter l'oreille aux discours plus ou moins intéressés des rebelles, et en cela ils firent bien. Que pouvait faire Bou Amema à leur profit ? Appeler sur eux tous les fléaux d'une guerre sans pitié, la dévastation, le pillage et l'incendie.

Nous ne nous étendrons pas davantage sur ce sujet ; il nous a suffi de constater cette attitude pour comprendre combien le Kabyle s'est modifié. Aujourd'hui pouvons-nous dire que cette modification se soit encore accentuée ? Nous répondons affirmativement. Les Kabyles comprennent davantage de jour en jour les nécessités d'une paix qui leur procure un travail rémunérateur. Ils commencent à comprendre dans ses grandes lignes la vie moderne, cette vie d'affaires à outrance, et ils acceptent avec empressement les améliorations qu'apporte le progrès dans l'industrie.

Que feraient-ils, si en ce moment une révolte éclatait en Algérie? Assurément il est difficile de se prononcer sur une pareille question, mais il nous semble, sans vouloir faire preuve d'un optimisme bien grand, que la Kabylie resterait calme comme en 1881. Leurs Présidents, hommes de courage, mais aussi hommes intelligents et instruits, sauraient immédiatement faire comprendre à leurs administrés, que la Kabylie, dans son propre intérêt comme dans celui de sa gloire, ne doit se mettre en avant et occuper le premier rang que sur la route du Progrès et de la Civilisation.

LIVRE SIXIÈME

ADMINISTRATION DE LA KABYLIE

Autrefois. — Aujourd'hui.

Nous avons étudié d'une façon aussi complète que possible, et la configuration physique de la Kabylie, et son histoire; nous allons aborder maintenant l'étude de l'administration de cette contrée.

Nous diviserons ce livre en deux parties : cette division ne s'impose-t-elle d'ailleurs pas naturellement ? Avant notre conquête, la Kabylie s'administrait elle-même par un ensemble de coutumes, de Kanouns ou règlements, qui fatalement ont dû se trouver modifiés considérablement sous la domination française : par suite, nous examinerons notre sujet dans l'ordre chronologique, comprenant la période antérieure à 1830 sous la rubrique : « Autrefois », et celle postérieure à 1830 jusqu'à nos jours sous cette autre rubrique : « Aujourd'hui ».

Autrefois

M. Masqueray, dans son très intéressant et savant ouvrage sur « l'origine et la formation des cités de l'Algérie, » recherche les principes de ces sortes de cités, et il arrive à leur trouver pour bases primitives, l'individualisme et l'amitié libre. « Chez nos Africains sédentaires, écrit-il, la famille née de la guerre, constituée par la nécessité de vivre au milieu des luttes qui déchirent les peuples privés de gouvernement, composée tantôt de descendants d'un seul ancêtre, tantôt d'individus de provenance diverse, tantôt d'un groupe principal et de fractions qui sont venues s'y souder, intimement unie par les dangers dont tous ses membres sont menacés, incapables de subsister sinon par l'humble dévouement des faibles autant que par le courage des forts, met tout en commun, richesse et pauvreté, douleur et joie, et doit être, sous peine de périr, ordonnée comme un régiment, disciplinée comme un équipage. La liberté individuelle y est inconnue. L'individu n'est qu'un grain de ce bloc de granit, une partie minime de cet être presque vivant, dans les veines duquel un seul et même sang coule ou est supposé couler. L'individu y porte un nom commun, n'y jouit que d'un bien commun, n'y a qu'un intérêt commun, qu'une vie commune. Le jour où sa famille frappée par une famille voisine le choisit pour son exécuteur, il faut qu'il tue, et s'il est tué, sa mort est un dommage aussi grand pour ses cousins que pour son père. Usufruitier, jamais propriétaire, sinon d'objets de mince valeur, il ne peut tester qu'en faveur de sa famille, et sous la surveillance de ses proches parents qui le traitent comme un mineur. Que dire de la femme ? Egale de l'homme en principe, elle est astreinte à le servir, parce qu'il faut que la maison soit tenue pendant que les guerriers combattent, veillent ou labourent, et c'est elle qui remplit les vides que la vieillesse ou les balles font parmi les hommes. Son devoir est double et d'une rigueur extrême, en dépit de ce que la coutume a pu faire pour l'alléger. Mais on ne peut concevoir l'Afrique, ni aucune autre région du monde civilisé, comme couverte uniquement de familles isolées. Il faut que ces petits états se dissolvent peu à peu et donnent naissance à des sociétés nouvelles dont l'esprit leur est contraire. En effet, l'individu ne saurait périr. Quelque grave et persistant que soit le désordre général dont il redoute les suites, quel qu'étroitement discipliné que soit le groupe dans lequel il s'est réfugié, aurait-il renoncé, de cœur ou de bouche, à tous ses droits pour éviter la mort qui l'aurait frappé partout ailleurs, il échappe toujours par quelque endroit, et saisit l'occasion d'agir en homme libre, dès qu'il croit le pouvoir faire sans léser les intérêts ni l'honneur de ses frères. Les relations commerciales, qui commencent par l'échange des produits du travail personnel, lui en offrent le moyen à chaque instant de sa vie. S'il n'est pas sollicité par le lucre, au moins le besoin le pousse un jour, hors de sa famille, vers un homme sorti comme lui du hameau voisin. Il en résulte des contrats qui se renouvellent et se multiplient. Les combats font place aux trêves ; un ancien champ de bataille devient un marché. Bientôt des associations se forment, non seulement commerciales, mais agricoles. Un homme qui possède dans sa famille plus de terre qu'il n'en peut labourer avec ses bœufs s'associe avec un de ses voisins d'une autre famille, qui se trouve dans une situation contraire, ou bien deux laboureurs, également pourvus des deux parts, s'entendent pour défricher un terrain vague ; l'un fournit la semence, l'autre les instruments. Ils opèrent avec plus de sécurité qu'ils ne le feraient seuls dans leurs familles réciproques ; car leur œuvre étant indivise jouit d'une protection double. En cas de guerre, leur champ commun serait le dernier ravagé. L'amitié naît enfin. L'étranger de la veille devient un hôte qui franchit quand il lui plaît, confiant et sans armes, la palissade du hameau. Sa personne est alors sacrée. Des mariages achèvent et scellent ces alliances privées. La jeune fille est, il est vrai, comme perdue pour sa famille quand elle se marie à l'étranger, et l'usage est même resté dans le Mezab, de simuler un combat pour la défendre. Les amis du père accueillent ceux du mari par une salve de tromblons chargés à poudre, et la bande qui doit être victorieuse compte toujours quelques brûlures. Cependant la nature crée des liens durables entre les gendres et les beaux-pères, et malgré le proverbe Kabyle qui veut que « les pires conseils soient ceux de l'oreiller », ces unions contribuent grandement à la paix : on a vu des femmes africaines se jeter, comme les Sabines, entre leurs pères et leurs époux prêts à se combattre. Il se forme ainsi, en dehors de deux familles dont les membres communiquent de leur plein gré, une infinité de relations qui s'entrecroisent. C'est comme un tissu qui s'étend entre elles, sans cesse accru de fils nouveaux, sans cesse épaissi. Il n'est bientôt personne dans l'une qui ne compte un ami dans l'autre, et tous les intérêts, toutes les affections de ces individus se confondent tellement à la longue qu'on n'en saurait plus faire le partage. Alors, et c'est là le signal de l'union absolue, les nouveaux amis enterrent leurs morts ensemble, ces hommes, dont la sympathie libre a créé un monde nouveau, ne se sépareront plus ; les membres d'une troisième famille, puis d'une quatrième, entrent l'un après l'autre dans cette société encore indécise, ou bien c'est en même temps que les hommes de quatre ou cinq familles diverses confondent leurs intérêts. Toutefois cette fusion est promptement circonscrite, parce que la même loi, qui forme un groupe nouveau, en produit alentour plusieurs autres semblables, et que tous ces groupes, loin de se rien céder, se considèrent avec méfiance comme les familles isolées de la première heure. Ainsi naît la cité chez nos Africains sédentaires, quelque nom qu'elle porte, Taddèrt chez les Kabyles, Thaquelèth dans l'Aourâs, Arch chez les Beni Mezâb, Tireremt au Maroc ; elle n'est composée que d'individus, elle ne connaît que des individus, elle ne protégera et ne punira que des individus ».

Quel tableau plus saisissant et plus complet pourrait-on imaginer, pour nous montrer le jeu de ces associations, la formation de ces groupes, bientôt devenus cités, organisés pour la vie et pour la lutte ? C'est bien là évidemment l'origine de la cité Africaine.

Une fois formée, il faut qu'elle se maintienne, forte et intacte, respectée et même redoutée au dehors, mais surtout inviolable pour les membres qui la composent, et à l'abri de toutes querelles, de tous dissentiments, chez ceux qui la forment.

Aussi la cité devient-elle une personne « véritable, ayant sa vie propre, son action distincte, son rôle nettement tranché, et les familles, aux dépens desquelles elle se constitue, ne sont que les instruments de sa volonté » (Masqueray).

La famille par rapport à la cité, n'est qu'une petite fraction de la cité, et dans leur langage expressif et imagé, les Kabyles comparant cette dernière à la branche d'un caroubier, disent que la famille n'est qu'une « Kharrouba, » une gousse, remplie de graines, et qui est pendante à cette branche. De la cette conséquence ; une famille, une Kharrouba, peut être sacrifiée, peut disparaître, cela n'entraînera qu'une conséquence relativement faible, il y aura une « gousse de graines » en moins dans la cité et tout sera dit ; au contraire, la cité, elle, a droit à l'obéissance, au respect, à la protection de tous ; que deviendraient toutes les « Kharrouba » si la « branche » périssait ?

La cité, avons-nous dit, est une personne véritable ayant sa vie propre ; il en résulte que, comme toute personne, elle a des droits à exercer et des devoirs à remplir.

Elle a droit au respect de tous, car son honneur, (la horma) l'exige ; et cette horma, cet honneur, est la chose à laquelle la cité doit tenir le plus. Moins il y aura de discussions parmi les membres de la cité, et plus son honneur sera grand et commandera le respect. Mais la horma du village ne se calculera pas par le plus ou moins grand nombre d'individus qui le composent, qu'importe ce nombre ! L'honneur d'un village sera plus considérable que celui d'un autre, parce qu'il sera mieux ordonné, et que l'ordre régnera toujours dans ses murs. « On n'est pas noble, disait Ibn Khaldoun, parce qu'on descend directement d'ancêtres qui se sont illustrés par leur vaillance ou ont occupé de hauts emplois, mais parce qu'on fait partie d'une tribu (cité) dont tous les membres sont demeurés intimement unis depuis une haute antiquité ». Qu'un village, doué d'une heureuse constitution, ne voie jamais le douloureux spectacle de discussions intestines, il aura le plus d'honneur, la horma la plus enviée. N'est-ce pas là ce qui peut expliquer dans bien des cas « l'attitude tout-à-fait noble de beaucoup de nos indigènes pauvres et sans naissance ? » (Masqueray).

L'honneur de l'individu, l'honneur de la Kharrouba à laquelle il appartient, doivent céder le pas à la horma du village ; l'honneur d'une Kharrouba exige-t-elle une vengeance d'une Kharrouba voisine, le village aura le droit de faire entendre sa voix et d'empêcher les représailles, s'il juge que ces dernières peuvent entraîner un désordre public. Sa voix est toujours écoutée par la Kharrouba, qui, par une discipline admirable, consent à laisser sa vengeance inassouvie pour ne point troubler la paix générale.

Comme toute personne véritable, la cité, le village, fait preuve d'existence par ses actes. En effet, elle agit fréquemment, soit dans les rapports de tribus à tribus, soit dans ceux des individus à individus. Ce sont ces actes, preuves de sa vie administrative, que nous allons examiner successivement avec soin.

Pour bien décrire le fonctionnement administratif d'un village, et ne rien omettre des rouages qui en assurent l'exécution, nous étudierons son organisation intérieure, c'est-à-dire celle qui s'applique à ceux qui le composent, puis ensuite nous apprendrons à connaître son organisation extérieure, c'est-à-dire celle qui régit les relations avec l'étranger, avec les cités et les tribus voisines.

Chaque village a une Djemâat ou thadjemaïth, assemblée générale de tous les citoyens qu'il renferme dans ses murs. Cette assemblée constitue son autorité dirigeante, et possède tout à la fois les pouvoirs politiques et administratifs.

La Djemâat est donc la réunion de tous les citoyens du village, et par là il faut entendre, la réunion de tous les hommes qui ont atteint l'âge où l'on peut supporter les fatigues du rigoureux jeûne du Ramadhan. Celui qui a accompli ce jeûne peut assister aux séances de la Djemâat, il peut y prendre la parole, et a voix délibérative.

Rien de plus curieux que ces assemblées où tous, riches ou pauvres, puissants ou faibles, viennent discuter les intérêts généraux du village.

Les décisions de la Djemâat sont souveraines, elles sont d'ailleurs formées à la majorité, et par suite bien folle serait la minorité qui tenterait de s'opposer à l'exécution d'un de ses arrêts ; il est juste d'ajouter que nous n'avons pas trouvé traces d'une telle indiscipline.

C'est à la Djemâat qu'il appartenait de fixer les kanouns ou règlements qui devront régir à l'avenir le village, ou même de modifier ceux déjà existants et conservés à peu près uniquement par la tradition, quand des événements graves, des conséquences malheureuses, commandent impérieusement ces modifications. Les Kabyles ne conservent point en effet avec un aveuglement coupable toutes les coutumes, par cela seul qu'elles sont anciennes ; ils ne sont point réfractaires au progrès et ne craignent pas, par leurs décisions de la Djemâat, de substituer un règlement nouveau, mais pratique, à un règlement ancien, contenant des prescriptions surannées et devenues inutiles ou nuisibles.

Ces kanouns ou règlements, qui ne concernent que le village où ils ont été faits, forment l'ensemble des coutumes qui doivent régler la conduite de chacun. Sorte de code civil et criminel, le kanoun n'est que le reflet des préoccupations qui assiégeaient les Kabyles, alors qu'ils avaient à défendre leurs intérêts, leur vie. Nous donnons ici un kanoun, applicable au village d'Agouni-n-Tesellent de la tribu des Akbil ; ce sera certes le meilleur moyen pour le lecteur de se rendre un compte exact des prescriptions qu'il renferme.

TRIBU DES AKBIL.
Kanoun du village d'Agouni-n-Tesellent,

Ceci est le kanoun qu'ont adopté d'un commun accord les gens d'Agouni-n-Tesellent ; il a été copié sur l'ancien. Mais autrefois le nombre des délits était moins grand qu'aujourd'hui ; les gens étaient plus sages. Maintenant que le désordre a augmenté, que le fort cherche à opprimer le faible, les gens sages ont décidé d'élever le chiffre des amendes et d'ajouter de nouveaux articles à l'ancien kanoun.

1. L'amin qui refuserait de se conformer aux prescriptions du présent kanoun payerait 10 réaux d'amende et devrait se retirer.

2. Celui qui aiderait l'amin à violer le présent kanoun, que ce soit un dhamen ou tout autre, paye 10 réaux d'amende contre l'amin.

3. L'amin met en dépôt chez un Dhamen l'argent de la Djemâa. Il choisit lui-même ce dhamen.

4. L'amin donne un repas aux notables le jour de son entrée en fonctions et le jour de sa sortie.

5. Si l'amin donne sa démission sans l'agrément du village, il paie cinq réaux.

6. Si un dhamen ou deux temman donnent leur démission, ils paient 1/2 réal chacun, et l'amin ne se retire pas à cause de cette démission.

Si trois temman donnent ensemble leur démission, l'amin doit se retirer.

7. Si l'amin néglige de faire payer des amendes dues au village, il paie une amende de 10 réaux.

8. Lorsqu'un amin cesse ses fonctions, l'argent de la communauté qui est entre ses mains est employé en une timecheret à laquelle ont droit tous les habitants, petits ou grands.

9. Celui qui prend sa part de viande dans une timecheret, avant d'y être autorisé par l'amin, paie 2 francs 50 centimes d'amende, quand même le coupable serait un enfant.

10. Celui qui prend sa part de viande dans une ligne autre que celle qui lui est désignée paiera un réal et prendra sa part dans la ligne à lui désignée.

11. Celui qui enjambera par dessus l'endroit où se distribue la viande, 30 centimes.

12. Est puni de 1/2 réal d'amende, celui qui refuse de prendre sa part de viande (pour ne pas donner d'argent) dans les timecheret faites à l'occasion de la fête de l'âchoura, 27 du mois de redjeb, 27 du mois de châban (cinq jours avant le ramadhan), à l'occasion d'un enterrement ou le jour où l'on commence les labours.

13. Le nombre des plats de couscous fournis par le village à l'occasion d'un enterrement est ainsi fixé :

Sept pour un homme majeur.

Trois pour un enfant âgé de plus d'un an jusqu'à sa majorité.

Trois pour une femme.

Trois pour un marabout.

Pour un enfant au-dessous d'un an, le village ne donne rien.

14. Celui qui refuse de donner l'hospitalité à des gens venus pour un enterrement paie un réal ; il est, en outre, contraint à donner l'hospitalité.

15. Celui qui refuse de recevoir des hôtes du village, après y avoir été invité par l'amin, paie un quart de réal.

16. Les habitants reçoivent les hôtes du village à tour de rôle. Celui qui refuse de recevoir, quand c'est son tour, paie un réal d'amende.

17. L'amin donne, sur les fonds de la Djemâat, à la maison qui reçoit, la viande, la farine, le beurre. Elle a pour profit les issues, foie, cœur, etc.... La graisse intérieure est pour les hôtes et non pour la maison qui reçoit.

18. L'amin et les temman ont droit chacun à un morceau de viande, lorsqu'on tue un animal pour des hôtes.

19. La peau, les pieds, la tête et la viande, en excédent, sont vendus au profit de la Djemâat.

20. Les hôtes, qui ne prennent que le repas du jour, reçoivent du pain préparé par les temman avec la farine du village. Le dhamen, qui refuserait de préparer du pain en cette circonstance, paierait un quart de réal.

21. Celui qui nettoiera avec trop peu de soin la farine du couscous offert aux étrangers qui viennent à un enterrement paiera un réal. Le couscous doit être de même qualité que celui qu'on sert à ses amis.

22. Celui qui, en temps de guerre, ne se rend pas à la réunion de la Djemâat, cinq réaux.

23. En temps de guerre, les temman montent la garde comme les autres habitants.

24. Lorsque la Djemâat a décidé qu'on ferait la guerre à un autre village, l'habitant qui refuserait de se battre paierait 50 réaux.

25. Le dhamen qui refuse d'accompagner l'amin pour examiner une affaire concernant le village, un quart de réal.

26. Lorsqu'un individu a exercé de justes représailles, (ousiga) contre un habitant d'un autre village, et que

la guerre s'ensuit avec ce village, celui qui refuserait de se battre paierait 50 réaux.

27. Celui qui arrive à la Djemâat après l'appel, un huitième de réal.

28. Celui qui ne se rend pas à l'appel de l'amin, quand il convoque le village pour un enterrement, paie 60 centimes.

29. Celui qui engage quelqu'un à quitter sa kharoubba pour entrer dans une autre, cinq réaux ou 12 fr. 50.

30. Celui qui ne va pas à une corvée de bois de construction paie un quart de réal.

31. Si une femme s'abstient d'aller à une corvée d'eau commandée par l'amin, elle paie un huitième de réal. Cette amende est payée par l'homme qui prend la part de cette femme dans les partages de viande.

32. Celui qui aura donné à la Djemâat un animal pour une timecheret n'aura pour lui que la peau, à moins de conditions contraires faites par lui.

33. Si l'héritier d'un homme qui a fait un legs à la Djemâat refuse de livrer le legs, il y est contraint et paie une amende égale au legs.

34. Si un homme lègue au village le tiers de ses biens, le village n'accepte que cinquante réaux.

35. Si un homme a donné par testament une somme pour offrir un repas au village, ses héritiers sont tenus d'exécuter ce testament.

36. Si l'homme, qui a été volé, ne peut se faire payer la réparation à lui due, les notables la feront payer.

37. Celui qui n'obéit pas à un ordre de l'amin paiera l'amende qui lui sera imposée par l'amin.

38. Celui qui réclame une dette le jour de la réunion de la Djemâat ou un jour de timecheret, ou un jour où a lieu un enterrement, ou un jour de travail pour les chemins, paiera 60 centimes.

39. Celui qui réclamera une dette, contractée hors du village, à un étranger qui est l'hôte d'un habitant, paiera 2 fr. 50.

40. Celui qui réclamera une dette, des dommages-intérêts, ou qui demandera le serment dans la campagne ou pendant la nuit, paiera 60 centimes.

41. Celui qui a contracté une dette et ne la paie pas, après en avoir été sommé trois fois, paie un réal si le créancier est étranger ; si le créancier est du village, le débiteur paie un quart de réal.

42. Si un habitant contracte une dette envers un étranger, il n'est passible d'aucune peine, s'il règle son affaire, sans contestation ; mais si l'affaire occasionne un procès et du bruit, le débiteur paie une amende égale à la dette qu'il a contractée.

Si ce débiteur ne veut payer ni sa dette, ni l'amende, ceux qui viendraient à son aide, même par des paroles, seront punis chacun de cinq réaux d'amende.

43. Celui qui sort sans permission du village dans les trois jours (mehlal) qui suivent la mort d'un habitant, paiera 60 centimes (1/4 de réal).

44. Celui qui, sans le consentement des parents d'une femme, poussera des cris de joie, de manière à faire croire qu'il doit l'épouser, paiera 30 francs d'amende et ne se mariera pas avec la femme.

45. Celui qui, après avoir épousé une femme, la laisse dans la maison de son père pendant une année entière, paie 10 réaux, si le père de la femme porte plainte.

46. Celui, dont la femme a quitté sa maison sans sa permission pour aller chez ses parents, d'où elle ne veut pas revenir, et qui vend cette femme, (tamenafekt) et la marie à un autre, paie 50 francs d'amende (20 réaux).

47. Lorsqu'une femme se sauve de chez son mari et se réfugie dans la maison d'un homme qui n'est pas son parent, si celui-ci ne l'expulse pas immédiatement, il paie 10 réaux.

48. Si un homme meurt, sa femme a le droit d'emporter ses vêtements de laine et de coton, les pendants d'oreilles, la coiffure et les bijoux que son mari lui aura donnés. Quand aux objets qu'elle a reçus de ses parents, elle les emporte tous.

Celui qui voudrait priver une femme des objets mentionnés ci-dessus à elle donnés par son mari, paiera 5 réaux et rendra à la femme les objets.

49. Si un homme en mourant, laisse une femme, des filles, des sœurs, en un mot des femmes, ses proches parentes, elles auront droit d'habiter la maison du défunt et auront la jouissance viagère du tiers de sa succession.

Si ces femmes peuvent exploiter les biens, elles sont libres de le faire, sinon les proches parents les exploitent aux conditions ordinaires de la coutume.

Elles choisiront elles-mêmes les individus qu'elles veulent charger de leurs affaires au dehors.

Si une de ces femmes vient à mourir, les héritiers du défunt donnent au village 10 réaux de çedaka pour acheter de la viande.

50. Si les héritiers refusaient d'exécuter les prescriptions de cet article, ils paieraient 5 réaux d'amende et seraient contraints de se conformer à la loi.

51. Les biens d'un orphelin ne peuvent être vendus que du consentement et en présence des notables du village. Celui qui contreviendrait à cette disposition paierait 10 réaux, et la vente serait nulle.

52. Celui qui donne sa procuration à un étranger paie 25 réaux d'amende. De même celui qui, dans le village, donne sa procuration à un individu qui n'est pas de sa famille, paie 25 réaux.

Celui qui veut donner sa procuration doit choisir pour son mandataire un de ses parents ou, s'il ne le veut pas, l'amin.

53. Celui qui se dispense de donner un repas de fête obligatoire auquel le village prend part à l'occasion d'une naissance, d'une majorité, etc... paie un réal et demi.

54. Lorsqu'il meurt un enfant âgé de moins d'un an, le village n'est pas tenu de donner du couscous pour les hôtes qui viennent à son enterrement ; mais, pour un enfant depuis un an jusqu'à sa majorité, il doit donner trois plats.

Après la majorité, le village donne le nombre fixé pour un homme.

55. Si l'hôte d'un individu va à la fontaine, celui qui le reçoit paie un huitième de réal.

56. Si un habitant du village est dépouillé, hors du village, d'un objet qui lui appartient, par le créancier d'un autre habitant, ce dernier est tenu de payer immédiatement sa dette, afin que le premier rentre en possession de l'objet qui lui a été enlevé pour servir de garantie.

57. Si un individu du village est retenu dans un autre village pour servir de répondant à un autre qui a commis quelque méfait, celui-ci est contraint d'aller dans le village où est retenu le prisonnier, afin de régler ses affaires en personne.

58. Celui qui prête à gros intérêts paie 10 réaux d'amende et n'a droit qu'à son capital. Nous avons adopté cette disposition pour inspirer de la crainte à ceux qui voudraient prêter à intérêt.

59. L'emprunteur paie 5 réaux d'amende.

60. Celui qui a servi de témoin pour ce prêt paie 2 réaux d'amende.

61. Celui qui a écrit pour constater le prêt paie 3 réaux.

62. Celui qui a servi d'intermédiaire entre le prêteur et l'emprunteur paie un quart de réal.

(Suivent des imprécations contre ceux qui se rendent coupables du délit d'usure).

63. Celui qui renvoie sa femme chez ses parents peut prendre la part de cette femme dans les partages de viande, pendant un an.

Si après une année révolue, il ne reprend pas sa femme, il paie à la Djemaât 5 réaux pour prix de la viande qu'il a touchée pendant l'année.

64. Celui qui convient avec un individu étranger à sa famille de se donner réciproquement leurs biens (au dernier vivant) paiera cinq réaux; la convention sera nulle.

65. Celui qui au moment de la guerre, quitte le village, sans permission, paie l'amende fixée par l'amin.

S'il revient et que l'amin qui l'a frappé d'amende soit encore en fonctions, celui-ci fera payer l'amende. Si le coupable refuse de rentrer dans le village, on achète de la viande pour la valeur de l'amende; l'amin et les temman font la dépense par parties égales, se partagent les biens du coupable et en jouissent jusqu'à son retour.

Si le coupable revient, il est contraint de payer l'amende, que l'amin ait été changé ou que ce soit toujours le même qui soit en fonctions.

66. Celui qui achète à terme et, au terme fixé, fait intervenir les notables auprès de son créancier pour obtenir un sursis, paie 5 réaux, à moins que ce soit le créancier qui l'ait engagé à faire cette démarche.

67. Lorsqu'un jeune homme a jeûné en secret (pour éviter de faire partie de la Djemaât), il doit l'année suivante jeûner publiquement, sinon il paie un réal d'amende.

68. Lorsqu'une femme mariée et demeurant chez son mari, a été frappée d'amende, c'est le mari qui paie.

Si la femme ne demeure pas chez son mari, mais chez ses parents, ce sont ceux-ci qui paient.

69. Celui qui vend une partie du bien communal, dans le village ou hors du village, paie 10 réaux et la vente est nulle.

70. Celui qui refuse trois fois d'aller devant la justice faire vider un procès paie 5 réaux d'amende, et la Djemaât fait juger le procès d'office.

71. Celui qui prend un essaim d'abeilles sur un arbre appartenant à autrui paie 5 réaux d'amende, et paie au propriétaire la valeur de l'essaim.

72. Si un individu laisse son voisin engager le faîte et les pannes de sa maison dans son mur, il ne peut plus les lui faire enlever.

73. L'étranger qui vient travailler dans le village est soumis au kanoun du village, comme les habitants.

74. Celui qui, après avoir acheté pour un certain prix aux enchères la peau d'un animal tué pour une timecheret, veut revenir sur le marché et faire changer le prix, paie un quart de réal.

75. Si un étranger, venu pour travailler dans le village, se sauve pour ne pas payer une amende, l'habitant chez lequel il est logé est responsable et paie à sa place.

76. Si un habitant est accusé de vol par un étranger, celui qui témoignerait contre lui paierait 50 réaux.

77. Le témoignage d'un étranger contre un habitant n'est pas valable. Sur un pareil témoignage, un habitant n'est puni ni d'amende ni de réparation.

78. Celui qui tue son parent pour en hériter n'hérite pas de celui qu'il a tué. Le meurtrier paie 100 réaux d'amende. On égorge tous ces bestiaux, on détruit sa maison, qu'il y ait un amin au moment du meurtre ou qu'il n'y en ait pas (si ce n'est en cas de guerre civile par exemple).

79. Celui qui fait tuer un habitant par l'ennemi paie 100 réaux d'amende ; on égorge ses bestiaux, on détruit sa maison, il est exilé du village pendant trois ans.

80. Celui qui fait enlever le troupeau d'un autre par l'ennemi, comme le précédent.

81. Celui qui aide un individu à commettre un crime ou un délit paie la même amende que celui qui a commis le crime ou le délit.

82. Celui qui tue un parent, mais non pour en hériter, paie 12 réaux.

83. Si deux parents s'entre-tuent, leurs héritiers paient 10 réaux pour chacun d'eux.

84. Il n'y a pas de punition pour celui qui exerce une vengeance par suite d'une dette de sang.

85. Celui qui tue un homme ayant des relations avec sa femme, sa sœur, sa fille, sa tante, etc... n'est passible d'aucune amende.

86. Celui qui tue un voleur, ne paie pas d'amende.

87. Celui qui tire un coup de fusil contre une maison, 20 réaux. Si le propriétaire de la maison, contre laquelle un coup de fusil a été tiré, veut user de représailles et tire contre celle du premier, il paie 40 réaux.

88. L'individu qui en frappe un autre avec un sabre ou une hachette paie 10 réaux.

89. Celui qui se présente à la Djemaât avec un sabre, mais qui ne s'en est pas servi, paie 2 réaux.

90. Celui qui se rend armé d'un fusil à l'endroit où a lieu une rixe, mais ne se sert pas de son fusil, paie 5 réaux.

91. S'il se sert du fusil, il paie 10 réaux.

92. Celui qui s'arme d'une massue, ferrée ou non ferrée, paie 2 réaux, s'il n'a pas frappé. S'il frappe, il paie 5 réaux.

93. Celui qui se bat avec un hôte de la Djemâat paie 5 réaux, si l'hôte n'a pas tort. Si l'hôte est dans son tort, celui qui s'est battu avec lui n'est pas puni.

94. Celui qui se bat avec l'hôte d'un particulier paie 5 réaux.

95. Celui qui fait le geste de frapper avec un sabot (Kobkab) ou une pierre, mais ne frappe pas, paie un demi-réal.

S'il frappe, il paie 5 réaux.

96. Celui qui frappe avec une bague armée de crochets (takhatem, bague à ongles) paie cinq réaux.

97. Celui qui met à son doigt une bague à crochets, mais ne s'en sert pas, paie un demi réal.

98. Celui qui se bat avec un individu étranger au village paiera une amende, si la Djemâat du village auquel appartient son adversaire punit ce dernier. Dans le cas contraire, il ne paie rien.

99. Celui qui exerce des représailles à tort paie cinq réaux, et rend ce dont il s'est emparé. S'il exerce des représailles avec juste raison, il ne paie rien.

100. Celui qui frappe la femme d'autrui, 10 réaux. Si le mari de la femme frappée veut la venger, il paie vingt réaux.

101. Celui qui saisit quelqu'un par le devant du burnous (ce qui chez nous se traduirait par l'expression : prendre au collet) paie un demi-réal.

102. Si deux individus sont sur le point de se battre et qu'un autre interpose entre eux son ânaïa (de paix), celui qui viole cette ânaïa paie cinq réaux d'amende, non compris l'amende pour bataille.

103. Celui qui viole l'ânaïa de paix de l'amin ou des notables du village paie 10 réaux.

104. Si des enfants du village se battent avec des enfants d'un village voisin, ils paient un huitième de réal d'amende, si les autres enfants sont punis ; sinon, ils ne paient rien.

105. Celui qui se bat avec l'amin du village paie 2 réaux d'amende ; l'amin ne paie rien.

106. Le dhamen qui se bat avec un habitant du village, à l'occasion d'une amende frappée par la Djemâat, ne paie pas d'amende. Son adversaire paie 5 réaux.

107. Quand deux individus du village se battent et que les notables interviennnent et rétablissent la paix, si l'un des combattants appelle à son aide d'autres individus pour recommencer la lutte, il paie cinq réaux. La paix imposée par les notables ne doit pas être troublée.

108. Si deux individus se battent et qu'un témoin dise : « Laissez-les se battre », il paie un demi-réal.

109. L'individu qui, en se disputant avec un autre, le provoque à sortir avec lui dans la campagne paie un réal. S'il lui dit seulement d'entrer avec lui au village, il ne paie rien.

110. Celui qui, sur le marché, emploie une ruse pour faire battre les gens ou susciter du désordre paie un demi-réal, si le désordre n'a pas lieu.

111. L'individu qui en suit un autre dans la campagne, pour se battre, paie un demi-réal, s'il n'y a pas eu bataille. S'il y a eu bataille, il paie 5 réaux.

112. Si des enfants se battent entre eux, ils paient chacun un huitième de réal.

113. Si un habitant du village se bat avec un étranger hors du village, et qu'un autre habitant vienne en aide à l'étranger, le second habitant paie 2 réaux.

114. Si deux individus se disputent, celui qui frappe le premier paie cinq réaux. S'ils commencent simultanément la bataille, ils paient chacun deux réaux et demi.

115. La femme qui frappe la première une autre femme paie 2 réaux et demi. Si elles se frappent simultanément, chacune paie un réal et un quart.

116. Si un homme ou une femme entre dans la maison d'autrui et frappe quelqu'un de la maison, il paie cinq réaux. L'habitant de la maison ne paie rien s'il riposte.

117. Les individus qui se battent, depuis le coucher du soleil, jusqu'au lever, paient cinq réaux.

118. Celui qui se mêle à une bataille la nuit, pour aider l'un des partis, paie dix réaux.

119. Adultère en temps de guerre, amende 100 réaux (250 francs). Le coupable est exilé du village pendant un an.

120. Adultère en temps de paix, amende 50 réaux (125 francs), exil pendant un an.

121. Prendre fait et cause pour celui qui a commis l'adultère, 50 réaux (125 francs).

122. Celui dont la femme a commis l'adultère et qui veut, pour se venger, commettre l'adultère avec la femme du coupable, paie 100 réaux d'amende.

123. Si les enfants se sodomisent réciproquement, ils paient chacun 3 réaux. Si un petit garçon fornique avec une petite fille, 3 réaux.

124. Si un enfant a subi un attentat à la pudeur, et qu'il veuille prendre sa revanche sur celui qui l'a commis, il paie six réaux.

125. Quand un individu tient des propos sur une femme et l'accuse d'adultère, pour que les bruits reviennent au mari, s'il est reconnu que l'accusation est fausse ou que ces propos ne sont pas justifiés, il paie 50 réaux.

La femme est punie comme l'homme pour ce même délit.

126. Si un individu pauvre est mis à l'amende par la djemaât, cette amende sera payée, quand même il ne resterait rien au coupable après le paiement.

127. Si un individu qui ne possède absolument rien est mis à l'amende et ne peut payer, la djemaât reste toujours créancière ; il paie sur son travail jusqu'à l'extinction de sa dette.

128. Celui qui va habiter un autre village, pour ne pas payer une amende, et reviendra quand l'amin aura été changé, devra payer l'amende qui lui aura été imposée. Celui qui l'aura aidé à faire disparaître son bien du village paiera cinq réaux d'amende (12 fr. 50).

129. Celui qui se déshabille pour se laver dans la fontaine d'en haut ou dans celle d'en bas, depuis le lever jusqu'au coucher du soleil, paie 60 centimes (un quart de réal).

130. Si une femme se lave nue dans la fontaine d'en haut, 60 centimes.

131. L'homme qui entre à la fontaine pendant que les femmes y sont, ou la femme qui y entre pendant que les hommes y sont, un quart de réal.

132. La femme qui lavera des vêtements dans les fontaines d'en haut ou d'en bas, 30 centimes.

133. Les femmes qui vont à la fontaine doivent passer par le chemin du bas et revenir par le chemin du haut.

134. Celui qui tient des propos inconvenants à la fontaine, 1 fr. 25.

135. Celui qui détournera l'écoulement de l'eau dans les villages ou dans les jardins, un quart de réal.

136. Celui qui lave ses vêtements, avec ou sans savon, dans la fontaine d'en haut, paie 5 réaux.

137. La femme qui casse, avec intention, la cruche d'une autre, un demi-réal d'amende et un quart de réal à la propriétaire à titre de réparation.

138. L'homme qui casse la cruche d'une femme, avec ou sans intention, paie un réal d'amende et rembourse à la propriétaire la valeur de la cruche.

139. Si une femme insulte un homme, un réal.

140. Si un homme insulte une femme, deux réaux.

141. Celui qui coupe méchamment le jarret, la queue ou l'oreille d'un animal, paie 5 réaux (12 fr. 50 cent.)

142. Si l'animal meurt de sa blessure, il en rend la valeur.

143. Si l'animal ne meurt pas, il donne au propriétaire 10 réaux (25 francs) de réparation.

144. Celui qui, dans la campagne, cassera des tuiles cuites ou non cuites paiera 62 fr. 50 d'amende, et 62 fr. 50 de réparation.

145. Celui qui détruit, avec intention, une chose appartenant à autrui, avant la décision de justice, paiera 12 fr. 50 cent. d'amende.

146. Celui qui chante près de la maison d'autrui, près de la mosquée ou dans un quartier étranger, un quart de réal (60 centimes).

147. L'homme de garde peut chanter.

148. Celui qui dit à l'amin : « Tu as mangé l'argent de la Djemaât » paie 1 fr. 25 cent.

149. Celui qui fera ses ordures depuis Tadekkart (le figuier nain) jusqu'à l'embranchement des routes et jusqu'à Thagounits-en-Tasaft paiera un huitième de réal (30 centimes).

150. Celui qui fera ses ordures depuis Tâassart jusqu'à Tamkherrout, un huitième de réal.

151. Celui qui urine aux environs de la mosquée paie un huitième de réal.

152. Celui qui reproche à un autre ses défauts ou ses vices paie 5 réaux.

153. Celui qui prend le parti d'un coupable et parle en sa faveur paie 5 réaux.

154. L'homme ou la femme qui passera dans la cour des Oulad Sidi Çeddik et des Oulad sidi Youcef (marabouts) paiera un quart de réal.

155. Celui qui sortira de sa maison, par une petite porte de derrière (Takherradjith) paiera un quart de réal. (Cela a pour but d'empêcher que cette petite porte ne devienne simplement qu'un passage pour pouvoir surveiller ce qui se passe autour de soi).

156. Celui qui en temps de guerre fera un passage dans la haie qui entoure le village, un réal.

157. Si une femme sert d'entremetteuse, elle paie dix réaux, et si le mari de la femme à laquelle elle a servi de proxénète la tue, il n'est passible d'aucune amende.

158. Quand un homme a un frère qui introduit dans la maison des gens de mauvaise vie, il doit l'avertir devant témoins de cesser son genre de vie ; si ces avertissements restent sans effet, il peut tuer son frère et n'est passible d'aucune amende.

159. Celui qui fait un faux témoignage, si le fait est prouvé, paie dix réaux.

160. Celui qui court seul dans les rues du village ou ceux qui luttent de vitesse dans les rues du village paient un huitième de réal.

161. Celui qui introduit dans le village un étranger pour tuer ou voler paie cent réaux.

162. Si l'hôte d'un habitant commet un attentat à la pudeur, celui qui l'a reçu paie 50 réaux.

163. Celui qui dit à un autre: hé! Juif! hé! madjousi! hé! bâtard! paie un quart de réal.

164. Un mineur qui insulte un homme paie un huitième de réal. S'il jeûne en secret, il paie comme un homme.

165. Celui qui revient sur son témoignage paie 5 réaux.

166. Celui qui met la zizanie (nemina) entre les gens, en rapportant à l'un ce que dit l'autre, cinq réaux.

167. Celui qui accuse un autre de mettre la zizanie, un quart de réal.

168. Celui qui s'emporte contre l'iman du village, un réal. Celui qui le frappe, cinq réaux.

169. Celui qui veut se faire justice lui-même et n'attend pas la décision de la djemaât paie le double de l'amende fixée pour le délit qu'il commet.

170. Celui qui, par son témoignage, en fait condamner un autre par la djemaât et qui revient ensuite sur son témoignage, paye l'amende qu'avait encourue celui qu'il avait calomnié.

171. Celui qui adresse une parole inconvenante à la djemaât, un quart de réal.

172. Celui qui appelle quelqu'un libertin, un huitième de réal.

173. Si des habitants du village vont exercer de justes représailles contre un étranger, et qu'un habitant veuille interposer son ânaïa pour empêcher les représailles, il est puni de cinq réaux, et son ânaïa n'est pas respectée.

174. Celui qui violente une femme des villages voisins ou des hôtes du village est puni comme s'il eût violenté une femme du village.

175. Celui qui fume, un demi réal.

176. Celui qui prise du tabac dans la djemaât, un réal.

177. Celui qui pile du tabac dans la djemaât, un huitième de réal.

178. L'hôte du village qui fume dans la rue ou dans la djemaât un huitième de réal.

179. Celui qui se tient dans le corps de garde d'en

haut un jour de soleil (c'est sur le passage des femmes) paie un huitième de réal. Les enfants peuvent y rester, ils ne paient pas d'amende.

180. Celui qui répand de l'eau dans la rue paie un huitième de réal (cela peut occasionner des chutes). Le jour de réunion dans la mosquée, il est permis de verser de l'eau dans la rue (pour les ablutions).

181. Celui qui passe à l'ennemi, 50 réaux; ceux qui l'imiteraient paient la même somme jusqu'à vingt. Si le nombre de gens qui passent à l'ennemi dépasse vingt, le premier seul paie l'amende de 50 réaux.

182. Vol pendant la guerre, amende, 250 francs; réparation au propriétaire 125 francs.

183. Vol en temps de paix : amende, 50 réaux ; réparation, 25 réaux.

Le voleur rendra, en outre, les objets volés ou leur valeur.

Si le voleur nie ou refuse de jurer, la victime jurera, et le voleur rendra les objets réclamés.

184. Prendre fait et cause pour un voleur, amende 50 réaux (125 francs).

185. Si celui qui a été volé rend au voleur une partie de ce que ce dernier doit lui payer, il sera frappé d'une amende de 50 réaux.

186. Celui qui vole sur la route, dans notre pays ou ailleurs, paie une amende de 50 réaux (125 francs).

187. Celui qui achète ou reçoit un objet qu'il sait avoir été volé, 12 fr. 50 d'amende.

188. Celui qui volera de la viande dans une timecheret paiera 12 francs 50 centimes d'amende et rendra la valeur de la viande volée.

189. Celui qui recèle un objet volé, 125 francs d'amende.

190. Celui qui vole dans l'intérieur du village, 50 réaux d'amende, 25 réaux de réparation (et il rend les objets volés). L'amin et les temman sont chargés de faire payer les réparations; s'ils s'y refusent, ils sont punis de 50 réaux d'amende.

191. Celui qui ayant été volé, rend au voleur l'argent de la réparation à laquelle il a droit, paie 25 réaux d'amende.

192. Celui qui vole du blé en tas paie 50 réaux d'amende, 25 réaux de réparation.

193. Celui qui vole des figues ou des olives sur des claies paie 50 réaux d'amende, 25 de réparation et rend les objets volés.

194. Celui qui vole une ceinture ou un vêtement de peu de valeur paie 10 réaux d'amende, dix de réparation et rend les objets volés.

195. Celui qui vole des abeilles dans la cour paie 10 réaux d'amende, 10 autres de réparation.

196. Celui qui vole des figues, des olives ou des glands dans un jardin ou qui coupe du blé dans la campagne paie 10 réaux d'amende.

197. Celui qui vole dans un jardin des citrouilles, des courges, des oignons, des aulx, des poivrons, etc... paie 10 réaux d'amende et 5 de réparation.

198. Celui qui vole des fèves ou des pois dans un jardin paie 10 réaux d'amende et 5 de réparation.

199. Celui qui vole des noix, des raisins, des grenades, des poires, des pommes ou tout autre fruit, qu'il en vole peu ou beaucoup, paie 10 réaux d'amende, 5 de réparation.

200. Celui qui vole des figues fraîches, 4 réaux d'amende, 4 de réparation.

201. Celui qui vole du bois de construction dans l'intérieur, 6 réaux d'amende et 2 de réparation.

202. Celui qui vole une poule et l'égorge pour la manger, 50 réaux, soit 125 francs (En outre c'est un acte qui déshonore son auteur).

203. Celui qui vole des vêtements ou du linge, au séchoir, paie 10 réaux d'amende, 5 de réparation.

204. Celui qui vole un soc de charrue ou une pioche, dans la campagne, paie 5 réaux d'amende et 2 de réparation.

205. Celui qui vole un hôte dans le village, est puni comme s'il eût volé un habitant.

206. Celui qui arrachera un grenadier, un prunier, un noyer, un pommier, un figuier, paiera 5 réaux d'amende et 5 réaux de réparation.

207. Celui qui emploie la ruse, en disant à un autre

homme qu'il est envoyé par un de ses amis pour qu'il lui rende ou donne un objet, paiera 5 réaux et rendra l'objet qu'il a obtenu par ruse.

208. Celui qui lèvera les vêtements d'un autre et découvrira sa nudité, ou lèvera ses propres vêtements pour montrer sa nudité (ce dernier acte constitue une manière très usitée de s'insulter) paiera 60 centimes.

209. Celui qui montera, sans motif sur la maison d'autrui, paiera 4 réaux d'amende et le dommage au propriétaire.

210. Celui qui fera paître dans tar'ezzouth (terrain situé au bord d'une rivière) paiera un huitième de réal.

211. Celui qui fera paître dans un jardin d'artichauts ou de cardons un huitième de réal.

212. Celui qui arrache une haie, pour se chauffer ou non, un quart de réal.

213. Celui qui va chercher de la paille (à la meule) après le coucher du soleil, quand même la paille lui appartiendrait, paie un quart de réal.

214. Celui qui, pendant le jour, volera des feuilles de frênes, paiera un réal d'amende et un réal de réparation. Si le vol a lieu pendant la nuit, l'amende et la réparation sont fixées à 5 réaux.

215. Celui qui vole de la paille paie 20 réaux d'amende et 10 réaux de réparation.

216. Celui qui, ayant reçu un dépôt, dispose d'une partie de ce dépôt, paie 10 réaux (et rend la valeur de ce dont il a disposé).

217. Quand quelqu'un confie quelque chose à son beau-père, ou à son ami, ou à son parent, si le dépositaire en détourne une partie, il paie 10 réaux.

218. Celui qui répand de la cendre dans les rues paie 1/8 de réal.

219. Celui qui lance une pierre sur les tuiles d'une maison paie, s'il est majeur, 5 réaux, et 2 réaux, s'il est mineur.

220. Celui qui démolit en partie la maison d'autrui ou casse des tuiles paye 50 réaux d'amende, 25 de réparation, plus la valeur du dégât commis.

221. Celui qui vole du bois à brûler au bûcher, dans

le village ou dans la campagne, paie 2 réaux d'amende, 2 de réparation et la valeur du bois volé.

222. Celui qui arrache un montant de treille paie deux réaux d'amende et deux réaux de réparation.

223. Celui qui charme un arbre quelconque, petit ou grand, paie 50 réaux d'amende, 25 de réparation et la valeur de l'arbre.

224. Celui qui arrache les légumes d'un jardin paie 10 réaux d'amende, 10 de réparation et la valeur du dégât.

225. Celui qui incendie de la paille, un tas de blé, une récolte sur pied, paie 50 réaux d'amende, 25 de réparation et rend la valeur des dégâts.

226. Celui qui coupe les branches des oliviers de la mosquée, pour les brûler, paie un réal.

227. Celui qui élague des oliviers ou des chênes de la mosquée sans qu'il en résulte de dommage pour l'arbre, paie un huitième de réal.

228. Celui qui fait paître une bête de somme sur le terrain communal et lui met des entraves qui laissent entre les pieds de la bête plus que la longueur d'un empan, paie un huitième de réal.

229. Celui qui fait paître dans le cimetière neuf, des chèvres, moutons, bœufs, mulets ou ânes, paie un quart de réal.

230. Celui qui, marabout ou Kabyle, prend des figues sur l'arbre pour les donner à manger aux bestiaux, paie un réal.

231. S'il y a contestation sur un bornage, et que l'un des plaideurs enlève une borne avant que la djemâa se soit rendue sur les lieux, il paie 5 réaux d'amende.

232. Celui qui incendie un moulin, celui qui en brise les meules, ou qui enlève le fer du mécanisme, paie 10 réaux d'amende, 10 réaux de réparation et la valeur du dégât.

233. Celui qui entaille un olivier avec une hachette paie un quart de réal.

234. Celui qui enlève du bois dans la haie d'une maison, un quart de réal.

235. Celui qui arrache le tuteur d'un figuier, paie un huitième de réal.

236. Celui qui adresse à l'amin une parole inconvenante paie un demi-réal.

237. Celui qui adresse une parole inconvenante à un dhamen, un quart de réal.

238. La femme qui jette des balayures dans la rue, un huitième de réal.

239. Celui qui en automne conduit dans les vergers des moutons ou des chevreaux, paie un quart de réal.

240. Celui qui introduit un mulet dans un verger, pendant la récolte des figues, un quart de réal.

241. Celui qui fait paître sur le terrain d'autrui, un huitième de réal.

242. Fait de bestialité, s'il est prouvé, 5 réaux.

243. Celui qui fait boire les animaux avant son tour, un quart de réal.

244. Celui qui commet des dégâts dans une propriété communale un réal ; celui qui se bat pour empêcher ces dégâts n'est pas passible d'amende.

245. Pour les délits de pâture, l'argent accordé comme réparation reste quinze jours entre les mains du propriétaire lésé ; après quoi, il le rend à celui qui l'avait payé. S'il refusait de le rendre, il paierait un réal et un quart.

246. Celui qui se tient sur le chemin ou aux abords de la fontaine ou qui y fait des ordures, paie un huitième de réal.

247. Celui qui, au moment d'une rixe dans le village, monte sur la maison d'autrui pour lancer des pierres, dix réaux.

248. Celui qui passe dans le jardin potager d'autrui, un demi-réal.

249. Si l'ânaïa d'un habitant du village est violée, et qu'il y ait meurtre d'homme ou enlèvement de troupeau, le village prend fait et cause et fait la guerre ; celui qui refuse paie 50 réaux.

La lecture de ce document, peut-être un peu long, offre certainement un grand intérêt au lecteur. C'est qu'en effet ce Kanoun est comme la reproduction fidèle des préoccupations du village entier. Rien qu'en parcourant ces divers articles, nous nous trouvons initiés à la vie commune de ses habitants, nous pouvons participer en quelque sorte à leur existence.

Maintenant que nous connaissons l'œuvre de la Djemaât, voyons comment cette assemblée va fonctionner.

Tout Kabyle, qui a accompli le jeûne du Rahmadan, est devenu majeur et, par ce fait seul, est admis à faire partie de la Djemâat. Il est même tenu d'assister à ses réunions qui ont lieu une fois par semaine, très généralement le lendemain du jour du marché de la tribu. Si le temps n'est ni trop chaud, ni trop froid, ni pluvieux, les réunions se tiennent dehors, sur une place déterminée pour servir à cet usage. Si l'on doit se mettre à l'abri, la réunion se tient dans un bâtiment affecté à cet office, garni de deux gradins de pierres et n'ayant point de portes, la rue principale le traversant (voir livre 7, *infrà*).

Avant de commencer la séance, on constate les absences en faisant l'appel par famille, par Kharrouba. L'amin prend la présidence, l'on récite tous ensemble le fath'a, puis l'on passe à l'examen des affaires du village. En principe, chacun a le droit d'y prendre la parole, de se mêler à la discussion et de donner son avis ; mais en pratique, cela se fait très peu ; et d'ailleurs il n'existe pas chez les Kabyles une égalité telle, que le premier venu puisse contrebalancer l'avis d'un ancien dans les conseils du village. L'âge, la naissance, la fortune sont des considérations que ne négligent point ces hommes. « Un membre de l'assemblée, dit M. Letourneux, peut se mêler à la discussion et donner son avis. S'il le fait en termes convenables, il sera toujours écouté ; mais il s'en faut que tous indistinctement usent de cette liberté. Bien que l'égalité des droits soit la base fondamentale de leur société, les Kabyles accordent, dans la direction de leurs affaires, une influence prépondérante à l'âge, à la fortune, à la naissance, même à la profession. Un vieillard à barbe grise, ne saurait admettre que sa voix n'ait pas plus d'autorité, dans les conseils du village que celle du jeune homme dont la raison n'a pas encore été mûrie par l'expérience de la vie ; le descendant d'une famille qui vit depuis longtemps dans l'aisance, ou qui a donné des chefs au pays, n'accepte pas davantage l'égalité d'influence avec le prolétaire, tenu à l'écart des affaires par les exigences d'un travail journalier, et encore moins avec l'homme exerçant une des professions réputées viles.

Dans cette société, où l'instruction est nulle, où l'éducation est la même pour tous et où la richesse n'est souvent qu'un dénûment un peu moins complet que celui du pauvre, l'orgueil de l'homme a trouvé moyen de créer des classes, en flétrissant certaines professions, telles que celles de boucher, mesureur de grains, fabricant de chaussures, danseur et « tebabla » (chanteurs avec accompagnement de tambourin).

Le métier de boucher étant exercé exclusivement par des nègres affranchis, ou fils d'esclaves, on comprend jusqu'à un certain point la réprobation qui le frappe ; mais on n'a pu nous donner aucun motif raisonnable pour justifier la défaveur dont les mesureurs de grains et les cordonniers sont l'objet, et qui paraît d'autant plus singulière qu'elle ne s'étend ni aux mesureurs d'huile, ni aux tanneurs, ni aux sabotiers.

Ces préjugés acceptés de tous, ont pour conséquence de réduire singulièrement le nombre des personnes qui prennent une part effective à la conduite des affaires, et la véritable Djemâa, celle qui, en réalité, gouverne le village, ne se compose guère que des hommes jouissant d'une influence héréditaire, des chefs de çof, de l'amin, des t'emman et de quelques âk'al. Lorsqu'un Kabyle parle de la Djemâa de son village, c'est le plus souvent à cette assemblée qu'il fait allusion. »

Et M. Masqueray, sur le même sujet, dit : « Une des remarques qui m'ont le plus confirmé dans l'opinion que les assemblées kabyles ne sont jamais des meetings populaires, est précisément l'exiguité relative de ces lieux de réunion. Il n'est pas de Djemâa qui puisse contenir seulement la dixième partie d'une cité, c'est-à-dire d'un Toufiq ou d'une Taddert un peu considérable. Chez les Aït-Boudrar, le Toufiq de Bou-Adenan compte 1248 habitants, et la taddert des Aït-Ali-ou-Harzoun 1400. Or, je doute que quarante personnes tiennent à l'aise dans leurs Djemâat.

J'estime que l'aristocratie paraît toujours dès le début, même dans la plus égalitaire de ces sociétés, et qu'elle ne fait qu'y grandir, non par la violence, ni par la corruption, ni par l'insolence, mais par la libéralité paternelle, la gravité mêlée de bonhomie, la modération calculée, dont les exemples sont une bonne moitié de l'histoire de toutes les Républiques. Quelque séduisante qu'ait paru l'idée d'une Berbérie absolument pure de tous les préjugés aristocratiques dont la race arabe est, dit-on, pénétrée, quelques services qu'on ait attendu dans le domaine de la politique, et même quelque profit que nos malheureux Kabyles en aient tiré, la vérité ne saurait s'en accommoder sans réserve. Les voyages devenus faciles à travers le Djurdjura depuis 1859, ont révélé sans doute une Kabylie bien différente de celle que nous avions entrevue, quand nos troupes dépassaient à peine le col des Beni Aïcha et que nous ne faisions que nous substituer à l'occupation turque autour de ce massif redouté. Les Kabyles nous étaient apparus de loin comme groupés en grandes masses féodales ; nous les avons trouvés chez eux, divisés en une multitude de villages, dont chacun a son maire, son conseil municipal, ses élections. Cela nous a suffi pour les classer à part et les louer hautement d'avoir, seuls à travers les siècles, conservé intact le dépôt sacré de la liberté et de l'égalité dans leurs refuges inaccessibles ; on va même jusqu'à nier complètement aujourd'hui l'aristocratie africaine, en dépit de Salluste, de Procope, d'Ibn Khaldoun, de Marmol, malgré les faits qui s'offrent encore tous les jours à nos yeux, ou, quand on est forcé de l'admettre dans quelques cas particuliers, on l'explique hardiment par une altération de la race ; mais ces illusions, bien que partagées dans une grande mesure par un grand esprit (Ernest Renan) et consacrées par la magie de son style, doivent céder à un examen attentif. Ce que nous voyons dans l'Afrique n'est ni merveilleux ni rare ; l'histoire n'a pas de privilège à lui reconnaître. On y trouve exactement tous les faits observés partout ailleurs, dans tous les temps, et j'irai jusqu'à dire que la « Politique d'Aristote » ne convient pas moins à ses bourgs de moëllon et de boue qu'aux cités éclatantes du monde grec ».

À l'origine, il paraît à peu près certain que les Djemâat n'exerçaient guère qu'un pouvoir de police. Un vol ou un fait coupable était commis, les notables se réunissaient, puis la Djemâat prononçait une condamnation, une peine ; cette décision, ce jugement, devenait un édit que l'on appliquait dans tous les délits semblables. De là les Kanouns.

Nous avons déjà parlé des çofs, nous allons ici entrer dans quelques détails sur cette organisation, qui pendant plusieurs siècles a existé en Kabylie et a occasionné la vie de guerre et de luttes incessantes en ce pays.

Le çof est le parti auquel on se donne pour trouver, le cas échéant, aide et protection, soit pour sa défense personnelle, soit pour atteindre ses ennemis. Aussi quand le çof, auquel on appartient, semble n'avoir plus un grand pouvoir, on passe dans un autre. Cela se fait sans scrupule, et de là une mobilité extrême dans la puissance d'un çof, aujourd'hui prépondérant, demain faible et délaissé. Le Kabyle se passionne pour le çof qu'il a choisi ; ce çof l'absorbe au point de lui faire oublier ses propres intérêts, et sacrifier sa famille, sa vie même. En revanche, le çof n'abandonne jamais ses adhérents. A-t-il à venger une injure, est-il en danger, ou ses intérêts sont-ils menacés, le Kabyle voit tous les gens de son çof lui apporter le concours spontané et ardent de leur volonté, de leurs bras, de leur argent.

Les femmes restent presque toujours étrangères aux haines ou aux querelles des deux partis ; aussi ne peut-on facilement arriver à connaître la vérité dans les questions qui agitent les çofs ; aucun des deux partis ne voulant avoir tort, ment à qui mieux mieux, pour prendre le beau rôle. Les marabouts se tiennent généralement à l'écart des luttes et des discussions de parti ; et c'est ce qui leur assure, à n'en pas douter, leur plus grande influence.

Sur l'origine des çofs, nous ne saurions mieux faire que de reproduire ce que disent MM. Hanoteau et Letourneux à ce sujet :

« L'origine des çofs Kabyles et les causes qui les entretiennent ont été l'objet de nombreuses hypothèses.

Ce n'est pas dans l'histoire politique, croyons-nous, qu'il faut rechercher cette origine, mais dans le cœur de l'homme. Les çofs ont leurs analogues dans toutes les agglomérations humaines ; ils ne se présentent pas partout sous le même aspect, parce que les sociétés où ils se produisent sont différentes. Si l'organisation sociale eût offert en Kabylie une sécurité entière pour les personnes et pour les intérêts, les çofs seraient réduits sans doute à l'humble rôle de coteries.

On peut en dire autant des causes qui entretiennent l'esprit de parti. Pour les énumérer, il faudrait rechercher tous les motifs de division et de haine qui passionnent l'humanité. La liste serait longue, et, si l'on étudiait plus spécialement ceux qui agissent sur les Kabyles, on trouverait assurément qu'ils sont dus surtout aux mille rapports de voisinage forcé, suite nécessaire de l'entassement des populations dans les étroites enceintes des villages.

Il a existé autrefois des çofs d'une nature différente ; véritables ligues offensives et défensives, dans lesquelles les tribus entraient tout entières. Elles n'empêchaient pas l'existence simultanée des çofs intérieurs que nous avons fait connaître ; mais ceux-ci étaient beaucoup moins disposés que de nos jours à se faire la guerre, chacun sentant la nécessité d'une union intime contre l'ennemi du dehors.

Jusqu'à la fin du siècle dernier, la Kabylie était divisée en deux grandes ligues, connues sous les noms de *çof Oufella* (parti d'en haut) et *çof Bouadda* (parti d'en bas).

La tradition a plusieurs légendes pour expliquer l'origine de ces ligues. Voici la moins invraisemblable :

A une époque que personne ne précise, mais qu'on s'accorde à dire antérieure aux événements dans lesquels le célèbre *Sidi Ameur el-K'adhi* a joué un rôle, c'est-à-dire au XVI° siècle, vivaient chez les aït Fraouçen, deux frères, nommés : l'un, *Boukhet'ouch* (l'homme à l'épieu) ; l'autre, *Ourkhou*. Ils appartenaient à la famille dont Sidi Ameur el K'adhi fut plus tard le représentant, et habitaient la montagne de Fiouan, au dessus de Djemâat es-Sah'ridj. A la suite de discussions dont les motifs sont restés inconnus, ils se brouillèrent et se séparèrent. Boukhet'ouch resta à Djemâat es-Sah ridj, et Ourkhou se retira chez les Ifnaïen. Bientôt la guerre éclata entre eux, et les tribus épousant leur querelle, formèrent à cette occasion les deux grandes ligues qui continuèrent pendant plusieurs siècles, la lutte acharnée commencée par les deux frères. Les partisans d'Ourkhou formèrent le çof Oufella et ceux de Boukhet'ouch, le çof Bouadda.

La famille de Boukhet'ouch existe encore à Djemâat es-Sah'ridj, où elle forme une kharouba nombreuse, appelée « Iboukht'ouchen ». Celle d'Ourkhou n'est plus représentée que par un seul individu, qui habite chez les Ifnaïen.

Une partie des tribus, dont se composaient les deux ligues, dissoutes aujourd'hui, payent encore une redevance annuelle aux descendants d'Ourkhou' et de Boukhet'ouch. Cette circonstance est citée par les Kabyles comme une preuve péremptoire à l'appui de la légende.

Nous n'avons, disons-le une fois pour toutes, qu'une très mince confiance dans la tradition locale chez les Kabyles, les plus indifférents des hommes aux choses du passé ; nous n'oserions cependant repousser d'une manière absolue cette légende : peut-être est-il permis d'y voir une reminiscence confuse de l'histoire du pays, une sorte de mythe dans lequel les frères ennemis personnifient les partis politiques auxquels ont dû donner naissance les déchirements produits par la chute de la dynastie berbère qui régnait à Bougie. Il ne serait pas impossible, en effet, que les familles de Boukhet'ouch' et d'Ourkhou eussent occupé un rang assez important pour justifier l'espèce d'hommage qui leur est encore rendu par d'anciens partisans.

On a souvent parlé, à l'époque de la guerre, de parti français et de parti national chez les Kabyles. Ces mots, employés pour caractériser la situation du pays et la faire plus aisément comprendre du public français, ont pu donner à croire qu'une fraction de la population Kabyle appelait de ses vœux notre domination. C'est une erreur dangereuse, et qui ne pourrait nous conduire qu'à des déceptions et de fausses mesures. Des hommes isolés, des çofs même, ont pu nous servir, mais toujours en vue d'intérêts très distincts des nôtres. Si la guerre venait à renaître, nous aurions probablement encore avec nous l'un des çofs de chaque tribu ; mais il n'y a pas de raison pour prévoir que ce serait l'un plutôt que l'autre. Espérons que les bienfaits de la paix, l'équité et la sagesse de notre administration, amèneront un prompt changement dans les sentiments des Kabyles et adouciront le regret de l'indépendance perdue. »

Les Kabyles acquittaient volontairement des impôts pour les besoins de leur administration ; les uns ordinaires, les autres éventuels et réclamés d'urgence par suite des circonstances.

C'est la Djemâa qui surveillait la répartition de l'impôt de façon à ce que ce dernier fût réparti d'après la fortune et les ressources de chacun.

Le premier impôt ordinaire était l'achour ou impôt sur la récolte, mais toujours inférieur au dixième et payable à la fin de la récolte. Le fet'era était le second impôt, destiné aux pauvres seulement, et perçu à l'époque de la petite fête (aïd eç-çerir) le jour de la rupture du jeûne (fet'er). Chaque famille devait fournir autant de fois quatre mesures (d'un demi-litre environ chacune) de froment, d'orge, de figues et de glands.

Enfin il y avait des prestations en nature pour les travaux au profit du village : réparation ou construction de chemins, mosquées, fontaines, djemâa et autres travaux d'utilité publique, comme mise en valeur des propriétés communales, labourage et moisson de ces terrains, etc.....

L'impôt extraordinaire se décidait d'après les événements, soit guerre, soit manque de récoltes, etc.....

Comme chez les Kabyles, il n'y avait pas de marchands de détails, les marchés étaient en grand honneur ; d'ailleurs c'était pour eux un lieu de réunion, où l'on se communiquait tous les faits se rapportant à la vie politique et religieuse des villages. Aussi y avait-il des règlements nombreux pour l'administration du Souk. Placé sous l'anaïa du village où il se tient, le marché est un endroit sacré et neutre, où nulle discussion ne doit s'élever, où aucune voie de fait ne doit être commise, sans attirer sur son auteur la sévérité des Kanouns. Il y a des mesureurs publics sur le marché, et tout vol, toute fraude sont très sévèrement punis.

Nous allons maintenant voir ce qu'était en Kabylie la propriété avant notre domination.

« Dans les Beni-Menguellet comme dans toute la Kabylie, les caractères généraux de la propriété diffèrent de ceux que nous sommes habitués à trouver en Algérie. Le droit romain a laissé dans les kanouns kabyles des traces ineffacées, et il est même assez singulier que les Berbères, qui ont toujours refusé de se soumettre à la constitution de Rome comme à ses armes, aient conservé une partie de sa législation. Ce fait étrange tient évidemment aux immigrations dans le Djurdjura des peuplades néo-latines refoulées par les invasions vandales et arabes.

Il n'y a pas de propriété arch en Kabylie ; la propriété à titre privé, dite melk, est seule admise avec la nuance du mechmel. Le mechmel est une terre qui, par la volonté du donateur, ou par suite de son acquisition, faite collectivement, est restée commune à une karrouba, un village, une tribu.

Le mechmel a quelquefois le caractère de habous, quand il a été affecté par un donateur à l'entretien des mosquées ou à des œuvres de bienfaisance.

Il a un caractère bien empreint de socialisme kabyle, quand ses revenus sont affectés à la coutume de la timecheret (achat de viande en commun).

Il a le caractère de communal lorsque, acheté soit par la caisse du taddert, soit par une contribution volontaire de ses habitants, il est affecté au pâturage des animaux, à l'affouage, à la glandée.

Il a le caractère de bien domanial, quand une tribu

le possédait en commun, après l'avoir conquis sur une autre tribu, soit par la force des armes, soit par suite d'un accord commun.

Les biens mechmels de toute nature pouvaient s'aliéner suivant les mêmes formes que les biens ordinaires. Nous ne donnerons donc aucun détail sur leur mode de vente, d'acquisition, de location. Les délits commis sur les biens mechmels avaient jadis un caractère de gravité tout particulier, parce qu'ils se commettaient aux dépens de la horma du village ou de la tribu.

Aussi de simples délits de pacage entraînaient-ils des combats en règle.

Les sources, ravins, rivières étaient, suivant les cas, biens communaux ou biens melks.

On peut dire, en résumé, que la propriété est constituée dans les Beni-Menguellet absolument comme en France, c'est-à-dire qu'il y a des terres possédées à titre privé et d'autres qui correspondent aux biens communaux et domaniaux des pays de droit latin. Le mechmel habous seul est d'importation arabe : aussi ne le trouve-t-on que dans les environs des zaouïas fondées par les marabouts marocains : il n'en existe pas dans la tribu qui nous occupe.

Les biens melks (nous nous servirons de ce mot pour désigner les propriétés privées) sont soumis à une foule de coutumes et d'usages locaux.

Tout d'abord, signalons deux particularités qui sont la conséquence de la vie politique et sociale des Kabyles. Restés indépendants dans leurs montagnes, ils ont résisté à toute tentative de conquête, non seulement par la force des armes, mais encore par leurs institutions. Pour empêcher l'étranger de prendre pied dans leur pays, ils décidèrent que les femmes n'apporteraient aucune dot à leur mari et n'auraient aucune part dans l'héritage paternel, et que l'étranger (fût-il d'un village voisin) ne pourrait acheter aucun terrain dans la tribu. Etait excepté bien évidemment de cette règle l'étranger accueilli par le village et qui en était devenu citoyen. Du reste, le droit de préemption (chefaâ), qui était réservé non seulement aux parents, mais à tout le village, empêchait, par son extension, toute intrusion d'éléments étrangers. Grâce à ces restrictions, les biens se transmettaient de mâle en mâle sans pouvoir sortir du village, et c'est ainsi que, jusqu'à la conquête, les tadderts kabyles ont pu conserver intégralement leurs territoires. Depuis, et surtout après 1871, les conditions ont bien changé ; les Kabyles ne se croient point astreints à cette coutume de leurs pères, et les Beni-Menguellet en particulier ont ouvert leur sol à leurs voisins.

Les biens melks sont régis par le droit romain, avec des nuances que nous allons signaler :

Certains immeubles qui, en pays latins, sont toujours propriétés domaniales ou communales, sont quelquefois possédés à titre privé.

1° Les mines et les carrières sont toujours propriété du maître du sol.

2° Les cimetières appartiennent, en tant que terre, la plupart du temps à une seule famille. Tout le village y inhume ses morts ; si les inhumations cessent, le sol revient à la famille propriétaire.

3° Les immeubles destinés à la prière ou à l'assemblée commune (Djemâa) peuvent être propriété d'un particulier ou d'une famille ; le village n'a que le droit de s'y rassembler.

Certaines servitudes qui peuvent paraître étranges grèvent le plus souvent les propriétés particulières, par exemple :

Le premier étage d'une maison peut être construit et appartenir à un autre maître que le propriétaire du rez-de-chaussée ;

Les arbres peuvent être indépendants de la terre qui les porte : leurs rejetons mêmes, dans une circonférence de trente pas, appartiennent au propriétaire de l'arbre, qui doit les enlever quand ils sont enracinés ;

Le propriétaire du sol ne peut couper les racines de l'arbre, mais il a le droit de labourer jusqu'à son pied.

Si un torrent enlève une parcelle de propriété, un arbre, par exemple, et le transporte sur l'autre rive ou en aval, le propriétaire a le droit, suivant l'expression kabyle, de suivre sa propriété. Mais si l'arbre ou le terrain transportés recouvrent le sol d'un tiers, c'est ce tiers qui devient propriétaire de la chose transportée.

Les îlots, lais et relais qui se forment dans les oueds appartiennent aux riverains.

Les filles ou les femmes répudiées ou veuves, bien que n'ayant aucun droit à la succession paternelle, ont droit d'habitation dans les immeubles appartenant aux mâles de leur famille.

En dehors de la plupart des servitudes prévues par les lois françaises, on peut encore citer les suivantes :

Le bornage à frais communs des terres est obligatoire ;

La clôture des terrains cultivés aux abords des villages est obligatoire (haie sèche ou vive) ;

Tout propriétaire qui laisse des sauvageons non greffés sur son terrain, peut les voir greffés par un étranger, qui dans ce cas a droit à la moitié de la récolte de l'arbre amélioré ;

Tout propriétaire qui arrache un arbre non mort doit en planter dix : il n'en est pas de même s'il se contente de le couper, les rejetons reconstituant la végétation primitive.

Ces deux usages sont malheureusement tombés en désuétude depuis l'insurrection de 1871.

Le propriétaire d'arbres isolés, sis sur un terrain appartenant à autrui, a droit de passage sur ce terrain pour labourer ses arbres, les tailler, récolter les fruits.

Le passage des meules à moulin et poutres à bâtir est autorisé sur tout terrain ; il en est de même pour les charrues, les bœufs de labour, les mulets conduits par la bride.

L'herbe qui pousse sur une propriété ouverte et qui n'est pas enlevée, est propriété de celui qui s'en empare : ce qui implique le droit de vaine pâture. Toutefois le propriétaire du sol peut se réserver l'herbe de son champ en y plantant des roseaux secs ou des branches de lauriers-roses.

Le voyageur a droit de puiser de l'eau, de couper de l'herbe pour ses animaux, de recueillir le bois sec pour son feu, de stationner où bon lui semble, de manger des figues vertes à sa faim, sans en emporter ; il est considéré comme hôte de Dieu...

La possession a toujours été considérée comme valant titre : cela devait être chez un peuple où les lettrés sont une très rare exception ; le droit du premier occupant a toujours été respecté. Une fois la propriété ainsi établie, les modes de transmission des immeubles sont devenus très nombreux. Voici les principaux :

La *revivification* : tout propriétaire qui abandonne une terre qui a perdu sa fertilité, la perd au profit de celui qui, par son travail, la revivifie. Ce mode d'acquisition est très rare dans les Beni-Menguellet, chaque propriétaire fumant et cultivant son champ avec acharnement.

La succession paternelle se partage entre tous les héritiers directs mâles, à l'exclusion absolue des femmes. Si le défunt ne laisse pas d'héritier *mâle* direct, ce sont les héritiers au second degré qui héritent, ainsi de suite jusqu'à épuisement de la lignée masculine. S'il n'a aucun héritier connu, le village s'empare des biens, fait une timecheret avec le prix des meules, et les immeubles deviennent mechmels et sont revendus au profit de la caisse du taddert.

L'enfant posthume hérite au même titre que les autres ; on a même admis la bizarre coutume arabe qui consiste à reporter de plusieurs années en arrière la paternité d'un enfant : il est dit alors « endormi » dans le sein de sa mère et hérite comme ses frères putatifs.

La femme, bien qu'exhérédée par la loi kabyle, peut posséder des terres, si elle les a gagnées par son travail et son économie. Si elle meurt, son héritage appartient à son mari dont elle est la chose ; à défaut de mari, à son fils ou à son frère. Elle peut néanmoins faire donation spéciale d'une partie de ses biens ; quoique illégales, ses dispositions testamentaires sont toujours respectées : celui qui les attaquerait ou n'en tiendrait pas compte serait déshonoré.

Les biens, entre héritiers, restent indivis ; mais nul ne peut être forcé à rester dans l'indivision ; les partages se font à simple demande d'un intéressé.

Le droit de tester est absolu : un père peut déshériter son fils : dans ce cas, le testateur fait généralement bénéficier ses petits-fils de l'exclusion prononcée contre leur père.

Une maison, un arbre même peuvent appartenir à plusieurs propriétaires différents, qui peuvent se désintéresser à prix d'argent ou rester indivis.

La licitation est admise dans tous les cas où elle est jugée nécessaire.

La donation entre-vifs est très fréquente : elle se constate généralement par témoignage ou se fait en présence de la Djemaa assemblée : il est rare que le cadi intervienne. Les femmes sont aptes à recevoir une donation, et la femme peut également faire don de son avoir particulier.

Les donations sont toujours révocables par le donataire.

Les ventes s'opèrent de gré à gré ; il est bien rare qu'on ait recours au ministère du cadi, institution arabe qui déplaît aux Kabyles.

Cependant les contrats par-devant le notaire musulman deviennent de jour en jour plus fréquents.

Avant la conquête française, l'acte de vente se faisait verbalement devant la Djemâa ou devant des marabouts ; si ceux-ci savaient écrire, ce qui était rare, ils en dressaient une sorte d'acte que les propriétaires conservent encore précieusement.

Les formes de vente étaient nombreuses ; les principales étaient :

La vente simple sous conditions ;

La *tounia*, par laquelle le vendeur ou ses héritiers se réservent le droit de rachat au cas seulement où l'acheteur voudrait ultérieurement se défaire de l'immeuble, à condition d'en donner un prix égal à celui offert par le tiers acquéreur ;

L'*akhteur*, par laquelle le vendeur et ses héritiers se réservent le droit de racheter l'immeuble, en cas de revente par l'acquéreur, moyennant le prix fixé pour la vente primitive ;

La vente à terme, qui consiste à réserver entre les

mains de l'acheteur, pour un temps plus ou moins long, le prix ou une partie du prix de la vente. Cet argent ainsi placé rapporte de forts intérêts.

Les terres peuvent être en outre mises en gage ou rahniées (antichrèse).

Les modes de contrats de location sont très nombreux et très compliqués : nous nous contenterons d'énumérer les plus employés.

La *location pour gage* : le propriétaire remet à un créancier le droit d'user de sa terre jusqu'à restitution de la somme due. Les fruits que le créancier retire de la terre représentent l'intérêt de son capital : c'est une sorte d'hypothèque, la seule admise dans les Menguellet. A l'échéance, le créancier ne peut disposer du gage.

La *location à prix d'argent* : elle est généralement valable, comme toutes les suivantes, pour une année agricole seulement.

Deux Kabyles possédant l'un des figuiers, l'autre des oliviers, s'associent généralement ; l'un fournit à l'autre les figues, et il reçoit en échange des olives.

Un Kabyle possédant un espace de terre considérable peut en louer une partie à un autre Kabyle, qui, pour prix de location, cultivera le surplus ; chacun prend alors les fruits poussés sur son lot.

Le propriétaire peut donner son terrain à un associé qui doit lui remettre une part des produits. Cette part varie du cinquième aux trois quarts. Chaque associé a le droit de cueillir les figues nécessaires à son entretien et à celui de sa famille, lorsque le terrain est complanté en figuiers, ce qui est la règle générale dans les Beni-Menguellet.

Le propriétaire peut louer son terrain à un associé sans aucune rétribution. Mais le preneur devra le complanter d'arbres fruitiers. A l'expiration du bail, le terrain et les arbres sont partagés, ou bien le propriétaire donne une partie des fruits au locataire.

Le propriétaire qui possède sur son terrain des sauvageons d'oliviers peut les donner à greffer à un associé. Lorsque les arbres sont en rapport, ils partagent, un tiers au locataire, deux tiers au propriétaire, le plus souvent.

Deux propriétaires peuvent mettre en commun leurs terres, bœufs, semences, outils, etc..., et partager également les fruits de leur travail.

Le propriétaire peut fournir la terre et la moitié de la semence ; l'associé son travail, ses bœufs et l'autre moitié de la semence. Le partage se fait aux deux cinquièmes ou à moitié.

Le propriétaire peut fournir la terre, un associé la semence, l'autre le travail et ses bœufs. Le partage se fait par tiers.

Le propriétaire peut fournir la terre, la moitié de la semence et son travail ; l'associé, l'autre moitié de la semence et les bœufs. Le partage est variable, suivant la qualité de la terre.

Le propriétaire peut fournir la terre, un bœuf et la moitié de la semence ; l'associé, un autre bœuf, la moitié de la semence et une somme d'argent fixe. Le travail se fait en commun et le partage par moitié.

Le propriétaire peut se contenter de prendre un khammès. Il fournit tout alors, le khammès ne devant que son travail.

Les modes de louage peuvent, comme on le voit, varier infiniment. Il existe encore un autre genre de location, le louage en vert. Un propriétaire qui a besoin d'argent, cède sa récolte en vert à un associé qui lui en donnera une part, ou retiendra tous les fruits au moment de la récolte.

Le propriétaire d'un terrain à bâtir ou de ruines peut charger un associé de construire sur le terrain ou de relever les ruines. Au bout d'un certain temps, la maison ainsi bâtie revient au propriétaire du sol.

Les arbres isolés, ceux dits « abandon », qui n'appartiennent pas au propriétaire du sol, sont toujours réservés dans les contrats de louage. Le plus souvent, du reste, les arbres font l'objet de contrats séparés.

Les frênes, dont les feuilles servent à nourrir les bœufs, se louent généralement pour une certaine quantité de journées de travail de ces bœufs.

Il est bien rare qu'un Kabyle loue un terrain à un nègre, sauf dans les fractions de marabouts. Par contre, un Kabyle qui loue du terrain à une femme ne discute jamais les conditions du contrat, il serait déshonoré.

Tels sont les principaux modes d'acquisition, de transmission et de location des immeubles dans les Beni-Menguellet. »

(Extrait du rapport d'ensemble sur les opérations de délimitation de la tribu des Aït Menguellat).

A la tête de chaque village existait une administration, qui comprenait un amin, un ôukil, des temman et des okkals.

L'amin est le maire, l'administrateur du village ; de plus il remplit certaines fonctions judiciaires. Il est aussi appelé « Ameksa », mot qui veut dire « berger » ; nous voyons immédiatement par cette dénomination quel est son rôle. Voici le mode d'élection de l'amin. Les notables du village se réunissent en comité secret et choisissent celui qui leur paraît le plus apte à remplir les fonctions d'amin. Si ce choix ne peut avoir lieu, par suite de dissidence dans ce comité secret, on fait appel aux marabouts, à la djemâa du village voisin ou aux anciens de la tribu, qui désignent le futur amin. Très généralement, lorsque l'amin quitte ses fonctions, emportant l'estime de tous, il désigne celui qui doit lui succéder et ce choix est ratifié.

Quoiqu'il en soit, aussitôt le choix déterminé, les notables vont chez le nouvel élu, et lui offrent les fonctions d'amin. Rarement celui-ci accepte aussitôt : il décline l'honneur qu'on veut lui faire, et on est souvent obligé de faire intervenir les marabouts et les femmes pour le prier d'accepter. S'il se décide enfin, il pose ses conditions, trace une espèce de programme de la ligne de conduite qu'il entend suivre, et n'accepte définitivement que s'il voit tous ses projets acceptés sans opposition. Après cette acceptation, la djemâa est convoqué en séance solennelle ; les notables, après avoir introduit le futur amin, font son éloge, et demandent aux assistants, s'ils veulent l'accepter comme amin. Ceux-ci déclarent l'accepter par des acclamations unanimes. Le fath'a est alors récité, et le nouvel amin prononce un discours de remerciement. Il prend aussitôt possession de ses nouvelles fonctions. Ce jour là, il y a timecheret de viande pour le village : si l'amin est riche, il en supporte à peu près tous les frais, sinon ces frais sont supportés par le village.

L'action de l'amin porte sur l'ordre public, sur la morale, sur l'exécution des Kanouns, sur la protection des personnes et des propriétés. Il préside les réunions publiques, il a la surveillance et l'entretien des biens communaux, il fixe le tour des corvées du village et perçoit les amendes. En outre, il fait rentrer l'impôt, prend soin des étrangers et de leur hospitalité. En temps de guerre, il assigne les postes et désigne ceux qui doivent les occuper, il distribue les munitions. On le voit, ses fonctions sont nombreuses et importantes, ce qui explique le choix que l'on devait faire d'un homme ayant des ressources et des loisirs.

L'oukil était l'adjoint de l'amin. D'après M. Masqueray, l'oukil n'est que l'assesseur de ce dernier. Il fortifie pour ainsi dire celui-ci et a pour mission spéciale de veiller aux finances, ce que ne pourrait faire l'amin, déjà chargé de trop nombreuses fonctions. MM. Hanoteau et Letourneux croient que l'oukil est un personnage spécial chargé de la comptabilité des biens religieux, de la perception des revenus de la mosquée, et ayant mission de solder les dépenses ordinaires de la Djemâa. D'autres auteurs veulent voir dans l'oukil, un adversaire de l'amin, ayant un çof personnel et faisant ce que l'on appellerait chez nous de l'opposition. Mais nous croyons que la version de M. Masqueray doit seule être admise.

Les Temman étaient des représentants choisis dans chaque Kharrouba, et ayant pour mission de faire respecter les décisions de la Djemâa.

Enfin les Oqqâls étaient les notables du village. Désignés au nombre de cinq ou de six, ils étaient chargés de prévenir et de réprimer les désordres.

Ainsi se trouvait formée une espèce de sénat, qui en réalité devenait le gouvernement de la cité kabyle. Les assemblées générales n'étaient saisies d'une question, que lorsque cette réunion d'autorités l'avait déjà étudiée, bien souvent le vote n'était plus qu'une formalité.

Si la cité, le village, se composait de plusieurs familles habitant plusieurs hameaux, la réunion de ces hameaux, au point de vue administratif, prenait le nom de toufik, et la Djemâa se tenait dans le hameau dont l'amin était originaire. Le plus souvent, les Kabyles préféraient ne point se diviser, et au lieu d'avoir plusieurs hameaux, ne formaient qu'un seul village ; ce village s'appelait la taddert (au pluriel, tiddar).

D'après leurs situations naturelles, ou d'après leurs intérêts communs, les tiddar forment un Arch ou tribu. Nous ne saurions mieux faire que de laisser la parole si autorisée de M. Masqueray nous édifier sur ce sujet :

« Le Arch est pour nous une forme spéciale qui tient le milieu entre la fédération et la cité véritable qui est la Taddert. Nous avons déjà montré les Kharroubat vivant isolés, comme des états indépendants avant qu'elles se réunissent en Touafeq et en Tiddar. Si l'on excepte peut-être quelque coin du Maroc encore inconnu, cette dissémination ne se rencontre plus dans l'Afrique septentrionale. Or les Tiddar kabyles sont entre elles comme étaient ces familles de la première heure au moment où elles se constituèrent en cités. Considérons par exemple la Taddèrt des Aït El Ahsen, celle des Aït El Arba, celle des Taourirt Mimoun, celle de Taourirt El Hadjadj, celle d'Agouni Ahmed, et celle de Tigzirt dans le haut Djurjura ; elles couvrent le sommet d'un mamelon, et des ravins les séparent de toutes les masses montueuses qui les environnent. Il est naturel qu'elles communiquent ensemble, ne serait-ce que pour repousser les attaques de leurs voisines pareillement groupées. Aussi forment-elles un tout, désigné par un nom commun, Arch, ou tribu des Beni-Yenni. A certaines époques irrégulières, déterminées seulement plusieurs jours d'avance, leurs Oumena et quelques notables se réunissent à l'ombre des beaux arbres, en un lieu également distant d'Aït el Arba et de Taourirt Mimoun, d'où l'on découvre d'une part la crête du Djurjura et de l'autre toute la ligne de faîte qui sépare l'Ouad Djemaâ de l'Ouad Sebaou. Là ils s'occupent des querelles qui menacent d'armer les villages les uns contre les autres; ils empêchent les représailles ou du moins ils font en sorte qu'elles soient regardées comme des faits individuels; ils conviennent de divers règlements pour assurer la police des marchés, et c'est là un de leurs soucis les plus graves; enfin ils délibèrent sur les relations internationales de la tribu, c'est-à-dire sur tous ses rapports avec les tribus voisines.

Le président de l'assemblée choisi par ses collègues est dit « Amin » comme le maire d'une Taddèrt. Si la guerre éclate, c'est lui qui règle le nombre et la composition des contingents. Les guerriers descendent sur son ordre du sommet de la montagne, partagés en petits corps : chaque village a fourni son peloton et dans chacun, les Kharroubat forment des sections distinctes. Ainsi combattaient les Germains de Tacite. Les Oumena des villages et les Temmân des Kharroubat font le coup de feu avec leurs hommes ; mais l'Amin du Arch, assisté d'un petit nombre d'Anciens, demeure sur une colline, suit le combat des yeux, et détache en cas de besoin, un de ses aides de camp vers tel ou tel groupe pour donner un conseil. Il est l'âme de la tribu, impassible et maîtresse d'elle-même. Toutes les Tiddar de la Kabylie groupées en tribus (Arch) pouvaient offrir un spectacle pareil avant notre conquête. Il y a plus, le Arch est dans une certaine mesure, un gouvernement dont l'autorité s'exerce directement sur les individus. M. Letourneux constate que « les prestations en nature sont obligatoires pour le Arch comme pour la Taddert, que dans quelques localités la tribu perçoit une amende en même temps que le village, pour des crimes ou délits graves, tels que le meurtre, le vol, etc., enfin que, si une question délicate d'intérêt particulier ou général divise la djemaâ d'un village, et ne peut être résolue sans désordre par ses habitants, les notables de la tribu sont appelés comme arbitres ».

C'est un fait déjà considérable, bien qu'il n'ait pas eu en Kabylie toutes ses conséquences, que l'action même faible et intermittente de cette juridiction supérieure. Elle habituait l'individu à concevoir peu à peu un monde supérieur à celui de son village. Dans cette société indécise, nous distinguons des traits qui nous sont connus. Le Arch a sa horma, déjà sensible ; moins irritable cependant que celle de la taddèrt, parce que les individus qui le composent sont loin d'être parfaitement unis. Il a son Anâïa : lui aussi protège, à de longues distances, le voyageur qui lui a demandé son appui ; il interpose sa neutralité en cas de guerre entre deux tribus voisines. Il peut avoir ses biens mechmel, et c'est ainsi que certains villages du Djurjura, exploitent en commun les pâturages de leurs hautes vallées : Ils y envoient leurs troupeaux sous une garde commune. Enfin une même manière de vivre, l'exploitation des mêmes produits, un même genre de commerce et d'industrie, entretiennent et développent dans la tribu (Arch) un sentiment de fraternité tout à fait semblable à celui d'où le village est résulté. On peut remarquer dans les rues d'Alger, des Kabyles de la tribu des Beni Djennad qui viennent louer leurs services comme terrassiers, maçons, baigneurs, ils amassent un petit pécule, puis retournent dans leurs villages. Or, si on leur demande, à Alger d'où ils sont, ils répondent invariablement : « Des Beni Djennâd ». La mention de leurs villages leur paraît inutile. Dans le Haut-Sebaou, sont de vastes forêts où le chêne abonde et surtout le chêne Zen, au beau feuillage souple, pareil à celui du châtaignier. Au bord de ces forêts, sont les villages de la tribu des Beni Ghobri, les plus rudes, peut-être, de tous les Kabyles ; la plupart des individus qui les habitent vivent du même métier ; ils dépouillent les chênes de leur écorce et tannent des peaux de chèvres qu'ils vont vendre dans nos villes. Ils font route ensemble, s'entr'aident sans distinction de villages. En dehors de leur pays, ils sont Beni-Ghobri. Les Beni-Yenni, dont la montagne est comme le cœur de la Kabylie, sont intimement unis, presque tous, ou du moins ceux qui peuplent les trois gros villages de Aït el Arba, Aït el Ahsen et Taourirt Mimoun, parce qu'ils exercent en commun les métiers de fondeurs, ciseleurs de métaux, fabricants d'armes blanches et de fusils. C'était d'eux surtout que provenait la fausse monnaie prohibée sur les marchés kabyles, mais exportée au delà du Djurjura; d'ailleurs, sans user de cette ressource, il leur était facile de s'enrichir, avant notre occupation, quand les Aït Iraten combattaient le bey Mohammed et les Amraoua, dans la vallée de Sebaou, ou quand les montagnards du Djurjura allaient en grandes bandes arrêter le maréchal Bugeaud, Bou Baretta, sur les pentes du Djebel Faraoun. Ils étaient les fournisseurs de ces étranges armées qui comptaient plus de couteaux que de fusils, et de bâtons que de sabres. Aujourd'hui ils se contentent de fabriquer des flissas pour les amateurs étrangers, et des bijoux d'argent émaillés de vert et de bleu, pour les femmes de leurs villages et des environs; mais leur petit groupe n'a rien perdu de sa cohésion. J'ai recueilli l'unanimité, quand je leur ai proposé une école française. Chez les Beni-bou-Drar et surtout chez les Beni-bou-Aggache, nous retrouvons le collectivisme de certains montagnards de France, porté jusqu'à l'extrême, par suite d'un écart entre la densité de la population et la superficie du sol cultivable.

La crête des Beni bou Aggache est longue de trois kilomètres, et juste de la largueur d'un chemin en moyenne : elle offre sur trois points seulement des surfaces planes, qui sont occupées par des villages. Des deux côtés, le terrain s'abaisse en pente raide vers deux torrents profonds. C'est à peine si on trouve un ressaut pour piquer quelques figuiers, ensemencer une poignée de blé. On ne sait où enterrer les morts, on les place côte à côte, on les pose les uns au dessus des autres, séparés par des dalles, au milieu de la mince voie qui relie les villages. Les hommes et les animaux passent sans ménagements sur les tombes. Des ossements humains apparaissent sous les bancs qui bordent les maisons. Et cependant sur ce tranchant infertile, on compte sept mille habitants : les villages sont beaux et bien tenus pour des villages kabyles; on y voit des rues régulières et beaucoup de maisons blanchies à la chaux.

Le commerce extérieur est la seule cause de cette extraordinaire prospérité. Vous ne rencontreriez-là, du printemps à l'automne, que des femmes, des vieillards et une multitude prodigieuse d'enfants. Les hommes valides sont tous partis. Le plus petit nombre est allé prendre quelques ballots d'étoffes chez les Juifs d'Alger et les débite un peu partout dans la Kabylie. La plupart sont dans la province de Constantine. Ils s'approvisionnent chez les Juifs et les Mozabites de Souk Ahras, chargent sur des mulets maigres des épices, du calicot, des foulards, des oranges, tout ce qui peut plaire aux Nomades et surtout à leurs femmes et s'enfoncent dans le sud. Il faut les voir entrer dans les douars, assaillis par les chiens, qu'ils écartent de leurs longs bâtons. Ils se contentent du moindre gain, acceptent des poignées de laine pour un miroir, de l'orge pour du poivre, font même crédit, et passent les nuits sous de petites tentes blanches comme des tentes françaises, non sans soupçon de la part des maris arabes. On les rencontre chez les Nemencha, à Negrin, plus loin encore, et l'on se demande quelle aberration nous fait négliger ces agents intrépides, tout prêts à propager notre langue, et à porter directement nos marchandises, au lieu de parler un arabe corrompu et de débiter à notre détriment, de mauvaises étoffes anglaises. Il est aisé de comprendre que, jetés ainsi dans des régions qui leur sont étrangères, tous les Beni bou Aggache oublient leurs villages et ne se réclament que de leur tribu quand on les interroge. Ils vont même plus loin : ils se disent simplement Gaouaoua. C'est comme Gaouaoua, qu'ils se soutiennent et qu'ils se vengent, en cas de besoin, avec la ténacité qui leur est particulière. J'en ai constaté un exemple curieux à Khemchela. Un Kabyle des Beni bou Aggache ayant disparu chez les Nemencha, on vit venir au bureau arabe, un autre Kabyle qui réclama le prix de son sang sans pouvoir prouver qu'il était son parent. Il ignorait les meurtriers, mais il soutenait que le gouvernement lui devait justice et était capable de les trouver. Comme l'instruction semblait impossible, on tenta de l'écarter. Il s'obstina pendaut un mois à la porte du bureau, très humble, mais inflexible. A la fin on se mit en campagne ; le hasard fit qu'on trouva quelques objets volés au Gaouaoua ; les coupables furent arrêtés, et ce pauvre déguenillé retourna dans sa montagne conter qu'il avait fait respecter bien loin dans le sud l'honneur de sa tribu. C'est ainsi que les Beni bou Aggache deviennent homogènes ; en général c'est que le Arch, une fois formé, se consolide, et se condense pour ainsi dire au-dessus des Tiddar. »

La Kebila enfin naît des circonstances graves, d'une guerre. C'est la réunion des tribus en vue d'un danger important. Les tribus cherchent mutuellement à s'appuyer l'une contre l'autre pour opposer à l'ennemi une plus grande force. De cette union momentanée naissent des chefs. Quoique nous ayons fait déjà de nombreux emprunts au livre de M. Masqueray, nous ne pouvons nous empêcher de reproduire ici ce qu'il dit de ces chefs ; comment pourrait-on mieux expliquer ce qui se passe alors.

« Ces milieux où fermentent des éléments si divers, réunis et presque confondus par instants, ces agglomérations parfois considérables qu'agitent des intrigues incessantes, enfin ces levées tumultueuses qui toujours attendent la victoire d'un homme prédestiné, sont bien faites pour tenter les esprits hardis, qui dans la Kabylie comme dans le reste du monde, estiment que la domination est le bonheur suprême. Les Washington y sont rares, et je doute même qu'on y rencontre un seul homme capable de comprendre le désintéressement du fondateur des États-Unis. Il ne faut pas confondre l'horreur de la tyrannie avec l'amour de l'égalité. Nos Kabyles, dont la plupart descendent probablement de fugitifs et de révoltés de toute espèce, détestent plus que personne les impôts et les corvées, mais ce serait assimiler étrangement leur demi-barbarie à la plus élevée des civilisations que croire qu'un seul d'entre eux refusât par une sorte de pudeur de s'élever au-dessus de ses frères. Si l'on ne s'arrête pas à l'aspect égalitaire de leurs demeures, à l'uniformité de leurs coutumes, à la familiarité quasi-républicaine de leur langage, que nous admirons comme il convient, on distingue bientôt, je le répète, dans toutes leurs relations, depuis celles de l'Agghammâs avec son patron, jusqu'à celles de l'Amin ou des Kebar avec leurs justiciables, une infinité de degrés et de nuances. Avant notre conquête, la dignité exceptionnelle de l'Amin et des Kebar était défendue par des amendes, tout comme l'autorité de nos administrateurs l'est aujourd'hui et ce n'est pas seulement dans la Djemâa qu'un pauvre prenait rarement la parole contre un riche.

Nous le voyons s'élever, le futur grand chef, dans la première Taddert venue. C'est un homme d'âge moyen, maître d'une fortune considérable pour un Kabyle. Il possède un morceau de terre au pied du village, des vergers, des figuiers, des champs de fèves et d'orge, une petite forêt d'oliviers, en dessous. Plusieurs de ses charrues labourent dans la plaine. Il s'est fait bâtir une ferme isolée, un Azib, qui pourrait être mise en état de défense et devenir un bordj. Son père ou lui-même a gagné beaucoup d'argent dans le commerce. Ses douros sont dans la terre, secrètement enfouis, ou déposés chez un marchand inconnu. Un tel homme est absolument indépendant, et c'est là une condition première de son succès. Sa Taddèrt est divisée, comme le sont toutes les cités et tous les états du monde, en deux parties ou çof qui s'enflent ou diminuent au moindre souffle, car un çof Kabyle est l'idéal de la liberté absolue ; on y entre et on en sort pour des motifs futiles, le plus souvent pour de l'argent. Il devient rapidement tête d'un çof, qu'il lui est très facile d'accroître. Deux ou trois bons avis donnés en temps utile font de lui un « maître de Conseil ». Qu'il ramène des bœufs volés par des voisins, ou leur fasse subir une représaille lucrative, le voilà « maître du Bras ou maître de la Poudre. » Grave dans la Djemâa, toujours consulté, toujours écouté, il est le chef réel, rien ne se fait sans lui, qu'il soit Amin ou non. Restent à gagner les villages d'alentour, qui, ajoutés au sien, constituent la tribu. Il y parvient sans changer de méthode, car le parti qu'il dirige n'est pas contenu dans son pays natal, mais inégalement répandu dans tous les environs et même dans la Kabylie entière. (Masqueray, *Cités de l'Algérie*).

Nous avons ainsi déterminé suffisamment l'organisation administrative de la Kabylie avant la conquête. Quel fut son sort dans la suite ?

Aujourd'hui.

Lorsqu'en 1830, la France vint pour châtier et réprimer les méfaits et les crimes de droit commun qui étaient journellement commis par les corsaires, elle ne savait encore ce qu'il adviendrait de son intervention. Aussi de 1830 jusqu'au 22 juillet 1834, ne saurait-il être question d'organisation intérieure. Tout cet espace de temps est pris par les faits militaires, et l'occupation que l'on considérait comme temporaire, ne nous fit prendre aucune mesure de gouvernement. En 1834, alors qu'une ordonnance du 22 juillet vint convertir cette occupation en conquête par la création d'un gouverneur général « des Possessions françaises dans le Nord de l'Afrique », l'on édicta quelques mesures pour réglementer l'intérieur du pays, mais sans que cette réglementation eût un caractère bien sérieux. Le 15 avril 1845, un décret divisa le territoire conquis en trois provinces, mais l'on distingua immédiatement le territoire colonisé ou civil, le territoire arabe ou militaire, et le territoire mixte, qui se tenait entre les deux. On partagea le territoire civil et le territoire mixte en cercles et en arrondissements, tandis que l'autre, le territoire militaire, restait sous « le régime du sabre. » Le décret du 11 août 1846 érigea en communes tout le territoire civil et donna à ces communes des conseils municipaux électifs. Peu de temps après, la constitution du 4 novembre 1848 déclarait territoire français tout le territoire de l'Algérie et l'enlevait au régime des décrets pour soumettre notre colonie à celui de lois particulières. Quelques jours plus tard, le 9 décembre 1848, on créa trois départements, subdivisés en arrondissements et en communes. Quant aux territoires militaires, ils restaient administrés par les généraux commandant les divisions et les subdivisions, mais sous l'autorité du gouverneur général.

Il va sans dire que jusqu'à cette époque, il ne peut être question de la Kabylie dans laquelle nous n'avions pas encore effectivement pénétré.

De 1858 à 1870, il faut bien avouer que notre pouvoir en Algérie a eu maintes chances de sombrer. Le projet de création d'un royaume arabe, les donations de terres immenses aux grands chefs arabes, étaient autant de fautes qui devaient amener la perte de l'Algérie, si celle-ci, déjà pleine de force, pleine de jeunesse, eût été moins difficile à perdre. La Kabylie, dans cet intervalle, avait été divisée en quatre cercles militaires, Fort National, Tizi-Ouzou, Drà el Mizan et Dellys.

L'année terrible, 1870-1871, ne permit aucune modification à la situation intérieure, mais les années qui suivirent furent habilement employées à augmenter notre force et notre influence dans la colonie.

En 1872, l'on remplace le régime militaire par le régime civil, et depuis, cet état de choses n'a point changé.

L'on comprendra facilement que nous n'insistions pas davantage sur ce qui précède ; il nous a suffi d'indiquer ces grandes lignes pour nous rendre compte superficiellement des administrations passées ; voyons maintenant quelle est l'administration actuelle.

Aujourd'hui le gouverneur général est un gouverneur civil, nommé par le Président de la République. Il administre toute l'Algérie avec l'aide d'un conseil de gouvernement et d'un conseil supérieur de gouvernement.

Le conseil supérieur créé par décret du 10 décembre 1860, modifié par les décrets du 24 octobre 1870 et 11 août 1875, est formé par : le gouverneur général, le secrétaire général, les membres du conseil de gouvernement, les officiers généraux commandant un territoire territorial, les préfets des départements et six conseillers du conseil général. Le conseil de gouvernement, créé depuis la conquête, porta des qualifications nombreuses : d'abord il s'appela, commission de gouvernement (16 juillet 1830), puis comité (16 octobre 1830), commission administrative (1ᵉʳ juin 1831), conseil d'administration (22 juillet 1834), conseil supérieur d'administration (15 avril 1845), conseil de gouvernement (9 décembre 1848), conseil supérieur de l'Algérie (21 novembre 1858), conseil consultatif (10 décembre 1860), conseil de gouvernement, le 24 octobre 1870. Depuis il a conservé ce titre. Les membres qui le composent sont : le Gouverneur Général, le Secrétaire Général, le premier Président de la cour d'appel, l'Archevêque d'Alger, le Procureur Général, le général chef d'État major, l'amiral commandant supérieur de la marine, le général commandant supérieur du génie, l'inspecteur général des finances, l'inspecteur général des travaux civils, le recteur de l'Académie et quatre conseillers rapporteurs. Les préfets et les généraux commandants les divisions militaires, peuvent être appelés et ont voix délibérative.

L'administration centrale est divisée en deux services, celui des affaires arabes fonctionnant sous la direction immédiate du gouverneur général, et celui des affaires civiles soumis à la direction du secrétaire général.

Le territoire de l'Algérie est divisé en trois départements, Alger, Constantine et Oran. Chacun de ces départements comprend un territoire civil et un territoire militaire ou de commandement. Le premier de ces territoires augmente au fur et à mesure que la colonisation s'étend ; le changement d'une partie de territoire militaire en territoire civil se fait par décret.

A la tête de chaque département, en territoire civil, se trouve un préfet. Des sous-préfets administrent les arrondissements de ce département. Des conseils généraux prennent part à la direction des affaires ; ils comprennent des membres français, élus par le suffrage universel, et des assesseurs musulmans, choisis par le gouverneur général.

En territoire militaire, le commandant de poste ou de bureau arabe a l'administration de sa section, sous l'autorité et le contrôle du gouverneur général.

Chaque arrondissement est divisé en un certain nombre de communes, mais qui ne sont pas toutes de même nature : il y a des communes de plein exercice, des communes mixtes, presque toutes aujourd'hui comprises dans le territoire civil, et des communes indigènes en territoire militaire.

Communes de plein exercice. La création de ces communes remonte au 28 septembre 1847. Ce sont les communes situées en territoire civil, qui par suite de leur degré de colonisation, peuvent recevoir une organisation presque française. Aussi dans ces communes, trouvons-nous un maire, des adjoints, des conseillers municipaux. Pour former ce conseil municipal, on dresse des listes, comprenant : 1° les citoyens Français ou naturalisés ; 2° les indigènes musulmans ; 3° les indigènes israélites et les étrangers. Chacune de ces trois dernières catégories a droit à représentation, lorsque sa population atteint cent habitants ; mais en tous cas, cette représentation ne peut dépasser le tiers du nombre total des membres du conseil municipal.

Le maire est toujours un Français, mais des adjoints indigènes peuvent être nommés ; ce n'est pas par voie d'élection que cela se fait, mais par arrêté du gouverneur pour les adjoints indigènes des communes, chefs-lieux de département ou d'arrondissement, et par arrêté du Préfet pour les adjoints indigènes des autres communes. Les fonctions du maire n'ont pas besoin d'être indiquées ici ; elles sont presque semblables à celles de nos maires français ; quant aux adjoints indigènes, leurs fonctions consistent à fournir tous les renseignements qui intéressent la tranquillité publique et la police du pays, à assister les agents du Trésor lors du recouvrement des taxes et des impôts ; il peuvent avoir, dans les communes importantes, un garde champêtre qui exerce aussi une surveillance et une police sur les douars ou les tribus.

Les conseils municipaux fonctionnent, comme en France, d'après des lois qu'il serait peu utile de reproduire.

Les communes mixtes. La commune mixte diffère de la commune de plein exercice, en ce qu'elle ne possède pas de franchises, n'a pas de droits d'élection ni de décentralisation municipale ; elle a plus de tutelle que la seconde et beaucoup moins de libertés. Elle possède néanmoins une personnalité civile, un budget distinct, des biens communaux, et est le centre des actes de l'état civil.

Tout d'abord, elles furent dirigées par des commissaires civils ou des syndics subordonnés à ces commissaires. L'arrêté du 24 décembre 1875 créa les administrateurs et les plaça à la tête des communes mixtes. Celles-ci ont donc à l'heure actuelle à leur tête un administrateur, des adjoints aux administrateurs et une commission municipale.

L'administrateur remplit les fonctions de maire, il est officier de l'état civil, chargé de la publication des lois, des décrets, des arrêtés : il a la police générale, surveille la vente et la fabrication de la poudre et des armes de guerre, veille à l'immatriculation des armes à feu que l'indigène peut être autorisé à posséder. Il a le droit de répression par voie disciplinaire des infractions spéciales à l'indigénat. Il préside à l'établissement de l'assiette de l'impôt et à sa perception, pour laquelle il doit aux agents du trésor son appui. Il gère les biens communaux.

Par suite de ses attributions de police judiciaire, il arrive assez souvent en conflit avec le juge de paix et malgré les circulaires du 30 août et du 24 septembre 1877 réglant ces conflits, c'est un spectacle encore trop fréquent et vraiment désolant, que de voir les luttes sourdes qui s'engagent entre les deux représentants de l'autorité. L'effet produit par ces dissensions n'est pas fait pour édifier l'indigène sur notre système d'administration, qu'il n'est presque toujours que tout disposé à critiquer.

Auprès de l'administrateur, se trouvent un ou plusieurs adjoints qui le remplacent, lorsqu'il y a lieu de le faire. Puis une commission municipale comprend les adjoints municipaux français (qu'il ne faut pas confondre avec les adjoints des administrateurs) et des membres français et des adjoints indigènes. Cela forme une sorte de conseil où l'on délibère sur le mode d'administration des biens communaux, sur le mode de jouissance et de répartition des pâturages et des forêts communaux, sur le budget de la commune, etc., etc..... Les adjoints municipaux français sont chargés de la tenue des registres de l'état civil, et de l'application des règlements de police dans leur section ; les adjoints indigènes servent d'intermédiaires entre l'administration française et les douars ou les tribus ; ils doivent avertir l'autorité française de tous les crimes et de tous les délits qui se commettent dans leur fraction ; ils assistent les agents du Trésor dans les opérations du recouvrement de l'impôt.

Communes indigènes. Comme il n'y a aucune commune de cette espèce en Kabylie, il n'y a pas lieu de s'en occuper. Qu'il suffise de savoir que, situées en territoire de commandement ou territoire militaire, elles ont à leur tête le commandant du cercle et une commission municipale.

Justice. Autrefois, les Kabyles, dans leurs procès, faisaient appel à des arbitres. Chaque partie en choisissait un, la Djemâa en nommait un troisième, et la sentence était respectée par les plaideurs. Cela n'occasionnait ni frais, ni déplacements, et l'affaire ne traînait pas en longueur. Ils ne connaissaient pas la juridiction des cadis, juridiction essentiellement Arabe, mais qui avait les mêmes avantages.

« C'était une justice locale, communale, patriarcale, parfaitement adaptée à l'état de leur société. Elle était instinctive, intuitive, peu éclairée, mal graduée, tout ce qu'on voudra ; mais elle était rapide, facile et peu coûteuse. Elle frappait fort et parfois de travers, mais elle frappait tout de suite. L'amende, le bannissement, les coups, on savait le compte ; il fallait en passer par là. La justice était distribuée sans frais, obéie sans frais. » (Ch. Benoist, *Enquête Algérienne*).

Notre domination a remplacé tout cela, et hélas ! si le contribuable français ne cesse de se plaindre des frais et de la lenteur de la justice, l'indigène peut exhaler les mêmes récriminations. Et cela n'est pas la faute de nos magistrats, de nos juges de paix, qui accablés par une besogne invraisemblable, ne peuvent faire mieux, mais bien celle de notre organisation judiciaire, absolument vicieuse.

Ecoutons les doléances des Kabyles et reconnaissons combien elles sont justes et fondées.

Tout d'abord, il faut bien reconnaître l'insuffisance du personnel judiciaire en Algérie ; il n'est pas admissible par exemple qu'il puisse rester, à la fin d'une année, à juger 45088 causes devant les tribunaux de première instance et 8058 devant la cour d'Alger, (statistique au 31 décembre 1887). C'est porter une grave atteinte à la justice et aux intérêts des justiciables que de tolérer une pareille situation. « Le tribunal de Bougie occupe le seizième rang parmi les tribunaux de France et d'Algérie, au point de vue du nombre des affaires jugées, il n'a qu'une seule chambre ; le tribunal de Tizi-Ouzou, qui n'a lui aussi qu'une seule chambre, juge plus d'affaires que celui de Rouen, qui en a trois ; et il en est à peu près de même partout ailleurs en Algérie, à Bône, à Blidah, etc....

Quand aux juges de paix, c'est bien une autre affaire. Si nous considérons que l'arrondissement de Tizi-Ouzou a une superficie de 352024 hectares et qu'il ne comprend que huit cantons, nous voyons que la moyenne de la surface du territoire où un juge de paix exerce ses fonctions est de quarante quatre mille hectares environ, et en Kabylie, il existe la population la plus dense ; la statistique nous l'a fait constater dans le premier livre. En outre de ses fonctions de juge de paix, celui-ci doit se livrer aux instructions criminelles ; et Dieu sait si la moyenne de ces instructions est élevée (un juge de paix de Kabylie me disait que le chiffre était pour lui de quatorze environ, soit deux et demi par semaine), comment veut-on que la justice soit rendue promptement, alors surtout qu'il y a lieu à des transports de toute difficulté, tant par le manque de moyens de locomotion ou de circulation, que par l'immense distance qu'il faut franchir.

Cette distance n'est pas pour le contribuable un des inconvénients les moins grands. Supposez qu'un habitant de Tigzirt soit demandé devant le juge de paix de Dellys : pour venir à la conciliation, il a 27 kilomètres à faire ; pour suivre son affaire sur citation, même parcours ; pour une comparution de témoins, même voyage ; pour transport du juge, celui de l'interprète et du greffier, même itinéraire, mais avec une augmentation de frais facile à comprendre.

Et M. Ch. Benoist, dans son livre : « Enquête Algérienne » nous édifie à ce sujet.

Il y a de l'effet à la cause une disproportion monstrueuse. Voici un exemple frappant. Sept indigènes ont fait dépouiller par leurs chèvres de jeunes pousses dans un bois. On leur demande de donner *cinq francs* pour le garde. Ils refusent de s'arranger. On les poursuit. Sait-on combien ils ont payé, tout compte fait ? *Cinq cent soixante francs*. Le dommage réel était estimé à un franc.

Autre exemple, non moins topique : un indigène a acheté un melk qui lui coûte *quatre cent trente francs*. Le droit des vendeurs, comme il arrive souvent, est incertain et contesté. Il y a procès. Lorsqu'on m'a raconté l'affaire, c'était la *dixième* fois que l'indigène allait à Constantine. Cent kilomètres environ pour aller, cent kilomètres pour revenir, il avait fait, pour ce champ de 430 francs, plus de *deux mille kilomètres*, dépensé déjà près de *six cents francs*, et il n'était pas sûr que la vente serait validée.

Je l'accorde volontiers : ce n'est point la faute des juges. Et pourtant, si, c'est leur faute. Ou c'est la faute de notre organisation judiciaire. Elle embrasse trop et étreint mal. Elle n'étreint pas du tout, car ce qu'elle embrasse est insaisissable pour elle. Des circonscriptions trop vastes, une langue que le juge ignore et qui le condamne à subir le courtage véreux des interprètes. De là, de la distance, de l'ignorance de la langue, l'impossibilité matérielle d'une bonne justice, c'est-à-dire d'une justice raisonnée, impartiale, prompte et à bon marché ».

Nous ferons-nous l'écho des reproches adressés chaque jour aux interprètes ? Non, ce livre n'est pas une enquête politique. Cependant, il faut bien reconnaître avec M. Ch. Benoist que « la Justice se vend toujours, en arrière et à l'insu du juge, malgré le juge, par l'interprète. » Et la conscience du juge ne peut être éclairée que par ce qu'on lui dit. Le magistrat ne sait que ce que l'interprète veut lui faire savoir.

« L'interprète égare l'indigène en lui posant la question et le juge en lui transmettant la réponse. On cite des traits qui, s'ils n'étaient odieux, seraient comiques. Un interprète interroge un plaideur : « N'est ce pas que ta femme est malade ? — Oui, fait l'Arabe. » Aussitôt l'interprète : « Il avoue, monsieur le juge. » Il n'y a pas à demander : Qui trompe-t-on ici ? C'est la justice. » (Ch. Benoist *Enquête Algérienne*).

N'est-ce pas vraiment effrayant aussi bien pour les plaideurs, que pour les témoins, les juges et leurs auxiliaires ? Que le Kabyle regrette la justice des Djemâa, je le comprends. Mais ce que je ne comprends plus, c'est qu'on l'empêche de se faire juger par cette Djemâa, quitte à le laisser libre de tenter une véritable expédition pour venir en appel, s'il est peu satisfait de ses premiers juges. Le Kabyle préférerait cette justice de la Djemâat, ses intérêts seraient sauvegardés à moins de frais, il serait content de son sort ; nous aurions supprimé un rouage qui ne peut raisonnablement bien fonctionner dans les conditions où il est établi, et chacun s'en trouverait mieux, plaideurs, témoins et magistrats. Mais non, il n'y faut pas penser ; ce serait trop simple et trop pratique. Il faut que le Kabyle sache à son tour, ce qu'est une citation, une assignation, une procédure avec enquête, contre-enquête, conclusions, avenirs, que sais-je encore ! en un mot, tout ce dont tous les Français demandent avec une touchante unanimité la suppression, depuis tant d'années.

Aussi arrive-t-il souvent que le Kabyle recourt encore à l'arbitrage. Chaque plaideur choisit son juge, et le juge de paix, remplaçant la Djemâa, désigne le troisième arbitre.

Lorsque le procès s'agite entre deux Kabyles, le juge de paix se fait assister par un assesseur Kabyle. Si le conflit a lieu entre deux Arabes, l'assesseur est lui-même un Arabe. Enfin s'il s'agit d'une contestation entre Kabyle et Arabe, il faut deux assesseurs, l'un Kabyle, l'autre Arabe. Que tout cela est compliqué, et que l'on ferait bien de trouver autre chose, si l'on ne veut revenir à la juridiction des cadis ou de la Djemâat.

Impôts. Nous avons vu que les Kabyles, payaient des impôts, avant notre conquête, impôts religieux destinés les uns au budget du village, les autres au soulagement des pauvres.

Dès le 18 janvier 1850, le général Randon établit en Kabylie un impôt dit de capitation. Cet impôt reposait sur les bases suivantes : tout homme en état de jeûner et de porter les armes était inscrit dans une des quatre catégories suivantes : 1° celle des gens riches ; 2° celle des gens d'aisance ordinaire ; 3° celle des gens ne possédant qu'un revenu médiocre ; 4° enfin celle des gens ne possédant rien. Tout individu compris dans la 1re catégorie, et quel que soit d'ailleurs le nombre d'hommes dans la famille, payait un impôt annuel de 15 francs : dans la 2° catégorie l'impôt annuel et par tête était fixé à 10 francs ; il n'était que de 5 francs seulement pour la 3° catégorie. Quant aux autres, ils ne payaient rien.

En plus de cet impôt, l'on avait établi des centimes additionnels ; 18 centimes additionnels communaux et dix centimes additionnels pour la constitution de la propriété indigène.

Aujourd'hui l'impôt Kabyle consiste en : 1° Un impôt de capitation appelé « Iezma », augmenté par arrêté du gouverneur général en date du 9 septembre 1884, et établissant six classes d'individus ; l'indigent, qui ne paie rien ; ceux qui possèdent une fortune moyenne, 10 francs ; ceux qui ont une aisance, 15 francs ; les riches 50 francs ; et les très riches, 100 francs.

En plus, le Kabyle paie la contribution foncière sur les propriétés bâties ; elle s'élève entre 6 et 7 francs par individu. En outre il est dû 3 journées de travail par homme et par bête de somme.

La patente, qui est de trente francs en moyenne, est due par ceux qui exercent certaines professions.

D'après le rapport de M. Burdeau, sur le budget de 1892, des 366,638 Kabyles de l'arrondissement de Tizi-Ouzou, il n'y aurait que 85,969 habitants qui payeraient la lezma : la proportion serait donc de 1 sur un peu plus de quatre.

Division administrative de la Kabylie. Le territoire de la Kabylie du Jurjura comprend aujourd'hui : 1° l'arrondissement de Tizi-Ouzou ; 2° une partie des communes de Bouïra, Blad-Guitoun, Ménerville, Tablat, Palestro et Beni-Mansour, dans l'arrondissement d'Alger; 3° et une partie des communes de Djidjeli, Akbou, Amoucha, Guergour et Soummam, dans l'arrondissement de Bougie.

L'arrondissement de Tizi-Ouzou comprend 12 communes de plein exercice et 6 communes mixtes :

Les 12 communes de plein exercice sont :

Bois Sacré	Isserville
Bordj Menaïel	Mekla
Dellys	Mirabeau
Drâ el Mizan	Rebeval
Fort National	Tizi-Ouzou
Haussonviller	Tizi-Reniff

Les six communes mixtes sont :

Azeffoun	Drâ el Mizan
Dellys	Fort National
Jurjura	Haut Sébaou.

LIVRE SEPTIEME

MŒURS, COUTUMES ET USAGES.

Après l'étude que nous venons de faire, il est facile de comprendre que chez un peuple possédant, d'après notre manière de voir, des qualités si personnelles, les mœurs, les usages, les coutumes, aient des caractères tout particuliers et curieux. La fierté du Kabyle, son tempérament vindicatif, son administration qui nous semble si différente de celle des autres peuples, tout a contribué à faire naître chez lui une existence spéciale qu'il est intéressant de mettre en lumière. Aussi notre but est-il de prendre le Kabyle à son berceau ; nous le suivrons pas à pas dans l'enfance, dans l'adolescence, dans l'âge mûr, dans la vieillesse et nous l'accompagnerons jusqu'à la tombe. Nous fouillerons dans la vie entière de cet homme pour y découvrir le rôle qu'il a joué dans cette éternelle comédie de la Vie Humaine, mettant à nu ses joies comme ses tristesses, sa gloire comme sa honte.

« A peu près sur chaque piton, au bord de chaque précipice, le plus souvent long et étroit comme la crête qu'il couronne, se dresse un gros village construit en pierres, couvert de toitures en tuiles rouges, entouré de chemins creux et de haies vives, perché là comme un nid d'aigle. A ce seul aspect, on devine déjà un peuple attaché au sol qu'il habite et accoutumé à vivre sur le pied de guerre, un pays d'attaque, de résistance, et de rudes gens. » (P. Joseph Dugas, *La Kabylie*).

Tels sont les villages Kabyles. L'accès en est très souvent difficile ; les chemins qui y conduisent étant fort peu praticables.

Toutes les maisons, rez-de-chaussée édifié en pierres brutes et de dimensions inégales, sont adossées les unes contre les autres. Elles n'ont jamais d'ouvertures vers l'extérieur du village ; seule, donnant sur la rue principale ou sur une ruelle, une porte, et quelquefois, une ou deux petites fenêtres étroites et sans vitres, permettent l'entrée de l'air et de la lumière. Ce système de construction était très appréciable autrefois, car ainsi le village tout entier formait une véritable forteresse avec une enceinte composée uniquement des murailles des maisons. Une pierre enlevée dans le mur permettait à l'habitant de surveiller, en temps de guerre la marche de son ennemi et en même temps formait une meurtrière.

Une rue, à l'entrée du village, part de la seule ouverture qui existe dans l'enceinte fortifiée, sorte de brèche fermée par une porte, vite assujettie en cas d'alerte, au moyen de poutres toujours à proximité. Cette rue n'a point d'autre issue ; elle aboutit généralement à une foule de ruelles qui conduisent à un minaret, situé sur le point culminant du village, observatoire où à toute heure le Kabyle peut surveiller ce qui se passe autour de lui. Près de la porte d'entrée du village et traversé par la rue même, s'élève un bâtiment rectangulaire, couvert en tuiles. A l'intérieur de simples bancs de pierre. C'est là que se réunit le Conseil du village, la Djemâa.

Riches ou pauvres, les maisons kabyles se ressemblent toutes à bien peu de chose près. Elles sont distribuées de même : la vie du riche diffère si peu de celle du pauvre ; les besoins et les exigences sont les mêmes, pourquoi le même modèle d'habitation ne serait-il pas employé par tous ? La porte s'ouvre, soit sur la rue principale, soit sur une ruelle ; on entre et l'on se trouve dans une grande pièce, où le jour pénètre fort peu. Heureusement que souvent la toiture, faite en tuiles mal jointes, laisse filtrer de nombreux rayons de lumière ; cela permet d'y voir un peu plus

Partagée, presque par moitié, par un petit mur d'une hauteur de quarante à cinquante centimètres, cette pièce forme toute l'habitation du Kabyle. Dans la partie la plus grande et à peu près au milieu, un trou est creusé dans le sol. Ce trou, peu profond d'ailleurs et entouré de pierres, sert à faire le feu. C'est le Kanoun, le foyer, l'endroit sacré par excellence pour les Kabyles. C'est dans cette partie, que le maître de la maison se tient, c'est là qu'il reçoit ses parents et ses amis, c'est là que l'étranger est accueilli. Une natte, étendue par terre, le long d'une muraille, sert de lit au maître de céans ; c'est d'ailleurs le seul ameublement de cette pièce. Il est cependant vrai d'ajouter, pour être exact, que des clous sont fixés dans le mur, les uns destinés à suspendre d'abord le fusil, cet objet auquel le Kabyle prodigue tant de soins, ne le touchant qu'avec un linge lorsqu'il est sorti de sa gaîne, puis les autres à établir un métier pour tisser les vêtements de laine. « Le fusil est le seul objet pour lequel le Kabyle se permette un certain luxe, et le seul dont il est véritablement soigneux. Il n'est pas rare de rencontrer dans une maison dont tout le mobilier ne vaut pas cent francs, un fusil garni d'argent ou de corail qui a coûté 3 ou 400 francs. C'est un meuble de famille respecté, enveloppé avec soin dans un fourreau d'étoffe, il occupe une place choisie à l'abri de l'humidité et est toujours tenu dans un état de propreté qui proteste avec le reste de la maison et la personne du propriétaire » (Hanoteau, *Poésies populaires*). Il n'en est plus ainsi aujourd'hui, où le Kabyle n'ayant pas, sans autorisation, le droit de posséder des armes, les cache plutôt que d'en faire parade.

En contre-bas du « Kanoun, se trouve l'addaïnin ou écurie. C'est la seconde partie de l'habitation séparée du Kanoun, nous l'avons déjà indiqué, par un petit mur. L'addaïnin met à l'abri, auprès de son maître, le mulet ou le « bourico ». Le sol de l'addaïnin est creusé d'environ un mètre, l'animal y accède par une ou deux marches, faites avec quelques morceaux de pierre brute. Au dessus de l'écurie, mais seulement du côté opposé à la descente, se trouve un plancher en bois. Troisième partie de cette habitation très complexe, ce plancher forme l'endroit où le Kabyle loge tout à la fois les femmes, les enfants, les fourrages, les sacs de fèves, etc. Auprès de ce plancher et sur le rebord du mur, l'on voit quelques jarres en terre, dont une de dimension vraiment colossale, d'une hauteur de 2^m à 2^m 50, d'un diamètre de 2 à 3 m. Celle-ci renferme en ses flancs toutes les provisions de ménage, orge, blé, huile ; les autres contiennent le lait et divers autres provisions, la graisse, la poudre, etc.....

Et puis, si nous cherchons autre chose dans cette maison... il n'y a plus rien... c'est tout. Et si nous nous étonnons, nous les « Roumi » de cette installation primitive, le Kabyle nous regarde d'un air fin et narquois. Que lui faut-il de plus ? Sa porte fermée, n'a-t-il point tout à sa portée ? « Il a, sous la main, la famille, les bestiaux, les provisions d'hiver. Personne ne peut toucher à quoi que ce soit sans que le maître le sente, et si vous venez l'attaquer, il faut de lourdes haches et de fortes pinces pour briser sa porte ou défoncer sa muraille. » (Masqueray.) Il n'est pas besoin d'autre chose pour être heureux et tranquille... en pays kabyle.

C'est dans cette maison, auprès de l'addaïnin, que naît le Kabyle. Mais l'arrivée de l'enfant dans ce milieu pittoresque est bien différente, suivant qu'il est fille ou garçon ; de son sexe dépendront la joie et l'accueil bruyant qu'on fera éclater.

En Kabylie, l'homme est au premier plan, la femme n'occupe qu'une position très secondaire. Pour le kabyle, la naissance d'un fils, c'est la naissance de celui qui un jour fera un citoyen de plus dans le village, de celui qui viendra plus tard s'asseoir aux délibérations de la Djemâa, de celui enfin qui pourra, si les circonstances le demandent, défendre son village, fusil en main. « Tu ne voudrais pas, disait un kabyle au capitaine Devaux, auquel j'emprunte ce récit, qu'à la venue de deux enfants sur cette terre, nous ne fissions pas une différence entre celui qui doit un jour défendre son çof (parti) un fusil à la main, et celle qui ne sera tout au plus bonne qu'à faire du mauvais kouskoussou. Nos Kanoun (règlements de village) font de grandes différences entre l'homme et la femme adulte ; ainsi, par exemple, une femme ne peut pas tuer son mari, tandis qu'un homme... » — « Mais, ripostai-je, ces filles que vous méprisez, sont en définitive pour vous une bonne aubaine, puisque vous les vendez quand elles ont dix à douze ans. » — « Oui, mais tout cela ne me donnera pas grande influence à la Djemâa, tandis qu'avec quatre ou cinq garçons bien taillés, je ne craindrais plus mes ennemis, quand ma barbe blanchira et que ma vue s'affaiblira. »

C'est d'ailleurs ce que le général Daumas a résumé, en disant : « La fille n'accroît en rien la force de la tribu ; devenue grande, elle se mariera et quittera peut-être le pays pour suivre un nouveau maître. »

Aussi la femme, qui d'ailleurs partage les mêmes idées que son mari sur la naissance d'un garçon ou sur celle d'une fille, a-t-elle soin de recourir aux sortilèges de la sorcière ou d'aller en pélerinage vers quelque saint marabout pour obtenir de donner le jour à un futur citoyen.

Le jour de la naissance est arrivé, les matrones ont opéré la délivrance de la mère, elles s'assurent du sexe de l'enfant. Si c'est une fille, elles font le simulacre d'une incision cruciale avec le dos d'un couteau sur les parties sexuelles de l'enfant ; cette opération remplace pour elle l'opération de la circoncision. Le troisième jour et le septième jour après l'accouchement, la famille se réunit et l'on fête sans bruit, tout à la fois le rétablissement de la mère et la naissance de la fille.

Mais le sortilège de la sorcière et le pèlerinage au saint marabout, ont-ils produit leur effet, les matrones ont-elles reconnu un fils ? Aussitôt des cris perçants se font entendre (aslilou, thir'érathin), qui annoncent au village la naissance d'un nouveau défenseur. Les hommes se rassemblent et répondent aux cris des femmes par de nombreux coups de fusil. Tous les parents, la Kharoubba, parée de ses habits de fête, vient vers l'accouchée pour la complimenter et lui apporter des présents, des bijoux, des parfums, des cosmétiques, des étoffes, etc. Quelquefois même, mais cela est assez rare, ces présents consistent en sommes d'argent.

La mère peut alors mettre avec orgueil sur son front le **Thabezimth**, sorte de bijou rond ; elle le portera, ce bijou, pendant un an ; après ce délai elle perd cette parure et ne peut la reprendre qu'après la naissance d'un autre fils. Le thabezimth apprendra ainsi, à celui qui verra cette femme, qu'elle a donné un citoyen à son village.

A la naissance d'un garçon, le père doit au village une redevance, qui s'appelle « aâda ». Le chiffre de cette redevance varie suivant la richesse du village ; il est généralement de cinq, six, sept ou huit francs.

Trois jours après l'accouchement, première fête, mais pour les femmes seulement. La mère se lève et remet sa ceinture. Puis, réunissant les femmes de sa Kharrouba, et celles du village qui lui ont apporté des œufs ou autres semblables offrandes, elle fête gaiement son heureuse délivrance.

Quatre jours encore, par suite sept jours après l'accouchement, et la grande fête commence ; c'est le jour des réjouissances solennelles offertes par le père de l'enfant, à tout le village. Tout d'abord, au milieu des cris, des bruits de tam-tam, des chants, et des coups de fusil, on égorge des moutons et des chèvres. Ces victimes sont sacrifiées en l'honneur du nouveau citoyen, et pour écarter les mauvaises influences qui pourraient un jour compromettre son avenir, l'on fait couler sur son visage quelques gouttes de sang encore chaud. Puis tout le village se rend à un repas de fête qu'a fait préparer le père, et où le couscous n'est pas épargné. Généralement le menu de ce festin est laissé à l'appréciation du père, et cela avec raison ; son amour propre étant une garantie sérieuse que tout se passera très bien. Dans certaines tribus cependant, nous trouvons traces de règlements qui fixaient d'avance le menu de ces sortes d'agapes : et nous voyons même, que nul ne pouvait le dépasser ou le diminuer sans encourir une amende. Nous donnerons à titre de curiosité le menu obligatoire d'un repas de fête, tel que l'avait composé le Kanoun d'un des villages de la tribu des Cheurfa guir'il Guek' Ken : Un plat de couscous, contenant deux mesures de froment ; sur ce couscous, la valeur d'un réal, soit deux francs cinquante centimes de viande, une demi mesure de beurre et trente œufs.

La fête se termine au milieu des chants, des sons aigus de la flûte de roseau, du bruit cadencé des tam-tams, et des danses dans la famille.

On ne songe plus alors à l'enfant. Enveloppé dans quelques linges, quelques débris de burnous, il attend que ses petites jambes lui permettent d'explorer l'habitation. Jusque là, il reste sur le fameux plancher en bois, au milieu des fourrages, des bottes de fèves sèches et de pois chiches.

L'enfant peut-il marcher, il est alors indépendant. Vous le rencontrez à chaque pas, dans les ruelles du village, jouant avec les autres enfants de son âge, et affublé du traditionnel burnous ou de la petite robe bleue ou rouge d'une propreté quelque peu suspecte.

A quatre ans, si c'est un garçon, il sera l'objet de nouvelles fêtes, de grandes réjouissances. C'est à cet âge, que les Kabyles ont l'habitude de procéder à l'opération de la circoncision, solennité considérable pour la famille, et même pour le village.

Le père fixe lui-même le jour où cette opération religieuse aura lieu et en avertit ses parents et ses amis. La nouvelle en est vite répandue dans tout le village.

L'avant-veille du jour fixé, la fête commence. Toutes les femmes de la Kharrouba viennent dans la maison du père de famille rendre visite à la mère et à l'enfant, et toute la soirée se passe en chants et en danses. La fête n'est interrompue que par un seul acte religieux : un marabout se présente, et prenant l'enfant, lui teint de henné la main droite. Cette cérémonie terminée, les chants et les danses reprennent de plus belle, et l'heure avancée de la nuit vient seule mettre fin aux divertissements.

Le lendemain, les réjouissances publiques ont lieu. L'enfant, habillé de vêtements neufs, monté sur un mulet et le front entouré d'un Akerzi, bandeau de soie qui lui fait plusieurs fois le tour de la tête, est promené par toutes les ruelles du village au son des flûtes de roseau et des tam-tams. Sur son passage, les hommes tirent des coups de feu, accompagnement presque indispensable de toutes les fêtes de village ; usage que nous retrouvons, et c'est là un rapprochement assez curieux, dans certaines régions françaises.

Quand cette promenade est terminée, le cortège se rend à la maison paternelle, où les parents et les amis viennent faire au père de famille des cadeaux en argent, appelés El-Khir. Toute la nuit est consacrée à la fête, nuit bruyante où les chants et les danses n'ont que de courtes trêves. Pendant cette soirée, les parents s'approchent de l'enfant, et, à l'aide d'un fil, attachent autour de son burnous un nombre plus ou moins considérable de pièces de monnaie. Cela constituera pour l'enfant une sorte de pécule, pécule sacré, qui lui appartient en propre et auquel personne ne saurait toucher. Ses parents ou ses tuteurs peuvent faire valoir ce pécule, mais ne doivent jamais le dissiper.

Le troisième jour se lève, jour fixé par le père pour l'acte religieux de la circoncision. La maison se trouve alors envahie par une foule considérable d'assistants, qui, à défaut de meilleures places, montent jusque sur le toit.

L'opérateur, désigné dans chaque village et dont les fonctions doivent être absolument gratuites, arrive. Il pénètre dans la maison et circoncit l'enfant.

C'est alors un tohu bohu indescriptible, un bruit formidable où les cris des femmes, les coups assourdissants des tam-tam, les notes aiguës des flûtes, les coups de feu répétés à profusion, rivalisent de sonorité. C'est le triomphe de la cacophonie en délire.

« Une vieille femme, nue jusqu'à la ceinture, se précipite sur l'enfant, le charge sur ses épaules et le porte jusqu'à son lit en le maintenant incliné, les mains ramenées sur la poitrine, de manière à ce que la partie incisée repose sur sa peau découverte. Cette cérémonie bizarre, qu'on appelle abibbi-en-temr' arth (abibbi, action de porter sur le dos, temr' arth, la vieille), a pris naissance dans un préjugé populaire, qui ne veut pas que la chair vive ait contact avec autre chose que de la chair ». (Hanoteau et Letourneux).

L'enfant couché, les pansements nécessaires lui sont faits, et chacun disparaît dans le village, non sans accompagnement des mêmes cris, des mêmes coups de feu et de la même musique. Généralement, les soins donnés à l'enfant consistent tout simplement en une application de miel et d'alun calciné et réduit en poudre, formant ainsi une pommade.

Quelquefois, après ces soins appliqués au corps, on s'occupe d'un remède pour l'âme. « Il paraît que c'est le bon moment pour repousser les maléfices du démon. On prend pour cela du charbon de racine de laurier rose, on l'allume, on y fait brûler une feuille du même arbrisseau et un peu de benjoin. L'enfant, après avoir enjambé ce feu pendant quelques instants, est désormais à l'abri des embûches des Djenoun ». (Devaux, *Kebayles du Djerdjeïra*).

A l'occasion de cette solennité, le père doit, dans la plupart des tribus, offrir un repas de fête au village entier. Dans certaines autres tribus, le père peut remplacer ce repas par le paiement d'une somme d'argent à la Djemaâ.

L'enfant est circoncis, et à partir de ce moment jusqu'à sa majorité, il est l'objet de bien peu de soins, de bien peu d'attentions.

L'instruction est à peu près nulle en Kabylie. Les filles ne fréquentent aucune école ; quant aux garçons, on ne saurait appeler instruction, le fait d'apprendre par cœur quelques sourates du Coran.

Et cependant, si le Kabyle ne sait ni lire, ni écrire, il tient à honneur d'avoir des écoles renommées et il en supporte avec plaisir tous les frais. Ces écoles ne sont fréquentées que par les enfants de marabouts, et il n'est pas très rare de voir des filles de marabout sachant lire et écrire.

Les écoles se divisent en écoles d'enseignement primaire et en écoles d'enseignement secondaire. Etablies par le village, entretenues avec les deniers publics, ce sont de véritables établissements publics. On cite bien, par ci par là, quelques écoles privées tenues par un marabout, plein de zèle ; mais ces cas sont rares.

Dans toutes les écoles, la langue Kabyle est prohibée, bannie du programme. Les cours sont faits en arabe, d'après les méthodes usitées chez les Musulmans.

Il n'y a d'écoles d'enseignement primaire, que là où y a assez d'enfants de marabout pour en justifier l'existence. Dans ce cas, la Djemâa se réunit en assemblée spéciale, et choisit, après avoir décidé la création de cet établissement, un instituteur. Celui-ci est ordinairement l'iman de la Djemaâ. La classe se fait dans la Mosquée, qui alors devient : « Djemaâ-en-Thaddart », expression, que nous ne saurions mieux rendre que par cette locution, « mosquée, école de village. » On le voit, l'installation est peu dispendieuse, et le vote autorisant la création de ce nouvel établissement public, ne grève pas beaucoup le budget.

Si l'école coûte peu, l'instruction qu'on y reçoit ne vaut guère mieux. L'élève y apprend la lecture et l'écriture arabe, puis s'il arrive à réciter par cœur quelques sourates du Coran, on le tient quitte : il a rempli le programme de l'instruction primaire.

Trois fois par jour, la voix du Moudhen, ou celle de l'instituteur lui-même, appelle à la classe les enfants du village. Le matin, première séance de trois heures ; à midi, seconde séance de même durée ; et enfin, avant le coucher du soleil, en été, troisième et dernière séance de une heure et demie. Les congés et les vacances sont assez nombreux : ainsi le mercredi, après la classe du matin ; le jeudi, toute la journée ; et le vendredi, jusqu'à midi, congé hebdomadaire. Les vacances sont de 70 jours et se répartissent de la manière suivante : quinze jours avant et quinze jours après les deux fêtes de l'Aïd Çerir et de l'Aïd el Kebir ; dix jours seulement à l'Achoura. L'époque des vacances s'appelle « Tezouak-en-Telouihath », peinture des planchettes. Cette dénomination prend sa source dans l'usage suivant. Les élèves font des séries de dessin sur des planches. Ils vont montrer ces travaux et les faire admirer aux femmes des villages, leur demandant en retour des œufs. Nous trouvons en France, dans certaines régions, en Normandie par exemple, un usage qui a beaucoup d'analogie avec cette quête aux œufs. Lors de la fête de Pâques, et généralement le jeudi saint, les enfants de nos villages, en vacances pendant ces jours, vont de ferme en ferme, demander des œufs, dits « œufs de Pâques ». Il y a là une coïncidence qui nous a semblé assez curieuse pour que nous la signalions.

Si vous assistez à une classe dans une de ces écoles, vous serez fortement étonné de voir les procédés d'instruction qui y sont en vigueur. Tous les enfants, sont assis sur des nattes, réunis en demi-cercle, autour de l'instituteur. Ils tiennent entre leurs mains, une planchette en bois, sur laquelle a été collée une sourate du Coran. Tous, ensemble et en même temps, s'efforcent à lire à haute voix cette sourate ; mais comme chaque planchette reproduit une sourate différente, vous n'entendez qu'un bruit de voix, où tous les mots se confondent à tel point que vous ne sauriez distinguer une seule syllabe. Quand l'élève croit savoir sa leçon, il va la réciter à l'instituteur. Celui-ci, grave et majestueux, écoute l'élève, tout en appliquant automatiquement et comme par déclanchement, un coup de baguette sur la tête ou sur les mains de quelque élève distrait. Le maître a en effet le droit de correction manuelle, et il s'en sert. Il tire les oreilles, et use, avec générosité, de sa longue baguette ou roseau. Les punitions graves consistent à mettre l'élève en retenue dans la mosquée, et à l'y laisser un temps plus ou moins long sans boire ni sans manger.

L'instituteur a droit à certaines rémunérations et à certains avantages, qui rendent sa situation convenable.

Le village tout entier, sauf les marabouts, qui sont cependant presque les seuls à en profiter, paient une redevance au maître d'école. Quelquefois en outre, la Djemâa lui fait donner par chaque père de famille, dont l'enfant fréquente l'école, une somme de cinq à douze francs cinquante centimes (de deux à cinq réaux); et dans le cas où cette rétribution n'est pas obligatoire, il est en usage de lui faire quelques cadeaux.

L'instituteur est-il étranger au village et n'a-t-il pas de famille ? Il est nourri à tour de rôle par les parents de ses élèves, et quel que soit le nombre d'enfants appartenant à une maison, le tour est établi indifféremment par maison.

En outre, le jour où commencent les études, les pères de famille se cotisent et offrent à frais communs un grand repas, auquel sont conviés l'instituteur, les élèves, leurs parents et les notables. C'est ce qu'on appelle le Zerd iketsaben ; et ce même jour, chaque élève doit offrir à son maître un cadeau en argent, variant de 0 fr. 60 à 1 fr.

Chaque succès de l'élève à l'école est prétexte à un repas, offert à l'instituteur et à toute l'école, et à un cadeau, inséparable de tout progrès. Il suffit pour cela que l'enfant apprenne certaines sourates du Coran, pour que la famille doive s'exécuter.

Mais les progrès vont-ils en croissant de plus en plus et l'élève arrive-t-il à savoir par cœur le Coran entier ; c'est alors une fête où l'on n'épargnera pas le couscous à la viande.

En somme, pour les résultats obtenus, l'école est une charge assez lourde pour le père de famille.

Si l'élève, après avoir terminé son enseignement primaire, doit continuer ses études, son père l'envoie dans un établissement d'enseignement secondaire, mais différent, suivant qu'il le destine à l'étude religieuse, ou à l'étude du droit.

Il y a en effet deux sortes de « Thimâmert » (forme kabyle du mot arabe Mâmera dont l'étymologie signifie : servir Dieu par le jeûne et par la prière). (Hanoteau et Letourneux.

« Thimâmerin-el-K'oran » est la « Mâmera du Coran », celle où l'étude du livre sacré est l'étude principale.

« Thimâmerin-n-echcheriâ » est la Mâmera du Droit.

Nous allons voir comment fonctionnent ces « Mâmera »

Les matières de l'enseignement dans les « Mâmera » du Coran, sont :

Le Coran et ses commentaires.

Les « Riouaïat » ou les sept versions admises pour la lecture du Coran.

La « Djaroumia » ou grammaire arabe du Cheikh el Mohammed ben Daoud el-Sanhadji.

L' « Alfya », ou grammaire arabe en mille vers de Ibn Malek.

Le « Touhid », théologie de la religion du Dieu unique.

Le traité d'arithmétique de K'alaçadi, appliquée surtout au partage des successions.

L'arithmétique et l'astronomie de Sidi Mohammed es-Sousi.

La versification.

On ne demande pas aux étudiants ou tolba de comprendre ces livres ; cela n'entre pas dans le programme des études et l'on ne s'en inquiète pas ; mais ce qu'il faut, ce qui est absolument exigé, c'est que l'élève apprenne toutes ces matières par cœur. Le professeur ou Cheikh n'a d'ailleurs d'autre mission que de s'assurer que l'élève récite exactement les textes, sans en rien omettre, et en prononçant les mots correctement avec les intonations prescrites et usuelles. En réalité, l'instruction secondaire comme l'instruction primaire ne demande qu'un effort de mémoire.

Les Thimâmerin-el-K'oran sont nombreuses en Kabylie. MM. Hanoteau et Letourneux n'en citent pas moins de treize importantes, qui sont :

1° Oudris et Sidi Abd er-Rahman, chez les Illoulen Oumalou.

2° Ben Ali Cherif, à Ichelladhen, chez les Illoulen Ousammeur.

3° Sidi Mohammed ou Malek, à Tifrit, et Sidi Ameur ou el-Hadj, chez les Aït Idjer.

4° Sidi Moussa Tenebdar, chez les Aït Our'lis.

5° Sidi Ali Teralat, à Tizi Guefrès, et les Aït Mançour, chez les Aït Itsourar'.

6° Sidi Ali ou Tâleb, à Koukou, chez les Aït Yahia.

7° Les Cheurfa-em-Bahaloul, chez les Aït R'oubri.

8° Les Isalmounen, à Djemâât es-Sah'ridj, chez les Aït Fraouçen.

9° Arous et Adeni, chez les Aït Iraten.

10° Sidi Mançour, à Thimizar, et Iachchouba, chez

les Aït Djennad.

11° Sidi Ali ou Moussa et les Cheurfa, chez les Maâtka.

12° Sidi Mohammed Amezzian, chez les Aït bou Khalfa.

13° Thaâzibt des Cheurfa, chez les Aït Ouguennoun.

Ces « Mâmera » du Coran, sont très fréquentées par les enfants de marabouts.

Le programme des études dans les « Mâmera » de droit, n'est pas moins étendu ; il comprend :

Le traité de jurisprudence de Sidi Khelil.

L'étude de ses principaux commentateurs : El Khorchi, Sidi Abd el-Baki, Cheikh Salem, Sidi Chabeur Khitsi, Sidi Attab, Sidi et-Tataï, Sidi Baharam.

La « Djaroumia ».

L' « Alfya ».

Le « Touhid ».

Le traité d'arithmétique de K'alaçadi.

L'arithmétique et l'astronomie de Sidi Mohammed es-Sousi.

Ces cinq derniers ouvrages, nous l'avons déjà vu, forment aussi partie du programme enseigné dans les « Mâmera » du Coran.

La rédaction des actes.

La versification.

L'ensemble de ces ouvrages forme le droit Kabyle, droit qui repose sur trois bases bien distinctes :

1° Tout d'abord, et avant tout, le droit repose sur le Coran en ce qui a trait à la foi et à l'hygiène religieuses : texte sacré et immuable, le Coran implique un droit absolu, invariable en ces sortes de questions. Mais il ne régit le droit civil proprement dit, que dans les cas où la coutume n'est pas intervenue.

2° L'aâda ou coutume générale. « S'appliquant à tout ce qui touche au statut personnel, à la transmission de la propriété et aux conditions des contrats, l'aâda est un ensemble de lois, transmises de génération en génération par la seule tradition orale. Très respectée par les Kabyles, les marabouts l'acceptent eux-même volontiers. Emanant de la souveraineté populaire, l'aâda n'a pas de caractère immuable et peut être modifiée.

Pour reviser un principe ou une règle consacré par l'aâda, une réunion des tribus est provoquée par les amin. Une discussion s'engage, et, lorsqu'une des opinions a réuni une majorité assez imposante pour qu'il n'y ait pas d'opposition possible, on récite le fath'a, et la décision est proclamée, d'abord au sein de l'assemblée, puis sur les marchés et dans chaque village » (Hanoteau et Letourneux). Réciproquement, pour introduire dans l'aâda une nouvelle règle, on convoque une semblable réunion, et la décision adoptée s'incorpore à l'aâda pour l'avenir.

3° Enfin l'ârf, qui n'est guère autre chose que ce que nous appellerions « usage local » et qui ne régit que les choses du village. Par suite, il va sans dire, que l'ârf est modifiable d'une façon souveraine par la Djemâa du village.

Dans les Mâmera de droit comme dans celles du Coran, l'on n'exige des élèves que la récitation exacte des textes ; peu importe la signification de ce que l'on apprend, cela est insignifiant et l'on ne s'en préoccupe pas.

Maintenant, que nous connaissons le programme des matières enseignées dans les « Mâmera », voyons quel usage en font maîtres et étudiants.

Pour une « Mâmera » il n'y a qu'un professeur ou Cheikh. Mais comme ce système d'apprendre tout par cœur nécessite de très fréquentes récitations, les étudiants ou tolbas lui viennent en aide par un moyen très pratique, en appliquant entre eux le système d'enseignement mutuel. À cet effet, les tolbas sont divisés en quatre catégories : les Isebbak'in ou préparateurs ; les Imâouden-n-eç-cebah', répétiteurs du matin ; les Imâouden-en-temeddith, répétiteurs du soir ; et les Ih'adjaren ou commençants.

Le cheikh indique, dans la journée, quel sujet fera l'objet de sa classe, le lendemain matin. À la séance de travail du soir « Noudha, veillée », les préparateurs « Isebbak'in » font la leçon sur ce sujet aux trois autres catégories d'étudiants, c'est ainsi une préparation, sur laquelle passera la nuit, et qui permettra aux élèves de profiter avec plus de fruit de la leçon du maître. Les préparateurs sont assistés d'un « adoual » chargé de lire les textes à haute voix et phrase par phrase. Cette phrase est reprise par les préparateurs, prononcée avec la correction et l'intonation voulues et suivie, s'il y a lieu, des commentaires qui en ont été faits. Le matin, à la première séance, le Cheikh reprend la même leçon en s'adressant aux quatre catégories d'étudiants réunis ; ainsi les préparateurs pourront se perfectionner et corriger les fautes qu'ils ont pu commettre. Cette leçon terminée, et sans désemparer, les Imâouden-n-eç-cebah', répétiteurs du matin, assistés aussi d'un « adoual », recommencent cette même leçon en s'adressant aux Imâouden-en-temeddith et aux Ih'Adjaren. Enfin à la séance de l'après-midi, les Imâouden-en-Temeddith, toujours assistés des « adoual, » remplissent le même office, mais vis-à-vis des commençants seulement.

Ainsi cette leçon se trouve répétée quatre fois en vingt-quatre heures ; ou, pour être plus exact, huit fois, car il ne faut pas oublier, qu'à chaque séance un « adoual » lit une première fois la phrase que répètera ensuite celui qui fait la leçon.

Cette charge d'adoual est très enviée et elle est vendue deux fois par an au bénéfice des étudiants, qui avec le produit de ces ventes achètent de la viande. Le poste d'adoual du professeur vaut cinquante francs ; on achète de quatre à cinq francs la charge d'adoual des répétiteurs du matin ou du soir, ou des préparateurs.

L'époque des vacances, les congés hebdomadaires, les heures d'étude sont les mêmes que dans l'enseignement primaire.

Si l'on peut acheter la charge d'adoual, comment peut-on, de simple étudiant, obtenir le poste de répétiteur ou de préparateur ? c'est excessivement simple. A un jour déterminé et qui forme le dernier jour de l'année scolaire, le Cheikh réunit tous les étudiants dans la mosquée. Tous sont assis devant le Cheikh, qui a devant lui un grand roseau et un paquet de bouts de roseaux ayant cinquante ou soixante centimètres de longueur. Après la récitation du Fath'a, le Cheikh prend en main le long roseau, et, sans mot dire, frappe trois fois sur la tête de chaque commençant qu'il élève à la classe des répétiteurs du soir. Puis il désigne ceux des répétiteurs du soir qui passent à la dignité de répétiteurs du matin, et ceux des répétiteurs du matin qui sont nommés préparateurs et deviennent Isebbak'in. Après cette cérémonie, on récite de nouveau le fath'a et le Cheikh remet à chaque Isebbak'in ou préparateur, nouvellement promu, un des bouts de roseau : c'est son diplôme, qu'il gardera toute la vie et qu'il place devant lui en faisant la leçon.

Cette distribution, nous ne dirons pas de prix, mais de grades, est l'objet de fête, de cadeaux au maître de la Mâmera et au Cheik, et fait naître l'occasion de demander à chaque étudiant qui passe d'une classe dans une autre le paiement d'un réal. La fête consiste à se partager en deux çofs ou partis, comprenant l'un les commençants, l'autre les répétiteurs et les Isebbak'in. Ces deux camps rivalisent alors entre eux dans des luttes et dans des exercices d'adresse. Le soir, avec le produit d'une collecte générale, on achète de la viande pour former un abondant kouskous.

Le lendemain, commence une vacance de un à deux mois, sauf pour ceux qui restent à veiller sur la « Mâmera ».

A la rentrée des classes, celui qui a reçu le roseau dans l'École de Droit, et celui qui a appris tout le coran par cœur dans l'Ecole du coran, doivent donner une Mafaka, somme d'argent proportionnée à leur fortune. Cette somme est aussitôt employée à acheter de la viande.

Les « mâmera » de droit sont assez nombreuses : parmi les plus connues nous citerons :

Aït el-Hadj, Aït Sidi Mohammed ou el-Hadj, chez les Aït Mahmoud;

Mâmera des Aït Ameur, à Tamazirt, chez les Aït Iraten.

Celles des Cheurfa et d'El-K'ouadhi à Djemâat es-Saharidj, chez les Aït Fraouçen.

Il n'y a pas de limite d'âge pour entrer ou pour sortir de ces « Mamera », et l'on cite même des exemples assez fréquents de gens qui y passent leur vie ; mais en moyenne, la durée de l'enseignement varie entre cinq et dix ans.

Un âlem est un vrai savant ; c'est celui qui peut, sur une question de droit quelconque, réciter tous les textes des auteurs qui l'ont traitée.

Après lui vient le taleb de 1er ordre. Pour être ce taleb, il faut indiquer sans hésitation les pages des livres où se trouvent les textes qui parlent d'une question posée au hasard.

Puis les autres Tolba (pluriel de Taleb) ont un rang plus ou moins élevé, suivant qu'ils indiquent avec plus ou moins d'hésitation ces passages.

Est-il besoin maintenant d'ajouter qu'en réalité le Kabyle ne sait rien, qu'il ait ou qu'il n'ait pas fréquenté une « Mâmera ». Ne comprenant pas un mot à ce qu'il récite, s'attachant uniquement à répéter machinalement des textes qui pour lui n'ont aucun sens, le savant ou le soi-disant tel n'est plus qu'une sorte de phonographe vivant, pas toujours impeccable.

Quant à l'histoire, la littérature, la géographie, les sciences naturelles ou mathématiques, il est fort peu de Kabyles qui aient entendu parler de ces choses.

Aussi pouvons-nous conclure que le peuple kabyle ne reçoit aucune instruction.

L'enfant grandit, ses forces se développent et bientôt il va tenir enfin un rang dans le village, lorsque l'heure de la majorité aura sonné pour lui. Mais à quel âge l'enfant est-il majeur ? N'ayant ni registres, ni actes d'état civil, le Kabyle ignore généralement son âge ; il ne peut donc déterminer un moment précis où la majorité devrait commencer légalement. Il s'en rapporte uniquement à ce sujet au développement physique de l'individu. C'est habituellement vers 15 ou 16 ans que le jeune Kabyle peut supporter et accomplir le jeûne du Ramdhan ; cette épreuve suffit et le rend légalement majeur.

Presque tous les jeunes Kabyles sont fiers d'accomplir le jeûne et pendant la durée du Rhamdhan, on les voit parcourir les villages allant se montrer à leurs parents, à leurs amis, pour faire voir qu'ils accomplissent bien la règle.

Mais quelquefois il arrive que certains parents, pour soustraire leurs fils aux charges du village, prétendent que son développement physique n'est pas suffisant et ne lui permet pas de supporter les privations et les fatigues du jeûne. Si la Djemâa a un doute, elle a le droit de procéder à une expérience, d'où dépendra, en cas de réussite, la majorité de l'enfant et l'obligation de jeûner. « L'iman du village ou un marabout prend avec un fil mis en double, la mesure du cou du récalcitrant. Le fil est ensuite déplié et les deux extrémités sont placées dans la bouche du jeune homme. Le marabout essaye ensuite de faire passer la boucle formée par le fil par dessus la tête du patient. Si le fil retombe derrière la nuque, l'enfant est immédiatement déclaré majeur et paie une amende (Hanoteau et Letourneux).

Cette épreuve, quoique réputée infaillible, est cependant quelquefois remplacée par la suivante, non moins curieuse. On exerce avec le doigt sur le bout du nez du jeune homme une pression assez forte ; si, sous cette pression, le cartilage du nez forme une sorte de fente à son extrémité, il n'y a pas à en douter, l'enfant est majeur et est astreint au jeûne.

Les femmes n'étant pas appelées, d'après la loi Kabyle, à devenir majeures, ne sont soumises à aucune expérience. Elles jeûnent, quand leur développement physique est complet.

Ainsi donc est seul devenu majeur, l'enfant qui a accompli le jeûne du Ramdhan.

Pendant sa minorité, l'enfant est soumis à une tutelle ; tutelle qui dure toute la vie pour la fille qui ne se marie pas, et qui renaît pour elle, lorsque mariée, elle devient veuve ou femme répudiée.

Le père est, pendant le mariage et même après la dissolution du mariage, soit par la mort de la femme, soit par la répudiation de cette dernière, le tuteur légal de ses enfants mineurs : il administre tous leurs biens, et peut vendre ces biens pour l'entretien de la famille. Il n'a besoin de consulter personne : il ne rend aucun compte et n'est soumis à aucune surveillance.

Le fils est sous la puissance de son père auquel il doit à tout âge respect et obéissance. Il a ces mêmes devoirs vis-à-vis de sa mère. Il a droit à des aliments et à des vêtements, mais ne peut, sans le consentement de son père, quitter le domicile commun, ni disposer de quoi que ce soit.

Si l'enfant est irrespectueux et désobéissant, le père peut user de son droit de correction manuelle ; mais tout abus de correction est sévèrement prohibé par les mœurs : dans quelques tribus, l'enfant insoumis peut être condamné à une amende pour la Djemâa.

Si les parents tombent dans l'indigence, leur fils leur doit des aliments et des vêtements, et malheur à celui qui leur refuserait ces secours. Condamné par la Kharouba ou la Djemâa, méprisé par tous ses compatriotes, il est presque obligé, quand on ne l'y force pas, à quitter le village. Les filles ne possédant jamais rien, n'ayant aucune ressource personnelle, ne sont pas tenues à cette dette alimentaire.

Il est vraiment curieux de faire un rapprochement entre ces dispositions de lois et celles qui régissent la plupart des codes des nations civilisées. D'ailleurs, nous retrouvons souvent des points de contact entre les coutumes Kabyles et nos institutions européennes. Un tel sujet serait assurément plein d'intérêt, et si nous le pouvons quelque jour, nous n'hésiterons pas à entreprendre cette étude, qui trop longue et trop spéciale. ne saurait trouver place ici. Pour ceux qui voudraient connaître ces matières avec plus de détails, nous ne saurions mieux faire que de les renvoyer à l'ouvrage de MM. Hanoteau et Letourneux.

Dans le cas où le mari répudie sa femme, il a le droit de conserver tous ses enfants, même ceux à la mamelle. Cependant, dans beaucoup de tribus, la femme est autorisée ou même est condamnée à emporter l'enfant pour l'allaiter. Dans ce cas, le mari doit payer à la femme répudiée une certaine somme d'argent pour l'indemniser de ses dépenses et de ses soins. Il va sans dire, que si la femme, au lieu d'être répudiée, est fugitive et insurgée, (nous verrons bientôt l'explication de ces mots) elle n'a droit à aucune indemnité.

Le fils majeur est étroitement surveillé au point de vue des mœurs, et la loi kabyle, n'admettant pas, comme cela existait en droit romain et comme l'admet la loi musulmane, l'existence légale du concubinat, ne tolère aucune relation en dehors du mariage.

« La coutume Kabyle est intraitable pour tout ce qui touche à l'honneur des femmes : en pareille matière, un geste, un attouchement, une simple tentative de séduction, s'élèvent à la hauteur d'un crime et souillent une femme presque autant que le fait accompli » (Hanoteau et Letourneux).

L'inceste est considéré comme un crime religieux et social, et s'il est volontaire, il entraîne la mort des coupables et des enfants qui sont nés de telles relations. Garottés, les condamnés sont, par les soins de l'amin, conduits sur les lieux d'exécution. C'est ordinairement le lieu des assemblées du village ou la place d'un marché bien fréquenté. Tous les habitants sont convoqués et doivent se tenir sur cette place, à une heure indiquée, munis chacun d'une pierre. Sur un signal de l'amin, les bras lancent tous en même temps le projectile sur les condamnés, qui meurent ainsi lapidés. La responsabilité de cette mort ne peut ainsi être imputée à personne ; le village tout entier n'était-il pas là et tous les habitants n'ont-ils pas frappé ensemble, sans que l'on puisse savoir quelle pierre a pu faire succomber le coupable ?

Il y a inceste entre ascendants et descendants en ligne directe, entre frère et sœur, beau-père et belle-fille, gendre et belle-mère, beau-frère et belle-sœur, frère et sœur de lait.

Tout ce qui concerne les femmes intéresse la « Horma », l'honneur du village entier ; aussi celui-ci intervient-il souvent pour exiger que l'honneur du village soit satisfait en forçant les parents à punir le méfait. En cas de refus, il se substituerait à la famille pour exercer la répression. Mais il n'y a guère lieu de solliciter la sévérité des parents, qui sont toujours les premiers à frapper, au sein même de la famille, la femme qui a écouté un séducteur et qui est devenue enceinte. L'enfant n'est pas épargné : tache vivante du déshonneur qui rejaillit sur la Kharouba et sur le village entier, il est vite immolé.

La force de caractère que déploient les membres de la famille dans ces exécutions est vraiment incroyable, et nous ne pouvons nous empêcher de reproduire ici le récit d'une de ces expiations, récit relaté par MM. Hanoteau et Letourneux.

« Il y a moins de vingt ans », c'était donc postérieur à l'année 1853, « la fille d'un marabout vénéré, le cheikh Chérif Adjennad, des Iamraouïen, s'éprit d'un nègre, et bientôt, il lui devint impossible de cacher les suites de leurs relations. Le père en fut instruit. La honte était sans bornes ; jamais un noir n'a mêlé son sang à celui d'une noble famille. Le misérable amant, averti à temps, s'était dérobé par la fuite à une mort certaine. Restait la jeune fille. Le vieux marabout et son fils se rendirent en plein jour au cimetière du village, et, en présence des habitants, creusèrent silencieusement la tombe d'une vivante. Leur œuvre achevée, ils amenèrent la coupable, près de la fosse béante, qu'entouraient plus de mille personnes. Son père l'égorgea d'une main assurée, puis, aidé de son fils, il inhuma le cadavre, et se retira le front haut, au milieu de la foule, qui s'écartait respectueusement, admirant l'héroïque vieillard ».

L'adultère est aussi regardé comme une honte pour le village où il est commis, et la Djemâa applique une amende toujours très élevée. Le meurtre est en effet puni moins sévèrement qu'un outrage aux mœurs, et le baiser donné à une femme sur un chemin coûte cinquante douros (250 francs). Pour 25 douros (125 francs), c'est-à-dire à moitié prix, vous pouvez tuer un homme.

Le viol d'une jeune fille entraîne une condamnation à cent douros, et les attentats et outrages publics aux mœurs sont tous réprimés avec rigueur.

Non seulement, la loi kabyle punit les actes, mais,

allant plus loin encore, elle condamne les propositions verbales déshonnêtes et les doux propos tenus par le séducteur. Si la femme, au lieu de fuir, les écoute, peu importe d'ailleurs qu'elle s'en soit trouvée flattée ou irritée, elle devient complice et partage la faute et la peine avec le séducteur. Chacun doit à la Djemâa une amende de cinq douros (vingt cinq francs). Combien de nations civilisées parviendraient ainsi à équilibrer leur budget, si une semblable loi était en vigueur ?

Quant aux chants obscènes, aux propos inconvenants, ils sont également prohibés, et l'amende est là pour rappeler aux délinquants cette prohibition.

Est-il besoin d'ajouter que le proxénétisme est non moins sévèrement puni. Chassée du village, condamnée à l'amende, l'entremetteuse peut être tuée impunément, comme un animal nuisible, par le mari qui la surprendrait auprès de sa femme.

Enfin le Kabyle qui se permettrait d'introduire chez lui, au sein de sa famille, des gens de mauvaise vie et de désordre, risquerait fort, après un avertissement préalable et sérieux, d'être mis à mort par les siens, sans autre forme de procès, et sans qu'il y ait lieu de recourir à une autre procédure.

Evidemment l'on ne saurait que louer le Kabyle de défendre aussi énergiquement la vertu de la femme et de l'enfant, si sa sévérité n'était inspirée que par le respect dû à l'enfant, à la jeune fille, à la femme. Mais, hélas ! ce n'est pas là le mobile qui le fait agir. Il protège la femme mariée, parce qu'il est jaloux : il défend la vertu de la jeune fille ou de la femme redevenue libre, par la mort de son mari ou par la répudiation, parce que cette jeune fille, cette femme est une chose qu'il vendra un jour venu, s'il a su conserver intacte « cette marchandise ». Et la preuve en est dans ce fait, que la loi Kabyle permet de vendre et de livrer aux caresses de l'acheteur son enfant impubère. Il est vrai que les « savants » citent l'exemple du Prophète, qui épousa l'une de ses femmes, lorsqu'elle n'était âgée que de sept ans.

D'ailleurs le Kabyle ne cherche pas à se faire illusion

à lui-même sur le genre de contrat qu'il passe en épousant une femme. Un homme dira : our'cr'thamet't'outh idhelli, j'ai acheté une femme hier. Les parents et les voisins du père disent : « itchaseg illis, il a mangé sa fille ».

Et si l'homme « achète une femme » qui lui plaît, le père, lui, est libre de « manger » sa fille comme il lui convient, sans avoir à consulter celle-ci. La veuve et la femme ne sont pas même libres de leurs choix : appartenant de nouveau, soit à leur père, soit à leur famille, soit aux héritiers de son premier mari, au cas de répudiation, elles peuvent à deux reprises refuser celui auquel on veut les vendre, mais après ces deux refus, elles sont contraintes à subir la volonté de celui qui les a sous sa puissance.

Le droit musulman appliqué par les Kabyles, mais complété par les décisions du commentaire de Sidi Khelil, édicte certains empêchements au mariage.

Ainsi ne peuvent exister les mariages entre parents ou alliés en ligne directe, ascendante ou descendante ; en ligne collatérale, entre frère, sœur, neveu, tante, oncle, nièce. Mais cette prohibition ne s'applique pas entre belle-sœur et beau-frère, neveu et femme de l'oncle. Le Kabyle qui, nous le verrons tout à l'heure, peut épouser légalement plusieurs femmes, ne peut être le mari des deux sœurs ; il ne peut épouser la seconde sœur qu'après le décès de la première. Enfin un dernier empêchement résulte de la succion du lait dans le bas âge de l'enfant, et le mariage devient impossible entre nourrisson, nourrice, ses enfants, son mari ou ceux auxquels elle a donné son lait ainsi que leur descendance.

A côté de ces empêchements légaux, il est d'autres empêchements d'un ordre privé et qui cependant sont aussi respectés que les premiers, qui sont d'ordre public.

Le marabout ne saurait donner sa fille en mariage à un Kabyle, ou lui céder sa femme, sans s'exposer à une déconsidération totale et même au paiement d'une amende. Ainsi chez les Cheurfa Guir'il Guek'ken, l'amende est de 20 réaux (cinquante francs). Et c'est, dit le Kanoun de cette tribu, « une punition pour conserver intact l'honneur de notre Zaouïa et empêcher que l'exemple ne soit suivi. »

Le Kabyle de bonne famille n'ira jamais prendre une femme dans une famille dont les membres exerceraient la profession de boucher, de danseur, de bourrelier, de savetier : ces professions sont réputées honteuses.

La femme adultère ne peut, après la répudiation, et si elle a pu échapper à la vengeance de son mari, épouser son complice.

Enfin jamais l'opinion publique ne permettrait l'union d'un Kabyle avec une femme de mauvaise vie.

Nous avons dit que la polygamie était permise en Kabylie : mais, nous devons ajouter que cela est très rare de voir un Kabyle épouser plusieurs femmes. Si la loi musulmane lui permet d'en prendre quatre, il trouve généralement qu'une seule lui suffit ; d'ailleurs, le Kabyle n'est pas riche et pour avoir quatre femmes, non seulement il faudrait les nourrir, mais d'abord, il faudrait les acheter ; et ce serait là une mise de fonds importante que son avarice ou sa pauvreté ne lui permettrait pas de faire. « J'ai pu me procurer à cet égard des renseignements précis pour deux villages de la commune mixte de Fort National, Aguemoun et Taourirt-Amokran : Aguemoun ne compte que deux polygames sur 300 habitants. Taourirt Amokran, cinq fois plus considérable, n'en possède aucun. La polygamie est beaucoup plus fréquente chez les Kabyles qui passent à Alger une partie de l'année pour faire le commerce : ils ont souvent deux femmes, l'une à Alger, l'autre en Kabylie. » (Charveriat, *Huit jours en Kabylie*).

Le Kabyle, qui veut se marier, doit, s'il est mineur, obtenir le consentement de son père ou de celui qui le représente, la mère ne pouvant intervenir qu'à défaut de parent mâle dans la branche paternelle ; s'il est orphelin, il lui faut le consentement du tuteur qui lui est donné par la Djemâa. Une fois, ce consentement obtenu, il consulte, comme doit le faire d'ailleurs lui-même le Kabyle majeur, sa Kharrouba. Dans cette consultation, on discute le choix de la femme que le Kabyle épousera. Une fois ce choix fait, un parent ou un ami se rend, dans le plus grand secret, auprès du père de la femme choisie ou de celui qui en dispose. Des pourparlers s'engagent, et l'envoyé débat avec celui-ci le prix de vente de la femme. Ce prix, sauf de rares exceptions, ne varie guère que de 250 francs à 500 francs. Si les propositions et le prix sont acceptés, l'on prend rendez-vous à jour fixe pour une entrevue officielle, où cependant n'assistera pas la fiancée. Puisqu'on se passe de son consentement, on peut bien en cette circonstance se passer de sa personne. Le fiancé connaît d'ailleurs la femme qu'il veut épouser ; les femmes et les filles Kabyles ne portant pas de voiles sur le visage, il a eu souvent l'occasion de la voir dans les ruelles du village, alors qu'elle rentrait du moulin ou de la fontaine.

Au lieu désigné, le fiancé ou son père et le père ou le plus proche parent de la fiancée se réunissent en présence de témoins, pour régler définitivement les clauses du contrat. Une fois l'accord bien établi, on récite en commun et avant de se séparer le fath'a. Cette récitation du fath'a a fait désigner cette entrevue sous le nom de « fath'a el-badhena » ou « fatih'a-n-esseur » (le fath'a secret).

Le fath'a-n-esseur lie étroitement les parties qui ne sauraient se dégager. Et si l'une d'elles avait la tentation de ne pas exécuter les conditions du contrat qui s'est formé ce jour, elle y serait contrainte et encourrait une amende fixée par la Djemâa. Il faudrait, bon gré, mal gré, payer la thâmanth, prix de vente fixé, et opérer la livraison de la femme dans un délai, qui, s'il n'est déjà déterminé, ne peut excéder un an.

L'entrevue du fath'a secret terminée, le futur mari, acccompagné de ses témoins, rentre chez lui. Quand il a franchi le seuil de sa porte, ses témoins parcourent le village, en tirant des coups de feu et en proclamant ce nouveau mariage.

Le futur fait alors porter à la Djemâa des figues et des noix. Tous les habitants vont se partager ces fruits.

Le soir, un repas est offert par le fiancé à ses témoins et les femmes du village viennent chez lui célébrer cette heureuse nouvelle par des chants et par des danses.

Avant de rompre la première entrevue, celle du fath'a secret, les parties ont fixé un jour proche, où devrait être remise en entier ou en parties la thâmanth ou Toutchith. Ce jour prend le nom de « fatih'a dheara », fath'a public. Lorsqu'il est arrivé, le père ou le mandataire du fiancé se rend avec ses parents et ses amis à la maison de la fiancée. L'argent de la thâmanth est porté en grande pompe ainsi que les provisions pour le père de la future femme, s'il a été stipulé qu'on devrait en livrer. La thâmanth, qui n'est que le prix fixé pour l'achat de la femme, n'est généralement pas versée intégralement en ce jour.

Les parents de la fiancée se réunissent et attendent le cortège. Quand celui-ci est entré et a pris place, l'argent de la thâmanth est compté à la vue de toutes les personnes présentes, puis reste exposé aux regards, tandis qu'on livre les provisions, si elles ont été stipulées au contrat, et que le représentant du mari offre divers objets pour l'usage de la femme. Ces objets, joints à ceux que le futur mari peut envoyer avant la cérémonie du mariage, forment le « panier de la fiancée, thakoufets-en-teslith.

Nous empruntons à MM. Hanoteau et Letourneux la description exacte des objets composant ce cadeau, « assortiment complet, mais seulement par échantillons de tout ce que vendent les colporteurs » et qui compose leur « aketsaf, » (sac en peau de mouton).

Henné, employé à une foule d'usages pour la toilette et comme remède.

Benjoin (djaouï), pour les incantations et les fumigations médicinales.

Hermès (guermez), entre dans la composition du fard.

Ecorce de racine de noyer (agousim), pour les gencives.

Zebed, parfum de la civette.

Essence de jasmin.

Essence de roses.

Musc.

Camphre (Kafour), employé pour empêcher les femmes de concevoir.

Verroteries (ak'k'ach).

Verroteries avec cuivre (tarezzin).

Amandes de noyaux de cerises (el-kemah), servant, avec les clous de girofle, à faire une pâte parfumée.

Clous de girofle (Kronfel), condiment et parfum.

Galène (tazoult), pour les yeux.

Alun (azarif), teintures et pommades.

Noix de galle (çeb'ra) pour pommades et teintures.

Alliage d'antimoine et de cuivre (hadida), pour les cosmétiques.

Gomme de cerisier (habb el-melouk') incantations

Bitume (Bekhour el-Soudan), incantations et parfums.

Staphisaigre (habb el-ras), contre la vermine de tête.

El-fasoukh, espèce d'argile jaune, antidote contre les sortilèges.

Habbala, servant à la composition des philtres amoureux.

Tsabtil, antidote du précédent.

Colophane (asebrar).

Myrrhe.

Racine de réglisse (asr'ar ziden), remède.

Réglisse de Naples (dkorb es sous), remède.

Sumbul (sembel), plante aromatique originaire de la Perse, employée en poudre pour les cosmétiques.

Sulfure d'arsenic, orpiment (deheb leçafeur), pour la pommade épilatoire.

Argile à foulon (sensal).

Chlorhydrate d'ammoniaque (chenadjer el-fet'ah), remède.

Gingembre (Skendjebir), condiments, incantations.

Aloës socotrin (lemeri ouseber), purgatif et employé comme collyre.

Poivre noir (ifelfel aberkan).

Cumin (Kemmoun), condiment.

Muscade (zoudjet et-tib), condiment et remède pour les jeunes enfants.

Cannelle (kerfa), condiment.
Fenouil (zerara).
Lavande officinale (el-khezama).
Acétate de cuivre (azenjar), employé contre les ophthalmies.
Sucre candi (Souker el kandid), pour les yeux.
Tartre (terdhar), teinture.
Gomme laque (louk), teintures, fard.
Indigo (nila), teintures, tatouages.
Gomme résine d'euphorbe (ferbioun).
Soufre (kebrit), pommade contre la gale.
Assa fœtida (el-h'entith), remède contre les coliques.
Safran (zafran), condiment et remède.
Mastic du lentisque en pain (mesetska), remède pour les jeunes enfants.
Mastic en larmes (louban).
Salsepareille (achâba), pour tisane contre la syphilis.
Borax (tsenkar).
Natron (trounia), se met dans le tabac à priser.
Ocre rouge (el-mor'eri), pour les poteries et les incantations.
Sulfure de mercure, cinabre (el h'amra), pour les incantations.
Gomme ammoniaque (oucheuk'), remède pour les enfants.
Mercure métallique (zaouak'), pour les fumigations contre la syphilis.
Bichlorure de mercure (chelimou), remède pour les ulcères.
Habb el-Baris, « pilules de Paris », pilules de protoiodure ou de bichlorure de mercure, contre la syphilis.
Cantharides (izan el-Hend, « mouches de l'Inde), aphrodisiaque et remède contre la gonorrhée.
Noix vomique (bou zaka), remède contre les rhumatismes et les douleurs des os.
Composé de plusieurs résines, pour les blessures et fractures (el djebar).
Harmel el-ârbi (fruits du Peganum Harmala), contre les coliques.

Sulfate de fer (zadj'), teinture.
Vermillon (el-bekem), employé dans les circoncisions sur les cicatrices.
Styrax (el-maïa), employé comme topique sur les furoncles et comme antidote contre l'influence des djenoun, « génies ».
Sulfate de cuivre (tsousegga).
Sulfure d'arsenic (radj).
Débris de caméléon (tata), antidote contre les maléfices.
Sel gemme (melah el-haià, « sel de vie »), remède.

Cette singulière corbeille de mariage, papier de la fiancée, est vraiment fait pour nous étonner quelque peu. Rien n'y manque, tout y est prévu avec une originalité qui ne manque pas de charmes.

Mais revenons à la solennité du fatih'a dhehara ou fath'a public.

Nous avons laissé la thâmanth exposée aux regards de tous ainsi que les provisions et les cadeaux pour la future ; on va pouvoir maintenant porter en lieu sûr, et l'argent et tous ces objets, mais auparavant, le fath'a est récité par tous les assistants. Puis, au moment de se séparer, on fixe le jour des noces.

On choisit généralement un jeudi ; en voici la raison. Le jour des noces, la femme franchira pour la première fois le seuil du domicile conjugal, elle passera la nuit sous le toit de l'habitation commune, quel meilleur augure pour une femme que de s'y réveiller un vendredi, jour férié des Musulmans !

Dans tout ce qui précède et qui a trait à la cérémonie du fath'a public, nous devons faire remarquer que, ni le futur, ni la future, n'y assistent. Tout se passe en dehors d'eux ; ainsi, par le fait, ils se trouvent presque seuls étrangers à la fête. Cela nous apparaîtra d'une façon peut-être encore plus bizarre, lors de la célébration du mariage.

La thâmanth, ainsi payée le jour du fath'a public,

n'est jamais restituée, soit que le futur, soit que la future, meurt avant l'accomplissement du mariage.

Elle appartient, s'il s'agit du mariage d'une fille, au père, ou à son défaut, au parent qui a le droit de la vendre. Dans certains villages, lorsque plusieurs parents au même degré, ont le pouvoir de marier une fille, la thâmanth se partage par parts égales.

S'agit-il d'une veuve, elle rentre en général dans sa famille qui peut disposer d'elle de nouveau, et qui touche la thâmanth.

Certaines tribus cependant considèrent la veuve comme un bien dépendant de la succession du mari. Dans leur langage expressif, on la dit « taâllakith ; pendue ». Les héritiers du mari peuvent alors seuls la vendre. Chez les aït Flick, l'un de ces mêmes héritiers a le droit d'épouser cette veuve, sans être tenu de payer la thâmanth.

Quant à la femme répudiée, comme elle est restée la propriété du mari, celui-là seul a le droit de fixer le prix par lequel la femme peut être rachetée ; le prix de ce rachat, « lefdi », appartient intégralement au mari.

De ce que la femme ou la fille forme un bien susceptible d'être vendu, il en résulte nécessairement que celui qui a causé un grave préjudice à cette « chose », en doit le prix. C'est ce qui explique que la thâmanth peut être due par l'auteur d'un viol, ou pour détournement et adultère. Dans le premier cas, la thamanth est due à la famille : dans le second, elle est due soit à cette dernière, soit au mari.

Pendant la période de temps qui sépare le jour du fath'a public jusqu'au jour fixé pour les noces, les futurs époux se voient fort peu, pour ne pas dire pas du tout. Et malheur à celui qui, sans l'autorisation expresse des parents, chercherait à voir sa fiancée ; une sévère amende le ramènerait à des sentiments plus discrets.

La veille des noces est arrivée. Le futur mari offre à ses parents et à ses amis un dîner, après lequel un jeune homme prend la main droite du futur et la teint de henné. Pendant cette cérémonie, les convives se mettent à chanter : ils celèbrent sur tous les tons et dans tous les rythmes, les louanges du futur époux et celles de la famille, et les qualités de toutes ces personnes doivent être nombreuses à n'en juger que par la longueur de cette solennité musicale. A partir du moment, où le futur a vu sa main droite teinte de henné, il prend le nom d' « isli », fiancé, et ne peut travailler pendant trois jours entiers.

La fête se prolonge pendant la nuit et le fiancé doit offrir à ceux qui prennent part à la fête, des œufs, de la viande et des gâteaux. Le tiers de ces provisions appartient de droit aux chanteurs ; les deux autres tiers sont destinés aux jeunes célibataires du village.

Le jour fixé pour la cérémonie se lève, le mariage va être célébré.

Les parents du marié forment un cortège ; au devant d'eux, marchent les musiciens ; derrière eux, suit une mule. Tous sont habillés comme aux jours de fête, et les femmes n'ont eu garde d'oublier de se parer de leurs plus belles étoffes, de leurs plus riches bijoux.

On se rend ainsi en grand apparat jusqu'à la maison de la fiancée.

Autrefois, le cortège s'arrêtait devant la maison de la fiancée : puis commençait un immense concert de louanges que les femmes de la Kharrouba de l'épousée et les femmes du cortège se renvoyaient réciproquement. Cet usage, que nous retrouvons, en France, dans la Basse-Bretagne (le bazvalan) a été supprimé dans les circonstances suivantes que rapportent MM. Hanoteau et Letourneux.

« Un membre de la puissante famille des aït Berk'ouk' ou Iberk'ouk'en, du village d'Agouni Bouâfir, chez les aït Fraouçen, avait tué un homme des aït Ibidah', de Taourirt Aden. Toute la famille des aït Berk'ouk se trouvait, par suite de ce meurtre, sous le coup d'une dette de sang (1). Mais les parents du mort, se sentant

---

(1) Nous verrons plus loin ce que c'est que cette dette de sang ou R'ek'ba.

trop faibles pour s'attaquer à une famille très nombreuse et craignant de nouvelles violences, résolurent de renoncer à la vengeance et de désarmer leurs ennemis, en leur demandant une de leurs jeunes filles en mariage pour un de leurs jeunes gens. La demande fut accordée, et le passé paraissait oublié, lorsque le cortège des aït Ibidah' se présenta à Agouni Bouafir pour recevoir la fiancée. Les femmes des aït Berk'ouk' accueillirent ce cortège, et lui chantèrent le couplet suivant, qui était une allusion blessante à la faiblesse montrée par les aït Ibidah', en ne vengeant pas la mort de leur parent :

> Merah'ba Iskount, a south ouàbrouk' !
> Noukni d'ath Berk'ouk'
> Thikli enner's et' t'erouk'
> Nennoum ziada
> Enthets i medden el h'ak'ouk'.

> Soyez les bienvenues, maîtresses des bonnets flottants !
> Nous appartenons à la famille Berk'ouk' ;
> Notre marche suit des chemins sinueux,
> Nous sommes coutumiers de l'arbitraire,
> Et nous mangeons le droit des autres.

Les femmes des aït Ibidah' ripostèrent aussitôt par cet autre couplet :

> Ad'iskount irh'ab elkhér,
> A south thiddi ik' iissen !
> Moukni d'Ibidah'
> Ai nella seg ouk'iissen ;
> Mezenouzou s' et' t'olk ;
> Ar d'iaoudh tidjal, khalleçen.

> Dieu vous rende le bien que vous nous souhaitez,
> Maîtresses du tissage bien réglé !
> Nous appartenons à la famille d'Ibidah' ;
> Nous sommes des gens bien élevés.
> Nous prêtons à longue échéance
> Mais le terme arrivé, nous savons nous faire payer.

Cependant un homme des Aït Ibidah', exaspéré de l'insulte faite à sa famille, mit une balle dans son fusil et étendit roide mort le père de la fiancée. Il s'ensuivit une bataille générale, et, durant de longues années, les deux familles se firent une guerre acharnée dans laquelle périt un grand nombre de leurs membres. »

Telle fut la querelle sanglante qui vint supprimer les chants de louanges dont s'accablaient les familles.

Par suite de cette suppression, le cortège entre immédiatement chez la fiancée, et aussitôt et pendant cette entrée, ce n'est qu'un bruit assourdissant de flûtes de roseau et de tambourins se mêlant aux nombreux éclats des coups de feu.

Un marabout, choisi par la famille, est là, dans la maison, entouré des hommes les plus considérables des deux familles.

Le fiancé (qui d'ailleurs, comme la fiancée, n'assiste pas à la cérémonie) est représenté par un Oukil, mandataire. Ce dernier s'avance vers le père ou vers le représentant de la future, et s'adressant solennellement à lui en présence du marabout, lui dit : Je te demande ta fille (ou ta sœur, ou une telle) pour mon mandant. Le père ou le représentant (Ouali) répond : je te la donne. Le marabout récite alors le fath'a et l'assistance debout répète ce fâth'a.

On dépose alors aux pieds du marabout tous les bijoux, parures, vêtements qui sont offerts à la future épouse, soit à titre de don nuptial, soit en vertu de stipulations particulières.

Quand cette exhibition est faite, le marabout vérifie les pouvoirs de l'Oukil et voit s'ils sont suffisants. Pour le représentant de la fiancée, cette formalité est inutile, elle est toujours représentée sans mandat. Si cependant la future était veuve ou répudiée, celui qui la représente se rend auprès d'elle pour obtenir le droit de se présenter en son nom.

L'Oukil et l'Ouali interpellent ensuite séparément et chacun à trois reprises différentes, le marabout en lui disant : Je te fais mon mandataire. A chaque interpellation, celui-ci doit répondre : j'accepte.

Après cette formalité, le marabout lit la quatrième sourate du Coran « les femmes » et qui est ainsi conçue :

« Les hommes sont supérieurs aux femmes à cause des qualités par lesquelles Dieu a élevé ceux-là au-dessus de celles-ci, et parce que les hommes emploient leurs biens pour doter les femmes. Les femmes vertueuses sont obéissantes et soumises : elles conservent soigneusement pendant l'absence de leurs maris ce que Dieu a ordonné de conserver intact. Vous réprimanderez celles dont vous aurez à craindre la désobéissance ; vous les reléguerez dans des lits à part, vous les battrez : mais dès quelles vous obéissent, ne leur cherchez point querelle. Dieu est élevé et grand ».

Puis, cette lecture terminée, il dit à haute voix : je déclare N.... fils de N.... mari de N... ; et N.... fille de N.... femme de N.... Le marabout récite ensuite une prière pour attirer les bénédictions d'Allah sur les nouveaux époux. Le fath'a est de nouveau récité par tous les assistants, et pour clore la cérémonie, le marabout remet à l'Oukil et à l'Ouali les pouvoirs que ceux-ci lui avaient donnés, et touche pour sa rémunération, de la main du mandataire du mari, une somme de soixante centimes.

Avant de continuer à énumérer le cérémonial « civil » qui va suivre le cérémonial « légal et religieux », nous croyons devoir attirer l'attention du lecteur sur les analogies remarquables qui existent entre le mariage Kabyle et les dispositions voulues par notre Code pour le mariage Français.

Tout d'abord, si chez nous, on règle par un contrat les différentes clauses du mariage, nous voyons que, chez les Kabyles, les mêmes soins sont apportés à stipuler les conditions que doivent respecter les deux époux. Les fiançailles ne seront faites qu'après ces pourparlers, pendant lesquels, il sera d'usage de ne pas laisser percer le secret de la prochaine union. Cela ne se passe-t-il pas ainsi en France ? Puis, si nous arrivons à considérer le marabout remplissant les fonctions d'officier de l'état civil et de prêtre, ne sommes-nous pas fortement frappés de la ressemblance presque littérale des mots qu'il emploie pour sceller la nouvelle union ?

L'acte solennel et légal est acompli, et le père de la

femme nouvellement mariée apporte un plateau chargé de couscous, de viande, de miel et de gâteaux. Ces aliments sont offerts au marabout et aux notables qui ont assisté au mariage. Quant au cortège formé par les parents et les amis du mari et les étrangers qui sont venus pour la cérémonie, ils sont hébergés, soit par la famille de la femme, soit par les habitants du village.

Dans le cas où le mari est étranger au village, le père de la femme est obligé d'indemniser le village des frais d'hospitalité occasionnés par ce fait ; cette indemnité est d'ailleurs peu élevée, nous la trouvons fixée, tantôt à 4 réaux (Aït Ferah), tantôt à 5 réaux Aït Ameur ou Faïd).

Le repas terminé, et nous insistons de nouveau pour faire remarquer que ni le mari, ni la femme dont on vient de célébrer le mariage, n'ont participé en quoi que ce soit à la cérémonie, on procède à la toilette de la nouvelle mariée.

Parée de ses plus beaux habits, ayant mis au cou un Yatar'an, qui doit la préserver de tout mal, elle sort, voilée, de la maison du père de famille. La mule est là, devant le seuil, et la femme est hissée sur la selle par un nègre, s'il en existe un dans le village. Pourquoi cet usage d'employer un nègre, auquel d'ailleurs on donne un demi-réal (1 fr. 25) ? Nous avons cherché une explication de cette coutume ou un symbole dans ce fait, mais nous n'avons pu réussir à en découvrir la signification.

Avant que la mule ne se mette en marche, les parents doivent acquitter à la Djemaât une sorte d'impôt, sous forme d'une redevance, qui s'élève de trois à sept douros, (quinze à trente-cinq francs) suivant la richesse de la tribu.

Au village d'Azzefoun, le mari offre un repas à la Djemaât et ne paie pas cet impôt.

Le cortège s'ébranle alors au milieu d'une fusillade bien nourrie, pendant que les cris, les you-you, les sifflements aïgus des flûtes, perçant le bruit sourd des tam-tams, éclatent de toutes parts. C'est une véritable foule en délire qui suit l'épouse, accompagnée d'une vieille parente, derrière lesquelles marchent un ou plusieurs mulets chargés de « lesfindji » (grosses crêpes).

Les voisins ont grossi les rangs de cette « procession ». les enfants par leurs cris tâchent d'exciter davantage, si cela est possible, l'ardeur des musiciens, et l'on arrive ainsi devant la demeure de l'époux. Une salve de coups de feu salue la présence de l'épouse, au seuil de la maison où est resté tout le jour son mari. On apporte un vase rempli d'eau, la femme le prend et le répand à droite et à gauche sur tous les assistants. Il nous a été également impossible de connaître la signification de cet usage, que la tratidion Kabyle, fait remonter à une époque très éloignée. On lui présente ensuite un crible ou panier à couscous, dans lequel se trouvent des noix, des glands doux, des gâteaux, des œufs durs. Sur le tout, se trouve un Khalkhal en argent (bracelet de pied), qui pour la femme est le symbole des anneaux de la chaîne qu'elle doit supporter à l'avenir. Un des proches parents de l'épousée prend le Khalkhal, et celle-ci lance à pleines mains sur la foule les friandises et les fruits.

Cette partie de la fête terminée, la nouvelle épousée descend de sa mule, « mais avant qu'elle ait touché le sol, un jeune garçon s'élance en selle à sa place. Dans les préjugés Kabyles, cette pratique assure à la femme un mâle pour premier né. Dans le même but, on donne à la mule qui la porte du froment pur au lieu d'orge » (Hanoteau et Letourneux).

Elle entre dans la maison, et devant les mariés, on étend un tapis, au milieu duquel on place un Khalkhal et du blé. Les assistants viennent alors défiler devant ce tapis et y déposent les offrandes qu'ils veulent faire au nouveau ménage. Au fur et à mesure qu'une offrande est faite, sa valeur est aussitôt proclamée à haute voix, et le mari a soin de fixer dans sa mémoire cette valeur : plus tard, cela servira à guider sa générosité dans les mêmes circonstances.

Toute fête kabyle devant nécessairement avoir pour accompagnement un repas, tous se réunissent autour du couscous, des fruits et des gâteaux. Les étrangers assistent à ces agapes, mais doivent se retirer lorsqu'elles sont finies.

La nuit venue, quelques amis du mari conduisent ce dernier dans la pièce qui lui servira de chambre nuptiale. Arrivés au seuil de la porte, ils s'arrêtent tous ; le mari se tournant vers eux les congédie en leur offrant quelques friandises et quelques œufs.

Bientôt après, il pénètre dans la chambre et y trouve sa femme. Resté seul avec elle, il prend un sabre ou un poignard et frappe par trois fois sur l'épaule de celle-ci. Cette opération a pour but de conjurer les effets du mauvais œil.

Cependant, les assistants du mariage, à moins qu'il ne s'agisse de l'union d'une femme veuve ou répudiée, se sont répandus autour de la maison et « attendent le moment où le mari sort de la chambre, et, fier de sa victoire, l'annonce en tirant un coup de feu. A ce signal répondent des cris de joie, et les femmes se précipitent dans la chambre pour constater *de visu* la réalité de son triomphe. Le reste de la nuit se passe en danses et en chansons à la louange du mari » (Hanoteau et Letourneux).

Ainsi se termine la célébration d'un mariage kabyle ; il est bon de faire remarquer que cette dernière partie de la cérémonie présente de grandes ressemblances avec la fin des fêtes du mariage juif, en Orient. Ainsi en Tunisie, ces constatations, plus ou moins immorales, toujours indécentes, sont en grand honneur.

Dès le lendemain, la nouvelle mariée reçoit la visite de ses parents et de ses voisins. Mais pour arriver jusqu'à elle et avoir le droit de faire cette visite, l'on doit lui faire des cadeaux en argent. Ces cadeaux, à cause de leur origine même, portent le nom de « thimezriouth », droit de vue.

Dans les familles ordinaires, de condition plutôt inférieure, il est d'usage, suivant l'ârf des villages, soit trois jours, soit sept jours après la célébration du mariage, de recevoir dans l'habitation nuptiale les parents de la femme. Cette réception dure trois jours, et pendant ce délai, le mari doit donner des repas en leur honneur. Mais, nous le répétons, cet usage n'est pratiqué, ni chez les marabouts, ni dans les familles riches.

Le nouveau ménage s'est installé ; pour lui commence la vie habituelle à toutes les classes, riches ou pauvres.

Généralement très laborieux, le mari, s'il n'exerce une profession spéciale, bijoutier, teinturier, etc., se livre à la culture des vergers. Nous verrons d'ailleurs dans le livre suivant que la culture est en grand honneur chez les Kabyles.

La femme kabyle jouit d'une liberté beaucoup plus grande que la femme arabe. Elle peut se présenter sans voile devant les étrangers, manger devant son mari, et il n'est pas rare de voir, pendant la belle saison, le soir, assis devant les portes des maisons du village, des groupes d'hommes et de femmes, parlant et chantant. C'est elle qui va au moulin, à la fontaine avec les amphores ; mais malheur à celui qui lui ferait des propositions ou lui tiendrait des discours séducteurs ; il pourrait encourir la vengeance du mari sur le simple témoignage de la femme.

Elle s'occupe des travaux domestiques et de l'intérieur de la maison. Elle prépare les aliments et tisse les vêtements.

La nourriture du Kabyle est fort simple : le couscous est la base de son alimentation ; il est désigné sous le nom de seksou ou de taâm. Voici comment se fait ce couscous. La farine agglomérée en petites quantités, est roulée par la main des femmes en forme de grains de faible dimension, et déposée dans un vase en terre dont le fond est criblé de trous. Ce vase est posé à l'intérieur d'une espèce de marmite contenant de l'eau, de la viande, des légumes et des plantes aromatiques. Il faut que le vase, où se trouve la farine granulée, soit situé de telle façon à la partie supérieure, que l'eau ne puisse y atteindre ; la cuisson du couscous ne devant se faire que par la vapeur de l'eau. Aussitôt cuit, on renverse la farine « sur un plat de terre vernissée ; la viande est mise par dessus ; chaque convive creuse dans la pâte, avec sa cuiller, une cavité dans laquelle il verse le bouillon. Ce bouillon, très relevé en goût, par une assez forte proportion de poivre et de piment, coloré en rouge par de la poudre de tomates, constitue la sauce du taâm ou la merkâa. Tous les convives sont rangés autour du même plat, comme nos soldats à la gamelle » (Hanoteau et Letourneux).

Il va sans dire que, suivant la richesse du Kabyle, son couscous varie beaucoup. En effet, tandis que les riches mangent le tâam guirden, couscous à la farine de froment, les pauvres s'alimentent, soit avec le taâm-en-timzin, couscous à la farine d'orge, soit avec le taâm el-bechna, couscous à la farine de sorgho, soit même avec le taâm oubellout ou couscous à la farine de glands. La viande elle-même varie, soit en qualité, soit en quantité : tantôt l'on met dans la marmite un morceau de mouton, tantôt un morceau de bœuf ; et il faut s'empresser d'ajouter que la viande manque totalement dans le couscous des pauvres, sauf une fois par semaine, le jour du marché, ou lorsqu'une fête ou un évènement important donne lieu à une timecheret, à une distribution de viande au village tout entier.

La viande rôtie est assez souvent servie chez les Kabyles, mais cette cuisson ne s'applique guère qu'aux perdrix, aux cailles, aux grives et aux petits oiseaux. Le beurre est peu en usage à cause de son prix élevé, mais l'on se sert beaucoup de graisse de mouton et d'huile pour accommoder les aliments.

Le pain a généralement un aspect assez grossier ; il est mal levé et d'une cuisson imparfaite qui ne facilite en rien sa digestion, malgré les quelques graines aromatiques que l'on a incrustées sur le dessus. Il s'appelle ar'eroum-en-temthount.

Les légumes et les fruits sont très abondants dans cette région et font partie dans une très large mesure de l'alimentation.

L'eau est la boisson générale, cependant dans presque tous les repas, on sert du lait frais « aïfki » ou sous forme de caillé « tiklilt, aglouglou. » Le lait aigri « ir'i » n'est employé qu'en été et constitue une boisson très rafraîchissante.

Après chaque repas, les Kabyles ont soin de se nettoyer la bouche. Ils emploient pour l'entretien des dents et des gencives l'écorce de racine de noyer, qui n'a qu'un seul défaut, léger d'ailleurs, celui de colorer passagèrement en brun la muqueuse des lèvres.

Cette habitude ne doit pas faire préjuger favorablement de la propreté des Kabyles, car ce n'est là qu'une exception à l'état de saleté dans lequel ils vivent.

Au milieu de rues encombrées par des dépôts d'immondices, sillonnées par des ruisseaux remplis d'eaux ménagères et de liquides s'écoulant des écuries par un petit chenal, le Kabyle ne songe à remédier à un tel état de choses que lorsqu'il est utile d'engraisser son verger. Alors il recueille précieusement le fumier dans lequel il a vécu, et il tire ainsi profit de la malpropreté qu'il a su entretenir.

Les habits, qui propres et convenablement ajustés, ont une certaine originalité et une certaine grâce, sont malheureusement trop souvent ensevelis sous une couche de crasse et de boue qui les transforment en misérables haillons. Les riches cependant mettent beaucoup d'amour propre à porter des vêtements convenables ; mais en général, on peut dire que le Kabyle porte ses vêtements jusqu'à une usure très avancée, sans jamais avoir eu la préoccupation de les faire laver.

Leur costume est d'ailleurs très simple.

L'homme porte une large chemise, soit de cotonnade, soit de laine grossière : par dessus cette chemise, un ou deux burnous. « Celui-ci n'a que bien rarement l'avantage de jouir d'une blancheur passable ; à moins qu'il ne soit neuf, il apparaît toujours diapré de taches de toutes grandeurs et de toutes qualités. On hérite du burnous comme du fusil ; c'est un meuble de famille ; et il en est qui tiennent tant à cette relique, qu'après avoir essayé par tous les moyens possibles d'ajuster quelques morceaux d'étoffes, ils finissent par le porter à l'état d'effilé » (Devaux).

Les Kabyles marchent pieds-nus ; les plus riches portent des babouches ; ceux qui ont de longues routes à faire taillent dans une peau de chèvre un quadrilatère oblong, à l'extrémité duquel des cordes de sparterie sont fixées et permettent de l'attacher au pied. En hiver, ils se servent de kobkab, espèce de patin de bois d'une seule pièce, formant une semelle à la face inférieure de laquelle se détachent deux planchettes verticales de cinq à dix centimètres de haut. Par suite de cette disposition, le pied ne saurait toucher la neige, mais très souvent cette chaussure est une cause d'entorses graves, sa hauteur n'étant pas calculée par rapport à sa surface.

Si le Kabyle, en temps ordinaire, marche pieds-nus, il ne saurait rester la tête découverte et il se coiffe avec une ou plusieurs calottes de laine, imbriquées les unes dans les autres. « La calotte est réellement parfois un objet de curiosité. Quand un accident ne la met pas hors de service, elle arrive à atteindre une existence phénoménale, protégée qu'elle est par une épaisse couche graisseuse. Je ne suis pas loin de croire qu'il y en a de quasi-séculaires » (Devaux).

Le costume de la femme est tout aussi peu compliqué. « Une grande pièce d'étoffe de laine ou de coton, disent MM. Hanoteau et Letourneux, fait, le plus souvent, tous les frais de leur habillement: pliée en deux, suivant la longueur, elle se dédouble sur l'un des côtés du corps; les deux chefs sont réunis sur les épaules par deux fortes broches de fer ou d'argent, et serrés autour de la taille par une ceinture de soie ou de laine. Les bras passent par des échancrures ménagées dans les plicatures de ce vêtement, qui a quelque analogie, par la façon dont il est drapé, avec la tunique de la statuaire grecque ».

Dans les jours de fête, les femmes adjoignent à cette unique robe, quelques mouchoirs en étoffe voyante, fixés sur un haïk de laine.

La coiffure est formée par une sorte de capuchon de lin ou de soie, fixé autour de la tête par des mouchoirs; quelquefois la femme, malgré l'épaisseur de sa chevelure, y ajoute des nattes et des tresses de laine noire; mais ces nattes et ces tresses ne constituent qu'un ornement et sont toujours visibles.

La femme kabyle, elle aussi, marche pieds nus, les jambes ornées de bracelets de pied » Khalkhal » en argent, en cuivre, en corne, ou même en bois.

Ce goût des bracelets dénote assurément chez ces femmes un esprit de coquetterie, coquetterie qui se manifeste en beaucoup d'occasions. Ainsi, quand vient le soir, la femme kabyle dépose ses habits de travail pour en revêtir d'autres. Serait-ce pour plaire à son mari ? « Ce que j'ai remarqué à coup sûr, et qui pourrait prouver que le mari n'est pour rien là-dedans, c'est que quand les femmes vont à l'eau, au bois ou au moulin, elles sont toujours beaucoup mieux parées que dans la maison » (Devaux).

Les colliers faits avec des perles en verroterie, des coquillages, des pièces de monnaie françaises et arabes, des fragments de petites glaces, des boutons en métal, font fureur là-bas.

Que dirons-nous des cosmétiques dont la femme kabyle fait un si grand usage ?

Ses cheveux, ses sourcils sont teints en noir, seule couleur qui soit à la mode, et il est juste de dire que la femme réussit fort bien cette opération. Voici, à titre de curiosité, le procédé qu'elle emploie. Dans une quantité d'huile d'olives suffisante pour obtenir une pâte presque liquide, on délaye un mélange de trois parties de noix de galle et d'une partie d' « hadida » (alliage de sulfure d'antimoine et de pyrite de cuivre). Cette pâte préparée, on la chauffe jusqu'à ce qu'elle obtienne une belle coloration noire. Appliquée sur la chevelure, elle y est maintenue pendant quelques jours, généralement trois, au moyen de linges qui entourent bien la tête. Après ce temps, les cheveux sont rendus à la liberté, puis peignés et bien huilés.

Le Koheul (sulfure de plomb natif, galène) sert à teindre les cils. La femme kabyle porte toujours sur elle sa boîte à Koheul, sorte d'étui en roseau dans lequel trempe une aiguille, soit de fer, soit de bois. Cette aiguille est passée, toute chargée de la matière colorante, entre les cils, et laisse ainsi sur les cils et sur le bord libre des paupières, une coloration noire bleuâtre.

Le fard est très employé par les jeunes filles, et le moyen de le composer et de l'appliquer mérite, il nous semble, une description. Une certaine quantité de gomme laque, de coloration bien rouge, est réduite en poudre et mêlée par parties égales avec de l'alun. Ce mélange est mis à part ; puis les femmes triturent des raisins secs et avec la salive qu'elles obtiennent en mâchant l'écorce de racine de noyer, préparent une pâte à laquelle elles ajoutent la gomme laque et l'alun pulvérisés. Cette incorporation terminée, elle roule le tout dans du « sembel », poudre odorante et d'origine persane et le laisse sécher. Pour se servir de ce fard, ainsi préparé, il suffit de se mouiller préalablement les joues avec de la salive et de frotter la pâte sur la peau, plus ou moins légèrement, suivant le degré de coloration que l'on désire obtenir.

Ceci pourrait déjà, à notre sens, suffire pour parer la femme. Nous devons cependant encore citer le tatouage.

Chez la femme kabyle, le tatouage est très fréquent et se porte, sur le front, sur le menton, sur les joues, sur les tempes, sur les bras, sur le cou. Il forme une série de dessins, assez finement exécutés et d'une variété tout à fait fantaisiste.

Chez l'homme, ce même tatouage se retrouve, mais pour lui, cette opération n'est qu'un préservatif ou un curatif contre certaines maladies.

L'on voit fréquemment dans ces tatouages, la forme de la croix. Faudrait-il en conclure, comme certains auteurs ont cru pouvoir le faire, que c'est un usage apporté dans cette race par la religion chrétienne, à une époque reculée et impossible d'ailleurs à déterminer ? Nous ne nous prononcerons pas sur cette question, que nous avons déjà effleurée dans notre étude sur l'origine de la race Kabyle ; cela, d'après Ibn Khaldoun, serait vrai, puisque cet auteur nous dit : pendant la domination des Romains, les Berbères se résignèrent à professer la religion chrétienne et à se laisser diriger par les conquérants, auxquels, du reste, ils payaient l'impôt sans difficulté (*Histoire des Berbères*).

Enfin la femme kabyle, comme la femme arabe, épile certaines régions de son corps. Les procédés qu'elle emploie pour obtenir ce résultat, ne sont pas toujours sans danger. Le mélange de chaux vive, de sulfure jaune d'arsenic et de savon vert, produit très fréquemment des vésications profondes. Il est vrai que beaucoup se servent tout simplement de glu. « Après avoir enduit la partie à épiler d'une matière destinée à détruire la force d'adhésion du poil, elles y appliquent un emplâtre de cette glu, qui, retiré brusquement, arrache tout ce qui s'est attaché à lui » (Devaux).

La coquetterie de la femme ne va cependant pas jusqu'à prendre des bains. Les ablutions prescrites par le Coran ne sont pas ou sont fort peu pratiquées, et cela aussi bien pour les femmes que pour les hommes. Aussi peut-on dire que pour presque tous, le savon mou, qui se débite au marché pour les usages industriels, est une denrée de luxe au point de vue cosmétique.

Les femmes kabyles mènent, en résumé, une vie très calme. « Elles se procurent quelques distractions en se réunissant aux fontaines..... en allant au bois..... Elles vont de temps en temps au moulin faire moudre des grains, et passent encore quelques bons moments, à causer le plus qu'elles peuvent, en attendant la livraison de la farine, pour laquelle elles tracassent peu le meunier. Aussi toutes ces corvées, au lieu de leur répugner, sont, bien que fort rudes, considérées par elles comme des prérogatives qu'elles défendent avec acharnement contre les maris jaloux, qui voudraient ne les laisser s'absenter que le moins possible. Entre plusieurs exemples, je citerai celui d'une femme de la tribu des Aït Smahil qui vint un jour porter plainte au kadi de ce que son époux ne la laissait aller, ni au bois, ni à l'eau.

— Et qui donc y va ? demanda le Kadi.

— C'est notre âne.

— Tu dois t'estimer bien heureuse d'avoir un mari qui t'épargne une pareille fatigue ?

— Allons donc ! Je suis au contraire la plus malheureuse des femmes d'être ainsi recluse à cause de la jalousie de ce méchant.

Le mari, qui jusque-là avait gardé le silence, prend la parole : Si je suis jaloux, ce n'est pas sans motifs et j'ai assez d'amour-propre pour ne pas lui permettre d'aller au rendez-vous qu'elle donne à ses amants : voilà la cause de ma conduite.

L'homme était vieux et laid, la plaignante jeune et jolie, toutes les présomptions étaient donc contre elle : aussi, malgré ses pleurs, ses prières et ses menaces, elle dût se résigner à rentrer chez elle et continuer à être la mieux traitée des femmes kebaïles » (Devaux).

Quoique le rôle des femmes soit effacé, il est cependant quelquefois arrivé qu'une d'elles élevât la voix et qu'elle fut écoutée comme un oracle. Plusieurs Koubba en Kabylie portent le nom de femmes célèbres par leur piété et leur influence.

« Dans les pays barbares, dit M. Masqueray, la femme qui porte le bois et l'eau, arrache les herbes dans les champs et reçoit sans reproche les ordres de son maître, élève quelquefois la voix comme un être d'un ordre inférieur qui rend un oracle. Les Germains de Tacite croyaient que les femmes avaient en elles quelque chose de divin. Le barbare, en effet, s'étonne lorsqu'il entend sa femme parler mieux que les anciens et lui révéler le salut qu'il implore de son Dieu. Une femme de bon conseil est pour lui une puissance occulte qu'il révère comme les Espagnols se prosternent devant leurs madones. Il y a des saintes en Kabylie. La plus haute cime du Djerdjera est consacrée à Lalla Khredidja ».

En temps de guerre, ne croyez pas que la femme Kabyle restera loin des combattants. Elle sera là, derrière son mari, l'excitant à se battre par ses chants, par ses cris. Parées de leurs bijoux, elles se tiennent par la main et entonnent un chant de guerre. « Ayant été appelé plusieurs fois à conduire des contingents Kebaïles à la défense d'un village menacé par l'ennemi, j'ai compris, en entendant les excitations des épouses, des mères, combien devait y être sensible la fibre guerrière des combattants » (Devaux). Et lorsque le combat finit, les femmes n'ont rien à craindre, quel qu'ait été leur rôle. Elles sont toujours relâchées et il n'y a pas d'exemple qu'une insulte, quelle qu'elle soit, leur ait jamais été faite.

Ne voulant pas nous accorder la même confiance qu'à leurs ennemis habituels, les Kabyles, dans tous les engagements qu'ils eurent avec nous, renvoyèrent les femmes dans la montagne, craignant pour elles, soit la captivité, soit les mauvais traitements.

Les femmes sont encore là, pour, après le combat, emporter les blessés et ensevelir les morts.

Le verset 38 de la sourate IV du Coran, dont nous avons donné le texte en parlant de la cérémonie légale et religieuse du mariage, trace les droits et les devoirs des époux. La femme doit obéissance et fidélité à son mari, qu'elle doit suivre partout où il va. Elle a la direction du ménage, et si, pour un motif plausible, la vie commune lui paraît intolérable, elle a le droit de fuir la demeure conjugale et de se réfugier dans la maison paternelle ou chez son plus proche parent; la coutume ne permettra pas au mari d'aller rechercher la fugitive. De son côté, le mari doit protection à sa femme; il doit la loger dans le domicile conjugal, la nourrir et la vêtir suivant sa condition : mais à ces deux points de vue, seul, il est juge d'apprécier comment il doit agir. Si la femme commet des fautes, il a le droit de la punir, de la châtier ; et si le poing est ou lui semble insuffisant, libre à lui de s'armer d'un bâton, d'une pierre, d'un poignard même. Tout ce qu'on lui demande, c'est de ne pas aller jusqu'à la tuer.

Le mari ne peut refuser à sa femme le droit d'aller visiter ses parents à l'occasion d'un mariage, d'un décès, d'une maladie, ou d'une fête. Il ne peut non plus s'opposer à ce que le père de la femme ne l'emmène chez lui, quand il le désire.

Il doit fournir à sa femme malade tous les médicaments et tous les soins nécessaires à son état, appeler un médecin (?) (nous verrons dans le livre suivant quel est ce médecin), et si la femme en exprime le désir, il doit faire venir un marabout pour procéder à des incantations ou écrire des talismans.

Après l'enfantement, la mère est dispensée de vaquer

à tout travail pendant un mois et quarante jours, et pendant la période de convalescence, sa nourriture doit être abondante et délicate, et il faut entendre par là une alimentation composée de viande et de pur froment. Combien de nations civilisées ne déploreraient plus leur dépopulation toujours croissante, si des mesures semblables assuraient à la mère un repos, qui lui permît de donner tous ses soins au nouveau né, et une nourriture nécessaire pour faciliter un allaitement sain et généreux ?

Presque toujours la femme kabyle allaite ses enfants : dans les cas exceptionnels d'empêchement, le mari est obligé de fournir une nourrice.

Enfin les frais de funérailles de la femme, qui n'est ni répudiée, ni insurgée, incombent au mari ; peu importe que le décès ait eu lieu dans le domicile conjugal ou dans la maison paternelle.

Quant aux préceptes d'hygiène édictés par le Coran au sujet des rapports entre époux, ils sont en vigueur en Kabylie et indiqués par la coutume.

Nous avons vu que le mariage n'était guère qu'une vente faite par celui qui a droit de disposer de la femme, moyennant un prix déterminé. Il en résulte que le mari qui a acheté, peut, en rendant l'argent, rendre la femme qui a cessé de lui plaire ; la plus grande latitude est laissée aux hommes à cet égard. Outre les cas légaux, où le mariage est dissous de plein droit, le mari peut en opérer la dissolution quand bon lui semble et sans aucun motif, par la répudiation.

Avant de voir en quoi consiste cette répudiation, énumérons rapidement les cas où le mariage est dissous légalement.

Tout d'abord le mariage peut ne pas être valable et doit être annulé :

1° Si la femme a été vendue par quelqu'un qui n'avait pas le droit d'en disposer.

2° Si la femme était encore dans les liens d'un premier mariage non dissous par la volonté formelle du mari.

3° S'il y a inceste volontaire ou involontaire.

4° Si la femme d'un absent s'est remariée sans avoir fait constater par la Djemâat l'expiration des délais légaux.

5° Si le mariage n'a pas été célébré publiquement.

6° La femme kabyle aurait le droit de demander la nullité du mariage pour cause d'impuissance de la part de son mari, mais ce cas ne s'est pas rencontré en Kabylie. Une pareille imputation serait une injure qui ne saurait être lavée que dans le sang. D'ailleurs, il faut le dire à la louange des Kabyles, ils cachent très soigneusement les secrets conjugaux et ne vont pas crier sur les toits les mésaventures qui peuvent leur arriver. Un Kabyle croit épouser une vierge, et il a été trompé. Il ne se récriera pas, et n'invoquera pas le droit musulman qui lui permettrait de reprendre son prix d'achat. Il attendra patiemment; puis un jour il répudiera sa femme pour en tirer le meilleur parti possible en la revendant, soit à sa famille, soit à un autre mari.

7° Enfin il y a encore lieu à nullité du mariage, si celui-ci a été contracté pendant l'aïdda ou délai d'expectative, résultant, soit du veuvage, soit de la répudiation ou de l'insurrection suivie de rachat : à propos de cette aïdda, nous renvoyons le lecteur à la page 421.

Dans tous ces cas, la thâmanth doit être restituée, car il n'y a pas eu une vente et dès lors il ne saurait y avoir prix d'achat.

Les enfants issus de ces unions, irrégulières légalement, n'en sont pas moins considérés comme légitimes. Il n'y a pas eu faute et dès lors, il est injuste de frapper des innocents. Il n'existe qu'une seule exception à cette règle, c'est dans le cas d'inceste volontaire. L'enfant est lapidé avec le père et la mère ; ainsi est vengé l'honneur du village.

En outre le mariage se trouve dissous :

1° Par la mort de la femme.

2° Par la mort du mari dans les tribus où la femme ne reste pas « tâallakith » « pendue » à son mari mort. Dans ce cas, la veuve fait partie de la succession du mari ; nous verrons plus loin les droits des héritiers sur cette femme.

3º Par l'absence ; mais il faut que l'absence soit constatée et qu'il se soit écoulé un délai de quatre années depuis le départ du mari. Ce délai constitue ce que l'on appelle l'aïdda. L'expiration de ce délai légal doit être établie devant un marabout avant de pouvoir faire contracter à la femme un nouveau mariage. Cependant certaines tribus ont trouvé ce délai de quatre ans trop insuffisant ; aussi les tribus du bord de la mer, et les Aït Djennad, les Izer'faouen l'ont porté à sept ans ; sa durée est de dix ans chez les Aït Iraten et les Igaouaouen.

Pendant l'aïdda, la mère a la surveillance et la tutelle de ses enfants mineurs ; elle est nourrie et vêtue sur les biens du mari.

Si ce dernier venait à reparaître, alors que sa femme serait remariée, il ne pourrait la faire rentrer chez lui ; il n'aurait que le droit de se faire restituer la thâmanth qu'il avait versée.

4º Par la répudiation, mais il faut que cette répudiation soit suivie de rachat.

Le Kabyle peut, quand il le veut, et simplement parce que cela lui plaît, répudier sa femme. Il n'est tenu d'apporter aucun motif dans cette répudiation, qui peut s'effectuer de deux manières. Il fixe un prix de rachat et dans ce cas la répudiation s'appelle berrou-n-tegourri. Ou au contraire, en répudiant la femme il a soin de laisser le prix d'achat indéterminé, et la répudiation devient le berrou embla tegourri.

Dans le premier cas, celui de répudiation avec fixation du prix de rachat, le mari renvoie sa femme en disant : « Je te répudie et je mets sur ta tête telle somme. »

Si cette formule n'a été prononcée qu'une fois par le mari, celui-ci pourra encore reprendre sa femme et trouvera un marabout complaisant qui voudra peut-être bien consacrer de nouveau cette union ; cependant il lui en coûtera assez cher, car le père de la femme dont il lui faudra pour cette nouvelle cérémonie le consentement, en profitera pour demander un supplément de thâmanth (Thimerna).

Mais par deux ou par trois fois, le Kabyle a-t-il prononcé cette même formule, que le mariage est irrévocablement dissous, et le mari ne pourra épouser de nouveau sa femme répudiée que lorsque cette dernière aura contracté un mariage avec un autre homme et sera devenue veuve, ou aura été répudiée par lui. C'est d'ailleurs, ce qui est conforme à la loi musulmane : « si un mari répudie sa femme trois fois, il ne lui est permis de la reprendre que lorsqu'elle aura épousé un autre mari, et lorsque celui-ci l'aura répudiée à son tour. Il ne résultera aucun péché pour aucun des deux, s'ils se réconcilient, croyant pouvoir observer les limites de Dieu. Telles sont les limites que Dieu pose clairement aux hommes qui entendent le Coran. » Sour. 230. Chap. II.

La femme ainsi répudiée peut se marier avec un autre, à la condition expresse que la somme fixée par le mari lui soit payée, peu importe celui qui donne les fonds.

Il arrive que le mari fixe ou mette sur la tête de la femme une somme tellement exagérée, que cette stipulation constitue une véritable interdiction de second mariage. Dans ce cas, on considère que la femme ne pourra jamais trouver acquéreur à si haut prix et elle est dite alors « thâmaouok't » (retenue, empêchée).

Dans le second cas ou le berrou embla tegourri, la répudiation se fait sans que le mari détermine le prix de rachat, il se contente de dire « ebrir'am, » « je te répudie. » Ainsi il pourra élever le prix autant qu'il le voudra, suivant « l'acquéreur » qui se présentera, et en tous cas, cela le met plus à même d'empêcher la vente de sa femme, en demandant un prix d'une exagération ridicule.

Prononcée deux fois, la formule « je te répudie » ne dissout pas le mariage, et le mari peut reprendre sa femme moyennant le paiement d'une amende à la Djemâat. Mais une telle conduite a pour le Kabyle de graves inconvénients. « Sa considération s'en est allée au moment où il l'a fait rentrer après la première répudiation au domicile conjugal, et son témoignage n'a plus de valeur légale. » (Hanoteau et Letourneux).

Si la formule a été prononcée trois fois, le mariage est définitivement dissous.

Toutefois, dans tous les cas de répudiation, lors du paiement au mari du « ledfi » ou prix de rachat, celui-ci doit, la somme une fois comptée, déclarer devant témoins et à trois reprises différentes l'abandon qu'il consent faire de tous ses droits sur sa femme.

La femme ainsi répudiée doit, jusqu'à son rachat, se retirer chez ses parents, qui la nourrissent. Elle entraînerait pour ses parents la restitution de la thâ-manth ou le paiement du ledfi à son mari, si elle s'enfuyait du pays.

Dans les grandes familles, la répudiation ne s'emploie pas. Le mari qui a à se plaindre de sa femme, prévient les parents de celle-ci qu'il leur renvoie leur fille. Celle-ci, sous la conduite d'un nègre ou d'un domestique, et montée sur un âne ou un mulet, regagne le domicile paternel. Et cela équivaut si bien à une répudiation formelle, que la femme ne saurait trouver personne qui voudrait l'épouser, et que si, par hasard, son mari, celui qui l'a répudiée, la reprenait, il serait l'objet du mépris universel.

5° Enfin le mariage peut encore être dissous par la fuite de la femme, suivie de rachat.

La femme a-t-elle des sujets de mécontentement contre son mari ? Elle avertit un de ses parents. Celui-ci vient au domicile conjugal pour la chercher et l'emmène sans que le mari puisse réclamer quoi que ce soit. C'est une véritable fuite de sa part, une vraie insurrection, aussi appelle-t-on la femme qui quitte ainsi le domicile conjugal « thamenafek't » « insurgée ».

Dans ce cas, le mari a le droit, soit de la répudier en recevant la thâmanth ou le ledfi, soit de la laisser toute sa vie, « thamaouok't », empêchée. Il ne doit plus rien à sa femme, qui retombe à la charge entière de ses parents. C'est là une conséquence qui fait très souvent réfléchir la famille, avant de favoriser l'insurrection de la femme.

La fuite de la femme n'est admise que dans sa famille. Si la femme insurgée se réfugiait chez un autre homme, ou si elle contractait un nouveau mariage sans le consentement du mari, il y aurait lieu à l'application de peines très sévères, peines qui vont quelquefois jusqu'à l'exil.

Telles sont les causes de dissolution des mariages.

Mais que deviennent les enfants de ces unions rompues ? Quel est leur sort ?

En principe, le père a le droit de conserver tous les enfants quels que soient leur âge et leur sexe, même les enfants en bas âge.

Quelques tribus ont adopté les dispositions du Coran plus humaines pour les tout jeunes enfants, et reconnaissent comme obligatoires les prescriptions de la sourate II, vers. 233, ainsi conçu : « Les mères répudiées allaiteront leurs enfants deux ans complets, si le père veut que le temps soit complet. Le père est tenu de pourvoir à la nourriture et au vêtement de la femme d'une manière honnête. Personne ne doit être chargé au delà de ses facultés : que la mère ne soit pas lésée dans ses intérêts, à cause de l'enfant, ni le père non plus. L'héritier du père est tenu aux mêmes devoirs. »

Certaines tribus, tout en confiant l'enfant en bas âge à la mère, veulent que celle-ci donne l'allaitement sans indemnité ; le mari n'étant tenu, ni de la nourriture, ni du vêtement.

La femme « insurgée, » ayant commis une infraction que la coutume tolère, mais sans l'approuver, ne jouit pas des mêmes privilèges et n'a droit absolument à rien.

Nous avons vu précédemment la sévérité de la coutume Kabyle au point de vue des mœurs ; aussi malheur à la femme veuve, répudiée ou insurgée qui oublierait ses devoirs. L'enfant qu'elle pourrait mettre au monde serait son compagnon de supplice ; car pour laver l'affront fait à l'honneur du village, la mère et l'enfant seraient lapidés ; et la famille ne serait pas la dernière à aller au-devant de l'exécution cruelle, mais nécessaire. Est-il besoin d'indiquer qu'en présence de cette sévérité, on a trouvé dans l'avortement un palliatif. L'enfant mort, la mère ne doit qu'une amende à la Djemâat, et reste à la disposition de la famille, qui seule verra si elle doit laver son déshonneur dans le sang de la coupable.

Mais la femme répudiée ou la veuve, enceinte lors de la répudiation ou lors du décès du mari, ne pourraient recourir à l'avortement, sans encourir la vengeance du mari et de ses héritiers, qui dans ce cas acquièrent la dette de sang, la Rek'ba.

L'infanticide est puni comme l'avortement.

En Kabylie, l'on ne saurait rencontrer un enfant abandonné. Les cas d'abandon ou d'exposition d'enfant sont choses tout à fait inconnues.

Ainsi se passe la vie du Kabyle, entre son champ, son verger, sa maison : et la mort vient.

C'est dans ces tristes circonstances, que nous allons voir de nouveau jusqu'où peut s'élever la solidarité qui unit toute la Kharrouba, toute la tribu.

A peine le Kabyle a-t-il rendu le dernier soupir, qu'aussitôt ses parents lui ferment les yeux et la bouche. Puis, prenant le cadavre, l'étendent sur la terre nue. Alors en signe de deuil, les femmes gémissent et poussent des cris perçants, elles s'arrachent les cheveux, s'égratignent le visage et se couvrent de cendre, de poussière, de suie, et même d'ordures (d'après Hanoteau et Letourneux).

La fatale nouvelle est immédiatement annoncée dans le village par le crieur public, et à partir de ce moment, aucune personne ne peut s'éloigner du village ; le deuil étant public, exige la présence de tous.

Si l'inhumation n'a pas lieu le jour même, la famille fait appeler des marabouts, qui passent toute la nuit dans la chambre mortuaire, éclairée par plusieurs lampes. Rien de plus lugubre, de plus profondément désolant que ce tableau. Les marabouts, accroupis par terre, auprès du cadavre, récitent sans discontinuer les versets du Coran. En attendant l'arrivée de ces marabouts, les parents ou, à leur défaut, les voisins, veillent le corps qui ne doit pas rester seul, ne fût-ce qu'un moment.

Le crieur public a répandu le bruit de la mort, et les notables se rendent immédiatement au domicile du défunt. Ils viennent s'enquérir du legs que le décédé a pu faire au village. Si celui-ci n'a point fait de dispositions, ils demandent aux héritiers quelle somme ils entendent verser à la djeimâat. Cette somme, qui, d'après les Kanoun, ne peut être moindre de sept à dix douros (35 à 50 fr.) si le défunt a laissé des enfants, et de dix à vingt cinq douros (50 à 125 fr.), s'il n'en a pas laissé, est très souvent dépassée par la générosité de la famille.

Cette formalité accomplie, tout le monde récite le fath'a, puis les notables se retirent et se dirigent vers le cimetière.

Là, sous les ordres et sous les yeux de l'amin ou des t'emman, on creuse la fosse vers l'orient? C'est un trou, ayant un peu plus en longueur et en largeur que les dimensions de la personne à inhumer. Sa profondeur varie entre quatre-vingts centimètres et un mètre. Dans le fond, la terre est disposée bien horizontalement; sur les côtés, l'on dispose une sorte de retrait, à environ cinquante centimètres du sol inférieur; cela servira à placer les pierres plates qui doivent recouvrir le cadavre. En même temps que ces travaux s'achèvent, on achète des bœufs, des moutons ou des chèvres, qui sont amenés, abattus, dépecés, pour former une timecheret.

A la maison mortuaire, et ce pendant, on a lavé le corps du défunt et on l'a revêtu de ses plus beaux vêtements. Puis on l'a ainsi exposé pendant quelque temps à la vue des parents. En temps de guerre, le corps de celui qui est tombé frappé par l'ennemi, n'est point lavé, on laisse les vêtements maculés de sang qui le recouvraient, et on l'inhume ainsi ; Dieu verra que le mort fut un martyr, victime de son devoir.

Aussitôt que tout est prêt au cimetière pour l'inhumation, l'exposition cesse et le cadavre est cousu dans un suaire en coton, mais de façon à ce que la tête puisse encore être facilement découverte.

Les marabouts se présentent alors, et le mort est emporté sur une civière. Une natte ou un tapis recouvre le tout.

Aider à la sépulture d'un mort, est une œuvre pie : aussi faut-il voir, avec quel empressement, chacun se présente à tour de rôle, pour servir de porteur. Et il n'est pas rare d'assister assez souvent à un spectacle aussi curieux que navrant, dans ces sortes d'inhumations. Dans l'empressement que mettent les porteurs à se succéder, car tous ont peur de ne pouvoir avoir le temps de remplir ce pieux office, la civière est par trop inclinée et le cadavre du malheureux roule par terre. Il est remis promptement à sa place, mais cela ne remédie en aucune façon au même zèle intempestif et il doit achever sa triste promenade dans un violent et continuel roulis.

Les marabouts forment la tête du cortège, en poussant vers le ciel des invocations à Allah, et en félicitant le mort du sort heureux qui lui est accordé. Derrière eux, viennent la civière, et la famille ; puis tout le village.

Arrivé au cimetière, le tapis, qui recouvre la civière, est étendu et le cadavre y est déposé. De nouvelles prières recommencent pendant lesquelles on découvre le visage du défunt pour que tous puissent le voir encore une dernière fois. Quand ces prières sont achevées, deux hommes prennent le corps et le déposent dans la fosse de façon à ce que la tête soit tournée du côté de l'Orient. Puis on dispose au-dessus du cadavre des pierres plates qui le recouvrent presque sans intervalle et l'on comble la fosse, au milieu d'un religieux silence, interrompu seulement par la récitation du Coran.

Le fath'a, qui a accueilli la naissance du Kabyle, est l'adieu que lui adresse le village entier, avant de quitter sa tombe.

La cérémonie religieuse achevée, chacun prend sa part de la thimecheret. Le partage est fait de façon, à ce que la famille du défunt ait une part supplémentaire pour pouvoir recevoir dignement les hôtes, qui ont pu venir à l'inhumation. Il est même d'usage, que les amis du défunt envoient ce jour là des mets tout préparés, afin que l'hospitalité, donnée en son nom, soit digne de lui.

Pendant trois jours, la famille reçoit les visites de condoléance ; et le troisième jour, les héritiers doivent donner, en mémoire du défunt, un repas à tout le village : les frais de ce repas sont prélevés sur la succession.

Pendant ces mêmes trois jours, aucun habitant ne peut quitter le village sous peine d'encourir l'amende.

Les femmes, qui, pendant leur vie, ont eu une place bien inférieure, deviennent égales devant la mort. Le deuil est public, le cérémonial est le même, et si une différence existe c'est dans le quantum de l'âadda que doit payer le mari ou celui qui dispose d'elle à la Djemâat. Cette redevance n'est que de cinq à sept douros (25 à 35 francs).

Pour l'enfant mineur, âgé de plus d'un an, le deuil est aussi public, mais l'hospitalité offerte aux étrangers et la timecheret sont moins somptueuses. Pour l'enfant âgé de moins d'un an, l'inhumation se fait sans aucun cérémonial.

N'est-ce pas un exemple vraiment admirable que donne le peuple kabyle dans son respect touchant pour la mort! Quel peuple de l'Europe civilisée pourrait rivaliser avec lui, au point de vue de la vraie fraternité qui transforme la mort d'un des siens en un deuil public? Riche ou pauvre, le défunt a droit aux mêmes cérémonies, aux mêmes honneurs, et le monument de l'un ou de l'autre, simple pierre fichée dans le sol, ne permettra pas, après la mort, de distinguer quel fut celui qui donna, quel fut celui qui reçut.

Il peut arriver qu'au moment du décès et de l'inhumation, un parent ou un ami fût absent du village et ne pût être averti à temps ; le privera-t-on de revoir une dernière fois les traits de celui qu'il aima? Non, et dans une intention pieuse, il peut demander aux Tolba l'autorisation de contempler le mort. Ces derniers président à l'exhumation qui peut alors avoir lieu, puis, après cette triste cérémonie, le cadavre est remis dans un nouveau suaire et reposé dans la fosse. Une aumône, faite par la personne qui a demandé l'exhumation, est distribuée ce même jour aux pauvres.

La violation de sépulture, délit très rare en Kabylie, était punie de la confiscation des biens, de l'exil ; quant à la violation de sépulture dans le but de mutiler un cadavre, le cas ne s'est jamais présenté.

Malgré l'air d'abandon dans lequel paraît être le cimetière Kabyle, il est défendu expressément d'y faire paître : le cimetière abandonné ne peut être labouré qu'après un délai qui varie de vingt à cent ans.

L'inhumation dans la Mosquée est chose très rare, et en tous cas, elle ne peut être autorisée que par une décision formelle de la Djemâat.

Cette égalité devant la mort, cette fraternité dans le deuil, le Kabyle a su les comprendre pendant tout le cours de son existence. Il n'y a point de serfs, il n'y a pas de nobles ; tous sont égaux, riches comme pauvres, forts comme faibles. Et il est vraiment remarquable de voir jusqu'où a été poussée cette solidarité qui unit les membres d'une même société : spectacle unique et qui « dépasse tout ce qu'on a pu constater jusqu'ici dans une société vivante ou ayant vécu. » (Renan).

Le pauvre n'a point à rougir, ni à souffrir de sa pauvreté, et nul ne songerait à établir une différence entre lui et le riche. « En assistant à une Djemâat, il est très difficile de dire qui sont les pauvres et qui sont les riches. La différence d'éducation et d'instruction n'existant pas, la noblesse féodale n'ayant laissé aucune trace, il y a, dans une telle société, des différences de fait, non des différences de droit. Le dernier mendiant vient s'asseoir familièrement à côté du premier personnage influent, sans que celui-ci s'en étonne. » (Renan).

Pour le Kabyle, la pauvreté est un accident qui peut atteindre tout le monde. Riche aujourd'hui, pauvre demain, pourquoi la misère motiverait-elle la honte, ou exciterait-elle le dédain : n'est-ce pas le même homme qui un jour donnera l'aumône, et qui, un autre jour, la recevra ?

Combien de peuples européens enseignent une doctrine si philosophique ?

Aussi le pauvre ne mendie pas : il réclame modestement, mais comme un droit, la part qui lui est nécessaire pour vivre : celui qui donne ne semble pas faire acte de charité ; il paie une dette juste, sacrée, à laquelle il ne doit pas se soustraire.

D'ailleurs, il y a fort peu de mendiants dans un village ; chacun a l'amour propre de subvenir aux besoins de ses proches, quand l'âge, les infirmités, ne leur permettent plus de travailler. Ce serait un déshonneur, que de laisser mendier un parent, alors qu'on pourrait lui venir en aide ; et s'il faut s'y résigner, ce n'est qu'à la dernière extrémité, lorsqu'on a épuisé tous les moyens dont on disposait.

Les secours accordés aux pauvres sont de deux sortes, suivant qu'ils émanent de l'assistance publique ou de l'assistance privée.

L'assistance publique est très active en Kabylie et ne fait aucune différence entre l'étranger indigent ou le pauvre du village : il suffit d'avoir besoin de ses secours pour y avoir droit. Cela ne se passe malheureusement pas toujours ainsi dans beaucoup de pays civilisés.

Dans tous les événements, tristes ou joyeux, qui donnent naissance à une aâdda ou redevance, la Djemâat a fait la part du pauvre. De plus, les gens aisés sont obligés, par le code pénal, à donner l'achour et le fet'era. Il est juste d'ajouter qu'ils ne se contentent pas seulement de donner ces impôts, mais qu'ils prélèvent eux-mêmes la dîme réelle de leurs biens et la donnent aux pauvres.

Le village possède des jardins de figuiers où, seuls, les deshérités de la fortune ont le droit de récolter ce qui y vient ; et pour augmenter ces jardins, il est rare qu'un homme riche ne lègue pas, en mourant, quelques figuiers ou quelques oliviers. Aujourd'hui ces jardins de pauvres font partie des biens communaux et sont mis en location ; généralement le village les a loués à l'administration pour leur conserver leur destination primitive.

Dans les endroits où ces jardins de pauvres n'existent pas, ceux qui sont dans la nécessité sont libres, en automne, d'entrer dans tous les vergers et de manger des fruits pour se rassassier. Personne n'a le droit de les empêcher ou de leur faire un reproche, mais à la condition qu'ils n'emportent absolument rien.

D'ailleurs le pauvre a un autre moyen d'apaiser sa faim. Il n'a qu'à se présenter à l'heure du repas dans une maison quelconque, et il est invité aussitôt à prendre sa part de couscous.

Toutes les fois qu'il y a une thimecheret de village, les pauvres ont leur part, comme tous les autres habitants ; et même dans les distributions religieuses, ils ont une part d'argent, en plus de leur portion de viande. Ils ont également leurs places obligatoires dans tous les repas offerts au village, à l'occasion soit des enterrements, soit des fêtes religieuses particulières.

Enfin, tous les biens communaux et ceux de la Mosquée leur sont spécialement réservés. Ils ont le droit, avant tous autres, de les affermer et peuvent requérir l'assistance gratuite des gens du village pour les aider à bâtir et à labourer, pour leur fournir les semences et pour faire les moissons et les récoltes. En un mot, si la charité nourrit l'indigent, elle va plus loin encore, en le mettant à même de pouvoir gagner sa vie par l'exploitation des biens communaux.

S'il arrivait que par tous ces moyens, les pauvres ne fussent pas efficacement secourus, la Djemâat n'hésiterait pas à créer immédiatement un impôt obligatoire, auquel personne ne songerait à se soustraire.

Les pauvres, étrangers au village, sont, nous l'avons déjà dit, traités comme les autres : ils sont logés dans la Mosquée ou dans la Djemâat ; ils n'ont rien à craindre, car ils se trouvent sous la protection de tout le village.

Dans le cas où le pauvre est aveugle, comme il ne pourrait facilement se déplacer, l'amin désigne, pour chaque jour, deux enfants, qui ont pour mission de faire la quête en son nom et de lui en apporter le produit.

Et si l'indigent vient à mourir dans le village, son inhumation a lieu aux frais de la Djemâat, avec les mêmes cérémonies et le même apparat : tous doivent y assister.

On peut dire que la charité kabyle est inépuisable et à plusieurs reprises, nous en trouvons de beaux exemples. Il nous suffira de relater le fait suivant, cité par M. Renan, pour montrer jusqu'où peut aller sa compassion envers les malheureux. « Pendant l'hiver de 1867-1868, lorsque la famine décimait les populations indigènes de l'Algérie, les Kabyles de la subdivision de Dellys, eurent à nourrir des mendiants étrangers accourus de tous les points de l'Algérie et même du Maroc. Les villages venaient au secours des réfugiés, sans s'inquiéter de leur origine, avec une charité pleine de délicatesse. Pas un seul de ces malheureux n'est mort de faim sur le sol kabyle : ces actes de charité étaient accomplis simplement, sans bruit, sans ostentation, et comme un devoir tout naturel. Voilà qui est admirable et montre tout ce qu'il y a d'excellentes qualités de cœur dans la race berbère. »

Leurs devoirs de charité remplis vis-à-vis des déshérités de la fortune, les Kabyles ne se tiennent pas pour quittes; ils ont encore d'autres devoirs vis-à-vis de leurs semblables, habitant le même village; ce sont les devoirs d'assistance mutuelle. Toutes les fois que son voisin le demande pour lui rendre un service, le Kabyle lui doit son temps, ses forces.

Quelqu'un entreprend-il la construction d'une maison dans le village ? Il a droit à l'assistance du village tout entier. Hommes, femmes, enfants même, concourent, dans la mesure de leurs moyens, aux travaux de cette maison. La femme apportera l'eau, le sable, les matériaux de peu de volume et de poids, tandis que les hommes valides du village, convoqués par l'amin, transporteront les bois de charpente. Personne ne peut refuser son aide, sous peine d'y être contraint et puni d'amende. De même, nul ne peut s'opposer à ce que l'on traverse sa propriété, si cela est nécessaire, pour la construction nouvelle. Celui qui fait construire n'a donc à sa charge que l'achat des menus matériaux : s'il est riche, il donnera, suivant sa position, un ou deux repas par jour à ceux qui travaillent pour lui ; s'il est pauvre, il ne donnera rien ; mais en tous cas, l'assistance sera la même.

Pour les travaux des champs, il en est de même. Celui qui a besoin de faire labourer, de faire tailler ses arbres, et qui, pour une raison quelconque, ne peut commencer ou achever ces travaux, n'a qu'à faire un appel à l'assistance mutuelle, son champ sera vite cultivé et ses arbres élagués.

Ce devoir d'assistance mutuelle est si étroit, qu'il empêche même le propriétaire d'une chose d'en tirer seul profit, si cette chose peut être utile à autrui.

Ainsi, un Kabyle perd par accident un bœuf, en dehors des jours où la viande pourrait être vendue au marché. Évidemment, il y a pour lui une perte ; mais cependant il pourrait profiter de cette perte, en disposant de la chair. Il ne le peut pas. Il doit prévenir l'amin. Ce dernier estime quelle est la valeur de l'animal et en donne le montant au propriétaire. La viande est alors partagée entre tout le village et chacun paie la part qui lui est échue. C'est ce que les Kabyles appellent une thamâount, un aide, un secours. De cette façon, le propriétaire n'a rien perdu, et le village a pu profiter d'une occasion exceptionnelle pour manger de la viande.

De même, si, dans l'intervalle de deux marchés, quelqu'un tue un animal ; il doit en donner avis à l'amin. Celui-ci charge le crieur public d'en répandre la nouvelle, afin que les malades et les femmes enceintes puissent en demander la quantité qu'ils désirent.

La protection que se doivent dans le village les Kabyles, doit s'appliquer aussi en dehors du village.

Si un Kabyle rencontre, à l'étranger, un des habitants de son village, il doit lui offrir ses services et l'assister, même s'il doit y perdre ses biens, ou même la vie : dans le cas, où il n'aurait pas rempli son devoir jusqu'au bout, il se verrait condamné à l'amende et serait déclaré responsable des pertes, que sa lâcheté et son égoïsme auraient pu occasionner.

L'abandon d'un blessé sur un champ de bataille est puni par l'amende ou l'exil, et celui qui s'en rend coupable est livré au mépris public.

En hiver, pour communiquer de tribus en tribus, il faut franchir des cols très souvent obstrués par la neige. Les Kabyles, voisins de ces passages, ont le soin de construire des cabanes en bois, où le voyageur trouvera ce qu'il faut pour se chauffer et faire cuire ses aliments. Et, si la tourmente souffle avec rage, ils partiront pour sauver ceux qui pourraient se trouver menacés par le gros temps.

La même protection se doit de tribu à tribu, et si un individu néglige de venir en aide à un autre, parce que celui-ci n'est pas de la même « K'bila », il est souvent puni et toujours fortement blâmé par sa Djemâat, sur la réquisition de l'autre tribu.

Les muletiers, qui rencontrent sur leur route un mulet abattu ou ne pouvant marcher, doivent aide et assistance à celui qui se trouve par ce fait dans l'embarras; ils deviennent responsables, s'ils ne mettent en lieu sûr le fardeau qui leur a été confié.

L'usage de la viande étant nécessaire à la vie, et les Kabyles pauvres ne pouvant en acheter que très rarement, comment leur en procurer? Les Kanoun ont décidé que de temps en temps, on achèterait en commun des bœufs, des moutons, des chèvres, pour les partager en parts égales entre tous les habitants du même village, riches ou pauvres. Ce partage s'appelle « Thimecheret ».

Avec quels fonds fait-on ces achats en commun ?

Tout d'abord, les Kabyles affectent à cet usage une partie des revenus du village. On leur en a fait un grand reproche. Les économistes des pays civilisés qui comprennent l'emploi des revenus d'une ville, l'emploi d'un budget, pour des travaux d'utilité publique, des améliorations, etc... ont fortement condamné cette conversion de fonds publics en repas publics. Ont-ils raison ? La première condition d'un peuple, avant d'avoir de beaux monuments et une voirie sagement administrée, n'est-elle pas de pouvoir vivre, et par suite de se nourrir ?

Les amendes sont aussi employées aux thimecheret. Chacun a, de cette manière, un intérêt à la répression des délits ; plus il y aura d'amendes, plus il y aura de thimecheret. Il est vrai que cela présente bien quelque inconvénient. Car, si le proverbe « ventre affamé n'a pas d'oreilles » est exact, il peut arriver que dans l'espoir d'une prochaine et abondante thimecheret, les juges et les témoins ne ferment un peu l'oreille, quand un présumé coupable veut s'innocenter. En tous cas, il aura cet avantage sur le condamné des peuples civilisés, c'est que, même puni innocemment, il aura toujours quelque chose en compensation ; on ne lui enlèvera pas sa part dans le partage de viande.

Quand on invoque Dieu, pour obtenir un succès par les armes, ou ses bénédictions sur les récoltes, chacun apporte les denrées qu'il veut offrir à la Djemaât. Ces denrées sont vendues, et l'argent, qui provient de cette vente, moins une part réservée aux pauvres et à l'iman, sert à acheter les animaux qui feront l'objet de la thimecheret.

A la petite fête, l'aïd eç-çer'ir, il y a lieu à partage de viande. Les frais en sont faits par les aâdda ou redevances que l'on doit payer à l'occasion des naissances, des circoncisions, de la majorité et des mariages. Mais, dans ces thimecheret, le partage ne se fait pas également ; remarquons cependant que la part des pauvres existe toujours.

Enfin, les jours du marché, et ces jours-là seulement, il arrive que quatre ou cinq personnes se réunissent pour acheter en commun une certaine quantité de viande. On dit alors qu'il y a « Thimecheret guidrimen » ou « d'argent ».

Quels que soient les partages, on y procède toujours de la même façon. L'amin s'assure que tous les morceaux sont égaux et de même valeur. Les habitants du village se réunissent par groupes de huit, dix, douze, vingt ou vingt-quatre. Chaque groupe remet à l'amin un petit baton sur lequel est un signe très peu apparent. L'amin prend, à chaque groupe, ces petits bâtons, et les dépose vivement un par un, sur chaque part. Chaque groupe reconnaît son lot et se le partage par tête. Le tout se passe avec un ordre parfait, et il est excessivement rare de voir s'élever une discussion.

Dans un pays où les lois d'assistance mutuelle tiennent une si large place, il n'existe ni hôtels, ni auberges; mais l'hospitalité y est pratiquée avec générosité et sans ostentation. L'hôte est sacré, non seulement pour celui qui le reçoit, mais aussi pour tout le village.

Si le voyageur connaît dans un village un habitant, il n'a qu'à se présenter à lui, et aussitôt, il est hospitalièrement accueilli; il n'y a pas d'exemple qu'il ait été éconduit. S'il ne connaît personne, il lui suffira de dire au premier venu « ousir'd dinebgui-en-thaddart », « je viens comme hôte du village »; il sera aussitôt conduit chez l'amin qui s'empressera de le faire conduire dans une maison, où il sera traité suivant son rang.

Il y a en effet quatre classes d'hôtes.

1º Dans la première, se placent les hôtes de distinction, les marabouts vénérés, les chefs de çof, les hommes de grande famille. Ce sont les « inebgaoun-en-tenezliout », ou « hôtes de l'égorgement »; car, pour les recevoir, on égorge un mouton ou un bouc. Si l'étranger est un homme de grande considération, chaque jour on tuera pour lui un animal; ce qui excède la consommation qu'il peut faire est vendu au profit du village. Si le tour de rôle désigne pour recevoir ces hôtes de première classe des gens peu aisés, ils peuvent n'offrir que des volailles, mais s'ils pouvaient faire plus et que par avarice ou pour toute autre raison, ils ne le fassent pas, ils seraient déchus de leur considération. On parle encore, chez les Aït Iraten, d'une famille où l'hôte ne fut reçu qu'avec de la volaille alors que certainement cette famille pouvait fournir de la viande; la déconsidération fut telle qu'aujourd'hui les gens de cette famille s'appellent « Aït bou thaiazit' », « fils de l'homme à la poule ».

Pour ces hôtes, le couscous est fait avec de la farine de pur froment. Il est accommodé au beurre et au miel, mais seulement pour les gens les plus distingués. Le village ne fournit que la viande, le beurre, le miel et l'huile. Tout le reste incombe à celui qui reçoit.

2° La seconde catégorie d'hôtes comprend les voyageurs de moindre importance, ce sont les « inebgaoun bouksoum ak'ouran » ou « hôtes de viandes sèches ». Pour eux, point d'égorgements de boucs, de moutons, de volailles. On leur offre le couscous à l'huile avec la viande séchée au soleil, « Akeddid ». L'huile et la viande séchée sont fournies par la Djemâat.

3° Les « inebgaoun en seksou » sont les hôtes de 3ᵉ classe, étrangers de rang inférieur, auxquels on donne un couscous à l'huile sans viande.

4° Enfin les « inebgaoun bour' eroum », les « hôtes au pain » forment la dernière classe d'hôtes, qui se présentent seulement pour le repas du jour. S'ils arrivaient pour le repas du soir, ils auraient le couscous à l'huile.

Pour que l'hospitalité s'exerce d'une façon juste, et sans trop créer de charge à l'un plutôt qu'à l'autre, l'amin dresse une liste et fixe à tour de rôle la maison où l'hôte sera reçu.

Sont dispensés de donner l'hospitalité, les pauvres, les marabouts, l'iman, le crieur public et quelquefois les veuves et les maisons où il n'y a que des femmes.

Pendant les repas, l'amin ou les t'emman tiennent compagnie à l'hôte, et celui-ci ne peut cesser de manger, que lorsqu'il a affirmé par serment qu'il est rassasié. Alors les amin ou t'emman peuvent dîner ; après eux, vient le tour du propriétaire qui généralement a invité les notables.

L'étranger repose dans la maison de son hôte ; on lui donne les tapis et les nattes qui lui sont nécessaires.

L'hôte n'a rien à craindre de qui que ce soit : tout le monde dans le village le respectera. Quand vous devenez l'hôte d'un Kabyle vous êtes placé sous sa protection, son « ânaïa » ; et sous peine d'infamie il doit y faire honneur, au risque même de s'exposer à tous les dangers. « Ouin r'a iddoun d'el-ânaïa, meh'assoub d'el meggeth alemma isaoudh el-ânaïas », dit le proverbe arabe, « celui qui accompagne son ânaïa (son protégé) est censé mort jusqu'à ce qu'il l'ait conduit en lieu sûr ».

« L'anaïa est le sultan des Kabyles ; aucun sultan au monde ne lui peut être comparé : il fait le bien et ne prélève point d'impôt. Un Kabyle abandonnera sa femme, ses enfants, sa maison, mais il n'abandonnera jamais son anaïa ». (Daumas et Fabar). Tels sont les termes employés par les Kabyles pour décrire et célébrer cette coutume véritablement sublime qu'on ne trouve nulle autre part.

Cette protection ne s'exerce pas seulement dans la kharrouba, le çof, le village, mais encore à l'extérieur et quantité de guerres de tribu à tribu n'ont eu d'autres causes que la violation d'une anaïa.

Cette protection peut être accordée par un particulier, par un çof, par un village, par un tribu ; mais l'on conçoit que la violation de l'anaïa dans l'un ou l'autre de ces cas a des effets toujours graves, quoique différents.

Celui qui a accordé son anaïa à une personne doit l'accompagner jusqu'au but de son voyage, et s'il ne le peut, il doit lui remettre un objet bien connu pour lui appartenir, un fusil, un bâton, un chien, etc... Cet objet sera le sauf-conduit qui écartera de l'étranger toutes les difficultés et tous les dangers de la route. Et si l'anaïa est violée pendant le voyage, la famille de celui qui l'a donnée, sa Kharrouba, son çof, son village, sa tribu et même dans certains cas toute la confédération à laquelle il appartient, devront venger l'insulte qui leur a été faite, et le mal qu'a pu subir leur protégé. D'ailleurs la plus grande sévérité est déployée vis-à-vis de celui qui violerait l'anaïa de son village ou de sa tribu : il expie son crime par la mort et la confiscation de tous ses biens ; sa maison est en outre démolie ; il ne faut pas que dans le village, il reste trace de celui qui a trahi la parole donnée.

On ne sera pas dès lors surpris d'apprendre que bien souvent, une anaïa brisée, violée, a entraîné des guerres acharnées. Nous en trouvons cité un exemple, dans l'ouvrage de MM. Hanoteau et Letourneux : voici le récit de ces auteurs.

« Vers la fin du siècle dernier, Youçef ou Kassi, poëte et chanteur renommé de la confédération des

Aït Djennad, avait donné son anaïa à des marchands d'huile Our'lis, qui allaient à Alger. Arrivés à Temda, sur le territoire des Amraoua, ces marchands furent dépouillés par Ben Ali Naït Kassi, de la puissante famille des Aït ou Kassi.

« Le poëte, indigné de cet outrage, provoque aussitôt une réunion générale des tribus de la confédération, et la tête ceinte d'une corde de paille, signe de deuil, improvisa devant l'assemblée un chant qui se terminait ainsi :

« Récemment nous accompagnions des marchands ;
« Ben Ali a brisé notre anaïa ;
« Si nous la laissons fouler aux pieds, nous avons
  à craindre la honte ;
« Si nous la faisons respecter, il peut en résulter
  de grands malheurs.
« L'anaïa est une montagne de feu,
« Mais c'est sur elle qu'est notre honneur.

« Les Aït Djennad, sans autre hésitation, récitèrent le fath'a et envoyèrent déclarer la guerre aux Amraoua. Les hostilités, commencées le jour suivant, ne se terminèrent qu'après que Ben Ali eût rendu ce qu'il avait volé ».

On le voit, cette protection est efficace et assure à l'étranger une sécurité qu'il rencontrerait difficilement dans des pays beaucoup plus civilisés.

L'anaïa peut exister de deux manières : légalement ou volontairement.

Les Kanouns ont prévu des cas, où l'anaïa est forcée ; ces anaïas, qui toutes résultent des circonstances de lieu, se nomment : anaïa-n-tagounits.

L'anaïa forcée s'exerce sur la personne, même étrangère, qui en cours de route se voit placée sous le coup d'une attaque imminente : les Kanouns obligent le Kabyle à la couvrir de sa protection.

L'anaïa est encore forcée dans le cas où des prisonniers la réclament sur le champ de bataille ; dans celui, où l'individu poursuivi s'est réfugié chez un marabout ou même chez un ennemi ; enfin la présence seule de la femme protège l'individu qui dans tout autre cas pourrait être l'objet d'une attaque ; ainsi la femme ne sera jamais témoin de représailles ; là où elle est, la force doit faire place à la douceur.

L'anaïa volontaire a, au contraire, besoin d'être accordée, et elle n'est pas donnée à la légère par le Kabyle. Il doit s'enquérir de la dignité de celui qui en sera l'objet, car il ne saurait couvrir de sa protection celui qui aurait lésé les intérêts d'un habitant du village ou de la tribu. En outre, comme il sera responsable des faits et gestes de son protégé, il a tout lieu d'user de circonspection en cette occasion.

L'anaïa est gratuite et celui qui voudrait en tirer un profit, quelque minime qu'il put être, se verrait l'objet de la déconsidération publique et devrait acquitter une amende fixée par les Kanouns.

L'anaïa accordée par un marabout engage toute sa tribu.

Cette anaïa se donne sans aucune formalité : elle résulte simplement de la remise d'un objet du protecteur à son protégé, de l'échange d'un fusil, ou encore, par le seul fait de couvrir de son burnous celui auquel on veut accorder son anaïa. Ainsi après un combat, ou en cas d'embuscade, si l'on veut sauver quelqu'un des ennemis, il suffit de le couvrir de son burnous ; il devient aussitôt inviolable pour le village auquel appartient le protecteur.

Le Kabyle qui a une telle confiance dans la parole d'autrui, méprise souverainement la fourberie et le mensonge. Il n'a point de railleries assez fortes pour le menteur, et un certain nombre de ses chants n'ont pour but que de le tourner en ridicule et de le moraliser, en lui faisant voir à quels dangers il s'expose. Nous ne croyons pas pouvoir mieux faire que de citer ici, à titre d'exemple, une de ces chansons que nous trouvons dans un recueil de contes populaires traduits par M. Rivière (1).

« Le Chacal. — Une épine était entrée dans sa patte ;

---

(1) Rivière. *Recueil de contes populaires*. Leroux. Paris 1882. T. IV.

il rencontra une vieille femme qui allait à la fontaine :
« O mère, lui cria-t-il, tire-moi une épine ». Elle tira
l'épine et la jeta. Le chacal lui dit : « Mère, donne-moi
mon épine. » — « Ah ! mon fils, je l'ai jetée ». —
« Donne-moi mon épine. » — Et il pleurait parce que
la vieille lui avait perdu son épine. « Tais-toi, dit-elle,
et ne pleure pas, je te donnerai un œuf ». — Il la suivit à sa maison et la vieille lui donna un œuf. Il alla
aussitôt dans un village et frappa à une porte : « Gens de
la maison, hébergez-moi. » Il entra : « Où placerai-je
mon œuf ? » — « Place-le dans la crèche du bouc. » Durant la nuit, il mangea l'œuf et en suspendit la coque
aux cornes du bouc. Au point du jour, il se leva : « Donnez-moi mon œuf. » — « Nous te dédommagerons de
ton œuf. » — « Non, c'est le bouc qui a mangé mon œuf,
j'emmènerai le bouc. » On lui donna le bouc, il l'emmena. Il arriva à un village et cria à une porte : « Gens
de la maison, hébergez-moi. » — « C'est bien, entre. »
— Où placerai-je mon bouc ? » — « Attache-le à la
crèche du cheval ». Durant la nuit, il mangea le bouc
et en suspendit les intestins aux oreilles du cheval. Au
point du jour, il se leva : « Donnez-moi mon bouc ». —
« Nous t'en donnerons un autre ». — Il refusa. « Vous
me donnerez le cheval, c'est le cheval qui l'a mangé ».
— On lui donna le cheval, il l'emmena jusqu'à un autre
village : « Gens de la maison, hébergez-moi. » — « C'est
bien, entre. » — « Où placerai-je mon cheval ! » —
« Attache-le à la crèche de la vache ». Durant la nuit,
il se leva, mangea le cheval et en suspendit les intestins
aux cornes de la vache. De grand matin, il se leva :
« Donnez-moi mon cheval ». — « Nous t'en donnerons
un autre ». — « Non j'emmènerai la vache ». Il emmena la vache et marcha jusqu'à un autre village :
« Gens de la maison, hébergez-moi. — Où placerai-je
ma vache ? » — « Attache-la au lit de la jeune fille ».
Durant la nuit, il se leva, mangea la vache, et en plaça
les intestins sur le dos de la jeune fille. Le lendemain
matin, il demanda sa vache : « Nous t'en donnerons une
autre ». Il refusa : « C'est la jeune fille que j'emmènerai ».
Ils lui remirent un sac dans lequel il croyait emporter

la jeune fille. Arrivé à une colline, il délia le sac pour manger sa proie : aussitôt il en sortit des lévriers. En les voyant, il prit la fuite vers le bois ; les lévriers le poursuivirent, le saisirent et le mangèrent ».

Le peuple Kabyle est excessivement vindicatif, et, trait caractéristique, la vengeance est pour lui un devoir sacré, dont l'exercice est réglementé, encouragé, et même ordonné par la coutume.

Cette vengeance s'exerce par la Rekba ou Thamegueret. C'est la dette de sang que contracte la famille de la victime. La maxime « œil pour œil, dent pour dent » n'a jamais trouvé une application aussi parfaite et aussi rigoureuse que dans la coutume kabyle ; devoir un thamegueret, c'est devoir une tête, une nuque ; tête pour tête, telle est la règle. Mais encore faut-il que ces têtes soient de même valeur, et nous verrons tout-à-l'heure que le choix de la victime pour payer la dette de sang n'est pas chose indifférente.

« Le meurtre qui donne naissance à la Rek'ba s'appelle « ertal », « un prêt ». Ce n'est en effet qu'une vie « prêtée » jusqu'au jour où dans la famille du meurtrier, une personne de même valeur aura été tuée par l'un de ceux qui avaient intérêt à la vengeance. Ce jour là le « prêt » sera rendu ; la vie de l'un aura « remboursé » celle de l'autre.

La Rek'ba peut être exercée par chacun des membres de la famille, mais elle ne s'exerce que sur une personne déterminée. Il faut, d'après la coutume, que la victime choisie en expiation soit égale ou meilleure que le tué. On discute dès lors les mérites de celui qui doit bientôt tomber sous la haine et la vengeance implacables de la famille, et s'il vient à mourir, on remplace celui-ci immédiatement par une autre personne, aussi d'égale valeur.

Une fois la victime choisie, le vengeur est désigné ; mais cette attribution n'empêchera pas les autres membres de la famille d'exercer la Rek'ba, si l'occasion se présente et est propice. On peut même charger un tiers d'accomplir la vengeance, moyennant une rétribution, convenue d'avance, et pour le paiement de laquelle la coutume accorde au meurtrier une action en justice.

Si le Kabyle peut acheter le secours d'un bras étranger pour accomplir sa vengeance, il ne lui est pas permis de détourner de sa tête par prix d'argent la Rek'ba qui le menace ; et s'il le fait, il est voué à l'infamie : toutefois la honte ne rejaillit point sur celui qui reçoit, mais seulement sur celui qui a payé.

Peu importe que l'homicide soit volontaire, ou involontaire ; il n'en donne pas moins naissance à la Rek'ba : hâtons-nous cependant d'ajouter que des règlements locaux sont venus apporter de nombreuses dérogations à cette excessive sévérité ; nous verrons en effet plus loin, qu'en cas d'homicide involontaire, accidentel, l'usage permet d'éteindre pacifiquement la dette du sang.

Tant que la Rek'ba n'a pas été éteinte, c'est une vraie chasse à l'homme qui se fait à tous instants et sans qu'il y ait de trêve. Partout se dressent des embuscades, des pièges, que la victime, avertie, s'efforce d'éviter. « Un préjugé populaire veut que le meurtrier, s'il parvient dans un délai de trois ou de sept jours (la tradition varie à cet égard) à sauter sept fois par dessus la tombe de la victime, échappe désormais à tout péril et sauvegarde même du danger sa Kharrouba entière. Aussi on garde avec soin la fosse encore fraîche et le meurtrier rencontre quelquefois la mort en cherchant l'impunité ». (Hanoteau et Letourneux, *La Kabylie*).

Est-il besoin d'ajouter que la Rekba dure quelquefois un espace de temps considérable et amène aussi des complications fort graves dans les relations de tribus à tribus. MM. Hanoteau et Letourneux citent un exemple d'une de ces célèbres Rek'ba que nous croyons utile de transcrire ici. « Un habitant du village des Aït el Arba, tribu des Aït Yenni, appartenant à une famille nombreuse et puissante, Arab Naït Teif Allah, avait poursuivi de ses déclarations la mère de Saïd Naït Bel Kassem. Repoussé par elle, il ne cessait de provoquer sa famille, brisant les tuiles sur le toit de la maison et outrageant les femmes qui se rendaient à la fontaine.

Saïd vengea l'honneur offensé de sa mère en tuant le coupable.

« Pour échapper à la Rekba, il se retira chez les Iouadhien, à Taourirt Abdallah.

« Il y vivait depuis plus de dix années, lorsqu'un membre de la Kharrouba ennemie, Saïd Naït Teif Allah, qui était tombé dans la misère, se rendit près de lui et lui offrit de racheter sa tête. Saïd Naït Bel Kassem, convaincu que ce parlementaire était le délégué de la famille entière, accepta ses propositions, lui compta l'argent et reçut l'ânaïa. Il revint ensuite chez les Aït el Arba, où son parent, Mehammed Naït Mehammed, qui l'avait ramené, lui donna l'hospitalité.

« Or, Saïd Naït Teif Allah avait agi pour son compte et n'informa point ses parents du pardon accordé. Ceux-ci, furieux du retour de leur ennemi, le firent suivre par deux des leurs, Ameur Amezzian et Kassi, qui profitant d'une occasion favorable, lui tirèrent un coup de feu. Saïd, blessé grièvement, fut enlevé par ses frères, qui le transportèrent chez les Iaoudhien.

Après leur départ, les Teif Allah eurent connaissance du pardon accordé par leur parent. Indignés de son silence, qui leur avait fait commettre un acte honteux, ils voulurent le mettre à mort ; mais il leur échappa et s'enfuit chez les Aït Boudrar.

En frappant Saïd Naït Bel Kassem, la famille des Teif Allah avait violé l'ânaïa de Mehammed Naït Mehammed, qui avait conduit la victime dans le village et lui avait donné un asile.

L'outrage exigeait une réparation que Mehammed voulut éclatante. Il se rendit au Souk El-Tleta des Aït Yenni et y acheta d'un marchand étranger un fusil qu'il refusa de payer. Le vendeur insistant pour obtenir ou le prix ou une caution, les gens du marché se rassemblèrent. C'était ce que voulait Mehammed qui dit à haute voix : « Tu n'as pas besoin de caution et mon nom, le premier venu des Aït Yenni te l'indiquera mardi prochain ; tu lui diras de te montrer l'homme dont les Teif Allah ont cassé l'ânaïa et qui ne s'est pas vengé. »

Le lendemain, il alla s'embusquer devant la maison de ses ennemis, et tua d'un coup de feu leur chef, El Maïouz, un homme respecté, qui avait la parole dans la tribu.

Les Iouadhien donnèrent asile à Mehammed.

Kassi, frère d'El Maïouz, chercha pendant un an un brave qui voulut se venger de sa Rek'ba.

Enfin il réussit à séduire, moyennant trois mille francs, deux hommes des Aït Yenni, qui, de même que Mehammed, s'étaient enfuis chez les Iouadhien sous le coup d'une dette de sang.

Il était impossible de se servir d'une arme à feu, dont la détonation eût attiré l'attention et éveillé les soupçons ; ils employèrent la ruse. Mehammed était un chasseur passionné, grand amateur de gibier. Un des réfugiés alla le chercher pour lui montrer une perdrix qu'il venait de prendre. Mehammed le suivit sans défiance, entra dans sa maison : pendant que l'un des traîtres lui montrait l'oiseau, l'autre lui assénait un violent coup de maillet (azdouz) sur la tête. La victime tomba assommée, et son cadavre fut soigneusement caché.

Les Teif Allah, avertis par un signal, se présentèrent dans la nuit et reçurent le corps qui leur fut passé par une fenêtre. Ils l'emportèrent sur un mulet jusqu'à leur village, et là, aux premières lueurs du jour, lui enlevèrent son burnous au bruit des coups de fusil. La Rek'ba était close.

Mais, si nul n'inquiéta les Teif Allah, les deux réfugiés qui avaient pour de l'or, trahi leur compagnon, n'échappèrent pas à la juste colère des Iouadhien, dont ils avaient souillé l'hospitalité et violé l'ânaïa. Ils ne purent se dérober à temps : saisis par les gens du village, ils furent lapidés avec tant de fureur que leurs cadavres furent broyés, et qu'il ne resta d'eux que des débris méconnaissables. »

Ce récit est assurément le meilleur moyen qu'on puisse employer pour faire comprendre au lecteur ce qu'est la Rek'ba kabyle.

Dans un pays, où il faut travailler beaucoup pour

faire produire à la terre des récoltes, où d'un autre côté les ressources sont faibles et où toutes les dispositions sont prises, malgré cela, pour venir en aide à celui qui se trouve dans le besoin, il est tout naturel que le vol soit blâmé et fortement réprimé. Aussi le voleur craint tellement la répression, que, pris sur le fait, il nie avec une effronterie sans pareille. On raconte partout en Kabylie l'anecdote du voleur d'oignons. Un propriétaire avait surpris un jour dans son potager un homme qui remplissait d'oignons le capuchon de son burnous. C'était évidemment le produit du vol qu'il venait de commettre et qu'il faisait ainsi disparaître. « Pourquoi es-tu venu, lui demanda le propriétaire ? qu'est-ce qui t'a attiré ici ? » — « L'odeur des oignons », répondit notre homme, avec le plus grand calme. « Et pourquoi en as-tu arraché ? » — « Mais je n'en ai pas arraché ; voici ce qui m'est arrivé. Je suis tombé ; pour me relever, j'ai dû malheureusement saisir tes oignons par la tige pour avoir un point d'appui. Mais que veux-tu, tes oignons étaient si mal plantés, tenaient si peu en terre, qu'ils me sont restés dans les mains. Est-ce ma faute ? » — « Mais pourquoi se trouvent-ils dans ton burnous ? » — « Ah ! ça, c'est vraiment ce qui m'étonne ». Il faut avouer que comme explication et comme effronterie, on ne saurait guère imaginer quelque chose de mieux.

Le vol effraie tant le Kabyle, que l'ombre même du vol est punie ; si quelqu'un cache, soit par plaisanterie, soit pour faire chercher au propriétaire, une chose quelconque, l'amende sera vite appliquée : et cette amende se justifie par suite de l'inquiétude dans laquelle a dû se trouver celui à qui appartenait l'objet momentanément caché. De même le fait de préparer un timekeret ou thanouga, sorte de pince monseigneur, est un fait passible d'amende. Cet instrument n'est pas en effet dans les usages courants et journaliers, il ne peut servir qu'à commettre ou à préparer un vol, c'est donc un acte répréhensible et condamnable. La préparation au vol est d'ailleurs aussi punie que le vol lui-même ; et si un individu va attendre sur la route un autre homme dans l'intention de le dévaliser, soit qu'il renonce à son méfait, soit qu'il en soit empêché, par exemple parce que l'autre individu est trop bien accompagné, il n'en sera pas moins puni, si l'on peut établir le but coupable de sa démarche.

« L'*Oukaf* est un simple recéleur qui serait considéré comme complice d'après nos lois. — En Kabylie, c'est un homme respecté, riche, aimé. Les voleurs lui apportent leur butin, qu'il se charge de mettre en lieu sûr et d'écouler ; il s'occupe aussi de faire retrouver aux volés leurs biens, moyennant un droit nommé *Bechara*. L'oukaf est généralement l'homme le plus écouté du village, il peut aspirer aux plus hauts emplois (*extrait du rapport d'ensemble sur les opérations de délimitation de la tribu des Beni-Menguellet*) ».

Nous avons ainsi passé en revue, tout ce qui peut nous intéresser au point de vue des mœurs kabyles ; nous pouvons résumer toute cette étude en disant, qu'à côté de pratiques et d'usages cruels et sauvages, il faut bien reconnaître un fonds de charité et de solidarité excellent chez ce peuple sobre, laborieux et intelligent.

LIVRE HUITIÈME.

Religion. Lettres. Sciences. Arts.
Agriculture. Industries et commerce.

I. Religion.

Les Kabyles professent la religion musulmane orthodoxe ; ils appartiennent au rite maléki, ayant adopté les doctrines de l'Iman Malek.

Sans entrer ici dans des détails complets sur la religion musulmane, qu'il nous suffise de dire en quelques mots ce qu'est cette religion et d'expliquer ce qu'il faut entendre par le rite maléki. La religion musulmane est essentiellement monothéiste et repose sur la croyance aux trois livres révélés, la Bible, l'Evangile et le Coran. La Trinité n'est pas admise dans cette religion ; il en est de même de la divinité de Jésus-Christ (Sidna Aïssa) qui n'est considéré que comme un prophète précurseur de Mahomet. Dans la pratique de la religion, il existe quatre rites orthodoxes : 1° le rite maléki qui est le rite spécial de l'Afrique et par suite de la Kabylie ; 2° le rite Hanéfi qui est celui des ottomans (c'est à cause de la présence de descendants des Turcs, que ce rite existe dans les villes du littoral de l'Algérie) ; 3° le rite Chaféïte propre à l'Egypte et à l'Yemen ; 4° et le rite Hanebalite en honneur surtout aux Indes et en Extrême-Orient. Ces quatre rites ne diffèrent entre eux que sur des questions secondaires de droit civil et de pratiques religieuses, sur lesquelles nous ne saurions insister, sans sortir du cadre que nous nous sommes tracé.

A côté de ces quatre rites orthodoxes, se trouve une secte bien distincte, les Ibadites, secte à laquelle appartiennent les M'zabites. Elle tire son nom d'Abd Allah ben Ibad. Les musulmans, qui ne voulurent pas accepter en l'an de l'hégire 38 (658-659 de notre ère) l'arbitrage entre le khalife Ali ben Abou Taleb et son compétiteur Moaüa, furent les fondateurs de cette nouvelle secte. Pour eux, l'iman est infaillible, et ils ne peuvent admettre que les actes de l'imanat puissent être soumis à l'arbitrage humain. Ce fut là d'ailleurs la seule cause de leur séparation d'avec Ali Ben Abou Taleb, qui offrait de livrer à l'arbitrage son imanat.

Le clergé musulman est composé :

D'un Muphti, chef du culte.

De l'Iman, chargé de diriger les prières et le service religieux.

Du Mouderrès, qui dirige l'enseignement supérieur dans les mosquées de première classe.

Du chef des lecteurs du Bach'Hazzab.

Des lecteurs ou Hazzabin, chargés de la lecture des textes pendant les offices.

Du Bach Moueddin ou chef des Moueddin ou Muezzin, qui appellent à la prière.

Du Mouakkatin, fonctionnaire préposé à la détermination de l'heure des prières et des exercices religieux.

Et des Nas el Hoadour ou Tobba, élèves destinés aux fonctions du culte.

La foi du Kabyle est très naïve ; on lui fait croire à peu près tout ce que l'on veut, ce qui fait d'ailleurs la bonne fortune des sorciers, qui profitent de cette excellente disposition : de plus sa foi est aveugle. Cependant il faut immédiatement ajouter que le Kabyle est beaucoup moins religieux que l'Arabe. Toutes les fois qu'il pourra trouver avec le Ciel des accommodements, par exemple, pour diminuer la rigueur du jeûne, il est bien certain que l'ordre du Coran sera aussitôt transformé. Ainsi le montagnard, pendant le ramadhan, et dans le temps du jour où il ne doit ni boire, ni manger, ni fumer, ne se privera pas, s'il a soif, de mettre dans sa bouche un petit morceau de glace, et il soutiendra bien qu'il n'enfreint pas la règle sainte. Que dit le Coran ; il ne faut ni boire, ni manger. Or, la glace fond ; cela ne se boit, ni ne se mange, donc cela n'est pas défendu. O Normands, mes amis, les

Kabyles ne seraient-ils pas un peu vos frères ? De même l'usage du porc qui est considéré par tout musulman comme une impureté, est banni par le Kabyle, sans que pour cela, ce dernier s'abstienne de la chair du sanglier. Le Coran ne parle-t-il pas seulement du porc, l'animal domestique ?

On a dit et l'on répète encore très souvent que le Kabyle, comme tout musulman, était fataliste et qu'il recevait sans songer à s'y soustraire les différents maux que la destinée lui apportait. Cela n'est pas, et quiconque connaît un peu le Kabyle, sait fort bien que celui-ci cherche par tous les moyens possibles à éviter le mal ; il aura soin de prévoir tout ce qui peut lui arriver de fâcheux et s'entourera de toutes les précautions pour que ces prévisions ne se réalisent pas. Mais là où il devient beaucoup plus sage et beaucoup plus raisonnable que nous, c'est lorsque l'évènement a trompé son attente. « Mektoub rebbi », « Dieu l'a voulu » s'écrie-t-il, et sans se laisser aller à des récriminations vaines, à des plaintes inutiles, à des larmes qui ne remédient à rien, il accepte courageusement le sort qui lui est fait, essayant d'en tirer le meilleur parti possible. On a traduit quelquefois ce « mektoub rebbi » par ces mots « c'était écrit », ce qui implique une idée de fatalisme qui n'existe réellement pas dans le caractère Kabyle. Le vrai sens que nous devons donner à cette expression est celui que nous indiquons plus haut : Dieu l'a voulu, Dieu l'a écrit parce qu'il le voulait.

Le Kabyle, s'il déteste le chrétien, n'a pas assez de mépris pour le Juif, et il faut reconnaître que, malgré la protection que nous nous sommes engagés à accorder à tous et sur laquelle par suite tous peuvent compter, les Juifs, connaissant les dispositions des Kabyles à leur égard, n'osent guère tenter de vivre au milieu d'eux. « Les Juifs sont la plaie de l'Algérie », nous disait un jour un Kabyle, « qu'on nous donne vingt-quatre heures pour les exterminer comme nos sauterelles, et il n'en restera plus un ». En fait, et d'après la statistique de 1891, nous ne trouvons que cent quarante Israélites dans l'arrondissement de Tizi-Ouzou, et encore ne se risquent-ils à demeurer que dans les villages français.

Avons-nous besoin de revenir sur ce que nous avons dit sur la naturalisation des Juifs en bloc, lorsque nous avons parlé des causes principales de l'insurrection de 1871 ? Nous ne cesserons de répéter que cette mesure impolitique au premier chef, vis-à-vis de tous les Arabes, devait encore plus particulièrement blesser ces hommes fiers et indépendants, les Kabyles.

L'exercice de la religion musulmane exige l'existence d'une mosquée, et l'intervention de marabouts, de muezzim, qui règlent les fêtes et récitent les prières.

La mosquée est, dans les villages, généralement placée à l'extrémité de la rue principale. C'est la plupart du temps une maison comme les autres, mais possédant un petit minaret, du haut duquel le Muezzim, à des heures fixes, appelle les fidèles à la prière. A l'intérieur, et dans la direction de l'Orient, une sorte de niche circulaire, le mirhab, indique de quel côté l'on doit prier. Tout le monde sait en effet que le musulman, dans ses prières, doit se tenir tourné vers la Mecque. l'Orient par excellence, là où tendent les aspirations de tout pèlerin.

Le marabout ou prêtre est celui qui s'est voué aux pratiques religieuses. La signification de ce mot « marabout » est celle de « lié, attaché » ; c'est lui qui récite les versets du Coran, préside aux cérémonies religieuses, aux actes principaux de la vie, et enfin aux enterrements. Il joue un rôle souvent considérable, étant partout l'objet d'un respect et d'une obéissance aveugles. De grands évènements n'ont pris naissance que dans la prédication d'un marabout plus ou moins célèbre. L'action qu'il exerce pendant sa vie, le marabout la continue même après sa mort, et il n'est pas journellement de miracles qu'on n'attribue à son tombeau. Enterré le plus souvent sur une hauteur, dans une sorte de caveau, surmonté d'une petite coupole, appelé Kouba, sa sépulture devient le lieu de pèlerinage le plus fréquenté. Chacun y va pour obtenir la réussite dans ses projets, la guérison d'une maladie, même le changement dans sa situation malheureuse. Nous nous souvenons d'un fait que nous avons vu se passer sous nos yeux et qui démontrera jusqu'à quel point va la confiance qu'on accorde au marabout. Une jeune femme s'était vue, malgré l'amour qu'elle avait pour son mari, répudiée par lui. Elle vint à la Kouba d'un marabout, et là se penchant sur la tombe implora la puissance surnaturelle du défunt pour obtenir un rapprochement. Malheureusement, le marabout ne répondit pas ou ne répondit pas assez vite ; toujours est-il que bientôt les supplications devinrent des menaces et des insultes envers le pieux personnage qui n'en pouvait mais. Les cris de la malheureuse résonnaient bruyamment dans la petite Kouba, mais les assistants ne parurent nullement émus de ce scandale. Il paraît que le marabout méritait bien une pareille « aubade. » N'en est-il pas d'ailleurs de même à Naples, où les admirateurs de saint Janvier n'ont pas assez d'invectives contre lui, lorsque par malheur, son sang, précieusement conservé, ne se liquéfie pas assez promptement aux deux fêtes principales de ce saint Patron ?

« On naît marabout, on ne le devient pas, » disent MM. Hanoteau et Letourneux. Aussi arrive-t-il souvent que les héritiers d'un homme pieux, sage et éclairé, sont, quoique marabouts, « des ignorants, des impies, et des sacripants souillés de vice. »

Un homme se livre à la science. Bientôt dans son village, il obtient le titre de taleb. C'est pour ses concitoyens un homme qui sort de la classe commune. Si ses enfants fréquentent les écoles et acquièrent un peu d'instruction, ils deviendront marabouts ; leur père cependant n'a jamais pu acquérir ce titre, mais leurs descendants mâles, quels qu'ils soient, seront à perpétuité des marabouts.

Un autre moyen d'avoir des enfants marabouts est le suivant. On se fait derviche et pour cela, il n'est pas besoin d'avoir recours à de grands expédients. Couvert de haillons, affichant une dévotion exagérée, il suffit en outre pour obtenir ce titre, d'être fou ou de simuler la folie. Joignez à cela le don de prophétiser l'avenir, et si parmi les mille et quelques-unes prédictions que vous faites, deux ou trois se réalisent, votre réputation est faite : il est clair que vous êtes l'envoyé, l'inspiré de Dieu, et après votre mort vos enfants jouiront du bienheureux titre de marabout. Toute une classe de marabouts, les Ibahalal (les simples d'esprit) n'ont dû leur privilège qu'à un pauvre fou (abahaloul) qui s'était fait derviche.

En tous cas, la situation de marabout est enviable. Ils jouissent d'une foule d'immunités avantageuses, et forment une caste noble. Toutes les fois qu'un Kabyle rencontre un marabout, il s'empresse de se rendre auprès de lui et lui baise la main, en lui donnant le titre de Sidi, seigneur. Ne croyez cependant pas que le respect pour un marabout soit bien grand ; l'injure la plus grande pour un Kabyle est d'être appelé « azaoui », « habitant d'une zaouïa, lieu d'habitation des marabouts ». Comment en effet l'homme de guerre éprouverait-il un sentiment de grande considération pour celui qui ne se bat point. Car c'est là un des privilèges de cette caste, les marabouts sont dispensés de prendre part aux luttes, aux combats. Ils sont également exempts de contributions de guerre, des frais généraux d'hospitalité et souvent de l'achour. Presque toujours ils sont invités à tous les repas extraordinaires, ils sont consultés dans les affaires importantes, et interviennent comme conciliateurs dans les discordes civiles. Ce rôle de médiateur habilement exploité par eux, grandit singulièrement leur importance tout en leur donnant des profits très appréciables.

Leurs femmes, pour se distinguer des autres, sortent voilées devant les étrangers, et il est rare qu'une fille de marabout épouse un Kabyle. Si les marabouts épousent fréquemment des femmes kabyles, ils savent bien néanmoins leur faire sentir l'infériorité de leur naissance, et jamais ils ne lui donneront le titre envié de « lalla », « madame, maîtresse » porté seulement par la femme d'origine maraboutique.

Le marabout, chargé du service du culte, prend le titre d'iman. C'est lui qui récite chaque jour les prières obligatoires, préside les fêtes religieuses, fait l'office du mouddin pour appeler les fidèles à la prière. C'est lui aussi qui donne l'instruction religieuse aux enfants du village et si les enfants de marabouts sont assez nombreux, il tient une école où l'on enseigne les premières notions du Coran. Il est encore le secrétaire de la Djemâat et de l'amin. Pour toutes ces fonctions l'iman reçoit généralement une somme qui varie de trente à quatre-vingts francs ; il reçoit nombre de cadeaux en nature, et surtout a droit à la moitié ou au tiers du fet'era ou impôt religieux (voir plus haut page 429).

Il y a en outre l'oukil qui est chargé de recevoir et de conserver en dépôt les revenus des biens de la mosquée ; mais, l'oukil, nous l'avons dit, n'est que l'adjoint de l'amin, et par suite n'est point un personnage ayant un caractère religieux.

Si maintenant nous entrons dans une mosquée un jour de fête religieuse, un jour de ramadhan, par exemple, quel tableau avons-nous devant les yeux? La grandeur et la simplicité des croyants, le recueillement profond de l'assemblée, les psalmodies lentes et captivantes des lecteurs, tout concourt à éveiller ce sentiment inappréciable et délicieux que nous retrouvons sous les voûtes de nos magnifiques cathédrales gothiques. Quelle que soit la croyance qui nous guide, il est incontestable que ce milieu mystique éveille en nous des idées de respect et d'admiration. Pouvons-nous mieux faire que d'emprunter à M. Guy de Maupassant la description d'une de ces fêtes religieuses de la mosquée ? Le charme irrésistible de son style, le coloris brillant dont il revêt son récit pour décrire ce que son âme de poète a ressenti au son de ce chant monotone et céleste des psalmodiants, tout cela, il me pardonnera ici de le dire malgré toute l'admiration que j'ai pour le disciple de l'immortel Flaubert, n'est rien en comparaison de ce que l'on voit, de ce que l'on entend là-bas, sous les voûtes blanches, sous la clarté vacillante de quelques lampes. Et cependant est-il possible de dépeindre mieux cette scène surhumaine? Qu'on en juge en lisant les lignes suivantes :

« L'édifice est tout simple, avec ses murs blanchis à

la chaux et son sol couvert de tapis épais. Les Arabes entrent vivement, nu-pieds, avec leurs chaussures à la main. Ils vont se placer par grandes files régulières, largement éloignées l'une de l'autre et plus droites que des rangs de soldats à l'exercice. Ils posent leurs souliers devant eux, par terre, avec les menus objets qu'ils pouvaient avoir aux mains ; et ils restent immobiles comme des statues, le visage tourné vers une petite chapelle qui indique la direction de la Mecque.

« Dans cette chapelle, le Muphti officie. Sa voix vieille, douce, bêlante et très monotone, vagit une espèce de chant triste qu'on n'oublie jamais quand une fois seulement on a pu l'entendre. L'intonation souvent change, et alors tous les assistants, d'un seul mouvement rythmique, silencieux et précipité, tombent le front par terre, restent prosternés quelques secondes et se relèvent sans qu'aucun bruit soit entendu, sans que rien ait voilé une seconde le petit chant tremblotant du Muphti. Et sans cesse, toute l'assistance ainsi s'abat et se redresse avec une promptitude, un silence et une régularité fantastiques. On n'entend point là dedans le fracas des chaises, les toux et les chuchotements des églises catholiques. On sent qu'une foi sauvage plane, emplit ces gens, les courbe et les relève comme des pantins ; c'est une foi muette et tyrannique envahissant les corps, immobilisant les faces, tordant les cœurs. Un indéfinissable sentiment de respect mêlé de pitié vous prend devant ces fanatiques maigres, qui n'ont point de ventre pour gêner leurs souples prosternations, et qui font de la religion avec le mécanisme et la rectitude des soldats prussiens faisant la manœuvre.

« Les murs sont blancs, les tapis, par terre, sont rouges ; les hommes sont blancs, ou rouges ou bleus avec d'autres couleurs encore, suivant la fantaisie de leurs vêtements d'apparat, mais tous sont largement drapés, d'allure fière ; et ils reçoivent sur la tête et les épaules la lumière douce tombant des lustres.

« Une famille de marabouts occupe une estrade et chante les répons avec la même intonation de tête donnée par le Muphti. Et cela continue indéfiniment.

(*Au Soleil*, Guy de Maupassant.)

Les ordres religieux sont assez nombreux en Algérie, on en compte sept, qui sont ceux :

1° de Sidi Abdelk'ader el Djilali ;

2° De Mouley T'aïeb ;

3° De Sidi Mohammed ben Aïssa, dont les membres sont connus sous le nom d'Aïssaouas.

4° De Sidi Mohammed ben Abd er-Rahman bou Kouberin.

5° de Sidi Ahmed Tidjani;

6° de Sidi Youçef el- Hamali;

7° de l'ordre des Derkaoua, qui tire son nom de la ville du Maroc, Derka.

Toutes ces sociétés s'entourent de mystères, on ne les appelle que des sociétés secrètes, et leurs affiliés se donnent entre eux le nom de « Khouans » frères.

La Kabylie n'a admis qu'une seule de ces associations, celle de Sidi Mohammed ben Abd-er-Rahman, « l'homme aux deux tombeaux », Bou Kouberin.

Nous trouvons dans l'ouvrage de M. le général de Neveu, les *Khouans*, la légende qui a valu ce nom au marabout fondateur.

« Quelque temps avant sa mort, il quitta sa ville natale (Alger), nous ne savons pour quel motif, et se rendit dans la montagne du Djerjera (Jurjura) avec toute sa famille. Il n'y vécut que six mois environ. La veille de sa mort, il réunit ses frères, et leur dit : mes enfants, je sens que ma vie est prête à s'éteindre ; celui qui m'a créé, me rappelle à lui; demain j'aurai cessé de vivre et je vous ai mandé pour vous dire ce que j'attends et ce que j'espère de vous. J'institue pour mon successeur l'homme qui, pendant ma vie, m'a témoigné un dévouement sans bornes. Sidi Mohammed Ben-Aïssa sera votre chef après moi. Montrez-lui cette déférence que vous avez eue pour moi, écoutez ses avis, exécutez ses ordres ; c'est un homme de bien.

« Ce sidi Mohammed ben Aïssa était depuis longtemps au service de Ben Abd er-Rahman et poussait le respect envers lui à un degré qui serait difficilement compris par nous. Il avait l'habitude de nettoyer lui même l'écurie où la mule de son maître était placée, et se servait de son burnous pour jeter au loin les immondices qui provenaient de ce nettoyage. Ces soins pour son maître, unis à une grande piété, lui avaient attiré ses faveurs et lui valurent d'être nommé au poste de Khalifa.

« Ben Abd er-Rahman mourut en effet le jour qu'il avait annoncé et fut enterré par les soins de tous les frères, qu'il avait formés chez les Kabyles.

« Trois jours après ce triste événement, les Kouans d'Alger apprirent la mort de leur chef et se désolèrent en pensant que son corps reposait loin d'eux dans les montagnes des Kabyles. Ils tinrent alors conseil sur les moyens à employer pour se saisir de la dépouille mortelle de Ben Abd er-Rahman. Persuadés que nulle prière, nulle demande pour l'obtenir de gré des montagnards ne serait écoutée, et trop faibles pour l'exiger par la force, ils résolurent d'user de ruse. Ils décidèrent qu'ils se partageraient en trois petites bandes; l'une irait pendant la nuit se cacher dans la montagne à proximité du lieu de la sépulture, tandis que les deux autres se présenteraient dans les deux principaux douars comme députés par leurs frères d'Alger. Leur but était de détourner ainsi l'attention des Kabyles en leur témoignant la tristesse, le chagrin et les regrets que la perte de leur cheikh leur faisait éprouver. Ils devaient aussi aller prier sur le tombeau du saint marabout, se gardant bien de laisser entrevoir qu'ils désiraient posséder son corps.

« Tout se passa comme il avait été convenu. Deux fractions restèrent dans les douars de leurs frères, et pendant la nuit qui suivit leur arrivée, la troisième fraction sortit de sa retraite, ouvrit le cercueil de Ben Abd-er-Rahman, chargea son corps sur un mulet et partit en toute hâte pour retourner à Alger.

« A la pointe du jour, on vint prévenir les Kabyles que l'on avait violé la dernière demeure du pieux marabout et que ses restes avaient été enlevés. Aussitôt ils s'enflamment et adressent d'amers reproches aux Algériens sur l'inconcevable conduite qu'ils viennent de tenir : « Comment, répondent ceux-ci, pouvez-vous soupçonner notre bonne foi dans le triste devoir que nous sommes venus remplir ici? Qui de nous peut avoir commis une action aussi blâmable ? Depuis hier nous n'avons quitté vos gourbis que pour aller, avec vous, unir nos larmes et nos prières sur le tombeau de notre cheikh. Nous avons pris nos repas avec vous, et aucun d'entre nous ne s'est absenté de ces lieux. Quelque désordre survenu dans les pierres ou dans la terre qui recouvre le cercueil est-il donc une preuve certaine de notre culpabilité ? Voyons ensemble ce qui est arrivé, et cherchons une autre cause qu'une sacrilège profanation des restes d'un homme que nous vénérons tous. »

« Les frères allèrent ensemble au tombeau du marabout ; on enleva la terre qui recouvrait le cercueil et quel ne fut pas l'étonnement des Algériens d'y trouver le corps d'Abd-er Rahman.

« Pendant ce temps, la fraction qui avait ravi à la montagne cette précieuse dépouille, avait vaincu tous les obstacles et s'était rendue rapidement à Alger. Là, elle inhuma le marabout avec de grandes cérémonies. La nouvelle du prodige qui venait d'avoir lieu parvint bientôt aux oreilles de Mustapha-Pacha, qui fit aussitôt élever une mosquée et une Kouba où reposent les cendres de Ben Abd-er-Rahman. (Cette mosquée n'est pas celle qui se trouve près la porte Bab-el-Oued à Alger, mais celle bâtie non loin de cette ville, en un lieu nommé El-Hamma, près de Kouba. Il serait même possible que ce nom de Kouba eût été donné, à cause de cette mosquée, à la localité près de laquelle elle fut bâtie. La mosquée de Bab-el-Oued, une des plus jolies d'Alger, porte le nom de Sidi Abd er-Rahman Tsalebi, et avait en 1845 pour oukil (gardien) un ancien bey de Constantine nommé Bou-Chettabia. Singulière destinée ; quitter le pouvoir souverain pour venir terminer ses jours en veillant à la propreté d'une mosquée. (Note du général de Neveu).

« Les musulmans, pour expliquer ce fait si surprenant, disent que Dieu ne voulant pas laisser naître une collision entre frères, et en même temps pour satisfaire les désirs de tous les vrais croyants, avait permis que le corps du pieux Ben Abd er-Rahman fut multiplié.

« Depuis cette époque, le marabout a reçu le surnom de Bou Kouberin, père des deux tombeaux »,

L'ordre de Ben Abder Rahman bou Goubrin est pour les Kabyles un ordre national qui exclut presque entièrement les autres ordres religieux ; aussi y attachent-ils une grande importance. Abd el Kader, qui s'y connaissait en hommes, avait compris que choisir cet ordre religieux, c'était à coup sûr s'attirer la sympathie des Kabyles ; cela eût certes réussi, si pour les Kabyles l'amour de la patrie n'eût pas dominé les idées religieuses elles-mêmes.

L'organisation de cet ordre est très simple.

Chaque Khouan, ou frère, obéit à un Khalifa, sorte de vicaire du fondateur de l'ordre et qui détient tous les pouvoirs spirituels. Il a sous ses ordres des cheikhs ou mok'addem (ceux qui marchent en avant, qui précèdent). Ces derniers administrent, sous son contrôle, les diverses circonscriptions. Ce sont eux aussi qui confèrent l'ouerd (la rose), pour initier les fidèles qui veulent devenir Khouans.

Quand on ambitionne le titre de Khouan, il faut être présenté par deux parents, eux-mêmes Khouans, et se préparer à cette admission par le jeûne, la prière et l'aumône.

MM. Hanoteau et Letourneux nous initient au cérémonial usité en pareil cas : « Le mok'addem, avec un cérémonial qui rappelle les pratiques de toutes sociétés vouées à des formes mystiques, commence par imposer au postulant, sous la foi du serment, discrétion à toute épreuve et obéissance absolue aux constitutions de l'ordre. Il lui révèle ensuite, à voix basse, certaines formules, auxquelles les esprits, fortement enclins au merveilleux attribuent des vertus surnaturelles. C'est d'abord la profession de foi islamique : la ila illa Allah, il n'y a de Dieu que Dieu ; puis viennent sept noms, les sept attributs principaux de la divinité, qui correspondent aux sept cieux, aux sept lumières divines et aux sept couleurs fondamentales : « ia Allah ! ô Dieu ! » expression de son unité et de sa toute puissance ; « ià houa ! ô lui ! » celui qui est, le Jéhovah des Hébreux, reconnaissance authentique de son existence immuable ; « ia h'ak ! ô le juste ! » ô le vivant » ; « ia h'aï ! K'ahar ! ô le vengeur ! » Ces préliminaires terminés, le mokaddem fait connaître au nouvel initié toute l'étendue des obligations qu'il vient de contracter ».

Ces obligations sont de deux sortes, devoirs envers les chefs et pratiques religieuses.

M. Brosselard, dans son livre des Khouans, indique ainsi qu'il suit, les devoirs envers les chefs :

« Le jour où un novice se présente pour être agréé par les frères, il est essentiel de lui adresser les recommandations suivantes qu'il jurera de tenir secrètes, et auxquelles il promettra par serment de se conformer avec la plus scrupuleuse fidélité :

« Mon enfant, lui dira-t-on, que ton attitude en présence du cheik soit celle de l'esclave (mamelouk) devant son roi.

« Le cheikh est l'homme chéri de Dieu. Il est supérieur à toutes les créatures et prend rang après les prophètes.

« Ne vois donc que lui, lui partout. Bannis de ton cœur toute autre pensée que celle qui aurait Dieu ou le Cheik pour objet.

« Aie soin de ne te présenter devant lui que dans l'état le plus parfait de pureté physique et morale.

« Tu respecteras ses enfants et ses amis.

« Tu honoreras ses actions de son vivant et après sa mort.

« De même qu'un malade ne doit avoir rien de caché pour le médecin de son corps, de même tu es tenu de ne dérober au cheikh aucune de tes pensées, aucune de tes paroles, aucune de tes actions, considère que le cheikh est le médecin de ton âme.

« Garde bien les secrets qu'il te confiera. Que ton cœur soit, à cet égard, muet comme un tombeau.

« Tu te tiendras sous son regard, la tête baissée et dans le plus profond silence, toujours prêt à obéir à un signe de sa main, à une parole de sa bouche.

« N'oublie pas que tu es son serviteur et que tu ne dois rien faire sans son ordre.

« Il est défendu de t'avancer ou de te retirer, à moins

qu'il ne le prescrive. Obéis-lui en tout ce qu'il ordonne, car c'est Dieu même qui commande par sa voix. Lui désobéir, c'est encourir la colère de Dieu.

« Voue-lui une obéissance aveugle. Exécute sa volonté, quand même les ordres qu'il te donne te paraîtraient injustes.

« Sois entre ses mains comme un cadavre entre les mains du laveur des morts, qui le tourne et le retourne à son gré ».

Puis sur ses devoirs envers ses frères, le Mok'addem lui dira :

« Mon enfant, tu serviras tes frères avec dévouement. Les servir, c'est pour toi comme un titre de noblesse.

« Tu fermeras les yeux sur leurs défauts, et tu cacheras leurs fautes, si tu les connais. Celui qui dévoile les actions coupables de ses frères détache le voile qui couvre ses propres péchés.

« Aime ceux qui les aiment, déteste ceux qui les haïssent, car vous ne formez tous qu'une seule et même âme.

« Pardonne-leur les offenses dont ils peuvent se rendre coupables envers toi.

« Ferme ton oreille au mal qu'on pourrait te dire sur leur compte.

« Assiste-les dans la maladie ; viens à leur aide dans l'adversité.

« Garde-toi, dans tes rapports avec tes frères, de l'hypocrisie, du mensonge et de l'orgueil.

« Soustrais ton cœur à l'envie ; car l'envie consume les bonnes œuvres comme le feu consume le bois.

« Quand tu parles de tes frères, applique-toi à vanter leurs mérites, et fais voir que tu es fier de leur confraternité.

« Pense avec eux du même esprit ; agis avec eux d'un même cœur ; avance d'un même pas dans la voix du salut des âmes, dans cette voie tracée par le fondateur de l'ordre, le plus grand des hommes sur la terre après le Prophète.

« Lorsque tu parles de la société à laquelle tu es lié

par tes serments, souviens-toi qu'il est convenable et digne de l'élever au-dessus de toutes les autres. »

Les pratiques religieuses consistent dans le renoncement à soi-même; la retraite, la veille, l'abstinence, l'oraison continue et la prière en commun à des jours déterminés pour louer Dieu et son Prophète et célébrer les mérites du fondateur de l'ordre.

Si l'on rencontre des frères qui ne remplissent pas toutes ces prescriptions, soit à cause de leur état social, soit à cause de l'état de leur santé, il n'en est pas cependant qui renoncent à l'oraison continue et aux réunions, appelées h'adera, où l'on célèbre en commun les rites et les cérémonies de l'ordre. Et il faut avouer que l'oraison continue est déjà un exercice religieux quelque peu pénible. Ainsi il consiste à répéter trois mille fois par jour la formule : « la ila illa Allah ! Mohammed rasoul Allah ! » « Il n'y a de Dieu que Dieu ! Mohammed est l'envoyé de Dieu ! » Quant aux h'adera ou assemblées, elles ont lieu généralement le vendredi, soit dans une mosquée, soit dans la maison du mok'addem. Elles durent une grande partie de la nuit, et on s'y livre à des pratiques plus ou moins mystérieuses et bizarres.

Dans l'ordre qui nous occupe, les femmes sont admises ; elles sont initiées par des femmes appelées mok'addemat. Elles prennent alors le nom de sœurs, Khouatsat. Elles assistent aux assemblées avec les hommes, et « ce mélange des deux sexes donne lieu à des scènes de débauche qui nous ont été signalées plusieurs fois en Kabylie, et jettent un certaine défaveur sur l'association » (Hanoteau et Letourneux).

Si nous avons cru devoir nous étendre avec un peu de détails sur l'organisation et le fonctionnement de ces sociétés secrètes, c'est qu'il importe de les connaître et de les surveiller. Ce ne sont en réalité que des associations ou sociétés politiques, dont les membres, habitués à obéir aveuglément, ne sont que des instruments de combat entre les mains d'hommes toujours prêts à fomenter la révolte. A divers époques, nous voyons quel rôle considérable ces sociétés secrètes ont joué. Les insurrections Kabyles n'ont guère été suscitées que par ces foyers de révoltes, et quoique le Kabyle ait quelquefois fait entendre des cris d'indignation contre les saints ou contre les marabouts qui devaient les protéger et qui cependant les laissaient mettre en déroute, il ne faut pas se désintéresser de leur existence. On trouvera un poëte des Aït Iraten, qui, un jour en 1857, s'écriera : « Infortunés quarante saints, où étiez-vous quand tu brûlais, ô Bou Ziki ? » ; mais le lendemain on trouvera mille Kabyles, qui se réuniront à la voix d'un Khalifa ou d'un mok'addem, et qui se jetteront dans la lutte, tête baissée, en se soumettant sans discussion.

Lettres.

Dans un pays, chez un peuple, où tout se conserve par la seule tradition, il est bien évident qu'on ne saurait trouver une littérature nous offrant quelque monument remarquable. Ce que le Kabyle écrit est tracé en caractères arabes, dans la langue du livre saint par excellence, le Coran, et jusqu'à ce jour l'on n'a pu trouver un seul livre écrit en langue Kabyle. Cette découverte se fera-telle un jour ? Il paraît malheureusement bien probable que ce résultat ne sera jamais atteint.

A défaut de littérature écrite, on trouve en Kabylie une foule de poésies populaires qui se chantent pour la plupart et qui se sont conservées par la tradition. Ce ne sont point des œuvres vraiment littéraires, car les Kabyles réputés instruits ne voudraient pas s'occuper de ces sortes de travaux qu'ils dédaignent ; mais, composées par des hommes du peuple complètement illettrés, ces poésies sont plus naïves et nous dépeignent avec plus de force et de vérité les idées, les sentiments de tout ce peuple qui se croit si bien à l'abri de notre curiosité et de nos investigations.

L'étude de ces poésies populaires a été faite avec un soin tout particulier par M. Hanoteau, dans son livre *Poésies populaires de la Kabylie*. C'est assurément sur cette matière l'ouvrage le plus intéressant et le plus complet qu'il soit possible de consulter ; aussi puiserons-nous abondamment à une source aussi autorisée. Nous avons trouvé également dans les *Contes populaires de la Kabylie du Djurjura* publiés par M. Rivière, des chants qui nous ont paru appeler tout spécialement notre attention, et nous ferons aussi à cet ouvrage des emprunts sérieux. Enfin nous avons eu la bonne fortune d'obtenir de notre ami Sidi Zin ben Si Moula, le jeune et très sympathique Président des Aït Iraten, la traduction de chants beaucoup plus récents encore. Nous espérons ainsi pouvoir satisfaire, aussi complètement que nous le permet notre cadre, la curiosité du lecteur.

Nous avons adopté la division suivante : tout d'abord, nous nous occuperons des chants patriotiques et politiques. Puis nous passerons aux chants qui ont pour objet des contes, des sentences, des maximes, etc. Enfin en troisième et dernier lieu nous avons réuni les chants qui ont trait aux femmes, chants d'amour parfois grivois et moqueurs.

Cette division doit d'ailleurs être signalée ici parce que ce ne sont point les mêmes chanteurs qui font entendre ces poésies.

Les ameddah ou fecieh, sont pour ainsi dire nos anciens bardes. A eux le soin de chanter Dieu, ses louanges, ses bontés ; la Patrie, ses gloires et ses malheurs ; le courage des guerriers, les luttes homériques. « Ils savent aussi au besoin flétrir les hommes qui ont manqué à leurs devoirs envers le pays et ne ménagent les reproches et les sarcasmes ni aux personnes ni même aux villages et aux tribus. Dans ce rôle de dispensateurs de l'éloge et du blâme, ils suivent bien plus qu'ils ne dirigent l'opinion publique ; et si les vers de quelques-uns d'entre eux ont exercé une véritable influence sur leurs concitoyens, c'est surtout parce qu'ils formulaient en peu de mots les sentiments un peu confus des masses. Aussi pourra-t-on remarquer que leurs chants affectent d'ordinaire la forme lyrique, et que les faits sur lesquels ils veulent appeler l'attention sont simplement indiqués. Les commentaires et les développements que ces faits comportent sont laissés à l'intelligence et à l'interprétation passionnée de l'auditoire.

« Cette catégorie de poètes chanteurs jouit d'une grande considération parmi les Kabyles. Mêlés activement aux affaires du pays, ils ont place au conseil et, bien reçus partout, ils sont traités comme des hôtes de distinction. Les prévenances, dont ils sont l'objet, exaltent leur orgueil et leur donne une haute idée de la mission qu'ils remplissent. Aussi, malheur à qui manquerait aux égards qu'ils croient devoir leur être dûs ! celui-la risquerait de voir son nom voué au ridicule par leur verve mordante. Ils parcourent habituellement le pays à l'époque des récoltes. C'est la saison des collectes abondantes. Les Kabyles sont trop pauvres pour donner de l'argent, mais ils se dessaisissent volontiers d'une partie des produits de leurs champs en faveur de leurs poètes favoris. Beaucoup de villages, et même de tribus entières, leur font des cadeaux annuels qui prennent, avec le temps, le caractère de véritables pensions, prévues au budget des dépenses de la communauté. Tant soit peu parasites et très amis de la bonne chère, ces poètes chanteurs fréquentent de préférence les bonnes maisons. Ils paient, en vers élogieux, l'hospitalité généreuse de leurs patrons, mais ils ne pardonnent pas un mauvais dîner, qu'ils regardent comme une offense personnelle. On trouvera dans ce recueil plusieurs pièces de vers où les poètes exposent, avec une très naïve bonhomie, leurs prétentions orgueilleuses et leurs petites rancunes d'estomac. Ces chanteurs ne font usage, pour accompagner la voix, que du tambour de basque, avec lequel ils indiquent eux-mêmes le rythme. Quelquefois ils sont suivis d'un ou plusieurs musiciens qui, après chaque couplet, jouent une espèce de ritournelle sur la flûte en roseau. » (Hanoteau, *Poésies populaires de la Kabylie*).

Tout autres sont les tebabla ou tambourineurs, chanteurs de l'amour et de la gaîté, ils sont toujours dans toute fête Kabyle, les premiers venus, les derniers partis. On les appelle à chaque fête, à un mariage, à l'occasion d'une naissance ou d'une circoncision, et pendant plusieurs jours la maison résonne de leurs chants, plus ou moins grivois, ce qui d'ailleurs porte atteinte à leur considération et ne leur permet pas de prendre part à la direction des affaires publiques ; ils sont assimilés aux bouchers, aux mesureurs de grain, à tous les gens dont le métier est réputé vil.

I. CHANTS PATRIOTIQUES OU POLITIQUES.

Ces chants sont fort nombreux et parmi tous ceux que nous avons trouvés, nous citerons ici textuellement d'après la traduction de M. Hanoteau, la prise d'Alger ; l'expédition du Maréchal Bugeaud en 1847, dans l'Oued Sahel ; l'expédition du général Pelissier chez les Mâatka, en 1851, par Ali ou Ferhat de Bon-Hinoun ; Bou-Ber'l'a ; l'insurrection des Amraoua en 1856 ; l'attaque de Dra-el-Mizan, en 1856 ; la soumission des aït Iraten, l'une faite par Mâmeur-n-essaïde et l'autre par Kassi-n-aït-ou Yahia d'Adeni ; la soumission générale de la Kabylie en 1857 ; la complainte de Dahman-ou-Meçal ; puis les chants de 1871.

Prise d'Alger, par El-Hadj-Ameur-ou-el-Hadj, des Imecheddalen.

Holà ! ô ma tête, debout ! pas de repos ! Que t'est-il donc arrivé d'heureux, que tu te laisses surprendre par le sommeil ? Le genre humain est anéanti ; Dieu puissant, éteins cet incendie !

Du jour où le consul est sorti d'Alger, le Français puissant a rassemblé ses peuples. Maintenant les Turcs sont partis sans espoir de retour. Alger la belle leur est enlevée.

Malheureuse elle qu'ils avaient bâtie au milieu des eaux, avec des voûtes en chaux et en briques ! Le gardien céleste qui veillait sur elle s'est retiré ; qui peut résister à la puissance de Dieu !

Je suis monté à la demeure du Sultan, où se tenait le conseil ; je n'ai trouvé qu'une place nue et vide. On ne peut, hélas ! compter sur rien ; celui qui se croit puissant, la fortune le renverse.

Et ces chaouchs qui la gardaient, qu'ont-ils pu dire au

pacha et à son entourage ? Il n'est plus le temps du nouçnouç (des jurons) et de l'orgueil ; celui qui est habitué aux honneurs se les voit ravir.

Les trésors, remplis d'argent et d'or étincelant, ont été enlevés sans bruit. Le Maréchal les a rassemblés ; c'est le commandement qui dirige.

Les forts qui entourent Alger, comme des étoiles, sont veufs de leurs maîtres, les baptisés y sont entrés. C'est la religion du chrétien qui est triomphante. O mes yeux, pleurez des larmes de sang, pleurez encore !

Que les bénédictions soient répandues sur toi, Prophète illustre ! le soir et le matin, je chanterai tes louanges, maître du voile élégant, nombreuses comme les arbres des forêts, comme les caractères qu'a tracés la plume.

Je suis émerveillé de la fragilité des choses de ce monde, tout est bouleversé ; vous avez vu, ô mortels ! les prodiges ! Les mers nous ont apporté ces pourceaux qui fouillent les bords des rivières.

Ce sont des bêtes de somme sans croupières, leur dos est chargé, leur chevelure inculte est enfermée dans un boisseau (énorme shako de l'armée en 1830); ils parlent un baragouin inintelligible, vous ne comprenez rien à leur parole.

Le combat avec ces visages de malheur, comme le labour d'un champ inculte, que n'entament pas les instruments aratoires, est rude et pénible, leur attaque est terrible.

Ils traînent avec eux des canons et ils savent s'en servir, les impies ! quand ils font feu, la fumée forme d'épais nuages ; ils sont chargés de mitraille qui tombe comme la grêle aux approches du printemps.

Mon cœur s'est brisé comme un vase d'argile au bruit de cette voix tonnante, je l'ai entendue se retourner dans ma poitrine. Je me suis enfui comme un bœuf pris de vertige, sans penser à autre chose qu'à me sauver de la maison.

Le samedi, la prière du dhor (entre midi et une heure) était passée, quand ils ont formé leurs rangs ; ils se sont rassemblés vers l'île. Les bombes et les boulets obscurcissaient au loin le ciel.

Moulei-Hassen (Fort l'Empereur) si renommé, construit en briques, et garni de canons disposés avec art, a été démoli et détruit ; ils l'ont rasé jusqu'au niveau du sol.

Infortunée reine des cités ! la ville aux beaux remparts, Alger, la colonne de l'Islamisme, est maintenant l'égale des habitants du tombeau ; la bannière des Français l'enveloppe tout entière.

C'est de l'avis des saints qu'a été rendu cet arrêt ; elle aura, je pense, commis quelque iniquité et abandonné le chemin de la justice ; car c'est une ville forte et peuplée ; ce n'était pas peu de chose à prendre.

Debout, les hommes aux éperons, compagnons du Prophète ! et toi, notre Prophète de pure race, et toi aussi, Ali Haïder (le gendre du Prophète) au beau turban ; dispersez l'oppresseur ! Etes-vous donc consentants, ou bien n'existez-vous plus ?

C'est un magicien puissant (le Français) ; depuis longtemps il méditait ce projet, il l'a mûri à loisir. Lorsqu'il a vu le moment propice arrivé, il a débarqué dans la broussaille épaisse.

Chaque jour il s'avance par étapes, plus nombreux que les grains de sable ; en une seule nuit il a coupé toute la broussaille. Il arrive sur nous comme un vol de sauterelles, il dévore les hommes comme le feu.

Malheureux Haïder le Noir, au long sabre tranchant comme les ciseaux ! Il est enterré, je pense, c'est pour cela que les baptisés triomphent.

Et le fils de Djâfer aussi et Khaled au beau visage, eux qui marchaient avec lui, ils nous ont livré le pays pour que nous l'habitions, et le baptisé y est entré au milieu de nous.

Les Turcs, aux riches brodequins et aux éperons, veillaient en tout lieu, armés et équipés ; Dieu leur a suscité un mauvais génie, qui sait où il a mis chacun d'eux ?

L'agha Bou-Mezrag, le mâle guerrier, qui ne connaissait pas la paresse, n'avait personne au-dessus de lui. Ils l'ont livré au païen qui l'a retenu en otage.

Le pacha, pour qui battaient les tambours, le maître des riches tapis et de la Kasba voûtée, maintenant qu'il est renversé, on n'entend plus parler de lui.

Les Juifs sont devenus les chargés d'affaires, ils se donnent en marchant des airs de fierté ; depuis que les baptisés leur ont livré le pays, tout le profit est pour eux ; ils habitent la ville sans bruit et sans conteste.

Les fondements de l'univers s'écroulent, le monde est bouleversé, la base sur laquelle il reposait est, je pense, en ruines. Nous, les survivants, nous sommes dans une barque à la surface des eaux, sans commandant et sans pilote.

Heureux celui qui repose sous le sable ! les nouvelles de ce monde n'arrivent pas jusqu'à lui, au moins il dort en paix. Nous, comme des bêtes de somme, nous mangeons l'herbe qui pousse sur les fumiers.

Toi, qui adores le Dieu unique, regarde et comprends, homme sensé ! Tout est facile à Dieu, c'est lui le Tout-Puissant, il n'a pas d'égal. Qui peut résister à sa puissance ?

Ecoute ma prière, ô Dieu, grand et puissant, toi que ne surprend jamais le sommeil, au nom d'Haïder le Noir et des compagnons aux éperons acérés, tous tant que nous sommes ici présents, purifie-nous de nos péchés, si nous sommes souillés.

Expédition du Maréchal Bugeaud en 1847 dans l'Oued Sahel, poésie de Si Mohammed-Saïd-ou-sid-ali ou âbd-allah, des aït Mellikeuch.

Je t'adresse ma prière, Dieu de magnificence et de bonté, créateur des humains, au nom des hommes qui t'adorent et des saints de tous les pays, accorde-nous de mourir en confessant la foi, préserve nous des flammes éternelles.

O maître souverain, c'est toi que nous implorons ; c'est de toi que nous désirons tout profit, au nom des hommes qui s'inclinent devant toi dans la prière, au nom du prophète Mohammed, mets un terme au règne du chrétien, éloigne de nous ce fléau.

Le maréchal a envoyé ses proclamations, on sait qu'il commet des excès, il est habitué à imposer aux hommes l'obéissance ; c'est dans cette intention qu'il est venu jusqu'ici. Toutes les tribus sont devenues des juifs, personne ne meurt pour la foi ; je vais vous indiquer le vrai chemin. Silence donc dans l'assistance !

Mes larmes coulent à torrents au souvenir de ce qui s'est passé dans cette campagne ; depuis H'anif jusqu'aux Aït-bou-Mesâoud, personne n'a fait de résistance ; les hommes, qui étaient des lions, maintenant portent le bât.

Le chrétien a suivi la rivière se dirigeant vers son but, il ne craint rien, le maudit, rien ne l'effraie, ses tambours de cuivre roulent comme le tonnerre. Lorsqu'ils commencent à battre, ils donnent le frisson. C'est à Bougie qu'ils se sont donné rendez-vous ; ils descendent à Thabouda.

L'Islam a manqué à ses devoirs, Dieu ordonne la guerre sainte, et la religion du Prophète bienheureux est en lambeaux ; nous ne la retenons pas même par un fil. Tout ce qui était là sera réduit en cendres, à moins que le Dieu de bonté n'en ait compassion.

Du moment que nous nous sommes soumis au chrétien, nous n'avons plus rien à espérer dans ce monde ni dans l'autre ; la religion du Prophète, nous l'avons vendue, et les hommes sont devenus des femmes. Puisque nous craignons la mort, nous serons rassasiés de honte et de chagrins.

Honneur aux femmes chrétiennes ! elles peuvent parler haut ; elles au moins, ont donné le jour à des braves. Le premier venu se pare comme une fiancée : l'Islam n'est donc plus qu'une femme ! Nous avons eu tous pour aïeule la lâcheté juive, excepté les compagnons du Prophète, ces hommes valeureux.

Elève-toi dans ton vol, déploie tes ailes, gentil faucon aux belles pattes ; le matin à l'heure de la prière, si tu te lèves avant l'aurore, dirige-toi vers la tribu d'Illoul, va passer la nuit à Chellata.

Surtout, vois-y le fils du Cheik, arrête-toi chez lui, dis-lui quelques mots. Par son fait, ses ancêtres sont morts sans héritier ; certes son père était un homme doué de vertus. Dieu lui enverra un mal mystérieux, car il a détruit tout respect pour les saints.

Voici que chez nous est entré l'intrus importun, le

maréchal à la religion de cuivre (c'est-à-dire fausse) ; son visage est dépourvu de barbe ; la terreur qu'il inspire est celle d'une panthère ; il a fait de notre pays un désert, il remplit les hommes de crainte, il a soumis l'Arabe et le Kabyle et a passé sur toutes les tribus.

Le dimanche (16 mai, jour du combat) a été le jour funeste ; le matin au crépuscule, le tambour résonne à Ir'il Ali, la Kasba a été détruite jusqu'aux fondations. Combien le chrétien n'a-t-il pas enlevé de jeunes gens et de femmes aux riches bracelets !

Les chasseurs coupent la retraite, chacun s'enfuit sans s'inquiéter de ses enfants ; celui, que ses jambes trahissent, tombe, et son corps est percé de coups de baïonnette.

Ce sont les Ifenaïen et Aït Tamzalt, qui de longue main, ont préparé ces événements : ils se sont entendus avec le chrétien et lui ont livré le secret de toutes choses ; ils marchent tous avec ses troupes et sont devenus ses sujets.

Je plains le lion des pays de sable ; il a quitté sa demeure, Hammou, aux yeux du faucon du Sahel et ses parents supportent patiemment son absence ! Le vestibule où il s'asseyait habituellement, doit prendre son deuil.

Avant l'arrivée des païens, les fils de son frère n'étaient que des enfants, personne n'avait d'autre volonté que la sienne, le général écoutait ses avis. Il habitera les hauteurs du Paradis, et s'il a commis des péchés, Dieu les lui pardonnera.

Nous avons d'excellents marabouts ; ils nous ont apporté le livre ; la religion le permet, nous ont-ils dit, puisqu'il est l'ennemi du Prophète, soumettez-vous au chrétien (cela ne vous engage à rien, votre soumission ne pouvant être valable aux yeux de Dieu) ; nous avons tous alors courbé la tête, ô mes amis, et le chrétien leur a donné des burnous.

Prenez gardez à vous, hommes trompeurs ! je vous indique la bonne voie, comprenez donc, ô assistants ! Nous allons faire ce qui n'est pas dans la loi : bien plus, nous nous soumettons à l'ennemi du prophète. La mort est inévitable et notre dernier séjour est la demeure d'où nul ne revient.

Les Aït Our'lis sont habitués aux coups ; ceux-là, un souffle les renverse ; aucun d'eux n'a fait acte de foi en ce jour ; sur-le-champ, au contraire, ils ont préparé le couscous pour le chrétien ; il ne leur manque que les Kiout et les chemali (ceintures de femmes) ; ce sont des femmes, ils n'inspirent aucune crainte.

Quant aux Aït Immel et aux Aït Djelil, ils ont reçu le coup sur la tête ; ils n'ont eu connaissance de rien. C'est Dieu qui l'a décrété ainsi pour eux ; de même quand tombe la grêle, descendent sur la terre l'obscucurité et le brouillard.

Les Imsissen ont assisté impassibles au désordre ; ils prennent les ordres avec amour : celui d'entre eux qui répète un air de prière qui lui plaît ne fait qu'égréner sans cesse son chapelet. Qu'ils laissent donc de côté toutes leurs prières ! Celui qui ne fait pas la guerre sainte ne doit être compté pour rien.

O mon Dieu, au nom de Timezerit, au nom de ceux sur qui a passé le malheur, délivre-nous, ô Seigneur, du chrétien, ô saints, chassez-le.

Tous soldats du bey Mahmoud, les Aït Mellikeuch manient bravement le fer. Bien pourvus de munitions, ils ont tout en abondance ; ils ont de belles ceintures et de beaux poignards. Celui qui meurt en combattant va au paradis, but de ses désirs, où il jouira de toutes les délices.

Elève-toi dans ton vol (oiseau), monte vers les cieux, descend au milieu des Zouaoua, réunis-les tous, ceux du Sahel et de la Montagne ; leur poudre est pure et bien grainée. S'ils prennent une résolution d'un commun accord, l'amour-propre et la soumission à Dieu les conduisent ; ils éloignent les gens de mauvaise volonté ; l'attelage connaît le laboureur.

Ils marcheront du même pas, les Aït Idjer, les lions des forêts ; ces braves gens ont résolu de mourir tous le même jour. Dût leur pays rester désert, ils ne se soumettront pas au chrétien.

Dieu très haut, écoute ma prière, ô toi que ne trahit

pas le sommeil, au nom de ceux qui lisent les prophéties, par ce qui est écrit dans le livre saint, pardonnenous si nous avons péché, à nous tous qui sommes ici rassemblés.

Expédition du général Pelissier, chez les Maâtka, en 1851, chant composé par Ali-ou-Ferhat de Bou-Hinoun.

Bénédictions sur toi, Prophète gracieux, enfant chéri du Dieu qui voit tout ! ton souvenir émeut vivement le cœur, tu es doux à l'âme ; assiste-moi quand je descendrai au tombeau, le jour des comptes est un moment difficile.

Bou-Hinoun, village du bord de la plaine, a été la cause de tous nos malheurs. Nous avons commencé les hostilités en automne, la poudre parlait de tous côtés. Les chagrins sont venus fondre sur les hommes, honte à celui qui l'oublierait !

Tous les Arabes poussent le cri de guerre ; ils se sont rassasiés du pillage de nos fruits ; il court d'un pied léger, celui qui porte un panier de branches et de jonc.

Ils ont pris pour prétexte le chérif (Bou-Ber'la, voir le chant suivant) qui nous est venu en oiseau voyageur ; il s'est établi au-dessus des Aït-Arif, son camp fait place aux çouard (ruines situées pres d'Aïn-Facy) ; il a pris le chemin de la vallée. La poussière s'élève à Chemlal.

Les Amraoua, aux vêtements élégants, se sont irrités ; ils se sont levés, et, dans leur colère, ils ont écrit au chrétien. Depuis Tlemcen jusqu'à Mascara, le chrétien a amené des tirailleurs noirs ; ce sont des fils d'Arabes qu'il a surtout amassés en grand nombre.

Il y a joint des zouaves qui ne connaissent pas le danger ; ils ne comprennent pas qui-va-là ? ces fléaux. Toute escouade de dix hommes est suivie d'un officier, et chacun d'eux, dans sa position, commande avec autorité ; la montagne révoltée, ils la passent au crible ; voilà ce que font les jambes rouges.

Le chrétien descend dans la rivière à Ben Hini ; il se dirige vers l'azib de Bechchar, de là à Boghni il n'y a qu'un pas, et nous n'avions pas un ami pour nous prévenir. Quand nous parvint la triste nouvelle, nous interrompîmes la fête même de l'Aouacher ; le tonnerre grondait, la pluie tombait comme la farine du crible, le soleil avait disparu à nos yeux.

O gracieux Sidi Ali-ou-Mousa, maître du puissant berhan (pouvoir surnaturel des marabouts) toi qui laisses Sidi-Khelil et le Coran, ta Koubba ressemblait à la mosquée Ez-Zhar (au Caire) ; les draperies qui en ornaient le milieu ont été brûlées ; la chaux et les briques sont détruites.

La confédération qui ne pouvait supporter l'injustice et dont tous les guerriers portaient des vêtements de couleurs tranchantes, a ployé comme un aune. Les nobles cœurs ont été rassassiés d'humiliation ; puisqu'ils sont tombés, personne ne pourra tenir, marabouts et Kabyles subiront la corvée.

Nous voici en fugitifs dans ton vestibule, ô vénérable Mohammed-ou-el-Hadj, nous sommes sortis de notre tribu par la violence, nous avons quitté nos amis, nos intimes ; ô vous qui veillez sur la rivière, priez Dieu pour qu'il nous réunisse à eux.

O Maître souverain qui vois tout, toi qui fais tomber des pluies fécondantes, pardonne-nous si nous avons péché, à nous tous qui sommes ici présents.

Chant sur Bou-Berla.

Bou-Berla, l'homme à la mule, fut un aventurier qui parvint à répandre une forte agitation en Algérie. Si-Larbi-Naïl-Cherif, du village des Aït-Ali-ou-Mehand, de la tribu des Illoulen-Oumalou, a conservé dans le chant suivant sa mémoire, assez irrespectueusement d'ailleurs.

Que les bénédictions soient répandues sur toi, ô Prophète ! Ton nom est doux à la langue, Mohammed l'Arabe, au visage beau comme le paon ! Assiste-moi dans la nuit des réponses, le jour des comptes est un moment difficile.

Ce chant est réglé sur le sin (parce que la lettre sin est adoptée comme rime), celui qui est intelligent comprend, je dirige l'homme intelligent ; quant à l'imbécile, il écoutera.

Je parlerai du chrétien ; lorsqu'il se met en campagne, il est plus nombreux que les sauterelles quand elles pullullent dans nos champs. Depuis Oran jusqu'à la Calle, personne ne peut l'arrêter.

Montagnards et gens de la plaine, chacun apprête la nourriture ; il accumule de nombreuses injustices, avec ses mekhazenis (attachés à son service) et ses spahis ; chaque année, il médite comment il ploiera la montagne à son joug ; il veut en faire des sujets pour la corvée et la diffa ; ensuite, quand il aura bâti au Djemâat, ses désirs seront accomplis.

Je dirai aussi ce que nous a fait l'homme de l'ouest, Ben-Abd-Allah l'imposteur (Bou-Ber'la) ! Eh ! mauvais drôle, tu es impuissant ! ce qu'il t'est donné de faire n'est qu'une simple promenade ; le chrétien est redoutable, il frappe avec des glands de plomb.

C'est cet homme de l'ouest qui causa nos malheurs, lorsqu'il se fit cavalier ; il se donnait comme chérif et son origine est inconnue ; il a abusé les musulmans jusqu'à ce qu'ils l'aient pris en dégoût.

Les Aït-Idjer et les Illoulen bâtirent une maison voûtée au maugrebin pour qu'il y établît sa demeure ; ils comptaient sur lui pour les défendre, et voilà qu'il a pris la fuite ; il a disparu, on n'entend plus prononcer son nom.

Oh ! le jour où il abusa les Azazga ! ils le conduisirent chez eux pour s'y établir ; ils le croyaient un vrai chérif, il devait leur livrer Mekla ; mais voilà que l'ennemi l'a frappé et éborgné, il est maintenant privé d'un œil.

Infortunés Beni-Djennad ! la tribu puissante est brisée ; guerriers aux fusils garnis d'argent, à la poudre bien grainée ; les chasseurs leur ont coupé la retraite et les ont livrés aux flammes.

Ils ont donné dix douros par tête, et Sidi-Mançour (marabout très vénéré et enterré au village de Timizar)

qui dormait ! Les saints disparaissent, ils s'en vont !
Malheureux lion prêt au combat, tu (Sidi Mançour) as
abandonné la tribu à l'incendie. Tout le monde est
venu la piller.

O Dieu, nous t'implorons au nom du prophète et des
savants qui instruisent la jeunesse. Pardonne à tout ce
qui est ici présent ; préserve-nous de l'heure du tourment.

Insurrection des Amraoua en 1856, par Ali-ou-Ferhat, de Bou-Hinoun.

Bénédictions sur toi, Prophète gracieux ! C'est en ton
honneur que l'improvisation est douce ; ton nom chéri
réjouit le cœur, Prophète aux belles dents ! assiste-moi
dans la nuit du trépas, quand le corps qui m'est cher
tombera en pourriture.

Je voudrais être l'oiseau qui a des ailes et s'élève
dans les cieux comme le faucon ; il parcourt la vallée
du Nil, là où il arrive, il se repose. J'irais à Baghdad,
la ville du pardon, j'écrirais pour la religion et elle serait guérie.

Au temps du bach-agha, nous étions heureux et pourtant nous le maudissions ; il commandait avec bonne
humeur et gaîté, sa maison prodiguait le couscous ; sa
parole était dure aux hommes, mais après avoir puni,
il pardonnait. . . . .
. . . .

Les Iâzzouzen et les Aït Ferah (des Aït-Iraten) sont
d'une race glorieuse qui ne ploie pas. Nombreux sont
parmi eux les hommes de tête ; quand ils prennent la
parole dans la Djemâat, tout est réglé. Ils ont mangé
les Arabes des Tentes et laissé chaque famille dans les
larmes.

Elève-toi maintenant dans ton vol, oiseau aux yeux
perçants, va à la Mosquée de Temda ; « Bel-Kassem,
lion prêt au combat, diras-tu, ton pays est vendu ».
Eveille-le, quand même il serait accablé par le sommeil.

Quelle a été la cause de l'insurrection ? C'est Ben-Ali, le lion prêt au combat. Il est venu des pays étrangers pour voir ses frères et ils l'ont chargé de liens ; mais les cavaliers aux éperons acérés l'ont tiré de leurs mains.

Drâ-ben-Khedda (village fidèle aux Français) excite ma surprise, ce qui était pur est maintenant souillé ; ils tirent profit de ce gouvernement, tous sont enrôlés aux spahis. Si les temps viennent à changer, nous règlerons ensemble nos comptes jusqu'à l'os.

De Bône à Ouchda, ce sont tous gens de la cinquième secte, (comme il n'y a en réalité que quatre sectes musulmanes orthodoxes, c'est dire que ce sont des hérétiques) ; de Msila à Biskra, de Laghouat à Megasus, toute guerre a cessé. Tenez pour sûr que le Kabyle est cerné de tous côtés.

O maître souverain, qui vois tout, toi que ne trahit jamais le sommeil, pardonne-nous si nous avons péché, à nous tous qui avons écouté ce chant.

Attaque de Drâ-el-Mizan, insurrection de 1856 par El-Hadj-Mohammed Bachir, des Aït-Bou-Yahia, tribu des Aït-Aïssi.

Bénédictions sur toi, ô Prophète pur de toute souillure, qui intercèdes pour les musulmans ! que le maître de toutes choses t'accorde sa faveur ! L'auréole de la gloire brille sur toi ! ô Seigneur, donne-nous la victoire, roi qui pourvois à nos besoins.

Je parlerai de ce chrétien : c'est un ennemi irrésistible, dangereuse est sa puissance. J'aime les fils de Mahmoud, c'est une troupe d'élite. Descendants d'une noble race, ils frappent le fer, ils tirent la détente ; lorsqu'ils se lèvent contre l'ennemi, ils le pulvérisent comme des fèves ; ils le poursuivent, et lui, il n'éprouve qu'humiliation. Le Prophète, ami du Dieu clément, leur viendra en aide.

Les Iouadhien, voilà les guerriers irrésistibles, c'est chez eux qu'a commencé la lutte. La moitié d'entre

eux marche avec le chrétien, les visages de malheur !
l'autre moitié avec les musulmans, Dieu les rende victorieux ! Ils sont descendus dans la plaine, Ed Djoudi a pris la fuite : ils ont pris, détruit son bordj, ils l'ont démoli à chaque angle. Le combat s'engage, la fusillade devient nourrie. Combien sont morts de guerriers d'élite aux longues moustaches !

El-Hadj-Ahmed-Ali-ou-Hammou et son parti sont une troupe vaillante : ils nous ont laissé un glorieux exemple, les cavaliers toujours éperonnés, que de spahis ils ont tués ! Le sang coule plus abondant que les fontaines. S'ils se vantent de leurs exploits, honneur à eux, les lions du Sahara.

Taguemmount-ed-Djedid, tes enfants sont de pure race ; ils frappent le fer, ils fondent sur l'ennemi comme des oiseaux de proie : ce sont eux qui ont blessé Devaux (le capitaine, auquel nous avons dû faire de nombreux emprunts dans son livre : *Les Kebaïles du Djerjeira*), le jour du combat dans la plaine.

Sid-el-Hadj-Ameur, depuis longtemps est le maître de la victoire, il conduit les troupes des Zouaoua, soldats ; que de longs fusils ils ont apportés ; lorsqu'ils font feu, l'âme de l'ennemi s'envole ; ils s'avancent dans la plaine ; qui pourrait lutter avec eux ? Ils ont pillé le bordj du Merkanti, grande richesse (moulin à huile établi par M. de Molines près du vieux fort turc de Boghni). Que de butin ils ont emporté ! parmi les étoffes ce n'était que fins tissus ; que de grains ils ont aussi trouvés ! ce que possédait le Merkanti était prodigieux. Il n'y a qu'un mauvais sujet qui puisse désobéir à El-Hadj-Ameur, toutes les tribus sont venues à lui, l'argent afflue chez lui comme la poussière.

Après s'être rassemblés, les Igouchdal, postérité de braves, se dirigèrent vers les Inezlioun ; le feu fit de leur pays un brasier. Ils portèrent l'incendie jusqu'au bordj. Pardieu, ils n'avaient pas un bon conseiller ; ils convoitaient Dra-el-Mizane, tous croyaient la chose facile. Beauprêtre, quand lui parvint la nouvelle, arrêta son projet dans sa tête. Que de poudre brûlée là ! les musulmans furent maltraités. Le chrétien sortit plus nombreux que les plus fortes nuées de sauterelles, conduisant avec lui combien de canons, de bombes et de boulets ; combien aussi de charges de pioches et de haches ! Ses troupes sont puissantes, elles dépassent en nombre les étourneaux, elles arrivent de son pays, portés sur des vapeurs. Ils nous a apporté une invention nouvelle, les fusils au mètre (fusil à longue portée). Vous frémissez à la vue des baïonnettes qui se dressent. Ah ! peuple ignorant, attends encore ; vois ce qu'il a apporté de serpes : celui qu'il atteint est perdu, il détruit sa maison ; son cœur est irrité, il veut couper les arbres fruitiers.

Le voici qui se dirige vers les Aït-Natas, là s'élève la fumée. Il laisse chacun ruiné sur son passage : il les a jetés tous dans les ravins. L'effroi est entré dans nos cœurs ; nous craignons qu'il ne nous déporte.

Coulez, ô mes larmes, plus abondantes que la grêle, c'est le chrétien qui a remporté la victoire ? Tout le jour nous tremblons, ô Dieu ! tu vois tout ! Nous ne dormons ni la nuit ni le jour, chacun sent murmurer son cœur.

L'homme intelligent, qui a été bien avisé, est parti, il s'est mis à l'écart ; il s'est dirigé depuis longtemps, quar ' le jour est venu, vers la Syrie, il y a établi sa demeure. L'imbécile s'est laissé surprendre par le sommeil, il n'ouvre les yeux qu'après qu'il a été enterré vivant.

Viens à notre aide, ô Sidi-Bel-Abbès (marabout célèbre), ce chrétien est oppresseur. Vous tous qui veillez sur le monde, nous demandons que vous enleviez ce fardeau qui nous écrase.

Le voilà chez les Aït-Bou-Maza, son cœur est enflammé de colère, il les a coupés en morceaux comme des arbres, là ce sont des musulmans qui ont été exterminés par la mort. Il n'y a pas à se repentir de ce que l'on fait pour le Prophète : celui qui meurt épouse une houri, il est préservé de l'enfer ; il a effacé ses péchés, s'il en avait d'inscrits.

Voici le chrétien à Ir'zer Nechchebel, il s'avance vers le pays escarpé ; il franchit le col comme la neige, le plomb tombe plus serré que la pluie, le canon commence à tonner, le boulet répand la terreur, tout ce qui est atteint est emporté par la bombe que rien n'arrête.

Par ton visage, ô Hachimi, donne-nous un signe ! Le voici qui est exterminé par la mort, il vient de surgir pour lui un mauvais présage. Les braves guerriers se sont battus, honneur aux maîtres de la persévérance ! Ils les ont égorgés tous comme des brebis, pendant la fête le jour des sacrifices. Ceux-là, s'ils se vantent de leurs exploits, gloire à eux ! C'est là qu'a eu lieu l'abatis. Ils l'ont rassasié de fouiller la terre, il creuse avec des pelles ; que de morts il a enterrés ! Ce qui lui est arrivé est un désastre. Le sang coule plus abondant que les torrents débordés par un jour de pluie.

Où étais-tu, ô Bou-Nab (saint marabout), lorsque chez toi est entré le buveur de vin ? qui sait où tu t'étais oublié ? ô Kaïd de Maçer ? Tu as laissé tomber la tribu, les maîtres de la victoire ; ils ont payé, les malheureux, jusqu'à complet dépouillement. Coulez, ô mes larmes, plus abondantes que les fontaines.

Je t'en prie, ô mon Dieu, Dieu clément et miséricordieux ! je t'implore au nom du Prophète, au nom de Bou-Beker et de notre seigneur Omar, fais que nous habitions les hauteurs du paradis, tous tant que nous sommes ici présents.

Soumission des Aït-Iraten, campagne de 1857, par Mâmeur-n-Essaïde, du village des Iazzouzen (Aït-Iraten).

J'appellerai sur toi les bénédictions, ô Prophète, que celui qui doit comprendre médite ! Ton nom est doux comme le miel, par lui il convient de commencer la journée ; je veux abandonner mes affaires pour chanter en ton honneur, ô Prophète.

Je conterai une histoire qui vient de se passer ; comprends, toi qui es intelligent ; ce qui est arrivé aux Aït Iraten, ne s'est pas vu depuis le commencement du monde. L'Alger des Zouaoua est tombée, le jour de la fête pendant l'Aouacher.

Le français, quand il se mit en marche, roula comme les flots d'une rivière ; il a fait sortir des troupes nombreuses, des zouaves plus que tout autre ; il s'est abattu sur nous comme la glace ou la neige lorsqu'elle durcit la terre.

Il envoya ici un de ses porteurs de nouvelles et lui remit une lettre impérative : « Venez, disait-il, faites le bien et vous resterez des soldats ». Les brouillons ont refusé, ils ont déchiré la lettre, les visages de malheur.

Cette génération est vouée au malheur ; elle n'assiste qu'à des violences. Combien n'y a-t-il pas cependant d'hommes d'honneur ! Chacun d'eux, sa position est grande, tous tiennent les yeux baissés. A quoi bon une vie plus longue ?

La tribu était pleine d'émigrés ; de tous côtés chacun se réfugiait chez les Aït-Iraten, la confédération puissante ; allons, disait-on, habiter en lieu sûr ! Et l'ennemi est venu sur nos têtes, c'est à l'Arbâ qu'il s'établit à demeure (à cause de la construction de Fort National).

Il nous y a bâti des forts nombreux et les a remplis de soldats ; il s'est passé de notre consentement, c'est par la force qu'il s'en est emparé.

Le mercredi, à l'aurore, a été pour les hommes un jour terrible ; le matin, les étoiles brillaient encore, bien peu des plus pressés avaient rompu le jeûne, à Icherriden a commencé la bataille, cavaliers et fantassins s'entremêlent.

La fumée s'élève en nuages ; elle monte et descend dans le ciel. De ceux qui étaient là présents, il en est peu dont la vie se prolonge ; celui qui meurt enlève une houri ; il a lavé ses péchés, il est pur.

Le maréchal est le maître de la sagesse, (le maréchal Randon est resté très populaire en Kabylie), sa tête mûrit les projets. Lalla Fatma que nous visitions, la femme aux bracelets et aux perles, a pour tuteur le général, elle la sœur de Sidi-Tahar !

Je t'en prie, ô Dieu, mon Maître, roi qui vois tout ! au nom du Prophète et de ses amis, au nom d'Ali, vainqueur des infidèles, pardonne à tout ce qui est ici présent, préserve-nous des flammes de l'enfer !

Soumission des Aït-Iraten.

Ce même sujet, la soumission des Aït-Iraten, devait tenter lui aussi un autre poëte. Kassi-n-Aït-Ou-Yahia, du village d'Adeni (Aït-Iraten) voulut aussi en célébrer la mémoire; voici le chant qu'il composa sur ce triste événement.

Bénédictions sur toi, ô Mohammed ! Je chanterai tes louanges, tu es mon capital. O miséricordieux, allège nos souffrances, implore le pardon de ton Maître, qui a accumulé sur nous les malheurs et nous a affligés du chrétien.

Le jour de la fête, le matin avant l'aurore, les troupes commencent à se préparer ; elles se divisent en colonnes pour gravir la montagne glorieuse. Le canon commence à parler, l'ennemi franchit Bou Halouan. Près du caroubier a lieu la rencontre : le sang coule plus abondant que les ruisseaux débordés.

Honneur aux enfants de Tiredjt (aux Irdjen) et aux quelques étrangers qui se trouvaient là ! Les nobles guerriers font face à l'ennemi appuyés sur la cuisse, la batterie du fusil à hauteur du sourcil, munis de ceintures et de cartouchières, armés de longs yatagans. Celui qui meurt, comptez-le au nombre des élus, il habitera les hauteurs du paradis.

Que de chapelles dévastées. D'abord c'est Sid-Ali-Outhair du col (de Bou-Halouan). La lunette à la main, l'ennemi contemple Ouaïlal, c'est une vue douce à son cœur. Infortunés quarante saints, où étiez-vous quand tu brûlais, ô Bou-Ziki ?

Si tout se fût passé comme à Ouaïlal, notre tâche eût été facile avec de braves gens ; ce qui nous a perdus, ce sont les Ir'allen (les crêtes) ; ils ont pris la fuite comme des brebis. L'ennemi a saisi des femmes et des enfants, il les a enlevés d'Ibahalal (village de marabouts).

Malheureux Cheikh Ben-Arab, où étais-tu caché, ô

saint ? Tu nous disais : il ne gravira pas la montagne. Et au dernier jour, il l'a vaincue jusqu'aux Aït Yenni.

J'ai pitié des malheureuses femmes des Cheurfa, de ceux qui occupent un rang élevé. Le jour de la fête, avant le lever du soleil, elles se mirent à courir à pied et se jetèrent dans les broussailles comme des sangliers ; toutes passèrent la nuit dans les champs.

Infortunée Fatma de Sommeur ! la dame aux bandeaux et au henné ! son nom était connu de toutes les tribus ; l'ennemi l'a enlevée, elle a disparu. La voilà chez les Beni Sliman, ô mes larmes, coulez à torrents.

Le malheur, qui a frappé cette tribu, n'a atteint personne comme nous ; nous avons donné soixante réaux chacun, injustice de notre seigneur Dieu ! Nous n'avons personne que nous puissions attendrir, personne pour nous dire : ô Dieu, mon Maître.

Pauvre village de l'orgueil ! Adeni le brave ! Ils étaient habitués à faire face aux cavaliers, tes cent cinquante jeunes gens ; ils portaient des calottes et des brima (corde en laine autour de la tête) ; ils prennent maintenant le chemin de la corvée.

Hélas ! que de veilles, que de nuits passées sans abri ! nous avions des glands pour nourriture, des figues sèches, voilà ce que nous portions avec nous ! Ce n'est pas là ce que nous croyons devoir arriver, tous les inspirés étaient pleins d'orgueil.

O mes larmes, coulez comme les pluies du printemps, ou comme les pluies d'orage pendant les liali (période des jours d'hiver). Tu es vaincue, montagne de la victoire, dont les Aït-Iraten sont les plus vaillants guerriers. La fierté s'est éteinte dans les cœurs, le soleil est tombé sur les hommes.

Soumission générale de la Kabylie, campagne de 1857. Poésie d'El-Hadj-Mohammed Bachir, des Aït-Bou-Yahia, tribu des Aït-Douala, confédération des Aït-Aïssi.

Bénédictions sur toi, ô Prophète ! nous te resterons fidèles dans ce nouveau chant harmonieux. Prophète au beau visage, que le maître des cieux te comble de faveurs ! assiste-moi dans la nuit du trépas, moi et tout ce qui est ici présent.

Je commencerai ce chant avec fidélité. Le jour de la petite fête, les Français, lorsqu'ils sont arrivés, étaient plus nombreux que les étourneaux ; pour combattre les Aït'Iraten, s'avancent le commandant et le maréchal.

Le canon commence à mugir, les balles tombent serrées comme la pluie, les saints ont disparu de chez nous, Ben-Arab, le maître du berhan, a été éloigné par les méchants : qui sait où ils ont transporté sa demeure ?

Le chrétien a laissé les arbres fruitiers abattus sur la terre, ô mes yeux, le sang convient à vos larmes ! Le cœur se brise au récit de ce qui nous est arrivé. Les Aït Iraten maintenant sont vaincus sans retour, ils se sont dispersés dans les forêts épaisses.

Que de richesses gaspillées ! l'huile coulait comme des rivières. Chez les Aït Hag, l'ennemi a, dit-on, subi un échec, on lui a fait essuyer de grandes pertes. Pour les Ibahalal, cela a été un désastre, le chrétien a enlevé les femmes et les enfants.

Ceux qu'il a surpris là reposent dans la tombe ; ô Dieu, accorde la résignation à leurs parents ! Le voici arrivé à l'arbâ, il commence à y bâtir. Les larmes coulent de tous les yeux, je plains le sort d'Icherâioun (emplacement de l'arsenal d'artillerie de Fort National), qui a été vendu.

Les Aït Menguellat sont des hommes valeureux, depuis longtemps ils sont connus pour les maîtres de la guerre ; lorsqu'ils donnent, le combat devient acharné ; c'est à Icherriden qu'ils en sont venus aux mains avec le chrétien. Ce jour a été pour lui un jour de désastre, ils l'ont coupé en morceaux comme des branches d'arbres (nous avions eu 44 hommes tués et 327 blessés.

Les Aït Mellikeuch, en arrivant, fondirent sur l'ennemi comme des faucons. Chacun d'eux, de quelque côté qu'il pousse le cri de guerre est armé d'un sabre et d'un yatagan ; ils ont à satiété égorgé des chrétiens ; gloire à ces enfants de braves.

Voici le chrétien qui descend chez les Aït-Ferah ; il

s'avance en colonnes, il marche avec pompe et gaiment. Si Mohammed-Çer'ir n'est déjà plus qu'une ruine, l'ennemi a dévasté ses pommiers et ses beaux jardins.

C'est là qu'il eût fallu combattre ! c'est là que le sang aurait dû couler? Cette génération, par Dieu, est pervertie ! Nous nous associons à la religion des chrétiens, que puis-je y faire, ô mon âme ? L'Islam refuse de faire la guerre sainte ?

Prenez garde, hommes trompeurs, dans l'autre vie, il faudra rendre ses comptes. Le chrétien nous a pilés comme des glands, tous les pauvres ont été vendus. Chacun s'est vu entièrement dépouillé ; que d'argent il a emporté ! A chacun il a serré la gorge, il les a jugulés tous comme des chevreaux.

Malheureux Aït-Yenni ! gens à la poudre meurtrière, le maréchal et ses officiers sont entrés chez eux comme dans un troupeau de brebis. Leurs maisons tombent en poussière, je pleure sur leurs édifices, ces belles boutiques, pareilles à celles des Algériens.

La mosquée de Taourirt est tombée, elle qu'avaient bâtie les Turcs, elle l'emportait sur toutes en beauté et en hauteur ; ils en ont fait un monceau de pierres ! Prends le deuil, ô ma tête, ils ont détruit les tombeaux des saints.

Le chrétien a pris le chemin du Djemaât, il se répand partout en colonnes. A son approche, la poudre reste muette. Infortunés Zouaoua ! L'honneur kabyle est mort, ils ont laissé le fer s'échapper de leurs mains.

Voici le chrétien qui franchit le col avec son infanterie et ses goums ; il nous a vaincus par la ruse, il nous a vaincus par ses munitions nombreuses, et Fatma de Soummeur est sa prisonnière. O mes yeux, pleurez des larmes de sang.

Nous sommes dans la douleur jusqu'au cou. Les hommes de cœur sont anéantis ; ce qui reste n'est qu'un troupeau de brebis, et ceux-là, des femmes valent mieux qu'eux ! Ils ont livré Fatma au chrétien ! O mes yeux, pleurez des larmes de sang !

Le vestibule où elle se tenait d'habitude, n'a plus qu'à prendre le deuil. Quand son aïeul était puissant, les visiteurs affluaient de toutes parts ; chez eux sans cesse les brebis étaient égorgées ; ils étaient de tout temps les maîtres de l'hospitalité.

O souverain, mon Maître, toi qui as créé les cieux, je t'implore au nom du Djilali, au nom de ceux pour qui tu as fait descendre le Coran du ciel, pardonne à nous tous ensemble, à moi et à tout ce qui est ici présent.

Complainte de Dahman-ou-Meçal.

Complainte de Dahman-ou-Mcçal sur l'exécution de celui-ci condamné par un conseil de guerre pour avoir tenté d'assassiner le lieutenant Gravier, adjoint au bureau arabe de Sétif. Pour rendre cette complainte plus touchante, le poëte a fait assister à cette exécution la mère du condamné, cette version est fausse, mais n'avait-elle pas sa raison d'être pour enflammer contre nous l'esprit des Kabyles ? Cette complainte est chantée par les femmes de l'Oued Sahel, lorsqu'elles sont occupées à tourner le moulin à bras.

Le chrétien, quand il se pique d'honneur, le long de l'eau, le long de l'eau, le voici qui marche aux insoumis ; il a tué Dahman, Dahman aux yeux de faucon quand il crie. — O ma mère, toi que je chéris.

Le chrétien, quand il prend les armes, le long de l'eau, le long de l'eau, il dispose ses canons ; il a tué Dahman, Dahman aux yeux de faucon qui fond sur sa proie. — O ma mère toi que je chéris.

L'eau de la fontaine est fraîche, le chrétien en a bu en paix. O douleur ! Dahman est mort dans la soirée. — O ma mère, toi que je chéris.

L'eau de la fontaine est glacée, le chrétien en a bu debout, Dahman est mort ! Je plains ton sort, ô beau jeune homme à la taille élancée. — O ma mère, toi que je chéris.

L'eau de la fontaine est chaude, le chrétien en a bu en sécurité. O douleur ! Dahman a servi de cible. O ma mère, toi que je chéris !

Dahman pleure dans la Djemaât ; ô Imoula, je croyais que ce que j'ai fait était bien. O douleur ! malheur à moi ! Je n'ai pas de soutiens. — O ma mère, toi que je chéris.

Dahman pleure dans le vestibule : Sauve-moi, ô Sidi Chérif ! — Non, je ne te sauverai pas, tu as blessé le capitaine de Sétif. — O ma mère, toi que je chéris.

Dahman pleure sur le seuil : Sauve-moi, dame aux vêtements éclatants ! Non je ne te sauverai pas, tu as blessé le capitaine au pied. — O ma mère, toi que je chéris.

Dahman pleure dans la maison : Sauve-moi, ô Lalla Zahra ! Non, je ne te sauverai pas, tu as aujourd'hui blessé le capitaine. — O ma mère, toi que je chéris.

Dahman pleure dans la chambre : Sauve-moi, ô Lalla Taous ! Non, je ne te sauverai pas, tu as blessé le capitaine à l'os. — O ma mère, toi que je chéris.

Dahman pleure sur la thakenna (plancher au-dessus de l'écurie) : Sauve-moi, ô Lalla Dhrifa ! Non je ne te sauverai pas, tu as blessé le capitaine aujourd'hui. — O ma mère, toi que je chéris.

Le chrétien opprime, il a emmené l'enfant de Djelil, il l'a conduit à Bougie, il l'a donné en spectacle, il l'a fait servir de cible, le malheureux, sous les yeux de sa mère. — O ma mère, toi que je chéris.

Le chrétien opprime, il a emmené l'enfant marabout ; il l'a conduit à Bougie ; il a inscrit son nom sur ses livres, il l'a fait servir de cible, le malheureux, à l'arrivée de sa mère. — O ma mère, toi que je chéris.

Le chrétien opprime, il a emmené l'enfant d'Imoula ; il l'a conduit à Bougie, il a inscrit son nom sur ses papiers, il l'a fait servir de cible, le malheureux, en présence de sa mère. — O ma mère, toi que je chéris.

Le chrétien opprime, il a emmené cet enfant excellent ; il l'a conduit à Bougie, les chrétiennes en sont émerveillées. Par Dieu, ô Musulmans, vous avez tous répudié l'honneur Kabyle. — O ma mère, toi que je chéris.

Nous devions mettre ici les chants de 1871 et des chants plus récents encore : mais leur importance et l'intérêt, qui s'y rattache, nous ont engagé à les réserver pour les soumettre au public dans une prochaine publication.

II. CHANTS SUR DES CONTES, SENTENCES, MAXIMES, ETC.

Nous avons déjà cité plus haut, dans le livre précédent, un chant sur le mensonge intitulé le chacal ; les poésies de cette espèce sont fort nombreuses en Kabylie. Nous allons ici en citer quelques-unes, ainsi que certaines maximes et certains proverbes fort en honneur. De même, nous trouverons dans quelques chansons, que nous placerons dans cette catégorie, les reproches amers du poète envers celui qui n'a pas su lui offrir un bon couscous ; et sa mauvaise humeur va tellement loin, que nous serons obligés de ne point le suivre dans les détails inconvenants où il a l'air de se complaire pour exhaler sa haine. Puis nous terminerons par des chansons de femmes et sur les femmes.

Le joueur de flûte. Un domestique gardait les brebis de son maître. Arrivé aux champs, il jouait de la flûte, les brebis tendaient l'oreille et ne broutaient pas. Un jour le maître apprit que ses brebis ne broutaient pas, il suivit son domestique à la campagne et se cacha dans les broussailles. Le berger tira sa flûte et se mit à jouer ; son maître commença à danser, si bien que les broussailles le mirent en sang. Il revint à sa maison : « qui t'a égratigné ainsi ? » lui demandèrent ses femmes. « Le domestique a joué de la flûte, répondit-il, et je me suis mis à danser. » — « C'est un mensonge, s'écrièrent celles-ci, on ne danse pas malgré soi. » — « Eh ! bien, reprit le mari, liez-moi à ce poteau, et faites jouer le domestique. » Elles lièrent leur mari à un poteau, et le domestique prit sa flûte : notre homme commença à danser, il donna de la tête contre un clou fixé au poteau et mourut. Le fils du mort dit au domestique : « Paie-moi la perte de mon père. » Ils allèrent devant la justice. Chemin faisant, ils rencontrèrent un laboureur qui leur demanda où ils allaient. « Devant la justice. » — « Pourriez-vous me dire pourquoi ? » — « Cet homme a tué mon père, » répondit le fils du défunt. « Ce n'est pas moi qui l'ai tué, répartit le berger, j'ai joué de la flûte, il a dansé et il est mort. » — « C'est un mensonge, s'écria le laboureur, moi je ne danserais pas contre mon gré ; prends ta flûte, nous verrons si je danserai. » Le berger prit sa flûte. Il commença à jouer et le laboureur se mit à danser si bien, que ses bœufs, abandonnés à eux-mêmes, roulèrent dans le ravin. « Paie-moi mes bœufs, cria-t-il au berger. » — « Viens devant la justice », répondit celui-ci. Ils se présentèrent devant le cadi qui les reçut au premier étage de sa maison. On s'assit : et les deux plaignants exposèrent leurs griefs. Alors le cadi dit au domestique : « Prends ta flûte, et joue devant moi, je verrai comment tu joues. » Le domestique prit sa flûte, il en joua, et tous de danser. Le cadi dansa aussi et tomba comme les autres, au rez de chaussée ; tous se tuèrent. Le domestique resta dans la maison du cadi et hérita des biens de chacun.

(Traduction de M. Rivière. *Contes populaires de la Kabylie*).

Le juif infidèle. Un homme allait en voyage. Au moment du départ, il déposa chez un juif, son ami, une jarre remplie d'or ; il recouvrit l'or d'une couche de beurre et dit au juif : « Je te confie cette jarre de beurre, je vais en voyage. » A son retour, il courut chez son ami : « Donne-moi la jarre que je t'avais laissée, » lui demanda-t-il. Le juif la lui remit. Mais le pauvre voyageur n'y trouva que du beurre, le juif avait enlevé l'or. Cependant il ne parla à personne du malheur qui lui arrivait ; mais son visage porta bientôt les traces d'une secrète tristesse, son frère s'en aperçut et lui dit : « Qu'as-tu donc ? » — « J'avais confié à un juif une jarre remplie d'or, répondit-il, il ne m'a rendu que du beurre : je ne sais comment faire pour recouvrer mon bien. » Son frère reprit : « La chose est facile, prépare un festin et invites-y le juif ton ami. » Le lendemain, le voyageur prépara un festin et y invita le juif. Pendant ce temps, le frère du voyageur courut sur la montagne voisine où il s'empara d'un singe ; durant la nuit il entra dans la maison du juif où il trouva un enfant au berceau, il enleva l'enfant du berceau et y déposa le singe. Quand le jour fut venu, la mère aperçut le singe attaché dans le berceau.

Elle appela son mari à grands cris et lui dit : « Vois comment Dieu nous a punis pour avoir volé l'or de ton ami, notre enfant est changé en singe. Rendons le bien volé. » Ils firent aussitôt appeler le voyageur et lui rendirent son or. La nuit suivante, l'enfant fut rapporté au berceau, et le singe reçut la liberté.

(Même traduction que pour le précédent conte).

Ali et Ou Ali. — Ali et Ou Ali étaient deux amis. Un jour ils se rencontrèrent au marché. L'un portait de la cendre, l'autre des crottes de mulet. Le premier avait recouvert sa marchandise avec un peu de farine, l'autre avait caché la sienne sous des figues noires. « Viens, je te vendrai de la farine » dit Ali. — « Viens, je te vendrai des figues noires », répondit Ou Ali. Chacun regagna sa maison ; Ali qui croyait apporter de la farine, trouva, en vidant son sac, que c'était de la cendre ; Ou Ali, qui croyait porter des figues noires, trouva, en vidant son sac, que c'étaient des crottes de mulet. Un autre jour, ils s'accostèrent de nouveau au marché. Ali sourit, Ou Ali sourit et dit à son ami : « Pour l'amour de Dieu, quel est ton nom ? » — « Ali, et le tien ? » — « Ou Ali » — Une autre fois ils cheminaient ensemble et se dirent : « allons voler. » L'un vola un mulet, l'autre un tapis. Ils passèrent la nuit dans la forêt. Or, comme la neige tombait, Ali dit à Ou Ali : « Cède-moi un bout de ton tapis pour me couvrir. » Ou Ali refusa : « Tu te souviens, ajouta-t-il, je t'ai demandé de mettre mon tapis sur ton mulet et tu n'as pas voulu. » Un instant après, Ali coupa un morceau du tapis, car il mourait de froid ; Ou Ali se leva et coupa les babines du mulet. Le lendemain matin, à leur réveil, Ou Ali dit à Ali : « O mon cher, ton mulet sourit. » — « O mon cher, répliqua Ali, les rats ont rongé ton tapis. » Et ils se séparèrent. Quelque temps après, ils se rencontrèrent de nouveau. Ali dit à Ou Ali : « Allons voler. » Ils virent un paysan qui labourait. L'un d'eux se rendit au ruisseau voisin pour y laver son burnous, il le trouva à sec. Il disposa la lame de son sabre de manière à lui faire réfléchir les rayons du soleil, et commença à battre son burnous avec ses mains. Le laboureur vint au ruisseau et trouva notre homme qui lavait sans eau : « que Dieu t'extermine, lui dit-il, toi qui laves sans eau. » — « Que Dieu t'extermine, répondit le laveur, toi qui laboures avec un seul bœuf. » L'autre voleur guettait le laboureur et lui avait déjà enlevé un bœuf. Le laboureur regagna sa charrue et dit au laveur. « Garde-moi ce bœuf, tandis que j'irai à la recherche de l'autre. » Dès qu'il fut hors de vue, le voleur emmena le bœuf. Le laboureur revint et, saisissant l'aiguillon par un bout, il en donna un grand coup sur le bras de la charrue en s'écriant : « Brise-toi maintenant, peu importe. » Les voleurs se rencontrèrent dans un bois et égorgèrent les bœufs. Le sel venant à manquer, ils allèrent en acheter. Ils salèrent leur viande, la firent rôtir et en mangèrent. Ali découvrit une source. Ou Ali ne pouvant trouver de l'eau mourait de soif : « Montre-moi ton eau, dit-il à Ali, je boirai » — « Mange du sel, mon cher, » répondit Ali. Que faire ? Quelques jours après Ou Ali déposa de la cendre sur les souliers d'Ali. Le lendemain il suivit les traces de la cendre, il arriva à la source et découvrit ainsi l'eau que buvait son ami. Il prit la peau de l'un des bœufs et l'apporta à la fontaine. Il planta deux bâtons au-dessus de l'eau, dressa la peau sur les bâtons et disposa les cornes du bœuf en face du chemin.

Durant la nuit, son ami se dirigea vers la source ; à la vue de la peau, ainsi étendue, la peur le saisit et il s'enfuit.

J'ai soif, dit Ali. « Mange du sel, mon cher, répondit Ou Ali, le sel ôte la soif ».

Ou Ali se retira, et après avoir mangé, courut examiner la peau qu'il avait étendue. Ali mangeait du sel et mourait de soif. « Pour l'amour de Dieu, dit-il enfin, montre-moi où tu bois. » Ou Ali était vengé. « Viens, figure de Juif, je te montrerai de l'eau. » Il le fit boire à la source et lui dit ! « Voilà ce dont tu avais peur. » La viande étant achevée, ils partirent. Ou Ali alla chez Ali et lui dit : Viens, nous te marierons avec la fille d'une vieille femme. « Or, la vieille avait un troupeau de bœufs. Elle dit à Ali : Mène ce troupeau aux champs et monte sur une des bêtes. » Ali monta sur un des bœufs, il tomba a terre, les bœufs se mirent à courir et le piétinèrent. Ou Ali, qui était resté a la maison, dit à la vieille ! « O ma vieille, donne-moi ta fille en mariage. » Celle-ci appela sa fille ! « Prends un gourdin, lui dit-elle, nous lui en donnerons jusqu'à ce qu'il crie merci ». La fille apporta un gourdin et administra à Ou Ali une rude bastonnade. Ali, qui gardait le troupeau, revint à la tombée de la nuit et rencontra son ami. « La vieille a-t-elle accepté ? » lui demanda-t-il.

« Elle a accepté, repondit Ou Ali; et le troupeau est-il facile à garder ? » — « Du matin au soir, je n'ai eu qu'à me reposer ; prends ma place demain, tu monteras sur l'un des bœufs ». Le lendemain, Ou Ali dit à la vieille. « Aujourd'hui ce sera moi qui mènerai le troupeau. » Et en partant, il recommanda à Ali de demander à la vieille la main de sa fille. « C'est bien, répondit Ali ». Ou Ali arriva aux champs, un des bœufs le saisit avec ses cornes, et le lança en l'air ; tous les autres firent de même ; il regagna la maison à moitié mort. Ali, qui était resté à la maison, demanda à la vieille la main de sa fille : « Tu me la demandes encore ? fit-elle.

Elle apporta son gourdin et lui en donna jusqu'à ce qu'il en eût assez. Ou Ali dit à Ali :

« Tu m'as joué un tour ». Ali lui répondit : » Sans doute, elles m'ont donné tellement du bâton, que je n'ai pas entendu le dernier coup ». — « C'est bien, mon cher, Ali ne doit rien à Ou Ali : » Ils partirent. La vieille femme possédait un trésor, Ou Ali dit donc à Ali :

« Je le mettrai dans un panier, car tu sais que nous avons un trésor dans un trou ».

Ils reviennent chez la vieille. Ali descend dans le trou, prend le trésor et le met dans le panier. Ou Ali tire le panier, l'emporte, abandonne son ami devenu prisonnier et court cacher le trésor dans la forêt. Ali était dans l'embarras, car il ne savait comment sortir. Que faire ? il grimpa le long des parois du trou. Quand il se trouva dans la maison, il en ouvrit la porte et s'enfuit. Arrivé au bord de la forêt, il se mit à bêler. Ou Ali, croyant trouver une brebis, accourut. C'était son ami, « Oh, mon cher, s'écria Ali je t'ai enfin trouvé ! Dieu soit béni ; maintenant, portons notre trésor ». Ils se mirent en marche. Ou Ali, qui avait une sœur, dit a Ali ; « Allons chez ma sœur. » Ils y arrivèrent à la tombée de la nuit. Celle-ci le reçut avec joie. Son frère lui dit : « Prépare-nous des crêpes. »

« Elle prépara des crêpes et des œufs, et leur servait »

« O ma sœur, s'écria Ou Ali, mon ami n'aime pas les œufs ; apporte-nous de l'eau. » Elle alla chercher de l'eau. Dès qu'elle fut sortie, Ali prit un œuf et le mit dans sa bouche. Quand la femme rentra, il faisait des tels efforts pour le rendre qu'il en était tout essoufflé.

Le repas était terminé et Ali n'avait encore rien mangé, Ou Ali dit à sa sœur : « O ma sœur, mon ami se trouve mal, apporte-moi une broche ».

Elle lui apporta une broche qu'il mit au feu ; quand la broche fut devenue rouge, Ou Ali la saisit et l'appliqua sur la joue d'Ali. Celui-ci poussa un cri et rejetta l'œuf ; « Vraiment, dit la femme, tu n'aimes pas les œufs ! » Les deux amis partirent et arrivèrent dans un village.

« Allons chez ma sœur, » dit-Ali à son ami.

Elle les reçut à bras ouverts. Ali lui dit ; « O ma sœur, prépare-nous du gros couscous ».

Ils se mirent à table à la tombée de la nuit et celle-ci leur servit à manger : « O ma sœur, s'écria Ali, mon ami Ou Ali n'aime pas le gros couscous ». Ali mangea seul. Quand il fut rassasié, les deux amis partirent sans oublier le trésor. Chemin faisant, Ali dit à Ou Ali : « donne-le moi aujourd'hui, je le déposerai à ma femme ». « Enterre-moi, lui dit-il, si Ou Ali vient, dis-lui que son ami est mort, reçois-le en pleurant. » Ou Ali arriva, et demanda à la femme en pleurs de voir le tombeau de son ami défunt. Il prit une corne de bœufs et se mit à creuser la terre, qui recouvrait le corps. « Arrière, arrière, » s'écria le prétendu mort. « Lève-toi donc, menteur, » répondit Ou Ali. Ils sortirent ensemble. « Donne-moi le trésor, demanda Ou Ali, aujourd'hui je le porterai à ma maison ». Il le porta à sa maison et dit à sa femme : « Prends ce trésor, je vais m'étendre comme si j'étais mort. Quand Ali arrivera, reçois-le en pleurant et dis-lui que son ami est mort, il est étendu dans la chambre à coucher. » Ali vint et répondit à la femme :

« Prépare-moi de l'eau bouillante, car ton mari m'a recommandé de le laver quand il serait mort ». Quand l'eau fut prête, la femme l'apporta. Ali saisit la marmite et la versa sur le ventre d'Ou Ali qui se leva d'un bond. Il en fut quitte pour avoir le ventre brûlé. Les deux amis se partagèrent le trésor et Ali revint à sa maison. (Traduction Rivière).

Les deux frères. — Un voleur avait deux enfants. Quand il fut mort, ceux-ci se mirent à travailler la terre et ne gagnèrent rien ; ils essayèrent l'état de parfumeurs, ils essayèrent tous les métiers et ne gagnèrent rien. Un jour ils dirent à leur mère : « que faisait notre père ? » — « O mes enfants, répondit-elle, votre père travaillait la terre et vendait des parfums. » — « Non, reprirent les enfants, ce n'était pas là son métier ».

Ils ouvrirent le coffre aux provisions, y prirent des pinces de voleur et dirent à leur mère : où demeure le compagnon de notre père ? » — « Il est à un tel endroit » répondit la mère. Les enfants se rendirent chez lui. « Où demeure un tel ? » demandèrent-ils au premier passant. « Soyez les bienvenus, enfants, répondit l'inconnu, je suis celui que vous cherchez. » — « Que Dieu te protège, reprirent les deux frères, puisque tu étais le compagnon de notre père ; nous venons apprendre de toi l'art de voler. » — « Votre père est mort, répondit celui-ci, maintenant qu'il n'est plus de ce monde, j'abandonne le métier. » — « Allons toujours dirent les enfants » — « Eh bien, allons. » Ils partirent tous les trois. Arrivés près d'un chêne, ils y aperçurent un nid d'épervier ; l'homme grimpa sur l'arbre, il saisit l'épervier endormi et le déposa dans son capuchon sans le réveiller. L'aîné des enfants monta derrière lui et prit l'oiseau du capuchon de son frère sans le réveiller. En arrivant à terre chacun regarda son capuchon. Point d'épervier ; l'enfant l'avait déposé sur ses petits sans le réveiller. Ils se remirent en route. Ne trouvant rien à voler, ils cernèrent une maison ! à la fin, ils en escaladèrent les murs et grimpèrent sur le toit. Ils y pratiquèrent une ouverture ; l'un deux descendit dans la maison qu'il dévalisa et ils revinrent chez eux Peu de temps après, leur compagnon mourut. Or, la maison qu'ils avaient pillée appartenait au roi. Celui-ci alla chez un vieillard et lui dit ; « vieillard, on m'a volé, mais je ne vois pas par où, »

Le vieillard lui répondit : « Porte des fagots dans la maison, mets-y le feu, tu trouveras le passage des voleurs par où séchappera la fumée. » Il revint chez le vieillard et lui dit ! « O vieillard j'ai remarqué par où s'échappait la fumée. » — « Va, répondit celui-ci, place un piège. » La nuit suivante, les enfants revinrent ; l'un d'eux entra par l'ouverture du toit, se chargea des pièces d'or et de toute sorte de riches objets. Tout à coup il se mit à crier : « Tire-moi, O mon frère, tire-moi. » L'enfant tira, rien ne vint. « O mon frère, je suis pris. »

Peu importe que tu me laisses ici. « — Par mon visage, si tu meurs, moi aussi je mourai. » Il prit un couteau, s'approcha de son frère, lui coupa la tête, la porta à sa maison dans un sac en peau et dit à sa mère : « Si tu veux apprendre quelque chose, ne pleure pas et ne meurs pas. » « Parle » répondit-elle. Le lendemain, le roi à peine levé, courut au piège et y trouva un corps sans tête. Il alla chez le vieillard et lui dit: « O vieillard, celui que j'ai pris n'a point de tête. » — « Va, répondit le vieillard, plante un clou dans son cou, un autre dans sa main droite, un autre dans sa main gauche, un autre dans son pied droit, un autre dans son pied gauche et le maître du corps viendra le réclamer. » Le jeune homme dit à sa mère.

O ma mère, si tu veux enlever le corps de mon frère, prends une cruche d'huile sur ta tête, tu feindras de l'avoir laissée tomber dans la rue, et tu t'écrieras en gémissant :

« O mes chers orphelins, que mangerez-vous ? » Ainsi fit la mère. Le roi la rencontra sur son passage ! « Arrière, vilaine, lui dit-il. » — « Hélas, seigneur, répondit celle-ci, cette cruche d'huile m'a échappé, et mes enfants n'ont rien à manger. » — « Va-t-en, reprit le roi, et il remplit la cruche de louis d'or. La mère courut à sa maison. Dans la soirée, son fils se présenta au palais du roi, et se mêla au corps de gardes. « Comment est fait Azraïm, l'ange de la mort ? » demandèrent quelques soldats ; « il est habillé de blanc, répondirent les autres, ses dents sont semblables à celles d'un peigne, son visage est noir comme la suie, il porte en main un gros bâton. » Sur ses paroles, le jeune homme qui tenait en main un gourdin se mit à frapper de côté et d'autre, et les soldats prirent la fuite. Il enleva le corps de son frère et le porta à sa mère. Le lendemain matin, le roi visita la prison et dit aux gardes : où est l'enfant qui était ici hier ? Les soldats répondirent : « Seigneur, Azraïm est venu au milieu de nous et l'a enlevé. » Le roi fit trancher la tête à deux cents d'entre eux. Il alla consulter le vieillard et lui dit : « Ils ont enlevé même celui-là. » — « Il n'a pas fini de te maltraiter, répondit le vieillard ; sème des louis d'or devant ton palais et place des sentinelles pour les garder ; celui qui viendra enlever l'argent, c'est le coupable en personne. Le roi suivit ce conseil. Le jeune homme alla louer des chameaux, il enduisit leurs pattes de glu et les fit passer devant le palais en criant : « Hao, hao, hao ! » Les bêtes défilèrent sous les yeux des gardes étonnés et enlevèrent les louis d'or. Le roi vint, les louis avaient disparu.

Il retourna chez le vieillard et lui dit :

« Les louis d'or que j'avais semés devant le palais ont disparu. » — Prends une gazelle, répondit le vieillard, pare-la d'or et d'argent, et donne-lui la liberté d'entrer où bon lui semblera. »

Le roi revint au palais, il para une gazelle, d'or et d'argent, et la laissa errer librement.

La bête entra dans la maison du voleur qui la tua. Le roi attendait le retour de la gazelle, elle ne reparut pas. Il dit aux habitants de la ville : « J'enrichirai celui qui m'apportera de la viande de gazelle, si Dieu lui est favorable ». Une vieille femme lui fit répondre : » Ce sera moi qui en apporterai. « Elle se mit à courir de maison en maison : donnez-moi un peu de viande de gazelle, dit-elle. Les gens la reçoivent volontiers contre la fièvre. » La mère du voleur lui en donna un morceau. Le voleur la rencontra et lui demanda d'où elle venait : « O mon fils, répondit-elle, je porte un peu de viande de gazelle que les gens m'achètent volontiers contre la fièvre. » — « Viens avec moi ; lui dit-il, je t'en donnerai encore. »

Arrivé à la maison, il tua la vieille. Le roi alla de nouveau chez le vieillard et lui dit : « J'ai envoyé une gazelle, on l'a tuée ; j'ai envoyé une vieille femme, on l'a tuée. » — « Eh bien, répondit le vieillard, prépare un festin à tous les habitants, celui qui choisira les mets sera le voleur en personne. » Le roi mit des soldats en observation, toute la ville fut invitée, on se mit à table.

Le voleur choisit les mets qui l'attiraient davantage.

Un des soldats le saisit et lui coupa un côté de la moustache. Le voleur en se levant, voulut saisir le soldat par la sienne, il le trouva rasé; il se retira à l'instant et se rasa entièrement. Les soldats coururent chez le roi et lui dire : « Nous avons trouvé celui qui t'a pillé, nous lui avons rasé un côté de la moustache. » Le roi accourut et trouva tous les invités entièrement rasés. Désespérant de découvrir celui qu'il cherchait, il fit publier la déclaration suivante ; « que l'auteur du fait en question se présente, je lui donne ma fille gratis. Je lui cède mon trône et je deviens son premier ministre. » Le voleur se présenta au roi et lui dit : « Seigneur ; c'est moi qui ai fait cela, cela, cela.

(Même traduction que pour les précédents contes).

III. MAXIMES ET SENTENCES.

Dans ces maximes et ces sentences, nous retrouvons les principaux préceptes en honneur chez les Kabyles : aussi pourrons-nous les énumérer sous la rubrique des vertus, que la poëte a voulu célébrer. (La traduction est celle de M. Hanoteau).

Sur le travail et l'oisiveté : — « Celui qui aime l'oisiveté n'a pas d'intelligence au cœur ; il est mal inspiré, car les besoins de ce monde sont de longue durée ».

« Celui qui prend des greffes sur un laurier-rose, ne fait rien d'utile, c'est manquer de bons sens ».

Sur l'amitié : — « Celui qui t'aime, aime-le ; celui qui te hait, fuis-le ; celui que tout le monde désigne comme méchant ne peut être utile ; il ne faut pas le rechercher ».

« La trahison vient des amis ou des alliés ; l'ennemi n'a aucun moyen de te nuire. Ainsi s'exprime K'ala : comprends, toi qui es de race pure ».

« Et toi, écoute, homme confiant : Celui qui se fie à son ami est sa victime ; il dit. Je le trahis parce qu'il le mérite ».

Sur la charité : — « Le bien que nous faisons n'est qu'un prêt : celui qui sème dans une bonne terre retrouve ce qu'il a semé ; il lui en est tenu compte chez les honnêtes gens.

« Celui qui rend un service et le rappelle sans cesse, tout le bien qu'il fait est non avenu ; c'est le jugement qui lui manque ».

Sur la résignation : — « Eh ! Messieurs les savants, prenez la bonne voie, puisque vous la connaissez ; laissez-nous dans notre simplicité. Dieu fera ce qui lui semble bon. C'est lui qui a créé les corps ; il sait ce qu'ils renferment ».

« Celui qui ne peut lutter, qu'il patiente, c'est le mieux. L'homme sensé veille sur lui-même ; l'imbécile attend qu'il soit couvert de honte pour ouvrir les yeux ».

Sur l'orgueil : — « Homme puissant, abaisse ton capuchon. Malheureux, marche avec humilité ; rappelle-toi que le maître souverain abaisse l'orgueil ».

Sur l'esprit religieux : — « Celui, qui veut revenir à Dieu, prie. O toi, qui observes scrupuleusement l'heure des prières, souviens-toi qu'une bonne fin, voilà le capital » !

Sur la modération du langage : — « D'où vient la discorde, si ce n'est des on-dit ? Celui qui les colporte ne s'attire que désagrément. Le mal, voilà ce qu'il prépare ».

Sur les qualités à acquérir et les défauts à éviter : — « La meilleure qualité est la politesse ; la gravité ajoute à la considération ; la légèreté est insipide ; la vanterie est un vain orgueil ».

Sur la circonspection : — « Ne cède pas à la bienveillance : celui dont la parole n'est pas sûre, repousse-le ».

Sur l'union des hommes entre eux : — « Le ressort ploie par la force : celui qui n'a pas de soutien manque son but ; si on l'attaque, il est perdu ».

Sur l'hospitalité : — « L'homme inhospitalier peut posséder ce qu'il voudra, ne lui demandez pas qu'il souhaite la bienvenue à celui qui se présente chez lui ».

IV. CHANT D'UN POÈTE SUR LES RÉCEPTIONS QU'ON LUI FAIT.

Le poëte commence ; — « Que les bénédictions sans nombre soient répandues, sur toi, ô Prophète ! O Maître souverain, qui jamais ne dors, au nom des hommes de l'assemblée, au nom du Prophète et de ses amis, préserve-moi des dangers que je puis craindre, tu connais, ô Dieu, celui qui est dans la peine ».

« Je suis poëte, un artisan qui façonne des chants, je suis maître en cet art, vous ne trouverez rien de défectueux dans mes vers, chaque chose y est à sa place ».

La modestie n'est peut-être pas la qualité dominante de ce poëte ? Après ce préambule, il va nous expliquer comment et pourquoi il a été mal accueilli par Mohand ou Mohand.

« Je vais d'habitude dans les villages nobles où je mange du merchouch au beurre.

Un jour j'avais commis quelque faute, le Dieu qui

nous assiste l'a voulu ainsi, j'allai à Ir'il Hammad, à la maison de Mohand-ou-Mohand.

J'y trouvai une espèce de perche : Saïd, je crois, est son nom : ses jambes étaient brûlées et couvertes de rougeurs ; la morve lui tombait dans la bouche.

. . . .

Aïcha (sa femme) parlait comme un moulin ; elle nous en a donné celle-là avec sa langue ! elle n'avait ni crainte ni vergogne, c'est, je pense, une ancienne femme de mauvaise vie. Elle ôta sa ceinture, puis ses agrafes. ...... Son ventre était gonflé comme un soufflet de forge. . . . .

Quand sa femme poussait des cris à faire écrouler la montagne, quand elle nous injuriait, il n'eut aucune honte, il ne fit rien pour l'en empêcher ; c'est un juif et non un musulman. . . . .

Ne m'interrogez pas sur les femmes, elles n'ont que de mauvais haillons et ressemblent aux chèvres des Aït Edrif ; elles sont crottées comme des bestiaux rassasiés de feuilles en automne.

Si elles vous préparent le kouskous, couvertes de bave et de morve, vous diriez qu'elles ont balayé la suie du plafond ; celui qui en mange est pris de malaise et de vomissements plus forts qu'une rivière ».

On le voit, il est fort dangereux de ne point préparer un exquis couscous pour ce personnage : la réputation en souffre cruellement.

Mais que de louanges adressées à ceux, qui mieux avisés, offre une hospitalité confortable :

« Peut-être Dieu, m'étant propice, m'eût donné en partage les Aït Brahim, de noble maison.

Leurs femmes portent d'élégants Kholkhal, qui brillent aux pieds comme des lanternes ; leur ceinture bien ajustée ne penche d'aucun côté, leur peau est blanche comme la neige qui voltige, leurs dents sont rangées dans la bouche comme des pièces de monnaie, elles se parent de vêtements aux couleurs voyantes.

Si elles vous préparent le Kouskous, il est propre et d'un blanc sans mélange ; quand ces nobles femmes commencent à parler, c'est le musc frais et choisi ».

Puis pour terminer son chant, le poëte qui, décidément paraît aimer beaucoup les bonnes choses, se souhaite les félicités éternelles.

« Je t'en prie, maître de la perfection, Dieu de douceur, maître de toutes choses, que moi et tous les assistants réunis, nous habitions les palais du Paradis ».

V. CHANT DES FEMMES

M. Hanoteau cite cette chanson « qui, dit-il, est une de celles que chantent les femmes en tissant la laine ou en tournant le moulin à bras. Elle est l'œuvre exclusive des femmes, comme toutes les chansons du même genre, et il serait fort difficile d'en trouver l'auteur ; chaque femme qui se sent inspirée ajoute son couplet et expose ses griefs :

« Je commencerai mes chansons en invoquant le nom de Dieu : toi qui as l'esprit éveillé, écoute moi ! O ma tendre mère ! Hélas ! j'ai épousé un homme sans virilité ; sa figure est comme le coucher du soleil, quand vient l'heure du souper.

O ma tendre mère ! Hélas ! j'ai épousé un fumeur ; lorsqu'il rentre à la maison, il n'apporte que sa blague et sa pipe ; s'il est surpris par la pluie, il exhale l'odeur du raton.

O ma tendre mère ! hélas ! j'ai épousé un hibou ! sa figure est celle d'un coq qui monte à son perchoir. O seigneur Dieu ! fais-moi bien vite porter son deuil.

O ma tendre mère ! tu as fait ce qu'à voulu la tortue. Il n'y avait donc pas pour toi d'autres hommes ! Tu m'as donnée à un chaudron. Quel effroi me saisit, quand il se traîne vers mon tapis.

O ma tendre mère ! hélas ! j'ai épousé Rabah. Le jour, il abaisse son capuchon ; la nuit, il éteint la lampe ; je lui sacrifie encore cette année, l'an prochain viendra le tour de la fuite.

O ma tendre mère ! on a disposé de moi à mon insu ! Ils ont récité le fath'a, et moi je regardais. C'est une bécasse que j'ai épousée : demain, je m'enfuirai.

O ma tendre mère ! on m'a donnée à un bouvillon

non dressé ; il a des pattes de chat, il passe la nuit sur le foyer. Je m'enfuirai de chez lui, je prendrai un jeune homme aux beaux yeux.

O ma tendre mère ! hélas ! je suis mariée chez les Aït Aïssi ! On m'a donné à un bouvillon rétif : son front jamais ne se déride, la faim a pris chez lui domicile : jamais nous n'avons apprêté un souper.

O ma tendre mère ! hélas ! j'ai épousé un écloppé indigent. Les puces et les poux courent sur sa personne : ses dents sont tombées ; près du foyer même, il n'y voit plus.

O ma tendre mère ! hélas ! j'ai épousé un teigneux ! Quand nous nous approchons du souper, il laisse voir sa nudité. Je prie Dieu que sa mère pleure bientôt sa mort ».

VI. CHANTS SUR LES FEMMES.

Le chanteur exalte les qualités de la femme qui estime son mari ; il n'a pas assez d'injure pour celle qui au contraire ne se trouve pas heureuse en ménage.
Voici une partie d'un chant de ce genre :
Salut à toi, aune ! mon mari est un homme d'honneur, il ne fait que de belles actions ; le deuil est dans l'assemblée où il n'assiste pas. Dieu me fasse mourir avant lui ! peut-être, en lui survivant, serais-je opprimée.

Dieu te conserve, femme aux vêtements gracieux ; taille de palmier d'Hanif, or précieux et recherché !

Salut, o pomme de pin ! ce mari que j'ai ne me plaît pas, Dieu fasse qu'il me répudie aujourd'hui !

Dieu t'afflige, femme aux grosses lèvres ! Ton mari est renommé pour sa bravoure, il prendra une jeune fille au col gracieux et te mettra de côté comme la meunière du moulin des aït Chibba.

Dans un autre genre, le poëte célèbre la beauté des femmes. Il suffira de lire les strophes suivantes, trouvées dans des chants nombreux, pour se rendre compte de cette poésie.

O Seigneur Dieu, qui fais mûrir les fruits d'automne, donne-moi Tasadit, aux vêtements gracieux.

O Seigneur Dieu, qui as créé les grenades, donne-moi Fatima aux noirs sourcils.

O Seigneur Dieu, qui as créé les pommes, inspire a Yamina de me dire : « Viens »,

O Seigneur Dieu, qui as créé les poires, donne-moi El Yasmin, aux sourcils arqués.

O Seigneur Dieu, qui as créé les coings, donne-moi Dehabia. Puisse-t-elle devenir veuve !

O Seigneur Dieu, qui as créé les figues-fleurs, donne-moi Aïni, périsse le vieux.

O Seigneur Dieu, qui as fait les parts inégales, tu as donné aux uns, les autres sont jaloux.

O Seigneur Dieu, à qui nous devons les crêpes, donne-nous Adidi, éloigne de nous Azraïl (l'ange de la mort).

O pigeon, sois mon éclaireur, je t'en prie, oiseau aux plumes rouges, prends de moi la récompense que je donne sans compter, je t'écrirai une lettre à ce sujet. Informe toi de la cavale des Djanad, abats-toi sur le sein de Mira.

Parle à la gazelle de la rivière, nourrie dans le Sahara, quand elle paraît au rendez-vous, cette jeune fille à la taille élégante, son visage est comme le soleil, lorsqu'il se lève sur le thamgout, la lumière le précède.

Elle m'a dit, o mon bien-aimé, j'ai appris l'éloge que tu as fait de moi récemment ; moi aussi je ferai ce que tu désires, sois discret, garde-moi le secret ; pour toi je me suis insurgée, je suis rentrée chez mes parents. Emporte cette mèche de cheveux comme gage.

Plus loin, le chanteur invite à la gaîté, à la joie, les jeunes filles du village :

O clair de lune des petites ruelles ! dis à nos amies qu'elles viennent jouer ici. Si elles ne viennent pas, nous irons les trouver avec des sabots de cuivre.

Mais toutes les femmes, même en Kabylie, ne sont point parfaites ; aussi, dans les conseils donnés aux maris, voyons-nous tracée la ligne de conduite à suivre, quand le hasard n'a point permis de trouver dans le mariage, tout le bonheur qu'on était en droit d'en attendre.

A mauvaise femme le divorce ! c'est le mieux ; avant que des enfants ne vous aient liés l'un à l'autre ; elle ne surveille pas ta maison et ne soigne pas tes intérêts. Quand surviennent des hôtes, elle a toujours sur la langue, « il n'y a rien ». Ainsi celui qui est près de l'autorité est chaque jour frappé d'amende (*car il manque aux devoirs de l'hospitalité*).

La femme est comme le faîte du milieu, c'est ce que je vois de mieux à lui comparer : beaucoup plus élevé que ses frères, c'est sur lui que repose toute la toiture. La femme, homme de cœur, réfléchis avant de la prendre, tu pourrais tomber sur une femme de basse extraction ; la flatterais-tu tout le jour, qu'elle te couvrirait de honte.

Lorsque la femme est de mauvaise humeur, tu peux dire que c'est l'hôte qui ne lui plaît pas ; elle ne fait rien de convenable, sa langue est toujours prête à l'attaque ; son mari sera couvert de confusion comme la maison qui possède un chien (le chien Kabyle, souvent hargneux, effraie les hôtes, ce qui est chez les Kabyles une infraction grave aux devoirs de l'hospitalité).

Je suis étonné de l'égarement de mon cœur, en s'égarant il n'a plus de retenue. Que celui qui se marie prenne une femme de bonne maison, une fille noble et chaste ; un mauvais mariage est comme le coucher du soleil, l'obscurité le suit de près.

La rencontre fortuite d'une jeune fille, jolie, inspire aussi le poëte :

Aujourd'hui j'ai rencontré une jeune fille, aux pommettes vermeilles comme le fruit de l'arbousier ;

je l'embrassai, elle me dit : « grand bien te fasse ! toi que je chéris comme la prunelle de mes yeux ! baise ma petite bouche à loisir, à la maison, j'ajouterai à ton bonheur ».

VII. GENRES DIVERS.

Enfin, dans un genre tout différent, et où l'esprit et la raillerie ne font point défaut, le Kabyle exprime les beautés de la langue française qu'il a été à même de connaître :

Le jour où nous fut révélé *bonsoir*, nous avons reçu un coup sur la mâchoire, nous avons été rassasiés de prison à clef.

Le jour où nous fut révélé *bonjour*, nous avons reçu un coup sur le nez ; les bénédictions ont cessé pour nous.

Le jour où nous fut révélé *merci*, nous avons reçu un coup sur la gorge : la brebis inspire plus de crainte que nous.

Le jour où nous fut révélé *cochon*, un chien valut mieux que nous pour l'honneur : le Khammas (1) a acheté un mulet.

Le jour où nous fut révélé *le frère*, nous avons reçu un coup sur le genou ; nous marchons dans la honte jusqu'au poitrail.

Le jour où nous fut révélé *diable*, nous avons reçu un coup qui nous a rendus fous ; nous sommes devenus des porteurs de fumier.

Après cette énumération succincte, parlerons-nous de l'exécution de ces chants ?

(1) Le Khammas est le métayer ; le poète veut dire par là que le Khammas, grâce à l'argent qu'il a pu toucher pour vendre sa voix aux élections de 1862, lui a permis d'augmenter son mobilier de ferme.

Nous avons pris l'habitude, à la suite d'auditions plus ou moins stupides, fort en honneur depuis quelques années, de considérer tous les chants arabes, Kabyles, etc.... comme un nasillement prolongé et discordant. C'est un tort, et un bien grand tort à mon avis. Il m'a été donné fréquemment d'entendre dans la campagne ces rapsodies douces, pleines d'harmonies berceuses et de mélodies naïves, et j'avoue, que ces chants ont toujours su développer en moi un charme pénétrant. Quelquefois la phrase musicale s'élève religieuse, chant de tristesse résignée ou d'espérances timides, avec une ampleur noble, sans recherche. D'autres fois, les rythmes s'accentuent, les modulations s'enchaînent avec précipitation, l'on sent vibrer l'âme et la passion guerrière du poëte. Puis encore dans une suite de récitatifs langoureux, tendres, l'on devine la longue caresse, dont l'amant veut envelopper la bien-aimée. Et tout cela est simple, est grand, et vous berce longuement comme ces divines mélopées du chant liturgique. Les chants orientaux se ressemblent d'ailleurs presque tous ; il m'a été donné, grâce à l'extrême bienveillance de mon ami, Jos. E. Gautier, de lire de nombreux chants orientaux : partout j'ai retrouvé la même élévation, partout la grandeur sublime de la musique sacrée. Je ne doute point que ceux de mes lecteurs qui ont entendu dans des exhibitions foraines des chants plus ou moins arabes, se permettent de douter, peut-être même de sourire ; mais que ceux là aillent dans notre Kabylie, qu'ils entendent, vers le soir, les femmes chanter devant les portes, qu'ils écoutent la mélodie que murmure le paysan en regagnant sa crête, son ir'il ; ils me diront ensuite en quoi sont plus belles nos chansons de Provence, nos mélodies bretonnes.

Arts.

En Kabylie, nous ne trouvons ni œuvres de peinture, ni œuvres de sculpture. On ne saurait en effet donner ces noms, à des ébauches plus que grossières se trouvant, soit dans les mosquées, soit dans quelques maisons particulières. Le dessin, appliqué aux étoffes et à la décoration des vases, ne présente en général rien d'artistique, cependant les formes des vases et l'agencement des couleurs dans les couvertures sont harmonieux.

Le seul art qui existe réellement en ce pays est la musique. Combien vont se récrier à ces paroles ? Quoi ! il existe un art musical ! On peut appeler cet affreux charivari un art ? Oui, et si nous n'apprécions pas les modulations et les rythmes des chants kabyles et des chants arabes, nous ne devons nous en prendre qu'à notre parfaite ignorance en la matière.

M. Salvador Daniel, dans un opuscule, *la musique arabe*, étude très consciencieuse et fort intéressante, nous déclare, que dans la musique arabe, il veut prendre sa part des jouissances qu'elle procure à ceux qui la comprennent, et qu'il est arrivé à ce résultat heureux en l'étudiant avec soin ; il n'entrerait pas dans notre cadre de nous livrer à des recherches longues et à des dissertations sans fin au sujet de cette musique : ceux qui voudraient s'y adonner trouveront en M. Salvador Daniel le guide le plus sûr et le plus éclairé. Nous nous contenterons d'indiquer ici les différents rythmes et modes employés et leur signification, ainsi que la nomenclature et la désignation des instruments qui servent à leur exécution.

Nous trouvons d'abord quatre modes principaux :

1º Le mode Irak qui correspond au premier ton du plain-chant. Il a pour base le ré. Ce mode est grave, sérieux, et s'emploie pour les chants religieux et les chants de guerre.

2º Le mode Mezmoun, troisième ton du plain chant, a pour base le mi. Triste et pathétique, il porte à la mollesse, et forme un chant efféminé qui convient admirablement aux chansons d'amour et aux danses lentes et voluptueuses, rythmant avec complaisance les torsions plus ou moins provocantes de la taille.

3º Le mode Edzeïl a pour base le fa et correspond au cinquième ton du plain-chant. La dureté de ce mode, son rythme « ardent, fier, impétueux et terrible », l'ont tout naturellement désigné pour les chants de combats.

4° Le mode Djorka correspond au septième ton du plain-chant, sa base est le sol, et il semble résumer le mode Irak et le mode Edzeil. C'est, dans ce mode, que le mueddin appelle les fidèles à la prière, c'est lui qui donnera au Guifsaria des Kabyles sa grâce touchante et saine. Nous croyons qu'il est à peu près impossible d'oublier ses accents tendres et plaintifs, lorsqu'une fois on a eu le bonheur de les entendre. Nous nous souvenons de les avoir perçus un soir à Tougourt, alors que du haut du minaret, l'appel à la prière se faisait entendre ; ce fut là une de nos impressions les plus vives, impression que nous avons encore ressentie au pied du minaret de Temacin et tant de fois depuis auprès de l'if de la mosquée Sidi Abd-er-Rahman à Alger.

Après ces quatre modes principaux, nous trouvons quatre modes, dits modes inférieurs et correspondants aux modes inférieurs du plain-chant. Tout d'abord L'saïn, mode plaintif sur lequel les Kabyles chantent la chanson de Sébastopol (Stamboul). Le mode Meïa a une grandeur et une majesté qui conviennent bien à l'usage qu'on en a fait. Les femmes chantent le « El ou mouïma ou lascar » pour encourager les guerriers au combat ; et la chanson des Beni-Mansour est écrite en ce mode. Tandis que l'Saïn a pour base le la, le Meïa a pour base le do. Le si donne naissance au mode Oaïka, très rare d'ailleurs et qui se confond fréquemment avec le mode Mezmoun. Enfin le mode Rasd-edzeil a pour base le ré, octave du premier mode, l'Irak. Il est lugubre, et porte aux méditations divines et idéales.

Tels sont, en somme, les huit premiers modes de la musique arabe. Tous sont basés sur chacune des sept notes de la gamme, sans déplacement des demi-tons.

Passons maintenant à l'examen des instruments qui vont permettre d'exécuter la musique.

Dans sa composition la plus simple, nous trouvons que « l'orchestre arabe ou kabyle » ne comprend que deux instruments : une flûte, un tambour. La flûte

(Gosba) est un roseau percé de trois trous ; le tambour (Tarr) n'est qu'une peau séchée tendue sur un cercle en bois.

Si « l'orchestre » se complète, nous y verrons figurer :

La raïta ou raica, espèce de musette à anche, percée de sept trous et terminée en pavillon, connu en Espagne sous le nom de Gaita. L'accompagnement rythmique de la raïta se fait avec des tymbales d'inégales grandeurs, frappées avec deux baguettes. Elles s'appellent Atabal.

Le djouak est une flûte à six trous.

L'atambor est un tambour de moyenne grandeur que l'on frappe avec un os d'animal.

La Derbouka et le bendaïr sont deux instruments à percussion, consistant en une peau montée sur un vase en terre ou un cylindre de même matière. On frappe ces instruments avec la main. C'est en somme le dérivé du tarr, instrument formé par une peau séchée et tendue sur un cercle de bois en forme de tambour de basque.

La kouithra est une sorte de lyre à huit cordes que l'on met en vibration au moyen d'un bec de plume.

Le violon ou kemendjah est semblable en tous points à notre violon. Seulement pour le jouer, le musicien le tient toujours appuyé sur son genou. Le rebab est le violon primitif, formé de deux cordes reposant sur un chevalet en roseau au-dessus d'une peau tendue sur une boîte bombée comme une écaille de tortue.

La nouba est un morceau complet comprenant une introduction généralement triste et mélancolique, un motif d'un mouvement modéré s'enchaînant avec un second d'allure plus vive, puis retour au premier motif et enfin un allegro vivace tombant sur une dernière note longtemps tenue. Le prélude exécuté tout d'abord pour faire connaître le ton, s'appelle becheraf.

Médecine.

Est-il besoin de dire que la médecine, en tant que science, est absolument ignorée par les Kabyles.

Comment pourrait-il en être autrement ? La médecine suppose de nombreuses connaissances, son domaine est vaste, le champ de ses expériences à peu près illimité, elle exige l'étude et l'examen approfondis du corps humain, de sa structure, des fonctions qui régissent la vie. Or, jamais médecin Kabyle n'a songé à ces choses, qui pour lui sont totalement inutiles à connaître. D'ailleurs il n'y a pas de diplôme pour autoriser légalement l'exercice de la médecine, et rien de plus original que le procédé employé pour devenir médecin. Les uns, ceux qui pourront plus tard prendre le nom d'El Hadj, le Pèlerin, parce qu'ils ont fait le pélérinage à la Mecque, se sont arrêtés en Egypte ou en Tunisie. Là, ils sont restés quelque temps en service chez un médecin, cela suffit ; d'ores et déjà, ils ont les quelques données, nous ne dirons pas générales, mais superficielles, qui leur permettra d'acquérir une réputation. D'autres, et ce système est encore beaucoup plus simple, se contentent d'imiter ce qu'il ont vu faire à un autre médecin. N'est-ce pas vraiment charmant et tout à la fois curieux que de voir cette science réduite à une imitation plus ou moins intelligente ? MM. Hanoteau et Letourneux ont trouvé un médecin qui expliquait de la manière suivante l'origine de sa profession et de sa science. Ce médecin, Aomar Naït Moussa, amdaoui (médecin) chez les Aït Iraten, et demeurant au village d'El-Miçer Oufella, avait appris la médecine de son frère, qui lui-même avait été disciple d'un praticien en vogue à Tunis.

En outre, le Kabyle ne croit pas au pouvoir absolu de la médecine, et dans de très nombreux cas il préférera s'adresser au marabout, qui, par quelques pratiques particulières, doit lui assurer la guérison. Ainsi un mal ne se voit pas, et cependant le patient souffre. Qui peut occasionner cette douleur, ce malaise, sinon l'esprit caché, le démon, le Djinn, et qui pourrait chasser cet hôte incommode, sinon le marabout ? Aussitôt ce dernier est appelé et se livre à une série de remèdes plus ou moins fantastiques. Tout d'abord il conjurera le mal de s'éloigner, si la conjuration ne suffit pas, quelques fumigations d'encens doivent presque fatalement chasser les démons, qui, paraît-il, sont très réfractaires à cette odeur. Puis ensuite viennent les prières, les sacrifices, l'égorgement de poules, l'offrande de comestibles. Une pratique religieuse fort en usage consiste à renfermer dans un petit sachet ou une enveloppe de cuir ou de métal un morceau de papier sur lequel sont tracés des fragments de verset du Coran. On suspend ce talisman au cou du malade ou à d'autres parties de son corps, et la guérison doit intervenir, si le talisman est bon.

La superstition est d'ailleurs en grand honneur chez les Kabyles, et puisque nous traitons ce sujet, nous pouvons énumérer ici les croyances populaires qu'on attache là-bas aux démons. Les amulettes sont très peu en faveur et l'on croit peu au mauvais œil, mais il est bien certain que certaines vieilles femmes, des sorcières, exercent des influences considérables sur les ménages, sur les amours. Ces vieilles femmes possèdent des philtres et jettent des sorts propres à faire aimer ou à faire haïr un rival, à faire divorcer la femme que l'on désire soi-même épouser, etc.

Ce qui fait l'effroi véritable du Kabyle, c'est la présence des démons. Jamais vous ne feriez sortir un Kabyle de sa maison, pendant la nuit, s'il n'a auparavant conjuré les démons au nom du Dieu vivant, le tout-puissant ; et s'il lui arrive de passer à un endroit où le sang fut versé, il fera aussitôt cette même conjuration pour écarter bien vite les démons, qui, avides de sang, rôdent certainement dans ce lieu.

Les superstitions d'un autre ordre sont aussi très nombreuses. Tout à l'heure, nous énoncerons celles qui ont trait à l'agriculture, contentons-nous en ce moment de prévenir le lecteur qu'il ne devra entreprendre un voyage que le lundi, le jeudi ou samedi, s'il veut que celui-ci s'accomplisse dans de bonnes conditions. Mais surtout, si on le peut, il faut choisir le samedi, c'est le jour de prédilection du Prophète, et avec cette précaution, l'on aura pour soi toutes les meilleures chances.

Il est vrai qu'il est difficile de choisir le moment de

sa mort ; toutefois il serait bon de mourir pendant le jeûne du ramadhan ; pendant ces bienheureux quarante jours, les portes de l'enfer sont fermées, et seules les portes du paradis sont toujours ouvertes.

Il ne faut jamais engager un combat le mardi ; la défaite serait assurée.

Nous avons vu, dans le livre précédent, que le jour le meilleur pour la célébration du mariage était le jeudi, (page 397).

Si, en se levant, on voit un chacal, c'est bon signe et d'un heureux présage ; le voyage sera prospère, si au départ on a la chance de voir ensemble deux corbeaux, mais il faut qu'ils soient ensemble, si l'on n'en voyait qu'un il faudrait se tenir sur ses gardes et l'inquiétude ne cesserait de régner pendant le cours de la route. En rentrant le soir, évitez d'apercevoir un lièvre, c'est un fort mauvais signe.

Ces superstitions sont étranges en vérité ; mais cependant ne nous hâtons pas de les juger avec sévérité, ne voyons-nous pas tous les jours autour de nous, en plein monde civilisé et instruit, une foule de pratiques tout aussi ridicules et grossières capter la confiance de nombreux croyants ? Notre fonds de crédulité n'est-il point pour nous tous le même ?

L'Agriculture.

Comme dans presque tous les pays de montagnes, l'agriculture est très en honneur chez les Kabyles. Plus la nature semble avare de places et de terrains pour la culture, plus l'homme tient au petit coin de terre qui lui est échu ; n'est-ce pas là encore une application de cette règle : l'on désire beaucoup lorsqu'on a peu.

L'agriculture est non seulement encouragée, mais elle est protégée par la coutume ; et souvent le préjudice causé à son exercice est puni d'une façon très sévère. Aussi la charrue devient un objet sacré, et celui qui la fabrique fait une œuvre sainte, une œuvre pieuse.

Cette charrue se compose de deux branches de bois

formant un compas dont l'angle est plus grand que l'angle droit. La branche du bas, la plus longue, reçoit le soc en fer. L'autre est saisie par la main, et sert à diriger le soc. A la jonction de ces deux branches, une cheville permet de fixer la flèche reliée aux jougs des animaux employés à ce travail.

Le jour où commencent les labours, c'est grande réjouissance dans le village. Chaque propriétaire donne à ses colons partiaires des pains et des beignets. C'est l'occasion aussi d'une timecheret ou partage de viande, accompagnement nécessaire de toute fête. Trois jours après, le propriétaire doit donner un plat de couscous à gros grains, appelé « Derboukès ». « Dès le matin, disent MM. Hanoteau et Letourneux, on enterre quatre œufs durs, quatre grenades et quatre noix par paire de bœufs. On les laisse en terre toute la journée ; le soir, ces friandises deviennent la proie des enfants du village. Avant de quitter la maison, chaque laboureur place sur la tête et sur les cornes et le cou de ses bœufs, du pain, des beignets, des gâteaux, que les pauvres et les enfants se disputent ; puis il frotte d'huile les cornes et le cou des bœufs pour préserver de toute maladie, pendant l'année, sa personne et ses animaux de labour. Arrivé sur le lieu du travail, il commence par répandre sur la terre une poignée de semences mélangées, froment, orge, fèves, pois, etc ; puis il fait une nouvelle distribution de comestibles aux assistants ; enfin on récite en commun le fath'a et le travail commence ».

Les labours sont commencés pendant l'automne après les premières pluies, et le Kabyle ne tient aucun compte de l'h'alal-el-h'art, c'est-à-dire de la « saison de la culture licite. » L'Arabe lui au contraire se conforme à cette règle et par suite les semailles ne peuvent avoir lieu avant le 17 octobre. Après ces premiers labours, on procède encore à d'autres en décembre ou en janvier, puis au printemps.

Tout le monde sait que l'Arabe ne dérangera pas la pierre qui se trouve dans son champ et qui peut empêcher la culture. Il se contentera de tourner tout autour avec la charrue, car si Allah l'a mise à cette place, c'est évidemment par sa volonté et l'on ne saurait modifier la volonté d'Allah. Le Kabyle qui dispose de peu d'espace, se soucie fort peu de tourner ainsi autour d'une pierre et de perdre quelques pouces de terrain ; son premier soin est d'enlever toutes les pierres qu'il peut trouver sur le passage de la charrue.

Dans la montagne, on fume le plus possible la terre et l'engrais constitue une vraie richesse. Le montagnard dit : « agoudou itchour s'ezzebel khir oukoufi itchouren d'en nâma ; » « un tas de fumier bien garni vaut mieux qu'un koufi plein de grains. »

Il n'en est pas de même en plaine, où l'engrais est peu employé.

Pour moins user le sol, les Kabyles ont l'habitude d'alterner leurs récoltes, et donnent à la terre des repos réguliers.

Pour évaluer l'importance d'une culture, ils se servent du mot : « thaïouga. » « une paire de bœufs. » C'est ce qui constitue l'unité de surface et cela désigne tout ce que l'on peut labourer pendant une campagne avec une paire de bœufs.

Nous avons dit que le Kabyle était superstitieux ; il existe au sujet de l'agriculture de nombreuses légendes, œuvres plus ou moins bien imaginées des sorcières, et auxquelles les cultivateurs attachent une grande croyance. Parmi les plus curieuses, nous citerons les suivantes :

« Quand le berger d'un village revient, au milieu du jour, passer à la maison le temps de la chaleur, il ne doit pas un seul instant se dessaisir du bâton qui lui sert de houlette. Celui qui parvient à s'en emparer fait passer immédiatement tout le lait du troupeau dans les mamelles de ses vaches. Le berger convaincu d'avoir vendu son bâton ou de l'avoir laissé prendre pendant la sieste, est mis à l'amende ainsi que l'auteur du prétendu larcin. »

« La maison, où est né un veau, doit pendant sept jours refuser du feu aux voisins : sinon l'animal prendrait l'habitude de manger les vêtements et deviendrait dangereux pour les hommes. Le lait de la vache pendant cette période est destiné à confectionner deux mets qui ont des propriétés mystérieuses. Le premier, appelé ir ounan, est mangé par les membres de la famille, le troisième jour après la naissance du veau : le second est distribué aux voisins le septième jour, on le nomme : ader'ès.

« Si un agneau ou un chevreau naît dans les champs, le berger, après l'avoir soigneusement essuyé, le prend par l'oreille et lui crie trois fois : « Méfie-toi toujours et souviens-toi toujours que le berger est ton ami, et le chacal ton ennemi. » Le soir, quand il le ramène à la maison, il reçoit pour sa récompense un gâteau beurré (Chakerist imeksaouen, le pain des bergers) qu'il doit manger à la place même où est né l'animal. »

« La femme qui fait couver une poule ne manque jamais de dire sept fois pour empêcher que le tonnerre ne détruise les poussins dans l'œuf, « ne crains rien, petit poulet, il y aura du tonnerre. »

« Dans une ruche d'abeilles, on trouve des prédictions : la grêle est représentée par des boulettes de cire grosses comme du plomb de chasse : les sauterelles par une statuette de sauterelle, l'abondance par un grand vase. Nous devons constater néanmoins, ajoutent MM. Hanoteau et Letourneux, qu'aucun éleveur d'abeilles n'avait prédit l'invasion de sauterelles de cette année (1866-1867).

Industries.

Les Kabyles exercent de nombreuses industries et arriveraient facilement à de très heureux résultats, s'ils employaient des procédés moins primitifs et s'ils comprenaient mieux la puissance de l'association dans l'industrie et dans les établissements de crédit.

Nous examinerons successivement les différentes espèces d'industries auxquelles ils se livrent, en indiquant leurs moyens de fabrication.

Huiles. — Les oliviers sont nombreux et la récolte des olives peut constituer de grands profits. Malheureusement, et à part quelques usines bâties par des colons, l'huile est faite par des procédés si défectueux qu'en beaucoup d'endroits, c'est à peine si elle est mangeable. Quelques-uns, ayant compris que leur manière de traiter les olives ne pouvait leur donner de sérieux bénéfices, se contentent de vendre aux huileries européennes ou françaises le produit de leurs récoltes ; évidemment c'est là une bonne idée et dont ceux qui l'exploitent, ont dû retirer des avantages ; mais ne vaudrait-il pas mieux procéder soi-même à la fabrication ?

Quoi qu'il en soit, voici comment le Kabyle fabrique l'huile.

Dans les tribus riches, il y a des moulins ; le nombre de ces moulins est même assez considérable. En voici la description exacte : Le moulin se compose de deux parties, l'appareil pour triturer le fruit, est formé par une meule pouvant se mouvoir verticalement et circulairement dans une cuvette en maçonnerie, et le pressoir. Ce dernier est composé d'une table en bois avec rebords de 3 à 4 centimètres. Sur cette table s'abaisse, au moyen d'une vis de pression, soutenue dans une traverse horizontale par deux montants verticaux fixés en terre, une espèce de tablier en bois, sous lequel les olives triturées se trouvent pressées.

A défaut de moulin, le Kabyle opère de la façon suivante :

Si les olives ne sont pas vertes, elles sont broyées et triturées au moyen d'une grosse pierre oblongue. Deux femmes effectuent ce travail en poussant la pierre chacune à tour de rôle de côté et d'autre ; elles obtiennent ainsi une pâte qui est placé sous un filtre. Ce filtre est élevé un peu au-dessus du sol, et l'huile s'écoule d'elle-même dans un récipient.

Si les olives sont vertes, on verse sur elle de l'eau chaude et on les abandonne à l'air pendant un certain temps. Quand elles paraissent propres à être reprises pour la seconde opération, on les enferme dans des sacs ou dans des paniers, chargés de lourdes pierres. Cette pression a pour but de chasser de leurs pulpes l'eau qui peut y rester : puis, aussitôt les femmes les font ressortir de leurs sacs ou de leurs paniers et les piétinent en les humectant de temps en temps avec de l'eau chaude. Bientôt il se forme sous cette trituration, fort pénible pour celles qui la pratiquent, une pâte qui est mise sur un filtre : l'huile s'écoule de ce filtre, comme dans le premier procédé, par la nature même des choses.

Est-il besoin de dire que ces huiles ont un goût fort peu agréable ; elles ont contracté la plupart du temps une rancidité qui nous les rend très difficiles à absorber.

Savons. Le savon est un article de luxe pour les Kabyles ; ils en fabriquent cependant qui sont de bonne qualité ; mais l'usage en est réservé presque inclusivement pour le lavage des laines et des peaux.

Pour fabriquer le savon, ils prennent des cendres de bois et de la chaux, en quantités égales. Puis après avoir mélangé ces matières, ils les font bouillir et les lessivent jusqu'à l'épuisement complet des matières alcalines. La solution est ensuite décantée et filtrée et on y verse de l'huile chaude jusqu'à parfaite saponification.

Tannage. Le tannage des peaux d'animaux est une industrie fort pratiquée en Kabylie, surtout chez les Aït Idjer, les Aït R'oubri et les Aït bou Chaïb.

La peau, après avoir été préalablement lavée, est passée dans un bain de lait de chaux, où elle séjourne pendant cinq jours. Après ce délai, on la remet dans un nouveau bain de chaux où on l'y laisse pendant quinze jours, pour l'opération du gonflement. Retirée de ce dernier bain, on procède au raclage et au lavage. Ces opérations terminées, on met les peaux en fosse avec du tan et du sel marin. Chaque semaine, on fait la levée de la fosse jusqu'à ce que le tannage soit fini. Généralement on laisse dans le tan une peau de bœuf pendant 50 ou 58 jours ; une peau de chèvre ou de mouton n'exige qu'un séjour de quinze jours.

Ce mode s'emploie pour obtenir les meilleurs cuirs et dans le cas où l'on ne veut pas conserver sur la peau les poils qui y adhèrent.

Mais dans ce dernier cas et lorsqu'on veut obtenir un tannage plus simple et plus économique, voici le système qu'emploient tous les Kabyles, tanneurs ou non tanneurs. On prend la peau de l'animal et sur la face interne, les poils par conséquent en dehors, on met du sel marin jusqu'à imbibition complète. Puis l'on fait sécher la peau ainsi saturée de sel en l'exposant au soleil et en ayant soin de la tendre régulièrement par des piquets en bois pour éviter le retrait. Elles se conservent ainsi assez longtemps et les poils ne tombent point. Les outres, qui servent à transporter les liquides, sont faites et tannées par ce procédé. Quand elles commencent à vieillir, pour leur redonner une plus grande propreté et une plus longue conservation, on les remplit d'urine de vache. L'ammoniaque qui se dégage de cette urine, dégraisse les outres. On les passe de nouveau au sel, puis on les fait sécher.

Teintures. — Les Kabyles teignent leurs cuirs, mais seulement de deux couleurs, en noir et en jaune. Jamais ils ne les teignent en rouge.

Pour obtenir la teinture noire, ils se servent d'un mélange de scories de forges pilées, de sulfate de fer, de figues blanches et d'eau. Les figues en fermentant forment un acétate de fer. Cet acétate de fer se combine avec le sulfate de fer et teint le cuir en noir grâce au tannin.

Pour la teinture jaune, il suffit d'humecter et d'étendre la peau. Puis prenant un mélange d'alun et d'écorce de grenade en poudre, on frotte vivement et on laisse sécher.

Les babouches jaunes, que l'on voit partout, ne sont teintes que par ce procédé.

Laines. — Les laines sont assez rares. Pour les débarrasser du suint, on les dégraisse au savon, puis on les fait sécher.

Généralement, à moins de ne servir qu'à la confection des burnous, les laines sont teintes. Quatre couleurs sont employées à cette teinture ; bleu indigo, garance, jaune et noir. Cependant quelquefois et notamment chez les Illilten et dans deux ou trois villages des tribus voisines, on teint les laines en rouge.

Pour la teinture bleu-indigo et garance, nous n'avons aucun détail à révéler : on se sert tout simplement d'un bain d'indigo ou de garance.

Le jaune s'obtient en faisant un bain avec une plante que l'on trouve assez fréquemment en Kabylie et qui s'appelle Ridolfia Segetum.

Pour la teinture en noir, les Kabyles se servent d'une dissolution d'alun, de tartre brut et de feuilles pilées de cytise.

Le rouge s'obtient par la gomme laque.

Poudre. — Avant que nous ne soyons vraiment maîtres de la Kabylie, c'est-à-dire avant 1857, la fabrication de la poudre constituait une industrie des plus actives. C'est qu'en effet, chez ce peuple où la guerre était presque une nécessité de chaque jour, il fallait toujours pouvoir se procurer d'un moment à l'autre des quantités relativement considérables de cet engin. Sa composition était variable, mais cependant l'on peut dire que généralement elle était formée par le mélange suivant : cinq septièmes de salpêtre, un septième de charbon, un septième de soufre. Pour la fabriquer, le Kabyle mélangeait et triturait ensemble ces trois matières, avec des pilons en bois, dans des mortiers aussi en bois. Il ajoutait alors la quantité nécessaire d'eau pour former une pâte. Puis prenant cette pâte, il faisait le grenage à la main, de la même façon que les femmes font le grenage du couscous. Cette opération terminée, on faisait sécher ces grains au soleil, étendus sur un morceau d'étoffe en laine. On la lissait ensuite dans des calebasses qu'on agitait en tous sens pendant un jour ou deux. Elle était séchée de nouveau et était ainsi prête à être employée.

A propos de la poudre, MM. Hanoteau et Letourneux racontent la légende suivante, fort curieuse en ce qu'elle nous donne une nouvelle preuve de l'esprit superstitieux du Kabyle. « Les habitants du village de Koukou, chez les aït Yahia, conservent mystérieusement, dans des jarres de terre, de la poudre laissée, dirent-ils, par Sid Ali ou T'aleb, Marabout qui vivait quelque temps après Sid-Ameur-el Khadi, c'est-à-dire à la fin du seizième siècle ou au commencement du dix-septième. Nous avons pu, ajoutent les auteurs, nous procurer un échantillon de cette poudre et M. Bonnard, pharmacien en chef de l'hôpital de Fort Napoléon, qui a bien voulu en faire l'analyse, a trouvé qu'elle était composée de la manière suivante :

    Salpêtre.................. 23,33
    Charbon 56,67
    Soufre.................. 20 »

« D'après une prédiction répandue dans le pays, les Français doivent être expulsés de l'Algérie, lorsque cette composition mise dans une arme à feu, aura les qualités d'une bonne poudre de guerre, et chaque année on ne manque pas d'en faire l'essai ».

Avons-nous besoin de dire qu'on pourra attendre longtemps, et même toujours ; sa composition ne la rend-elle pas d'ores et déjà tout à fait impropre à être utilisée ?

Cire. — Quoiqu'il y ait passablement de ruches d'abeilles, la fabrication de la cire est fort restreinte et en somme très peu intéressante. Après avoir fait subir deux ébullitions à la cire plongée dans l'eau, pour la débarrasser des corps étrangers et en faire une pâte, on la presse dans une sorte de moulin semblable à celui destiné à la fabrication de l'huile.

Poteries. — Dans tout le pays, on rencontre à chaque pas des fabriques de poteries. Les femmes seules s'occupent à cette fabrication, sauf pour la confection des tuiles, à laquelle les hommes prennent part. Les objets de ménage en terre cuite sont fort nombreux et quelques-uns affectent des formes vraiment artistiques, notamment certaines cruches à eau. L'énumération de ces objets, quoique un peu longue, doit prendre place ici, car elle nous initiera aux détails particuliers du ménage kabyle. Ce sont des cruches à eau (asagoum, achmoukh, aziar); des pots à eau, (aboukal, thaboukalt); des vases à lait et à l'huile (tassa, thabouiddouth,); des casseroles à galettes (aferrah, Tadjin); des marmites (thasilt, thakedourth, thimesebbouth, thimeserbah, touggui ou sebboui); des couvercles de marmites (thadimth); des vases dont le fond est percé de trous (aseksouth-entâam, aserksouth ousoudem); des plats à couscous (el-djefna bou akal); des plats sans supports pour mets (thabakith, tharahalith, akeddoued, thakessoult); des vases pour conserver l'huile (thassebalt, thakhabith); des lampes (el mecbah bou akal); et des immenses jarres faites dans la maison même pour mettre les provisions (Ikoufan, Akoufi au singulier).

Toutes ces poteries sont fabriquées par les mêmes procédés. L'usage du tour est inconnu. L'argile, d'abord séchée pendant un jour ou deux, est délayée avec un peu d'eau, puis dans la pâte ainsi formée, l'on ajoute des débris très menus de vieilles poteries. Les femmes font alors la forme des vases avec leurs mains, se servant très habilement d'une raclette en bois et polissant les parois avec un caillou roulé. Quand les objets ainsi fabriqués sont séchés, on passe dessus un chiffon trempé dans une solution très claire d'argile à foulon; cette dernière opération a pour but de faire tenir l'argile et d'éviter les gerçures. Puis après quelques jours, on procède à la décoration des vases, s'il y a lieu. Les dessins sont rouges ou noirs. On obtient les premiers, en employant une solution d'ocre rouge, appelée Mor'cri; pour les seconds, on fait usage de peroxyde de manganèse, appelé bousebou.

Les objets sont soumis à la cuisson sur une aire plane, entourée de bois sec. Ce procédé des plus primitifs a l'inconvénient de ne point assurer une cuisson égale et parfaite des produits. On les laisse refroidir et ils sont alors propres à l'usage. Chez les Ait Aïssi, il est d'usage de passer sur les poteries encore chaudes un morceau de résine. Ce mode a pour effet de vernir la surface des poteries et de leur donner une couleur jaune.

La fabrication des tuiles est, nous l'avons déjà dit,

opérée par les hommes et les femmes. On prend de l'argile et de la paille hachée et l'on en fait une pâte qui sert à former ces objets. La paille donne à la terre une consistance plus grande, ce qui lui permet de sécher sans se fendiller. D'un autre côté, la paille disparaît à la cuisson, ce qui rend la tuile plus légère, mais ce qu'il y a lieu de remarquer c'est que cette dernière ne perd rien de sa solidité après la cuisson.

Tissus. — Les tissus fabriqués en Kabylie sont en laine, en laine et soie, ou en lin.

Les étoffes en laine sont réservées pour la confection des burnous. La laine lavée, est débarrassée des corps étrangers par des peignages opérés avec des peignes en fer. Le cœur de cette laine, c'est-à-dire les longs fils, est filé à la quenouille (therouka) et au fuseau (thizdith).

La blousse (ou les fils courts et embrouillés), est tissée à la main à l'aide d'un grand fuseau de bois. Rien de plus curieux que de voir une femme kabyle procédant à ces différentes opérations.

Pour faire l'étoffe, les femmes se servent d'un métier très primitif qui mérite une description. Cette description nous l'emprunterons à l'ouvrage de MM. Hanoteau et Letourneux.

« Le tissage se fait au moyen d'un métier (azet'ta) d'une simplicité toute primive, lequel, n'ayant pas d'analogue en France, mérite une description particulière. On ne tisse sur ce métier qu'un seul vêtement à la fois. Les fils composant la chaîne (oustou) ont pour longueur la largeur que l'on veut donner au vêtement. Ils sont en nombre plus ou moins grand, suivant la longueur du vêtement à tisser. La chaîne est enroulée sur deux ensouples (ifeggaguen) de section rectangulaire; elle est tendue verticalement. Les ensouples, éloignées l'une de l'autre de 1^{m}30 environ, sont placées horizontalement et liées par des cordes à deux montants (thiriglioum) fixés eux-mêmes à la charpente de la maison, d'une part, et de l'autre, au sol, au moyen de pierres formant coins. Les fils de la chaîne sont divisés en fils

pairs et en fils impairs. Cette division est maintenue à
l'aide d'un roseau (ar'anim) introduit entre eux, et conservé au-dessous de l'ensouple supérieure. Nous supposons que les fils pairs se trouvent aussi en avant du métier. Au quart environ de la hauteur du métier, se trouve
une lisse (ilni) qui tend les fils pairs en les les tirant en
arrière, de manière à partager chaque fil en deux parties, formant entre elles un angle de 160° environ. Cette
lisse n'est autre chose qu'un roseau, sur lequel sont enfilées les boucles qui retiennent les fils. Ce roseau est
lui même tiré en arrière à l'aide de deux perches flexibles (ijebbaden) s'appuyant, par la partie supérieure,
contre les montants du métier, et poussées en arrière,
par la partie inférieure, au moyen de pierres. La lisse
reste immobile, une fois la tension voulue obtenue.
Une autre lisse mobile (thaoukkast guelni) ne se compose que d'un seul roseau. Elle se meut de bas en haut
et de haut en bas, et est engagée entre les fils pairs et
les fils impairs, dans la partie qui se trouve au dessus
de la lisse mobile. Dans la partie, qui se trouve en dessous, au contraire, ils forment un angle ayant pour sommet la limite de l'étoffe déjà tissée. Les fils pairs forment le côté qui se trouve en avant du métier, et les
fils impairs, le côté en arrière. Si on éloigne la lisse
mobile et la lisse fixe, ce mouvement ne change rien à
la position des fils pairs, tandis que, le sommet de l'angle formé par les deux parties des fils impairs ayant
été relevé, les fils impairs sont ramenés en avant des
fils pairs ; et l'angle formé par ces fils, ayant toujours
pour sommet la limite de l'étoffe déjà tissée, a le côté
situé en avant du métier formé par les fils impairs, et
le second par les fils pairs ; c'est-à-dire que le mouvement de bas en haut ou de haut en bas imprimé à la
lisse mobile renverse la disposition des fils de la chaîne.
Ajoutons qu'en obtenant les deux dispositions, les fils
pairs sont toujours immobiles, et que ce sont les fils
impairs qui sont tantôt amenés en avant, tantôt en arrière des premiers. La trame est introduite à la main,
et comme le tissage est fait par des femmes accroupies,
le fil de la trame ne règne pas d'une seule pièce sur

toute la longueur du tissu, elle a seulement 0^m,50 à 0^{m}60, c'est-à-dire ce qui peut être placé par une personne qui ne fait usage que de ses mains et ne change pas de position. Si une seule femme tisse l'étoffe, elle est obligé de se déplacer pour continuer la trame dans toute sa longueur ; mais le plus souvent deux et même trois femmes travaillent au même métier. Supposons que la lisse mobile soit à la partie inférieure de sa course ; les fils pairs seront en avant. On introduit la trame en la présentant de la main gauche entre deux séries de fils de la chaîne. La main droite la saisit et la tire en avant autant que le permet l'élasticité des fils de la même chaîne. En reprenant plusieurs fois la trame et en se servant des deux mains on arrive à l'avancer dans la position voulue ; puis avant qu'elle ait été roidie, on la serre contre les duites précédentes au moyen d'un peigne en fer (aïaziel) que l'on promène tout le long de la partie de trame placée. La lisse mobile est ensuite relevée à la main ; les fils impairs viennent en avant et l'on introduit une nouvelle trame en sens contraire pour les lisières de l'étoffe et dans l'un ou l'autre sens pour les parties intermédiaires. »

Les tissus de laine ou de soie sont faits de la même façon. Ils ne servent qu'à la confection des haiks.

Enfin les toiles de lin font l'objet d'une fabrication très restreinte. Depuis la conquête, elles sont remplacées par les cotonnades que l'on trouve un peu partout et dans les marchés. Cependant l'on voit encore quelques métiers pour tisser la toile. Ils sont beaucoup plus grossiers que ceux qui existaient en France avant les métiers mécaniques, mais ils reposent sur les mêmes bases.

Broderies. — Sauf chez les Aït Iraten, au village de Taourirt Mek'K'eren, on ne trouve pas de broderies. Encore ne consistent-elles dans cet endroit, qu'en broderies grossières de fil de lin. Elles forment des coiffures qu'on appelle « Ichouaoun » pour les femmes.

Bijoux. — Les bijoux sont très répandus en Kabylie.

Riches ou pauvres, les femmes kabyles mettent leur coquetterie à en porter le plus possible. Aussi y a-t-il un grand nombre de bijoux, tous d'espèces et d'usages différents. Ce sont des broches appelées ibzimen ; des diadèmes, thiaçabin ; des bijoux ronds (thibezimin) ornés de pendants (thicherourin) ou de petites boules (thikefisin) que portent seules les femmes qui ont donné naissance à un garçon ; des colliers, thizelageim ; des bracelets, eddah ; des anneaux de jambes, kholkhal ; ce qui n'empêche pas tous nos articles de Paris, en cuivre, en verroteries, de faire l'objet des convoitises des femmes kabyles.

Ces bijoux ne sont jamais en or : l'argent seul est employé à leur confection pour les bijoux de prix ; le cuivre est réservé pour les ornements sans valeur. Mais l'argent à quel titre est-il ? Il nous serait difficile de le dire, et je crois que nous aurons suffisamment indiqué sa valeur quand nous aurons dit, comme tout le monde, « c'est de l'argent kabyle ».

Pour la décoration et l'ornementation des bijoux, les orfèvres emploient des émaux et obtiennent des effets, sinon des plus artistiques, au moins très originaux. Ces émaux sont faits avec des verres bleus, vert foncé, vert clair, jaunes ; et leur application est très simple. Ces différents verres réduits en poudre sont délayés dans l'eau, décantés. Sur la plaque qui doit les recevoir, l'on a fait avec un fil en métal soudé le dessin dans lequel on veut verser l'émail. Cette opération faite, il suffit d'exposer letout à une chaleur convenable, l'émail se liquéfie et se dépose ainsi par fusion. Le corail est très souvent employé pour l'ornementation des bijoux, il est fixé à la place qu'il doit occuper avec de la cire ; ce qui, pour le dire en passant, ne lui donne pas une adhérence ni une solidité bien grandes.

Le prix des bijoux est très variable. Il va sans dire que pour le « Roumi » l'on aurait bien tort de ne pas hausser autant qu'on le peut le prix de l'objet qu'il convoite. Il est d'ailleurs si facile, même pour un Kabyle, de délaisser l'objet marchandé au tiers, voire même au quart de la valeur primitivement demandée. Mais pour les gens du pays, voici généralement comment se déterminait le salaire de l'orfèvre.

Le bijou doit-il être tout en argent, sans ornementation d'autre matière, l'acquéreur, ou plutôt celui qui commande le bijou, doit livrer un certain nombre de pièces d'argent pour la fonte de la matière première. Suivant les difficultés et la complication du dessin, l'orfèvre garde un huitième ou un dixième de la valeur des pièces à titre de rémunération.

Si au contraire, le bijou doit être décoré, l'orfèvre garde la moitié de la valeur des pièces qu'on lui a remises pour la fonte, mais il doit fournir le cuivre, les émaux, le corail.

Outre les divers bijoux ci dessus énumérés, les bijoutiers Kabyles font encore des fourreaux de yatagan, des capucines, des pommeaux de pistolet, des tuyaux de pipes, des cuillers en métal, etc. etc.,

Sur beaucoup d'objets, et notamment sur les armes, on trouve des ciselures, des gravures qui dénotent chez ceux qui les ont faites une assez grande habileté. La gravure se fait soit au burin, soit à la pointe sèche.

Forges et fabrication d'armes. — Les forges ne présentent rien d'intéressant à signaler. Quant à la fabrication d'armes, elle n'existe plus à proprement parler. On ne fait plus en effet que des fusils de fantaisie et des flissas d'amateurs pour les touristes d'Alger; c'est dire que tout l'intérêt de cette fabrication est aujourd'hui perdu.

Bois. — Le bois est fort peu travaillé en Kabylie et en tout cas fort mal et fort grossièrement. Nous ne ferons guère qu'une exception pour les grands plats dits plats à couscous. Pour les faire, on se sert d'un tour à pédale et à perche.

Fausse monnaie. — Avant 1857, la fabrication de la fausse monnaie constituait une véritable industrie, que redoutaient les voisins des Kabyles. « Les Turcs offraient aux Aït Yenni des terres fertiles dans la vallée pour les faire renoncer à fabriquer la fausse monnaie. Ceux-ci répondirent à l'envoyé du dey : nous sommes les fils du Jurjura, nous sommes habitués à le saluer chaque matin, que le Dey lui dise de nous suivre dans la plaine ». (Daumas et Fabar).

Ceux qui se livraient à cette fabrication étaient les Aït Yenni, surtout ceux du village d'Aït el Arba, puis les Aït Ouasif et les Kabyles des Aït Ali ou Harzoun des Aït Boudrar. Ils coulaient les pièces avec un alliage d'étain, d'argent et de cuivre dans des moules de glaise mélangée de sable et renfermés dans une enveloppe en cuivre, ou les frappaient entre des matrices en acier obtenues par le procédé suivant. Ils enduisaient d'une couche de cire deux plaques d'acier bien planies, puis pressant la pièce à contrefaire entre elles, ils obtenaient en creux sur la cire la trace des caractères de la pièce (jamais ils ne firent d'effigie à figure). Enlevant alors dans les parties en creux la couche de cire, ils traitaient les plaques d'acier par du bichlorure de mercure, légèrement humecté de salive. L'acide chlorhydrique mordait l'acier et formait deux matrices, suffisantes pour le frappage. En 1862, une tentative fut faite pour contrefaire nos pièces d'or, mais le complice, à défaut de l'auteur principal, fut arrêté et condamné ; dès ce jour, aucun essai de ce genre ne fut tenté.

Il était permis de vendre la fausse monnaie au marché. Les étrangers, avant de se rendre dans un pays voisin, venaient y faire leurs provisions ; mais celui qui aurait voulu s'en servir en Kabylie aurait été puni très sévèrement. Il faut ajouter que la plupart du temps, la fausse monnaie se faisait sur commande, moyennant une redevance de 0 fr. 60 par douro ou pièce de cinq francs.

Commerce. — Le Kabyle a toutes les qualités nécessaires pour faire un bon commerçant. Il a le goût du travail, la patience et la tenacité, joints à une finesse presque normande ; il est sobre, économe et positif. Il se livre au colportage et à des échanges considérables.

LIVRE NEUVIÈME.

DES DIFFÉRENTS SYSTÈMES DE COLONISATION APPLIQUÉS A L'ALGÉRIE.

Depuis 1830 jusqu'en 1857, nous n'avons pas occupé réellement la Kabylie : et les Kabyles étaient restés dans une indépendance quelque peu inquiétante, indépendance que nous devions détruire, si nous voulions faire la conquête définitive de l'Algérie.

L'expédition de 1857 nous donna tout le territoire kabyle et au lendemain de nos succès, nous avions un immense pays à organiser, un peuple nombreux à soumettre et à diriger, qu'avons-nous fait ? Hélas ! il faut avoir la franchise de l'avouer, nous n'avons entrepris rien de bien efficace, ni rien de bien utile jusqu'en 1871. La faute en est à ce que nous ignorions presque complètement la Kabylie et le caractère de ses habitants. Nous avons traité dès le début les Kabyles, comme nous aurions traité les Arabes ; de là des mécomptes sans nombre, et des désillusions désespérantes.

Nous avions devant nous une race « neuve », n'ayant jamais auparavant subi le joug d'un étranger, n'ayant jamais obéi, de mémoire d'homme, à un conquérant quel qu'il fût, et du jour au lendemain nous nous trouvions amenés à diriger les destinées d'un peuple nombreux et intelligent, mais complètement réfractaire à nos idées de domination. Nous avions été assez forts pour la lutte, mais notre ignorance nous laissait désarmés pour pacifier et assimiler à nos usages ce peuple essentiellement indépendant. Et cependant son caractère laborieux, son amour du gain, son économie étaient autant de motifs, autant de raisons qui devaient rattacher plus vite les Kabyles à nos institutions.

Aujourd'hui que la Kabylie est connue, il va sans dire qu'il ne peut être question d'amener des Européens en grand nombre pour coloniser cette région ; la population y est déjà trop nombreuse, et par suite, il ne faudrait pas établir un courant d'immigration qui serait au bout de fort peu de temps très préjudiciable à ce pays.

Bien loin de là notre pensée au contraire, mais après avoir jeté un coup d'œil rapide sur la colonisation en Algérie, nous dirons ce que nous devrions faire des Kabyles.

De l'Algérie, tout le monde s'en occupe ; et, comme ces enfants entourés de trop de soins, elle est exposée à dépérir faute de trop de conseils, de trop de programmes de colonisation. Un Français a fait un voyage l'an passé dans notre colonie africaine, il a visité Alger, Oran, Constantine, Biskra et s'est hâté de reprendre à Tunis le chemin de la France, mais, en ces six semaines ou même moins, que n'a-t-il pas vu, que n'a-t-il pas entendu ? Et malheureusement il n'y a pas que celui ci qui se fasse une opinion fausse de l'indigène algérien, combien de ceux qui habitent depuis longtemps parmi eux, pourraient raisonnablement prétendre les connaître ? Comment ne pas reproduire ici les pages si justes de M. de Caix de Saint-Aymour, répondant à la question : « Qu'est-ce donc qu'un indigène de l'Algérie ? »

« Pour M. W..., économiste distingué, l'indigène algérien est un individu qui consomme peu, qui produit encore moins, qui vole le chrétien pour la plus grande gloire d'Allah, qui refuse énergiquement de s'assimiler les besoins de notre civilisation, — mais qu'il faut se garder néanmoins de décourager et de molester, parce que dans l'état actuel des choses, on a absolument besoin de sa main-d'œuvre dans les exploitations européennes et qu'il est d'ailleurs trop nombreux et trop prolifique pour qu'il soit possible de songer à le faire disparaître comme un pauvre canaque ou un simple peau rouge.

« Pour M. Y..., savant ethnographe, c'est un sémite plus ou moins mélangé d'éléments ethniques très inférieurs, susceptible d'ailleurs d'une certaine civilisation, mais absolument réfractaire à la nôtre par suite de ses préjugés religieux et sociaux, et qui, par une loi fatale, doit disparaître dans un temps donné devant l'Européen, ou se fondre dans la race supérieure des conquérants.

« Pour M. X..., petit manteau bleu professionnel de toutes les populations maltraitées, colporteur patenté de toutes les idées humanitaires et organisateur breveté des congrès de la paix perpétuelle, l'indigène algérien est avant tout un méconnu ; c'est chez lui que s'est réfugiée la bonne foi bannie du reste de la terre ; ses chefs sont les derniers types du parfait gentilhomme qui n'existe plus parmi nos fils dégénérés, et ses fellahs, drapés dans leur burnous dépenaillés, sont la dernière incarnation du travailleur libre et indépendant, content de peu, pacifique et soucieux de la propriété d'autrui. Il faut donc, avant tout, respecter ses traditions, ses goûts et même ses préjugés et abandonner plutôt la partie que d'être désagréable à ce pauvre homme, à qui nous sommes seulement supérieurs par la force brutale et qui, au fond, vaut mieux que nous.

Pour M. Z.... ancien général de notre brave armée d'Afrique, l'indigène est un monsieur quelconque, portant une chéchia ou un turban, une gandourah ou un burnous. Si le burnous est propre et qu'il surmonte des bottes molles en cuir rouge, on peut accepter le salut et le couscous du monsieur ; si le burnous est douteux et qu'il en sorte seulement des chaussettes non moins douteuses, enfoncées dans des babouches éculées, le monsieur ne mérite que notre dédain le plus accentué ; enfin, si sous un burnous sordide, on voit apparaître des pieds, noirs de crasse ou de boue, ou blanchis par la poussière du chemin, le pauvre diable a le devoir de s'attendre à recevoir un coup de botte... quelque part, s'il ne se dérange pas assez vite, ou une bourrade sur la nuque s'il vous regarde de travers. A quelque catégorie qu'il appartienne, riche ou misérable, propre ou sordide, l'indigène a d'ailleurs droit, le cas échéant, à la même quantité de coups de sabre ou de fusil, dont la rosée sanglante fait admirablement lever la graine d'épinards.

« Enfin pour la majorité des Franco-Algériens, petits

colons et grands propriétaires, marchands ambulants ou gros banquiers, courtiers d'assurance ou clercs d'huissiers, chefs de gare, brigadiers forestiers ou greffiers de justice de paix, — faisant partie à un titre quelconque, de notre mandarinat administratif, public ou privé, — l'indigène est un être inférieur, méprisable, taillable et corvéable à merci, que la loi protège malheureusement d'une façon ridicule, auquel nous ne devons rien, pas même de bons exemples, et qui peut s'estimer très heureux et se montrer très honoré de servir nos intérêts et de partager nos vices. » (*Arabes et Kabyles*).

A quoi servirait un commentaire quelconque à des tableaux si saisissants, d'une coloris si vif, et malheureusement d'une si scrupuleuse exactitude?

Nous avons dit, et nous ne saurions trop répéter, que le plus grand tort a été de confondre l'Arabe et le Kabyle.

L'Arabe est avant tout un nomade ou un demi-nomade. Il est ici aujourd'hui, sous sa tente ou son gourbis de branchages; demain, il sera peut-être à une lointaine distance. Il suit ses troupeaux dans la montagne à l'automne, et redescend avec eux, au printemps dans la vallée. Ce qui démontre bien son caractère nomade, c'est de le voir toujours sans une maison à lui, sans un jardin, sans un verger. Il n'ensemence, dans un champ que ce qui lui est nécessaire ; aussi son genre de culture est-il bizarre. Il calcule ce qu'il lui faudra de grain, et commence à tracer avec sa charrue un ovale de la grandeur qu'il juge nécessaire pour assurer sa récolte ; il laboure alors et ensemence son champ, mais il va sans dire qu'il a respecté toutes les pierres qu'il a trouveés devant le soc de sa charrue, il en a fait le tour, mais ne les a ni déplacées, ni ôtées ; à quoi bon, l'an prochain, il ne sera plus là, pourquoi améliorer en pure perte un champ dont il ne tirera plus profit? Que nous sommes loin de la culture des Kabyles !

L'Arabe ne peut donc facilement devenir un instrument de colonisation ; à qui doit-on dès lors s'adresser?

Evidemment la colonisation devrait être l'œuvre des Français, mais il faut avouer que nous avons montré depuis soixante ans un bien petit empressement à venir créer, au-delà de laMéditerranée une autre France. Le chiffre de 267 672 Français d'origine ou naturalisés (?) ne démontre pas pour une période de soixante années environ, un courant d'émigration sérieux vers l'Algérie, alors que cependant cette émigration est bien plus considérable pour l'Amérique. Ce n'est donc pas là qu'il faut chercher un appoint de colons destinés à peupler l'Algérie.

Il ne faut pas songer aux étrangers, dont l'immigration ne peut être encouragée qu'avec beaucoup de prudence. Notre Algérie, nous l'avons déjà dit, a le don de plaire à beaucoup de monde ; il n'y a plus aujourd'hui d'entreprises hasardeuses ou périlleuses à tenter, on arrive à l'époque où de grands profits pourraient se réaliser, et plus d'un peuple envie cette colonie située à la porte de l'Europe et d'une richesse difficilement comparable à celle des autres colonies. Or, l'élément étranger est, en proportion de l'élément français, considérable. En 1891, d'après le dernier recensement, il y a 215793 étrangers pour 267672 français. Ces chiffres ont leur éloquence.

A quel parti s'arrêter ?

Les projets de colonisation n'ont pas manqué, et il suffit de relater ici les plus importants.

Tout d'abord, on avait pensé dès les premiers jours de la pacification à faire émigrer vers notre colonie des Maronites, Arabes chrétiens qui auraient pu être opposés aux Arabes musulmans. Ce projet n'avait que le tort de mettre en présence l'un de l'autre le fanatisme chrétien et le fanatisme musulman ; que serait-il advenu ? Il est trop facile de le deviner. Aujourd'hui cela serait-il possible ? La question, si elle se posait de nouveau, ne devrait pas, à notre avis, recevoir une solution favorable ; car, outre que les même dangers existeraient encore aujourd'hui, moindres il est vrai, il ne faut pas perdre de vue que ce que nous demandons pour l'Algérie, ce sont des colons cultivateurs : or, ce n'est point dans leurs montagnes, d'accès difficiles et escarpés, que les Maronites ont pu devenir de bons cultivateurs. Ils s'occupent de la production de la soie, mais ne se livrent à aucune culture de céréales.

DIFFÉRENTS SYSTÈMES DE COLONISATION

On a proposé de coloniser en introduisant en Algérie des Annamites ; mais la race jaune pourra-t-elle émigrer sans esprit de retour, et ne fournira-t-elle pas seulement un appoint pour la main-d'œuvre, mais appoint temporaire qui pourra nous faire défaut du jour au lendemain.

Depuis 1870, les indigènes israëlites, les juifs, ont été naturalisés français, au grand scandale d'ailleurs des indigènes musulmans. Il a été question dernièrement, lors de la persécution des Israëlites en Russie, de détourner le courant d'émigration vers l'Algérie. Mais nous ne saurions trop insister sur les inconvénients de cette mesure impolitique. Que nous ayons naturalisé en bloc les Israëlites, qui se trouvaient sur notre territoire, cela était admissible ; mais que nous fassions venir en Algérie les Israëlites, chassés d'une puissance européenne, c'est froisser très gravement nos indigènes musulmans, sans grand profit pour nous mêmes. Sur 47,459 Israëlites naturalisés par le décret du 24 octobre 1870 ou nés de ces israélites, veut-on savoir, combien il s'en est répandu en dehors des villes. Il y en a 10,024 et encore est-il utile d'ajouter que ceux-ci habitent les villages pour faire le commerce et la banque ; peut-on dire que les Israëlites, que nous accueillerions, feraient certainement souche de paysans français ? Bien téméraire, celui qui l'affirmerait, et il serait plus raisonnable de croire, qu'une fois un petit pécule amassé, ils iraient grossir déjà le nombre trop considérable des « manieurs d'argent, honnêtes ou coquins ».

Mais alors la colonisation de l'Algérie est impossible me dira-t-on ! Où prendrez-vous les colons, puisque vous ne voulez, ni des étrangers, ni des Israëlites, ni des Asiatiques et que le Français ne veut pas venir lui-même coloniser ?

Ce colon, je le prendrai là où il se trouve, sous notre main, dans le pays même, en Kabylie. Oui, le Kabyle, sobre, laborieux, économe, qui de tout temps a su faire produire sur des rochers, au lieu des broussailles et des ronces, des récoltes arrachées à une nature avare, sera le meilleur élément de colonisation. Cette idée n'est ni neuve, ni nouvelle ; le maréchal Bugeaud, qui s'y connaissait fort bien en hommes et en choses, avait émis ce projet de colonisation ; plus tard, un écrivain qui connaissait bien la Kabylie, et un officier, qui y avait fait une campagne, M. le baron Aucapitaine a dans un opuscule intulé : *Les Kabyles et la colonisation de l'Algérie*, exprimé aussi son sentiment à ce sujet, et est arrivé à cette conclusion, que la colonisation n'est possible raisonnablement qu'en se servant des Kabyles. À l'appui de cette même thèse, on me permettra de citer ici l'opinion apportée à la tribune du Sénat, le deux mars 1891, par M. le sénateur Guichard : « Je dis que les indigènes sont appelés fatalement à fertiliser le sol de l'Algérie. Sur ce sol, il y a place aussi bien pour eux que pour les colons français et européens. Ils sont 3,500,000, ou plutôt 2,700,000, car il faut en excepter 700.000 environ, qui sont des Arabes de grande tente, vivant sur les hauts plateaux avec leurs troupeaux ; ce sont des nomades soumis à l'autorité militaire qui les protège : ils concourent avec elles à la défense de nos frontières du sud : nous n'avons rien à leur demander de plus.

Mais alors il reste 2,500,000 Kabyles...

M. Mauguin : 2,500,000 Kabyles !

M. Guichard : 2,500,000 Berbères, si vous voulez, absolument aptes au travail agricole.

À l'époque des Romains, en tout temps, cette population-là a travaillé le sol. Quand le conquérant avait la main trop dure, ils se retiraient, ils se confinaient et faisaient, en somme, ce qu'ils font aujourd'hui : ils ne cultivaient plus de leurs terres que ce qui leur était nécessaire pour vivre. Ce sont ces gens-là qu'il faudrait faire revenir au travail : ceux qui travaillent et qui produisent ne fomentent pas d'insurrection. Je vous demande, Messieurs, d'où pourrait venir cette opposition à encourager ces 2,500,000 Berbères à se mettre au travail ? Ce n'est pas à moi d'exposer ici les moyens qu'on doit employer pour arriver à ce but. Ils sautent aux yeux. Pour les indigènes qui auront mis des terres en culture, n'y a-t-il pas l'exemption de certaines servitudes, de certaines condamnations auxquelles ils sont assujettis de par la loi sur l'indigénat ? Ce serait une récompense. Il y en a une autre ; ce serait un électorat successif, d'abord communal, ensuite départemental. Est-ce que nous avons jamais songé sérieusement à l'assimilation des Arabes ? » (*Journal officiel*).

Il est certain que ce raisonnement à une très grande valeur. La colonisation par les Kabyles est une chose qui s'impose : mais y aurait-il des inconvénients sérieux à tenter l'épreuve ? Nous n'en voyons pas qui soient véritablement discutables. Craindrait-on la création d'une Algérie kabyle ou berbère, grâce aux facilités qu'on aura données aux Kabyles de se répandre partout sur le territoire colonial ? C'est là un danger, disent quelques-uns ; voyons si cela est exact. D'ailleurs, et me servant ici des termes même qu'emploie M. de Caix de Saint Aymour, parce qu'ils rendent d'une façon absolue ma pensée, je crois qu'il n'est pas chimérique de croire, « que l'Algérie nous échappera ou que nous serons obligés de l'abandonner un jour, ou de la conserver par pur amour propre dans les conditions onéreuses et précaires où nous la possédons aujourd'hui, si nous attendons que sa mise en production se fasse par des colons exclusivement français ou même exclusivement européens. Cette dernière hypothèse, d'ailleurs, aurait pour nous Français, absolument le même résultat : celui de nous faire perdre l'Algérie. » Admettons pour un moment que la dissémination des berbères dans l'Algérie soulève un danger, ce serait le même que celui qui nous menace presque chaque jour, la perte de notre colonie. Mais est-il trop optimiste de penser que la colonisation par les Kabyles n'amènera pas ce résultat ? Tout d'abord la manière de créer le village berbère conjurerait presque entièrement cet aléa. A côté de deux ou trois villages, situés dans les conditions stratégiques les plus favorables, il faudrait grouper quelques hameaux kabyles assez éloignés les uns des autres pour qu'ils aient la vie d'indépendance dont ils jouissent dans leurs montagnes. Au centre européen, seraient placées les autorités judiciaires et de police : le tout formerait une grande commune, où le français et l'européen trouveraient une main-d'œuvre assurée, et une sécurité d'autant plus grande, que les Kabyles auraient plus d'intérêt à préserver leurs propres propriétés. Au bout de quelques années d'une vie active, industrielle et commerciale, les Kabyles deviendraient déjà beaucoup moins réfractaires à notre organisation ; ils prendraient certainement notre manière de voir, de penser, car leur intérêt les y amènerait presque forcément : le plus grand pas serait fait vers un avenir d'assimilation, sinon complet, tout au moins fort désirable.

Dans le livre de M. de Caix de Saint-Aymour, le même système est préconisé, et nous partageons entièrement la manière de voir de cet auteur, qui envisage les choses humainement, dépouillées de toute préoccupation politique ou autre, pour ne songer qu'à une colonisation profitable à la prospérité de l'Algérie et à la gloire de la France. Dans *Arabes et Kabyles* nous trouvons tout un projet où les conditions exigées de la part des colons kabyles, où les avantages qui leur seraient accordés, sont exposés avec netteté. Nous n'énumérerons pas en entier les règles exposées par cet auteur pour arriver à la création et au fonctionnement de ces villages kabyles. Parmi celles-ci, il s'en trouve d'une importance qui n'échappera à personne ; c'est d'abord obligation d'adopter immédiatement un nom de famille, qui permettrait d'établir les actes de l'état civil, tels qu'ils existent en France ; puis l'obligation de parler le français et d'envoyer les enfants à l'école française dirigée par un maître français, assisté d'un taleb, nommé par nous et chargé du programme religieux.

Mais à quoi bon insister ? Cela serait si peu de chose en réalité que de tenter un essai ! Nous ne pouvons que souhaiter de voir prochainement mettre à l'épreuve, ce système de colonisation, le seul, croyons-nous, qui présente de véritables chances de succes. L'avenir dirait si nos prévisions étaient erronées.

LIVRE DIXIÈME.

L'AVENIR DE LA KABYLIE.

Nous sommes presque arrivés au bout de notre tâche, et nous n'avons plus qu'à tirer une conclusion de tout ce qui précède. Nous avons vu le Kabyle chez lui dans le passé et dans le présent. Que doit-il devenir dans l'avenir ?

Cette question ne laissera pas de surprendre quelques personnes. On ne s'imagine pas facilement de l'autre côté de la Méditerrannée qu'un Kabyle puisse être autre chose qu'un Français. Hélas ! cela serait à souhaiter, car notre colonisation en Algérie aurait fait un grand pas. Mais en est-il bien ainsi ? Il faut avant tout avoir le courage d'avouer la vérité ; eh bien ! le Kabyle est encore bien loin d'être un Français, aimant la France, sa nouvelle Patrie. Et si nous voulions lui en faire un crime, nous serions très évidemment dans le tort, car nous n'avons pas fait pour lui ce que nous devions faire. L'Allemagne a pu prendre l'Alsace et la Lorraine, cependant les Alsaciens sont restés Français, et cela, parce que après la spoliation, il n'y a eu aucune mesure prise pour rallier à la nouvelle domination les esprits des vaincus. Ce qui est vrai de l'Alsace est encore bien plus vrai quand on parle de la Kabylie. Nous avons triomphé d'un peuple jusqu'ici indépendant depuis tous les siècles ; nous les avons assujettis, dominés ; les avons-nous gouvernés ?

Loin de moi l'idée de critiquer les premiers essais d'une occupation considérée tout d'abord comme problématique ; mais depuis que nous avons jeté notre dévolu sur cette terre, avec la ferme conviction de la conquérir moralement et utilement, il semble qu'on ait voulu employer les systèmes les plus contradictoires sans but fixe, sans but pratique ; or le Kabyle est par excellence le type de l'homme pratique.

D'où viennent nos erreurs ? D'où viennent ces tâtonnements administratifs ? D'une seule cause, de l'ignorance que nous avons des caractères arabe et kabyle, de la confusion que nous faisons sans cesse entre ces deux hommes pourtant si différents.

Le Kabyle, au point de vue des usages, des mœurs, est l'antipode de l'Arabe ; on l'a trop souvent ignoré ou oublié ; de là des mécomptes sans nombre.

Tandis que l'Arabe est fanatique, nomade et, il faut le constater, indifférent au travail et à la possession d'un bien quelconque, le Kabyle est commerçant, industrieux ; il possède l'amour de la propriété et s'il pratique sa religion, il le fait froidement, sans superstition comme sans fanatisme. L'Arabe n'est attaché en apparence à rien de terrestre ; le Kabyle est attaché à la maison de ses pères, à son village, à son champ, à ses figuiers, par toutes les fibres de son cœur ; et il n'est pas de paysan breton, de paysan normand qui tienne plus à sa terre que le paysan Kabyle. « Je préfère voir un homme mort qu'un arbre coupé, » disait un Kabyle au colonel Lapasset. Cette phrase dit mieux qu'on ne saurait le faire tout l'amour, tout le culte que le Kabyle a pour son verger. Son lopin de terre, escarpé sur quelque pente abrupte de la montagne, se couvre de légumes verts, abondants et superbes. Et quel est ce champ ? C'est un coin de rochers stériles, où avec une patience à toute épreuve, le Kabyle, aidé de sa femme et de ses enfants, a apporté à dos la terre d'alluvion ramassée dans les ruisseaux. C'est la conquête du rocher qu'il entreprend, et il n'est pas rare de voir un hectare de ce terrain, rendu fertile par un vrai miracle de persévérance, se vendre plus de quatre mille francs ; que vaut la terre sans rochers en pays arabe ?

Ne confondons donc pas l'Arabe et le Kabyle et ne les traitons pas de même. Il a fallu des siècles pour que toutes les anciennes provinces de la Gaule forment un jour une France unifiée, pourquoi voulez-vous entreprendre après soixante ans d'occupation l'unification de races opposées depuis la nuit des temps ?

Le Kabyle est-il réfractaire à nos conseils ? Il suffit

de parcourir le pays pour voir avec quel empressement ses habitants savent prendre chez nous ce qui est vraiment pratique et profitable. Le Coran défend au musulman, l'élevage du porc, l'animal « impur »; en Kabylie vous en trouverez des troupeaux, parce qu'il y a là un profit sérieux à tirer. — La vigne, que les Arabes ne plantent point, est cultivée par les Kabyles qui savent fort bien vendre sur nos marchés leurs raisins.

Industrieux et commerçants, les Kabyles ont su très vite tirer parti de leurs aptitudes et de leurs connaissances. N'est-ce point par des quantités innombrables qu'ils ont littéralement inondé nos magasins de leurs bijoux, de leurs articles de fantaisie, spécialement faits pour le « Roumi ».

Enfin le Kabyle, intelligent, ami du progrès, n'est pas si éloigné qu'on le croit de prendre nos habitudes, nos mœurs, notre vie. Sans vouloir, dans un livre d'intérêt général, tirer argument de faits isolés et spéciaux, qu'il me soit permis ici de relater un procès qui passionne la presse française à l'heure où j'écris ces lignes. Une institutrice kabyle fut donnée en mariage par son père, il y a quelques années, à un Kabyle. Le prix de vente (l'on s'est fort ému de ce mot), avait été fixé. La jeune institutrice, ne voulut pas accepter le choix fait par son père, et se maria avec un instituteur Kabyle qu'elle préférait. De là procès : le premier Kabyle réclame la livraison de la femme. Le juge de paix de la commune où ces faits se passèrent, donna pleinement raison à ce dernier et condamna la jeune fille (?) à le suivre. Refus et appel de la part de celle-ci? Comme toute la presse criait au scandale, et s'indignait contre le juge de paix, qui cependant n'avait fait qu'appliquer un Kanoun kabyle, le Tribunal d'arrondissement, jugeant en appel, était peut-être fort embarrassé. Mais de quel embarras un tribunal ne saurait-il sortir? Donner raison à la jeune fille, il le fallait, la presse avait énergiquement indiqué cette décision, me disait un Kabyle : en cela il avait tort, car les considérations morales étaient assez puissantes pour déterminer la conscience des juges et d'ailleurs, on ne saurait trop se garder de tels jugements, quand rien ne vient en démontrer l'absolue certitude. Donner tort au Kanoun, c'était amasser sur sa tête un orage peut-être gros de conséquences ? Le joint fut trouvé. Le second mariage fut validé, et le premier annulé, parce que..... l'on avait violé la forme. O Saint Bridoison, quel service tu rendis ce jour-là ! Le fath'a n'avait pas été récité publiquement, et la jeune fille avait assisté à la première entrevue, ce qui n'est nullement admis par les Kanouns kabyles.

Un Kabyle auquel je parlais de cette question embarrassante, me disait : « Ce que je trouve absolument insensé, c'est la situation qui nous est faite. Chez vous, en France, et il ajoutait en souriant, je devrais dire chez nous, la loi française règle les mariages. Chez nous, pas Français, mais Kabyles au point de vue du mariage, nous restons soumis à nos usages, à nos Kanouns. Le père peut disposer de sa fille, la vendre. Or, quand cela est fait, on crie à l'abomination de la désolation parce que l'on a disposé d'une jeune fille sans son propre consentement. Eh bien ! de deux choses l'une, ou nous sommes régis par nos Kanouns, ou nous le sommes par la loi française ? qu'on nous le dise ; au moins nous saurons comment marier nos filles ». Il était très pratique ce kabyle et qui ne serait de son avis ? Mais retenons bien cette phrase : ou nous sommes régis par nos Kanouns, ou par la loi française, mais qu'on nous le dise. N'est-ce pas là un demi-aveu qui démontre que les Kabyles ne seraient pas bien éloignés d'adopter notre loi ? D'un autre côté, le fait de cette jeune fille voulant choisir librement son mari, n'est-il pas lui aussi un signe évident de la transformation qui s'opère dans les mœurs de ces habitants.

Ce qui peut encore beaucoup aider à l'assimilation des indigènes, c'est l'instruction. Or, parler d'instruire l'Arabe, c'est parler très inutilement ; et M. de Caix de Saint-Aymour a bien raison de dire, dans son livre, *Arabes et Kabyles* que parler d'établir des écoles dans toute l'Algérie, c'est-à-dire aussi bien en pays de nomades qu'en pays de sédentaires, doit provoquer un haussement d'épaules chez tous les hommes qui connaissent l'Algérie autrement que pour s'y être promenés pendant six semaines à la recherche du pittoresque ou à la poursuite des griefs des « Arabes » contre les colons. » Et il ajoute : « Mais si, au contraire, voulant faire un effort sérieux et un essai loyal de l'enseignement français sur un terrain bien préparé à le recevoir, on commençait par établir des écoles françaises chez les Berbères sédentaires, et principalement dans la Kabylie du Djurjura, je suis persuadé qu'on ne trouverait pas un colon intelligent qui n'approuvât cette mesure des deux mains et qui ne fût disposé à lui prêter son concours. » Cela est absolument exact et cette tentative qui déjà a porté quelques fruits, devrait être puissamment encouragée par la création de nombreuses écoles en Kabylie. Les Kabyles n'ont pas d'enseignement national et si à leurs instructeurs arabes nous voulions substituer des professeurs français, « il n'est pas chimérique de croire que par l'infiltration progressive et de notre langue, et de nos idées de progrès industriel et commercial, on arriverait à leur assimilation relativement très prompte. » .... Les hommes les plus compétents ne doutent pas de la prompte réussite de l'enseignement français largement répandu dans le Djurjura. « En dix ans, — me disait un jour M. Masqueray, directeur de la Faculté des lettres d'Alger, — en dix ans, si l'on voulait, tous les Kabyles parleraient français ».

Il faut donc des écoles et des écoles très nombreuses en Kabylie ; mais quelles écoles? Des écoles neutres, c'est-à-dire celles qui ménagent les croyances des parents. Auprès du maître français, il faut le taleb, le lettré musulman, chargé d'enseigner aux élèves le Coran. Mais c'est encourager, dira-t-on, le fanatisme dont nous avons eu déjà tant à nous plaindre? Tout d'abord il est impossible de songer à faire de l'anticléricalisme en Algérie ; ceux qui le voudraient tenter, ne prouveraient qu'une chose, leur ignorance profonde du caractère musulman. Ce qu'il faudrait, c'est que le taleb arabe qui aujourd'hui enseigne, tout à fait en dehors de notre influence, le Coran, la grammaire arabe, le droit de Sidi Khelil, soit remplacé par un taleb d'origine berbère, payé par nous, qui par suite de sa situation, ne choisirait pas exclusivement les passages du Coran, les plus plus violents contre les « Roumis » pour les faire apprendre par cœur à ses élèves. « Nous aurions ainsi un enseignement du Coran, expurgé à l'usage de nos sujets musulmans d'Algérie. Et qu'on ne me dise pas que cela est impossible. On trouve tout ce qu'on veut dans le Coran, comme dans tous les livres sacrés de toutes les religions. Pour ne citer qu'un seul exemple, à côté d'appels brûlants à la destruction des mécréants, on rencontre des passages où les hommes des écritures, c'est-à-dire les chrétiens et les juifs, sont distingués avec soin des infidèles. On voit par ce seul fait, quel parti un homme intelligent, et surveillé, peut tirer du choix habile des versets qu'il fera réciter à ses élèves » (Caix de Saint-Aymour). Ce serait, qu'on nous permette de le dire, un clergé national, qui éliminerait peu à peu l'élément fanatique, les marabouts arabes. Mais l'école sans le taleb, l'enseignement français sans l'enseignement religieux, n'ont aucune chance de succès. Il y a là une question de préjugés sociaux qui forment une barrière infranchissable. Et que nos libres-penseurs français ne s'en étonnent pas outre mesure ; ils sont eux-mêmes soumis à ces préjugés dont ils voudraient voir se dépouiller les autres. Combien de ceux qui se disent libres penseurs dans le monde « comme il faut » recevraient chez eux des couples non mariés à l'église ? Cette réflexion de M. de Caix de Saint-Aymour n'établit-elle pas, ainsi qu'il le dit lui-même la preuve « que la logique de la conscience intime n'a rien à voir avec l'intransigeance de traditions séculaires. Il faut, en matière de mœurs, bonnes ou mauvaises, beaucoup de temps pour détruire ce que le temps a consacré ».

Il va sans dire que l'enseignement français doit être approprié suivant la condition sociale et les préoccupations d'avenir de l'enfant. Avec notre véritable entêtement à vouloir l'uniformité dans notre administration bureaucratique, quels que soient d'ailleurs les centres où elle s'exerce et le caractère de ceux qu'elle régit, nous avons voulu que le petit paysan kabyle apprenne ce que l'on enseigne au paysan français. Aussi est-ce avec un sourire que nous lisons des récits, tels que le suivant, relaté dans le journal des Débats du 7 mai, et reproduit dans l'ouvrage précité, *Arabes et Kabyles* auquel nous l'empruntons. « Un de nos amis, M. Franck Chauveau, sénateur et secrétaire de la commission d'études de l'Algérie, lequel a été, au printemps dernier, faire un voyage dans notre colonie, racontait dans une interview publiée dans le *Journal des Débats* du 7 mai que, visitant une école, d'ailleurs très bien tenue, il avait demandé au maître quelles étaient les connaissances historiques de ses élèves. — Oh ! lui répondit modestement celui-ci, ils n'en sont encore qu'à l'histoire de Charles VI ! Avant d'en arriver là, ajoute M. Chauveau, on avait évidemment appris aux jeunes Arabes, toute l'histoire des Mérovingiens, y compris les mésaventures de Chilpéric et de Frédégonde. Voilà qui devait singulièrement les intéresser ». Et l'auteur ajoute : « Ils n'échappent pas non plus, très certainement, à la nomenclature de tous nos chefs-lieux d'arrondissements. Il est si utile à un jeune homme kabyle de Fort National de savoir que Hazebrouk est situé dans le département du Nord, et que Brive-la-Gaillarde fait le plus bel ornement de la Corrèze !... Il faudrait donc avant tout faire table rase de tous ces programmes métropolitains ; composer pour nos élèves kabyles des livres appropriés à leurs besoins et à leurs aptitudes ; cesser par exemple, de les obliger à savoir ce que c'est que la pragmatique sanction de saint Louis, mais leur raconter la croisade de ce roi contre Tunis, alors occupé par les ennemis de leurs ancêtres ; ne pas leur faire apprendre par le menu les détails de la querelle de François Ier et de Charles Quint, mais leur montrer ce dernier attaquant leur pays à Alger, à Oran, tandis que le roi de France inaugurait avec la Porte Ottomane une politique amicale qui aboutit aux capitulations, et qui fait encore aujourd'hui de la France la plus vieille alliée du Sultan. En un mot, leur enseigner les annales de leur pays depuis les temps les plus reculés jusqu'à nos jours, ce qui leur fera voir naturellement que les arabes étaient leurs oppresseurs et que nous sommes encore les plus généreux et les plus forts de leurs conquérants : telle doit être la base de notre enseignement historique. A propos de géographie, leur montrer la France grande dans le monde par ses colonies, surtout en Afrique ; les persuader ainsi que leur pays n'est qu'une infime partie de l'Empire Français (?) et leur en faire conclure qu'il est parfaitement inutile de penser à nous jeter à la mer ; enfin, leur prouver que rien ne les sépare de nous, rien qu'une religion que nous sommes décidés à respecter comme nous respectons toutes les autres, aussi bien dans nos colonies que sur notre sol métropolitain : telle est la méthode à suivre, d'une manière générale pour arriver à les rapprocher de nous en les désolidarisant des Arabes et en exploitant leur haine et leur mépris pour les nomades » :

Dans les *Lettres de Kabylie*, de M. Paul Bert, voici ce que nous lisons, sur ce même sujet : « l'instituteur enseigne ce qu'il sait, ce qu'on lui a appris à enseigner, ce qui est estimé dans les écoles normales et apprécié de MM. les inspecteurs. Un jour, dans une école de la grande Kabylie, l'instituteur me montrait avec fierté des enfants qu'il préparait au certificat d'études. C'est là une conception délirante. Le certificat d'études, les casse-tête de l'arithmétique, les Mérovingiens. les subbilités de la grammaire, les bizarreries de l'orthographe ! Dans une autre, je prends le cahier de rédaction du meilleur élève. Dictée... je vous le donne en mille, les remords de Frédégonde !... Mais àces enfants, familiers avec Brunehaut et les intérêts composés, je leur demandais en vain l'étendue de la France, le nombre de ses soldats, le bien qu'elle a fait à leur pays. leurs devoirs envers elle. ».

Cela n'est-il pas très juste? Et quel Français, connaissant un peu les choses d'Algérie, ne serait du même avis ? La connaissance exacte de notre pouvoir, l'idée qu'ils se feraient d'une France une et puissante, les rendrait résignés « à l'inévitable et à l'indestructible » et ils pratiqueraient la maxime : *Initium sapientiæ timor domini*. Au contraire aujourd'hui sans données certaines sur notre métropole, ils s'imaginent volontiers que la France n'est qu'un composé de tribus, semblables aux leurs, et ils sont un peu encouragés dans cette croyance par la différence du langage qu'ils perçoivent fort bien chez les Marseillais, les Normands, les Bordelais ou les Bourguignons, aussi bien que par leur divergence de goûts et de leur manière de vivre.

A cet enseignement, il faut joindre l'enseignement manuel, professionnel. Quand le Kabyle verra qu'à l'école on apprend un métier qui rapporte de beaux et solides bénéfices, qu'on forme des cultivateurs initiés à tous nos modes de culture, il sera le premier à envoyer son enfant chez le maître français. Le Kabyle apte à nous rendre de nombreux services, ayant son intérêt en jeu pour augmenter ses moyens d'existence ou son bien-être, se mêlera fatalement d'une façon plus intime à notre vie, il prendra nos habitudes, pensera à la longue comme nous pensons nous-même, deviendra lui-même tolérant en voyant la tolérance que nous aurons montrée vis-à-vis de lui-même; à partir de ce jour, son assimilation sera œuvre accomplie.

Il ne faudrait pas croire en effet que le Kabyle instruit, connaissant un métier, restera dans ses montagnes où il n'a point assez de terre pour vivre tant la la population y est dense. De tous temps les Kabyles ont émigré pour venir demander leur vie dans la Mitidja, dans la province de Constantine, et dans beaucoup d'endroits encore bien plus éloignés. Qui empêcherait de se servir de ce goût ou plutôt de cette nécessité d'émigration, pour créer des centres où la colonisation se ferait par les Kabyles?

Il est certain que l'on trouverait une grande quantité de Kabyles qui ne demanderaient pas mieux que de venir en dehors de leurs montagnes cultiver des terres que nous leur concéderions ou que nous leurs vendrions; tout d'abord ils trouveraient cet immense avantage de travailler pour eux, au lieu de travailler pour un maître, un étranger. En outre, les Kabyles seraient l'élément colonisateur par excellence que nous devrions employer pour faire de l'Algérie une véritable France.

Nous ne revenons pas sur ce qui a été dit à ce sujet dans le livre précédent ; notre seul désir serait de voir ce projet faire l'objet d'une tentative. Le Kabyle en tirerait tout bonheur et profit, et la France aurait résolu un problème qui s'impose de jour en jour d'une façon plus imminente ; la colonisation effective de l'Algérie.

FIN DU DIXIÈME ET DERNIER LIVRE.

Laval. — Imprimerie E. JAMIN, 8, rue Ricordaine,